La nouvelle raison
du monde

La nouvelle édition
du Progrès

*Pierre Dardot
et Christian Laval*

La nouvelle raison du monde

Essai sur la société néolibérale

La Découverte / Poche

9 *bis*, rue Abel-Hovelacque
75013 Paris

Ce livre a été précédemment publié en 2009 dans la collection « Cahiers libres » aux Éditions La Découverte.

REMERCIEMENTS

Ce livre doit d'abord à toutes celles et à tous ceux qui ont participé ces dernières années à la vie du séminaire « Question Marx » au cours duquel ont été présentées et discutées nos recherches sur le néolibéralisme. Nous tenons à remercier spécialement les intervenants qui ont enrichi cette réflexion collective par leurs exposés, en particulier Gilles Dostaler, Agnès Labrousse, Dominique Plihon, Pascal Petit et Isabelle Rochet. Nous devons beaucoup à notre éditeur, Hugues Jallon, qui accompagne depuis le début la petite aventure du séminaire « Question Marx » et qui nous a grandement aidés de ses conseils pour la composition de l'ouvrage. Nous remercions également Bruno Auerbach pour sa relecture patiente et attentive du manuscrit.

Mais rien n'aurait été possible sans l'amitié fidèle et l'appui intellectuel d'El Mouhoub Mouhoud, qui a été associé depuis le commencement à la rédaction de ce livre, ni sans l'aide aussi constante que précieuse d'Anne Dardot qui a relu plusieurs fois et mis en forme le manuscrit sans jamais compter sa peine.

ISBN   978-2-7071-6502-2

Introduction

Le néolibéralisme comme rationalité

Nous n'en avons pas fini avec le néolibéralisme. Quoi qu'en pensent beaucoup, ce dernier n'est pas une idéologie passagère appelée à s'évanouir avec la crise financière ; il n'est pas seulement une politique économique qui donne au commerce et à la finance une place prépondérante. Il s'agit de bien autre chose, il s'agit de bien plus : de la manière dont nous vivons, dont nous sentons, dont nous pensons. Ce qui est en jeu n'est ni plus ni moins que la *forme de notre existence*, c'est-à-dire la façon dont nous sommes pressés de nous comporter, de nous rapporter aux autres et à nous-mêmes. Le néolibéralisme définit en effet une certaine norme de vie dans les sociétés occidentales et, bien au-delà, dans toutes les sociétés qui les suivent sur le chemin de la « modernité ». Cette norme enjoint à chacun de vivre dans un univers de compétition généralisée, elle somme les populations d'entrer en lutte économique les unes contre les autres, elle ordonne les rapports sociaux au modèle du marché, elle transforme jusqu'à l'individu, appelé désormais à se concevoir comme une entreprise. Depuis près d'un tiers de siècle, cette norme d'existence préside aux politiques publiques, commande aux relations économiques mondiales, transforme la société, remodèle la subjectivité. Les circonstances de ce succès normatif ont été souvent décrites. Tantôt sous son aspect politique (la conquête du pouvoir par les forces néolibérales), tantôt sous son aspect économique (l'essor du capitalisme financier mondialisé), tantôt sous son aspect social (l'individualisation des rapports sociaux aux dépens des solidarités collectives, la polarisation extrême entre riches et pauvres), tantôt encore sous son aspect subjectif (l'apparition d'un nouveau sujet, le développement de nouvelles pathologies psychiques). Ce sont là les dimensions complémentaires de la *nouvelle raison du monde*. Par où il faut entendre que cette raison est *globale*, aux deux sens que ce terme peut revêtir : elle est « mondiale » en ce qu'elle vaut d'emblée à l'échelle du monde, et, de plus, loin de se limiter à la sphère économique, elle tend à totaliser, c'est-à-dire à « faire monde » par son pouvoir d'intégration de *toutes* les dimensions de l'existence humaine. Raison du monde, elle est en même temps une « raison-monde » [1].

Le néolibéralisme est ainsi la rationalité aujourd'hui dominante. Le terme n'est pas ici employé comme un euphémisme permettant d'éviter de prononcer le mot de « capitalisme ». Le néolibéralisme est la *raison du capitalisme contemporain*, d'un capitalisme débarrassé de ses références archaïsantes et pleinement assumé comme construction historique et comme norme générale de la vie. Le néolibéralisme peut se définir comme l'ensemble des discours, des pratiques, des dispositifs qui déterminent un nouveau mode de gouvernement des hommes selon le principe universel de la concurrence.

Une idéologie du « laisser-faire » ?

Une telle définition ne peut manquer de surprendre tant elle heurte de front une toute nouvelle *doxa*, très largement partagée à droite comme à gauche, qui proclame désormais la « mort du néolibéralisme ». De fait, lors de la phase aiguë de la crise financière (septembre-octobre 2008), un discours s'est imposé un peu partout sur le mode de l'évidence la moins discutable : il ne fut plus question que du « retour de l'État », de la « revanche de Keynes », de la « mort de la théorie néoclassique » et de la « fin du

---

1   L'idée d'une raison configuratrice de monde se trouve chez Max Weber, à cette limitation près qu'elle concerne essentiellement l'ordre *économique* capitaliste, cet « immense cosmos » qui « impose à l'individu pris dans les rets du marché les normes de son activité économique » (*L'Éthique protestante et l'esprit du capitalisme*, Flammarion, « Champs », Paris, 1999, p. 93-94). On rencontre cependant, dans un passage de cette même œuvre consacré au caractère « relatif » et « impersonnel » de l'amour du prochain dans le calvinisme, l'expression de « configuration rationnelle du cosmos *social* » (*ibid.*, p. 175). En un sens, et à la condition expresse de ne pas réduire le social à une dimension parmi d'autres de l'existence humaine, on pourrait dire de la raison néolibérale qu'elle est très précisément la raison de *notre* « cosmos social ».

néolibéralisme » [1]. Nous serions entrés soudainement dans un tout autre monde, dans un nouveau « paradigme », fait de régulation et de protection, de nationalisation et d'intervention de l'État.

L'idée selon laquelle la « parenthèse néolibérale » s'est définitivement refermée avec le chaos de la finance mondiale est en réalité à la fois fausse et dangereuse. Elle témoigne, parfois chez les meilleurs esprits, d'une étrange méconnaissance de l'histoire et de la nature du néolibéralisme, confondu avec une plate vulgate du « laisser-faire » du XVIII siècle. C'est ainsi, pour ne citer qu'un exemple, que Joseph Stiglitz, au mois de juillet 2008, définissait le néolibéralisme comme un « fourre-tout d'idées basées sur la notion fondamentaliste que les marchés sont autocorrecteurs, qu'ils distribuent efficacement les ressources et servent l'intérêt général [2] ». De façon générale, la *doxa* considère le *néolibéralisme* comme une *idéologie* qui repose sur la doctrine économique de l'École de Chicago et qui a sa source plus lointaine dans la croyance dans la « main invisible » d'Adam Smith. Ainsi considéré, il présenterait deux aspects : la liberté du marché assure l'allocation optimale des ressources ; l'intervention publique nuit à l'équilibrage automatique des marchés en déréglant les anticipations. Le noyau dur de cette idéologie serait donc constitué par l'identification du marché à une réalité naturelle [3]. Selon cette ontologie naturaliste, il suffirait de laisser cette réalité à elle-même pour obtenir équilibre, stabilité et croissance. Si malgré tout elle concède une place à une certaine « intervention », c'est uniquement au sens d'une action par laquelle l'État saperait les assises de sa propre existence en affaiblissant les missions de service public qui lui avaient été précédemment confiées. « Interventionnisme » exclusivement négatif, pourrait-on dire, qui n'est jamais rien d'autre que la face politique active de l'organisation par l'État de son propre retrait, donc d'un anti-interventionnisme de principe.

---

1 Rares ont été ceux qui ont su y résister. On compte parmi eux Denis Sieffert qui affirmait alors : « La crise finale est une fable. Et, sans même parler ici de la chute du capitalisme (vaste sujet !), même le néolibéralisme a la vie dure. Il ne meurt ni de honte ni de la répétition de ses échecs. Il s'accommode parfaitement des interventions étatistes qui résolvent artificiellement ses crises sur le dos des gens » (« La fable de la crise finale », *Politis*, 25 septembre 2008).

2 J. E. STIGLITZ, « La fin du néolibéralisme », *Les Échos*, 21 juillet 2008.

3 Ce *credo* naturaliste, qui fut bien davantage celui de Jean-Baptiste Say et de Frédéric Bastiat que celui d'Adam Smith, a été parfaitement formulé par Alain Minc en ces termes inégalables : « Le capitalisme ne peut s'effondrer, c'est l'état naturel de la société. La démocratie n'est pas l'état naturel de la société. Le marché, oui », *Cambio 16*, décembre 1994.

Il n'entre pas dans notre intention de contester l'existence et la diffusion d'une telle idéologie, pas plus qu'il n'est question de nier que cette idéologie a nourri durablement les politiques économiques impulsées depuis les années Reagan et Thatcher [1]. L'erreur consiste ici à *réduire* le néolibéralisme à cette vulgate ainsi qu'à la politique économique qu'elle a directement inspirée. Le paradoxe est de taille, comme on le verra dans cet ouvrage, dans la mesure où le néolibéralisme est précisément apparu dans l'histoire comme une tentative de refonder le libéralisme *contre l'idéologie naturaliste du laisser-faire*.

Ce n'est pas à dire que la vulgate du marché autorégulateur a été sans effets réels. De fait, jusqu'à la catastrophe de l'automne 2008, elle s'était même transformée en une véritable « bulle idéologique » donnant le fantasme du marché omnipotent et omniscient pour *la* réalité du monde. Comme telle, elle a incontestablement favorisé l'expansion de la finance globale et l'augmentation considérable des revenus liés aux services financiers des grandes places, tout spécialement de New York et de Londres. Cette idéologie de salles de marché a été colportée par de multiples essayistes, éditorialistes et experts à travers le monde, elle a saturé la communication des médias au point de déverser en continu et *ad nauseam* les vieilles croyances magiques dans les vertus du « marché efficace » et de l'« entreprise bienfaisante ». Elle fut complaisamment relayée par tous ces économistes qui se sont faits les chantres des « solutions de marché » et par les responsables politiques de droite comme de gauche qui, en Europe par exemple, ont dénigré en chœur le « coût exorbitant » de l'intervention publique et l'« archaïsme » d'un « modèle social » dépassé, tout en louant les « miracles » américain et anglais. Elle a évidemment joué son rôle dans la crise financière, en empêchant de considérer les dégâts immédiats de la domination financière (creusement des inégalités et détérioration de l'appareil productif), mais aussi en sous-estimant les risques proprement systémiques : le premier « ingrédient toxique » a été la croyance en la rationalité absolue des anticipations des acteurs, croyance qui donnait à penser que les risques seraient toujours couverts.

L'un des meilleurs témoignages de cette idéologie de salles de marché nous a été laissé par Alan Greenspan, ce « magicien » nommé par Reagan à la tête de la Federal Reserve Bank (Fed) en 1987 et qui y est resté jusqu'en 2006, soit pendant dix-huit ans. Le *credo* qu'il formule dans ses mémoires

---

1   Reagan avait ainsi fait de *La Loi* de Frédéric Bastiat son livre de chevet au début des années 1960, *cf.* A. LAURENT, *Le Libéralisme américain. Histoire d'un détournement*, Les Belles Lettres, Paris, 2006, p. 177.

est d'une rusticité à toute épreuve : ce n'est ni plus ni moins qu'une version simpliste de la thèse de la « main invisible » d'Adam Smith. Il écrit ainsi, plein de naïveté : « Il m'apparaît frappant que nos idées sur l'efficacité de la concurrence soient demeurées les mêmes depuis le XVIIIe siècle, où elles émergèrent surtout de l'esprit d'un seul homme, Adam Smith[1]. » La grande leçon qu'il tire de cette vérité de tous les temps est qu'il faut, comme est supposé l'avoir conseillé A. Smith, laisser aller le « cours naturel des choses ». Tout est dit. L'« apparente stabilité » du commerce et de la finance mondiaux est interprétée comme la vérification par l'Histoire de l'optimisme de Smith[2]. Pour être exact, il faut ajouter que cette version pour enfants de la doctrine de Smith est mâtinée d'un zeste d'évolutionnisme schumpétérien fondé sur la fonction prééminente de l'innovation et de la concurrence. L'équilibrage spontané des marchés financiers s'accorderait ainsi avec la « destruction créatrice » qui élimine le vieux, l'inutile, l'inadapté[3].

Ce n'est donc pas le régulateur public, mais la surveillance mutuelle des opérateurs privés qui assurerait un tel équilibre. Mais cette flexibilité qui laisse jouer les interactions entre agents ne vaut pas seulement pour la finance, elle vaut également pour les marchés des salaires, des prix et des taux d'intérêt[4]. La réussite du marché financier dérégulé, qui se mesure à sa contribution à la croissance économique mondiale, a ainsi valeur d'exemplarité pour *tous* les marchés. A. Greenspan se présente lui-même comme un « dissident », adepte de l'« *opposition libertaire à la plupart des régulations* » du système financier[5]. La régulation publique est non seulement nuisible, mais elle est devenue impossible en raison de la taille et de la complexité des marchés, comme de la vitesse à laquelle ils évoluent[6]. Ce

---

1 A. GREENSPAN, *Le Temps des turbulences*, J.-C. Lattès, Paris, 2007, p. 338.
2 *Ibid.*, p. 472.
3 *Ibid.*, p. 347-348.
4 *Ibid.*, p. 623.
5 *Ibid.*, p. 478.
6 *Ibid.*, p. 620-621. A. Greenspan précise, sans se rendre compte de l'énormité de son propos, que « le modèle financier du XXe siècle de la supervision et de la régulation autoritaires est en train d'être submergé par les volumes et la complexité de la finance du XXIe siècle. [...] *Les efforts pour surveiller et influencer le comportement des marchés qui fonctionnent à des vitesses supersoniques échoueront. La surveillance par le secteur public n'est plus à la hauteur de cette tâche.* Les armées d'analystes qui seraient nécessaires pour suivre les transactions mondiales entraveraient par leurs interventions la flexibilité financière qui est tellement nécessaire à notre avenir. Le bon sens ne nous offre pas d'autre choix que de laisser les marchés fonctionner. Leurs échecs sont l'exception et leurs conséquences peuvent être amorties par un système économique et financier flexible » (*ibid.*, p. 624).

propos audacieux vient compléter une analyse du « *maestro* de Wall Street » qui avec le recul s'est avérée un peu imprudente : « Quand on me demande, par exemple, quels problèmes et déséquilibres inquiétants guettent à l'horizon, je réponds invariablement que les crises financières qui sont prévisibles par les acteurs du marché adviennent rarement. Si l'on pressent qu'une bulle boursière présage d'un krach, spéculateurs et investisseurs tenteront de vendre auparavant. Cela dégonfle la bulle et prévient le krach[1]. » Dès lors pourquoi intervenir ? Certes, il y a bien quelques « spasmes financiers » comme le krach boursier d'octobre 1987 ou les crises financières de 1997-1998, mais l'extrême réactivité des marchés leur permet de s'adapter comme s'ils étaient guidés par « une main invisible internationale[2] ».

Le piège de l'idéologie et le fétichisme de l'État

Pourtant, cette vulgate du libre marché nous dit-elle toute la vérité des pratiques et des dispositifs du néolibéralisme comme beaucoup semblent le croire ? Faut-il admettre que le néolibéralisme ne va pas plus loin que la doctrine simpliste qui a inondé les circuits médiatiques et politiques pendant deux ou trois décennies ? Plus directement, l'État a-t-il vraiment disparu de la scène ? N'a-t-il vraiment joué aucun rôle ?

On conviendra qu'avant de parler de « changement de paradigme », il faudrait être au clair sur ce qu'est le « modèle néolibéral ». Or ce dernier ne se réduit pas à cette « idée folle » du marché omniscient et omnipotent, pas plus qu'il ne se résume à l'expansion débridée de la finance mondiale, au défaut de surveillance des pratiques de crédit, à l'aveuglement qui a alimenté les « bulles » technologiques, financières ou immobilières. Il ne se réduit pas non plus à la domination de la logique financière sur l'« économie réelle » qui a fait du prix des titres en Bourse le seul indicateur de la valeur des actifs.

En réalité, loin de relever d'une pure « folie » étrangère à toute forme de rationalité, le « chaos » financier est le fruit d'une action continue, omniprésente et multiforme des États eux-mêmes, engagés dans une transformation globale des institutions, des relations sociales, des manières de gouverner. La « dérégulation des marchés financiers » n'a jamais signifié

---

1   *Ibid.*, p. 592.
2   *Ibid.*, p. 619.

l'absence de règles ; elle s'est accompagnée de la mise en place d'un système de règles prudentielles (en l'espèce celui des accords de Bâle II) qui se sont révélées inopérantes [1], de sorte que la crise financière est *moins due à l'absence de règles qu'à la défaillance d'un certain mode de régulation.* De plus, la fuite en avant des banques d'affaires spéculant sur des crédits à haut risque et des assureurs offrant des polices d'assurance aux acheteurs de titres « toxiques » n'était pas sans rapport avec la politique d'argent facile de la Fed et l'assurance d'une protection *in fine* du Trésor.

Il y a plus édifiant encore. En pleine tourmente financière, Nicolas Sarkozy est resté implacablement fidèle à ses engagements de campagne électorale [2]. Incohérence ? manipulation ? tromperie ? Non point. Contrairement à ce qu'une certaine gauche à bout d'arguments a voulu faire croire, il n'y a pas la moindre contradiction entre l'appel du président de l'Union européenne à la mise au point de nouvelles règles à l'échelle internationale et la volonté affirmée du président de la République française de poursuivre les réformes engagées au plan national. Les réformes (réduction des dépenses publiques, processus de privatisation de La Poste, remise en cause de l'âge limite pour la retraite, etc.) sont dictées par une politique de concurrence, mais l'appel à une régulation de la finance mondiale n'est pas dicté par un autre souci que celui de rendre la concurrence « efficace » et « loyale » [3]. Les règles envisagées ne s'opposent donc nullement à la concurrence, elles ont au contraire pour fonction de l'organiser, de la faciliter et de la stimuler. Or cette idée que les règles sont nécessaires au bon fonctionnement de la concurrence est précisément *au cœur* du néolibéralisme.

Plus largement, l'État ne succède pas au marché, tout simplement parce que l'État a en réalité toujours été là, parce qu'il n'a pas un instant cessé, comme Marx l'avait d'ailleurs en son temps souligné, d'être un levier puissant destiné à briser les obstacles de toute nature au processus de l'accumulation du capital. L'une des grandes nouveautés du néolibéralisme ne tient pas à un illusoire retour à l'état naturel du marché, mais à la mise en place juridique et politique d'un ordre mondial de marché dont la logique

---

1   Sur ce point essentiel, *cf. infra*, chap. 10 et 12.

2   « La crise appelle à accélérer le rythme des réformes, non à le ralentir », a-t-il souligné dans son discours de Toulon le 25 septembre 2008.

3   Dans ce même discours de Toulon, N. Sarkozy déclarait : « Oui, il arrive que la concurrence soit inefficace ou déloyale. Alors il faut bien que l'État intervienne, qu'il impose des règles, qu'il investisse, qu'il prenne des participations, pourvu qu'il sache se retirer quand son intervention n'est plus nécessaire. »

implique non pas l'abolition, mais la transformation des modes d'action et des institutions publiques dans tous les pays. Le tour de passe-passe idéologique qui fait « disparaître l'État » de la scène masque surtout sa transformation effective en une sorte de « grande entreprise » entièrement pliée au principe général de compétition et orientée vers l'expansion, le soutien et, dans une certaine mesure, la régulation des marchés. Non seulement l'État n'a pas disparu, non seulement il s'est mis plus que jamais au service des entreprises, mais il s'est même mué en un gouvernement de type entrepreneurial [1].

L'idée selon laquelle, avec l'intervention des États, nous aurions affaire à du « keynésianisme » ou à du « socialisme » ne résiste pas à l'analyse. Tout d'abord, on peut se demander avec Slavoj Zizek quel sens il y a à baptiser « socialiste » une mesure « dont le but premier n'est pas de venir en aide aux pauvres, mais aux riches, non pas à ceux qui empruntent, mais à ceux qui prêtent [2] ». Ensuite, on fera remarquer que le sauvetage des banques d'investissement par le Trésor américain et les gouvernements européens a été en réalité monté par les banques elles-mêmes au prix de commissions exorbitantes [3]. Il fallait donc beaucoup de naïveté pour ne pas voir que le capitalisme financier était sauvé par l'*État néolibéral*, lequel réaffirmait sa fonction de prêteur en dernier ressort et multipliait ses engagements et ses garanties sous la pression des « faillis », paradoxalement en position de force. Cet État est alors apparu sous un nouveau visage, non point celui du « socialiste honteux », mais celui du *spéculateur* conduit de force à parier sur une remontée du cours des titres pourris provisoirement rachetés pour « sauver le système ».

La *doxa* qui diagnostique aujourd'hui le « retour de l'État » est en réalité une *contre-idéologie* qui a le défaut de rester sur le seul terrain de l'idéologie vulgaire des marchés. Comme cette dernière, elle est prisonnière d'oppositions inconsistantes et superficielles : libéralisme *ou* interventionnisme, État *ou* marché, etc. Comme cette dernière, elle ne retient qu'un seul critère, celui de la présence ou l'absence de l'intervention de l'État, indépendamment de la question du contenu ou de la nature de cette intervention. La conclusion pratique s'impose : dès lors que toute réglementation de la vie économique est tenue par définition pour a- ou antilibérale, on se fera un devoir de l'appuyer, sans égard à son contenu ou, pire encore, en

---

1   Sur le « gouvernement entrepreneurial », *cf. infra*, chap. 12.
2   S. ZIZEK, « Lutte des classes à Wall Street », *Le Monde*, 9 octobre 2008.
3   Marc ROCHE, « Les banques d'affaires s'enrichissent en conseillant les États pour qu'ils sauvent… les banques ! », *Le Monde*, 9 octobre 2008.

préjugeant favorablement de ce contenu [1]. En dernière analyse, ce que dévoile une telle attitude, c'est un véritable *fétichisme de l'État*.

En réalité, le discrédit profond qui atteint aujourd'hui l'idéologie du laisser-faire n'empêche nullement le néolibéralisme de continuer plus que jamais à prévaloir en tant que rationalité capable d'informer de l'intérieur la pratique effective des différents sujets. Non seulement l'éclatement en 2008 de la *bulle idéologique du laisser-faire* n'annonce pas *ipso facto* la défaite de la logique normative du néolibéralisme, mais celle-ci est aujourd'hui si bien installée et si répandue que, au milieu du chaos financier, elle n'est même plus perçue comme telle et moins encore pensée.

Il convient donc de prendre au sérieux le « néolibéralisme ». C'est toute l'ambition de cet ouvrage. Non pas pour en donner une définition simple, non pas pour laisser penser qu'il y aurait derrière ce mot une « réalité » doctrinale, politique, économique, historique et sociologique facile à saisir. C'est tout le contraire. Si le mot « néolibéralisme » a bien un contenu conceptuel déterminé, il faut pour l'identifier consentir à un travail de lecture et d'interprétation qui est tout sauf facile. En un mot, il faut désormais, à gauche, cesser de penser que nous savons à quoi nous avons affaire quand nous parlons de « libéralisme » ou de « néolibéralisme ». Le prêt-à-penser « antilibéral », par ses raccourcis et ses approximations, nous a fait perdre trop de temps.

La nature de la gouvernementalité

La thèse que défend cet ouvrage est précisément que le néolibéralisme, avant d'être une idéologie ou une politique économique, est d'abord et fondamentalement une *rationalité*, et qu'à ce titre il tend à structurer et organiser, non seulement l'action des gouvernants, mais jusqu'à la conduite des gouvernés eux-mêmes.

On trouve, dans l'exposé du cours donné par Michel Foucault au Collège de France durant l'année 1978-1979 – publié sous le titre de *Naissance de la biopolitique* [2] –, une présentation du « plan d'analyse » choisi pour

---

1   Comme on sait, ce fut là l'un des arguments les plus constamment invoqués en 2005 par ceux des responsables socialistes qui ont pris fait et cause pour la ratification du Traité constitutionnel européen lors de la campagne du référendum en France.

2   M. FOUCAULT, *Naissance de la biopolitique*, Seuil/Gallimard, Paris, 2004, noté dorénavant *NBP*. Ce cours constitue la référence centrale à laquelle se trouve ordonnée toute l'analyse du néolibéralisme tentée dans le présent ouvrage.

l'étude du néolibéralisme : il s'agit, dit en substance Foucault, d'« un plan d'analyse possible – celui de la "raison gouvernementale", c'est-à-dire de ces types de rationalité qui sont mis en œuvre dans les procédés par lesquels on dirige, à travers une administration étatique, la conduite des hommes[1] ». La rationalité néolibérale est donc en ce sens une rationalité « gouvernementale ».

Encore faut-il s'entendre sur le sens de cette notion de « gouvernement » : « Il s'agit là [...], non pas de l'institution "gouvernement", mais de l'activité qui consiste à régir la conduite des hommes dans un cadre et avec des instruments étatiques[2]. » Foucault revient à plusieurs reprises sur cette idée du « gouvernement » comme « activité » plutôt que comme « institution ». Ainsi, dans le résumé du cours du Collège de France intitulé *Du gouvernement des vivants*, cette notion de « gouvernement » est « entendue au sens large de techniques et procédures destinées à diriger la conduite des hommes[3] ». Ou encore, dans la préface à l'*Histoire de la sexualité*, cet éclairage rétrospectif apporté à son analyse des pratiques punitives : il dit s'être avant tout intéressé aux procédés du pouvoir, soit « à l'élaboration et à la mise en place depuis le XVIIᵉ siècle de techniques pour "gouverner" les individus, c'est-à-dire pour "conduire leur conduite", et cela dans des domaines aussi différents que l'école, l'armée, l'atelier[4] ». Le terme de « gouvernementalité » a précisément été introduit pour signifier les multiples formes de cette activité par laquelle des hommes, qui peuvent ou non appartenir à un « gouvernement », entendent conduire la conduite d'autres hommes, c'est-à-dire les gouverner.

C'est si vrai que le gouvernement, loin de s'en remettre à la seule discipline pour atteindre l'individu au plus intime, vise ultimement à obtenir un *auto-gouvernement* de l'individu lui-même, c'est-à-dire à produire un certain type de rapport à soi. En 1982, M. Foucault dira s'être de plus en plus intéressé au « mode d'action qu'un individu exerce sur lui-même à travers les techniques de soi », au point d'élargir sa première conception de la gouvernementalité, trop centrée sur les techniques d'exercice du pouvoir sur les autres : « J'appelle "gouvernementalité", écrira-t-il alors, la rencontre entre les techniques de domination exercées sur les autres et les techniques

---

1   *Ibid.*, p. 327, reproduit dans M. FOUCAULT, *Dits et Écrits II*, 1976-1988, Gallimard, « Quarto », Paris, p. 823.
2   *Ibid.*, p. 324, reproduit dans *Dits et Écrits II*, *op. cit.*, p. 819.
3   *Dits et Écrits II*, *op. cit.*, p. 944.
4   *Ibid.*, p. 1401.

de soi[1]. » Gouverner, c'est donc bien conduire la conduite des hommes, à condition de préciser que cette conduite est tout autant celle que l'on a *vis-à-vis de soi-même* que vis-à-vis des autres. C'est en quoi le gouvernement requiert la liberté comme sa condition de possibilité : gouverner, ce n'est pas gouverner *contre* la liberté ou *malgré* elle, c'est gouverner *par* la liberté, c'est-à-dire jouer activement sur l'espace de liberté laissé aux individus pour qu'ils en viennent à se conformer d'eux-mêmes à certaines normes.

Prise en ce sens élargi, la notion de gouvernementalité met à mal l'identification immédiate du pouvoir avec la domination en ce qu'elle échappe à l'alternative « liberté ou domination », ou encore « consentement ou coercition ». En tant que telle, elle se situe entre un type élémentaire de pouvoir compris comme état ouvert et réversible de relations entre les libertés et les « états de domination » définis par la fixation et le blocage de ces relations dans des répartitions hiérarchiques et stables[2]. Elle implique une forme de pouvoir sur les autres qui n'opère qu'à travers les libertés de ceux sur lesquels elle s'exerce. Une telle analytique du gouvernement remet donc directement en cause l'idée que la liberté des sujets se tiendrait *en dehors* des relations de pouvoir et des formes de domination[3].

Problématiser la nouveauté
du néolibéralisme

Le présent ouvrage se propose d'examiner les caractères différentiels qui spécifient la gouvernementalité néolibérale relativement à la gouvernementalité libérale. Sa démarche se veut « généalogique » au sens précis que M. Foucault donnait à ce terme. Il n'est donc pas question ici de chercher à rétablir une simple continuité entre libéralisme et néolibéralisme, comme

---

1   M. Foucault, « Les techniques de soi », *in Dits et Écrits II, op. cit.*, p. 1604. C'est dans ce sens élargi que le terme de « gouvernementalité » sera pris ici. Aussi sommes-nous réticents à identifier la rationalité *gouvernementale* à une rationalité strictement *politique*, comme le fait Wendy Brown dans son petit essai incisif et stimulant (*Les Habits neufs de la politique mondiale. Néolibéralisme et néoconservatisme*, Les Prairies ordinaires, Paris, 2007) : en ce qu'elle s'articule au gouvernement de soi du sujet, la gouvernementalité va bien au-delà de la seule sphère politique, celle des rapports entre citoyens et dirigeants de l'État.

2   Sur les « états de domination » comme fixation des relations de pouvoir, *cf.* M. Foucault, *Dits et Écrits II, op. cit.*, p. 1529-1530.

3   Sur tous ces points, on se reportera à l'analyse de Mitchell Dean, *Governmentality, Power and Rule in Modern Society*, Sage, Londres, 1999, p. 35 et p. 46-47.

il est d'usage, mais de souligner ce qui fait proprement la nouveauté du « néo »-libéralisme, nouveauté qui ne se saisit qu'en référence à la rupture primordiale accomplie par le « gouvernement des intérêts » au XVIIIe siècle [1].

Il s'agit donc de donner à entendre la singularité d'un « événement » qui n'est en rien déjà inscrit dans les failles « intellectuelles » du premier libéralisme, mais qui doit à la contingence de certaines conditions historiques d'avoir instauré un nouveau régime discursif, opérant ainsi une nouvelle manière de partage entre dicible et non-dicible comme entre vérité et non-vérité [2]. Mener à bien cette tâche implique d'aller à rebours de la pente consistant à présenter le néolibéralisme comme un « retour » au libéralisme des origines ou comme une « restauration » de celui-ci après la longue éclipse qui suit la crise des années 1890-1900. Cette thèse d'un *revival* ou d'une « renaissance » [3] est bien entendu monnaie courante dans la littérature apologétique : elle a pour conséquence logique la dépréciation, voire le rejet pur et simple, du préfixe « néo » regardé comme la marque d'une hostilité malveillante [4]. En vertu d'un paradoxe qui n'est qu'apparent, et qui tient en réalité d'un véritable effet de symétrie, cette perception d'un *continuum* fondamental est très largement partagée par la gauche qui se

---

1 Les universitaires américains du collectif Retort tiennent ainsi que « le préfixe "néo" concède trop à la rhétorique du renouveau chère au capitalisme » : le néolibéralisme actuel, qu'ils qualifient de « militaire », ne serait « rien d'autre que l'accumulation primitive (à peine) déguisée » (*Des images et des bombes*, Les Prairies ordinaires, Paris, 2008, p. 111). Il nous semble que c'est là faire trop peu de cas de certaines transformations dont ils notent eux-mêmes l'importance avec beaucoup de justesse : « Au cours du XXe siècle, l'État en est venu à s'impliquer totalement dans la micro-gestion de la vie quotidienne », de même qu'il « s'est de plus en plus impliqué dans l'instrumentation quotidienne de la docilité des consommateurs » (*ibid.*, p. 44-45). Nous nous proposons de montrer que ces transformations de l'État, qui relèvent du « gouvernement entrepreneurial », sont précisément la marque spécifique de la gouvernementalité néolibérale.

2 En ce sens, on est fondé à tenir la rationalité néolibérale pour une rationalité *discursive*. *Cf.* W. Brown, *op. cit.*, p. 40 : les rationalités politiques sont à analyser « comme des ordres discursifs de la raison qui informent les sujets et les institutions politiques (dont l'État, mais pas seulement) ainsi que les normes du discours politique ». Rappelons que pour M. Foucault les discours eux-mêmes, loin de relever de représentations subjectives, sont des « pratiques » régies par des règles spécifiques (*L'Archéologie du savoir*, Gallimard, Paris, 2005, p. 182).

3 L'expression de « renaissance libérale » est l'une des expressions favorites de Friedrich A. Hayek. *Cf.* notamment le texte de 1951 intitulé « La transmission des idéaux de la liberté économique », *in Essais de philosophie, de science politique et d'économie*, trad. Christophe Piton, Les Belles Lettres, Paris, 2007.

4 On en a un bel exemple avec l'ouvrage déjà mentionné d'Alain Laurent qui s'élève contre « le prétendu " néo "-libéralisme » et « le caractère fallacieux du " néo " ... » (*op. cit.*, p. 161 et 177).

dénomme volontiers « antilibérale ». Rien d'étonnant à cela, puisque de part et d'autre on confond la représentation idéologique avec la rationalité. Que « les grandes machineries de pouvoir se soient accompagnées de productions idéologiques [1] » n'autorise pourtant pas à réduire les règles du discours ou les techniques et les procédures du pouvoir à une formation de « superstructure » dont la fonction serait de couvrir la réalité crue d'un « capitalisme sauvage ». Le croire revient à entretenir l'illusion naturaliste que les doctrinaires du néolibéralisme se plaisent à diffuser : le marché serait l'état naturel de la société, c'est-à-dire l'état auquel celle-ci ne manque pas de retourner chaque fois que le gouvernement s'abstient d'intervenir. Ce qui oppose les partisans les plus dogmatiques et les contempteurs les plus naïfs du néolibéralisme a tendance à occulter ce qui les rassemble, puisque les premiers lui attribuent une naturalité entièrement bénéfique quand les seconds lui prêtent une naturalité foncièrement maléfique. Mais l'essentiel est pour les uns comme pour les autres que le marché soit tenu pour une réalité capable de s'auto-entretenir hors de toute interférence gouvernementale, de sorte que système de marché et intervention publique ne pourraient que s'exclure mutuellement. Par là, on s'interdit en particulier de comprendre tout ce qui sépare le « néolibéralisme » comme rationalité du « libertarianisme » comme idéologie. Le libertarianisme, tout au moins dans la version donnée par Robert Nozick [2], préconise un « État minimal » s'interdisant toute forme de redistribution, au motif que le marché réaliserait par lui-même la justice. Le libertarianisme radical de Murray Rothbard va encore bien au-delà par un refus de principe de *toute politique gouvernementale* [3]. On pourrait dire, à ce propos, que le libertarianisme est dans cette forme extrême le *négatif* de la rationalité néolibérale. Car ce qu'il reproche au néolibéralisme c'est précisément la *gouvernementalité* elle-même, c'est-à-dire le recours aux instruments du gouvernement pour orienter de l'intérieur le choix des individus de manière à atteindre certaines fins souhaitables. D'où l'idée que le libre marché doit être total et sans réserve, au point même d'autoriser un « marché libre des enfants [4] ». Contrairement à ce qu'affirme un certain

---

1   M. FOUCAULT, « *Il faut défendre la société* », Gallimard/Seuil, Paris, 1997, p. 30.

2   Auteur de *Anarchy, State and Utopia*, 1974, dont il sera plus particulièrement question dans le chap. 3.

3   La raison de fond en est que toute politique gouvernementale est par définition une agression, ce qui revient à dire que tout État, même minimal, est antilibéral. *Cf.* le manifeste « anarcho-capitaliste » de M. ROTHBARD, *For a New Liberty*, The Macmillan Company, New York, 1973.

4   M. ROTHBARD, *L'Éthique de la liberté*, Les Belles Lettres, Paris, 1991, p. 139.

« antilibéralisme » de gauche, il ne faut pas confondre la rationalité marchande avec le principe du « tout-marché » : le néolibéralisme étend bien la rationalité marchande à toutes les sphères de l'existence humaine, mais il n'impose nullement que tout soit marché ; mieux même, cette extension présuppose que « le marché conserve en tant que tel sa singularité [1] », et donc que tout *ne* soit *pas* marché. L'essentiel est que la norme du marché s'impose au-delà du marché, et non que le marché dévore toute la réalité. Pour la gauche dans son ensemble, les conséquences politiques de cette confusion de pensée sont aisément discernables.

Au-delà de cet enjeu politique, aborder l'étude du libéralisme et du néolibéralisme par la question de la gouvernementalité n'est pas sans produire certains déplacements relativement aux approches dominantes ou aux lignes de clivage les mieux établies. On cherchera en vain ici une « histoire intellectuelle du libéralisme [2] ». On s'étonnera peut-être de ne pas trouver trace de la traditionnelle dualité du « libéralisme économique » et du « libéralisme politique », pas même comme prétexte à l'affirmation de leur fondamentale unité. Ce n'est pas seulement que, poussée au-delà d'un certain point, la pertinence de cette distinction est plus que douteuse, comme l'avait noté Bernard Manin [3] – il n'y a pas en effet de libéralisme qui soit purement économique et coupé d'une certaine idée de l'ordre politique souhaitable. C'est également que la question des limites de l'action du gouvernement a été élaborée tout autant par le libéralisme « économique » que par le libéralisme « politique ». On ne lui substituera pas la distinction, assurément plus fine, entre libéralisme de marché et libéralisme des contre-pouvoirs [4]. Tout simplement parce que toutes ces distinctions renvoient à la recherche de cohérences intellectuelles ou doctrinales, et non à la logique des discours et des pratiques.

Comprendre le néolibéralisme comme rationalité globale, comme normativité générale, c'est aussi, et peut-être surtout, refuser trois approches théoriques insuffisantes qui, pour des raisons différentes, ont en commun de le réduire à une simple *idéologie*.

---

1   W. BROWN, *Les Habits neufs de la politique mondiale, op. cit.*, p. 50.
2   P. MANENT, *Histoire intellectuelle du libéralisme*, Hachette Pluriel, Paris, 1987.
3   B. MANIN, « Les deux libéralismes : marché ou contre-pouvoirs », *Intervention*, n° 9, mai-juin-juillet 1984, p. 10-24.
4   Bernard Manin renvoie à Hayek pour le premier type de libéralisme, celui qui fait du marché le principe de la limitation du pouvoir, et à Madison pour le second type, celui qui confie aux « pouvoirs intermédiaires » le soin de réaliser cette limitation, *ibid.*

La première relève d'un marxisme qui voit dans le néolibéralisme l'idéologie du capitalisme libéré de toute entrave. Cette approche n'accorde en général au néolibéralisme pris en lui-même qu'un faible intérêt. Simple et illusoire « retour à Adam Smith », cette idéologie serait tout à la fois une expression et une source de la libéralisation des marchés et de la « marchandisation » de la société. Au fond, seule importe ici la réaffirmation essentialiste de l'identité à soi-même du capitalisme. Ce schématisme, qui sous-tend assez largement l'« antilibéralisme » de gauche, a beaucoup de mal à faire le départ entre le libéralisme et le néolibéralisme. La radicalité apparente de cette dénonciation du néolibéralisme a ceci de paradoxal qu'elle minimise la transformation des rapports sociaux et politiques en cours, qu'elle ne perçoit pas la logique générale qui préside à celle-ci, qu'elle fait espérer une dissipation rapide de l'« illusion libérale ». C'est dire à quel point cette approche laisse ceux qui résistent à l'ordre néolibéral bien désarmés théoriquement.

La deuxième approche donne encore moins de place à l'analyse du néolibéralisme. Elle relève d'un idéalisme méthodologique qui veut voir dans l'idéologie actuellement dominante le prolongement et l'exacerbation de la révolution des droits individuels des XVIIe et XVIIIe siècles. Les grands maux de notre société, la crise de la politique et la démoralisation de nos concitoyens tiendraient aux excès de l'idéologie individualiste. Ici, à la différence de la position marxiste précédemment évoquée, le capitalisme et ses mutations ne jouent aucun rôle. Nous sommes au royaume pur des idées politiques qui, par leur mouvement propre, engendrent le délitement des institutions et de la démocratie. Cette thèse, que l'on trouve dans les écrits de Marcel Gauchet [1], repose sur une erreur de perspective susceptible de donner lieu à des conclusions politiques dangereuses : l'angoisse devant l'évidement des valeurs et la dissolution des normes nourrit aisément l'appel à la restauration de l'ordre.

Enfin, il convient d'écarter une troisième approche, quand bien même elle serait plus originale que les deux premières. Initiée par Luc Boltanski et Ève Chiapello, elle cherche à identifier la nouvelle « idéologie » du capitalisme [2]. Sa catégorie centrale est celle de *justification* : la littérature néomanagériale permettrait de porter au jour les nouvelles formes de « justification » du capitalisme. Ces dernières seraient dérivées de la « critique artiste » issue de Mai 68. Rejoignant la deuxième approche par

---

1   M. Gauchet, *La Crise du libéralisme*, vol. I et II, Gallimard, Paris 2007, *cf. infra*, chap. 5.
2   L. Boltanski et È. Chiapello, *Le Nouvel Esprit du capitalisme*, Gallimard, « NRF Essais », Paris, 1999.

l'importance accordée à l'hédonisme individualiste, elle se voudrait fidèle à l'inspiration de Max Weber lorsque ce dernier soulignait l'importance des justifications morales de la recherche du profit. Cette approche présente deux graves limites. Premièrement, comme nous l'établirons plus loin [1], la perspective historique qui fait remonter le « nouvel esprit du capitalisme » aux thèmes libertaires de 1968 est à la fois trop courte et trop superficielle. Deuxièmement, la méthode consistant à voir dans l'« idéologie » un ensemble de justifications abandonne ce qui faisait toute la force de la thèse de Weber : pour ce dernier l'« esprit du capitalisme » constitue une certaine *mise en ordre* de la conduite effective des sujets sociaux [2].

Dans sa première partie, le présent ouvrage entendra mettre en évidence ce que l'on pourrait appeler la matrice du premier libéralisme, à savoir l'élaboration de la question des limites du gouvernement. Il apparaîtra alors que cette élaboration s'appuie sur une certaine conception de l'homme, de la société et de l'histoire. Reste que l'unité de cette question n'implique pas une homogénéité du libéralisme « classique » [3], comme le montrent les voies divergentes qui aboutiront à la grande crise des certitudes de la fin du XIXe siècle.

Dans sa deuxième partie, il s'attachera à montrer que, dès son acte de naissance, le néolibéralisme introduit une distance, voire une franche rupture, avec la version dogmatique du libéralisme qui s'est imposée au XIXe siècle. C'est que la gravité de la crise de ce dogmatisme poussait à une révision explicite et assumée du vieux laisser-fairisme. La tâche d'une refondation intellectuelle ne conduit pas là non plus à une doctrine entièrement unifiée. Deux grands courants vont se dessiner dès le colloque Walter Lippmann de 1938 : le courant de l'ordolibéralisme allemand, principalement représenté par Walter Eucken et Wilhelm Röpke, et le courant austro-américain représenté par Ludwig von Mises et Friedrich A. Hayek.

La troisième partie permettra enfin d'établir que la rationalité néolibérale qui se déploie véritablement dans les années 1980-1990 n'est pas la

---

1   *Cf. infra*, chap. 10, 12 et 13.
2   Ainsi que le fait très clairement apparaître le passage suivant : « Le capitalisme actuel, qui s'est assuré la suprématie dans la vie économique, éduque et produit pour lui-même, par le biais de la *sélection* économique, les sujets économiques – entrepreneurs et ouvriers – dont il a besoin » (M. WEBER, *L'Éthique protestante et l'esprit du capitalisme, op. cit.*, p. 94).
3   Didier Deleule soutient de façon convaincante que cette homogénéité est un mythe inventé après coup (*Hume et la naissance du libéralisme économique*, Aubier Montaigne, Paris, 1979, p. 282 *sq.*).

simple mise en œuvre de la doctrine élaborée dans les années 1930. Avec elle, on ne passe pas de la théorie à son application. Une sorte de filtre, qui ne relève pas d'une sélection consciente et délibérée, retient certains éléments aux dépens du reste, en fonction de leur valeur opératoire ou stratégique dans une situation historique donnée. On a là affaire non à une action monocausale (de l'idéologie vers l'économie ou l'inverse), mais à une multiplicité de processus hétérogènes qui ont abouti, en raison de « phénomènes de coagulation, d'appui, de renforcement réciproque, de mise en cohésion, d'intégration », à cet « effet global » qu'est la mise en place d'une nouvelle rationalité gouvernementale [1].

Le néolibéralisme n'est donc pas l'héritier naturel du premier libéralisme, non plus qu'il n'en est la trahison ou le dévoiement. Il ne reprend pas la question des limites du gouvernement là où on l'avait laissé. Il ne se demande plus : quel type de limite assigner au gouvernement politique, le marché, les droits ou le calcul d'utilité ? (Partie I), mais bien plutôt : comment faire du marché le principe du gouvernement des hommes comme du gouvernement de soi ? (Partie II). Considéré comme rationalité, le néolibéralisme est précisément le déploiement de la logique du marché comme logique normative, depuis l'État jusqu'au plus intime de la subjectivité (Partie III). On sera par conséquent attentif à la continuité de la recherche ici conduite. Rien n'interdit cependant de lire séparément les trois parties du livre, dans la mesure où chacune a sa cohérence propre.

---

1. M. FOUCAULT, *Sécurité, territoire, population*, Gallimard/Seuil, « Hautes Études », Paris, 2004, p. 244. Dans ce passage, l'auteur substitue à la question de l'assignation d'une cause ou source unique celle de la constitution ou composition des effets globaux comme moyen privilégié d'établissement de l'intelligibilité en histoire.

I

Des limites du gouvernement

1

Mécanique sociale
et rationalité des intérêts

L e libéralisme classique se caractérise par le renouvellement des manières de penser la limitation apportée à l'exercice de la puissance publique. Deux séries d'arguments tantôt se mêlent, tantôt se disjoignent : la première série parle la langue des droits de l'individu, la seconde série parle celle de ses intérêts. Dans le premier cas, le fondement de la limitation est *juridique* : l'existence de droits naturels dont l'individu est porteur suffit à poser les limites que l'autorité souveraine doit s'interdire de franchir. Dans le second, le fondement se veut *scientifique* : l'existence d'une nature de l'homme, d'un ordre propre de la société civile, d'une progression historique universelle, établit « naturellement » l'étendue de l'intervention de l'État. C'est alors l'action de forces obéissant à des lois connaissables qui dresse des limites à cette intervention.

Ces deux modes d'argumentation, juridico-politique et scientifique, se conjuguent ou se séparent selon les auteurs et les courants. On peut néanmoins distinguer, à la suite de M. Foucault, deux grandes « voies », selon que l'un ou l'autre de ces deux modes d'argumentation se trouve privilégié, sinon promu de manière exclusive.

La première est la voie « juridico-déductive ». C'est elle qui fut « jusqu'à un certain point » la voie de la Révolution française. Elle consiste à identifier tout d'abord les droits naturels qui appartiennent à tout individu (ou « droits de l'homme »), puis à définir les conditions de la cession de certains de ces droits, donc à opérer un partage des droits entre ceux qui sont incessibles et ceux auxquels il est permis de renoncer, enfin à déduire des contours de la sphère de souveraineté résultant de ce renoncement une délimitation de la compétence du gouvernement : les droits qui ne relèvent pas de cette sphère (les droits dits « inaliénables ») tracent une sorte de « frontière » que toute action gouvernementale doit s'interdire de franchir. Un double trait caractérise ces limites : ce sont des limites *extérieures* à la pratique gouvernementale en ce que ce sont des limites de *droit*.

La seconde voie se donne un point de départ tout à fait différent : il s'agit cette fois-ci de partir de la pratique gouvernementale elle-même pour dégager des limites définies non plus en termes de *droit*, mais en termes d'*utilité*, donc des limites *intérieures* à cette pratique. Cette substitution fait toute l'originalité du « radicalisme anglais » issu pour l'essentiel de Bentham. Aussi M. Foucault désigne-t-il cette seconde voie comme la « voie radicale utilitariste ».

Ces deux voies ne sont pas sans impliquer deux conceptions hétérogènes de la loi et de la liberté. Deux conceptions différentes de la loi, tout d'abord : si dans la voie « axiomatique révolutionnaire » la loi est comprise avant tout comme l'expression d'une volonté « commune » ou « générale », dans la voie « radicale utilitariste » la loi apparaît comme l'« effet d'une transaction », à savoir celle qui partage la sphère d'intervention de la puissance publique de la sphère d'indépendance des individus en fonction du seul critère de l'utilité. Deux conceptions de la liberté, ensuite : d'un côté, dans la voie « axiomatique révolutionnaire », une conception juridique de la liberté qui procède de la reconnaissance de droits naturels inaliénables ; de l'autre, dans la voie « radicale utilitariste », une conception de la liberté comme « indépendance des gouvernés à l'égard des gouvernants [1] ». Cependant, cette hétérogénéité n'a pas empêché qu'entre ces deux systèmes il y ait eu « connexion incessante », donc « toute une série de ponts, de passerelles, de joints » [2]. Ainsi, la référence aux « droits naturels de l'homme » a continué à fonctionner dans le discours du libéralisme, alors même que le problème de l'utilité était déjà devenu *de facto* le problème dominant. On ne doit donc jamais perdre de vue que la distinction des deux voies procède avant tout du souci d'identifier deux grandes logiques à l'œuvre dans l'articulation du discours du libéralisme, sans préjuger des « mixtes » que la réalité historico-politique n'a cessé de présenter sous des formes extrêmement diverses.

---

1   Pour toute cette présentation des « deux voies », voir M. Foucault, *NBP, op. cit.*, p. 40-45.
2   *Ibid.*, p. 45.

La science de l'économie politique

Quelle place revient exactement au discours de l'économie politique relativement à cette dualité des voies ? Indiscutablement, la revendication de scientificité qui anime ce discours porterait à le situer dans ce partage du côté de la seconde voie, et ce même si la voie de l'utilitarisme proprement dit n'a été frayée qu'*après* que l'économie politique se fut constituée en discipline spécifique. Car le fait décisif est qu'à partir de cette constitution la politique ne se plie plus, directement du moins, à la Loi divine révélée par les religions, pas plus qu'aux prescriptions de la morale des Anciens. Elle s'ordonne aux « lois naturelles », lesquelles, contrairement à la « loi de nature » qui a sa source en Dieu, ne sont pas des commandements et expriment une nécessité inscrite dans les choses elles-mêmes. La politique sera en conséquence dite « naturelle », « économique », « scientifique ». Le gouvernement devra faire dépendre son action d'une triple considération : de la nature de l'individu, de l'ordre de la société, du progrès de l'histoire. Nul bien transcendant n'offrira de modèle auquel les gouvernants auront à se conformer. Ils devront conduire leur action parmi un jeu de forces objectif, que l'on peut connaître par l'enquête et la lumière de la raison. Force parmi les forces, toute action gouvernementale devra se doubler d'une réflexion sur le système établi des interactions et des intérêts en jeu. D'où l'importance de connaître l'homme, la société, l'histoire, d'où l'urgence de constituer une science de la nature humaine, dont dépendra le bonheur des sociétés futures.

L'articulation entre une idée de l'homme, de la société et de l'histoire varie selon les auteurs. Elle a des allures bien différentes selon que l'on s'attache à la lignée écossaise, celle de Hume, de Ferguson et de Smith, ou à la filiation physiocratique. Mais on retrouve presque partout un discours anthropologique fondé sur l'homme des passions et des intérêts, un discours économique modelé sur un jeu mécanique de forces en équilibre, un discours historique reposant sur l'idée d'un cours inexorable des sociétés franchissant les stades successifs des modes de subsistance au long des siècles. Ces trois types de considérations, l'anthropologie de l'intérêt, le mécanisme social et le progressisme historique, se nouent dans l'idée que l'histoire humaine n'accomplit pas un plan conçu par avance et échappe à la volonté des hommes. C'est à l'examen de ce discours que seront consacrés les deux premiers chapitres de cette partie.

Cependant, l'économie politique n'épuise pas, tant s'en faut, le champ discursif à l'intérieur duquel le libéralisme classique étire toutes ses ramifications. L'économie politique pense bien les limites de l'action gouvernementale en fonction de l'évidence d'une « nature », mais c'est justement ce naturalisme non questionné qui l'empêche de distinguer clairement ce qui relève de la *science* économique et ce qui relève de l'*art* du gouvernement, quand il ne la conduit pas à ramener peu ou prou l'art à la science. C'est que l'art ne saurait se réduire à la reconnaissance de lois naturelles : celle-ci est en effet impuissante par elle-même à dicter ce qu'il y a à faire et comment il faut le faire, ce que l'art se propose justement de déterminer. Cette insuffisance d'une détermination purement naturaliste des limites explique en grande partie qu'on ait tenté ultérieurement, de l'intérieur même du libéralisme, soit de réactiver dans un sens libéral un discours d'inspiration prélibérale sur les droits de l'individu, de manière à subordonner l'art du gouvernement à la limite externe constituée par de tels droits, soit de promouvoir le principe de l'utilité comme principe d'une limitation interne, c'est-à-dire comme *principe positif de l'art de gouverner*. La première tentative, outre qu'elle enserre l'art de gouverner dans un cadre juridique très contraignant, aura à articuler la définition des limites de droit à la reconnaissance du dynamisme propre aux « sociétés commerçantes » : en cela elle ouvrira au libéralisme la voie dite « juridico-déductive » dont il sera question dans le troisième chapitre. La seconde, en remettant pour ainsi dire la science économique « à sa place », ouvrira à l'art du gouvernement son espace propre.

Le sujet de l'intérêt

La politique libérale a pour horizon et référence l'homme nouveau défini par la recherche de son intérêt, la satisfaction de son amour-propre, les motivations passionnées qui le font agir. Héritière sur ce point d'élaborations antérieures, elle prend pour donnée une nature de l'homme : un être de désir, enchaîné à ses passions, mû par la recherche du gain ou les plaisirs de la vanité. L'intérêt et la passion, que les morales et les religions traitaient comme des faiblesses, désignent désormais les moteurs de l'action. L'homme est aussi, et du même pas, celui qui agit pour satisfaire son désir, celui qui travaille pour assouvir ses besoins, celui qui commerce pour obtenir ce qu'il n'a pas contre ce qu'il n'utilise pas [1].

Les considérations économiques du libéralisme trouvent ainsi leur assise dans une représentation de l'homme et de ses rapports aux autres,

---

1   *Cf.* C. Laval, *L'Homme économique. Essai sur les racines du néolibéralisme*, Gallimard, « NRF Essais », Paris, 2007.

qui renvoie à des présupposés philosophiques dépassant de loin la seule intelligence des mécanismes de l'économie. On doit prendre très au sérieux l'importance de John Locke au XVIIIᵉ siècle, non pas seulement par ses écrits politiques mais par son *Essai sur l'entendement humain*. Aussi indirect qu'ait été l'impact de cet ouvrage sur les écrits des économistes, il peut être considéré comme la grande référence philosophique de l'économie politique libérale. Il a mis en forme la figure de l'homme nouveau qui contient en lui-même les principes d'action qui le feront agir dans une société de « propriétaires d'eux-mêmes [1] », voués à leur devoir de se conserver et de rendre gloire à Dieu. L'*Essai* est tout entier animé par l'idée que l'homme ne peut tout connaître mais qu'il peut en connaître suffisamment pour connaître Dieu et ses devoirs envers Lui.

> La connaissance humaine est peut-être insuffisante pour parvenir à une compréhension universelle et parfaite de tout ce qui est ; elle assure néanmoins [aux hommes] leurs intérêts principaux : ils disposent de suffisamment de lumière pour atteindre la connaissance de leur Créateur et la perception de leurs propres devoirs. Les hommes peuvent trouver de quoi occuper leur pensée et employer leurs mains de manière variée, agréable et satisfaisante, aussi longtemps qu'ils ne s'en prennent pas effrontément à la façon dont ils sont faits et qu'ils ne rejettent pas les bienfaits dont leurs mains sont pleines sous prétexte qu'elles ne sont pas assez grandes pour tout saisir [2].

Comme il le précise un peu plus loin, la seule vraie question est de savoir ce dont nous sommes capables, et de nous rendre compte que nous pouvons en savoir assez pour tout ce qui intéresse notre conduite.

On sait la thèse de Locke : ce sont les sensations qui animent nos passions, nous poussent à agir, guident notre conduite. Le désir qui nous fait agir est lié à cette inquiétude, à ce malaise (*uneasiness*) que l'on ressent avec le manque d'un objet [3]. Ce malaise est « le principal, sinon le seul aiguillon de l'activité humaine », ce qui fait du désir le seul vrai moteur de l'action. La volonté de l'homme n'est donc pas déterminée par « le plus grand bien positif » ou guidée par l'idée qu'il se fait des « joies du Ciel » dans l'au-delà, mais par les mille petites souffrances et déplaisirs de la vie ordinaire. Ce point est évidemment essentiel en ce qu'il ruine l'idéalisme religieux tout autant que les représentations antiques du souverain bien.

---

1   Sur cette idée de « propriété de soi », *cf.* chap. 3.
2   J. LOCKE, *Essai sur l'entendement humain*, Vrin, Paris, 2001, liv. I, chap. 1, § 4, p. 61.
3   *Ibid.*, liv. II, chap. 20, § 6, p. 368.

L'homme ainsi conduit par son désir fait l'apprentissage du monde et se transforme lui-même. Il crée sa propre richesse par son occupation constante, il fait de la terre un jardin accueillant. C'est le désir qui le fait travailler, qui le conduit à l'industrie de l'homme libre, que James Steuart oppose au labeur de l'esclave [1].

Les tensions entre l'intérêt et la morale

Cette conception de l'homme intéressé, dont le succès sera si vif, et qui trouvera dans la célèbre *Fable des abeilles* (1714) de Mandeville son expression la plus provocatrice, fera horreur à certains. De fait, ce sont souvent les mêmes auteurs qui, d'un côté, fixent les formules de la nouvelle croyance et qui, de l'autre, témoignent des plus extrêmes réserves sur les valeurs que le monde du marché fait triompher. De sorte que ce que l'on appelle le « libéralisme classique », loin d'être né tout d'une pièce dans des œuvres parfaitement univoques, est *dès les origines* traversé par toutes les tensions et divisions qui prendront plus tard la forme de l'opposition ouverte des idéologies, des morales, des politiques, ou encore des sciences.

L'*Essai sur l'histoire de la société civile* (1767) d'Adam Ferguson, qui appartint avec Adam Smith et David Hume aux « Lumières écossaises », constitue un bon témoignage de ces tensions. La première partie de cet ouvrage entend découvrir les « caractères généraux de la nature humaine ». En sa section II, elle expose les « principes de la conservation de soi » (au premier chef, l'amour de soi ou *self-love*) et montre, contre Mandeville qui dérive toutes les passions de l'amour-propre (*self-liking*), lui-même dérivé de l'amour de soi, comment l'intérêt naît d'une « corruption » de ces principes et non de leur développement naturel [2]. La section III de cette même partie porte sur les « principes d'union parmi les hommes », c'est-à-dire sur les liens de l'affection qui donnent au tissu social sa force et sa solidité. La section IV est relative aux « principes de guerre et de dissension », c'est-à-dire aux passions de la jalousie, de l'envie et de la méchanceté. La section VI est consacrée aux « sentiments moraux ». A. Ferguson y reconnaît que dans les « nations commerçantes » les hommes sont dominés par l'intérêt, mais il refuse d'en conclure à l'inexistence d'une disposition à la

---

1   J. STEUART, *An Inquiry into the Principles of Political Economy*, Dublin, 1770, vol. 1, liv. II, x, chap. 1, p. 166.
2   Nous reviendrons dans le chapitre suivant sur cette genèse de l'intérêt chez A. Ferguson.

bonté, à la pitié et à la bienveillance dans la nature humaine. Il montre que cette disposition est encore active « malgré l'opinion dominante selon laquelle le bonheur consiste dans la possession de la plus grande quantité de richesses, de biens et d'honneurs ». Selon A. Ferguson, c'est jusque dans ses motivations les plus profondes que la conduite de l'homme est irréductible à l'intérêt.

Mais c'est dans l'œuvre d'Adam Smith lui-même, perçu rétrospectivement comme le fondateur de l'économie politique libérale, que l'on trouve une tension entre le principe moral de la sympathie et le motif économique de l'intérêt. Ce que l'on a appelé à la fin du xix⁻ siècle « *Das Adam Smith Problem* » est en réalité un problème qui traverse toutes les Lumières : comment concilier la spécificité du jugement moral avec la réduction des vertus à l'intérêt et à l'amour-propre ? En effet, la sympathie apparaît dans le *Traité des sentiments moraux* comme le fondement du jugement moral porté sur la conduite des hommes. Ce concept revêt chez Smith un sens beaucoup plus étendu que son sens courant de « compassion » : il désigne la tendance à se mettre à la place de l'autre par l'imagination et, en ce sens, il rend compte de la « communication imaginaire des sentiments d'une personne à l'autre [1] ».

Si l'on a longtemps pensé, à la suite de Jacob Viner, qu'il y avait deux façons de penser inconciliables dans la réflexion morale et dans l'analyse économique de Smith, des travaux plus récents et plus fins ont montré de différentes manières que les choses n'étaient pas si simples. Le désir inné d'améliorer sa condition, qui explique pour Smith l'effort industrieux, la frugalité, le calcul d'utilité, les progrès économiques issus de la division du travail, n'est pas entièrement isolable de cette recherche permanente de l'approbation d'autrui, de cette quête de reconnaissance et d'amour qui anime l'individu. La constatation que les progrès de l'industrie tiennent à l'insatiable frivolité des hommes et à leur besoin d'être admirés était une idée assez commune depuis le xviiⁱ siècle, qui avait été remise au goût du jour et réévaluée au siècle suivant. Il suffit de penser au *Mondain* de Voltaire et à son apologie de la vanité. Ce qui laisse penser que l'économie politique, au moment même où, avec Smith, elle cherchait à se donner des fondements naturalistes, voire biologiques, dépendait encore de l'anthropologie générale qui donnait des motifs passionnés de l'action et des jugements une définition très enveloppante, bien au-delà des seuls intérêts

1   C. Marouby, *L'Économie de la nature. Essai sur Adam Smith et l'anthropologie de la crois-sance*, Seuil, Paris, 2004, p. 179.

matériels dont la nouvelle science a fini par s'occuper [1]. Le *Traité des sentiments moraux* comme l'*Enquête sur la richesse des nations* sont deux branches d'un vaste système de morale, qui ont certes des objets différents, mais emploient une méthode semblable. La règle qui préside aux échanges humains, qu'il s'agisse dans un cas de la communication imaginaire des sentiments et dans l'autre de la circulation des richesses, dépend de principes inscrits dans la nature humaine, de tendances identificatoires, de pentes à la communication et de passions diverses, qu'il convient de respecter, jusqu'à un certain point du moins. Ces principes humains donnent naissance à un ordre moral d'un côté et à un ordre économique de l'autre qui ont leur propre équilibre et leur loi de développement. Nul besoin d'une autorité politique extérieure pour assurer le lien social : ce dernier est inscrit au cœur même de la nature humaine.

Mais comment la bienveillance, la justice et l'intérêt peuvent-ils se combiner ? Le but du système complet de philosophie morale que se proposait d'édifier A. Smith semble bien d'avoir été de répondre à cette question. Sans doute n'y est-il pas complètement parvenu et a-t-il laissé à ses interprètes le difficile problème de la compatibilité entre l'ordre moral produit par les ressorts de la sympathie et l'ordre économique issu de la poursuite des intérêts. La solution au « Problème Adam Smith » n'est pourtant pas dans la facilité d'une séparation totale des domaines de la morale et de l'économie. Smith n'était pas pour rien un lecteur des moralistes du siècle précédent et des philosophes de son temps. Il partageait l'idée selon laquelle le désir le plus impérieux dans une société arrivée à son dernier stade, celui du commerce, n'était pas celui des biens de première nécessité, mais celui des biens de distinction et de prestige attirant le respect et la reconnaissance, et, selon le vocabulaire smithien, l'*approbation d'autrui*. Ainsi, davantage que la sympathie qui nous fait entrer dans les sentiments des autres, c'est le *désir de la sympathie des autres* qui nous importe :

> D'où naît alors cette émulation qui court à travers les différents rangs de la société ? Et quels sont les avantages que nous nous proposons au moyen de ce grand dessein de la vie humaine que nous appelons l'amélioration de notre condition ? Être observés, être remarqués, être considérés avec sympathie, contentement et approbation sont tous les avantages que nous pouvons nous proposer d'en retirer. C'est la vanité, non le bien-être ou le plaisir, qui

---

1. *Cf.* sur ce point la discussion éclairante menée par C. Marouby au chap. 6 de *L'Économie de la nature, op. cit.* On se reportera aussi à la thèse de M. Biziou, *Adam Smith et l'origine du libéralisme*, PUF, Paris, 2003, qui montre que l'économie politique smithienne constitue une partie d'un ensemble philosophique beaucoup plus large.

nous intéresse. Or, la vanité est toujours fondée sur la croyance que nous avons d'être l'objet d'attention et d'approbation [1].

Et, à ses yeux, l'illusion qui porte à croire que ces biens de vanité sont les plus précieux parce qu'ils attirent l'amour est bien le premier ressort de l'industrie et des progrès de l'humanité. Plus généralement, on peut dire que, dans la *Théorie des sentiments moraux*, l'amour de soi n'est jamais dissociable, non pas tant de l'amour que nous avons pour les autres, que du désir que nous avons de l'amour des autres ainsi que du désir que nous éprouvons pour ce que les autres aiment [2]. Le vrai problème de la lecture que l'on fait de l'œuvre d'Adam Smith tient au fait que, dans la *Richesse des nations*, on ne parvient plus aussi nettement à lire dans le « désir d'améliorer sa condition » la dimension essentiellement imaginaire qu'introduit le jeu de la sympathie [3]. En tout cas, il ne fait guère de doute qu'à ses yeux une société pleinement morale et heureuse ne pouvait se satisfaire de l'intérêt égoïste des marchands. Ce dernier suffit à expliquer les enchaînements causaux de la sphère économique, mais on ne saurait s'en contenter du point de vue moral et politique. C'est pourquoi, à l'instar de Ferguson, Smith récusera le « système licencieux » de Mandeville.

Reste que cette conception du sujet de l'intérêt a par elle-même une dimension morale et politique qu'il est essentiel de bien saisir. L'industrie est le moyen de se libérer du manque et d'assurer un pouvoir sur soi-même. Cette discipline de soi par la poursuite de l'intérêt et par l'industrie définit le basculement moderne du régime moral et politique. On ne doit plus rien attendre des préceptes de la religion, on doit se défier des caprices du souverain. La droite conduite personnelle et la bonne politique ne relèvent que de mécanismes humains naturels. Albert O. Hirschman a bien montré comment l'économie de l'intérêt est « exploitée » (c'est le mot qu'il utilise) pour pacifier la société et limiter le pouvoir du souverain [4]. Il insiste sur l'idée si chère à Montesquieu de la neutralisation des passions dangereuses par l'intérêt économique, lequel « canalise » l'énergie humaine, adoucit les mœurs, empêche les « grands coups d'autorité ».

---

1   A. Smith, *Théorie des sentiments moraux*, PUF, Paris, 2007, p. 92-93 (nous soulignons).
2   C. Marouby, *op. cit.*, p. 196.
3   Certaines lectures nous invitent cependant à réinterpréter dans ce sens le célèbre passage de la *Richesse des nations* sur le boucher et le boulanger : nous ne cherchons pas seulement à obtenir du boulanger son pain, nous cherchons par là à obtenir son assentiment de manière à éprouver un sentiment d'approbation mutuelle, de telle sorte que le marché fonctionnerait comme le « lieu d'échange de la sympathie », C. Marouby, *op. cit.*, p. 217.
4   A. O. Hirschman, *Les Passions et les intérêts*, PUF, Paris, 1980.

C'est aussi et surtout le fondement d'une nouvelle façon de se gouverner. L'intérêt, l'autre nom du désir, est un principe d'action qui a sa propre régulation interne. Le gouvernement de soi libéral consiste à réduire la douleur et à accroître le plaisir selon un juste calcul des conséquences de l'action. C'est cette faculté de calcul qui sera le premier régulateur de notre conduite, au détriment des représentations religieuses de l'Enfer et du Paradis, désormais regardés comme de moindre efficacité [1]. Le paradoxe étant bien sûr qu'il a fallu démontrer que la passion qui jusque-là enchaînait l'homme, pouvait et devait être regardée comme ce qui l'émancipait. La morale nouvelle n'est plus faite pour se libérer de l'esclavage des passions, ce sont les passions qui libèrent des préjugés de la morale ancienne.

Un XVIIᵉ siècle mécaniste avait certes montré la voie. Hobbes, le grand modèle et le grand repoussoir à la fois, bâtit l'édifice politique sur les mécanismes du désir [2]. Comme Alasdair MacIntyre l'a fait remarquer, « Hobbes est peut-être le premier auteur de la langue anglaise à avoir expliqué le terme de *pleonexia* par le désir d'avoir plus que son dû (*Leviathan*, 15) [3] ». Ce terme désigne chez Aristote un vice de caractère qui est l'une des deux formes de l'injustice (*dikaiosunê*) et qui consiste dans une disposition à acquérir dans le seul but de posséder davantage, sans aucune espèce de limite. A. MacIntyre note finement que la traduction de Hobbes « induit en erreur sans être véritablement fausse » en ce qu'elle tend à occulter la différence, capitale aux yeux d'Aristote, entre un simple désir et une tendance active à rechercher la possession pour elle-même. Il discerne là comme l'indice d'un renversement par lequel la soif de possession, regardée comme un vice par les Anciens, est désormais tenue pour un bien : « La *pleonexia*, vice selon Aristote, est à présent la force motrice du travail productif moderne [4]. » Certes, certaines résistances trouveront à s'exprimer jusque chez les premiers auteurs libéraux. Ainsi, A. Ferguson ne taira pas ses réserves : tout en reconnaissant qu'en matière de commerce « l'intérêt

---

1   Jeremy Bentham réduira la sanction religieuse à bien peu de chose dans la « déontologie » qui découle de cette nouvelle économie morale de l'homme.

2   *Cf.* la place de l'appétit et du désir qui poussent vers l'objet agréable et l'aversion qui détourne de l'objet désagréable, *in De la nature humaine*, traduit par le baron d'Holbach, Actes Sud, « Babel », Arles, 1997, p. 53. Selon Hobbes, une fin éloignée suppose des fins intermédiaires qui sont des moyens : « Quant à la fin la plus éloignée dans laquelle les anciens philosophes ont placé la félicité, elle n'existe pas dans le monde et il n'y a pas de voie qui y conduise » (p. 54). L'analyse du *conatus* ou effort se trouve dans le *Léviathan*, chap. 6.

3   A. MacIntyre, *Quelle justice ? Quelle rationalité ?*, PUF, « Léviathan », Paris, 1993, p. 120.

4   A. MacIntyre, *Après la vertu*, PUF, « Léviathan », Paris, 1997, p. 220.

particulier est un guide plus sûr que toutes les spéculations du gouvernement », il affirmera que « le désir du gain est la grande source des injustices »[1]. Mais le renversement amorcé par Hobbes sera plus tard ouvertement consacré par Benjamin Franklin lorsque, établissant pour son usage personnel une liste des vertus, il tiendra clairement la volonté d'acquérir pour une vertu, à l'encontre de toute la tradition issue de l'Antiquité grecque[2].

Cette économie humaine du manque fonde l'action politique – elle lui fournit les fins générales : l'amélioration du bien-être ; la mesure : l'utilité des lois ; le moyen d'action : le matériau plastique des sensations transformées par l'imagination. C'est en s'adressant directement ou indirectement aux ressorts premiers de l'action humaine que l'on a prise sur les hommes et non en s'adressant à leur piété ou à leur honneur, sinon en les rapportant à un intérêt bien compris. Cette mécanique des lois de l'action, on se doute qu'elle peut aisément se retourner en prescription morale : car si c'est en travaillant pour soi que l'on travaille pour les autres, il n'est guère difficile de retourner le propos en montrant qu'en travaillant pour les autres, on travaille pour soi. L'altruisme est en quelque sorte contenu dans l'analyse des enchaînements et de la combinaison des forces. Ne faut-il pas d'ailleurs toujours sacrifier une part de son intérêt pour mieux le garantir ?

Mais l'essentiel avec ces « lois de l'action » est sans doute l'affirmation de l'indépendance relative de l'individu dans ses échanges avec autrui, dans la conception de son intérêt, dans ses jugements moraux sur lui et sur les autres. Autrement dit, la limite du pouvoir souverain réside dans la capacité de calcul par chacun de son propre intérêt, des moyens de le satisfaire, des conséquences à en attendre. Cette capacité de jugement ne s'arrête pas aux seuls intérêts personnels, elle s'étend aux intérêts d'autrui et de toute la société. Inversement, cette indépendance fondée sur la capacité morale de calcul conduit à des actions qui sont elles-mêmes sous le regard d'autrui, exposées au jugement public. Si l'individu agit par lui-même, poussé par ses passions, le problème se pose de savoir comment les plans d'action individuels se concilient et s'ils suffisent à constituer un ordre qui soit *en lui-même* une limite pour le pouvoir.

1   A. FERGUSON, *Essai sur l'histoire de la société civile*, traduction C. Gautier, PUF, « Léviathan », 1992, p. 241 et p. 251.
2   A. MACINTYRE, *Après la vertu, op. cit.*, p. 179.

Le système des intérêts

Il ne suffit pas de distinguer dans la nature humaine une « force active », un « désir d'améliorer sa condition », il faut encore démontrer que cette anthropologie de l'intérêt et de l'amour-propre conduit à un ordre social harmonieux et non à la guerre généralisée.

Le libéralisme classique fait du constat de l'interdépendance des intérêts à l'échelle nationale, et même mondiale, l'un de ses points de départ. Il existe un ordre ou un système qui, pour fonctionner, ne nécessite pas l'intervention publique et qui, de surcroît, en questionne la nécessité et en fixe la limite. Cet ordre économique est fondé sur l'utilité réciproque dans l'échange ; il définit un espace où chacun, animé du désir de tirer le plus grand avantage de sa participation à la production générale, contribue selon sa fonction et sa spécialité à l'utilité sociale.

Pierre de Boisguilbert, économiste cartésien et augustinien passé par les Petites Écoles de Port-Royal, en a donné la formule, à la suite de Pierre Nicole et de Jean Domat :

> Tout le commerce de la terre, tant en gros qu'en détail, et même l'agriculture ne se gouvernent que par l'intérêt des entrepreneurs, qui n'ont jamais songé à rendre service ni à obliger ceux avec qui ils contractent par leur commerce ; et tout cabaretier qui vend du vin aux passants n'a jamais eu l'intention de leur être utile, ni les passants qui s'arrêtent chez lui à faire voyage de crainte que ses provisions ne fussent perdues. C'est cette utilité réciproque qui fait l'harmonie du monde et maintient les États ; chacun songe à se procurer son intérêt personnel au plus haut degré et avec le plus de facilité qu'il lui est possible [1].

Le cadre de la réflexion économique libérale est ainsi dessiné : il suffira de montrer de façon plus formelle comment s'équilibrent par le jeu des prix les satisfactions des échangistes.

La « division du travail » apparaît dès la seconde moitié du XVIIᵉ siècle comme le principe de l'organisation sociale et comme la cause des progrès matériels. L'idée que l'économie de marché est un système dont les parties sont dépendantes les unes des autres du fait de cette division, que ce système est régi par des lois que l'on peut connaître, qu'il est en équilibre et qu'il entraîne une production en constante expansion est bien une

---

[1] Cité par S. LATOUCHE, *L'Invention de l'économie*, Albin Michel, Paris, 2005, p. 157. *Factum de la France*, 1705, *in* Pierre de BOISGUILBERT, *Œuvres*, INED, Paris, 1966, p.748-749. *Cf.* le commentaire de G. FACCARELLO, *Aux origines de l'économie politique libérale. Pierre de Boisguilbert*, Anthropos, Paris, 1986.

découverte qui précède le développement de l'économie politique classique. C'est presque devenu un lieu commun à la fin du XVIIᵉ siècle, aussi bien dans cette littérature « mercantiliste » que composent les nombreux *Discourses of Trade* des hommes d'affaires et administrateurs anglais que dans les écrits des philosophes, des moralistes et des théologiens liés au jansénisme ou au calvinisme. Cette conception de l'interdépendance des intérêts et des travaux doit aussi à la science de l'époque. L'« invention de l'économie » dont parle Serge Latouche [1] est en effet la fille de la pratique commerciale et de la science physique. Elle relève d'un mécanisme qui applique à la société les méthodes d'analyse des forces et des mouvements de la mécanique, comme on le perçoit à la prolifération des métaphores qui comparent la société à une formidable machine aux rouages complexes, ou à une grande horloge dont toutes les pièces concourraient au mouvement d'ensemble.

Si cette idée précède la constitution de l'économie politique comme science, elle en est en même temps la condition. Louis Dumont a sans doute raison de souligner que l'économie politique ne s'est pas séparée des autres registres de la pensée morale et politique du fait d'une anthropologie spécifique, mais qu'elle a pu le faire à partir de la considération de l'existence d'un système propre à un certain ordre de phénomènes : « Pour qu'une telle séparation ait lieu, il fallait que la matière particulière soit vue ou sentie comme un système, comme constituant en quelque façon un tout distinct des autres matières [2]. »

Là encore, la démarche scientifique n'a pas été sans souci moral et religieux. L'harmonie de ce système fondé sur la réciprocité dans l'échange qui permet à tous les échangistes de gagner peut-elle provenir du jeu des ressorts de l'action humaine, lorsqu'on les laisse libres de fonctionner, comme le penseront les jansénistes et à leur suite les économistes ? Le croire, c'est laisser penser qu'un Dieu a créé et lancé une machine une fois pour toutes et qu'Il n'a plus eu besoin d'y revenir par la suite.

> Par un aveuglement effroyable, il n'y a point de négociant, quel qu'il soit, qui ne travaille de tout son pouvoir à déconcerter cette harmonie ; ce n'est qu'à la pointe de l'épée, soit en vendant, soit en achetant, qu'elle se maintient ; et l'opulence publique, qui fournit la pâture à tous les sujets, ne subsiste que par une Providence supérieure, qui la soutient comme elle fait fructifier les productions de la terre, n'y ayant pas un moment ni un seul marché où il ne

---

1   S. Latouche, *op. cit.*
2   L. Dumont, *Homo aequalis. I. Genèse et épanouissement de l'idéologie économique*, Gallimard, Paris, 1977, p. 43.

faille qu'elle agisse, puisqu'il n'y a pas une seule rencontre où on ne fasse la guerre [1].

Mais cette providence, cette autorité supérieure, n'est jamais que le mécanisme de la concurrence qui empêche la monopolisation et la montée des taux, dans la mesure même où elle force chacun à vendre pour acheter. Tous étant forcés d'être vendeurs, l'équilibre entre tous devient possible. C'est cette loi supérieure qui fait qu'il y a un équilibre possible, c'est cette loi générale qui assure la prospérité par l'émulation, puisque, une fois animé par le désir du gain, chacun cherche à maximiser son avantage dans le cadre des règles du jeu du marché.

Comme le montre Gilbert Faccarello, la loi suprême du marché ne laisse à l'État que le rôle de « ménagement » des conditions de la concurrence. Cela ne signifie évidemment pas que l'État n'a plus rien à faire et l'on se méprendrait à cet égard à déceler une rupture avec ce qui est acquis au XVIIᵉ siècle. L'État ne fait rien d'autre que l'essentiel dans le domaine qui est le sien : la protection des personnes et des biens, la prohibition de la violence ouverte. Pierre de Boisguilbert est sans doute l'un de ceux qui ont le mieux tracé les contours de ce mécanisme libéral : si la réciprocité des échanges du surplus de chacun est naturelle, continue, harmonieuse, toute interférence extérieure ne peut venir que le dérégler. Il n'y a donc pas de prescription morale ni de politique religieuse à y faire jouer en supplément : « On donne pour obtenir », selon la formule de Pierre Nicole, et cela suffit. Adam Smith reprendra l'essentiel de l'argument : l'économie a son propre cours harmonieux si on laisse les individus suivre la perception immédiate qu'ils ont de leur intérêt propre. Le thème fameux de la « main invisible » en a même fait, pour la postérité, l'inventeur de la problématique. Les individus, en cherchant l'emploi le plus avantageux de leurs ressources, servent au mieux la société tout entière, lors même que cette fin n'est nullement inscrite dans leur intention consciente. Il ne s'agit nullement ici de l'action opaque de forces supranaturelles mais au contraire de forces très naturelles, dérivées de ce désir universel d'amélioration des conditions [2]. C'est ce moteur qui pousse à l'échange, à la spécialisation, à la croissance de la productivité.

---

1   P. Boisguilbert, *Dissertation sur la nature des richesses*, in E. Daire (dir.), *Économistes financiers du XVIIᵉ*, 1843, Guillaumin, Paris, p. 404.

2   *Cf.* J.-C. Perrot, « La Main invisible et le Dieu caché », in *Une histoire intellectuelle de l'économie politique, (XVIIᵉ-XVIIIᵉ siècle)*, Éditions de l'EHESS, Paris, 1992, p. 333 *sq.*

Si l'idée de l'harmonie des intérêts précède le xviiiᵉ siècle et si Smith n'en est pas l'inventeur, il ne faut évidemment pas la négliger [1]. C'est souvent par elle que l'on résume le libéralisme économique. C'est cette conception du « marché autorégulateur » qui, comme l'a montré Karl Polanyi, sous-tendra les politiques concrètes des gouvernements dans la première moitié du xixᵉ siècle.

La vraie nouveauté de Smith est le refus assumé de toute téléologie en morale et en économie politique [2]. La providence de la « main invisible » n'est jamais que la série des conséquences non voulues d'actions guidées par des principes et des motifs inscrits dans la nature humaine. Les actions ne sont pas motivées par des fins ultimes : leurs auteurs ne sont même pas informés des conséquences qu'elles peuvent avoir au-delà de leur effet immédiat. Les hommes agissent en aveugles quant aux suites de ce qu'ils font.

Le gouvernement limité
par la « marche des choses »

Quelles conséquences en déduire quant à la pratique gouvernementale ? En dépit de variations entre auteurs et courants, un principe général se dégage. L'État doit rester non pas inactif, non pas indifférent, mais « tranquille ». « *Be quiet !* », telle sera la maxime de gouvernement par laquelle Bentham résumera, à la fin du siècle, la leçon de l'économie politique. Si Dieu n'a pas à remonter Lui-même la montre qu'Il a conçue, l'État doit régler le mécanisme périodiquement, bien qu'avec une extrême précaution.

---

1   Cette idée selon laquelle l'intérêt particulier et l'intérêt commun se rejoignent, Smith a bien pu la lire chez Lemercier de la Rivière : « L'intérêt personnel, encouragé par cette grande liberté, presse vivement et perpétuellement chaque homme en particulier de perfectionner, de multiplier les choses dont il est vendeur ; de grossir, par ce moyen, la masse des jouissances qu'il peut procurer aux autres hommes afin de grossir, par ce moyen, la masse des jouissances que les autres hommes peuvent lui procurer en échange. *Le monde va* alors *de lui-même* ; le désir de jouir et la liberté de jouir ne cessant de provoquer la multiplication des productions et l'accroissement de l'industrie, ils impriment à toute la société un mouvement qui devient une tendance perpétuelle vers son meilleur état possible. » P.-P. Lemercier de la Rivière, *L'Ordre naturel des sociétés politiques*, in E. Daire (dir.), *op. cit.*, p. 617.
2   On verra cependant dans le chapitre suivant qu'il n'évite pas la téléologie lorsqu'il s'agit de penser le progrès de l'histoire.

James Steuart a dessiné le portrait de l'administrateur éclairé, parfaitement au fait de l'« économie compliquée de nos jours », qui sait à la fois aider au fonctionnement du commerce et de l'industrie, et s'interdire un exercice arbitraire de son pouvoir. Cet « administrateur moderne » est plus fort que le souverain d'hier, car il peut exercer « une influence si puissante sur les opérations d'un peuple entier » en disposant d'une « autorité inconnue dans les siècles précédents, sous les gouvernements les plus absolus ». Toute l'administration qu'il dirige, toute la puissance fiscale qu'il possède, toutes les lois qu'il peut prendre dans tous les domaines en font un redoutable facteur de dérèglement. Pourtant, il est, beaucoup plus que le souverain ancien, limité dans son pouvoir par l'économie elle-même : « L'économie moderne est le frein le plus efficace qui ait jamais été inventé contre la folie du despotisme [1]. » Par une ruse de l'histoire, les Princes se sont eux-mêmes enchaînés aux racines de leur puissance. Voulant être plus forts que leurs voisins, ils ont encouragé le commerce et l'industrie, ce qui a donné naissance à une économie compliquée qui oblige à un « nouveau plan d'administration » beaucoup plus respectueux des rouages de la mécanique sociale. Le changement est total : alors qu'avant le pouvoir arbitraire visait en toutes choses à restreindre la liberté, aujourd'hui le prince exerce son autorité à étendre la liberté publique [2]. Ne s'y plierait-il pas que les faits se vengeraient, car désormais le souverain « se trouve lié par les lois de son économie politique de manière que chaque transgression de ces lois le mène dans de nouvelles difficultés [3] ». Le souverain est « lié » par les impôts qu'il prélève. Sa puissance même est subordonnée aux actions multiples et jusque-là invisibles des gens du peuple [4]. Il dépend de ces innombrables interactions entre agents économiques, de ces multiples relations entre les producteurs, les commerçants et les acheteurs. Cette complexité fait aussi la fragilité de la machine : « Il en va des gouvernements comme des machines, plus ils sont simples, plus ils sont solides et durables ; plus ils sont ingénieusement composés, plus ils deviennent utiles, mais plus ils sont exposés au dérèglement [5]. » Smith ne dit pas autre chose quand il souligne que, pour ce qui est « de surveiller l'industrie des particuliers et de la diriger vers les emplois les plus adaptés à l'intérêt de la société », « aucune

---

1   J. Steuart, *Inquiry…*, *op. cit.*, liv. II, chap. xxii, p. 322, cité par A. O. Hirschman, *Les Passions et les intérêts*, *op. cit.*, p. 79.
2   *Ibid.*, liv. II, chap. xiii, p. 248.
3   *Ibid.*, p. 249.
4   *Ibid.*, liv. II, chap. xxii, p. 321.
5   *Ibid.*, liv. II, chap. xiii, p. 249.

sagesse humaine ni savoir humain ne saurait jamais suffire » [1]. La liberté économique s'impose du seul fait de l'impuissance du législateur.

Cette image mécanique donne la forme du problème politique pour les libéraux : quelle est la place du souverain dans cette machinerie économique ? Le souverain ne va-t-il pas enrayer le mouvement naturel de la machine par ses interventions intempestives ? Mais n'est-il pas nécessaire qu'il intervienne si l'une des pièces vient à défaillir ou à gêner les autres ? J. Steuart aime à user de l'image de la montre. Une main trop rude risque de la détruire mais, comme elle se dérègle continuellement, cela suppose que l'administrateur vienne réviser le ressort et les engrenages de temps à autre [2].

On voit par là que la place du souverain s'est modifiée. Elle n'est plus définie par un rang dans la hiérarchie statutaire de l'ordre politique, encore moins par une quelconque distinction d'essence entre les ordres privilégiés. Sa place est déterminée par une fonction dans la machine de l'utilité réciproque des professions. C'est ce qui caractérise le passage de la conception *ontologique* de la souveraineté à la conception *fonctionnelle* de la gouvernementalité.

Chez Smith, comme chez Steuart, le pouvoir gouvernemental, aussi limité soit-il par les lois de l'économie, ne reste pourtant pas inactif. On ne peut même pas dire que l'État doit s'effacer ou diminuer. Ces auteurs sont trop conscients que la société, arrivée à son dernier stade de développement, a vu croître une administration publique aux pouvoirs étendus comme aucune autre société n'en avait connu. Seulement, toutes les actions du gouvernement n'ont de sens que par rapport aux règles de l'échange social et, plus particulièrement, au fonctionnement du marché.

Pour Smith, le souverain, qui doit faire usage de justice et de bienveillance en vue de chercher le bonheur des sujets, a trois devoirs, comme il l'explique au livre V de la *Richesse des nations* : la défense du pays, l'administration de la justice, les travaux et institutions publics. Mais s'arrêter là serait manquer l'essentiel, que l'on trouvera plutôt dans les *Leçons sur la Jurisprudence*, dans lesquelles Smith distingue deux sortes de tâches gouvernementales : les lois de *justice* et les règlements de *police* [3]. Le premier et

---

1   A. SMITH, *Richesse des nations*, édition et traduction Paulette Taïeb, PUF, Paris, 1995, p. 784.

2   *Cf.* A. O. HIRSCHMAN, *op. cit.*, pour ce commentaire.

3   A. SMITH, *Lectures on Jurisprudence*, éd. par R. L. Meek, D. D. Raphael et P. G. Stein, Clarendon Press, Oxford, 1978, p. 5 *sq.* Pour le commentaire, *cf.* Knud HAAKONSSEN, *The Science of a Legislator. The Natural Jurisprudence of David Hume and Adam Smith*, Cambridge University Press, 1989, p. 95.

principal dessein de tout système de gouvernement, explique-t-il, est de maintenir la justice, de prévenir les intrusions dans la propriété des autres, de procurer à chacun la possession pacifique et sûre de sa propre propriété. Une fois cette fin de la « paix intérieure » (« *the internal peace, or peace within the doors* ») réalisée, le gouvernement sera alors désireux de promouvoir l'opulence de l'État. Toutes les « régulations » qui ont pour objet l'échange, le commerce, l'agriculture, les manufactures, etc., relèvent de la « police ». On voit que les lois concernent les fondations mêmes de la société et prennent la forme de lois générales qui forcent les hommes à la justice et à la prudence dont ils manquent, tandis que les règlements de police ou administratifs poursuivent des buts particuliers inspirés souvent par le devoir de bienveillance. Dans le premier cas, les lois ne doivent en aucun cas être entachées de partialité en faveur d'intérêts particuliers, comme c'est le cas si souvent. On sait que Smith se méfiait tout particulièrement des marchands si prompts à faire voter des lois à leur seul profit. Les lois de régulation concernent quant à elles des domaines très divers, non seulement le commerce, l'agriculture, les manufactures, le transport des marchandises, mais même la religion et l'enseignement de la morale. De très nombreuses pages sont consacrées à ces sujets dans la *Richesse des nations*.

On est ainsi frappé par l'importance accordée par Smith à l'instruction des enfants de toutes conditions mais spécialement aux enfants du peuple, sans parler de l'instruction pour les « gens de tous âges ». Pour Smith, la qualité des relations sociales, le respect des autres, la civilité, la discussion commune font partie des fins que le gouvernement doit rechercher. Si l'on veut éviter les désordres qui naissent des préjugés et des enthousiasmes, il faut éduquer le peuple : « Dans les pays libres, où la sécurité du gouvernement dépend beaucoup du jugement favorable que peut former le peuple de sa conduite, il doit être sûrement de la plus haute importance qu'il ne fût pas enclin à la juger sans réfléchir ou par caprice [1]. » Comme il le dit à propos des sectes religieuses, « la science est le grand antidote contre le poison du fanatisme et de la superstition [2] ». Ainsi, la loi n'est pas seulement faite pour apporter des limites à l'action individuelle lorsque cette dernière est nuisible aux autres. Le devoir du législateur reste toujours guidé par l'« intérêt de la société » dans son ensemble. La limite de l'action

---

1   A. SMITH, *Richesse des nations, op. cit.*, liv. V, chap. 1, p. 884.
2   *Ibid.*, p. 894.

politique repose sur le fait qu'elle pourrait nuire à la justice, lorsque l'État se fait spoliateur, et qu'elle peut dérégler une machine très complexe.

Que le « frein des lois » ait pour principale fonction de garantir la justice en prévenant les atteintes à la sûreté des personnes, c'est également ce qu'affirme A. Ferguson. Puisque, à côté d'autres mobiles comme l'orgueil, la méchanceté, l'envie et la vengeance, « le désir du gain est la grande source des injustices », la loi tend « à déraciner ces principes eux-mêmes, ou *du moins* à en prévenir les effets » [1]. Mais il faut reconnaître qu'il est rare d'obtenir la tranquillité civile par ce moyen et que les États les plus heureux sont ceux qui doivent la paix dont ils jouissent à la force des liens affectifs qui unissent leurs citoyens plutôt qu'à ce « frein ». Plusieurs républiques, dont celles d'Athènes et de Rome, ont bien tenté par le passé de « prévenir l'excessive accumulation des richesses en un petit nombre de mains » en recourant notamment à l'expédient des lois somptuaires. L'objectif était louable, mais l'histoire enseigne qu'« il est impossible d'atteindre complètement ce but dans tout État où il y a inégalité dans le partage de la propriété, où la fortune a assez d'empire pour donner un rang et des distinctions », et qu'il « est même bien difficile, de quelque manière que l'on s'y prenne, de contenir cette source de corruption » [2]. Seule Sparte y parvint en apprenant à ses citoyens à « mépriser l'intérêt ». Mais cet exemple ne peut être transposé dans le présent : « Nous vivons dans des sociétés où il faut être riche pour être grand, où, souvent, le plaisir même n'est recherché que par vanité, où le désir d'un bonheur présumé enflamme la plus dangereuse des passions et devient lui-même la source du malheur, où la justice publique, comme l'individu à qui l'on pose les fers, ne peut que lier les bras des criminels, sans inspirer des sentiments de droiture et de probité [3]. » La conclusion s'impose d'elle-même : faute de pouvoir extirper « les passions qui portent les hommes à se nuire mutuellement », les lois doivent viser pour l'essentiel à « contenir » et à « prévenir » les funestes effets de ces passions. Elles présumeraient dangereusement de leur pouvoir en prétendant faire naître des sentiments de bienveillance mutuelle chez des hommes qui n'en éprouvent pas déjà les uns à l'égard des autres. Bref, s'il est vrai que les lois doivent forcer les hommes à la justice, elles n'en restent pas moins impuissantes à en faire des hommes justes.

Mais, s'il est un objet auquel l'intervention du gouvernement ne peut être que préjudiciable, c'est bien l'accroissement de la population. Dans la

---

1 A. Ferguson, *Essai sur l'histoire de la société civile, op. cit.*, p. 251 (nous soulignons).
2 *Ibid.*, p. 253.
3 *Ibid.*, p. 256.

section IV de la troisième partie de l'*Essai*, intitulée « De la population et de la richesse », l'argumentation part de la prémisse « antimercantiliste » selon laquelle l'accroissement de la population « provient de l'accumulation des richesses », loin que ce soit la croissance de la population qui assure celle des richesses [1]. Lorsque règne l'abondance, la population augmente d'elle-même et les hommes politiques qui s'en attribuent le mérite se font illusion. « Ces hommes politiques s'applaudissent comme s'ils étaient la cause du mouvement, alors qu'ils ne font que le suivre : c'est prétendre augmenter la rapidité d'une cataracte à coups d'aviron, ou la célérité des vents à coups d'éventail [2]. »

Or, puisque ce sont les motifs de l'intérêt qui poussent les hommes à s'enrichir, le gouvernement doit avant tout se préoccuper de les laisser agir par eux-mêmes : « À cet égard, l'homme d'État n'a guère plus de pouvoir qu'à l'égard de la population, c'est-à-dire qu'*il ne peut qu'éviter de nuire* [3]. » En d'autres termes, ce que les souverains « peuvent faire de mieux est de bien prendre garde à ne pas porter atteinte à un objet sur lequel ils ne peuvent presque rien, de ne pas ouvrir de brèches qu'il ne serait pas en leur pouvoir de refermer [4] ». Par où l'on peut vérifier que les limites de l'action gouvernementale sont ici définies de manière exclusivement *négative* : c'est la « marche des choses » qui impose de ne pas intervenir *directement* en ces matières, de sorte que le seul pouvoir laissé à celui qui ne peut faire sans nuire, c'est le pouvoir de ne pas faire pour ne pas nuire. Pour autant, le gouvernement n'est pas condamné à l'inaction absolue. Ce serait oublier que population et richesse ont pour fondement commun « la liberté et la sûreté des personnes ». L'oppression politique est la cause principale de la dépopulation. C'est donc en établissant solidement cette double assise que le gouvernement peut agir *indirectement* sur la population et la richesse. Comme le dit A. Ferguson : « Le grand objet de la politique, à l'égard de ces deux préoccupations, est donc d'assurer à la famille les moyens de s'établir et de subsister, de protéger l'industrie dans tout ce qui l'intéresse, de concilier les restrictions imposées par la police et les affections sociales de la nature humaine avec les actions intéressées et séparées des individus [5]. » Ce qui ne fait au fond que nous ramener au « frein des lois » comme instrument majeur de cette action indirecte. Pour l'essentiel, l'État « tranquille »

---

1   *Ibid.*, p. 239.
2   *Ibid.*, p. 238.
3   *Ibid.*, p. 240 (nous soulignons).
4   *Ibid.*, p. 237.
5   *Ibid.*, p. 240.

est donc celui qui se résout à n'agir qu'indirectement sur tout ce sur quoi il est impuissant à agir directement.

Le gouvernement par la connaissance des lois de la nature

La physiocratie française est très éloignée du style de pensée des Écossais. Aussi pose-t-elle la question de l'action du gouvernement d'une façon très différente. Ce sont sans doute les physiocrates qui ont le plus péremptoirement affirmé l'existence d'un ordre spécifique et systématique des phénomènes économiques soumis à des lois générales invariables. Ce sont eux également qui ont réclamé de la façon la plus unilatérale la liberté complète du commerce. Comme le dit Mirabeau, pour résumer la doctrine, « ce qui est bien fait se fait de soi-même [1] ». Cependant, ce n'est pas parce que Dieu a tout conçu de la manière la plus parfaite que le pouvoir est voué à l'inaction. Le paradoxe est que le « rien faire » physiocratique suppose une action continue et fondamentale du législateur : faire respecter et faire connaître la loi divine qui a institué un ordre naturel. Le libéralisme dogmatique des physiocrates est tout sauf l'« anarchie du marché » ou la « jungle ». En réalité, les physiocrates promeuvent un despotisme du marché. Étrange association du despotisme et de l'ordre naturel, la physiocratie fait de la « nouvelle science » de l'économie la doctrine de référence de l'État rationnel. Quesnay, Mercier de la Rivière, Dupont de Nemours sont connus pour avoir fait de l'ordre naturel voulu et créé par Dieu un ordre auquel on ne peut attenter sauf à détruire la société elle-même. Bien loin de remettre en cause l'autorité absolue du souverain, l'existence de cet ordre connu par la raison scientifique la légitime.

Mais ce pouvoir assis sur des fondements scientifiques a ceci de particulier qu'il est entièrement lié et borné par les lois qui lui assurent son caractère absolu, exactement comme Dieu est entièrement lié par les lois dont Il est l'auteur [2]. De sorte que la physiocratie est bien un despotisme qui ne saurait être limité par des contre-forces arbitraires nées des velléités et des ignorances humaines. C'est un « despotisme de l'évidence »,

---

1   Cité dans G. WEULERSSE, *La Physiocratie à l'aube de la Révolution 1781-1792*, Éditions de l'EHESS, Paris, 1985, p. 190.

2   Les rapports de Quesnay à Malebranche ont été établis depuis longtemps. *Cf.* A. KUBOTA, « Quesnay, disciple de Malebranche », *in Quesnay et la physiocratie*, vol. 1, INED, Paris, 1958.

c'est-à-dire des lois de l'ordre naturel connues par les lumières de la raison dont le souverain n'est qu'un exécutant. Le gouvernement libéral ne fait pas de lois, il les reconnaît comme étant conformes à la raison de la nature. Il les exprime dans le code positif et les fait appliquer. Dans le monde moral, il n'en va pas d'une autre façon que dans le domaine physique. Le gouvernement le plus avantageux aux hommes doit être réglé par des lois qu'il faut connaître pour bien se conduire. Quesnay établit un parfait parallèle entre l'astronomie et l'économie :

> Pour connaître l'ordre des temps et des lieux, pour régler la navigation et assurer le commerce, il a fallu observer et calculer avec précision les lois du mouvement des corps célestes ; il faut de même, pour connaître l'étendue du droit naturel des hommes réunis en société, se fixer aux lois naturelles constitutives du meilleur gouvernement possible [1].

Si la législation positive, comme le dit encore Quesnay, est « la déclaration des lois naturelles, constitutives de l'ordre évidemment le plus avantageux possible aux hommes réunis en société », alors la première et la plus fondamentale des institutions politiques est celle de l'« instruction publique et privée des lois de l'ordre naturel » [2]. L'autorité souveraine n'est pas instituée pour *faire* des lois, car les lois sont déjà toutes faites par la main de Celui qui créa les droits et les devoirs. Elle est faite pour déclarer sous la forme de lois positives la conservation du droit de propriété et de la liberté qui en est inséparable [3]. Le « gouvernement économique », c'est le gouvernement qui est lui-même gouverné par les lois découvertes par la science économique. Cette « gouvernementalité cognitive » trouvera ses développements dans les multiples projets d'instruction des physiocrates. Connaissance et obéissance vont de pair, observance absolue de ses lois et liberté bien comprise vont ensemble. Le gouvernement économique aura les meilleures conséquences en tout domaine. :

> Le Gouvernement économique ouvre les sources des richesses ; les richesses attirent les hommes ; les hommes et les richesses font prospérer l'agriculture, étendent le commerce, animent l'industrie, accroissent et perpétuent les richesses. Le Gouvernement économique prévient le dépérissement de l'opulence et des forces de la nation. De ses ressources abondantes dépendent

---

1   F. QUESNAY, « Le droit naturel », *in Physiocratie*, Garnier-Flammarion, Paris, 1991, p. 82-83.

2   *Ibid.*, p. 84.

3   P. S. DU PONT DE NEMOURS, *De l'origine et des progrès d'une science nouvelle* (1768), *in* E. DAIRE (dir.), *Physiocrates*, Guillaumin, Paris, 1846, p. 347.

les succès des autres parties de l'administration du Royaume ; le Gouvernement économique affermit la puissance de l'État, attire la considération des
autres Nations, assure la gloire du Monarque et le bonheur du Peuple. Ses
vues embrassent tous les principes essentiels d'un gouvernement parfait, où
l'autorité est toujours protectrice, bienfaisante, tutélaire, adorable ; elle n'est
point susceptible d'écarts, elle ne saurait trop s'étendre, elle ne peut
inquiéter, elle soutient partout les intérêts de la Nation, le bon ordre, le droit
public, la puissance et la domination du Souverain [1].

Les physiocrates défendent un naturalisme extrême : l'organisation
politique doit se conformer à un ordre social qui est lui-même dérivé de
l'ordre physique immuable. Il n'y a nulle autonomie des ordres, mais
plutôt une dépendance de chacun à l'égard d'un système général de lois
naturelles. Le « despotisme légal », qui en est l'expression politique, ne veut
rien d'autre que l'autorité absolue de la loi de nature, qui doit se traduire
par des lois positives générales. Le « laisser-faire » est en réalité le respect
absolu du droit naturel et, en tout premier lieu, le respect absolu du droit
de propriété et de la liberté de commerce. La limite apportée au souverain,
c'est la connaissance par chacun de ses droits, c'est donc le poids de l'opinion éclairée par l'instruction publique et la liberté de circulation des idées.
L'unité d'autorité du souverain et l'instruction du peuple sont les deux
piliers du gouvernement économique. Nulle question ici d'accords entre
des intérêts divergents, de compromis entre des passions, d'échange des
sentiments, de créations d'artifices secondaires pour faire lien social,
comme chez les Écossais.

On peut ainsi envisager de deux façons le mode de gouvernement de
cet ordre spontané des intérêts. La « manière » physiocratique et la
« manière » écossaise se distinguent essentiellement par l'idée qu'elles se
font du mécanisme et de son auteur. Pour reprendre ici une utile opposition de Michaël Biziou [2], on peut avancer que la première manière conçoit
surtout la machine économique du point de vue du grand Mécanicien qui
l'a créée dans toute la perfection de ses rouages. La seconde regarde la
machine économique du point de vue de ses enchaînements causaux (non
sans admettre évidemment un Auteur ou un Conducteur, comme le fait
Smith). La première, pour obtenir l'obéissance de tous aux lois naturelles,
suppose l'instruction universelle des vérités économiques ; la seconde,
pour assurer le fonctionnement des engrenages souhaitables, suppose
plutôt de laisser faire les tendances inscrites dans la nature humaine sans

---

1   F. Quesnay, *Tableau économique, in Physiocratie, op. cit.*, p. 127.
2   M. Biziou, *op. cit.*, p. 57-58.

souci du résultat final. Dans le premier cas, la connaissance exacte des lois divines est nécessaire pour assurer ce « despotisme de l'évidence » ; dans le second, l'ignorance par l'individu des fins dernières voulues par le Directeur de la nature va de pair avec le fait de se laisser guider par ses propres sentiments et intérêts.

Il n'en reste pas moins que ces deux branches sont toutes deux animées d'une intention politique ouvertement affirmée : si la « Science nouvelle » de Quesnay s'adresse au souverain, l'économie politique de Smith entend bien s'accomplir en une « Science du législateur ». La différence entre le souverain et le législateur tient précisément au rôle dévolu à la connaissance : le législateur smithien doit beaucoup à la figure de Solon, il doit établir les lois les meilleures parmi celles que peut supporter un peuple, mais, en raison de l'insurmontable opacité de la mécanique sociale, on ne peut attendre de lui « une attention et une maîtrise identiques à celles du souverain physiocratique » ; pour Quesnay, l'absence d'une connaissance des lois de l'ordre naturel condamne irrémédiablement le « Royaume agricole » au déclin [1]. De ce fait, la réduction économiciste de la politique ne laisse chez lui guère de place à la reconnaissance de la spécificité d'un *art* du gouvernement. Mais il faut bien voir que, chez Smith lui-même, le dernier mot reste à la *science* : la science du législateur trouve son fondement dans la science de l'économie politique, à laquelle elle doit sa compréhension du « cours naturel des choses ».

---

[1]   P. STEINER, *La « Science nouvelle » de l'économie politique*, PUF, Paris, 1998, p. 115-116.

2

Progrès de l'histoire
et uniformité de la nature humaine

L a gouvernementalité libérale n'est pas sans s'articuler à une certaine compréhension du sens de l'histoire humaine : c'est que le jeu des intérêts, en cela même qu'il crée spontanément un ordre, est au principe du perfectionnement des sociétés. Or, si l'aiguillon de l'intérêt motive depuis toujours les hommes à agir, c'est dans la mesure où il s'enracine dans certaines dispositions de la nature humaine elle-même. En effet, les premiers penseurs libéraux sont tous très attachés au principe humien de l'uniformité de la nature humaine : certains penchants et sentiments sont tenus pour innés et universels, seules varient les circonstances de temps et de lieu.

Comment dans ces conditions rendre compte des changements intervenus depuis les premiers âges dans le mode de vie et de subsistance des hommes ? Comment expliquer, si les hommes sont restés les mêmes, que de tels changements aient fini par conduire à l'avènement de la « société commerciale » marquée par la division du travail et l'échange ? La difficulté est d'autant plus aiguë que s'élabore au milieu du XVIIIᵉ siècle un « modèle anthropologique » appelé à une grande diffusion comme à une durable postérité, celui du progrès universel de l'humanité à travers des stades successifs de développement économique.

On doit à Robert Meek, chercheur en sciences sociales et l'un des éditeurs de la grande édition de Glasgow des œuvres d'Adam Smith, d'avoir reconstitué la généalogie de ce modèle théorique [1], celui qu'il appelle la *Four Stage Theory*, la « théorie des quatre stades » : « Sous sa forme la plus spécifique, la théorie stipulait qu'au cours du temps la société progressait "naturellement" ou "normalement" par quatre stades plus ou moins distincts et consécutifs, chacun correspondant à un mode de subsistance différent, ces stades étant définis comme ceux de la chasse, du pastoralisme, de l'agriculture, et du commerce [2]. » Ce modèle fut formulé à peu près simultanément par Smith, Turgot et Rousseau [3].

Trois traits de ce modèle méritent de retenir l'attention : tout d'abord, chacun de ces stades est identifié à un mode de subsistance, ce qui donne à penser que la différenciation des stades a des rapports étroits avec l'économie ; ensuite, la progression d'un stade au suivant est présentée comme « naturelle » ; enfin, les différents peuples sont désormais ordonnés selon leur position dans une temporalité idéale, celle de la progression universelle des sociétés humaines, au lieu d'être simplement situés dans l'espace d'une géographie humaine [4]. Pareille conception du progrès par stades n'est pas sans impliquer une certaine discontinuité, laquelle est malaisément conciliable avec le postulat de l'« uniformitarisme » selon lequel la nature humaine est la même sous toutes les latitudes et à toutes les époques [5]. Comment en effet rendre raison d'une telle discontinuité, sinon en reconnaissant une irréductible altérité entre les types humains correspondant à ces différents stades ?

L'auteur qui affronte directement cette question dès le milieu du XVIIIᵉ siècle est Adam Ferguson. Comme le fait remarquer M. Foucault, c'est Ferguson qui, dans son *Essai* déjà cité, donne au concept de « société civile » son sens proprement moderne en cessant d'identifier « société civile » et « société politique », comme l'avait notamment fait Locke [6].

---

1   Dans *Social Science and the Ignoble Savage*, Cambridge University Press, 1976. Nous nous appuyons ici sur l'ouvrage déjà cité de C. MAROUBY, *L'Économie de la nature, op. cit.*, p. 25.
2   Cité par C. MAROUBY, *ibid.*, p. 26, note 1.
3   *Ibid.*, p. 23-25. On trouve ainsi chez A. Smith l'affirmation suivante : « Il y a quatre états distincts par lesquels passe l'humanité : premièrement, l'âge des chasseurs ; deuxièmement, l'âge des pasteurs ; troisièmement, l'âge de l'agriculture ; et quatrièmement, l'âge du commerce », *Lectures on Jurisprudence, op. cit.*, p. 14 *sq.*
4   *Ibid.*, p. 26-27.
5   *Ibid.*, p. 31.
6   M. FOUCAULT, *NBP, op. cit.*, p. 301.

Ce que veut dire « société civile »

Quels sont les traits essentiels de cette « société civile » ? M. Foucault en identifie quatre : premièrement, la société civile est une « constante historico-naturelle » ; deuxièmement, elle est un « principe de synthèse spontanée » ; troisièmement, elle est une « matrice permanente de pouvoir politique » ; quatrièmement, elle constitue le « moteur de l'histoire »[1].

Reprenons les trois premiers de ces traits pour mieux comprendre le sens du quatrième et dernier, celui qui permet à Ferguson de lier permanence de la nature humaine et succession historique des différents stades. Que la société civile soit une « constante historico-naturelle » signifie avant tout que rien ne précède la société civile : aussi loin qu'on remonte dans le passé, c'est toujours à la société civile qu'on a affaire, ce qui fait qu'il est parfaitement vain d'imaginer un avant de la société civile sous la forme d'un « état de nature » qui aurait été un état d'isolement ou de non-société. Par là, c'est tout le problème du passage de la non-société à la société, donc tout le problème du contrat, qui est évacué. S'il en est ainsi, c'est qu'il est impossible de dissocier la nature humaine de la société et de l'histoire. De la société : car, en l'homme, « la société se révèle aussi ancienne que l'individu[2] ». De l'histoire : en vertu d'une « propriété particulière à l'homme », « l'espèce, aussi bien que l'individu, a son progrès », de sorte que l'homme « possède en lui le principe de son progrès » (l'anglais dit : « *has in himself a principle of progression* »)[3]. Il n'y a pas à entrer dans la société et dans l'histoire, parce qu'on est toujours déjà dans la société et toujours déjà dans l'histoire.

Deuxième trait, « la société civile assure la synthèse spontanée des individus[4] ». Que la synthèse soit spontanée signifie notamment que l'on n'a pas besoin d'une cession de droits scellée par un pacte ou d'une quelconque union volontaire : les individus n'ont pas à *faire* société, ils sont d'emblée *associés* par des liens qui opèrent en deçà de toute institution. Quels sont ces liens ? Ce sont justement ceux, déjà évoqués plus haut, de la sympathie, de la bienveillance, de la compassion, mais aussi des sentiments de répugnance, de rivalité ou de jalousie[5]. Ce sont ces liens affectifs

---

1   *Ibid.*, p. 302 à 312.
2   A. Ferguson, *Essai sur l'histoire de la société civile, op. cit.*, p. 111.
3   *Ibid.*, p. 110 et 112.
4   M. Foucault, *NBP, op. cit.*, p. 304.
5   A. Ferguson, *Essai sur l'histoire de la société civile, op. cit.*, 1re partie, sections III et IV, sans oublier bien entendu la section VI consacrée aux sentiments moraux.

et passionnels qui forment le tissu des communautés, c'est-à-dire des formes d'existence de la société civile au cours de l'histoire (familles, villages, tribus, nations, etc.). L'essentiel est ici de comprendre que ce n'est pas le lien économique qui fait tenir ces différentes sociétés. Au contraire, et c'est là sans doute la grande originalité de Ferguson, le lien d'intérêt qui se noue entre les partenaires de l'échange marchand agit tel un « principe dissociatif », en ce qu'il tend continuellement à « défaire » l'union spontanée qui se forme par le jeu des affects et des passions. Les liens de l'intérêt tendent à dissocier ceux que les liens de l'affection ont associés, de sorte que la société civile est travaillée de l'intérieur, tout au long de son histoire, par un double mécanisme d'association-dissociation.

Troisième trait souligné par M. Foucault, la société civile est une « matrice permanente de pouvoir politique ». Comment entendre cette formule ? De même que l'association spontanée des individus ôte toute raison d'être au pacte d'association (*pactum unionis*), la formation spontanée de pouvoir rend totalement superflu le pacte de soumission (*pactum subjectionis*). Les liens de fait qui existent entre les individus vont les amener à se répartir entre eux les rôles et les tâches en fonction des talents qu'ils se découvrent, et cette « division du travail », qui va bien au-delà de la sphère économique, produira d'elle-même des différenciations à la faveur desquelles certains prendront peu à peu de l'ascendant sur les autres, au point que c'est à eux qu'on prendra l'habitude de confier les décisions les plus importantes. Ce qui se forme ainsi spontanément, en même temps que l'association elle-même, ce sont des rapports de subordination tout aussi essentiels aux hommes qu'à la société : « Il est incontestable qu'un système de subordination est aussi nécessaire à l'homme qu'à la société elle-même, et ceci pour parvenir aux fins de tout gouvernement, mais aussi pour se conformer à un ordre établi par la nature [1]. » Le pouvoir est donc produit antérieurement à toute institution politique et à toute codification juridique, ce que montre l'exemple des « sauvages de l'Amérique du Nord » : en l'absence de toute « forme fixe de gouvernement », ces « nations » se conduisent avec tout le « concert » dont sont capables les « nations constituées », « leur société civile est organisée avec ordre sans l'aide de police ou de lois coercitives » [2].

---

1 *Ibid.*, p. 162-163.
2 *Ibid.*, p. 186-187 ; le texte anglais dit exactement : « *their domestic society is conducted with order* ». On comparera avec ce que dit Hobbes de ces mêmes sauvages (*Léviathan*, trad. Tricot, Sirey, Paris, 1971, p. 125) : « ... en maint endroit de l'Amérique, les sauvages, mis à part le gouvernement de petites familles dont la concorde dépend de la

Mais, dans ces conditions, comment expliquer que l'humanité, au lieu de se satisfaire de la simplicité de ces *rude nations* [1], en soit sortie pour parvenir jusqu'à l'état de civilisation ? C'est en ce point que le quatrième trait mis au jour par M. Foucault révèle toute sa portée.

Société civile et histoire

Que la société civile soit le « moteur de l'histoire », c'est là une proposition qui n'est pas aisée à entendre : si le premier état de l'humanité réalise un « équilibre spontané » et si les « caractères généraux de la nature humaine » sont déjà à l'œuvre dans ce commencement, de sorte que toute supposition d'un contrat se trouve par avance invalidée, qu'est-ce qui a pu pousser les hommes à quitter l'« état de sauvage » pour l'« état de barbare » ? On sait en effet que, pour Ferguson, la société civile est passée dans son histoire par les trois stades de la « sauvagerie », de la « barbarie », et de la « civilisation ». Dans cette perspective, l'opposition fondamentale est celle de *rudeness* à *civilization* : dans l'ensemble des *rude nations*, on distinguera les *savage nations* des *barbarous nations* [2]. Le premier état est celui des « nations » qui tirent leur principale subsistance de la chasse, de la pêche ou des productions naturelles du sol : « Celles-là s'embarrassent assez peu de la propriété, et à peine trouve-t-on chez elles quelques commencements de subordination et de gouvernement. » Le deuxième état est celui des « nations » qui possèdent des troupeaux et tirent leur subsistance des pâturages, comme les Scythes et les Tartares : elles connaissent « la richesse et la pauvreté » comme aussi « les rapports de patron et de client, de maître et de serviteur ». Bref, dans l'état de sauvage, « toute idée de propriété est encore

---

concupiscence naturelle, n'ont pas de gouvernement du tout, et ils vivent à ce jour de la manière quasi animale que j'ai dite plus haut. »

1   C. Gautier traduit *rude* par « grossières ».

2   Sur ce point et, plus largement, sur l'idée de civilisation chez Ferguson, on se reportera à la contribution de M. MALHERBE, « Quelques considérations sur l'idée de civilisation : Hume et Ferguson », *in* B. BINOCHE (dir.), *Les Équivoques de la civilisation*, Champ Vallon, « Milieux », Paris, 2005, p. 168. Ajoutons que Ferguson ne fait pas de l'agriculture un stade à part, pas plus qu'il n'identifie l'homme civil au laboureur, comme le fait Rousseau dans l'*Essai sur l'origine des langues* (Gallimard, « Folio Essais », Paris, 1990, p. 98) : « Le sauvage est chasseur, le barbare est berger. l'homme civil est laboureur. » Sur la théorie des quatre stades et ses multiples variantes, M. Foucault avait lu le livre de R. MEEK, *Economics and Ideology and Other Essays*, Chapman & Hall, Londres, 1967 (*NBP*, p. 319, note 22).

inconnue » ; dans celui de barbare, « la propriété, quoiqu'elle ne soit pas garantie par des lois, est un objet capital de désir et de soins » [1].

Ce qui est donc en cause dans le passage du premier au deuxième état, c'est l'apparition de la propriété et, avec elle, de l'inégalité dans la répartition de la propriété. Y a-t-il dans la nature humaine une disposition particulière dont l'action serait au principe d'une telle transformation ? Ou plutôt, puisque toutes les dispositions inscrites dans notre nature sont « communes à toute l'espèce », ne peut-on envisager qu'un usage différent de la même disposition finisse par produire une telle transformation ? On pourrait alors atténuer la rigueur de l'« uniformitarisme » et concéder que « cette nature diffère suivant les climats et les époques différents », à la stricte condition que cette différence regarde, non les qualités ou dispositions en elles-mêmes, mais leur usage ou encore leur répartition [2]. De fait, c'est dans cette voie que s'engage Ferguson. Au début de la section III de la deuxième partie (intitulée significativement « Des nations grossières sous l'influence de la propriété et de l'intérêt »), le motif déterminant de l'« intérêt » se trouve introduit. Ce qui est désigné par ce terme, c'est le plus souvent l'égoïsme économique dont on a déjà noté qu'il agit tel un « principe de dissociation » des liens de l'affection. Ainsi, dans ce passage :

> Dès que l'individu n'aperçoit plus dans ses associés la même exactitude à rapporter tout en commun pour l'usage de tous, il est alarmé des soins que chacun prend pour lui-même et l'inquiétude de son propre sort s'empare de lui. L'émulation et la jalousie l'aiguillonnent autant que le sentiment de la nécessité. Il laisse germer dans son cœur les considérations d'intérêt et, lorsque le besoin présent est satisfait, il s'occupe de l'avenir ou, plutôt, sa vanité se trouve intéressée à amasser ce qui est devenu un motif de concurrence et l'objet de l'estime générale [3].

Toute la question est de savoir si le jeu de l'intérêt procède d'un principe de la nature humaine. Car, si tel est le cas, il s'agit d'expliquer, non certes l'absence, mais l'efficience limitée de ce jeu dans l'état sauvage. Ferguson l'indique en effet expressément, « dans l'état le plus simple de la société », « l'intérêt n'est pas un motif essentiel » [4]. S'appuyant sur

---

1   A. FERGUSON, *Essai sur l'histoire de la société civile, op. cit.*, p. 182.
2   C'est ce que dit l'*Essai* en toutes lettres au début de la section II de la première partie, *ibid.*, p. 115.
3   *Ibid.*, p. 196.
4   *Ibid.*, p. 185.

Joseph-François Lafitau et François-Xavier Charlevoix [1], il montre que l'amour de l'égalité est tel chez les sauvages d'Amérique que l'idée même d'un devoir de reconnaissance liant le bénéficiaire au donateur leur est absolument étrangère, avant d'ajouter :

> Notre rigidité sur l'article de la reconnaissance, ces propos éternels qui tendent à rendre le devoir plus sacré et plus inviolable, prouvent seulement que nous en méconnaissons la nature, trahissent notre sensibilité pour l'intérêt, lequel nous pousse à apprécier l'amitié et la générosité elles-mêmes d'après leurs avantages, et nous fait adopter un esprit de trafic dans ce qui n'est qu'un commerce de sentiments [2].

Ferguson peut donc à bon droit conclure que les sentiments de tendresse et de générosité ne sont nullement des effets subséquents de la « culture », mais des traits originels de la nature humaine [3]. D'où vient alors que le passage de l'état sauvage à l'état barbare donne lieu à un relâchement du « lien de société » sous l'effet de la constitution chez l'individu d'un intérêt particulier [4] ? Ce n'est qu'à partir de cette constitution que l'inégalité des conditions progresse jusqu'à rendre la subordination des individus les uns aux autres « marquée » et « permanente ». Et c'est toujours cette constitution qui permet d'expliquer que, dans l'état barbare, ce soient des passions violentes qui l'emportent, le désir du pillage, le désir de la victoire, l'amour de la gloire. Il faut revenir aux principes de la nature humaine que la section II de la première partie désigne comme les « principes de la conservation de soi » pour comprendre la faille qu'introduit le motif de l'intérêt particulier dans l'histoire de l'humanité. Ferguson y établit l'ambivalence de ce qu'il appelle les « passions intéressées », lesquelles « nous portent à cultiver les arts mécaniques et le commerce » en même temps qu'elles « nous poussent à transgresser les lois de l'équité » [5]. Puis, quelques lignes plus loin, il ajoute ce développement remarquable :

> Quoique le motif de l'intérêt soit fondé sur l'expérience des besoins et des désirs physiques, son but n'est pas d'en satisfaire un en particulier, mais d'assurer les moyens de les satisfaire tous ; et, fréquemment, il réprime d'une

---

1   On doit à ces deux voyageurs deux récits qui eurent une grande influence : J.-F. Lafitau, *Mœurs des sauvages américains, comparées aux mœurs des premiers temps*, 1724, et P.-F.-X. Charlevoix, *Journal d'un Voyage fait par ordre du Roy dans l'Amérique septentrionale*, 1744.

2   A. Ferguson, *Essai sur l'histoire de la société civile, op. cit.*, p. 188.

3   *Ibid.*, p. 193-194.

4   *Ibid.*, p. 197.

5   *Ibid.*, p. 117.

manière plus puissante et plus sévère les désirs qui lui ont donné naissance, mieux que ne pourraient le faire la religion ou le devoir. Il prend sa source dans les principes de la conservation de soi, mais il n'en est qu'une corruption, ou, pour le moins, un résultat partiel de ces principes, et c'est improprement, à maints égards, qu'il est appelé amour de soi (*self-love*) [1].

Manifestement, le souci de Ferguson est ici de prévenir l'assimilation de la conservation de soi à l'intérêt, à l'encontre d'une certaine « philosophie de l'égoïsme » qui réduit la bienveillance à une forme d'« amour de soi ». Aussi entend-il « restreindre le sens du mot "intérêt" à son acception la plus commune » : l'intérêt ne signifie alors rien de plus que l'« amour du sien » et ne saurait donc prendre le sens d'« utilité en général », tout ce qui est utile n'étant pas pour autant « intéressé » [2]. Le mot *selfish*, dont vient *selfishness*, « égoïsme », signifie d'ailleurs chez Ferguson à la fois « intéressé » et « égoïste ». Si l'intérêt ainsi compris « résulte partiellement » des principes de la conservation de soi, on peut alors fort bien imaginer que de telles dispositions soient à l'œuvre dans l'état sauvage sans que leur jeu spontané n'entraîne encore la cristallisation de l'« intérêt particulier ». C'est seulement lorsque ces dispositions « se combinent avec la réflexion et la prévoyance » qu'elles « font éclore les idées concernant la propriété » et font prendre conscience à l'homme de « cet objet de soins qu'il nomme son intérêt ». Si cette condition est remplie, l'homme « trouve, dans une accumulation de richesses dont il est probable qu'il ne fera jamais usage, un objet de sa plus grande sollicitude, et la principale idole de son cœur », et seulement alors il « perçoit une relation entre sa personne et sa propriété qui transforme ce qu'il appelle le sien en une partie de lui-même » [3].

On voit donc à présent en quel sens comprendre le quatrième trait mis en évidence par M. Foucault : si « le principe d'association dissociatif est aussi un principe de transformation historique [4] », c'est dans la mesure où le jeu aveugle de l'intérêt égoïste ne fait pas entrer la société civile dans l'histoire, mais constitue le mécanisme de la progression qui la fait passer d'un stade au suivant. Par conséquent, plutôt que de dire avec M. Foucault que « la société civile est le moteur de l'histoire », il vaudrait mieux dire, en tirant parti d'une formulation qu'il suggère lui-même au détour de son

---

1   *Ibid.*
2   *Ibid.*, p. 118-119.
3   *Ibid.*, p. 116.
4   M. Foucault, *NBP*, *op. cit.*, p. 310.

cours, que c'est le jeu de l'intérêt qui est « le moteur de l'histoire *dans* la société civile »[1].

Cette conclusion vaut tout autant du passage de la sauvagerie à la barbarie que du passage de la barbarie à la civilisation. On a vu que les « passions intéressées » portaient à « cultiver les arts mécaniques et le commerce », que c'est pour autant que les hommes « apprennent à considérer leur intérêt » qu'en eux « se forment graduellement les habitudes du laboureur, de l'artisan et du commerçant »[2]. La même conclusion peut être étendue au *devenir interne à l'état de civilisation*. En effet, la progression des sociétés policées (*polished nations*) n'a été elle-même rendue possible que par le perfectionnement continuel de la division du travail. Or cette méthode de la « séparation des arts et des professions » joue précisément sur le ressort de l'intérêt personnel. Tandis que l'« entrepreneur de manufacture » voit son profit augmenter « à mesure qu'il subdivise les tâches de ses ouvriers, et qu'il emploie un nombre plus grand de mains pour chacun des détails de l'ouvrage », de son côté le consommateur « exige dans les marchandises une exécution plus parfaite que celle obtenue de mains utilisées pour plusieurs sortes de travail »[3]. En ce point l'analyse de Ferguson rejoint directement celle de Smith. La « subdivision continuée des arts mécaniques » est bien le moyen le plus sûr de l'accroissement général des richesses, en ce qu'elle obtient de l'individu voué à une occupation exclusive qu'il travaille, « sans songer aux intérêts de l'État », à la conservation et à l'agrandissement de ce dernier[4].

La corruption du lien social

Cependant, l'originalité de Ferguson est de ne pas s'arrêter à cette valorisation de la division du travail comme moteur du progrès du commerce et des arts. Son mérite est de poser de front l'épineux problème des causes de la *corruption* des nations commerçantes et policées. On a noté plus haut sa sensibilité à l'ambivalence des « passions intéressées » : si, d'un côté, elles « portent à cultiver les arts mécaniques et le commerce », de l'autre, et du même mouvement, elles nous « poussent à transgresser les lois de l'équité », si bien que, n'était le frein des lois de la société civile, elles

1   *Ibid.* (nous soulignons).
2   A. Ferguson, *Essai sur l'histoire de la société civile, op. cit.*, p. 196.
3   *Ibid.*, p. 278.
4   *Ibid.*, p. 278.

condamneraient les hommes à des « mœurs violentes ». C'est que notre auteur est parfaitement averti de la menace que fait peser sur le lien de société un progrès économique qui irait de pair avec le dépérissement des vertus morales et politiques. Reprenant un vieil argument d'inspiration machiavélienne et néo-harringtonienne [1], Ferguson voit tout d'abord dans la séparation du guerrier et du citoyen un véritable facteur de corruption des républiques modernes. D'une part, la professionnalisation du métier des armes a pour effet d'« accoutumer le soldat à remplir, par habitude et par crainte de punitions, un devoir périlleux qui n'est plus inspiré par l'amour du bien public ou l'esprit national ». D'autre part, elle suppose que soit désormais donné au commerçant ou à l'artisan d'échanger son devoir de guerrier contre le paiement d'une exemption de service [2].

Mais Ferguson va encore plus loin lorsqu'il montre dans la division du travail elle-même le *principe d'une prééminence ruineuse de l'économique sur le politique*. Non seulement en ce que l'ascendant qu'exercent les arts lucratifs et le commerce « se fait toujours aux dépens d'autres carrières » : « L'amour du gain étouffe l'amour de la perfection, l'intérêt enflamme le cœur et glace l'imagination. Et, faisant préférer les occupations selon que le profit qu'elles procurent est plus ou moins considérable et plus sûr, cet amour du gain confine le génie et même l'ambition au fond d'un comptoir ou d'un atelier [3]. » Mais aussi, et plus fondamentalement, en ce qu'elle attaque jusqu'aux liens de la société :

> La séparation des professions, qui semble favorable aux progrès de l'industrie, et qui est la cause réelle par laquelle les productions de chaque art deviennent plus parfaites en raison des progrès du commerce, cette division conduit néanmoins à des conséquences fâcheuses : elle remplace le génie inventif de chaque art par des règles et des formes, elle rompt, en quelque sorte, les liens de la société et éloigne les individus du théâtre commun de leurs occupations, là où les mouvements de l'âme et les forces de l'esprit trouvent à s'exercer avec le plus de bonheur [4].

---

1   Argument dont J. G. A. Pocock a restitué toute la portée dans *The Machiavellian Moment, Florentine Political Thought and The Atlantic Republican Tradition*, Princeton University Press, 1975. Nous suivons ici les analyses de Claude Gautier dans son Introduction à sa traduction de l'*Essai* (A. Ferguson, *Essai sur l'histoire de la société civile, op. cit.*, p. 77-78).

2   A. Ferguson, *Essai sur l'histoire de la société civile, op. cit.*, p. 247.

3   *Ibid.*, p. 316.

4   *Ibid.*

En resserrant à l'extrême le cercle étroit des préoccupations de l'individu, la division des professions finit par consacrer la suprématie des fins économiques (l'amour du gain) sur l'action publique, elle réalise une interdépendance généralisée des travaux privés qui, loin de donner aux individus le sentiment de leur appartenance au tout d'une communauté, leur fait perdre le souci de la fin publique. Aussi Ferguson y décèle-t-il la principale cause de la décadence (*decay*) des nations policées : « La plupart des perfectionnements si vantés de la société civile ne sont que des artifices imaginés pour tenir en bride l'esprit politique d'un peuple, pour enchaîner les vertus actives des hommes plutôt que leurs penchants inquiets et turbulents [1]. » Un peu plus loin, le jugement est sans appel :

> Les institutions ordinaires conduisent au relâchement de la vigueur et sont incapables de soutenir les États, parce qu'elles accoutument les hommes à compter sur leurs arts et non sur leurs vertus, parce qu'elles les incitent à prendre pour perfectionnement de la nature humaine ce qui n'est qu'un accroissement de la richesse et du bien-être [2].

Ce qui prend forme à travers toutes ces considérations, c'est une réflexion sur la *decay* à laquelle semblent vouées les sociétés modernes, qui forment comme un contrepoint à la reconnaissance de l'irréversibilité du progrès de la civilisation.

Mais ce qui se dessine au fil de ces réflexions, c'est l'idée que l'histoire relève d'un double processus : celui du *progrès des arts et du commerce* qui se réalise, *via* la division du travail, par le jeu de l'intérêt égoïste, et celui de la *décadence* des nations modernes qui affecte la dimension morale et politique de l'activité humaine. Il faut donc se garder de toute simplification concernant le sens du « progressisme » de Ferguson. Le progrès de l'histoire humaine, tout indéniable qu'il soit, ne garantit aucunement la réalisation de *toutes* les dispositions de la nature humaine, bien plutôt conduit-il dans les faits à privilégier certaines de ces dispositions aux dépens des autres, à savoir celles qui font jouer le ressort de l'intérêt. C'est pourquoi il convient de nuancer fortement la présentation que donne M. Foucault de la relation entre l'histoire de la société civile développée par Ferguson et la théorie de l'*Homo oeconomicus*. Certes, on peut souscrire au jugement selon lequel le même schéma d'une totalisation par l'aveuglement de chaque individu à ce qui excède son propre intérêt se retrouve à propos de

---

1   *Ibid.*, p. 319.
2   *Ibid.*, p. 322.

l'histoire [1]. On accordera que l'histoire n'est pas pour Ferguson ce qu'elle est pour Rousseau, à savoir un « principe de dégénérescence » à partir d'un état de nature défini par une « transparence originaire ». En ce sens, il y a bien ici une « génération perpétuelle de l'histoire sans dégénérescence [2] ». La corruption des États modernes n'est pas un simple retour à une forme originaire, et, en dépit de sa récurrence, elle ne compromet pas la marche du progrès. Il n'en demeure pas moins que se produit par là un certain « relâchement des liens de l'union politique », voire une perte du sens de la communauté, qui interdit d'identifier progrès économique et perfectionnement de la nature humaine.

Les deux désirs chez Adam Smith

La théorie de l'histoire que l'on trouve chez A. Smith est travaillée par une tension quelque peu différente. L'anthropologie smithienne ramène toutes les motivations humaines à deux désirs fondamentaux : le désir d'améliorer sa condition, qui repose sur l'amour de soi (dérivé pour lui de l'instinct d'autopréservation), et le désir de l'approbation d'autrui, qui procède directement de la sympathie [3]. Ce que la *Théorie des sentiments moraux* établit, c'est que « le désir d'améliorer notre condition est lui-même médiatisé par le jeu de la sympathie, tributaire des miroitements de l'imaginaire social, dépendant du désir d'approbation lui-même, à tel point qu'il est impossible de distinguer le désir de l'un du désir de l'autre [4] ». Autrement dit, le désir d'améliorer sa condition n'est jamais réductible au désir de la richesse matérielle tant il est difficilement dissociable de la recherche d'une reconnaissance sociale [5]. La question de l'articulation de la nature humaine à l'histoire touche par conséquent au rôle respectif de ces deux désirs dans le progrès des sociétés humaines. Or, quand il s'agit de penser l'homme du premier état, celui de sauvagerie, Smith opère ce que C. Marouby appelle à bon droit une véritable « réduction » : le stade des « chasseurs » est invariablement décrit comme une condition d'« extrême indigence », un état « de misère et de pauvreté » tel que le sauvage meurt souvent « de simple

---

1   M. Foucault, *NBP, op. cit.*, p. 310.
2   *Ibid.*, p. 311.
3   C. Marouby, *op. cit.*, p. 240.
4   *Ibid.*
5   *Cf. supra* dans le chapitre précédent la citation de Smith sur le rôle essentiel de la vanité.

dénuement (*of pure want*) » ¹. Bref, le premier stade apparaît comme un stade à peine viable, entièrement dominé par la logique implacable du manque. Or c'est cette logique qui pousse les hommes à sortir du premier stade, c'est encore elle qui précipite le passage du deuxième, celui des pasteurs, au troisième, celui des agriculteurs, c'est enfin elle qui impulse le dépassement du troisième dans le quatrième, celui du « commerce ». Le désir qui anime l'humanité est en effet commandé de bout en bout, tout au long de l'histoire, par la recherche des meilleurs moyens de satisfaire ses besoins naturels (la nourriture, la boisson, le vêtement et le logement, comme le précise un passage des *Lectures on Jurisprudence* ²). L'accroissement de la population vient conférer à cette pression du manque un caractère d'urgence vitale, garantissant du même coup la continuité dynamique des différents stades, puisque « la tendance de la population à s'accroître, comme la logique du désir, se perpétue à travers tous les stades » et « est infinie » ³. De cette manière, chaque phase peut apparaître, selon le double sens de l'anglais *stage*, à la fois comme un « stade » caractérisé par une certaine stabilité et une « étape » dans la progression qui conduit aux stades suivants ⁴.

Cette valorisation de l'explication par l'accroissement de la population et l'insuffisance des ressources conduit Smith à penser le « progrès » (*progress*) des sociétés sur le mode unilatéral de la croissance ou de l'augmentation (*increase*), elle-même le plus souvent identifiée à l'« amélioration » (*improve*) ⁵. On sait suffisamment quelles conclusions notre auteur a tirées de cette *naturalisation* du progrès en termes de limitation de l'action gouvernementale. Un passage du « Manuscrit de 1755 » est à cet égard tout à fait explicite :

> Les faiseurs de projets perturbent la nature dans le cours de ses opérations dans les affaires humaines ; et il n'est besoin de rien de plus que de la laisser faire seule, de lui laisser franc jeu dans la poursuite de ses objectifs, pour qu'elle puisse accomplir ses propres desseins. [...] Guère autre chose n'est requis pour porter un état au plus haut degré de l'opulence depuis la barbarie la plus profonde, que la paix, des taxes légères, et une administration tolérable de la justice ; tout le reste s'accomplissant par le cours naturel des

---

1   C'est ce que K. Polanyi appelle le « postulat de la pénurie » (*the postulate of scarcity*), cité par C. Marouby, *op. cit.*, p. 62.
2   Cité par C. Marouby, *ibid.*, p. 81.
3   *Ibid.*, p. 85.
4   *Ibid.*, p. 82.
5   *Ibid.*, p. 88.

choses. Tous les gouvernements qui contrarient ce cours naturel, qui forcent les choses dans un autre canal, ou qui s'efforcent d'arrêter le progrès de la société à un point particulier, sont contre nature (*are unnatural*) [...] [1].

On trouve ici une confirmation du rôle assigné par Smith au gouvernement, celui du ménagement des conditions de la croissance. L'irrésistibilité du cours naturel des choses est telle, insiste la *Richesse des nations*, que les politiques les plus oppressives sont incapables d'« arrêter totalement » le progrès d'une nation sur la voie de la prospérité, et « encore moins de la faire rétrograder » [2]. Si le bon gouvernement est le gouvernement qui conforme son action au cours de la nature, le mauvais gouvernement, qui est contre nature, est de plus un gouvernement impuissant.

Pour autant qu'elle s'étaie sur un progrès de la société garanti par la mécanique des intérêts, la rationalité gouvernementale du libéralisme procède donc bien d'un profond « naturalisme » [3]. Reste que, chez Smith, ce naturalisme implique paradoxalement la neutralisation de toute une dimension de la nature humaine : dans la mesure où la condition de l'humanité primitive est celle d'une « pénurie originelle », la sympathie et le désir d'approbation qui en dérive ne peuvent intervenir au titre de motivation conduisant au dépassement du premier stade. C'est au désir d'« améliorer sa condition », coupé de toute relation au désir de reconnaissance et réduit au seul désir de « bien-être », qu'il revient par conséquent de jouer le rôle de moteur du progrès historique. Du coup, Smith en est réduit à postuler un équilibre entre les sentiments moraux et le désir de bien-être, équilibre qui relèverait du « plan de la Providence » en ce qu'il ferait tendre l'humanité vers la même grande fin, celle du progrès, et qu'il désigne de l'expression singulière d'« économie de la nature » (*the oeconomy of nature*) [4].

On mesure mieux alors l'écart avec Ferguson. Pour ce dernier, le progrès des arts et du commerce reçoit certes son impulsion du jeu des intérêts égoïstes, mais cette impulsion est ambivalente : d'une part, en ce qu'elle présuppose d'emblée un affaiblissement des liens affectifs (bienveillance, générosité, amour de l'égalité [5]) qui assuraient la cohésion de l'état

---

1   Cité par C. Marouby, *op. cit.*, p. 90.
2   *Ibid.*
3   M. Foucault parle d'un « naturalisme gouvernemental » (*cf. supra*, chap. 1).
4   C. Marouby, *op. cit.*, p. 219-230.
5   Les sauvages restent cependant inaccessibles à toutes les passions produites par les « retours de l'esprit sur lui-même », dont la compassion (A. Ferguson, *Essai sur l'histoire de la société civile, op. cit.*, p. 190).

sauvage ; d'autre part, en ce qu'elle conduit, dans les nations commerçantes, à la domination des fins purement privées sur les vertus publiques.
Pour Smith, la sortie hors du premier stade ne peut venir que du désir
d'améliorer sa situation matérielle, puisque les sauvages sont foncièrement incapables de sympathie. Si, malgré tout, les sentiments moraux (au
premier rang desquels le sentiment de désapprobation qui nous fait
condamner l'injustice) viennent par la suite contrebalancer en l'homme
l'action de ce désir, c'est là un équilibre qui fait partie du plan de la nature
et qui ne joue aucun rôle explicatif dans la progression d'un stade à un
autre. Autrement dit, c'est la téléologie qui garantit ultimement l'unité des
deux dimensions de la nature humaine. Chez Ferguson, cette unité est
d'emblée compromise. Loin d'accomplir intégralement cette nature, le
progrès sacrifie bien plutôt l'une de ses dimensions à l'autre, si bien que
l'uniformité de la nature humaine n'implique en rien que son actualisation
ait le sens d'un perfectionnement.

À dire vrai, on trouve aussi chez Smith une méditation sur la vanité
de l'acquisition, sans doute inspirée par un certain attachement à la « philosophie stoïque ». Comme le fait remarquer Christopher Lasch, « bien que
son propre système encourageât inévitablement les hommes à poursuivre
leurs intérêts personnels aux dépens du bien commun, Smith nourrissait
un mépris républicain pour une telle existence », car il « croyait que la politique et la guerre, et non le commerce, faisaient fonction d'"excellente
école de maîtrise de soi" »[1]. Mais cette réflexion ne nourrit chez lui rien de
tel qu'une théorie de la *decay*. Si « progressisme » il y a chez Smith, celui-ci
concerne d'abord et avant tout l'affirmation selon laquelle « les appétits
insatiables n'entraînaient ni la corruption ni la décadence, mais condui-
saient au contraire à une expansion illimitée de la machinerie de production nécessaire à leur satisfaction[2] ». C'est cette croyance en la possibilité
d'une progression indéfinie de la productivité et de la richesse qui confère
à ce « progressisme » sa marque spécifique. L'essence de la « croyance au
progrès » qui anime le libéralisme des origines réside par conséquent dans
une certaine forme de dissociation entre l'illimitation potentielle du développement des forces de production et le perfectionnement de la nature
humaine, que cette dissociation donne lieu à une théorie de la décadence
(Ferguson) ou qu'elle soit idéologiquement « compensée » par une téléologie de type providentialiste (Smith). C'est pourquoi ce libéralisme est

1   C. LASCH, *Le Seul et Vrai Paradis. Une histoire de l'idéologie du progrès et de ses critiques*,
     Flammarion, Paris, 2006, p.67.
2   *Ibid.*, p. 65.

trop lucide pour jamais verser dans l'utopie d'une société idéale conçue comme « fin de l'histoire » : c'est l'attente d'un progrès indéfini, non la « promesse d'une utopie séculière qui porterait l'histoire vers un dénouement heureux [1] », qui fait l'originalité de ce « progressisme » toujours teinté d'une pointe d'inquiétude morale et politique.

Les avatars ultérieurs du progressisme

Les libéraux qui leur succéderont seront loin de se montrer tous aussi circonspects dans leur éloge du progrès. Car, si les réflexions d'un Tocqueville sur les effets politiques funestes de la « passion du bien-être » font de lui une manière d'héritier de Ferguson, les prophéties d'un Spencer dans la seconde moitié du XIXᵉ siècle relèvent en revanche d'une naturalisation intégrale de l'histoire humaine qui va bien au-delà de ce qu'un Smith aurait pu imaginer. À ses yeux, la société *est* un organisme, soumis, comme tout organisme, à une loi d'évolution. Selon une telle conception, l'histoire de l'humanité doit être comprise comme un devenir menant de la horde primitive à la société industrielle en passant par la société militaire. Chacun de ces moments doit être à son tour pensé d'après un modèle de type biologique. Ainsi, la horde correspond-elle au modèle infra-organique d'un agrégat indifférencié : de même que certains protistes, les myxamibes, fusionnent en une masse de taille variable et de consistance gélatineuse que Spencer nomme *plasmodium*, de même la horde accomplit-elle la fusion d'un grand nombre d'individus par oubli de leur individualité. Ainsi encore, la société militaire se laisse-t-elle penser d'après le modèle biologique de l'*organisme* individuel : avec le régime despotique ou monarchique, la société atteint un stade caractérisé par la centralisation et la hiérarchie qui est l'exact analogue du modèle de subordination des parties au centre réalisé par l'organisme individuel. Spencer reprend d'ailleurs à Smith le concept de division du travail pour en faire le « caractère fondamental » en vertu duquel chaque organisme individuel réalise le degré de différenciation/intégration qui lui est propre. Enfin, la société industrielle, qui a pour particularité de substituer la coopération volontaire à la coopération par contrainte, requiert l'élaboration d'un nouveau modèle, celui du *superorganisme* : la différence entre organisme et superorganisme consiste en ce que, chez le premier, « la conscience se concentre dans une petite

---

1   *Ibid.*, p. 56.

partie de l'agrégat », à savoir celle qui correspond au système nerveux central, alors que, chez le second, chaque unité discrète est pourvue de cette faculté, et, par là même, de l'« aptitude au bonheur et au malheur »[1]. Si la société industrielle est fondée sur le contrat et l'accord des volontés, c'est donc parce que, avec elle et en elle, la « division du travail » caractéristique de tout organisme est poussée à un point tel que chaque élément du tout est pourvu de conscience et de sensibilité.

Ce n'est pas tout. Cette singulière conception de l'histoire des sociétés humaines mobilise une morale évolutionniste qui est très éloignée de l'idée que Ferguson ou même Smith pouvaient se faire de la nature humaine. L'égoïsme biologique apparaît ici tout à la fois comme le fondement et la fin de la vie morale. D'où la condamnation répétée de toute forme de compensation des déficiences des plus faibles :

> Tous les arrangements qui empêchent à un haut degré la supériorité de profiter des avantages de la supériorité, ou qui protègent l'infériorité contre les maux qu'elle produit ; tous les arrangements qui tendent à supprimer toute différence entre le supérieur et l'inférieur, sont des arrangements diamétralement opposés au progrès de l'organisation et à l'avènement d'une vie plus haute[2].

Le laisser-faire reçoit ainsi la caution scientifique de l'évolutionnisme biologique : la « justice » exige que soit reconnu aux individus supérieurs le droit de tirer profit des avantages naturels qui font d'eux les plus « méritants »[3]. Tous les sentiments moraux, comme la sympathie ou la bonté, toutes les conduites altruistes, sont ramenés à des moyens ou à des instruments de cet égoïsme vital. Sans doute la société industrielle réalise-t-elle pour Spencer une sorte d'équilibre entre altruisme et égoïsme, mais cet équilibre a lui-même pour fin le bonheur de l'individu[4].

---

1 P. Tort, *Spencer et l'évolutionnisme philosophique*, PUF, Paris, 1996, p. 92-93, sur le modèle du « superorganisme », et p. 98-102, sur le schéma d'évolution des sociétés. Concernant ce point, Patrick Tort met bien en évidence les limites de l'assimilation spencérienne de la société à un organisme. Cette assimilation ne vaut en effet que si l'on réduit l'organisme à la « division physiologique du travail » ; cependant, lorsqu'il s'agit de penser l'évolution des sociétés, Spencer ne peut se satisfaire de cette assimilation et se voit obligé de forger le concept de « superorganisme » pour rendre raison de l'individualité irréductible des membres de cet agrégat d'un type particulier qu'est une société.

2 Cité par P. Tort, *ibid.*, p. 108.

3 *Ibid.*, p. 103. Ce qui suffit à justifier que la rémunération soit proportionnelle au « mérite ».

4 *Ibid.*, p. 113.

Dernier trait remarquable de cette exaltation de la « nécessité bienfaisante » du progrès : au contraire des premiers libéraux, Spencer n'hésite pas à faire de la perfection de l'homme un état accessible dans un avenir proche. Il affirme ainsi en 1851 : « Il est sûr que ce que nous appelons le mal et l'immoralité doit disparaître ; il est sûr que l'homme doit devenir parfait [1]. » Dans sa version spencérienne, l'évolutionnisme biologique se démarque ainsi du libéralisme classique sous trois rapports : tout d'abord, en donnant au progrès le caractère d'une nécessité naturelle d'autant plus implacable qu'elle se confond avec la loi de la vie, au lieu de renvoyer à un « plan de la Providence » ou à un processus spontané de nature essentiellement économique ; ensuite, en réduisant les sentiments moraux au fondement de l'égoïsme, au lieu d'identifier en eux une dimension spécifique de la nature humaine ; enfin, en faisant tendre l'humanité vers un état final de perfection, lequel est comme l'analogue « optimiste-libéral » de la « fin de l'histoire » célébrée par nombre d'utopies progressistes, au lieu d'ouvrir la possibilité d'une continuation indéfinie du progrès économique.

La célébration du « progrès » donnera ultérieurement lieu à d'autres variantes de cet « optimisme ». L'un des traits les plus marquants du néolibéralisme est, comme nous le verrons plus loin [2], son *constructivisme* : ce que le premier libéralisme tenait pour une donnée naturelle lui paraît résulter d'une construction dont les hommes sont eux-mêmes les agents. La représentation du progrès ne pouvait que s'en trouver directement et profondément affectée. Non pas que l'idée d'une naturalité du progrès ait disparu. Mais elle vient souvent croiser une autre tendance, qui fait cette fois procéder le progrès des ressources prométhéennes d'une technologie ayant l'homme pour point d'application, au lieu de s'en remettre au jeu spontané des penchants de la nature humaine. La conception de la « fin de l'histoire » défendue par Francis Fukuyama fournit un assez bon exemple de cette transformation et des effets de méconnaissance du libéralisme classique qu'elle n'est pas sans induire. À rebours de la présentation qui fait de cet auteur l'héritier direct d'un tel libéralisme, on s'attachera ici à montrer que son constructivisme suffit à l'en démarquer. On sait que, dans *La Fin de l'histoire et le dernier homme* (1992), ce dernier tient la lutte pour la reconnaissance et le désir d'« acquisition illimitée de biens matériels » pour les deux « moteurs » de l'histoire universelle. Reprenant la tripartition platonicienne de l'âme (raison, désir, ardeur), il rattache le « désir de produire et

---

1   H. Spencer, *Social Statics*, John Shapman, Londres, 1851, p. 65, cité par P.-A. Taguieff, *Du progrès*, Librio, Paris, 2001, p. 80.
2   *Cf. infra*, chap. 6 et 7.

de consommer » à la partie désirante de l'âme ou *epithymia*, tout en identifiant le désir de reconnaissance à la partie désignée du nom de *thymos*, cette ardeur qui se manifeste aussi bien dans la colère que dans le courage. On sait aussi qu'il distingue deux formes de manifestation du désir de reconnaissance : le désir d'être reconnu comme l'égal des autres, ou *isothymia*, et le désir d'être reconnu comme supérieur aux autres, ou *megalothymia* [1]. Après avoir rapidement évoqué la réhabilitation de la *megalothymia* comme désir de gloire par Machiavel, F. Fukuyama examine le projet qui anima les « fondateurs du libéralisme moderne » (au nombre desquels il range pêle-mêle Hobbes, Locke, Adam Ferguson, James Steuart, David Hume et Montesquieu). À l'en croire, ces derniers « cherchèrent à éradiquer le *thymos* de la vie politique et à le remplacer par une combinaison de désir et de raison », au lieu de chercher comme Machiavel à opposer la *megalothymia* du peuple à celle des Princes. En d'autres termes, leur condamnation de l'orgueil aristocratique des Princes les poussa à tenter de « surmonter totalement » la *megalothymia* « dans un effort d'ingénierie sociale qui cherchait à créer la paix de la société en changeant la nature humaine elle-même » [2]. Cette lecture du libéralisme classique est en elle-même révélatrice du propos de F. Fukuyama. Car, on l'a vu, rien n'est plus étranger à un Smith ou à un Ferguson que le projet de « changer la nature de l'homme ». De plus, c'est simplifier à l'extrême que de leur prêter une condamnation de principe de la *megalothymia* ou, plutôt, c'est la pertinence d'un tel concept qui est douteuse s'agissant de la pensée de ces auteurs, si ce n'est sa consistance. En effet, de l'aveu même de F. Fukuyama, le désir d'être reconnu comme supérieur aux autres peut se manifester aussi bien dans l'« ambition tyrannique d'un César ou d'un Staline » que « chez un pianiste de concert qui veut être reconnu comme le meilleur interprète de Beethoven » [3]. Faut-il vraiment attribuer aux fondateurs du libéralisme le projet insensé d'« éradiquer » de la vie politique la seconde forme de ce désir, forme qu'un Smith n'aurait pas hésité à rapporter au désir très humain de l'approbation d'autrui ? Quel sens garderait la politique si elle ne ménageait aucune place aux expressions d'un tel désir ? Quant au « désir de gloire », lui aussi subsumé sous ce concept fourre-tout, est-il tout uniment réprouvé par eux comme le signe d'un orgueil démesuré ? Ne peut-il s'incarner dans le désir de s'illustrer à la guerre ? Smith ne dédaignait pas de

---

1   F. FUKUYAMA, *La Fin de l'histoire et le dernier homme*, Flammarion, « Champs », Paris, 1993, p. 215.
2   *Ibid.*, p. 218.
3   *Ibid.*, p. 215.

vanter les vertus du soldat formé à l'école de la guerre et Ferguson sait rappeler à l'occasion que « les plus célèbres guerriers furent des citoyens », non pour le déplorer, mais pour mieux établir que c'est « dans la conduite des affaires de la société civile que les hommes trouvent à exercer leurs plus beaux talents »[1]. Ce qui vaut pour le concept de *megalothymia* vaut plus encore pour le concept de *thymos* lui-même. Si ce dernier peut se manifester aussi bien sous l'« humble forme du respect de soi-même » que sous celle du « désir de domination », peut-on sérieusement soutenir avec F. Fukuyama que les premiers libéraux formèrent le projet d'« éradiquer » de la vie politique, non seulement la *megalothymia*, mais le *thymos* lui-même ?

Plus largement, c'est toute l'anthropologie d'un ouvrage comme *La Fin de l'histoire* qu'il faudrait confronter à celle de Smith et de Ferguson. On pourrait ainsi rapprocher les deux « moteurs » du désir de croissance et du désir de reconnaissance des deux « motivations » décelées par Smith, celles du désir d'améliorer sa condition et du désir de l'approbation d'autrui. On verrait alors que, si Smith perçoit que le désir d'améliorer sa condition n'agit jamais que travaillé intérieurement par le désir de reconnaissance[2], F. Fukuyama s'en tient quant à lui, au moins dans un premier temps, à la logique d'une convergence entre deux « processus historiques parallèles[3] » dont l'un est économique et l'autre non économique : la lutte pour la reconnaissance procéderait d'une « pulsion totalement non économique » qui permettrait de donner à l'« animal économique gouverné par son désir et sa raison » sa véritable dimension d'« homme *en tant qu'Homme* »[4]. Mais le plus important n'est sans doute pas là.

Prêter aux fondateurs du libéralisme un projet d'« ingénierie sociale » présente un inestimable avantage, celui de faire apparaître rétrospectivement la démocratie libérale moderne comme la réalisation, au moins partielle, d'un tel projet. À défaut de remplacer le *thymos* « par une combinaison de désir et de raison », cette démocratie a au moins remplacé la *megalothymia* par l'*isothymia* : « La démocratie libérale *remplace* le désir irrationnel d'être reconnu comme plus grand que d'autres par le désir rationnel d'être reconnu comme leur égal[5]. » Mais, prise à la lettre, cette proposition est à son tour difficilement conciliable avec la thèse centrale

---

1 A. FERGUSON, *Essai sur l'histoire de la société civile, op. cit.*, p. 251.
2 Tout au moins dans le *Traité des sentiments moraux*.
3 F. FUKUYAMA, *La Fin de l'histoire et le dernier homme, op. cit.*, p. 325.
4 *Ibid.*, p. 163 à 170.
5 *Ibid.*, p. 21 (nous soulignons).

d'une « fin de l'histoire », dans la mesure où cette fin présuppose la *pleine satisfaction* du désir de reconnaissance en tant que tel [1], non le sacrifice pur et simple de l'une de ses formes. Aussi F. Fukuyama s'emploie-t-il dans les derniers chapitres de son ouvrage à atténuer la rigueur de son jugement : « L'effort de la démocratie pour bannir la *megalothymia* ou la convertir en *isothymia* a été – au mieux – incomplet [2]. » Mieux, il concède que la stabilité de la démocratie libérale repose sur son aptitude à canaliser plutôt qu'à supprimer la *megalothymia* : parmi les « exutoires » mentionnés on trouve l'esprit d'entreprise, la compétition politique, le sport, l'alpinisme, la course automobile, etc. [3]. Il est alors frappant de relever que le désir d'être reconnu comme supérieur aux autres, non seulement n'a pas disparu de la vie politique elle-même, mais a fini par envahir l'activité économique sous la forme de l'« esprit d'entreprise », ce qui certes nous rapproche de Smith, mais en même temps nous éloigne de l'idée que la démocratie libérale moderne aurait accompli le projet originel des fondateurs du libéralisme, à savoir « éradiquer le *thymos* de la vie politique ». Bref, on ne peut soutenir à la fois que la démocratie libérale est parvenue à éradiquer le *thymos* de la vie politique et qu'elle accomplit la fin de l'histoire en « satisfaisant pleinement » le désir de reconnaissance qui s'enracine précisément dans ce même *thymos*.

Il est cependant une manière d'éviter cette difficulté. C'est celle qui consiste à pousser jusqu'au bout la logique du constructivisme en pensant la fin de l'histoire, non plus comme la satisfaction de désirs inscrits dans la nature de l'homme, mais comme la réalisation effective du supposé projet des fondateurs, autrement dit comme un changement de la nature humaine, mieux, comme l'abolition de l'« humanité en tant que telle ». F. Fukuyama ne recule pas devant la formule, considérant que la biotechnologie nous permettra, « d'ici deux ou trois générations », « d'engendrer des êtres humains moins violents, libérés de leurs tendances criminelles ». Notre auteur ne précise pas si ces hommes nouveaux seront libérés de leur *thymos*, ou, à tout le moins, de leur *megalothymia*. Mais il assure : « À ce stade, nous aurons définitivement mis un terme à l'histoire humaine car nous aurons aboli l'être humain en tant que tel. Alors, une nouvelle histoire post-humaine pourra commencer [4]. » Certes, il tempérera par la suite

---

1 *Ibid.*, p. 324-325.
2 *Ibid.*, p. 355.
3 *Ibid.*, p. 355-359.
4 F. Fukuyama, « La post-humanité est pour demain », tr. fr. B. Bibas, *Le Monde des Débats*, n° 5, juillet-août 1999, p. 19-20 (cité par P.-A. Taguieff, *Du progrès, op. cit.*, p. 120).

de tels propos en donnant à sa « prédiction » d'un « avenir post-humain »
le sens d'une hypothèse ouverte [1].

Il n'en reste pas moins que l'idée d'une « fin de l'histoire », sous la
forme d'un achèvement de la nature humaine ou sous celle d'une abolition
de l'humanité, est organiquement étrangère à la pensée libérale classique.
Celle-ci envisage tout au plus la possibilité d'un perfectionnement indéfini de la nature humaine. C'est si vrai que, comme on l'a vu plus haut,
pour Ferguson l'impuissance des lois à agir sur la source même de l'injustice, à savoir les passions qui poussent les hommes à la commettre,
condamnait par avance toute tentative de changer la nature humaine par
ce moyen. Et, comme F. Fukuyama lui-même le reconnaît, pour A. Smith
« l'homme riche continuera de tirer gloire de sa richesse, tandis que
l'homme pauvre continuera d'avoir honte de sa pauvreté et de sentir qu'il
est "invisible" pour les hommes qui l'entourent [2] », si bien que le désir de
reconnaissance est voué à demeurer fondamentalement insatisfait (ce qui
est loin d'être la même chose que d'être « imparfaitement satisfait », pour
reprendre la formule sophistique que *La Fin de l'histoire et le dernier homme*
applique à la démocratie libérale moderne). De ce seul point de vue, la lecture qui voit en F. Fukuyama le « fils spirituel » d'Adam Smith (et même de
Benjamin Constant) ne résiste pas à l'examen des textes : du second au premier, aucune « logique philosophique » ne conduit [3].

---

1   F. FUKUYAMA, *La Fin de l'homme*, La Table ronde, Paris, 2002, p. 317 *sq.* Le titre original
    est : *Our Posthuman Future*.
2   *Ibid.*, p. 338.
3   C'est là la position intenable de Jean-Claude MICHÉA dans *L'Empire du moindre mal*,
    Climats, Paris, 2007, p. 206-207.

3

Le gouvernement limité par les droits de l'individu

À suivre la présentation faite par M. Foucault des « deux voies » ouvertes par le libéralisme, il ne fait aucun doute que c'est la seconde, dite « radicale utilitariste », qui renouvelle le plus profondément la question des limites de l'exercice de la puissance publique. Car, si la première voie dite « juridico-déductive » fut historiquement et politiquement la voie révolutionnaire, elle fut intellectuellement et discursivement une démarche « rétroactive » ou « rétroactionnaire » [1], dans la mesure où elle consista pour l'essentiel à reprendre le problème des bornes de la puissance publique là où l'avaient laissé les jurisconsultes et les théoriciens du droit naturel au XVIIe siècle.

De fait, la question des bornes de la souveraineté surgit très tôt. Ainsi, dès le XVIe siècle, certains juristes invoquent, contre les théoriciens absolutistes avocats de la raison d'État, la barrière constituée par les « lois fondamentales du royaume ». Ce constitutionnalisme, illustré dans les années 1560 par Pasquier, Du Haillan et le premier Bodin [2], cherche dans l'histoire des anciennes coutumes et constitutions de la France un certain nombre de « freins » au pouvoir absolu de la Couronne : la « police », la « religion » et la « justice ». La notion de « police » recouvre alors trois éléments : les deux lois fondamentales du royaume (inaliénabilité du patrimoine royal et

---

1   M. FOUCAULT, *NBP, op. cit.*, p. 4.
2   Sur le courant constitutionnaliste des années 1560, voir Q. SKINNER, *Les Fondements de la pensée politique*, Albin Michel, Paris, 2001, p. 718 *sq.*

loi salique sur la dévolution de la couronne selon la succession mâle), l'autorité de la coutume et l'obligation pour le roi de prendre conseil[1]. La référence aux lois fondamentales fixant la constitution de l'État sera reprise et élargie au siècle suivant par plusieurs jurisconsultes du droit naturel comme Burlamaqui et Pufendorf[2]. On voit bien que les limites de la souveraineté ainsi définies sont, en tant que limites de droit, des limites externes à la pratique gouvernementale qui visent avant tout à prévenir les abus de la souveraineté. La même remarque vaut des deux autres limites constituées par la « loi naturelle » et par la « fin générale » en vue de laquelle le pouvoir souverain a été institué par contrat : la loi naturelle émane de la volonté de Dieu, de sorte que les souverains eux-mêmes doivent répondre à cet égard de leur conduite devant le « Tribunal divin », et la fin générale des sociétés civiles n'est autre que le « bien public » auquel le pouvoir politique doit se conformer[3]. On comprend dans ces conditions que M. Foucault privilégie la voie « radicale utilitariste » : c'est elle qui innove en élaborant la question de l'« excès du gouvernement » plutôt qu'en reprenant la vieille question de l'« abus de la souveraineté », c'est donc elle qui ouvre à la question de la gouvernementalité son champ discursif propre. De plus, c'est cette voie qui a fini par s'imposer historiquement[4].

Rousseau, Locke et la voie « juridico-déductive »

Quoi qu'il en soit, le terme d'« axiomatique » utilisé par M. Foucault pour désigner la voie « révolutionnaire » a le mérite de pointer le caractère d'évidence qui s'attache d'emblée à cette référence aux droits de l'homme[5]. La Déclaration américaine de 1776 proclame d'emblée plusieurs « vérités tenues pour évidentes » :

> Tous les hommes sont créés égaux ; ils sont doués par le Créateur de certains droits inaliénables ; parmi ces droits se trouvent la vie, la liberté et la quête du

---

1   *Ibid.*, p. 709.
2   Sur ce point, voir R. Derathé, *Jean-Jacques Rousseau et la science politique de son temps*, Vrin, Paris, 1988, p. 328-332.
3   *Ibid.*, p. 321 à 328.
4   M. Foucault, *NBP*, *op. cit.*, p. 44 (note en bas de page sur les pages 18-20 du manuscrit de Foucault). Dans le même esprit, *ibid.*, p. 45 : de ces deux systèmes, celui « qui a tenu et qui a été fort, c'est bien entendu la voie radicale qui consistait à définir la limitation juridique de la puissance publique en termes d'utilité gouvernementale ».
5   On rappellera que la notion d'« axiome » renvoie à l'idée d'un principe évident de soi-même.

bonheur. Les gouvernements sont établis parmi les hommes pour garantir ces droits et leur juste pouvoir émane du consentement des gouvernés.

La Déclaration française de 1789 entend exposer « des principes simples et incontestables » : « Le but de toute association politique est la conservation des droits naturels et imprescriptibles de l'homme. Ces droits sont la liberté, la propriété, la sûreté, et la résistance à l'oppression. » Indiscutablement, c'est la Déclaration américaine qui fait apparaître de quelle façon deux des limites identifiées plus haut se sont nouées l'une à l'autre : si, d'un côté, les droits naturels ont été donnés à l'homme par Dieu, ce qui permet de les rattacher à la « loi naturelle » elle-même, de l'autre, la « fin générale » du gouvernement est déduite de l'évidence que la caution théologique confère à ces droits naturels (puisqu'elle consiste à garantir ces droits). Comparativement, en dépit de ses formulations tranchées et malgré l'invocation de l'« Être suprême », la Déclaration française se ressent de débats qui révèlent déjà une certaine érosion de l'évidence d'une « antériorité régulatrice du droit de nature » : s'autorisant d'une référence explicite à Rousseau, certaines voix (celle de Crénière tout particulièrement) s'élèvent, de l'intérieur de l'Assemblée, pour contester que l'homme de l'état de nature puisse avoir des droits [1]. On sait en effet que, pour Rousseau, l'autorité souveraine (en l'espèce la puissance législative qui revient au seul peuple) ne se constitue pas en laissant derrière elle des droits incessibles qui appartiendraient naturellement aux individus : la raison en est que les droits de l'individu sont en vérité des droits donnés à l'individu en qualité de membre du souverain (c'est-à-dire en qualité de citoyen) et qu'ils ne sauraient donc exister antérieurement à la constitution du souverain [2]. Les droits de l'individu ne constituent pas un principe de limitation de la puissance souveraine, et s'ils constituent un principe de limitation de l'action de la puissance exécutive (le gouvernement), c'est uniquement dans la mesure où ils sont donnés par la loi à tous les citoyens [3]. Plus profondément, le problème de Rousseau demeure encore celui des « bornes de la souveraineté [4] ». De toute façon, on ne doit pas surestimer l'effet produit

---

1   M. GAUCHET, *La Révolution des droits de l'homme*, Gallimard, Paris, 1989, p. 75 *sq.*
2   Si l'on peut néanmoins parler d'un « droit naturel » chez Rousseau, c'est uniquement dans la mesure où il se réduit à ces deux tendances innées que sont l'amour de soi et la pitié.
3   J.-F. SPITZ, *La Liberté politique*, PUF, Paris, 1995, p. 434-435.
4   Même si, à la différence de ses devanciers, Rousseau pense la souveraineté comme étant à la fois « illimitée » (pas de limites constitutionnelles) et « bornée » (par nature, elle ne peut s'exercer que par des lois, donc sur des « objets généraux »).

dans les débats par l'intervention de quelques « francs-tireurs [1] ». Ce qui importe ici est moins l'influence directe de la pensée de Rousseau que l'usage qu'en font les constituants français : de ce point de vue, c'est surtout le recours à la notion de « volonté générale » plutôt que l'idée de droits conférés par la société qui se révèle significatif, dans la mesure où il semble avoir eu pour principale fonction de garantir l'impersonnalité de la source de la loi [2]. Aussi convient-il de ne pas surinterpréter la qualification de la voie axiomatique révolutionnaire comme « voie rousseauiste [3] ». Par là, M. Foucault entend moins désigner la pensée de Rousseau que le « rousseauisme » en vertu duquel cette pensée fut ployée par un certain usage politique.

Reste que cette qualification présente l'inconvénient de passer sous silence un point essentiel : la voie « axiomatique révolutionnaire » doit historiquement davantage à Locke qu'au « rousseauisme », même si l'influence de Locke n'a pu s'exercer en France qu'à travers le filtre déformant de ce même « rousseauisme ». Car c'est à Locke que l'on doit une théorie du gouvernement qui ne soit pas adossée à une théorie de l'État [4]. Par contraste, en reprenant à nouveaux frais le vieux problème de la souveraineté, Rousseau fait d'abord une théorie de l'État, si bien que le principe de la limitation de l'action gouvernementale par la puissance législative, bien loin de constituer pour lui un problème spécifique, est directement déduit du concept de souveraineté [5]. Ce que Locke cherche en revanche à penser, c'est la limitation de la puissance législative elle-même (pourtant conçue comme « pouvoir suprême »). C'est justement cette démarche qui explique largement l'importance décisive de la théorie lockéenne pour toute la reprise ultérieure du problème des limites du gouvernement dans la tradition libérale (de Benjamin Constant et John Stuart Mill jusqu'à Robert Nozick), quand bien même cette reprise se fit presque toujours en portant atteinte à l'équilibre fragile réalisé par cette théorie.

En effet, au moins historiquement et politiquement, sinon intellectuellement, la question principale du libéralisme fut non pas simple, mais double : non seulement comment limiter l'action du gouvernement afin

---

1 L'expression est appliquée à Crénière par M. GAUCHET, *op. cit.*, p. 77.

2 *Ibid.*, p. 117-118.

3 M. FOUCAULT, *NBP, op.cit.*, p. 40. Parlant de la voie « axiomatique révolutionnaire », M. Foucault écrit : « enfin, on pourrait l'appeler la voie rousseauiste également ».

4 Ce que M. Foucault reconnaît lorsqu'il écrit : « Locke ne fait plus une théorie de l'État, il fait une théorie du gouvernement », *NBP, op. cit.*, p. 92.

5 À preuve le fait que l'étude du gouvernement comme la déduction de ses formes n'interviennent qu'au Livre III du *Contrat social*, après que le Livre II a complètement réélaboré la notion de souveraineté.

qu'elle n'entrave pas le cours spontané de la société civile ?, mais aussi comment limiter cette action sans pour autant l'entraver complètement, lors même que ce cours multiplie de lui-même les occasions d'une intervention économique et sociale ? La crise que va connaître le libéralisme au xixᵉ siècle tient précisément à la difficile articulation des réponses apportées à cette double question. À ne pas prendre en compte ce caractère double, on se condamnerait à laisser échapper le mouvement profondément heurté de la pensée libérale, ses déchirements, ses crises, ses ruptures. Identifier ce mouvement à celui d'une progressive affirmation des « droits individuels », que ce soit pour le louer ou le déplorer, c'est céder à l'idéalisme de l'« histoire des idées ». Le point décisif, qui est aussi une clé d'intelligibilité du mouvement conduisant au néolibéralisme moderne, est de saisir que le libéralisme va faire l'épreuve de la validité de ses fondements dans la confrontation à des *nécessités pratiques*, celles de la gestion des populations, de l'organisation du capitalisme, de la prévention et de l'encadrement des conflits sociaux. C'est au regard de ces enjeux, et pas seulement sous le rapport de sa cohérence propre, que l'examen du moment lockéen s'avère irremplaçable.

La fondation des droits individuels : de la théologie à la tautologie

La question de fond que pose la limitation du gouvernement par les droits naturels de l'individu est celle de la justification de ces droits. Pour John Locke, cette justification ne peut faire l'économie d'une référence à la volonté de Dieu dont la loi naturelle n'est jamais que la déclaration [1]. Nous avons aujourd'hui trop tendance à oublier que l'« évidence » de l'existence des droits naturels fut originellement suspendue à l'« évidence » de l'existence de la « loi de nature » « implantée en nous » et comme « inscrite en nos esprits » par Dieu lui-même [2]. Nous avons également perdu de vue que l'évidence de l'existence de la loi de nature renvoie à l'évidence du contenu de cette même loi : aucun homme, quelle que soit sa condition, ne peut invoquer son ignorance pour excuser sa transgression, puisqu'elle est

---

1 J. Locke, *Second Traité du gouvernement* (dorénavant noté *Second Traité*), PUF, 1994, § 135, p. 98.
2 Sur l'importance de la redécouverte de cette notion de « loi de nature » par le thomisme au xviᵉ siècle (Vitoria, Suarez, Molina) et sur l'influence qu'eut ce courant sur Locke, voir Q. Skinner, *op. cit.*, p. 566 *sq.*

immédiatement connaissable par la raison. C'est seulement en ce sens qu'on peut dire qu'elle est la « loi commune de la raison ». Locke tient en effet que la raison n'est pas l'auteur de cette loi, mais seulement son interprète : seule la volonté de Dieu est capable, en ordonnant cette loi, d'obliger tous les hommes sans exception [1]. La loi de nature est donc comme la marque du propriétaire sur son ouvrage : les hommes sont tous au même titre la propriété du « souverain Maître » dont ils sont l'ouvrage, et c'est toute la fonction de la loi de nature que de les rappeler à leurs obligations vis-à-vis de leur Propriétaire.

À quoi cette loi oblige-t-elle précisément ? Locke répond qu'elle fait à l'homme un double devoir de préservation. Premier devoir : « Chacun est tenu de se conserver soi-même » (d'où l'interdiction du suicide) ; second devoir : chacun doit, autant qu'il le peut, veiller à la conservation du reste de l'humanité (d'où l'interdiction de détruire la vie d'un autre ou de porter atteinte à ce qui tend à la préserver) [2]. Il n'est donc pas d'emblée question des droits de l'homme ; ce sont les devoirs de l'homme envers Dieu qui sont premiers. Aussi doit-on se garder de concevoir l'état de nature comme un état de « licence » où chacun est libre de faire ce qui lui plaît. La liberté naturelle ne vaut qu'à l'intérieur des limites de la loi de nature [3]. En conséquence, les droits naturels seront déduits des devoirs.

Dans l'état de nature, nous dit Locke, l'homme possède deux « pouvoirs » fondamentaux : le premier pouvoir est « celui de faire tout ce qu'il estime propre à sa préservation et à celle du reste du genre humain » ; le second est « celui de punir les crimes commis à l'encontre de la loi » [4]. Alors que le premier pouvoir définit une manière de « pouvoir législatif naturel », le second constitue une sorte de « pouvoir exécutif naturel », puisqu'il est le pouvoir d'assurer l'exécution de la loi de nature en s'opposant à toute violation de cette loi par un autre homme. En outre, toute victime d'un dommage injuste possède un droit de se faire indemniser par l'auteur du dommage, donc un droit propre à la réparation du dommage. Il est manifeste que le premier droit prolonge immédiatement la double obligation de la loi de nature (préservation de soi-même et du genre humain). Mais Locke fait également correspondre les deux autres droits à cette double

---

1   J. Locke, *Second Traité, op. cit.*, note 9, p. 178. C'est pourquoi on est fondé à parler à ce sujet du « volontarisme de Locke » selon lequel « la volonté divine constitue l'origine des attributs moraux » (J. B. Schneewind, *L'Invention de l'autonomie*, Gallimard, Paris, 2001, p. 176).

2   *Ibid.*, § 6.

3   *Ibid.*, § 4 et 6.

4   *Ibid.*, § 128.

obligation : le droit de châtier le criminel se déduit de l'obligation de veiller à la conservation de l'espèce humaine, le droit d'obtenir réparation se déduit de l'obligation de veiller à sa conservation personnelle. En effet, dans le premier cas, le châtiment a pour fin d'empêcher la reproduction du crime et, par cette fonction de prévention, d'assurer la conservation de l'humanité ; dans le second cas, la réparation a pour fin de compenser la perte subie par un homme, dans la mesure où cette perte affecte les moyens dont il dispose pour assurer sa propre conservation [1].

Il apparaît ainsi que les droits naturels ainsi que l'obligation faite à chacun de les respecter sont en dernière analyse eux-mêmes fondés dans la volonté de Dieu en tant qu'elle commande d'obéir à la loi de nature : chacun a le devoir de respecter le droit d'autrui de faire ce qu'il juge bon pour sa conservation pour autant qu'il a pour devoir de veiller à la conservation de l'humanité. « Chez Locke, les "droits naturels" ne sont donc imprescriptibles que parce qu'ils sont, dans chaque individu, la contrepartie des devoirs absolus auxquels Dieu soumet tous les hommes [2]. »

Des droits naturels coupés du Créateur

Or c'est justement sur cette question de la fondation des droits naturels que le libéralisme ultérieur se démarquera le plus de Locke. La voie du « décrochage » de la loi naturelle à l'égard de la volonté prescriptive de Dieu a été ouverte plus tôt, dès le XVIIᵉ siècle, à la fois par Grotius et par Hobbes [3]. Hobbes parvient à neutraliser la référence aux lois naturelles en les présentant comme autant de « conclusions » d'un calcul rationnel portant sur les meilleurs moyens à mettre en œuvre pour satisfaire les passions primitives que sont la crainte de la mort et le désir de persévérer dans son être [4]. De plus, il fait de l'autorité civile une fois instituée le seul interprète qualifié de ces lois [5], ce qui interdit de leur faire jouer une fonction de recours contre les éventuels abus commis par cette autorité. De son côté, Grotius part directement d'une tendance naturelle donnée en tout

---

1   *Ibid.*, chap. 2, § 4 à 15.
2   J.-F. Spitz, *La Liberté politique, op. cit.*, 1995, p. 58.
3   *Ibid.*, p. 59.
4   *Ibid.*, p. 61.
5   P.-F. Moreau, *Hobbes, Philosophie, Science, Religion*, PUF, Paris, 1989, p. 102. Dans le même sens, J. B. Schneewind, *op. cit.*, p. 112 : « Hobbes nie que nous puissions faire appel à la loi naturelle pour critiquer la loi positive ; il révoque ainsi un aspect majeur de la théorie classique de la loi naturelle. »

homme, le désir d'autopréservation, pour en inférer un double droit, le droit de repousser la violence et le droit de s'approprier les choses utiles à la vie [1]. Qu'un désir ou un besoin puissent directement se muer en droit, voilà ce que Locke aurait justement refusé d'admettre. Car ce n'est qu'à partir du devoir moral d'autopréservation que le droit de faire ce que l'on juge bon pour sa propre préservation peut être fondé à titre de contrepartie. Contrairement à ce que dit Pierre Manent, Locke ne cherche donc pas à « faire naître les droits de l'individu de la seule faim », pas plus qu'il ne se donne pour commencement « l'individu qui a faim » [2], comme si la naturalité du besoin se communiquait directement à la naturalité du droit de se nourrir. Toute la différence entre Locke et Grotius consiste en ce que Grotius part de la « naturalité » du besoin ou du désir, alors que Locke part de la « naturalité » de l'obligation morale : dans le premier cas, la nature renvoie à la spontanéité vitale, dans le second à la relation morale de l'homme à son Créateur et Propriétaire. En 1672, dans son *De Legibus Naturae* dirigé principalement contre Hobbes, l'évêque Cumberland entreprendra de fonder sur l'expérience la loi morale éternelle de « bienveillance » qui gouvernerait aussi bien Dieu que l'homme. Locke, qui connaissait pourtant cette tentative, n'en discutera même pas, tant il était convaincu de la nécessité de déduire la loi naturelle de la seule volonté de Dieu [3].

La tentative d'une refondation des droits naturels dans les désirs sera prolongée ultérieurement par Spencer dans un sens autrement plus radical. L'originalité de sa démarche est de transporter la question des droits naturels de l'arène politique dans le domaine de la science de la vie, autrement dit de déduire les droits des « lois de la vie [4] ». La thèse de Spencer se présente comme une simple réaffirmation du jusnaturalisme : « La source des droits individuels n'est point artificielle, mais naturelle [5]. » L'objectif est de faire pièce à l'utilitarisme radical de Bentham pour lequel il n'est de

---

1   J.-F. SPITZ, *op. cit.*, p. 60.
2   P. MANENT, *Histoire intellectuelle du libéralisme*, Hachette, « Pluriel », Paris, 2004, p. 95-96 et 102-103.
3   J. B. SCHNEEWIND, *op. cit.*, p. 122 à 140 pour l'étude de la position de Cumberland.
4   H. SPENCER, « La grande superstition politique », *in L'Individu contre l'État*, Alcan, Paris, 1885, p.141 ; *Le Droit d'ignorer l'État*, Les Belles Lettres, Paris, 1993, p. 171. C'est à la fin de sa vie que Spencer a publié ce célèbre recueil d'articles (traduction de Jean Gerschel) dont la cible exclusive était l'intervention de l'État. Une récente réédition de textes composant cet ouvrage a été publiée sous le titre *Le Droit d'ignorer l'État*, *op. cit.* Cette réédition, dont l'objectif est de réhabiliter Spencer, omet certains de ses articles les plus significatifs. Nous donnons les deux références.
5   *Ibid.*, p. 152 (p. 193).

droits que créés par l'État. Spencer oppose à la prétendue « création » de droits (au sens de « tirer quelque chose de rien ») la sanction par la loi des droits préétablis par la coutume (qui consiste à « donner forme à ce qui existe déjà ») [1]. Mais, au-delà de la reprise de l'idée du *Natur-Recht* chère à la jurisprudence allemande, l'intention de Spencer est d'établir que les droits sanctionnés par la coutume « découlent naturellement des désirs individuels d'hommes vivant en société [2] ».

À cette fin, il examine d'abord les conditions de la vie individuelle, puis les conditions de la vie sociale. Concernant les premières, il distingue, dans le droit d'exercer les activités nécessaires à l'entretien de la vie, l'« élément positif » de l'« élément négatif ». L'élément positif vaut de tous les animaux supérieurs et n'a aucun caractère moral : la « liberté de se mouvoir » constitue la condition de la recherche et de l'acquisition de nourriture sans lesquelles la vie animale ne pourrait se maintenir, d'où il suit qu'il est juste de ne pas entraver cette activité. L'élément négatif qui donne un caractère moral, donc spécifiquement humain, à ce droit consiste en la « limitation réciproque » des sphères d'action des différents individus : cette limitation morale, qui permet de distinguer entre ce qui est permis à l'individu et ce qui ne lui est pas permis (à savoir transgresser sa sphère d'action), est encore une « limitation naturelle », ainsi qu'en témoignent les coutumes de tribus sauvages dépourvues de tout gouvernement. On voit que l'élément positif « prend naissance dans les lois de la vie », tandis que l'élément négatif dérive des conditions imposées par l'« agrégation sociale » à l'activité des individus [3].

Passant ensuite à l'examen des conditions de la vie sociale, Spencer fait valoir que les hommes primitifs sont portés à vivre en groupes « surtout par l'expérience des avantages possibles de la coopération [4] ». Or une telle expérience dépend avant toute chose de l'accomplissement des contrats, tacites ou déclarés. Plus la « coopération volontaire » supplante la « coopération forcée », plus la liberté des contrats et la garantie de leur exécution apparaissent comme les « conditions d'une existence sociale régulière ». Bref, conditions de la vie individuelle et conditions de la vie sociale participent de la même « nécessité vitale [5] ». C'est donc bien à une véritable

---

1 On retrouvera semblable opposition chez F. Hayek (voir plus loin la distinction entre *thesis* et *nomos* dans le chap. 9).
2 H. Spencer, « La grande superstition politique », *loc. cit.*, p. 137 (p. 163).
3 *Ibid.*, p. 146 (p. 180).
4 *Ibid.*, p. 146 (p. 181).
5 *Ibid.*, p. 151 (p. 191).

fondation biologique des droits que nous avons affaire, en lieu et place de la fondation théologique opérée par Locke.

Mais c'est encore en considérant l'attitude d'un Robert Nozick que l'on pourra prendre la pleine mesure de la dérive qui conduit de la fondation des droits dans la volonté de Dieu à leur fondation dans les désirs de l'individu. Ce philosophe libertarien [1] est en effet celui qui se réclame le plus directement de la démarche de Locke. La première phrase d'*Anarchie, État et Utopie* (1974) donne le ton : « Les individus ont des droits et il est des choses qu'aucune personne ni aucun groupe ne peuvent leur faire (sans enfreindre leurs droits). » Ces droits individuels sont absolus et inviolables. Du point de vue d'autrui, le droit d'un individu constitue une contrainte morale stricte limitant ce qu'il peut faire à cet individu ; du point de vue de son titulaire, le droit d'un individu est un pouvoir d'agir sans subir la coercition d'autrui. Le caractère absolu des droits individuels renvoie selon Nozick à un fait fondamental : celui de l'existence d'individus différents ayant des vies séparées [2]. On a là une sorte de nominalisme radical qui dénie toute forme d'existence à la « société » : la société n'a aucun droit sur les individus puisqu'elle n'existe pas, il est donc inadmissible de sacrifier les individus au bien d'une « entité sociale », c'est-à-dire à un « bien social général » (selon la formule de l'utilitarisme hérité de Bentham). Nozick n'hésite pas à convoquer le « principe kantien » selon lequel « les individus sont des fins et pas seulement des moyens [3] » pour appuyer l'idée que la séparation des individus entraîne leur inviolabilité et celle de leurs droits. Que l'individu soit en lui-même une fin, voilà qui suffit à interdire qu'il soit utilisé sans son consentement et, *a fortiori*, qu'il soit l'objet d'une agression physique. En revanche, le seul fait du consentement volontaire suffit à légitimer n'importe quelle utilisation d'un individu par un autre : quelqu'un peut ainsi permettre à un autre de lui faire n'importe quoi, par exemple de le tuer. Nozick est pleinement conscient que cette autorisation par le consentement n'a aucune valeur aux yeux de Locke : la loi naturelle interdit à chacun d'attenter à ses jours au motif qu'il ne saurait disposer

---

1   Le « libertarianisme » défend la thèse selon laquelle « les mécanismes du marché sont intrinsèquement justes » et plaide pour un « État minimal » (W. KYMLICKA, *Les Théories de la justice : une introduction*, La Découverte, Paris, 2003, p. 109). En revanche, pour un néolibéral comme Hayek, le marché n'est ni juste ni injuste (*cf. infra*, chap. 9).

2   R. NOZICK, *Anarchie, État et Utopie*, PUF, Paris, 2003, p. 52-54 : « Il n'y a que des individus, des individus différents, avec leur vie individuelle propre » (p. 52), « … il existe des individus distincts ayant chacun sa *propre* vie à mener… » (p. 54), « … il existe des individus distincts, chacun ayant sa propre vie à *mener* » (*ibid.*).

3   *Ibid.*, p. 50.

arbitrairement de sa propre vie, par conséquent elle ne peut que défendre à chacun d'accorder à autrui un droit sur sa vie, qu'il ne possède pas lui-même [1].

En dernière analyse, toute la question est de savoir comment Nozick passe du fait de l'existence d'individus séparés aux droits possédés par ces individus, car ce sont ces droits qui fondent les autorisations accordées à autrui, tout comme les contraintes auxquelles les actions d'autrui sont soumises. L'opérateur de cet « enjambement » est une notion « fuyante et difficile », de l'aveu même de Nozick : celle du « sens de la vie » [2]. Chaque individu possède la capacité de donner un sens à sa vie en agissant en fonction de la conception d'ensemble de la vie qu'il désire mener, qui lui donne le droit d'agir conformément à l'idée qu'il se fait du sens de sa vie. De sorte que, si mon consentement à l'action d'autrui équivaut à un droit accordé à autrui sur moi, ce consentement procède lui-même de mon désir d'agir selon la conception d'ensemble de ma propre vie. Mais, comme cette capacité de donner un sens à sa vie est une caractéristique constitutive de l'individuation, et nullement une caractéristique surajoutée [3], soutenir que c'est cette capacité qui confère à l'individu son droit d'agir comme il l'entend revient à soutenir qu'un individu a des droits parce qu'il est un individu. L'abandon de la fondation théologique des droits conduit ici directement à la tautologie pure et simple.

La propriété de soi comme fondement du droit de propriété

Il est incontestablement un point sur lequel tout le libéralisme ultérieur, néolibéralisme compris, est redevable à Locke : c'est la justification philosophique du droit de propriété. Cependant, à bien lire le *Second Traité*,

---

1 Pour l'axiome selon lequel « personne ne peut donner plus de pouvoir qu'il n'en possède lui-même », voir *Second Traité, op. cit.*, § 23, p. 20. Pour l'argumentation de Nozick et sa critique du « paternalisme » de Locke, voir R. Nozick, *Anarchie, État et Utopie, op. cit.*, p. 82. Il faut ajouter que la valorisation du consentement volontaire comme seul critère de l'autorisation donnée à autrui est, quoi qu'en pense Nozick, très éloignée de l'idée kantienne de la personne comme fin en soi : chez Kant, c'est en effet l'*humanité comme nature raisonnable* et non l'« individu séparé » qui est une fin en soi ; c'est donc la capacité de se donner à soi-même une fin valant pour tout être raisonnable qui décide ultimement de la limite entre le permis et le défendu (d'où l'interdiction du suicide, comme chez Locke).

2 *Ibid.*, p. 73.

3 *Ibid.*, p. 71-73.

on s'aperçoit que « le droit de propriété sur les biens matériels n'est pas premier ni directement ancré dans la nature : il dérive du devoir que chacun a de se préserver lui-même », de sorte que la justification de ce droit ne saurait être coupée des prémisses théologiques de l'argumentation de Locke [1]. L'entreprise est d'autant plus difficile que, selon ces mêmes prémisses, « Dieu a donné le monde aux hommes en commun [2] ».

La thèse d'une « communauté primitive » était à l'époque assez largement partagée par les partisans du droit naturel. Ainsi, Grotius et Pufendorf soutenaient tous deux que cette communauté constituait une « communauté négative » dans laquelle rien n'était à personne, de sorte que l'établissement de la propriété privée avait nécessité une convention. Locke semble concevoir la communauté primitive plutôt comme une « communauté positive » que comme une « communauté négative » : tous les hommes ont été faits par Dieu « copossesseurs » de la terre et de l'ensemble des biens de la nature [3], de sorte que le monde était au commencement un « grand domaine commun ». Ce qui veut dire que pour Locke, à la différence de Grotius et Pufendorf, les choses sont *res communes* (au sens où elles appartiennent à tous) et non *res nullius* (au sens où elles n'appartiendraient à personne). Le chapitre V du *Second Traité* va s'employer à justifier le droit de propriété tout en faisant l'économie de l'hypothèse théoriquement coûteuse d'une convention. L'inconvénient majeur d'une telle hypothèse est en effet de requérir l'« accord exprès de l'ensemble des copossesseurs [4] ». Toute la question est donc : comment justifier le droit à l'appropriation privée à partir de la thèse d'une possession originellement indivise sans faire intervenir une convention ?

Il convient tout d'abord de rappeler que, selon Locke, l'homme est la propriété de son auteur, Dieu. Notre vie ne nous appartenant pas, nous avons pour première obligation de la préserver (loi naturelle). Le mérite de l'interprétation de James Tully [5] est d'avoir resitué le problème de la propriété dans ce contexte théologique. À le suivre, Locke aurait distingué avec Thomas d'Aquin et Suarez deux concepts de propriété. Le premier

---

1   J. Locke, *Second Traité*, *op. cit.*, note 36, p. 182.
2   *Ibid.*,§ 25-26, p. 21-22.
3   *Ibid.*, note 57, p. 187.
4   *Ibid.*, § 25, p. 21.
5   J. Tully, *A Discourse on Property : John Locke and His Adversaries*, Cambridge University Press, 1978. L'interprétation de J. Tully est très clairement présentée par J.-F. Spitz dans son introduction au *Second Traité*, *op. cit.*, p. LXIX à LXXIII. Nous sommes redevables à cette présentation de toutes les précisions apportées ici concernant le concept lockéen de propriété.

(*possessio*) est celui d'une propriété commune de tous les hommes sur toutes les choses de la terre : une telle propriété détermine un droit inclusif, en ce sens que tous les hommes ont également droit à l'usage des choses qui sont nécessaires à la préservation de leur vie. Ce droit d'usage n'est que le corollaire du devoir d'autopréservation. Chacun doit se préserver, donc chacun a le droit d'user des choses qui sont nécessaires à cette préservation. Mais ce droit d'usage (*jus utendi*) n'est pas pour autant un droit d'abuser (*jus abutendi*) : si tous ont bien un même droit à ce qui leur est nécessaire, tous n'ont pas un droit sur tout (*jus in omnia*), contrairement à ce que soutiendra Hobbes [1].

Le second concept de propriété (*proprietas*) définit à l'inverse un droit exclusif et non plus inclusif, dans la mesure où il s'agit d'un droit privé sur une chose qui exclut tout droit d'autrui sur cette même chose et qui implique en outre la possibilité pour le propriétaire d'en disposer à son gré, y compris de la détruire. On doit donc soigneusement distinguer « le droit que l'homme possède à ce dont il a besoin et le droit qu'il possède sur ce qu'il a acquis [2] ». Or, telle que la conçoit Locke, la communauté primitive de l'état de nature repose sur la possession commune, ce qui confère à chaque homme le même droit d'usage et exclut tout droit exclusif de propriété sur une chose. Quelle est donc dans ces conditions l'origine de l'appropriation privée et exclusive ?

En fait, si Dieu a bien donné le monde en commun à tous les hommes, c'est seulement afin qu'ils en usent pour la préservation et l'entretien de leur vie. Mais cet usage commande lui-même aux hommes de travailler ce monde reçu de Dieu en copossession indivise. C'est que la fin ordonnée par la loi naturelle ne peut obliger sans obliger par là même aux moyens de cette fin, et le travail est le moyen fondamental de l'autopréservation. Or le travail a cette remarquable vertu d'ajouter quelque chose de la personne du travailleur à ce qui est donné naturellement et de le soustraire ainsi à l'état d'indivision dans lequel il se trouvait à l'origine. Quelle qu'en soit la forme, lui seul donne un titre à la propriété comprise comme droit exclusif sur une chose. Cette acquisition de la propriété par le travail se vérifie bien entendu dans le cas de la terre, ce qui permet de justifier le mouvement de clôture (*enclosures*) des terres communes qui a marqué l'histoire de l'Angleterre moderne à ses débuts. En dernière analyse, c'est donc le travail qui est l'opérateur de la transformation de la possession commune inclusive en

---

1   T. Hobbes, *Léviathan*, Sirey, Paris, 1971, chap. xiv, p. 129 : Hobbes précise que ce droit s'étend jusqu'au corps de l'autre.
2   *Second Traité, op. cit.*, Introduction, p. LXX.

appropriation privée exclusive, et ce indépendamment de tout consentement et donc de toute convention : « Ainsi, l'herbe qu'a broutée mon cheval, la tourbe que mon serviteur a coupée, et le minerai que j'ai extrait dans tout endroit où j'y avais un droit en commun avec d'autres, deviennent ma propriété, sans que quiconque me l'attribue ou y consente [1]. » L'action même de travailler consiste à faire sien ce que l'on travaille, et donc à se l'approprier. Il se confirme ainsi que le droit de propriété ne peut avoir la primauté d'un droit purement « naturel » : il n'est certes pas d'origine conventionnelle, mais il n'est jamais introduit qu'« à titre de moyen d'accomplissement d'une obligation [2] ».

Ce raisonnement ne tient toutefois qu'à la condition d'accorder que l'action de travailler est en son essence même action d'acquérir la propriété de ce que l'on travaille. Pour établir cette proposition, Locke introduit un concept clé, celui de la propriété de soi (*self-ownership*). C'est dans le § 44 du chapitre V que la propriété par l'homme de sa propre personne se trouve expressément identifiée comme le fondement de toute propriété sur les biens matériels : « Il est évident que, bien que les choses de la nature soient données en commun, l'homme avait cependant – parce qu'il est maître de lui-même et propriétaire de sa propre personne et des actions ou du travail de cette même personne – en lui-même le grand fondement de la propriété [3]. » Toutes les actions sont des extensions de la personne qui les accomplit. Mais les résultats de ces actions sont également des extensions de la personne, ce qui signifie que les objets produits par mon travail (par exemple, le minerai extrait par moi) font en quelque sorte « partie » de moi et, en ce sens, sont miens. Le rapport que j'entretiens avec mes actions et avec leurs résultats est donc fondamentalement homogène au rapport que j'entretiens avec mes forces corporelles : c'est un rapport de propriété en vertu duquel je détiens un droit exclusif sur eux. Ce rapport implique par

---

1   *Ibid.*, § 28, p. 23. Il est à remarquer que Locke admettra plus loin (§ 35) que, dans un pays comme l'Angleterre, l'appropriation privée des terres communes requiert le consentement de tous les copossesseurs parce que ces terres ont été reconnues comme telles « par contrat, c'est-à-dire en vertu des lois du pays », *ibid.*, p. 26.

2   J.-F. Spitz, *La Liberté politique*, *op. cit.*, p. 57.

3   J. Locke, *Second Traité*, *op. cit.*, § 44, p. 34. Le § 27 introduisait déjà le concept de la propriété de soi en ces termes : « Bien que la terre et toutes les créatures inférieures appartiennent en commun à tous les hommes, chaque homme est cependant *propriétaire* de sa propre *personne*. Aucun autre que lui-même ne possède un droit sur elle. Le *travail* de son corps et l'*ouvrage* de ses mains, pouvons-nous dire, lui appartiennent en propre. »

conséquent que personne d'autre que moi n'a de droit sur ma propre personne ainsi élargie à toutes ses extensions [1].

Il faut prêter attention à l'emploi fait ici par Locke du terme de « maître » : chaque homme « est maître de lui-même et propriétaire de sa propre personne », dit le § 44 déjà cité. En toute rigueur, le pouvoir du maître sur son esclave est un pouvoir absolu et arbitraire, et c'est précisément pourquoi il est en contradiction avec la loi naturelle : dès lors que celle-ci commande à chacun de se préserver, elle lui commande de garder son corps libre de l'emprise exercée par un autre, dans la mesure même où ce corps avec toutes ses extensions est l'instrument de sa propre préservation. Ce qui veut dire que le pouvoir que j'ai sur mon corps et ses forces est précisément limité par cette obligation ; il n'est donc pas un pouvoir absolu et arbitraire. On pourrait tout au plus convenir qu'il est absolu sans être arbitraire [2]. Ne disposant pas d'un tel pouvoir sur moi, je ne puis céder à un autre ce pouvoir que je n'ai pas, je ne suis donc pas autorisé à me rendre esclave d'un autre homme [3]. En dernière analyse, c'est le fait que l'homme soit la propriété de Dieu qui limite la propriété que l'homme a de lui-même et empêche son assimilation à un pouvoir arbitraire. Certes, on peut penser que le rapport de l'homme à ses extensions ne fait que redoubler le rapport de Dieu à l'homme : de même que Dieu est propriétaire de l'homme qu'Il a fait, de même l'homme est propriétaire de ses actions et de son travail parce qu'il en est l'auteur [4]. Il n'en reste pas moins que je ne suis pas l'auteur de mon travail au sens où Dieu est mon auteur. En me créant, Dieu m'a donné un corps et des forces pour que j'en fasse bon usage, c'est-à-dire pour que je m'acquitte de mes obligations à Son égard. La propriété qu'Il m'a concédée sur moi-même, loin d'être de même nature que le pouvoir d'un maître sur son esclave et de constituer l'équivalent d'une disponibilité sans limite, est donc strictement subordonnée à ce dessein.

On retrouve cette même limite de la loi naturelle à l'œuvre dans les deux conditions mises par Locke au droit d'appropriation privative. La première condition stipule que le travail exclut tout autre homme que son auteur du droit de s'approprier ce à quoi il est joint, « du moins là où ce qui

---

1   Le *Second Traité* consacre cet élargissement en subsumant « vie », « liberté » et « biens » sous le « nom générique » de propriété (§ 123, p. 90).

2   L'homme dans l'état de nature est « le maître absolu de sa personne et de ses possessions » (J. LOCKE, *Second Traité, op. cit.*, § 123, p. 91), mais « un *pouvoir absolu*, lorsqu'il est nécessaire, n'est pas *arbitraire* du fait qu'il est absolu » (*ibid.*, § 139, p. 102).

3   *Ibid.*, § 23, p. 20.

4   *Ibid.*, p. LXXI.

est laissé en commun pour les autres est en quantité suffisante et d'aussi bonne qualité [1] ». La seconde condition est une condition de non-gaspillage en vertu de laquelle chacun est autorisé à ne s'approprier que ce dont il peut lui-même faire usage en en jouissant. On voit que ces deux clauses s'articulent étroitement à l'obligation de préservation faite par la loi naturelle. L'appropriation privée cesse d'être légitime dès lors qu'elle fait obstacle à l'accomplissement de cette obligation, soit en ne laissant pas aux autres ce qu'il leur faut pour assurer leur subsistance, soit en gaspillant ou en détruisant ce dont ils auraient pu faire usage à cette même fin. Locke sait très bien que l'établissement de la monnaie par voie de convention permet de tourner ces conditions et a pour effet de libérer le désir d'accumuler : elle permet en effet de s'approprier plus qu'on ne peut soi-même utiliser, puisqu'elle offre la possibilité d'échanger le surplus des produits du travail personnel contre une certaine quantité de ces biens non périssables que sont l'or et l'argent [2]. Elle ne supprime pas pour autant les deux conditions de non-gaspillage et de reste suffisant laissé aux autres.

C'est d'ailleurs ce qui explique les réserves exprimées par Locke dans le § 35 du *Second Traité* concernant le mouvement des enclosures tel qu'il se développait alors en Angleterre. Non seulement il y reconnaît, comme on l'a vu, que les terres laissées communes « par contrat » ne peuvent faire l'objet d'une appropriation privée « sans le consentement de tous les copossesseurs », mais il ajoute : « En outre ce qui resterait si l'on pratiquait une telle clôture ne serait pas aussi bon pour le reste des copossesseurs que ne l'était la totalité lorsque tous pouvaient jouir de l'ensemble [3]. » Ce qui signifie que la première clause de légitimité de l'appropriation, celle de la quantité et de la qualité du reste de terres laissé à autrui, ne serait pas remplie [4]. Si Locke justifie néanmoins l'appropriation privée dans les conditions nouvelles créées par l'usage de la monnaie, c'est parce que la valorisation de la terre par le travail, même lorsqu'elle excède très largement les besoins de celui qui la travaille, augmente dans des proportions considérables la quantité de biens mis à la disposition de ceux qui ne possèdent pas de terres. Il n'est que de se tourner vers les nations de l'Amérique pour s'en convaincre. Faute d'améliorer par le travail le sol fertile dont la nature les a abondamment pourvues, « ces nations ne possèdent pas la centième partie des commodités dont nous jouissons » : « Là-bas, le

---

1   *Ibid.*, § 27, p. 22.
2   *Ibid.*, § 46-50, p. 35-38.
3   *Ibid.*, § 35, p. 26.
4   *Ibid.*, note 75, p. 190.

roi d'un territoire vaste et fertile est moins bien nourri, logé et vêtu qu'un journalier en Angleterre [1]. »

On doit donc distinguer deux grandes périodes dans l'histoire de la propriété privée. Première période : « dans les commencements », « lorsque le monde entier était une Amérique », c'est le travail qui donnait un droit de propriété à son auteur en l'autorisant à séparer de la possession commune le résultat de son travail ; pendant cette longue période, les biens communs constituaient la part la plus importante et l'appropriation privée se limitait aux choses dont chacun pouvait faire usage pour sa propre consommation. Seconde étape : l'accroissement de la population et des ressources, combinant ses effets à l'usage de la monnaie, a eu pour conséquence de raréfier la terre et de lui conférer une valeur qu'elle n'avait pas auparavant ; les différentes nations ont alors, « par le contrat et l'accord », « établi cette propriété dont le travail et l'industrie avaient été les premiers fondements » [2].

La propriété après Locke

Comme sur le problème de la fondation des droits, le libéralisme postlockéen cherchera à justifier le droit de propriété sans le dériver de l'obligation faite par la loi de nature. Certes, dans l'article « Droit naturel » (1765), Quesnay soutiendra, contre Hobbes et à la suite de Locke, que le droit naturel de chaque homme se réduit « aux choses dont il peut obtenir la jouissance », ce qui équivaut dans la réalité à « la portion qu'il peut se procurer par son travail » [3]. Le travail apparaît alors comme l'action par laquelle l'homme met à sa disposition les biens dont il a besoin pour sa jouissance.

Mais déjà l'invocation de la « loi naturelle » se fait très générale et doit autant, sinon davantage, à Malebranche qu'à Locke [4]. Elle disparaît purement et simplement dans la justification du droit de propriété donnée par

---

1   *Ibid.*, § 41, p. 32. Dans le même sens, le § 37, p. 29 : « Car je demande si, dans les forêts sauvages et les terres incultes de l'Amérique, qui sont laissées à l'état de nature, sans amendement, labours ni cultures, je demande donc si mille acres donneront aux pauvres et misérables habitants autant de biens nécessaires à la vie que ne le feront dix acres d'une terre également fertile dans le Devonshire, c'est-à-dire là où elle est fort bien cultivée. »

2   Pour la distinction de ces deux périodes, voir le § 45, *ibid.*, p. 34.

3   F. Quesnay, *Physiocratie*, p. 73.

4   P. Steiner, *La « Science nouvelle » de l'économie politique, op. cit.*, p. 98.

Benjamin Constant au début du XIXᵉ siècle. Les *Principes de politique* (1815) font une place particulière au droit de propriété. Le chapitre XV (« De l'inviolabilité des propriétés ») rappelle que la « jouissance de la propriété » fait partie des droits individuels qui sont « indépendants de toute autorité sociale ou politique », mais c'est pour ajouter tout aussitôt que le droit de propriété doit être distingué des autres droits individuels (la liberté personnelle, la liberté religieuse, la liberté d'opinion, la garantie contre l'arbitraire). Car, s'il est vrai que ce droit est indépendant de toute autorité sociale ou politique, il n'est pas pour autant indépendant de toute convention (contrairement à ce que Locke soutient). La propriété n'est rien d'autre qu'une convention sociale : « La société a trouvé que le meilleur moyen de faire jouir ses membres des biens communs à tous, ou disputés par tous avant son institution, était d'en concéder une partie à chacun, ou plutôt de maintenir chacun dans la partie qu'il se trouvait occuper, en lui en garantissant la jouissance [1]. »

Mais, pour être d'origine conventionnelle, la propriété n'en est pas moins « inviolable » et « sacrée ». Certes, la société a sur elle des droits qu'elle n'a pas sur ces autres droits (la liberté, la vie, et les opinions de ses membres). Reste que « la propriété se lie intimement à d'autres parties de l'existence humaine, dont les unes ne sont pas du tout soumises à la juridiction collective, et dont les autres ne sont soumises à cette juridiction que d'une manière limitée [2] ». On a là une relative dissociation de la liberté et de la propriété que Locke avait tenté de réunir sous la dénomination générique de « propriété » : l'autorité politique a des droits sur la propriété, mais, s'il est dangereux de porter atteinte aux biens des personnes, c'est parce que « l'arbitraire sur la propriété est bientôt suivi de l'arbitraire sur les personnes [3] », et non parce que la propriété est en elle-même une extension directe de la personne.

En revanche, on trouve chez R. Nozick une reprise directe de l'idée lockéenne de la propriété de soi, mais complètement autonomisée par rapport aux limites définies par la loi naturelle. Or cette autonomisation n'est pas sans altérer la substance du rapport à soi-même que Locke avait cherché à penser sous l'expression de « propriété de soi ». Nozick rattache directement cette idée à l'affirmation selon laquelle l'individu est une « fin en soi ». Selon lui, être une telle fin exclut que l'on soit réduit au statut de simple ressource pour autrui à la façon dont un esclave est une ressource

---

1   B. Constant, *De la Liberté chez les Modernes*, Hachette, Paris, 1980, p. 375-376.
2   *Ibid.*, p. 377.
3   *Ibid.*, p. 377.

pour son maître, tout en impliquant qu'on soit son propre maître. Cependant, cette maîtrise sur soi-même est l'exact *analogon* du rapport entre le maître et son esclave. C'est là l'idée d'un droit de propriété absolu et arbitraire sur soi-même qui est aux antipodes de la thèse lockéenne d'une indisponibilité de la vie humaine. Fort logiquement, Nozick infère de cette propriété absolue de soi-même une propriété non moins absolue des « actifs naturels » (talents, aptitudes, facultés) ainsi que des produits de l'exercice de ces aptitudes. Formellement, il s'agit de la même extension de la propriété aux actions et à leurs résultats que celle qu'opérait Locke. Mais, comme le droit de propriété qu'un individu a sur lui-même est un droit absolu et inconditionnel, le droit de propriété qu'il a sur les produits de l'exercice de ses aptitudes est également absolu et inconditionnel. L'argument est convoqué pour fonder la condamnation de principe de toute « justice redistributive » : toute tentative visant à compenser les inégalités dans la répartition des « actifs naturels » par des prélèvements sur les revenus des plus favorisés équivaut en effet à s'attribuer un droit de propriété sur la personne d'autrui qui est en contradiction avec le principe de la propriété de soi-même [1]. Dès lors que d'autres individus peuvent élever des revendications sur le fruit de mes aptitudes, ils s'arrogent en effet un droit de propriété sur moi, dans la mesure où le fruit de mes aptitudes fait partie intégrante de ma propre personne. Mais il y a plus. Nozick interprète très librement la double condition mise par Locke à l'appropriation privée (non-gaspillage et reste suffisant pour les autres tant en quantité qu'en qualité). Il dégage ce que W. Kymlicka appelle très justement un « principe d'acquisition initiale » susceptible de valider les transferts ultérieurs de propriété d'un individu à un autre. De tels transferts ne peuvent être justifiés que si, à l'origine, les biens extérieurs ont été acquis de manière juste par les individus. Le principe d'acquisition initiale est donc un principe de justification des premières acquisitions. L'argumentation construite par Nozick diffère sur deux points essentiels de celle de Locke. En premier lieu, Nozick fait l'hypothèse qu'à l'origine le monde extérieur n'appartient à personne, alors que Locke part de l'hypothèse selon laquelle ce même monde appartient à tous. À elle seule, cette différence rend manifeste l'épuisement de la référence à Dieu, dans la mesure où, faut-il le rappeler, c'est Dieu qui donne aux hommes le monde en commun. Il faut

---

1   Comme le dit Nozick des principes de justice distributive défendus notamment par Rawls : « Ces principes supposent un glissement à partir de la notion d'autopropriété, ou de propriété de soi-même des libéraux classiques, vers une notion de droits de propriété (partielle) sur d'*autres* gens. » (*Anarchie, État et Utopie, op. cit.*, p. 215.)

donc expliquer comment la propriété de soi reconnue à l'« individu séparé » entraîne un droit de propriété sur un monde extérieur initialement dépourvu de propriétaire. Nozick fait alors du travail le fondement de l'appropriation privée de ce qui n'appartient originellement à personne : c'est le fait que quelqu'un soit propriétaire de son travail qui justifie l'appropriation d'une chose auparavant non possédée [1]. En second lieu, Nozick ne retient de Locke que la première limite, celle du reste suffisant pour les autres, désignée par lui du nom de « clause lockéenne » et promue au rang de critère de la légitimité d'une acquisition. Significativement, il reformule cette condition : il suffit que l'acquisition par un individu d'une chose auparavant non possédée ne détériore pas la position des autres pour qu'elle soit légitime. En cas de détérioration de cette situation, elle devient illégitime. Deux exemples chargés d'illustrer l'illégitimité de l'appropriation méritent d'être retenus. Une personne n'a pas le droit de s'approprier le seul trou d'eau qui existe dans un désert et de faire payer l'eau à sa guise ; de la même manière, une personne ne peut pas plus faire payer l'eau à sa guise si elle possède un puits et que tous les puits du désert sont asséchés à l'exception du sien. Toutefois, Nozick précise aussitôt dans une note en bas de page que la situation serait très différente si ce puits ne s'asséchait pas en raison de précautions spéciales prises pour empêcher cela [2] : car cette exception serait due au travail, et non au hasard des variations climatiques. On est donc en droit d'en conclure qu'il aurait alors le droit de faire payer l'eau à sa guise, même si cela avait pour conséquence que des individus meurent de soif faute de pouvoir acquitter le prix fixé par lui. De toute évidence, on est là très loin de la condition lockéenne du reste suffisant pour les autres. La justification du droit de propriété tentée par Nozick ne concède qu'une limite bien ténue, affaiblie de surcroît par la disparition de toute référence à l'obligation de ne pas priver les autres hommes des moyens de leur conservation.

En définitive, si le concept de « propriété de soi » occupe une place charnière dans la pensée de Locke, c'est dans la mesure où il permet de faire de l'appropriation privée par le travail l'instrument de la réalisation du devoir d'autopréservation.

---

1   « La propriété aspire tout le reste », *ibid.*, p. 218.
2   *Ibid.*, p. 225.

La nature du « pouvoir suprême »

Comment articuler cette déduction du droit de propriété à partir de la loi naturelle à l'institution du gouvernement ? Il faut ici se rappeler ce que nous avons dit plus haut sur les trois limites de la souveraineté généralement invoquées par les jurisconsultes, à savoir les « lois fondamentales », la « loi naturelle » et la « fin générale » assignée au pouvoir politique. Locke récuse l'argumentation historique s'appuyant sur la notion de l'« Ancienne Constitution » (l'équivalent anglais des « lois fondamentales du royaume ») qui était mise en avant par les secteurs modérés du parti Whig [1]. Il est donc conduit à lier indissolublement les deux autres limites : le pouvoir gouvernemental se voit en conséquence fondé doublement, sur la loi naturelle et sur la mission qui lui a été confiée lors de son institution, et cette double fondation constitue une double limitation. Le chapitre XI du *Second Traité*, intitulé « De l'étendue du pouvoir législatif », se conclut ainsi par l'affirmation que le pouvoir législatif, qui est de tous les pouvoirs du gouvernement le pouvoir fondamental, est limité « par la mission qui lui a été confiée par le peuple et par la loi de Dieu et de la nature [2] ». Toute la question est donc de déterminer la nature de cette mission, ce qui revient très exactement à déterminer la fin en vue de laquelle tout gouvernement est institué, c'est-à-dire la raison qui motive les hommes à sortir de l'état de nature pour s'unir en une société politique.

L'état de nature tel que Locke le conçoit est déjà traversé par des relations d'intérêt entre des individus propriétaires susceptibles d'échanger et de contracter [3]. Cependant, la jouissance par chaque individu de la propriété qu'il détient reste dans cet état « très incertaine et peu garantie ». Trois choses font en effet défaut : tout d'abord, « une loi établie, stable et reconnue » permettant de trancher tous les différends surgissant entre les individus ; ensuite, « un juge reconnu et impartial » qui soit habilité à trancher ces différends conformément à la loi établie ; enfin, le pouvoir d'assurer l'exécution de la sentence rendue par le juge [4]. On se souvient que l'homme possède dans l'état de nature deux pouvoirs fondamentaux : le pouvoir de faire tout ce qu'il juge propre à sa préservation et à celle du reste

---

1   J. LOCKE, *Second Traité*, *op. cit.*, Introduction, p. LXXV.
2   *Ibid.*, § 142, p. 103.
3   *Ibid.*, § 14, p. 12.
4   *Ibid.*, p. 90-91. Pour ce qui est du premier défaut, rappelons que l'immédiate intelligibilité de la loi de la nature n'empêche nullement les hommes de l'ignorer, soit faute de l'étudier, soit en raison de l'égarement dû à leurs intérêts. Elle implique par contre qu'ils soient toujours coupables de cette ignorance.

du genre humain, ou « pouvoir législatif naturel », ainsi que le pouvoir de punir les transgressions de la loi naturelle, ou « pouvoir exécutif naturel ». Chacun y est « à la fois le juge et l'agent d'exécution de la loi de nature ». Voilà pourquoi les hommes ne peuvent se satisfaire de cette condition « remplie de craintes et de continuels dangers ».

De là on peut inférer tout à la fois la fin poursuivie par les hommes quittant l'état de nature et le moyen leur permettant d'y parvenir. En premier lieu, la « grande fin » : « la fin essentielle que poursuivent les hommes qui s'unissent pour former une république, et qui se soumettent à un gouvernement, c'est la préservation de leur propriété [1] », étant entendu que le mot de propriété doit ici s'entendre au sens de la dénomination « générique » qui a été définie plus haut. La préservation de la propriété s'identifie en ce sens à la préservation des personnes qui font partie de la société et renvoie directement à la loi naturelle, celle de la préservation de soi et des autres hommes. On vérifie par là que la loi de nature ne cesse pas de valoir avec l'entrée dans la société politique. En second lieu, le « grand instrument » ou le « grand moyen » : puisque seules des lois établies peuvent garantir cette préservation, il faut de toute nécessité commencer par s'accorder sur ceux auxquels le pouvoir de faire des lois sera confié. Il s'ensuit que, « dans toutes les républiques, la première et fondamentale loi positive est donc l'établissement du pouvoir législatif [2] ». Cependant, attendu que la mission confiée au pouvoir législatif ne l'a été qu'en vue d'atteindre une certaine fin, le peuple est détenteur d'un pouvoir de destituer le législatif lorsqu'il en vient à agir en contradiction avec cette fin.

L'acte d'établir le pouvoir législatif comme pouvoir suprême est donc l'acte de constitution de la république (*civitas* ou *commonwealth*). En vertu de cet acte, chaque homme remet les deux pouvoirs dont il dispose dans l'état de nature, tant celui de faire ce qu'il estime nécessaire à sa propre préservation que celui de punir quiconque transgresserait la loi de nature. On aura reconnu la structure classique du contrat. L'obligation que chacun contracte envers tous les autres vaut engagement de se soumettre dorénavant aux décisions de la majorité, puisque seul le « consentement de la majorité » peut donner à une communauté la force d'agir dans une seule direction [3]. En conséquence, il n'y a place que pour un seul contrat, celui par lequel chacun décide de s'unir avec tous ceux qui, comme lui,

---

1   *Ibid.*, § 124, p. 90.
2   *Ibid.*
3   *Ibid.*, § 96, p. 71.

acceptent le « principe de majorité [1] ». L'acte par lequel chacun s'engage à faire de la communauté cet arbitre commun en se soumettant à la décision de la majorité suffit à former un corps politique. Une fois formée, cette société devra confier les pouvoirs législatif et exécutif à des instances désignées à cet effet. Si donc le consentement de chacun au principe de majorité fait de lui le membre d'une république, c'est le consentement du peuple qui fait les gouvernements légitimes.

Dans ces conditions, on peut s'interroger sur la teneur de l'opposition entre sujet d'intérêt et sujet de droit telle que M. Foucault l'explicite dans sa Leçon du 28 mars 1979 [2]. Le sujet qui contracte est, nous dit-il, un sujet de droit en ce qu'il renonce à l'exercice privé des pouvoirs dont il est naturellement titulaire ; c'est cette renonciation à soi-même qui l'institue comme sujet de droit en le scindant pour ainsi dire de lui-même comme détenteur de « droits naturels ». Tout à l'opposé, ce qui caractérise le sujet d'intérêt, c'est précisément qu'il suit son propre intérêt jusqu'au bout, qu'il cherche à le maximiser par tous les moyens, car c'est seulement à la condition que chacun agisse ainsi que les différents intérêts privés s'accorderont entre eux spontanément et involontairement, sans qu'il soit nécessaire de passer par une quelconque forme de renonciation. Par conséquent, alors que la théorie juridique du contrat articule renonciation à soi, transcendance du sujet de cette renonciation par rapport au « sujet naturel » et accord des volontés, l'analyse du marché faite par l'économie politique permet de dégager une logique toute hétérogène de l'intensification de l'intérêt égoïste qui exclut toute transcendance et qui ouvre sur un accord spontané des intérêts [3]. À suivre cette analyse, « le marché et le contrat fonctionnent exactement à l'inverse l'un de l'autre », si bien que le sujet du marché (*Homo oeconomicus*) et le sujet du contrat (*Homo juridicus* ou *Homo legalis*) sont absolument hétérogènes l'un à l'autre et non superposables [4]. Tout le problème est que, comme le note également M. Foucault, l'on peut faire remonter à Locke lui-même l'apparition d'un sujet défini par ses choix individuels irréductibles et intransmissibles, ce qui est précisément constitutif du sujet d'intérêt [5]. Nous avons nous-même souligné le rôle prépondérant que l'*Essai sur l'entendement humain* fait jouer aux sensations de

---

1   *Ibid.*, § 99, p. 73.
2   M. FOUCAULT, *NBP*, *op. cit.*, p. 275-280.
3   Sur cette logique, *cf. supra*, chap. 1.
4   M. FOUCAULT, *NBP*, *op. cit.*, p. 279-280.
5   *Ibid.*, p. 275-276.

plaisir et de douleur dans la détermination de la conduite des hommes [1]. Faut-il dès lors se résoudre à prêter à Locke une conception duelle du sujet, tantôt sujet d'intérêt mû par les sensations de plaisir et de douleur – ce serait le sujet de l'*Essai* –, tantôt sujet de droit renonçant à soi – ce serait le sujet du *Second Traité* ? En réalité, le sujet qui contracte pour former une société politique est en un sens toujours « intéressé », même si cet intérêt n'a pas l'immédiateté de celui qui guide les acteurs du marché. Outre que la renonciation à laquelle il consent n'est pas totale, ce sujet rationalise son intérêt bien loin de le sacrifier [2].

Entre partisans du contrat originel et promoteurs d'une rationalité politique strictement ordonnée aux intérêts, il est une autre divergence beaucoup plus sérieuse. Il convient de se reporter à la critique que Hume adresse au système de J. Locke dans le bref essai intitulé *Of the Original Contract* pour mieux cerner l'enjeu de cette controverse. En fait, la question de fond est celle du fondement de l'obligation. Certes, Hume commence par mettre en doute le fait que les gouvernements aient pour origine le consentement du peuple, en faisant valoir que le plus souvent les nouveaux gouvernements sont établis par la conquête ou l'usurpation, c'est-à-dire par la force [3]. Mais, très vite, sa critique se concentre sur le fondement du devoir d'obéissance aux magistrats (*duty of allegiance*) : pourquoi, demande-t-il, fonder ce devoir sur le devoir de respect de ses promesses (*duty of fidelity*), en supposant que chacun s'est engagé à obéir au gouvernement ? Car, si l'on demande : « Pourquoi sommes-nous obligés à tenir parole ? », il apparaît que cette obligation, tout comme la première, est fondée sur « les intérêts généraux ou nécessités générales de la société [4] ». Par là l'obligation de respecter le supposé « contrat originel » se trouve privée de toute transcendance : on n'est pas tenu de respecter le contrat en raison de la contrainte morale intérieure à tout engagement, mais en raison de l'intérêt qu'on y trouve. Ce qui emporte cette conséquence que l'obligation cesse avec l'intérêt : « Si l'intérêt produit d'abord l'obéissance au gouvernement, l'obligation d'obéir doit cesser quand cesse l'intérêt, à un degré

---

1   *Cf. supra*, chap. 1.

2   Évoquant la conception du juriste William Blackstone, auquel Bentham, qui fut d'abord son élève à Oxford, s'opposa directement, M. Foucault dit ainsi que le sujet qui contracte est « le sujet d'un intérêt en quelque sorte épuré, devenu calculateur, rationalisé », *NBP, op. cit*, p. 277.

3   D. HUME, « Du contrat originel », *in Quatre Essais politiques*, Éditions Trans-Europe-Express, Toulouse, 1981, p. 9.

4   *Ibid.*, p. 17.

considérable et dans un nombre considérable [1]. » La différence entre le sujet du contrat et le sujet d'intérêt ne consiste donc pas dans le fait que le sujet du contrat renonce à son intérêt, car le sujet juridique renonce à sa liberté naturelle par intérêt. Elle consiste, d'une part, dans la différence entre l'intérêt immédiat et l'intérêt rationalisé, et, d'autre part, en ceci que l'obligation de respecter le contrat a un caractère moral irréductible à l'intérêt, qui renvoie lui-même chez Locke à la transcendance de la loi de nature. En tout état de cause, cette irréductibilité du sujet de droit au sujet d'intérêt met en évidence les tensions qui travaillent de l'intérieur le sujet lockéen [2].

Les limites du gouvernement

Si telle est la nature du contrat qui fonde toute union politique, quelles sont les limites qui en découlent relativement au pouvoir du gouvernement ? Cette question est explicitement abordée dans le chapitre XI du *Second Traité* qui traite des limites imposées au pouvoir suprême de « n'importe quelle république », soit au pouvoir législatif. Ces limites, ou impossibilités de droit, sont au nombre de quatre. La première consiste en l'exigence de « gouverner d'après des lois stables et promulguées, qui ne doivent pas varier au gré des cas particuliers [3] », ce qui exclut le recours à des « décrets improvisés et arbitraires [4] ». Cette première exigence s'impose si l'on veut vraiment sortir de l'incertitude inhérente à l'état de nature : pour cela chacun doit savoir jusqu'où s'étend sa « propriété », puisque l'état civil n'est institué que pour préserver cette propriété. Mais elle

---

1 D. Hume, *Traité de la nature humaine*, traduction A. Leroy, Aubier, Paris, liv. III, IIe partie, section IX, p. 676, cité *in* M. Foucault, *NBP, op. cit.*, p. 292, note 19.

2 Plus largement, il faudrait prolonger les remarques esquissées ici en s'interrogeant sur le type d'unité que l'on peut reconnaître à ce sujet. En effet, outre la différence dont il vient d'être question, il faudrait examiner celle qui existe entre le membre de l'État (*citoyen*) et le membre d'une Église (*croyant*) à partir des arguments de la *Lettre sur la tolérance* (1686). Certes, la différence de nature entre ces deux types d'associations est aisée à établir : l'État use de la contrainte pour défendre les intérêts temporels du peuple, l'Église doit s'interdire un tel recours dans la mesure où elle est instituée en vue du salut de l'âme. Reste que, en cas de conflit entre la conscience et les lois civiles, c'est à l'injonction de sa conscience que le croyant doit obéir. Comme on le verra au chap. 13, la démocratie libérale héritera pour une grande part de ces différenciations internes au sujet lockéen en consacrant une certaine forme de séparation des sphères d'existence (économique, politique, religieuse).

3 J. Locke, *Second Traité, op. cit.*, § 142, p. 104.

4 *Ibid.*, § 136, p. 98.

renvoie de plus à l'idée que les lois positives « ne sont justes que dans la mesure où elles se fondent sur la loi de la nature, d'après lesquelles il faut les régler et les interpréter [1] ». Locke juge sévèrement la fantaisie qui semble avoir présidé à l'élaboration de « la plus grande part des lois civiles des différents pays [2] ». Il se montre en particulier hostile à la multiplication des lois ainsi qu'au système de la *Common Law*, système qui conduit selon lui à une accumulation incohérente de législations très différentes dans leur inspiration au seul motif qu'elles sont également consacrées par la coutume. La deuxième limite imposée au pouvoir législatif est que les lois « ne doivent avoir aucune autre fin, en dernière instance, que le bien du peuple [3] », ou encore le « bien public de la société [4] ». En d'autres termes, ce pouvoir « n'est ni ne saurait être en aucune manière un pouvoir arbitraire sur les vies et les biens du peuple [5] ». Là encore, la fin que constitue le bien du peuple ne prend tout son sens qu'à la lumière de la loi naturelle. Ce que chacun remet entre les mains de la communauté, c'est seulement le pouvoir de juger des moyens propres à la préservation de notre vie et de celle du genre humain, pouvoir qui est donné par la loi naturelle en qualité d'instrument de son accomplissement. Ce faisant, personne n'a abandonné un pouvoir d'attenter à sa vie ou d'enlever à un autre sa vie et sa propriété, pour la bonne raison que ce pouvoir serait en contradiction avec les obligations de la loi naturelle. Le pouvoir législatif ne peut donc « avoir le droit de détruire les sujets, de les réduire en esclavage, ou de les appauvrir à dessein [6] ». Ce qui ne veut rien dire d'autre que les lois de nature continuent de valoir après la formation de la société. La troisième limite consiste en ce que « le pouvoir suprême ne peut enlever à aucun homme aucune partie de sa propriété sans son propre consentement [7] ». On ne manquera pas de reconnaître là le grand principe de l'opposition à la monarchie absolue au cours du XVIIᵉ siècle : *No taxation without consent*. Mais l'essentiel est que fin de l'institution du gouvernement et obligation faite par la loi naturelle coïncident de nouveau dans la justification de cette limite. Le gouvernement n'est en effet institué que pour préserver et garantir la propriété des particuliers. Il a donc « le pouvoir de faire des lois pour la réglementation de la propriété (*for the regulation of property*) des sujets les uns par

---

1   *Ibid.*, § 12, p. 11.
2   *Ibid.*
3   *Ibid.*, § 142, p. 104.
4   *Ibid.*, § 135, p. 98.
5   *Ibid.*, p. 97.
6   *Ibid.*, § 135, p. 98.
7   *Ibid.*, § 138, p. 101.

rapport aux autres », mais en aucune manière celui de prendre pour lui-même tout ou partie de la propriété de ses sujets sans leur consentement : « En effet, quelle propriété me reste-t-il sur ce qu'un autre a le droit de me prendre quand il lui plaît [1] ? » Or violer ainsi la « loi fondamentale de la propriété », c'est attenter à la loi de nature qui commande à chacun de s'approprier par son travail tout ce qui est nécessaire à sa préservation. Quatrième et dernière limite : le législatif « ne peut transférer à personne d'autre le pouvoir de faire des lois ». Ce pouvoir a été transmis aux législateurs par une « concession positive » du peuple, ces derniers ne le détiennent qu'en vertu de cette délégation. En conséquence, ils disposent bien du pouvoir de faire des lois, mais non du pouvoir de faire des législateurs, lequel appartient au seul peuple [2]. Cette dernière limite peut être directement déduite du principe selon lequel « la communauté est toujours le pouvoir suprême [3] ». Elle reste seul juge de la conformité des actes des législateurs à la mission qu'elle leur a confiée, elle est seule habilitée à les déposer s'ils venaient à manquer à cette mission.

Le « grand art du gouvernement »

En définitive, le gouvernement est limité par la mission donnée par le peuple (protéger les propriétés) et par la loi naturelle (obligation de se préserver et de préserver le genre humain), et, seulement dans cette mesure, par les droits des individus. Quel rapport faut-il établir entre cette détermination des limites de droit et ce que M. Foucault appelle proprement la « gouvernementalité » ? On pourrait penser que la théorie toute juridique du gouvernement élaborée par Locke lui fait ignorer une telle question. En fait, il n'en est rien. La politique telle que l'entend ce dernier va bien au-delà d'une simple approche en termes de droit naturel. Un passage de *Some Thoughts Concerning Reading and Study for a Gentleman* l'affirme explicitement :

> La Politique comprend deux parties très différentes l'une de l'autre ; la première renferme l'origine des sociétés, la naissance et l'étendue du pouvoir politique, tandis que l'autre renferme l'art de gouverner les hommes en société... Quant à cette seconde partie de la Politique qui concerne l'art du

---

1   *Ibid.*, § 140, p. 103.
2   *Ibid.*, § 141, p. 103.
3   *Ibid.*, § 149, p. 109.

gouvernement, je crois que la meilleure manière de l'apprendre est d'avoir recours à l'expérience et à l'histoire [1].

De la première partie à la seconde, le passage ne semble pas direct : les règles fondées en raison qui permettent d'établir l'origine et l'étendue du pouvoir du gouvernement ne sauraient dispenser du recours à l'expérience et à l'histoire lorsqu'il s'agit d'étudier l'« art du gouvernement ». Bien évidemment, celui-ci présuppose que soit préalablement déterminée la nature du pouvoir politique, ce qui est l'affaire propre de la théorie du gouvernement déduite du droit naturel. Cependant, tout en ayant à s'inscrire à l'intérieur des limites ainsi définies, cet art excède très largement la stricte application des règles du droit. La question se pose alors de savoir quel est son objet propre.

On se rappelle que, pour M. Foucault, c'est l'émergence du problème de la « population » qui a permis le déblocage de l'art de gouverner au début du XVIIIᵉ siècle. Chez Locke, ce problème demeure encore subsumé sous un cadre juridique assez contraignant. Il n'en est que plus remarquable de noter que ce dernier articule déjà expressément ce qu'il appelle le « grand art du gouvernement » à l'objectif de l'« abondance de la population ». Dans un passage qui prend place à la fin du § 42 du *Second Traité*, juste après avoir montré que c'est le travail qui donne à la terre cultivée sa véritable valeur, il affirme :

> Ceci montre à quel point il convient de préférer l'abondance de la population à l'étendue des possessions, et que l'augmentation des terres cultivées et le bon emploi que l'on en fait constituent le grand art du gouvernement. Un Prince qui sera assez sage et divin pour garantir, par des lois stables de liberté, la protection et l'encouragement de l'honnête industrie du genre humain contre l'oppression du pouvoir et l'étroitesse partisane deviendra redoutable à ses voisins ; ceci soit dit en passant [2].

L'affirmation d'un lien entre l'oppression politique et la dépopulation dans la seconde phrase de ce passage n'innove guère et se retrouve, comme on l'a vu [3], dans toute la littérature ultérieure. Les § 33 et 41 du *Premier Traité du gouvernement* s'arrêtent longuement sur ce point en se référant au « grand projet de Dieu » : « Soyez féconds, multipliez-vous et emplissez la terre. » Loin de servir ce dessein, la monarchie absolue a dépeuplé les pays sur lesquels elle règne en faisant dépendre l'accès aux

---

1   Cité par J.-F. Spitz, *ibid.*, p. 237, note 460.
2   *Ibid.*, § 42, p. 32-33 (nous soulignons).
3   *Supra*, chap. 1.

subsistances de la plus ou moins grande docilité de ses sujets, comme le montre à l'envi l'exemple du « gouvernement turc [1] ». Cependant, il ne suffit pas de garantir par des lois la liberté des sujets, l'« art du gouvernement » exige que l'on se soucie d'encourager l'« honnête industrie » par laquelle seule la terre peut être mise en valeur. S'il faut rechercher l'augmentation des terres cultivées et leur bon emploi, c'est précisément parce que l'on dispose là des meilleurs moyens d'accroître la richesse générale et, par voie de conséquence, d'inciter la population à se multiplier. Il se vérifie ainsi que l'« art du gouvernement » trouve sa fin dernière en dehors de lui, dans les choses qu'il dirige, au lieu d'avoir sa fin en lui-même, comme c'était le cas dans l'ancienne problématique de la souveraineté [2]. Mais, en même temps, la réflexion lockéenne sur cet art reste largement tributaire du cadre juridique de la théorie du droit naturel.

Alors que l'essor de la gouvernementalité au début du xviiie siècle se traduira par un recul de la loi au profit des « tactiques » ou par une utilisation « tacticienne » de la loi [3], Locke accorde encore à la loi une fonction essentielle comme instrument de l'action du gouvernement. En témoigne en particulier la fin du § 50 du *Second Traité* qui affirme que, « dans les gouvernements, les lois règlent le droit de propriété (*the laws regulate the right of property*) [4] ». L'interprétation de ce passage est tout entière suspendue au sens que l'on donne au verbe *to regulate* : faut-il entendre que les lois ont pour seule fonction de faire respecter les bornes des propriétés acquises avant l'établissement de la société politique ? Ou faut-il comprendre, comme y invitent également d'autres passages [5], que les lois ont le pouvoir de déterminer l'étendue de la propriété de chacun ? Auquel cas il pourrait revenir au pouvoir politique d'opérer par le moyen de la loi une certaine forme de redistribution dictée par la nécessité d'éviter le gaspillage et d'assurer la préservation de tous [6]. La redistribution, tout particulièrement au profit de ceux qui sont incapables de travailler, constituerait ainsi l'une des ressources dont disposerait un gouvernement recherchant l'« abondance de la population » plutôt que l'« étendue des possessions »

---

1   J. LOCKE, *Premier Traité du gouvernement*, traduction Bernard Gilson, Vrin, Paris, 199*, § 33 et 41, p. 43 et 48.
2   Même si l'allusion à la puissance du Prince « redoutable à ses voisins » dans le § 42 du *Second Traité* cité ci-dessus a indéniablement des accents mercantilistes.
3   M. FOUCAULT, *Sécurité, Territoire, Population*, Gallimard/Seuil, Paris, 2004, p. 102.
4   J. LOCKE, *Second Traité, op. cit.*, p. 38.
5   *Ibid.*, § 120 et 139. Les termes du débat sont clairement présentés dans les notes 308 et 419 de l'édition de J.-F. Spitz.
6   Comme les § 42-43 du *Premier Traité* peuvent le donner à penser.

Sous ce rapport, la loi positive est bien un instrument de réalisation de la loi de nature, ce qui confirme que l'art du gouvernement est encore subordonné au cadre rigide du droit naturel. La voie empruntée par J. Bentham sera très différente : c'est ce cadre lui-même qu'il s'emploiera à faire craquer, en ouvrant du même coup à la réflexion sur l'art de gouverner un nouvel espace théorique.

Au-delà de cet enjeu proprement théorique, il importe en outre d'être attentif au rôle joué par la référence, directe ou indirecte, à J. Locke dans la pensée politique libérale postlockéenne. Car si ce dernier ne néglige pas l'activité spécifique qui revient au gouvernement, ceux qui s'en réclameront auront tendance par la suite à réduire la politique à la seule promotion des droits individuels naturels, tout particulièrement en matière de propriété. Cette *dogmatisation* de la position lockéenne, dans le cours du XIX⁰ siècle puis chez les libertariens du XX⁰ siècle, emportera deux conséquences majeures. La première est que la politique libérale s'enfermera de plus en plus dans des formules rigides et conservatrices de défense des droits de propriété, ce qui entraînera le refus de toute intervention sociale susceptible de porter atteinte à ces droits. Une telle « sacralisation », qui perd tout ce qui chez J. Locke tenait encore aux devoirs de l'individu envers son Créateur, tendra à se confondre avec la stricte défense des intérêts des possédants. La seconde est de laisser complètement démuni face aux nécessités pratiques déjà évoquées plus haut, celles de la gestion des populations, de l'organisation de la production et des échanges, du développement de certains biens et services (transport, éclairage public, santé, éducation) qui ne peuvent être abandonnés à l'initiative des particuliers, ou encore de l'attitude à adopter devant les revendications pressantes d'une classe salariale mobilisée. Il reviendra plus tard aux plus conséquents des libertariens de « résoudre » cette difficulté par sa suppression : s'il n'y a que des droits individuels inaliénables, le gouvernement n'a plus de raison d'être. Mais c'est là une conclusion à laquelle se refuseront les grands courants du libéralisme, comme d'ailleurs plus tard ceux du néolibéralisme.

On le voit, la subordination de l'action gouvernementale à l'égard d'une « loi naturelle » singulièrement réinterprétée n'est pas étrangère à la crise du libéralisme qui se profile dès le milieu du XIX⁰ siècle, dans la mesure où elle a pour effet pratique de bloquer toute entreprise réformatrice. C'est ce qui explique en grande partie le succès historique de l'autre voie, celle de l'utilitarisme, qui favorise à l'inverse l'adaptation de la politique gouvernementale aux circonstances, mais au prix d'un autre danger, celui d'un réformisme social susceptible d'entamer les droits dits « naturels ».

4

Le gouvernement sous le contrôle de l'utilité

Quelle est la limite de l'action gouvernementale et sur quoi la fonder ? Et comment gouverner des sujets qui sont eux-mêmes gouvernés par la recherche du plaisir et la fuite de la douleur ? Ces deux questions réclament une articulation théorique que l'utilitarisme se propose de produire à la fin du XVIIIᵉ siècle et au début du XIXᵉ siècle. Ce problème n'est pas neuf, il a été conçu par une tradition déjà longue d'auteurs qui ont œuvré à la définition nouvelle de l'homme comme sujet économique. Jeremy Bentham, dans les pas d'Helvétius, est sans doute le théoricien qui a conduit la réflexion la plus conséquente sur ce mode de gouvernement par les intérêts en élaborant les « arrangements » institutionnels et les codes qui pouvaient en constituer les applications logiques. Le mode de gouvernement utilitariste entend limiter le pouvoir du souverain par et dans l'exercice de la pratique gouvernementale, non pas à partir de droits innés et sacrés, mais en fonction de limites de fait qui s'imposent quand on veut atteindre des objectifs déterminés. Ces limites sont données par les effets que l'on cherche à produire, elles sont déterminées par l'utilité calculable des mesures ou des lois en rapport avec le système des intérêts individuels tels qu'ils sont établis.

Sur l'importance de Bentham dans l'histoire de cette réflexion, les cours de M. Foucault au Collège de France ont apporté beaucoup, comme on l'a noté plus haut. Et d'abord l'idée que le libéralisme ne se limitait pas à son versant jusnaturaliste, que l'on ne pouvait en définir le mouvement historique par la seule affirmation des droits de l'individu. La réévaluation que M. Foucault opère du radicalisme utilitariste anglais permet de comprendre le caractère hétérogène du libéralisme classique, non pas tant par cette coupure supposée entre libéralisme politique et libéralisme économique, que par celle qui oppose deux types de principes de limitation du pouvoir, les droits de l'homme et l'utilité.

Le principe d'utilité n'est ni strictement économique, ni strictement politique. Il permet justement de passer les frontières et d'appliquer à l'homme un unique mode d'explication et de jugement dans tous les champs de son activité. L'homme est un : il n'est pas ici marchand et là citoyen. Il est partout cet être sensible et parlant qui obéit à son intérêt tel qu'il le perçoit au travers des mots qu'il utilise pour l'exprimer. C'est précisément cette homogénéité qui permet à Bentham d'entreprendre une reconstruction complète de l'établissement institutionnel sur le seul principe d'utilité.

Ce principe n'est jamais que l'application à l'analyse et à l'art politique d'une idée déjà parfaitement définie par Locke dans son *Essai sur l'entendement humain* selon laquelle l'homme est gouverné par la recherche de son plaisir et la fuite de la douleur, axiome qui aura un succès philosophique considérable au XVIIIᵉ siècle bien au-delà de la littérature britannique et jusqu'aux Idéologues. Cette application présente en même temps de nombreuses difficultés que Bentham entreprendra de résoudre tout au long de son œuvre. Sa pensée offre un visage paradoxal qui a dérouté bon nombre de commentateurs et qui explique la diversité, voire l'opposition des interprétations.

Donner une limite intérieure à l'intervention étatique par le principe d'utilité, c'est en même temps permettre à la gouvernementalité libérale de se déployer selon ses diverses modalités et dans tous les domaines. Puisqu'il n'y a aucun interdit extérieur, aucune borne préétablie par un principe étranger, tous les principes alternatifs ayant été soigneusement récusés, la seule limite concevable tient à l'utilité elle-même, c'est-à-dire relève d'un calcul des coûts et des bénéfices de l'intervention. C'est le résultat de ce calcul qui permet de faire la distinction entre ce que le gouvernement doit faire et ce qu'il ne doit pas faire. De sorte qu'il n'y a aucun objet donné *a priori* sur lequel le gouvernement aurait un devoir absolu de ne pas se prononcer.

L'utilité constitue donc un principe biface : il donne à l'intervention publique l'espace de tout l'humain et contraint en même temps toute intervention, même la plus anodine, à rendre des comptes en termes d'effets quantifiables sur le bonheur. D'où l'idée selon laquelle le point de vue de l'utilité d'une action ouvre toujours à transaction entre ceux qui y gagnent et ceux qui y perdent, au grand dam des tenants du droit naturel qui veulent établir une ligne définitive entre le juste et l'injuste. On sait que c'est cette nature transactionnelle du calcul de l'utilité et sa prétention à tout régir qui ont fait l'objet de la critique menée par Benjamin Constant dans ses *Principes de politique*. D'une part, « l'utilité n'est pas susceptible d'une démonstration précise. C'est un objet d'opinion individuelle et conséquemment de discussion indéfinie. L'on peut trouver des motifs d'utilité pour tous les commandements et pour toutes les prohibitions [1] ». D'autre part, le calcul peut s'appliquer à tout objet puisque tout peut relever de l'utilité : « Rien dans la nature n'est indifférent suivant le sens rigoureux de cette expression. Tout a sa cause, tout a ses effets. Tout a des résultats ou réels ou possibles, tout peut être utile, tout peut être dangereux. » La conséquence néfaste de ce principe quand les gouvernements modernes l'adoptent au nom de la félicité publique et du « vague prétexte de l'utilité », c'est que la souveraineté redevient illimitée, mais par une autre voie que celle des gouvernements anciens : « L'autorité sociale étant seule juge de toutes ces possibilités, il est clair que, dans ce système, elle n'a point et ne peut point avoir de limites [2]. » Tout se passe donc, à en croire B. Constant, comme si les gouvernements modernes menaçaient d'étendre indéfiniment leur autorité, aidés en cela par le caractère indéterminé de ce que l'on entend par utilité.

Il y a loin de cette critique, prélude à une longue série de critiques « libérales » de la doctrine de Bentham, à celle qui fait de lui le champion absolu de la totale liberté laissée à l'action égoïste et dont on doit la paternité sans doute à Albert Venn Dicey [3]. Même Keynes dans *La Fin du laisser-faire* ne voit en Bentham que le partisan obtus du libre marché pour avoir préféré systématiquement les « *non-agenda* » de l'État – ce qu'il ne doit pas faire – aux « *agenda* » – ce qu'il doit faire. Cette distinction, qu'il dit avoir été trop longtemps oubliée, serait à ses yeux le schéma de pensée le plus classique du libéralisme orthodoxe.

---

1   B. Constant, *Principes de politique applicables à tous les gouvernements (1806-1810)*, Hachette Littératures, Paris, 1997, liv. III, chap. 1, p. 66.

2   *Ibid.*, p. 67.

3   *Cf.* A. V. Dicey, *Lectures on the Relations between Law and Public Opinion in England during the Nineteenth Century*, Macmillan and Co, Londres, 1905 – trad. fr. : *Leçons sur les rapports entre le droit et l'opinion publique en Angleterre au XIXᵉ siècle*, V. Giard & E. Brière, Paris, 1906. A. V. Dicey divise le XIXᵉ siècle en trois périodes : « I. *The period of old toryism or legislative quiescence* (1800-1830) », « II. *The period of benthamism or individualism* (1825-1870) » et enfin « III. *The period of collectivism* (1865-1900) ».

Cette conception qui regarde Bentham comme un partisan fanatique de la plus complète liberté économique tient pour l'essentiel à une difficulté de lecture, bien cernée par les commentateurs contemporains. Il faut d'abord se souvenir que pour Bentham l'économie politique est une science qui seconde le législateur dans un champ très circonscrit, celui de la production de la richesse matérielle (*wealth*). Or, le propos de Bentham vise beaucoup plus large, rien moins qu'une économie générale de la conduite humaine visant la maximisation du bonheur ou du bien-être sous tous ses aspects (*happiness* ou *well-being*). Notons encore que dans le domaine de l'économie politique *stricto sensu*, c'est-à-dire celui touchant à la richesse matérielle, Bentham articule précisément plusieurs types de considérations qu'il importe d'isoler.

La distinction *agenda/non-agenda* répond à une question particulière qui est celle de l'articulation entre la description que fait Smith du « cours naturel des choses » et la pratique du gouvernement selon le principe d'utilité. Cette articulation débouche sur une recommandation de « quiétisme » : l'État doit rester tranquille, il doit laisser autant que possible se déployer les actions accomplies par les individus en fonction de leur inclination [1], car les individus sont mieux à même que l'autorité politique de réaliser les fins particulières qu'ils se proposent si on leur en laisse la liberté. Mais Bentham ne se contente pas, comme on l'a cru longtemps, de suivre Smith ; il opère un déplacement par rapport au discours des économistes et met en question l'idée même d'une science économique complètement indépendante de l'art politique. Un autre discours se mêle en effet au premier : la politique n'est pas seulement dépendante de l'ordre spontané, elle n'en dérive pas unilatéralement comme l'effet d'une cause. Elle le commande plutôt, quoique indirectement, et contribue même à le fabriquer. Autrement dit, si la politique libérale trouve sa limite dans le marché, ce dernier trouve sa condition d'existence et de fonctionnement dans la politique.

C'est dire que la politique libérale, telle que la pense Bentham, a ceci de particulier qu'elle doit engendrer sa propre limite, qu'elle doit constituer, par la codification juridique et les institutions politiques, les bornes qui délimiteront son propre terrain d'action. Cet auto-engendrement de sa limite n'est possible que si la politique a des fins propres par rapport auxquelles l'activité économique « libre » est un moyen de réalisation. C'est précisément ce que le principe d'utilité, placée en règle suprême, permet de

---

1   Bentham désigne ces actions du nom de *sponte acta*.

constituer. Le marché ne sera pensable que comme un instrument politique capable de répondre aux objectifs de la société politique. Ces objectifs, où les trouver sinon en l'homme même ? C'est l'anthropologie de l'homme économique qui fournira la clé universelle, le fondement ultime de la grande construction normative des sociétés modernes. Mais si cette anthropologie est fondatrice, la politique qui en découle ne risque-t-elle pas de déborder sur toute la surface de la société puisqu'il en va d'un bonheur qui ne s'arrête pas aux seuls biens matériels ? C'est bien cette extension qui provoquera dans l'histoire du libéralisme une dissension majeure dont Spencer est le porte-parole le plus éloquent dans le dernier tiers du XIXᵉ siècle.

Critique du droit naturel
comme principe de l'action publique

Il nous faut d'abord rappeler en quels termes et avec quels arguments Bentham récuse le discours des droits humains. Bentham rédige en 1795 un manuscrit intitulé « Non-sens perché sur des échasses » (*Nonsense upon Stilts*) dans lequel il s'en prend à deux des Déclarations françaises des droits de l'homme, la première figurant en préambule de la Constitution de 1791 et la seconde en préambule de celle de 1795 [1]. Il s'agit pour lui de retirer toute légitimité aux principes qui y sont affirmés, en établissant qu'étant sans aucun fondement dans la réalité, ils sont ouverts à toutes les interprétations qu'on voudra bien en faire. En d'autres termes, la condamnation est double : la métaphysique qui structure les Déclarations est ignorante des pratiques humaines effectives ; par là, elle s'expose à ces mêmes pratiques que l'on y méconnaît.

Qu'est-ce que Bentham reproche aux droits de l'homme ? De ne pas savoir ce qu'est l'homme, d'ignorer ses ressorts, ses motifs d'agir, d'oublier qu'il poursuit son intérêt en toutes circonstances. Les droits de l'homme sont des « *fallacies* » politiques, terme mal rendu par « sophismes » comme on le fait depuis L. Dumont. Les « *fallacies* » politiques, auxquelles Bentham a consacré un manuel entier, sont des expressions et des formulations qui ne renvoient à aucune entité réelle, mais qui ont cependant des effets

---

1   Ce texte ne sera publié qu'en 1816 dans une traduction d'Étienne Dumont. Pour une traduction récente de ce texte, *cf.* B. BINOCHE et J.-P. CLÉRO (dir.), *Bentham contre les droits de l'homme*, PUF, Paris, 2007.

tout à fait réels dans le monde social et politique [1]. C'est par leur utilisation systématique que s'exerce le pouvoir malfaisant de tous ceux qui entendent masquer leurs intérêts particuliers derrière des formules aveuglantes.

Les « droits de l'homme » sont des « *fallacies* » politiques qui sortent de l'ordinaire, ce qui explique la place spéciale que leur a donnée Bentham, du fait de leur statut de principes. Ils sont à la base d'un système gouvernemental et législatif qui ne peut être lui-même que fallacieux, puisqu'il repose sur l'ignorance de ce qui anime les hommes, partant sur la méconnaissance de ce qu'est la tâche d'un gouvernement. La plus importante de toutes les fonctions du gouvernement est de savoir faire céder les individus sur certains plaisirs au nom du bon fonctionnement de la société tout entière : « La société ne peut maintenir sa cohésion que si les hommes sont prêts à sacrifier les avantages qu'ils exigent : leur arracher ces sacrifices est la grande difficulté, la grande tâche du gouvernement [2]. » En effet, le principe d'utilité, sur son versant descriptif, nous apprend que l'homme est gouverné par le plaisir et la douleur. Comment lui faire entendre que, pour son bonheur même, il doit abandonner certaines prétentions au plaisir ? Seul un gouvernement œuvrant sur le matériau des intérêts pour satisfaire l'utilité du plus grand nombre peut y parvenir.

D'où l'erreur politique fondamentale des révolutionnaires français : comment prétendre gouverner les hommes si on les ignore entièrement ? L'expérience ne pouvait que dégénérer dans l'anarchie et le despotisme, l'erreur inaugurale ne pouvait conduire qu'à la terreur finale. La faute en est à la métaphysique qui a guidé cette malheureuse révolution. Les droits de l'homme ne peuvent servir de guide pour les gouvernements modernes, pire, ils rendent impossible le gouvernement des hommes tels qu'ils sont réellement. Telle est la ligne de la critique de Bentham. Elle n'a rien de commun avec les attaques contre-révolutionnaires. Son angle est strictement délimité par le souci du gouvernement effectif. Bentham se pose à lui-même la question : pourquoi gâcher du temps et du papier à réfuter une absurdité comme les droits de l'homme ? Comment réfuter ce qui n'existe pas ? La réponse est sans ambages :

> Si c'est une absurdité, elle s'accompagne de grandes prétentions, celles de gouverner le monde. Une partie du monde, une partie qui est loin d'être négligeable du point de vue du nombre, trahit du moins un penchant à être

---

1   *Cf.* J. Bentham, *Manuel de sophismes politiques*, trad. J.-P. Cléro, LGDJ, Paris, 1996.

2   J. Bentham, « L'Absurdité sur des échasses ou la boîte de Pandore ouverte… », *in* B. Binoche et J.-P. Cléro (dir.), *op. cit.*, p. 22.

gouvernée par elle. Si l'on peut briser le sceptre de l'absurdité, le temps et le papier ne seront pas complètement gaspillés [1].

Il faut en effet casser la fascination que produit ce genre de déclaration sur les individus, si bien faite pour leur plaire en les présentant sous leur meilleur jour. Le danger est grand d'établir en guise de règles suprêmes un texte écrit à la manière d'un conte oriental ou d'une fable divertissante :

> Dans une pièce ou dans un roman, un mot inapproprié n'est jamais qu'un mot ; et l'impropriété, qu'on la remarque ou non, reste sans conséquences. Dans le corps des lois, en particulier des lois que l'on prétend fondamentales et constitutionnelles, un mot inapproprié peut être une calamité nationale ; la guerre civile peut en résulter. Un mot inconsidéré peut faire jaillir un millier de poignards [2].

Autrement dit, la Déclaration des droits est « anarchiste » en ce sens qu'elle constitue une justification permanente de l'insurrection contre la loi établie au nom d'une loi naturelle imaginaire. Au lieu que la loi positive se calibre selon les effets réels qu'elle peut avoir, cette Déclaration est forcée de se plier à l'imagination qui a engendré les monstres que sont les droits naturels.

La situation réelle des hommes en société ne montre rien qu'une sujétion générale, des sacrifices consubstantiels à la société politique, et des inégalités de toutes natures : aucun gouvernement ne peut satisfaire à une demande de liberté et d'égalité imaginaire. Les effets de ces déclarations sont considérables, puisque les droits légaux peuvent être en permanence dénoncés comme contraires aux droits naturels. Ces derniers sont donc non seulement des « absurdités sur des échasses », mais des incitations à la révolte contre tout gouvernement. C'est ici le point essentiel : la contradiction repérée par Bentham tient au fait que les principes régulateurs du gouvernement interdisent l'exercice réel du pouvoir gouvernemental en légitimant à l'avance tous les obstacles que l'on voudrait bien mettre à cet exercice. L'impôt n'est-il pas un viol de ma propriété sacrée ? L'autorité politique n'est-elle pas contraire à l'égalité de tous les hommes ? Si les droits de l'homme sont « anarchistes », c'est donc dans la mesure même où ils dénoncent par avance tout gouvernement qui ne peut agir que par la contrainte sur la « liberté naturelle ». Donner un droit par la loi de faire quelque chose à quelqu'un suppose que l'on contraigne quelqu'un à ne pas

---

1   Cité par B. BINOCHE et J.-P. CLÉRO, *op. cit.*, p. 11.
2   J. BENTHAM, « L'Absurdité sur des échasses ou la boîte de Pandore ouverte… », *in* B. BINOCHE et J.-P. CLÉRO (dir.), *op. cit.*, p. 23.

faire autre chose. Les droits effectifs sont toujours les revers des obligations légales imposées par la législation.

Tout le propos de Bentham, dans sa critique des Déclarations françaises, vise à montrer que la « rhétorique sacrée », particulièrement quand elle concerne la propriété, a des effets négatifs sur ce qu'elle prétend légitimer [1]. Le langage du droit est mystificateur, il engendre la fascination ; le mot même de droit est le « plus enchanteur de tous les mots [2] ». Affaiblir le gouvernement au nom des droits naturels, c'est l'empêcher d'agir en faveur des libertés et de la sécurité. Considérer la propriété comme inviolable, c'est permettre que l'on conteste tout impôt comme une oppression intolérable.

Les droits naturels ruinent par conséquent les droits légaux dont peuvent jouir les membres de la société politique, lesquels se fondent sur les seules garanties nécessaires à leur respect que le gouvernement est en mesure de leur apporter. Ce que méconnaissent les auteurs de ces déclarations, comme tous les inventeurs d'un supposé « contrat », c'est précisément la nature du pouvoir politique. Bentham, dans la lignée des empiristes, rappelle que la liberté, l'égalité, la sûreté ne sont pas avant les lois, mais sont des enfants de la loi, des « créatures juridiques », protégées par la force du gouvernement. Ce ne sont pas des droits « en l'air », « dans le ciel », « sur des échasses », ce sont des droits effectifs. Il n'y a pas de sens à dire que le droit de propriété est un droit universel puisqu'il ne concerne en rien celui qui n'est propriétaire de rien. Le droit de propriété est celui dont jouissent les propriétaires en vertu de la loi positive, et c'est bien pourquoi il importe au plus haut point de distinguer les différents « objets de possession » (*subject matters of possession*). Sur ce point, Bentham adresse à J. Locke une critique sans concession. En effet, loin de confondre vie, corps et biens matériels dans la même dénomination générique de « propriété », il lui reproche de ne pas avoir distingué la « matière de richesse » (*matter of wealth*) et les biens incorporels (comme les positions, les réputations, les statuts, etc.) :

> Locke a montré qu'en cette occasion de nombreux autres objets de possession ayant autant de valeur lui avaient échappé, à savoir le pouvoir, la réputation, la condition sociale [3] pour autant qu'elle soit avantageuse, sans oublier l'exemption de douleur sous toutes les formes dont le corps ou l'esprit est le siège (une possession pour laquelle, hélas, le langage n'a pu fournir un mot plus concis), la possession garantissant la sécurité, garantie

---

1   *Ibid.*, p. 89.
2   *Ibid.*, p. 120.
3   L'anglais dit exactement « *condition of life* ».

qui relève des fonctions et charges de justice : autant d'objets pouvant donner lieu à malfaisance de la part des individus, à interdiction et châtiment aux mains du gouvernement, et, en fonction de l'étendue d'une telle interdiction (appelée aussi prohibition), à délit de la part des individus [1].

Tous ces « objets de possession » doivent être d'autant plus soigneusement distingués qu'ils requièrent de la part du législateur une attention minutieuse. Mais la critique touche également aux conséquences politiques de cette valorisation indue des seules richesses matérielles :

> La propriété serait la seule chose digne d'être l'objet du soin du gouvernement ! Les possesseurs de la propriété seraient en conséquence les seules personnes dignes d'être les objets de ce même soin ! Les possesseurs de la propriété seraient les seules personnes dignes d'être représentées dans et par un corps représentatif, formant une partie et une parcelle de l'autorité souveraine ! Les pauvres en corps formeraient une communauté d'êtres que les riches en corps seraient autorisés à rendre esclaves et à traiter comme tels pour toujours. L'esclavage en corps, un état de choses peut-être encore pire que l'esclavage individuel, serait un état de choses dont la production et l'entretien seraient un objet propre de gouvernement [2].

Ce qui est violemment mis en cause ici, c'est la justification des privilèges de l'aristocratie terrienne au nom du prétendu droit « naturel » de propriété, justification dont les idéologues du whiggisme s'étaient fait une spécialité à l'époque où ce texte fut rédigé. On voit à quel point la discrimination des différents objets de possession doit être la préoccupation centrale d'un gouvernement soucieux de promouvoir le « bonheur du plus grand nombre ». C'est dire suffisamment qu'il ne saurait être question de dériver le droit de propriété de la loi de nature. Car ce qui règle l'exercice du pouvoir ne peut être sans absurdité ce qui n'existe pas avant ou hors de cet exercice. S'il n'y a pas d'antécédents au gouvernement, de lois de nature préexistantes, seul l'effet de la pratique gouvernementale, palpable, tangible, mesurable même, est susceptible de servir de règle au gouvernement.

L'abandon de toute justification sacrée s'impose donc au profit de la seule considération d'utilité. Certes, le bilan comptable des avantages et des inconvénients n'est pas aussi enthousiasmant que le langage enflammé du contrat et des droits naturels, mais il a au moins pour lui les résultats mesurables qu'il peut produire. Par là, il ouvre la voie à un réformisme

---

1   J. BENTHAM, « Article on Utilitarianism », *in Deontology*, éd. Amnon Goldworth, Clarendon Press, Oxford, 1983, p. 314.
2   *Ibid.*, p. 315.

permanent qui s'oppose autant à la passion destructrice qu'au conservatisme. Bentham, hostile à toutes les maximes qui font du passé le modèle indiscutable de ce qu'il faudrait faire et ne pas faire, s'en prend donc aussi à la manière dont les révolutionnaires ont voulu appuyer les principes du gouvernement sur une « nature » entièrement fictive. L'obéissance absolue à la tradition ou l'obéissance à des principes imaginaires qui légitiment l'insurrection relèvent de la même illusion : vouloir inscrire dans le marbre des principes intangibles qui fixeront à tout jamais la ligne de conduite des gouvernements futurs, enchaînant pareillement la postérité à des croyances d'une époque donnée [1].

Ni révolution permanente fondée sur des principes « naturels », ni conservation perpétuelle fondée sur la fidélité aux morts : la seule voie qui reste aux gouvernements modernes est celle de la réforme continue réglée par le principe d'utilité dans le cadre d'une société inégale, hiérarchique, irréductiblement divisée entre les puissants et la masse des subordonnés.

Le principe d'utilité, unique critère de l'action publique

Le gouvernement doit orienter sa conduite sur l'utile, seule manière de s'ajuster en permanence aux variations des intérêts, des jeux de l'échange, des rapports internationaux, des changements techniques, seule manière aussi de contribuer activement aux progrès du bonheur social général. La législation, qui est son arme, les droits qu'il crée et protège n'auront d'autre fondement que l'utilité, soit la tendance à produire plus de bien que de mal, compte tenu du fait que toute contrainte politique est déjà un coût.

C'est le principe d'utilité qui fera le partage entre l'action nécessaire et souhaitable d'un côté, et l'action inutile et néfaste de l'autre. Le gouvernement n'échappe pas à cette règle. C'est même sans doute pour redéfinir de la façon la plus systématique l'action du législateur que Bentham a voulu établir le principe de l'utilité en norme universelle de l'action humaine. L'*Introduction aux principes de morale et de législation* est parfaitement explicite : le principe d'utilité est fondé sur la donnée ontologique de l'être sensible et il est érigé en principe moral et politique unique. Les autres

---

1   *Cf.* le commentaire de B. BINOCHE, « Critique des droits de l'homme », *in* B. BINOCHE et J.-P. CLÉRO (dir.), *op. cit.*, p. 143-144.

principes rivaux, celui de l'ascétisme comme celui de la sympathie, sont récusés.

Le domaine de la production de la richesse matérielle, dont s'occupe spécialement l'économie politique, est soumis comme les autres à la juridiction de ce principe. Il n'a nul privilège à cet égard, puisque l'utilitarisme suppose que, dans tous les genres d'action, les individus sont toujours guidés par les mêmes motifs de l'intérêt. Il s'agit donc, en économie comme ailleurs, de définir les outils qui vont permettre l'analyse des actions privées et publiques selon le critère de l'utilité. Le gouvernement utilitariste a pour matériau, pour cible et pour fin le champ entier des intérêts sous toutes leurs formes. C'est un gouvernement par, sur et pour les intérêts. Si les intérêts particuliers constituent la limite de l'activité gouvernementale, puisqu'elle ne doit pas venir entraver ce que les individus entendent réaliser, pas plus qu'elle ne doit faire à leur place ce qu'ils font volontiers par eux-mêmes, ces intérêts sont également le matériau avec lequel le gouvernement doit traiter, sur lequel il doit intervenir sans en dérégler le jeu. Le gouvernement a la tâche décisive de lier les intérêts privés et l'intérêt général par un système de lois, qui sont autant de coercitions que chaque individu intègre dans son calcul au titre des risques de la peine qu'il encourt en cas de transgression. Le principe qui doit s'appliquer dans les institutions politiques et administratives est le « principe de jonction des intérêts » (*interests junction principle*). Le gouvernement peut également encourager des institutions nouvelles (les fameux « panoptiques » scolaires, carcéraux, hospitaliers, manufacturiers) qui seront autant de lieux où l'on apprendra à bien calculer. Il peut enfin déployer tout un ensemble d'incitations, de dérivatifs, de prohibitions morales, de dispositifs de contrôle, qui constituent une « législation indirecte » destinée à prévenir les mauvaises conduites.

Les moyens à la disposition du gouvernement sont considérables pour combattre les intérêts nuisibles. Il peut se rendre maître par le système des normes et des sanctions de ce qui gouverne l'être humain : la sensibilité telle qu'elle est reprise par l'imagination. Grâce à tous les leviers qu'il peut exercer sur les espoirs et sur les craintes, il a la maîtrise possible de la conduite de chacun. Il peut agir sur la volonté, orienter les désirs, façonner les intérêts. La question est donc de savoir comment diriger et maîtriser toute l'action dont il est capable. Si son but est bien la maximisation du bonheur du plus grand nombre, conformément à cette exigence inscrite dans la sensibilité humaine, il devra utiliser ce pouvoir de façon cohérente et avec parcimonie, puisque l'interférence de la loi constitue toujours un coût pour un certain nombre d'individus.

Le bonheur général étant la somme des bonheurs individuels, l'action publique devra faire en sorte que chacun puisse réaliser ses fins propres à la condition qu'elles soient des additions au bien-être général. Il en découle que l'action gouvernementale n'atteindra sa fin générale qu'en favorisant la réalisation des intérêts particuliers dans la mesure où ils ne contreviennent pas à la fin générale. D'un côté, il faudra prendre toutes les mesures qui favoriseront les intérêts conformes à la fin générale ; de l'autre, il faudra établir toutes les mesures de contrôle et de punition pour prévenir les intérêts contraires au bien général.

C'est à partir de cette double obligation que se pose la question de la politique économique la plus souhaitable. Les *agenda* et les *non-agenda* de l'État, que Bentham distingue dans son *Manuel d'économie politique* (1793), désignent des actions qui touchent directement à la richesse produite et échangée, actions que l'État peut accomplir, qui sont à sa portée, et qu'il doit soigneusement sélectionner en fonction de leurs effets positifs ou négatifs sur la richesse future. Or, comme l'essentiel de cette production provient de l'action spontanée d'individus intéressés dont les occupations les plus ordinaires visent à l'accumulation des richesses et à la satisfaction des besoins, le gouvernement a peu à faire sur les motifs généraux. Il lui revient par contre d'apporter les lumières qui vont éclairer l'action économique, et d'en protéger les circonstances et les résultats.

Ce que Bentham retient donc de l'économie politique, c'est l'effet positif sur le bien-être général des *sponte acta*, c'est-à-dire des actions faites par les individus lorsqu'ils sont libres de poursuivre leurs intérêts. Ne nous trompons pas sur ce point. Bentham n'est pas en économie le partisan d'une liberté individuelle qu'il refuserait ailleurs, et en particulier dans le domaine de la législation. L'économie n'est surtout pas chez lui un domaine extérieur à la législation, une sorte d'enclos de la nature au milieu de la société civile. Ce qu'il veut dire est moins contradictoire qu'on ne l'a supposé parfois. Le législateur veille au plus grand bonheur de tous. Il dispose des instruments de la loi pour le faire, loi qui est toujours, quel que soit le domaine considéré, une contrainte, une limitation de la liberté, un coût du point de vue du bonheur. De sorte qu'il faut en user avec la plus grande modération. Dans le domaine économique, l'État a *a priori* peu à faire pour stimuler l'activité utile, pour susciter les actions qui accroissent le bonheur, tout simplement parce que l'individu cherche par lui-même à l'accroître. Les actions visant à cet accroissement se font donc *spontanément*. Mais cela ne veut pas dire que l'État ne joue pas un rôle décisif pour assurer les conditions de la vie économique et de l'accroissement du bien-être.

L'État ne peut remplacer les individus qui sont les seuls à ressentir les besoins et les désirs qui les animent, mais il peut en revanche leur apporter les connaissances qui leur sont indispensables, puisque calculer correctement suppose des données d'information et des capacités intellectuelles qui réclament elles-mêmes une action spécifique de la part des autorités publiques. Et d'abord pour procurer aux individus une bonne connaissance de la loi, de telle manière qu'ils agissent sans encourir la peine de la sanction en cas d'infraction. Bentham sera toujours soucieux de la publicité des lois, de la comptabilité publique, de la transparence institutionnelle la plus totale, de la liberté de la presse et de la discussion publique [1].

Bentham, jusque-là, semble suivre la leçon des économistes qui ont constitué la science des *sponte acta* : « Le chapitre des *sponte acta* comprend donc pratiquement toutes les opérations par lesquelles l'accroissement de richesse est produit de façon directe, et il coïncide plus ou moins avec ce qui est communément appelé économie politique [2]. » Ce qui est dire aussi que l'économie politique ne se confond pas complètement avec la *science de la politique économique*, qui reste à constituer.

C'est là toute la difficulté des rapports entre Smith et Bentham et, avec elle, la difficulté de penser l'articulation entre l'ordre spontané du marché et le gouvernement libéral. La distinction benthamienne entre *agenda* et *non-agenda* n'est pertinente qu'en rapport avec les interférences que l'État peut se permettre ou non avec le « cours naturel des choses » tel que Smith l'a décrit et analysé. Ce « cours naturel des choses » est proprement la coordination des forces économiques par le marché telle que l'envisage l'économie politique. La question que se pose Bentham est la suivante : si l'on suppose que Smith et, avec lui, tous les autres économistes ont raison de penser que le système de production et d'échange régi par le marché fonctionne selon des régulations spontanées, comment l'État doit-il agir, dans quelles circonstances, pour quels objectifs, avec quels moyens ? Il ne s'agit aucunement d'affirmer dogmatiquement que l'État ne doit rien faire ; il s'agit de penser avec le plus de précision et de prudence possible comment et jusqu'à quel point il doit agir en s'appuyant sur la seule considération de l'utilité de l'intervention, c'est-à-dire sur la comparaison des avantages et des inconvénients que cette intervention est susceptible d'entraîner.

---

1   *Cf.* les écrits de Bentham sur la liberté de la presse *in* J. BENTHAM, *Garanties contre l'abus de pouvoir*, traduction et édition Marie-Laure Leroy, Éditions Rue d'Ulm, Paris, 2001.
2   J. BENTHAM, *Institute of Political Economy*, in *Jeremy Bentham's Economic Writings*, éd. W. Stark, Allen & Unwin, Londres, 1954, vol. III, p. 324.

Bentham ne se contente donc pas d'entériner la « vérité » de la doctrine de Smith, il déplace l'angle de vue, il change de terrain. Smith, d'après lui, a essentiellement traité de ce qui est aux dépens de ce qui doit être. Il s'est plus occupé de science que d'art, ou, plus exactement, il a laissé dans l'ombre l'intrication des deux. C'est la tâche que se donne Bentham : si l'on veut tirer les leçons de la science de l'économie politique pour l'art politique, il faut redéfinir l'objet de la science en fonction des problèmes pratiques du gouvernement, ce que Smith a prétendu faire mais qu'il n'a pas réalisé, non sans conséquences pour la théorie elle-même. Car, aux yeux de l'utilitariste conséquent, il n'est pas de savoir qui n'ait en vue un problème pratique à résoudre. L'utilité n'est pas une dimension étrangère à la science, elle la conditionne, et ceci dès la définition de l'objet de la science elle-même :

> Le grand objet, le grand *desideratum*, est de savoir ce qui devrait et ce qui ne devrait pas être fait par le gouvernement. C'est dans cette perspective, et dans cette perspective seulement, que la connaissance de ce qui est fait et de ce qui a lieu sans l'interférence du gouvernement peut être de quelque usage pratique [1].

Dans l'*Institute of Political Economy* (1801-1804), il ne dira pas autre chose. La science économique est l'étude des moyens les plus efficaces pour atteindre un objectif politique déterminé [2]. Elle doit servir à déterminer les lois et les institutions les plus aptes à réaliser la fin suprême du législateur, le plus grand bonheur du plus grand nombre, dans le domaine des richesses matérielles qui l'occupe, objectif général qui comprend parmi ses fins subordonnées la subsistance et l'abondance. Le critère qui doit faire le partage entre intervention et non-intervention est donc celui de l'efficacité d'une mesure politique sur le bonheur général. Il ne s'agit pas là d'une condamnation par principe de l'intervention étatique, mais d'une discrimination rigoureuse des actions à mener. Cela ne peut être l'objet que d'une science différente, même si elle intègre les résultats obtenus par l'économie politique de type smithien, une science de la politique économique.

C'est dans cette optique qu'il faut comprendre la règle benthamienne en matière d'interférence étatique dans le « cours naturel des choses ». *Be quiet !*, telle doit être, selon lui, l'attitude du gouvernement. Ce quiétisme

---

1   *Cf.* J. BENTHAM, *Manual of Political Economy, in Jeremy Bentham's Economic Writings* éd. W. Stark, Allen & Unwin, Londres, 1952, vol. I, p. 224. *Cf.* C. LAVAL, *Jeremy Bentham, les artifices du capitalisme*, PUF, Paris, 2003, p. 28-29.
2   J. BENTHAM, *Institute of Political Economy, op. cit.*, p. 307.

est commandé par la prévalence des *sponte acta* dans la vie économique. Si ces derniers ont le rôle le plus important dans la production des richesses matérielles, l'action publique doit toujours être décidée pour une « raison spéciale ».

Le gouvernement doit faire preuve de retenue et seul le calcul de l'utilité peut le retenir. Pour réaliser la fin propre qui est la sienne, le bonheur général, lequel suppose le développement des richesses matérielles, il doit accepter de ne pas être la cause de cette richesse supplémentaire qu'il doit souhaiter et dont il a pourtant la responsabilité : « Ce qui incombe au législateur est de veiller à ce que l'action qui est la plus à même de mener à l'objectif que l'on a en vue – le maximum de bien-être – soit poursuivie par toute la communauté [...]. Mais, bien qu'il doive être de son ressort que le cours le plus favorable soit poursuivi, il ne s'ensuit pas qu'il soit nécessaire que toutes les étapes dans cette marche soient le résultat de mesures prises par lui-même en vue de cette fin [1]. »

Mais ceci n'est qu'un versant de la politique nécessaire. Bentham ne cesse de poser une autre question : qu'est-ce qui rend possibles les *sponte acta*, dans quelle mesure un ordre des *sponte acta* est-il possible ? Il ne lui suffit pas de répondre par l'universelle aspiration au bien-être ou par l'universelle attraction des intérêts, ou encore par la passion du commerce. Il s'agit de savoir dans quelles conditions – artificielles – un tel ordre peut fonctionner.

Construire la spontanéité

S'il faut laisser les actes spontanés se déployer le plus librement possible, il faut aussi assurer les conditions institutionnelles de cette « spontanéité ». L'une des raisons pour lesquelles on a pris trop souvent Bentham pour plus smithien que Smith lui-même tient au fait que l'on a confondu la « spontanéité » et la « naturalité » de ces actions. Or Bentham reproche très ouvertement à l'économie politique d'oublier qu'il n'y a rien de « naturel » dans l'ordre économique hormis une impulsion qui pousse à vouloir augmenter son plaisir et à diminuer sa peine [2]. Mais cette tendance inscrite en chacun ne suffirait pas à garantir la prospérité s'il n'y avait eu la

---

1   *Ibid.*, p. 311.
2   C'est pourquoi il préfère parler de « cours effectif des choses » (*actual*) plutôt que de « cours naturel » (*natural*) à la manière de Smith ou de Hume, *cf.* sur ce point C. Laval, *Jeremy Bentham, op. cit.*, p. 49.

constitution d'une société politique et un système de législation capable de protéger le résultat des efforts et des sacrifices, et capable surtout de donner la sûreté nécessaire aux espérances de jouissance future sans lesquelles rien ne peut être fait dans le domaine économique. En d'autres termes, ce que Smith et les autres économistes n'ont pas suffisamment pris en compte, c'est l'effet du droit sur la possibilité de formation et d'accomplissement des intérêts. C'est par le tissu des lois et le système des sanctions qui les conforte que les individus peuvent faire preuve de cette spontanéité si productive que les économistes constatent et louangent. Dans la société politique, il n'y a pas d'autres « lois naturelles » que les penchants de la sensibilité, lesquels doivent être précisément civilisés par l'ensemble du dispositif des normes morales et des lois. Cette soumission des penchants à la morale et à la législation a un autre nom : la sûreté. C'est l'une des fins premières de la politique ; c'est aussi la condition de tout ordre spontané des échanges. C'est surtout par cette voie que le législateur contribue à la prospérité. Si le gouvernement a peu à faire *directement*, il a beaucoup à faire *indirectement*.

Bentham distingue l'ordre spontané et l'ordre naturel. Les *sponte acta* sont des actions non seulement permises par le législateur, dans la mesure où aucune loi coercitive ne s'y oppose, mais surtout constituées par lui pour autant que ces actions sont rendues possibles par un système de droits et de sanctions qui interdisent que l'on entrave cette « action spontanée ». Le droit d'agir n'est en somme que la résultante indirecte d'un ensemble d'obligations interdisant à autrui d'interférer dans cette action. Ces obligations ne relèvent pas de la « nature », mais de la société organisée et des règles qui y sont instituées. Il en va des gestes les plus simples comme des actions les plus raffinées :

> Par rapport même à ces actes sur lesquels la loi s'abstient d'ordonner ou de défendre, elle vous confère un droit positif, le droit de les faire ou de ne pas les faire sans être troublé par personne dans l'usage de votre liberté. Je puis rester debout ou m'asseoir, entrer ou sortir, manger ou ne pas manger, etc., la loi ne prononce rien sur cela : cependant le droit que j'exerce à cet égard, je le tiens de la loi, parce que c'est elle qui érige en délit toute violence par laquelle on voudrait m'empêcher de faire ce qui me plaît [1].

En somme, toute loi peut être dite contraire à la « liberté naturelle » en tant qu'elle est une contrainte sur les penchants, mais c'est aussi par la loi seule que l'on peut jouir d'une liberté effective d'agir et d'exercer ses

---

1 *Ibid.*, p. 156-157.

propres facultés. Le sens de l'intérêt, le goût pour l'activité, l'énergie et l'intelligence que l'on y met, la capacité de se projeter dans l'avenir sont subordonnés à la protection légale des récompenses dont on pourra jouir. Le rapport au temps est loin d'être naturel, comme on le croit. L'avenir est une création institutionnelle : il dépend avant tout de la sûreté sans laquelle je ne peux concevoir aucune espérance de jouissance future [1]. On voit par là que gouverner selon les intérêts ce n'est pas les laisser libres de se réaliser selon un cours « naturel », c'est à l'inverse constituer une « toile des lois » révisables en fonction de leurs effets sur les conduites des individus et, en dernière instance, en fonction des effets des conduites individuelles sur le bonheur collectif.

On voit aussi que le principe d'utilité qui ordonne le système normatif dans son ensemble est un principe de limitation qui ne concerne pas seulement le gouvernement. On gouverne les hommes en les limitant dans la manifestation et la réalisation de leurs penchants, ce qui permet de canaliser leurs désirs dans des activités productives. La conduite des sujets politiques est ainsi encadrée par un ensemble de contraintes légales qui trouvent leur raison d'être dans l'utilité. Le gouvernement est limité dans l'exercice même des limitations qu'il pose aux penchants des individus, lesquelles limitations doivent toujours pouvoir se fonder sur le principe d'utilité. La limitation du pouvoir gouvernemental renvoie donc aux actions individuelles elles-mêmes et à la nécessité ou non de les contraindre à un quelconque degré en fonction du résultat qu'elles sont susceptibles de produire.

Il convient donc pour gouverner frugalement d'avoir à limiter le moins possible les individus, ce qui suppose de viser toujours à accroître leur capacité d'action spontanée. Le gouvernement libéral est celui qui, plutôt que de chercher à renforcer sa propre maîtrise sur la conduite des individus, va chercher à renforcer la *maîtrise que chacun d'eux peut exercer sur sa propre conduite*, afin qu'il puisse atteindre le maximum de bonheur dont il est capable. Agir sur les conditions extérieures de l'activité économique en entretenant les routes, en nettoyant les rues, en favorisant la presse et la circulation des idées et des connaissances ; apprendre aux individus à mieux calculer leurs intérêts en tenant compte des lois, en créant des institutions panoptiques d'éducation, de travail, de redressement ; stabiliser par la sûreté les espérances pour accroître l'incitation au travail et à

---

1   Pour l'analyse du rapport entre temps et institution, *cf.* S. G. Engelmann, *Imagining Interest in Political Thought. Origins of Economic Rationality*, Duke University Press, Londres, 2003. C. Laval, *Jeremy Bentham, op. cit.*, chap. « L'État et le temps », p. 84-103.

l'investissement ; développer les dispositifs de surveillance mutuelle pour faire que chacun soit le surveillant des autres ; tout cela, c'est aider ce gouvernement de soi dont le fameux « calcul des plaisirs et des peines » est le nom emblématique dans l'histoire de la pensée. Mais plus le gouvernement façonnera cette capacité de calcul, plus il sera limité par sa propre création, par son œuvre même. Plus les intérêts seront stabilisés, plus les espérances seront sécurisées, plus il devra veiller à ne pas troubler trop violemment le système des intérêts pour ne pas « tromper l'espérance », mal redoutable et contagieux qui dissuade la spontanéité future.

La voie ouverte au réformisme social

Dire que les droits effectifs sont des fictions créées par l'autorité établie en vue de maximiser le bonheur public, c'est ouvrir la voie à un examen de toutes les lois, de toutes les institutions, de toutes les fonctions sous l'angle de leur utilité. C'est soumettre non seulement les lois en vigueur mais la société entière, la répartition des positions, les inégalités de pouvoir et de richesse, les valeurs, les mots eux-mêmes, au tribunal rigoureux de l'utilité. C'est vouloir que les autorités ministérielles, les parlementaires, les fonctionnaires, les juges soient constamment mis sous le regard du peuple et que leurs actes soient en permanence discutés par le « tribunal de l'opinion publique ». C'est élargir la considération de l'utilité, comme l'avait si bien deviné B. Constant, à tous les domaines de la vie sociale et ouvrir à l'intervention publique des domaines que même la Police mercantiliste n'avait pas imaginé d'administrer. En un mot, la maxime du « plus grand bonheur du plus grand nombre » conduit à vouloir à la fois la bureaucratie providentielle, la démocratie politique la plus radicale possible, une méthode politique de réforme continue. Cette exigence critique généralisée est un développement logique des postulats utilitaristes [1].

Les partisans des droits naturels avaient pressenti le danger. Si l'on ne tient pas pour « imprescriptibles » des droits qui, dans certaines circonstances, pourraient être regardés comme plus nuisibles que profitables à la communauté politique, ils peuvent être exposés à la destruction. C'est par exemple la thèse que défend l'abbé Morellet à propos du droit de propriété

---

[1] Sur ce point John Stuart Mill a utilisé une formule remarquable dans son opuscule consacré à Bentham quand il le qualifie de « principal penseur subversif [...] d'un siècle qui avait abandonné depuis longtemps tout ce qui pouvait y être subverti » (*Essai sur Bentham*, PUF, Paris, 1998, p. 170).

dans sa polémique contre Bentham. Si le droit de propriété est simple affaire d'utilité, si la propriété elle-même est une création de la loi comme le prétend Bentham, il se pourrait bien alors qu'un gouvernement calcule un jour que sa limitation ou même sa suppression soient chose avantageuse pour le bien public [1]. C'est bien ainsi que le socialisme naissant, que ce soit sous la plume des saint-simoniens et de Pierre Leroux en France, ou sous celle des benthamites radicaux comme Thompson en Angleterre, comprendra la leçon utilitariste. Certes, Bentham n'ira pas lui-même à ces extrêmes, trop attaché à préserver cette « sûreté » si essentielle à la spontanéité économique. Mais il suffit de considérer la manière dont, bien avant son tournant radical, il fait de l'égalité l'un des quatre objectifs de la politique économique (avec la sûreté, la subsistance et l'abondance [2]), pour se rendre compte des virtualités réformatrices, plus ou moins poussées, de la théorie benthamienne.

La multiplication des objets d'intervention, des fonctions administratives, des méthodes de gestion est évidemment à rapporter à l'idée benthamienne que le bonheur de la société, but général du gouvernement moderne, comprend tous les aspects de la vie individuelle et sociale, de sorte que rien n'est indifférent du point de vue de l'État.

Bentham est loin de se réduire au geôlier d'une prison idéalement rationnelle ; il est le meilleur penseur d'une « biopolitique » veillant au soin exhaustif des populations [3]. Le plus grand bonheur du plus grand nombre suppose que l'on dispose des instruments capables d'éduquer, d'orienter, de surveiller les activités d'une population diverse et nombreuse. Les institutions panoptiques destinées aux indigents, aux fous, aux enfants, aux malades sont précisément faites pour gérer les phénomènes nouveaux que rencontrent les sociétés en voie d'industrialisation rapide. Il s'agit de traiter tous ceux qui, pour une raison ou une autre, sont inadaptés à ce que réclame d'eux la vie sociale et économique, c'est-à-dire d'abord un calcul juste de leurs intérêts les conduisant à chercher à s'enrichir par leur effort personnel. Il s'agit en particulier de faire en sorte que le « rebut » (refuse) de la société marchande soit mis au travail et, par une occupation étroitement contrôlée, se réforme. Le Panoptique n'est pas

---

1   Abbé MORELLET, *Traité de la propriété de l'homme sur les choses*, éd. Eugenio di Rienzo et Lea Campos Boralevi, Centro editoriale toscano, Florence, 1990.

2   Sur les quatre fins subordonnées de la loi, *cf. infra*.

3   Pour l'intervention publique chez Bentham, *cf.* Ross Harrison, l'auteur de l'un des meilleurs commentaires de Bentham, qui affirme que « *for better or worse, the Benthamite State is our State* » (R. HARRISON, *Bentham*, Routledge and Kegan Paul, Londres, 1983, p. 260).

d'abord un lieu d'enfermement, c'est un lieu de rééducation où l'on apprend à travailler [1]. Bentham rédige ses projets de prison panoptique et de maisons de travail pour indigents à la fin du XVIIIᵉ siècle quand on ne sait plus trop quoi faire de la masse des populations déracinées, déplacées et déclassées qui alimentent délinquance et mendicité. Le Panoptique se présente ainsi comme une solution économique pour la gestion globale d'un ensemble de problèmes relatifs à la population : occupation, production, moralité, sexualité, éducation, santé de ceux qui, pour une raison ou une autre, ne peuvent obéir d'eux-mêmes aux règles du calcul, et doivent être traités par le seul principe de surveillance du Panoptique.

Que Bentham ait pu influencer le puissant mouvement de réformisme social au XIXᵉ siècle n'a pas échappé à A. V. Dicey, en dépit du fait qu'il a identifié benthamisme et individualisme, comme on l'a noté plus haut [2]. Dans un chapitre intitulé « La dette du collectivisme envers le benthamisme », il montre que Bentham a donné sans le vouloir un encouragement déterminant au « despotisme démocratique » et aux politiques « socialistiques » de la fin du siècle. Les fabiens et le « nouveau libéralisme » des années 1880 se sont d'ailleurs réclamés ouvertement de Bentham [3].

Quelle est donc la politique de Bentham ? Comment la caractériser ? Bentham prend son point de départ dans le sujet économique, dans l'homme intéressé, pour fonder une politique moderne dont l'objectif sera conforme à cette redéfinition de l'homme. Tout chez Bentham est orienté vers cette politique de l'homme économique. Cela ne va pas sans faire problème [4]. La politique benthamienne ne peut se réduire à la simple codification d'une règle du jeu sans finalité générale. Elle vise plutôt une gestion de la vie sociale et une éducation des sujets destinées à en faire des calculateurs efficaces. Cette orientation explique le trouble des interprètes de Bentham qui trouvent difficilement conciliables certaines recommandations

---

1   *Cf.* M. Dean, *The Constitution of Poverty. Toward a Genealogy of Liberal Governance*, Routledge, Londres, 1991 et A. Brunon-Ernst, *Le Panoptique des pauvres. Jeremy Bentham et la réforme de l'assistance en Angleterre*, Presses de la Sorbonne nouvelle, Paris, 2007, p. 19. *Cf.* également l'article en ligne d'A. Brunon-Ernst, « La fin de la misère ? Jeremy Bentham et la réforme des secours aux indigents. 1795-1798 », site du centre Bentham, 2006, <http ://bentham.free.fr/Articles/Fin_misere.pdf>.

2   Pour une discussion du problème de l'influence de Bentham sur le mouvement de réformes en Angleterre, *cf.* E. de Champs, « La postérité des idées de Jeremy Bentham : la notion d'influence à l'épreuve », *Cyber Review of Modern Historiography*, n° 11, 2006.

3   *Cf.* J. Dinwiddy, *Bentham*, Oxford University Press, 1989, p. 118-119.

4   Hayek a bien vu chez Bentham la dimension constructiviste assumée. *Cf. infra*, chap. 9.

typiquement « libérales » du moindre État et une politique du bonheur qui invite à de multiples interventions sociales. Tantôt ils voient en lui le promoteur du *free trade*, tantôt l'inspirateur du réformisme social, quand ce n'est pas les deux à la fois comme A. V. Dicey. Cette dualité de l'héritage benthamien est importante à retenir, elle sera au principe de la scission à la fin du XIXe siècle entre les « vieux radicaux » et les « nouveaux radicaux »[1]. Les premiers ont surtout retenu du radicalisme la lutte contre les privilèges de l'aristocratie terrienne et la mise en place d'un modèle de société fondé sur la liberté des contrats et le respect absolu de la propriété ; les seconds ont gardé de Bentham l'idée fondamentale selon laquelle les institutions ne sont jamais que des artefacts humains destinés à « arranger » les rapports interindividuels, que l'on peut donc modifier en fonction du verdict du principe d'utilité tel qu'il peut s'exprimer dans le suffrage électoral. Si les premiers sont devenus de plus en plus méfiants vis-à-vis de la démocratie, les seconds vont y voir au contraire le moyen de perfectionner les règles sociales au profit du plus grand nombre. Tout se passe comme si la manière proprement utilitariste de limiter le gouvernement par les effets mesurables de son action ne pouvait qu'engendrer une extension potentiellement indéfinie des interventions de l'État. La confrontation au sein même du libéralisme entre la logique des droits individuels sacralisés et la logique du principe d'utilité sera au centre de la crise du libéralisme.

---

1   *Cf.* sur ce point M. W. TAYLOR, *Men versus the State*, Clarendon Press, Oxford, 1992. En particulier le chap. 2, « Rivals to the Benthamite Heritage ».

5

Crise du libéralisme
et naissance du néolibéralisme

L e libéralisme est un monde de tensions. Son unité, dès le commencement, est problématique. Le droit naturel, la liberté du commerce, la
propriété privée, les vertus de l'équilibre du marché sont certes autant de
dogmes dans la pensée libérale dominante au milieu du XIXᵉ siècle. Toucher aux principes serait briser la machine du progrès et rompre l'équilibre
social. Mais ce whiggisme triomphant ne sera pas seul à occuper le terrain
dans les pays occidentaux. Les critiques les plus variées s'épanouiront, tant
sur le plan doctrinal que politique, tout au long du XIXᵉ siècle. C'est que partout et dans tous les domaines la « société » ne se laisse pas résumer à une
somme d'échanges contractuels entre des individus. La sociologie française n'aura cessé de le dire depuis au moins Auguste Comte, sans parler
du socialisme qui dénonce le mensonge d'une égalité seulement fictive. En
Angleterre, le radicalisme, après avoir inspiré les réformes les plus libérales
de l'assistance aux pauvres et aidé à la promotion du libre-échange, alimen-
tera une contestation de cette métaphysique naturaliste, et poussera même
aux réformes démocratiques et sociales en faveur du plus grand nombre.

La crise du libéralisme est aussi une crise interne, ce que l'on oublie
volontiers lorsque l'on tient à faire l'histoire du libéralisme comme s'il
s'agissait d'un corpus unifié. Dès le milieu du XIXᵉ siècle, le libéralisme
expose des lignes de fracture qui iront en s'approfondissant jusqu'à la Première Guerre mondiale et l'entre-deux-guerres. Les tensions entre deux
types de libéralisme, entre celui des réformateurs sociaux qui défendent un
idéal de bien commun et celui des partisans de la liberté individuelle

comme fin absolue, n'ont en réalité jamais cessé [1]. Ce déchirement, qui réduit l'unité du libéralisme à un simple mythe rétroactif, constitue proprement cette longue « crise du libéralisme » qui va des années 1880 aux années 1930 et qui voit peu à peu la remise en cause des dogmes dans tous les pays d'industrialisation où les réformateurs sociaux gagnent du terrain. Cette remise en cause, qui semble parfois se concilier avec les idées socialistes de direction de l'économie, forme le contexte intellectuel et politique de la naissance du néolibéralisme dans la première moitié du XXᵉ siècle.

Quelle est la nature de cette « crise du libéralisme » ? Marcel Gauchet a certainement eu raison d'identifier parmi ses aspects un problème éminent : comment la société qui s'est affranchie des dieux pour se découvrir pleinement historique pourrait-elle s'abandonner à un cours fatal et perdre ainsi toute maîtrise de son avenir ? Comment l'autonomie humaine pourrait-elle être synonyme d'impuissance collective ? Comme le demande M. Gauchet : « Qu'est-ce qu'une autonomie qui ne se commande pas ? » Le succès du socialisme tiendrait précisément à ce qu'il a su, en cela digne successeur du libéralisme, apparaître comme l'incarnation de la volonté optimiste de construire l'avenir [2]. Mais ce n'est vrai que si l'on réduit le libéralisme à la seule croyance dans les vertus de l'équilibre spontané des marchés et si l'on situe les contradictions dans la seule sphère des idées. Or nous avons vu que, dès le XVIIIᵉ siècle, la question de l'action gouvernementale s'est posée de façon autrement plus complexe. En réalité, ce que l'on a coutume d'appeler la « crise du libéralisme » est une crise de la gouvernementalité libérale selon le mot de M. Foucault, c'est-à-dire une crise qui pose essentiellement le problème pratique de l'intervention politique en matière économique et sociale et celui de sa justification doctrinale [3].

Ce qui était posé comme une limitation extérieure à cette action, en particulier les droits inviolables de l'individu, est devenu un pur et simple facteur de blocage de l'« art du gouvernement », à un moment où ce dernier est précisément confronté à des questions économiques et sociales à la fois nouvelles et pressantes. C'est la nécessité pratique de l'intervention gouvernementale pour faire face aux mutations organisationnelles du capitalisme, aux conflits de classe menaçant la « propriété privée », aux nouveaux rapports de force internationaux, qui met « en crise » le libéralisme

---

1   Pour la présentation de ces deux formes de libéralisme, *cf.* M. Freeden, *Liberalism Divided. A Study in British Political Thought 1914-1939*, Clarendon Press, Oxford, 1986.

2   *Cf.* M. Gauchet, *La Crise du libéralisme*, vol. II. *L'Avènement de la démocratie*, Gallimard, Paris, 2007, p. 64 *sq.* et p. 306.

3   *Cf.* M. Foucault, *NBP, op. cit.*, p. 71.

dogmatique [1]. Solidarisme et radicalisme en France, fabianisme et libéralisme social en Angleterre, naissance du « libéralisme » au sens américain du terme sont à la fois les symptômes de cette crise du mode de gouvernement et quelques-unes des réponses qui ont été produites pour y faire face.

Une idéologie trop étroite

Bien avant la Grande Dépression des années 1930, la doctrine du libre marché ne parvenait pas à intégrer les données nouvelles du capitalisme tel qu'il s'était développé au cours de la longue phase d'industrialisation et d'urbanisation, lors même qu'un certain nombre de « vieux libéraux » ne voulaient pas démordre de leurs propositions les plus dogmatiques.

Le constat de la « débâcle du libéralisme » dépassait largement les milieux socialistes ou réactionnaires les plus hostiles au capitalisme. Tout un ensemble de tendances et de réalités nouvelles ont obligé à revoir de fond en comble la représentation de l'économie et de la politique. Le « capitalisme historique » correspondait de moins en moins aux schémas théoriques des écoles libérales lorsqu'elles brodaient sur l'idéalisation des « harmonies économiques ». En d'autres termes, le triomphe libéral du milieu du XIXᵉ siècle ne dura pas. Les capitalismes américain et allemand, les deux puissances émergentes de la seconde moitié du siècle, démontraient que le modèle atomistique d'agents économiques indépendants, isolés, guidés par le souci de leur intérêt bien compris et dont les décisions étaient coordonnées par le marché concurrentiel, ne correspondait plus guère aux structures et aux pratiques du système industriel et financier réellement existant. Ce dernier, de plus en plus concentré dans des branches majeures de l'économie, dominé par une oligarchie en imbrication étroite avec les dirigeants politiques, était régi par des « règles du jeu » qui n'avaient rien à voir avec les conceptions rudimentaires de la « loi de l'offre et de la demande » des théoriciens de l'économie orthodoxe. Le règne de quelques autocrates à la tête de compagnies géantes contrôlant les secteurs des chemins de fer, du pétrole, de la banque, de l'acier, de la chimie aux États-Unis – ceux que l'on a qualifiés à l'époque de « barons voleurs » (*robber barons*) – faisait peut-être naître la mythologie du *self-made-man*,

---

1   Chaque pays a connu, selon ses traditions politiques, son propre mode de renouvellement du libéralisme. La France a certainement eu dans le républicanisme fin-de-siècle et dans les doctrines solidaristes sa façon singulière de repenser les tâches gouvernementales.

mais il enlevait en même temps tout crédit à l'idée d'une coordination harmonieuse d'intérêts particuliers [1]. Bien avant l'élaboration de la « concurrence imparfaite », de l'analyse des stratégies de la firme et de la théorie des jeux, l'idéal du marché parfaitement concurrentiel paraissait déjà bien loin des réalités du nouveau capitalisme de grande dimension.

Ce que le libéralisme classique n'avait pas suffisamment intégré, c'était précisément le fait même de l'entreprise, de son organisation, de ses formes juridiques, de la concentration de ses moyens, des nouvelles formes de compétition. Les nécessités nouvelles de la production et de la vente appelaient un « management scientifique » mobilisant des armées industrielles encadrées sur un modèle hiérarchique de type militaire par des personnels qualifiés et dévoués. L'entreprise moderne, intégrant de multiples divisions, gérée par des spécialistes de l'organisation, était devenue une réalité que la science économique dominante ne parvenait pas encore à comprendre mais que de nombreux esprits moins soucieux des dogmes, en particulier parmi les économistes « institutionnalistes », avaient commencé à soumettre à leur examen.

L'apparition des grands groupes cartellisés marginalisait le capitalisme de petites unités, l'essor des techniques de vente affaiblissait la foi dans la souveraineté du consommateur, les ententes, les pratiques dominatrices et manipulatrices des oligopoles et des monopoles sur les prix ruinaient les représentations d'une concurrence loyale profitant à tous. Une partie de l'opinion commençait à voir dans les businessmen des escrocs de haut vol plutôt que des héros du progrès. La démocratie politique semblait définitivement compromise par les phénomènes massifs de corruption à tous les échelons de la vie politique. Les politiciens faisaient surtout figure de marionnettes dans les mains de ceux qui détenaient le pouvoir de l'argent. La « main visible » des managers, des financiers et des politiciens qui leur étaient liés avait formidablement affaibli la croyance dans la « main invisible » du marché.

L'inadéquation des formules libérales aux nécessités d'aménagement de la condition salariale, leur incompatibilité même avec les tentatives de réformes sociales faites ici ou là ont constitué un autre facteur de crise du libéralisme dogmatique. Depuis le milieu du XIXe siècle, avec une intensification à partir des premières réformes de Bismarck, à la fin des années 1870 et au début des années 1880, on a assisté en Europe à un mouvement ascendant de dispositifs, de règlements, de lois destinés à consolider la condition

---

1   *Cf.* sur ce point M. Debouzy, *Le Capitalisme « sauvage » aux États-Unis, 1860-1900*, Seuil, Paris, 1991.

des salariés et à leur éviter autant que faire se peut de continuer de tomber dans ce paupérisme qui a hanté tout le XIXe siècle : législation sur le travail des enfants, limitation des horaires, droit de grève et d'association, indemnisation des accidents, retraites ouvrières. C'est cette pauvreté nouvelle engrenée sur le cycle des affaires qui devait être surtout contrebattue par des mesures de protection collective et d'assurances sociales. De plus en plus, l'idée que le rapport salarial était un contrat engageant deux volontés indépendantes et égales apparaissait comme une fiction parfaitement éloignée des réalités sociales à l'heure des grandes concentrations industrielles et urbaines. Le mouvement ouvrier en plein développement sur le plan syndical comme sur le plan politique constituait à cet égard un constant rappel de la dimension à la fois collective et conflictuelle de la relation salariale, défi à la conception strictement individuelle et « harmonique » du contrat de travail tel que le pensait la dogmatique libérale.

Sur le plan international, la fin du XIXe siècle ne ressemblait guère à cette grande société universelle et pacifique organisée selon les principes rationnels de la division du travail qu'imaginait Ricardo au début du siècle. Protection douanière et montée des nationalismes, impérialismes rivaux et crise du système monétaire international apparaissaient comme autant de dérogations à l'ordre libéral. Il ne semblait même plus vrai que le libre-échange devait être la formule de la prospérité universelle. Les thèses de Friedrich List sur la « protection éducatrice » paraissaient plus fiables et semblaient correspondre aux nouvelles réalités : l'Allemagne comme l'Amérique offraient également le visage d'un capitalisme de grandes unités protégées par des barrières douanières élevées, tandis que l'Angleterre voyait ses propres positions industrielles remises en cause.

La conception de l'État « veilleur de nuit », diffusée en Angleterre par l'« École de Manchester » et, en France, par les économistes doctrinaires successeurs de Jean-Baptiste Say, donnait une vision singulièrement étroite des fonctions gouvernementales (maintien de l'ordre, respect des contrats, élimination de la violence, protection des biens et des personnes, défense du territoire contre les ennemis extérieurs, conception individualiste de la vie sociale et économique). Ce qui au XVIIIe siècle constituait une critique des différentes formes possibles du « despotisme » était progressivement devenu une défense conservatrice des droits de propriété. Cette conception, fort restrictive même par rapport aux champs d'intervention des « lois de police » imaginées par Smith et aux domaines d'administration de l'État benthamien, semblait de plus en plus déphasée par rapport aux besoins d'organisation et de régulation de la nouvelle société urbaine et industrielle de la fin du XIXe siècle. En d'autres termes, les libéraux ne disposaient pas de la théorie des pratiques gouvernementales qui s'étaient développées depuis le milieu du siècle. Pire, ils s'isolaient en apparaissant comme des conservateurs obtus et incapables de comprendre la société de leur temps alors qu'ils prétendaient incarner son mouvement même.

L'inquiétude précoce de Tocqueville et de Mill

Cette « crise du libéralisme » à la fin du siècle, ce que certains ont appelé le sentiment du « paradis perdu du libéralisme », n'a pas éclaté d'un coup. En dehors des socialistes ou des partisans déclarés de la conservation, il y eut, au sein même du grand courant libéral, des esprits suffisamment inquiets pour mettre en doute très tôt la croyance dans les vertus de l'harmonie naturelle des intérêts et dans le libre épanouissement des actions et des facultés individuelles.

Les échanges intellectuels entre Tocqueville et J. S. Mill, pour ne prendre que cet exemple, illustrent cette lucide inquiétude. C'est entre 1835 et 1840 que ces deux hommes s'entretiennent des tendances profondes des sociétés modernes, et en particulier de cette tendance du gouvernement à intervenir de façon plus étendue et plus détaillée dans la vie sociale. Plus peut-être que son voyage en Amérique, ce sont les rencontres que Tocqueville fit lors de son voyage de 1835 en Angleterre qui lui ont permis d'établir le rapport entre démocratie, centralisation et uniformité [1]. Ce rapport est pour lui lié à la société démocratique, même si, selon son opinion, certains pays comme l'Angleterre ou les États-Unis pourront mieux résister du fait de la vitalité des libertés locales [2].

Ces idées, qu'il élabore lors de son voyage en Angleterre, se trouvent développées dans la seconde *Démocratie en Amérique* de 1840, et en particulier dans le chapitre 2 du Livre IV, « Que les idées des peuples démocratiques en matière de gouvernement sont naturellement favorables à la concentration des pouvoirs ». Partant du constat que les peuples démocratiques aiment les « idées simples et générales », Tocqueville en déduit le goût pour un pouvoir unique et central et une législation uniforme.

---

1 *Cf.* A. DE TOCQUEVILLE, *Voyage en Angleterre et en Irlande de 1835, Œuvres I*, Gallimard, « La Pléiade », Paris, 1991, p. 466 *sq.*
2 Il en appelle d'ailleurs à un jeu de pondération entre le centre et le local, à une neutralisation réciproque des deux principes opposés, celui de la centralisation des États modernes et celui de la liberté locale. La loi anglaise sur les pauvres du 14 août 1834 est précisément pour lui un modèle de cette pondération entre l'État et les communes. *Ibid.*, Appendice II, p. 597.

L'égalité des conditions conduit les individus à vouloir un pouvoir central fort, issu de la puissance du peuple, qui les prenne par la main en toutes circonstances. L'une des caractéristiques des pouvoirs politiques modernes est donc l'absence de limite de l'action gouvernementale, c'est le « droit de tout faire ». La société, représentée par l'État, est toute-puissante, aux dépens des droits de l'individu. Les souverains finissent eux-mêmes par comprendre que « la puissance centrale qu'ils représentent peut et doit administrer par elle-même, et sur un plan uniforme, toutes les affaires et tous les hommes [1] ». C'est ainsi que, quelles que soient leurs oppositions politiques, « tous conçoivent le gouvernement sous l'image d'un pouvoir unique, simple, providentiel et créateur ».

Cette force secrète pousse à ce que l'État s'empare de tous les domaines, profitant du repli de chacun sur ses affaires privées. En conséquence, la demande de chacun à la protection, à l'éducation, aux secours, à l'administration de la justice augmente, de même qu'avec l'industrie croissent la réglementation des activités et des échanges et la nécessité de produire des ouvrages publics. Ce nouveau despotisme, comme le nomme Tocqueville, ce « pouvoir immense et tutélaire », plus étendu et plus doux à la fois, est tolérable du point de vue de l'individu car il est exercé au nom de tous et il est issu de la souveraineté du peuple. Cet instinct de la centra-lisation, cette poussée du domaine de l'administration aux dépens de la sphère de la liberté individuelle ne proviennent pas de quelque perversion idéologique mais relèvent d'une tendance inscrite dans le mouvement général des sociétés vers l'égalité.

C'est sur ce point que John Stuart Mill manifeste son accord tout en formulant un certain nombre d'objections. La réaction de J. S. Mill marque un infléchissement certain par rapport aux perspectives utilitaristes de son père James Mill et de Jeremy Bentham lui-même quand ils imaginaient une démocratie représentative capable de se corriger elle-même [2]. Il maintient certes que les dangers conçus par Tocqueville trouvent leur fondement dans une idée erronée de la démocratie. Celle-ci n'est pas le gouvernement direct du peuple mais la garantie que le peuple sera gouverné conformé-ment au bien de tous, ce qui suppose le contrôle des gouvernants par des électeurs capables de juger leur action. Mais il reproche surtout à Tocque-ville d'avoir confondu l'égalité des conditions et la marche vers une « civili-sation marchande » dans laquelle l'aspiration à l'égalité n'est qu'un aspect

---

1   A. DE TOCQUEVILLE, *De la Démocratie en Amérique*, II, liv. IV, chap. 2, *Œuvres II*, Gallimard, « La Pléiade », Paris, 1992, p. 810.
2   *Cf.* J. S. MILL, *Essais sur Tocqueville et la société américaine*, Vrin, Paris, 1994.

parmi d'autres. Pour J. S. Mill, ce sont d'abord le progrès économique et la « multiplication de ceux qui occupent les positions intermédiaires » qui constituent la tendance fondamentale [1] :

> Mais cette égalité grandissante est l'un seulement des éléments du mouvement de la civilisation ; l'un des effets accidentels du progrès de l'industrie et de la richesse : un effet des plus importants et qui, comme le montre notre auteur, agit en retour de mille façons sur les autres, mais que l'on ne doit pas pour cela confondre avec la cause [2].

Pour John Stuart Mill, la transformation majeure réside dans la prédominance de la recherche de la richesse [3], au principe du déclin de certaines valeurs intellectuelles et morales. Non sans faire écho aux préoccupations d'un Thomas Carlyle, il déplore l'écrasement de l'individu de haute valeur sous le poids de l'opinion, il décrit la charlatanerie généralisée qui gagne le commerce, il dénonce la dévaluation de tout ce qu'il y a de plus haut et de plus noble dans l'art et dans la littérature. Si le nouvel état de la société se marque par l'irréversible pouvoir des masses et par l'extension des interférences politiques, il faut donc examiner ce que pourraient être les moyens de remédier à l'impuissance de l'individu. Il en envisage deux principaux : l'un, déjà promu par Tocqueville, est la « combinaison » des individus formant des associations pour acquérir la force qui manque à chaque atome isolé ; l'autre est une éducation conçue pour revigorer le caractère personnel afin de résister à l'opinion de la masse [4].

Avec Tocqueville et J. S. Mill, on conçoit mieux le doute qui s'est emparé du camp libéral assez tôt, et surtout *de l'intérieur*. Que les pouvoirs gouvernementaux augmentent avec la civilisation marchande, voilà une observation qui témoigne du fait que les dogmes laisser-fairistes ne faisaient pas l'objet d'une croyance unanime. Bien au contraire, on ne comprendrait rien au XIXᵉ siècle si l'on se contentait paresseusement de n'y lire que la triomphante histoire intellectuelle et politique des vertus du libre-échange et de la propriété privée absolue. C'est précocement que l'optimisme dans l'avènement de la société de liberté individuelle, de progrès et de paix a été l'objet des plus grandes réserves. Mais c'est très tôt aussi que la tradition du radicalisme a ouvert des brèches dans le dogme de

---

1   *Ibid*, p. 195.
2   *Ibid.*, p. 195.
3   J. S. MILL, « Civilization », repris dans *Essays on Politics and Culture*, Peter Smith, Gloucester, 1973, p. 45 *sq.*
4   *Ibid.*, p. 63.

la non-intervention. Le parcours de John Stuart Mill est en lui-même significatif de cette évolution.

J. S. Mill, dans *On Socialism*, un texte tardif de 1869 et non publié de son vivant, s'il faisait une critique sévère de l'idéal socialiste du contrôle total de l'économie, soutenait également, dans un chapitre au titre très fidèle à l'esprit de Bentham (« The Idea of Private Property not Fixed but Variable »), que « les lois de propriété doivent dépendre de considérations de nature publique [1] ». À ses yeux, la société est pleinement justifiée de modifier ou même d'abroger des droits de propriété qui, après dû examen, ne seraient pas favorables au bien public [2]. On retrouve ce qui, dès la fin du XVIIIᵉ siècle, faisait déjà débat. Doit-on considérer le droit de propriété comme un droit naturel sacré ou faut-il le regarder selon les effets qu'il a sur le bonheur du plus grand nombre, c'est-à-dire selon son utilité relative ?

Que l'utilitarisme ait pu déboucher sur une justification de l'intervention politique et même sur une relativisation du droit de propriété a été vite souligné et de façon polémique par Herbert Spencer. Sa violente réaction, à la fin du XIXᵉ siècle, contre l'interventionnisme économique et social, et contre l'« utilitarisme empirique » qui en était selon lui le fondement doctrinal, est un symptôme majeur de cette crise de la gouvernementalité libérale. Son évolutionnisme est également une première tentative de refondation philosophique du libéralisme qui ne saurait être négligée malgré l'oubli dans laquelle elle a sombré. Le « spencérisme » a introduit quelques-uns des thèmes les plus importants du néolibéralisme, en particulier la primauté de la concurrence dans les rapports sociaux.

La défense du libre marché

Le spencérisme participe d'une contre-offensive des « individualistes » qui dénoncent comme traîtres et accusent de « socialisme » tous ceux qui soutiennent les réformes sociales en vue du bien-être de la population [3]. Vers 1880, les vieux libéraux sentent que le triomphe de 1860 est derrière eux, emporté dans un vaste mouvement anti-laisser-faire. Regroupés dans la Liberty and Property Defence League fondée en 1882, ils ont perdu beaucoup de l'influence intellectuelle et politique qu'ils avaient au milieu de l'âge victorien.

---

1   J. S. MILL, *On Socialism*, Prometheus Books, Buffalo, New York, 1987, p. 56.
2   *Ibid.*, p. 145 et 146.
3   M. W. TAYLOR, *Men versus the State, op. cit*, p. 13.

Spencer pense nécessaire de refonder l'utilitarisme sur de nouvelles bases pour parer aux dérives de l'« utilitarisme empirique ». On sait que la philosophie spencérienne fut extrêmement populaire en Angleterre et en Amérique à la fin du XIXᵉ siècle [1]. Pour É. Durkheim, H. Spencer, qui fut son grand adversaire sur le plan théorique et politique, est le prototype de l'utilitariste. Mais de quel utilitarisme s'agit-il ? Spencer se réclame d'un utilitarisme évolutionniste et biologique beaucoup plus que juridique et économique [2]. Ses conséquences politiques sont explicites : il s'agit de transformer les bases théoriques de l'utilitarisme pour contrer la tendance réformatrice du benthamisme. Spencer cherche en effet à déjouer la « trahison » des réformateurs qui veulent prendre des mesures coercitives toujours plus nombreuses en se réclamant du bien du peuple. Ces faux libéraux ne font qu'entraver la marche de l'histoire vers une société où devrait dominer la coopération volontaire de type contractualiste au détriment des formes militaires de coordination.

C'est en fonction d'une « loi d'évolution » [3] que Spencer s'élève contre toute intervention de l'État, y compris quand elle est menée par des responsables de l'État qui proclament leur libéralisme. Il ne voit dans les dispositions législatives et dans les institutions publiques qui étendent les protections de la loi aux plus faibles que des « ingérences » et des « restrictions » qui entravent la vie des citoyens. Les lois qui limitent le travail des femmes et des enfants dans les manufactures de teinture ou dans les blanchisseries, celles qui imposent la vaccination obligatoire, celles qui instaurent des corps d'inspecteurs et des contrôles dans les usines à gaz, celles qui sanctionnent les propriétaires de mines qui emploient les enfants en dessous de douze ans, celles qui aident à l'achat des semences par les tenanciers irlandais, toutes ces lois qu'il prend pour des exemples de ce qu'il ne faut pas faire doivent être révoquées car elles veulent faire le bien directement en organisant de manière contraignante la coopération. C'est leur caractère obligatoire qui est insupportable et rétrograde [4]. La liste des « lois de contrainte » qu'il dénonce est en elle-même très significative puisqu'elle concerne les domaines sociaux, médicaux et éducatifs : travail, logement,

---

1   *Cf.* P. Tort, *Spencer et l'évolutionnisme philosophique, op. cit.*

2   Il note d'ailleurs lui-même combien il a « évolué » par rapport à Bentham sous l'effet des progrès de la science de la nature. On pourrait ajouter que la doctrine de Spencer doit beaucoup à Saint-Simon et à Comte, quand bien même il a transformé leurs doctrines et retourné les conséquences politiques qu'ils en tiraient.

3   *Cf. supra*, chap. 2, p. 64.

4   *Ibid.*, p. 13.

santé, hygiène, éducation, recherche scientifique, musées et bibliothèques, etc. [1].

Spencer explique cette trahison par la précipitation malheureuse à vouloir secourir les pauvres. On a pris le mauvais chemin. Il y a en effet deux façons d'obtenir un bien. Soit on l'obtient par la diminution de la contrainte, c'est-à-dire indirectement, soit on l'obtient par la contrainte, c'est-à-dire directement :

> L'acquisition d'un bien pour le peuple étant le trait externe saillant, commun aux mesures libérales dans les temps anciens (et ce bien consistait alors essentiellement dans une diminution de la contrainte), il est arrivé que les libéraux aient vu dans le bien du peuple non pas un but qu'il fallait atteindre indirectement par la diminution de la contrainte, mais le but qu'il fallait atteindre directement. Et, cherchant à l'atteindre directement, ils ont employé des méthodes intrinsèquement contraires à celles qui avaient été employées originairement [2].

En répondant à la demande d'amélioration sociale des populations déshéritées, ces libéraux réformateurs ont détruit le système de liberté et de responsabilité que les *old whigs* avaient voulu mettre en place [3]. Cela se voit particulièrement bien en ce qui concerne l'aide aux pauvres contre laquelle Spencer n'a pas de mots assez durs.

Spencer reprend les arguments malthusiens contre ce genre d'aide : on veut plaindre « les misères des pauvres méritants au lieu de se les représenter – ce qui dans la plupart des cas serait plus juste – comme les misères des pauvres déméritants [4] ». Et il propose comme règle de conduite une maxime « chrétienne » qui n'a que de lointains rapports avec le devoir de charité :

> À mon avis un dicton, dont la vérité est également admise par la croyance commune et par la croyance de la science, peut être considéré comme jouissant d'une autorité incontestable. Eh bien ! Le commandement "Si

1   *Ibid.*, p. 13-19. Karl Polanyi fera grand cas de cette liste, la jugeant particulièrement indicative du « contre-mouvement » qui s'est dessiné à partir de 1860 (K. POLANYI, *La Grande Transformation*, Gallimard, Paris, 1983, p. 197). Ce point est développé plus loin, p. 149.

2   H. SPENCER, *L'Individu contre l'État, op. cit.*, p. 10. Distinction qui recoupe assez largement la différence que popularisera Isaiah Berlin entre liberté positive et liberté négative et que l'on a déjà vue à l'œuvre chez Bentham lui-même.

3   On retrouvera le même schéma d'explication (« L'impatience des masses ») dans *La Route de la servitude* de F. Hayek (PUF, Paris, 2005).

4   H. SPENCER, *L'Individu contre l'État, op. cit.*, p. 26 (*Le Droit d'ignorer l'État, op. cit.*, p. 43-44).

quelqu'un ne veut pas travailler, il ne doit pas manger" est simplement l'énoncé chrétien de cette loi de la nature sous l'empire de laquelle la vie a atteint son degré actuel, la loi d'après laquelle une créature qui n'est pas assez énergique pour se suffire doit périr.

Mais cette assistance aux pauvres n'est qu'un aspect des méfaits de l'ingérence de l'État qui n'a pas de bornes si elle entend remédier à tous les maux de la société. Cette tendance quasi automatique à l'illimitation de l'intervention étatique est renforcée par l'éducation, qui accroît les désirs inaccessibles à la grande masse, et par le suffrage universel, qui pousse aux promesses politiques. Spencer se veut le prophète de malheur de cet « esclavage futur » qu'est le socialisme. Il entend empêcher son avènement par une œuvre de sociologie scientifique qui exposera les véritables lois de la société. Car la société a des lois fondamentales, comme n'importe quelle partie de la nature. Les utilitaristes ou, plutôt, les « faux utilitaristes » ignorent les lois du contrat, de la division du travail, de la limitation éthique de l'action. Ils prennent donc par ignorance et par superstition la voie du socialisme sans le savoir. Ces faux utilitaristes sont restés des empiristes à la vue trop courte. Leur compréhension empirique de l'utilité « les empêche de partir des faits fondamentaux qui dictent les limites de la législation ». La science sociologique pourra dire, au contraire, ce qu'est l'utilité véritable, c'est-à-dire fondée sur des lois exactes : « Ainsi l'utilité, non pas évaluée empiriquement, mais déterminée rationnellement, prescrit de maintenir les droits individuels, et, par implication, interdit tout ce qui peut leur être contraire [1]. »

Contre la superstition étatique

L'une des sources de la dérive socialiste de l'utilitarisme empirique est la croyance métaphysique dans l'instance souveraine. L'État et les catégories politiques qui en fondent la légitimité constituent une « grande superstition politique ». Spencer montre ainsi combien Hobbes puis Austin ont cherché à justifier la souveraineté sur la base du droit divin. Ce qui revient à dire que ces philosophes ont été incapables de fonder la souveraineté sur elle-même, c'est-à-dire sur la fonction qu'elle devait remplir. Partant, c'est toute la théorie politique qui vise à fonder la démocratie moderne qui est à reprendre. La toute-puissance gouvernementale, qui la

---

1   *Ibid.*, p. 156 (p. 201).

caractérise, repose sur la superstition d'un droit divin des parlements qui est aussi un droit divin des majorités, lequel n'a fait que prolonger le droit divin des rois [1].

On ne s'étonnera donc pas de voir Spencer s'en prendre à Bentham et à ses disciples à propos de la création des droits par l'État. Spencer rappelle la teneur de cette théorie, montrant qu'elle implique une création *ex nihilo* de droits, à moins qu'elle ne veuille dire que, avant la formation du gouvernement, le peuple ne possédait pas la totalité des droits de façon indivise. Pour Spencer, la théorie benthamienne et austinienne de la création des droits est fausse, illogique et dangereuse, puisqu'elle utilise une *fallacy* [2]. L'État, en fait, ne fait que façonner ce qui existe déjà.

La référence au « droit naturel » n'a donc plus le sens qu'elle avait dans le jusnaturalisme du XVIIe et du XVIIIe siècle. Ainsi qu'on l'a vu plus haut, le droit est désormais fondé tant sur les conditions de la vie individuelle que sur celles de la vie sociale, qui relèvent de la même nécessité vitale. Concernant les secondes, on se souvient que c'est l'« expérience des avantages possibles de la coopération » qui pousse les premiers hommes à vivre en groupes. Or cette coopération, attestée pour Spencer par les coutumes des sociétés sauvages, a pour condition l'existence de contrats tacites que l'on s'engage à respecter. L'« évolution » témoigne ici en faveur de l'antériorité immémoriale du droit des contrats relativement à toute législation positive. La mission de l'État est de ce fait étroitement circonscrite : il ne fait que garantir l'exécution de contrats librement consentis ; il ne crée aucunement des droits nouveaux *ex nihilo*.

La fonction du libéralisme dans le passé a été de mettre une limite aux pouvoirs des rois. La fonction du libéralisme dans l'avenir sera de limiter le pouvoir de parlements soumis à la pression impatiente des masses incultes [3]. En attaquant Bentham, Spencer va à la racine théorique des tendances interventionnistes du libéralisme et du radicalisme anglais issu de l'utilitarisme. Il s'en prend à une interprétation qui consiste à faire du bien-être du peuple la fin suprême de l'intervention de l'État sans prendre suffisamment en compte les lois naturelles, c'est-à-dire les relations de causalité entre les faits.

La question essentielle soulevée concerne la vérité de la théorie utilitaire, telle qu'elle est généralement reçue, et la réponse à opposer ici, c'est que telle

---

1   *Ibid.*, p. 116 et p. 122. (p. 121 et p. 132).
2   *Ibid.*, p. 132 (p. 153).
3   *Ibid.*, p. 158 (p. 206).

qu'elle est généralement reçue, elle n'est pas vraie. Et par les traités des moralistes utilitaires, et par les actes des hommes politiques qui consciemment ou inconsciemment suivent leur direction, il est impliqué que l'utilité doit être déterminée directement par la simple inspection des faits présents et l'estimation des résultats probables ; au lieu que l'utilitarisme, s'il est bien compris, implique qu'on se guide par les conclusions générales que fournit l'analyse expérimentale des faits déjà observés [1].

Cette juste compréhension de l'utilité dans le cadre d'une sociologie évolutionniste permettra d'éviter l'esclavage socialiste, qui n'est jamais que la régression vers un état antérieur de l'évolution, l'âge militaire. Pour l'éviter, le libéralisme doit s'écarter de la logique mortelle des lois sociales dans laquelle l'a mené un réformisme benthamien scientifiquement inepte.

La naissance du concurrentialisme fin-de-siècle

L'évolutionnisme biologique de Spencer, s'il paraîtra à certains néolibéraux très daté au point qu'ils « oublieront » bien souvent de le mentionner parmi leurs sources de référence, sinon pour le rejeter, a cependant laissé une empreinte profonde sur le cours ultérieur de la doctrine libérale. On peut même dire que *le spencérisme représente un véritable tournant*. On a dit plus haut combien Spencer, par l'intermédiaire de Comte, avait fait de la division physiologique du travail l'une des pièces majeures de sa « synthèse philosophique ». Dans un premier temps, l'évolution est expliquée comme un phénomène général qui obéit à deux processus, l'intégration dans un « agglomérat » et la différenciation des parties mutuellement dépendantes. Avec cette dernière idée du passage partout observable de l'homogène à l'hétérogène [2], Spencer opère une extension du principe de la division du travail à l'ensemble des réalités physiques, biologiques et humaines ; il en fait un principe de la marche universelle de la matière et de la vie elle-même.

Comte aussi bien que Darwin plus tard ont souligné la spécificité de l'espèce humaine et montré, par des voies différentes, ce que Comte avait appelé une « inversion radicale de l'économie individuelle », qui faisait primer les motifs sympathiques sur l'instinct égoïste. Si Spencer reprend

---

1   *Ibid.*, p. 154 (p. 198).
2   *Cf.* H. SPENCER, « Progress : its law and causes », *The Westminster Review*, vol. 67, 1857.

l'idée de la différenciation des fonctions économiques, il se refuse à admettre la nécessité, pour l'espèce humaine, d'un centre politique dévoué à la régulation des activités différenciées. Certes, lorsqu'il examine l'évolution de l'esprit humain en comparant les « races supérieures » et les « races inférieures », il n'oublie pas la leçon comtienne qui faisait de l'altruisme une réaction à la poussée égoïste de l'économie libérale [1]. Mais il se refuse à en tirer la conclusion que le gouvernement a un quelconque devoir régulateur. La « coopération volontaire » telle qu'elle se développe dans les sociétés les plus évoluées sous la forme du contrat lui paraît assurer, à la différence de Comte et plus tard de Durkheim, une dépendance mutuelle entre les unités suffisamment consistante pour faire tenir le « superorganisme social ». Cette prémisse va le conduire à réinterpréter la théorie darwinienne de la sélection naturelle à sa manière et à l'intégrer dans sa synthèse évolutionniste [2].

Darwin avait en 1859 publié *L'Origine des espèces*, en faisant, comme chacun sait, de la sélection naturelle le principe de la transformation des espèces. Quelques années plus tard, en rendant hommage à Darwin, Spencer forgera dans ses *Principes de biologie* (1864) l'expression fameuse de la « survie des plus aptes » (*survival of the fittest*) [3], laquelle sera reprise à son tour par Darwin dans la cinquième édition de *L'Origine des espèces*, qui la présente comme équivalente à celle de « sélection naturelle ». Sans entrer dans le détail des raisons de ces croisements et des malentendus mutuels qui les caractérisent, on notera que, pour Spencer, la théorie darwinienne semblait corroborer la théorie du laisser-faire dont il s'était fait le héraut, comme l'indique suffisamment le parallèle qu'il établit dans ses *Principes de biologie* entre l'évolution économique et l'évolution des espèces en général. La première n'est à ses yeux qu'une variété de la « lutte pour la vie » qui fait prévaloir les espèces les mieux adaptées à leur milieu. Ce parallèle conduisait tout droit à une déformation profonde de la théorie de la

---

1   H. SPENCER, « Esquisse d'une psychologie comparée de l'homme », *Revue philosophique de la France et de l'étranger*, t. I, 1876.

2   Sur tous ces points, *cf.* la thèse classique de l'historien américain Richard HOFSTADTER, rédigée en 1944, *Social Darwinism in American Thought* (rééd. Beacon Press, Boston, 1992). C'est cet ouvrage qui a popularisé le terme de « darwinisme social », jusque-là très rarement usité. Notons que ce terme, apparu en 1879 dans un article de la revue *Popular Science* sous la plume d'Oscar Schmidt, a été utilisé par un anarchiste, Émile Gautier, dans un écrit publié à Paris en 1880 intitulé *Le Darwinisme social*.

3   Dans la troisième partie, chap. 12, § 165 des *Principles of Biology*, Spencer écrit que « *This survival of the fittest [...] is that which Mr. Darwin has called "natural selection, or the preservation of favoured races in the struggle for life"* ». Tr. fr. *Principes de biologie*, Germer Baillière, Paris, 1880, t. I, p. 539.

sélection, dans la mesure où ce n'était plus l'héritage sélectif des caractères les plus adaptés à la survie de l'espèce qui importait, mais la lutte directe entre races et entre classes qui était interprétée en termes biologiques. Une problématique de la compétition l'emportait alors sur celle de la reproduction, donnant ainsi naissance à ce que l'on a appelé de façon très impropre le « darwinisme social ». Comme l'a montré Patrick Tort, Darwin, quant à lui, tenait que la civilisation se caractérisait plutôt par la prévalence d'« instincts sociaux » capables de neutraliser les aspects éliminatoires de la sélection naturelle et pensait que le sentiment de sympathie était appelé à s'étendre indéfiniment [1].

Il convient de souligner le tournant que représente la pensée de Spencer dans l'histoire du libéralisme. Le point décisif qui permet le passage de la loi d'évolution biologique à ses conséquences politiques est la prévalence dans la vie sociale de la lutte pour la survie. Sans doute la référence à Malthus reste-t-elle chez Spencer très importante : tous les hommes ne sont pas conviés au grand « banquet de la nature ». Mais à cette influence s'est ajoutée l'idée que la compétition entre les individus constituait pour l'espèce humaine, en ceci assimilable aux autres espèces, le principe même des progrès de l'humanité. D'où l'assimilation de la concurrence économique à une lutte vitale générale, qu'il faut laisser se développer pour ne pas arrêter l'évolution, d'où les principales conséquences politiques que l'on a examinées plus haut, spécialement celles qui condamnaient l'aide aux plus démunis, qui devaient être abandonnés à leur sort.

Spencer va ainsi déplacer le centre de gravité de la pensée libérale en passant du modèle de la division du travail à celui de la concurrence comme nécessité vitale. Ce naturalisme extrême, outre qu'il pouvait satisfaire des intérêts idéologiques et rendre compte des luttes commerciales féroces entre entreprises et entre économies nationales, a fait passer la conception du moteur du progrès de la *spécialisation* à la *sélection*, ce qui n'emporte pas les mêmes conséquences, on s'en doute.

Dans le premier modèle, que l'on trouve exemplairement chez Smith et chez Ricardo, mais qui leur est bien antérieur, l'échange libre favorise la spécialisation des activités, la répartition des tâches dans l'atelier aussi bien que l'orientation de la production nationale. Le marché, national ou international, avec son jeu propre, est la médiation nécessaire entre les activités,

---

1 *Cf.* P. Tort, *Spencer et l'évolutionnisme philosophique*, op. cit. On se reportera à la mise au point complète sur cette question de P. Tort dans *L'Effet Darwin. Sélection naturelle et naissance de la civilisation*, Seuil, Paris, 2008.

le mécanisme de leur coordination. La conséquence première de ce modèle commercial et marchand est que, par l'augmentation générale de la productivité moyenne qui découle de la spécialisation, tout le monde gagne à l'échange. Ce n'est pas une logique éliminatoire du plus mauvais des sujets économiques, mais une logique de complémentarité qui améliore même l'efficacité et le bien-être du plus mauvais des producteurs. Certes, celui qui ne voudrait pas obéir à cette « règle du jeu » doit être laissé à son sort, mais celui qui y participe ne peut pas perdre. Dans le second modèle, tout au contraire, rien ne garantit celui qui participe à la grande lutte de la sélection naturelle de survivre malgré ses efforts, sa bonne volonté, ses capacités. Les moins aptes, les plus faibles seront éliminés par ceux qui sont les mieux adaptés, les plus forts à la lutte. Il ne s'agit plus alors d'une logique de promotion générale, mais d'un processus d'élimination sélective. Ce modèle ne fait plus de l'échange le moyen de se renforcer, de s'améliorer ; il en fait une constante épreuve de confrontation et de survie. La concurrence n'est pas alors considérée, comme dans l'économie orthodoxe, classique ou néoclassique, comme une condition de la bonne marche des échanges sur le marché, elle est directement la loi impitoyable de la vie et le mécanisme du progrès par élimination des plus faibles. Fortement marqué par la « loi de population » de Malthus, l'évolutionnisme spencérien conclut abruptement que le progrès de la société et, plus largement, de l'humanité suppose la destruction de certaines de leurs composantes.

Sans doute ces deux modèles continueront-ils de se superposer dans les argumentaires du libéralisme ultérieur. Chez Spencer lui-même, la délimitation n'est pas simple entre la coopération volontaire qui caractérise la société industrielle et la loi de sélection. Il n'en reste pas moins que la « réaction » de Spencer à la crise du libéralisme, avec le glissement du modèle de l'échange à celui de la concurrence qu'il opère, constitue un événement théorique qui aura des effets multiples et de longue durée. Le néolibéralisme, dans ses différentes branches, en sera profondément marqué, lors même que l'évolutionnisme biologique sera abandonné. Il ira de soi que la concurrence est, en tant que lutte entre rivaux, le moteur du progrès des sociétés et que toute entrave qui y est apportée, en particulier par le soutien aux entreprises, aux individus, voire aux pays les plus faibles, doit être considérée comme un obstacle à la marche continue de la vie. Malheur aux vaincus de la compétition économique !

Le si mal nommé « darwinisme social » est plus exactement un « concurrentialisme social » [1], qui institue la compétition comme norme générale de l'existence individuelle et collective, de la vie nationale comme de la vie internationale [2]. L'adaptation à une situation de concurrence regardée comme naturelle devint ainsi le maître mot de la conduite individuelle, assimilée à un combat pour la survie. Prolongeant le malthusianisme qui faisait, à la grande époque victorienne, de la pauvreté un effet fatal de l'irresponsable fécondité des classes populaires, ce concurrentialisme eut un grand succès en Europe et surtout aux États-Unis. Répondant aux accusations de prédation et de pillage, de grands industriels américains comme Andrew Carnegie ou John D. Rockefeller usèrent de cette rhétorique sélectionniste pour justifier la croissance des groupes capitalistes géants qu'ils étaient en train de bâtir. Ce dernier a résumé l'idéologie en déclarant : « La variété de rose "American Beauty" ne peut être produite dans la splendeur et le parfum qui enthousiasment celui qui la contemple qu'en sacrifiant les premiers bourgeons poussant autour d'elle. Il en va de même dans la vie économique. Ce n'est là que l'application d'une loi de la nature et d'une loi de Dieu [3]. » Cette idéologie concurrentialiste renouvela le dogmatisme du laisser-faire, avec des prolongements politiques significatifs aux États-Unis qui mirent en cause un certain nombre de lois de protection des salariés.

Mais ce fut, sur le plan théorique, le sociologue américain et professeur à Yale College William Graham Sumner (1840-1910) qui posa les bases de ce concurrentialisme de la façon la plus explicite [4]. Dans son essai *The Challenge of Facts*, dirigé contre le socialisme et toutes les tentations de la pensée sociale « sentimentale », Sumner entend rappeler que l'homme est depuis le début des temps en lutte pour son existence et celle de sa femme et de ses enfants. Cette lutte vitale contre une nature qui ne dispense qu'avec

---

1   P. Tort a définitivement montré que la théorie darwinienne était à l'opposé exact de ce concurrentialisme puisque, pour l'homme social, la sélection biologique est relayée par des « technologies de compensation » qui réduisent artificiellement les causes de faiblesse des individus les moins favorisés (P. TORT, *L'Effet Darwin, op. cit.*, p. 110). Le terme polémique de « darwinisme social » employé par ses opposants enferme avec lui une falsification. La répétition des expressions « lutte pour l'existence » ou « survie des plus aptes » ne suffit pas à lui assurer un fondement solide dans la théorie de Darwin.

2   M. HAWKINS, *Social Darwinism in European and American Thought, 1860-1945. Nature as Model and Nature as Threat*, Cambridge University Press, 1997.

3   Cité par John Kenneth GALBRAITH, « Derrière la fatalité, l'épuration sociale. L'art d'ignorer les pauvres », *Le Monde diplomatique*, Octobre 2005.

4   *Cf.* W. G. SUMNER, *The Challenge of Facts and Other Essays*, éd. Albert Galloway Keller, Yale University Press, New Haven, 1914.

parcimonie les moyens de subsistance oblige les hommes à travailler, à se discipliner, à se modérer sexuellement, à fabriquer des outils, à constituer un capital. La rareté est la grande éducatrice de l'humanité. Mais l'humanité a tendance à se reproduire au-delà de ses capacités de subsistance. La lutte contre la nature est en même temps, inévitablement, une lutte des hommes entre eux. C'est cette tendance qui a été à la source du progrès. Le propre de la société civilisée, caractérisée par le règne des libertés civiles et de la propriété privée, consiste à faire de cette lutte une compétition libre et pacifique d'où résulte une distribution inégale des richesses, qui produit nécessairement des gagnants et des perdants. Il n'y a guère de raison de déplorer les conséquences inégalitaires de cette lutte, à la manière des philosophes sentimentaux depuis Rousseau, souligne Sumner. La justice n'est rien d'autre que la juste récompense du mérite et de l'habileté dans la lutte. Ceux qui échouent ne le doivent qu'à leur faiblesse et à leur vice. L'un des essais les plus significatifs de Sumner affirme ainsi que :

> La propriété privée aussi, qui est comme nous l'avons vu un caractère d'une société organisée selon les conditions naturelles de la lutte pour l'existence, produit des inégalités entre les hommes. La lutte pour l'existence est dirigée contre la nature. Nous devons extraire les moyens de satisfaire nos besoins en dépit de son avarice, mais nos compagnons sont nos compétiteurs pour disposer des maigres ressources qu'elle nous offre. La compétition, par conséquent, est une loi de nature. La nature est entièrement neutre, elle se soumet à celui qui l'assaille le plus énergiquement et le plus résolument. Elle accorde ses récompenses aux plus aptes, donc, sans égard pour d'autres considérations de quelque sorte qu'elles soient. Si donc la liberté existe, ce que les hommes obtiennent d'elle est dans l'exacte proportion de leurs travaux, et ce dont ils ont la possession et la jouissance est dans l'exacte proportion de ce qu'ils sont et de ce qu'ils font. Tel est le système de la nature. Si nous ne l'aimons pas et si nous tentons de l'amender, il n'est qu'un seul moyen de le faire. Nous pouvons prendre au meilleur et donner au pire. Nous pouvons détourner les punitions de ceux qui ont mal fait pour les infliger à ceux qui ont mieux fait. Nous pouvons prendre les récompenses de ceux qui ont mieux fait et les donner à ceux qui ont moins bien fait. Nous diminuerons ainsi les inégalités. Nous favoriserons la survie des plus inaptes (*the survival of the unfittest*), et nous le réaliserons en détruisant la liberté. Il faut bien comprendre que nous ne pouvons sortir de cette alternative : liberté, inégalité, survie des plus aptes (*survival of the fittest*) ; non-liberté, égalité, survie des plus inaptes (*survival of the unfittest*). La première voie porte la société en avant et favorise tous ses meilleurs membres. La seconde voie porte la société en arrière et favorise tous ses pires membres.

On a là une parfaite synthèse de ce « darwinisme social », qui n'a de darwinien que le nom qu'on lui a appliqué. Mais ce n'est pas dans ce seul sens que se transformera le libéralisme pour sortir de sa crise.

Le « nouveau libéralisme » et le « progrès social »

Aussi importante que fut cette réaction violente du spencérisme, significative par elle-même des changements en cours et grosse des transformations ultérieures du libéralisme, nombreux furent ceux qui donnèrent raison dans la seconde moitié du siècle aux observations de Tocqueville quand il décrivait la croissance de l'intervention gouvernementale, et aux arguments économiques et sociologiques avancés par John Stuart Mill. Nombreux également, y compris dans les rangs de ceux qui se réclamaient du libéralisme, furent ceux qui firent dans le prolongement de Comte ou de Darwin des instincts de sympathie et de solidarité la plus haute expression de la civilisation. Dans un livre fameux en son temps, John Atkinson Hobson avait fait de la croissance des fonctions gouvernementales l'un des sujets majeurs de sa réflexion, tout comme, en Allemagne, le « socialiste de la chaire » Adolf Wagner [1]. L'État apparaissait à beaucoup comme un intervenant non seulement légitime, mais nécessaire dans l'économie et dans la société. En tout cas, la question de l'« organisation » du capitalisme et de l'amélioration de la condition des pauvres, qui n'étaient pas tous des paresseux et des vicieux, était bien devenue la question centrale dès la fin du XIXᵉ siècle.

La Première Guerre mondiale et les crises qui l'ont suivie n'ont fait qu'accélérer une remise en cause générale des dogmes libéraux du XIXᵉ siècle. Que faire des vieilles images idéalisées de l'échange libre quand c'est tout l'équilibre social et économique qui paraît ébranlé ? Les crises économiques à répétition, les phénomènes spéculatifs, les désordres sociaux et politiques montraient toute la fragilité des démocraties libérales. La période de crises multiples engendrait une très large défiance vis-à-vis d'une doctrine économique prônant une liberté complète donnée aux acteurs sur le marché. Le laisser-faire fut jugé dépassé, y compris dans le camp de ceux qui se réclamaient du libéralisme. Hormis un noyau d'irréductibles économistes universitaires attachés à la doctrine classique et foncièrement hostiles à l'intervention de l'État, de plus en plus d'auteurs

---

1   *Cf.* J. A. Hobson, *The Evolution of Modern Capitalism*, The Walter Scott Publishing Co., Londres, New York, 1894.

espéraient une transformation du système libéral capitaliste, non pour le détruire mais pour le sauver. L'État semblait seul en mesure de restaurer une situation économique et sociale dramatique. Selon la formule proposée par K. Polanyi, la crise des années 1930 sonna l'heure d'un « réencastrement » du marché dans des disciplines réglementaires, des cadres législatifs et des principes moraux.

Si la Grande Dépression a été l'occasion d'une remise en question plus radicale de la représentation libérale, dans les pays anglo-saxons, comme on l'a vu, le doute était de mise bien avant. Le New Deal a été préparé par un travail critique considérable qui a largement dépassé les seuls milieux traditionnellement hostiles au capitalisme. Depuis la fin du XIXᵉ siècle, aux États-Unis les significations des mots *liberalism* et *liberal* commençaient d'ailleurs à se transformer pour désigner une doctrine qui rejetait le laisser-faire et qui visait à réformer le capitalisme [1]. Un « nouveau libéralisme » plus conscient des réalités sociales et économiques cherchait à définir depuis longtemps une nouvelle manière de comprendre les principes du libéralisme, qui emprunterait au socialisme certaines de ses critiques mais pour mieux réaliser les fins de la civilisation libérale.

Le « nouveau libéralisme » repose sur le constat de l'incapacité des dogmes libéraux de redéfinir de nouvelles limites à l'intervention gouvernementale. Cette incapacité des dogmes anciens ne se lit jamais mieux que dans le petit essai de J. M. Keynes dont le titre est à lui seul une indication sur l'esprit du temps : *La Fin du laisser-faire* (1926). Si Keynes deviendra plus tard la cible favorite des néolibéraux, il ne faut pas oublier que keynésianisme et néolibéralisme ont partagé un temps les mêmes préoccupations : comment sauver contre le libéralisme lui-même ce que l'on peut du système capitaliste ? Cette mise en question concerne tous les pays, avec des variations notables selon le poids de la tradition du libéralisme économique. La mode était certes à la recherche d'une troisième voie entre le pur libéralisme du siècle passé et le socialisme, mais on se tromperait à se représenter cette « troisième voie » comme un « juste milieu ». En réalité, cette recherche ne prend tout son sens que lorsqu'on la replace dans le cadre de la question centrale de l'époque : sur quels fondements repenser l'intervention gouvernementale [2] ?

---

1   Certains auteurs regardent ce glissement comme une trahison ou un « détournement » du libéralisme. C'est le cas de A. Laurent, *Le Libéralisme américain. Histoire d'un détournement*, Les Belles Lettres, Paris, 2006.

2   Gilles Dostaler présente ainsi la vision politique de Keynes : « La vision politique de Keynes se dessine, dans un premier temps, en négatif. Elle est plus claire dans ce qu'elle rejette que dans ce qu'elle prône. D'un côté, Keynes mène la lutte contre le libéralisme

C'est bien toute la force de Keynes que d'avoir su poser ce problème de l'époque en termes de gouvernementalité, comme le fera d'ailleurs un peu plus tard son ami Walter Lippmann, quoique dans un sens différent. Après avoir rappelé le propos de E. Burke [1] et la distinction de Bentham entre *agenda* et *non-agenda*, Keynes écrit ceci :

> La tâche essentielle des économistes est sans doute aujourd'hui de repenser la distinction entre *agenda* du gouvernement et *non-agenda*. Le pendant politique de cette tâche serait de concevoir, dans le cadre démocratique, des formes de gouvernement qui seraient capables de mettre en œuvre les *agenda* [2].

Keynes n'entend pas remettre en question le libéralisme en son entier mais la dérive dogmatique qui en a résulté. Ainsi, quand il avance que « l'essentiel pour un gouvernement n'est pas de faire un peu mieux ou un peu plus mal ce que des individus font déjà, mais de faire ce qui actuellement n'est pas fait du tout [3] », on ne saurait être plus clair sur la nature de la « crise du libéralisme » : comment reformuler théoriquement, moralement et politiquement la distinction entre *agenda* et *non-agenda* ? C'était là renouer avec une ancienne question, en sachant que la réponse ne pourrait plus être exactement celle des fondateurs de l'économie libérale, et en particulier celle d'Adam Smith.

Keynes veut établir la distinction entre ce que les économistes ont effectivement dit et ce que la propagande a répandu. À ses yeux, le laisser-faire est un dogme social simpliste qui a amalgamé des traditions et des époques différentes, principalement l'apologie de la libre concurrence du XVIIIᵉ et le « darwinisme social » du XIXᵉ siècle :

---

classique, devenu l'apanage d'un conservatisme qui peut, sous sa forme extrême, se transformer en fascisme. De l'autre, il rejette les formes radicales du socialisme, qu'il appelle tour à tour léninisme, bolchevisme et communisme. Il s'agit donc de naviguer entre la réaction et la révolution. Telle est la mission d'une "troisième voie", qualifiée alternativement de nouveau libéralisme, de libéralisme social ou de socialisme libéral, dont il se fait le propagandiste. » G. Dostaler, *Keynes et ses combats*, Albin Michel, Paris, 2005, p. 166.

1   E. Burke estimait que « l'un des problèmes les plus subtils du droit » était « la définition exacte de ce que l'État doit prendre à sa charge et gérer selon le souhait de l'opinion publique, et de ce qui doit être laissé à l'initiative privée à l'abri, autant qu'il est possible, de toute ingérence ».

2   J. M. Keynes, *The End of Laisser-faire*, Agone, Marseille, 1999, p. 26.

3   *Ibid.*, p. 31.

> Les économistes enseignaient que la richesse, le commerce et l'industrie étaient le fruit de la libre concurrence – que la libre concurrence avait fondé Londres. Mais les darwinistes allaient plus loin : la libre concurrence avait créé l'homme. L'humanité n'était plus le fruit de la Création, arrangeant miraculeusement toute chose pour le mieux, mais celui, suprême, du hasard soumis aux conditions de la libre concurrence et du laisser-faire. Le principe même de la survie du mieux adapté pouvait ainsi être considéré comme une vaste généralisation des principes économiques ricardiens [1].

Keynes souligne que cette croyance dogmatique est largement rejetée par la plupart des économistes depuis le milieu du XIXᵉ siècle, même si elle continue à être présentée aux étudiants comme une propédeutique. S'il exagère peut-être l'ampleur de la révision, passant sous silence la constitution de l'économie d'inspiration « marginaliste » qui fait de la concurrence la plus parfaite la condition du fonctionnement idéal des marchés, il pointe cependant un moment de refondation de la doctrine que l'on a appelé le « nouveau libéralisme », et dont il se réclame lui-même. Ce nouveau libéralisme visait à contrôler les forces économiques afin d'éviter l'anarchie sociale et politique, reposant la question des *agenda* et des *non-agenda* dans un sens favorable à l'intervention politique. L'État se voit accorder un rôle régulateur et redistributeur fondamental dans ce qui se présente aussi comme un « socialisme libéral [2] ».

Comme le montre Gilles Dostaler, c'était surtout renouer avec le radicalisme anglais qui a toujours défendu l'intervention de l'État lorsqu'elle était nécessaire. C'est bien dans cette tradition que s'inscrivaient à la fin du XIXᵉ siècle et au début du XXᵉ siècle des auteurs comme John A. Hobson et Leonard Hobhouse. Ces derniers défendaient une démocratie sociale, regardée comme le prolongement normal de la démocratie politique. Sous la plume de ces partisans des réformes sociales, les principes de la liberté du commerce et de la propriété devenaient des moyens parmi d'autres et non

---

1   *Ibid.*, p. 9.

2   Gilles Dostaler décrit ainsi ce « nouveau libéralisme » : « Il s'agit en définitive de transformer profondément un libéralisme économique qui avait coûté socialement très cher pendant la période victorienne et risquait de provoquer un soulèvement de la classe ouvrière. Le nouveau libéralisme se présente comme une alternative au socialisme collectiviste et marxiste. Les nouveaux libéraux rejettent la lutte des classes comme moteur de transformation sociale. Ils adhèrent plutôt à une forme de socialisme libéral, qu'on peut qualifier de social-démocrate, du moins dans le sens que prendra cette expression après les scissions dans les partis ouvriers au début de la Deuxième Guerre mondiale. Bien entendu, ce nouveau libéralisme est l'exact opposé de ce qu'on appelle aujourd'hui le néolibéralisme, qui est en premier lieu une réaction ultralibérale contre l'interventionnisme keynésien » (G. DOSTALER, *Keynes et ses combats, op. cit.*, p. 179).

plus des fins en elles-mêmes, ce qui n'était évidemment pas sans rappeler Bentham et J. S. Mill. Plus encore, ce mouvement entendait mener une lutte doctrinale contre l'individualisme dans la compréhension des mécanismes économiques et sociaux, critiquant frontalement la naïveté dogmatique du vieux libéralisme qui le conduisait à confondre l'État moderne avec l'État monarchique despotique.

L. Hobhouse avait proposé en 1911 une relecture systématique de l'histoire du libéralisme [1]. Ce lent et progressif mouvement de libération de l'individu des dépendances personnelles est, à ses yeux, un phénomène éminemment historique et social. Il a conduit à une certaine forme d'organisation irréductible à un assemblage imaginaire d'individus tout formés en dehors de la société. Cette organisation sociale vise à produire collectivement les conditions d'épanouissement de la personnalité, y compris sur le plan économique. Ceci n'est possible que si les relations multiples que chacun entretient avec les autres obéissent à des règles collectivement établies. La démocratie la plus complète, fondée sur la proportionnalité de la représentation, est nécessaire pour que cette réalisation de soi soit effective : chacun doit être en mesure de participer à l'instauration des règles qui assureront sa liberté effective [2]. C'est que la liberté connaît une conception nouvelle et plus concrète avec la législation protectrice des travailleurs. Selon L. Hobhouse, il est apparu nécessaire au XIXᵉ siècle de rééquilibrer les échanges sociaux en faveur des plus faibles par une intervention de la législation : « Le vrai consentement est un consentement libre, et la pleine liberté du consentement implique l'égalité des deux parties engagées dans la transaction [3]. » C'est à l'État d'assurer cette forme réelle de liberté que n'avait pas conçue le vieux libéralisme, c'est à lui de garantir cette « liberté sociale » (*social freedom*), qu'il oppose à la « liberté non sociale » (*unsocial freedom*) des plus forts. De façon encore une fois très benthamienne, Hobhouse explique que la liberté réelle ne peut être assurée que par la contrainte exercée sur celui qui est le plus menaçant pour la liberté des autres. Cette coercition, loin d'être attentatoire à la liberté, procure à la communauté un gain de liberté dans toutes les conduites en

---

1   *Cf.* L. Hobhouse, *Liberalism and Other Writings*, éd. James Meadowcroft, Cambridge University Press, 1994.

2   On peut noter que ce nouveau libéralisme est un mouvement foncièrement démocratique, qui abandonne la méfiance que l'on trouvait encore chez Mill à l'égard de la « tyrannie de la majorité ». Plus proche en cela de Bentham, il craint plus la reconstitution des oligarchies que le pouvoir des masses.

3   L. Hobhouse, *op. cit.*, p. 43.

évitant la dysharmonie sociale[1]. La liberté n'est pas le contraire de la contrainte, mais plutôt la combinaison des contraintes exercées sur ceux qui sont forts et des protections de ceux qui sont les plus faibles.

Dans cette perspective, la logique libérale authentique se laisse aisément condenser : la société moderne multiplie les relations contractuelles, non seulement dans le domaine économique, mais dans toute la vie sociale. Il convient donc de multiplier les actions rééquilibrantes et protectrices pour assurer la liberté de tous et surtout des plus faibles. Le libéralisme social assure ainsi par sa législation une extension maximale de la liberté au plus grand nombre. Philosophie pleinement individualiste, ce libéralisme donne à l'État le rôle essentiel d'assurer à chacun les moyens de réaliser son propre projet[2].

Entre les deux guerres, ce nouveau libéralisme aura d'importants prolongements aux États-Unis[3]. John Dewey, dans ses conférences de 1935 réunies dans *Liberalism and Social Action*, a montré l'impuissance du libéralisme classique à réaliser son projet de liberté personnelle au XIXᵉ siècle, incapable de passer de la critique des formes anciennes de dépendance à une organisation sociale entièrement fondée sur les principes libéraux. Il reconnaît à Bentham le mérite d'avoir vu la grande menace qui pesait sur la vie politique dans les sociétés modernes. La démocratie qu'il voulait mettre en place était faite pour empêcher les hommes politiques de se servir de leur pouvoir dans leur propre intérêt. Mais Dewey lui reproche, à lui comme à l'ensemble des libéraux, d'avoir méconnu que le même mécanisme allait jouer dans l'économie, et de ne pas avoir prévu en conséquence des « verrous » pour éviter cette déviation[4]. En somme, pour Dewey, comme plus tôt pour Hobhouse, le libéralisme du XXᵉ siècle ne peut plus se contenter des dogmes qui ont permis la critique de l'ordre ancien, il doit impérativement se poser le problème de la construction de l'ordre

---

1 *Ibid.*, p. 44.

2 Ce « renouveau » libéral doit évidemment être articulé à la tradition républicaine dans le monde euro-atlantique. Il a son pendant en France dans le projet républicain moderne étudié par J.-F. Spitz, *Le Moment républicain en France*, Gallimard, « NRF Essais », 2005.

3 D'après Alain Laurent, les « libéraux modernes » emmenés par J. Dewey auraient réalisé une opération très semblable dans les années 1920 aux États-Unis, ce qui aurait été déterminant dans la signification qu'a prise dans le lexique politique américain le terme de « *liberal* ».

4 *Cf.* J. Dewey, *Liberalism and Social action, in The Later Works*, vol. 11, *1935-1937*, Southern Illinois University Press, Carbondale, 1987, p. 28.

social et de l'ordre économique. C'est bien à quoi s'attelleront bientôt
– mais dans un sens opposé – les néolibéraux modernes.

Hobhouse, Keynes ou Dewey incarnent un courant, ou plutôt un
milieu diffus de la fin du XIXᵉ et du début du XXᵉ siècle, au carrefour du radicalisme et du socialisme, qui entreprend de penser la réforme du capitalisme [1]. L'idée que la politique est guidée par un bien commun, qu'elle doit
être soumise à des fins morales collectives est essentielle à ce courant, ce qui
explique les intersections possibles avec le mouvement socialiste. Le fabianisme, à travers revues et cercles, constitue l'un des pôles de ces rencontres. Mais ce nouveau libéralisme est surtout à réinscrire dans l'histoire
du radicalisme anglais. Il faut prendre au sérieux Hobson quand il déclarait vouloir « un nouvel utilitarisme dans lequel les satisfactions physiques,
intellectuelles et morales auront leur juste place [2] ».

Y voir un « détournement » du vrai libéralisme serait évidemment une
erreur fondée sur le postulat d'une identité d'essence du libéralisme [3]. C'est
oublier que, dès le début du XIXᵉ siècle, le radicalisme benthamien a eu ses
zones de contact avec le mouvement socialiste naissant, en Angleterre
comme en France. C'est oublier que, plus tard, l'utilitarisme doctrinal a
progressivement été conduit à opposer une pure logique hédoniste et une
éthique du plus grand bonheur du plus grand nombre comme chez Sidg-
wick. Mais c'est aussi méconnaître le sens des inflexions apparentes
données par J. S. Mill à sa propre doctrine, comme on l'a rappelé plus haut.

La double action de l'État selon Karl Polanyi

La question de la nature de l'intervention gouvernementale doit être
distinguée de celle des frontières entre État et marché. Cette distinction
permet de mieux appréhender un problème posé dans *La Grande Transformation*, livre dans lequel K. Polanyi tient que l'État libéral a mené une
double action de sens contraire au XIXᵉ siècle. D'un côté, il a agi en faveur
de la création des mécanismes de marché ; de l'autre, il a mis en place des
mécanismes qui l'ont limité ; d'un côté, il a appuyé le « mouvement » vers
la société de marché et, de l'autre, il a tenu compte et renforcé le « contre-
mouvement » de résistance de la société aux mécanismes de marché.

---

1 *Cf.* P. Clarke, *Liberals and Social Democrats*, Cambridge University Press, 1978.
2 Cité par M. Freeden, *Liberalism Divided. A Study in British Political Thought 1914-1939*, *op.
cit.*, tiré de J. A. Hobson, *Wealth and Life*, Macmillan, Londres, 1929.
3 *Cf.* A. Laurent, *Le Libéralisme américain, Histoire d'un détournement*, *op. cit.*

K. Polanyi montre que la mise en marché des facteurs économiques est la condition de la croissance capitaliste. La révolution industrielle a eu pour condition la constitution d'un système marchand dans lequel les hommes doivent se concevoir, « sous l'aiguillon de la faim », comme des vendeurs de services pour pouvoir acquérir leurs ressources vitales par l'échange monétaire. Pour qu'il en soit ainsi, il faut que la nature et le travail deviennent des marchandises, que les rapports que l'homme entretient avec ses semblables et avec la nature prennent la forme de la relation marchande. Pour que la société entière s'organise selon la fiction de la marchandise, pour qu'elle se constitue en une grande machine de production et d'échange, l'intervention de l'État est indispensable, non seulement sur le plan législatif pour fixer le droit de propriété et de contrat, mais aussi sur le plan administratif pour instaurer dans les relations sociales des règles multiples nécessaires au fonctionnement du marché concurrentiel et pour les faire respecter. Le marché autorégulateur est le produit d'une action politique délibérée, dont l'un des théoriciens principaux selon K. Polanyi fut précisément J. Bentham. Citons ici un passage décisif de *La Grande Transformation* :

> Le laisser-faire n'avait rien de naturel ; les marchés libres n'auraient jamais pu voir le jour si on avait simplement laissé les choses à elles-mêmes. [...] Entre 1830 et 1850, on ne voit pas seulement une explosion de lois abrogeant des règlements restrictifs, mais aussi un énorme accroissement des fonctions administratives de l'État, qui est maintenant doté d'une bureaucratie centrale capable de remplir les tâches fixées par les tenants du libéralisme. Pour l'utilitariste type, le libéralisme économique est un projet social qui doit être mis en œuvre pour le plus grand bonheur du plus grand nombre ; *le laisser-faire n'est pas une méthode permettant de réaliser quelque chose, c'est la chose à réaliser* [1].

Cet État administratif créateur et régulateur de l'économie et de la société de marché est immédiatement, sans que l'on puisse bien distinguer la portée des interventions, un État administratif qui endigue la dynamique spontanée du marché et protège la société. C'est le second paradoxe de la démonstration de K. Polanyi qu'il formule ainsi : « Tandis que l'économie du laisser-faire était produite par l'action délibérée de l'État, les restrictions ultérieures ont débuté spontanément. *Le laisser-faire était planifié, la planification ne l'a pas été* [2]. » Après 1860, et au grand dam d'un Herbert

---

1   K. POLANYI, *La Grande Transformation, op. cit.*, p. 189 ; nous soulignons.
2   *Ibid.*, p. 191 ; nous soulignons.

Spencer, un « contre-mouvement » s'est généralisé à tous les pays capitalistes, en Europe comme aux États-Unis. Tout en s'inspirant des idéologies les plus diverses, il a répondu à une logique de « protection de la société ». Ce mouvement de réaction contre les tendances destructrices du marché autorégulateur a pris deux aspects : le protectionnisme commercial national et le protectionnisme social que l'on voit s'installer à la fin du XIXᵉ siècle. L'histoire doit donc se lire selon un « double mouvement » de sens contraire, celui qui pousse à la création du marché et celui qui tend à lui résister. Ce mouvement d'autodéfense spontanée, comme le dit Polanyi, prouve que la société de marché intégrale est impossible, que les souffrances qu'elle entraîne sont telles que les pouvoirs publics sont obligés d'établir des « digues » et des « remparts ».

Tout déséquilibre lié au fonctionnement du marché menace la société qui lui est soumise. L'inflation, le chômage, la crise du crédit international, le krach boursier, tous ces phénomènes économiques frappent directement la société elle-même et appellent donc des défenses politiques. Faute d'avoir compris cette leçon que l'on pouvait tirer de l'avant-Première Guerre mondiale, les responsables politiques après l'arrêt des hostilités ont voulu reconstruire un ordre libéral mondial très fragile, accumulant les tensions entre le mouvement de reconstruction du marché (en particulier au niveau mondial avec la volonté de restauration du système de l'étalon-or) et le mouvement d'autodéfense sociale. Ces tensions, qui relèvent de la contradiction interne à la « société de marché », sont passées de la sphère économique à la sphère sociale, de celle-ci à la sphère politique, de la scène nationale à la scène internationale et inversement, ce qui a finalement provoqué la réaction fasciste et la Seconde Guerre mondiale.

La « grande transformation » qui caractérise les années 1930 et 1940 est une réponse de grande envergure à l'« engloutissement de la civilisation du marché [1] » et, plus précisément, une réaction à la tentative ultime et désespérée de rétablissement du marché autorégulateur dans les années 1920 : « Le libéralisme économique a fait une suprême enchère pour rétablir l'autorégulation du système, en éliminant toutes les politiques interventionnistes qui compromettaient la liberté des marchés de la terre, du travail et de la monnaie [2]. » De cette suprême enchère, dans laquelle la monnaie joua le rôle principal, à la grande transformation, la conséquence est directe. L'impératif de la stabilité monétaire et de la liberté du

---

1   *Ibid.*, p. 285
2   *Ibid.*, p. 299.

commerce mondial a pris alors le dessus sur la préservation des libertés publiques et de la vie démocratique. Le fascisme a été le symptôme d'une « société de marché qui refusait de fonctionner [1] » et le signe de la fin du capitalisme libéral tel qu'il s'était inventé au XIXᵉ siècle. Le grand retournement politique des années 1930 se manifeste comme une resocialisation violente de l'économie [2]. Partout, la tendance est la même : on soustrait au marché concurrentiel les règles de fixation des prix du travail, de la terre et de la monnaie pour les soumettre à des logiques politiques visant la « défense de la société ». Ce que K. Polanyi appelle la « grande transformation » est bien à ses yeux la fin de la civilisation du XIXᵉ siècle, la mort du libéralisme économique et de son utopie.

K. Polanyi a cependant cru trop vite à la mort définitive du libéralisme. Pourquoi a-t-il commis cette erreur de diagnostic ? On peut faire l'hypothèse qu'il a sous-estimé l'un des principaux aspects du libéralisme qu'il avait pourtant lui-même mis en évidence. On a vu plus haut que, parmi les différentes formes d'interventionnisme étatique, il y en avait deux qui allaient en se contrariant : les interventions de *création du marché* et celles de *protection de la société*, le « mouvement » et le « contre-mouvement ». Mais il en est une troisième sorte, dont il parle plus rapidement : les interventions de *fonctionnement du marché*. S'il indique qu'elles sont difficilement distinguables des autres, il les mentionne toutefois comme une constante de l'action du gouvernement libéral. Ces interventions destinées à assurer l'autorégulation du marché cherchent à faire respecter le principe de concurrence qui doit le régir. Polanyi cite comme exemples les lois anti-trusts et la réglementation des associations syndicales. Dans les deux cas, il s'agit d'aller contre la liberté (en l'occurrence, la liberté de coalition) pour mieux faire jouer les règles concurrentielles. K. Polanyi cite d'ailleurs ces « libéraux conséquents avec eux-mêmes », dont Walter Lippmann, qui n'hésitent pas à sacrifier le laisser-faire au profit du marché concurrentiel [3]. C'est que les deux ne sont pas synonymes malgré le langage courant qui les confond. Citons un passage particulièrement éloquent :

> À strictement parler, le libéralisme économique est le principe directeur d'une société dans laquelle l'industrie est fondée sur l'institution d'un marché autorégulateur. Il est vrai qu'une fois ce système à peu près réalisé, on a besoin de moins d'intervention d'un certain type. Cependant, cela ne veut pas dire, loin de là, que le système de marché et l'intervention soient des

---

1   *Ibid.*, p. 308.
2   *Cf.* Préface de L. DUMONT, *in* K. POLANYI, *La Grande Transformation, op. cit.*, p. 1.
3   *Ibid.*, p. 200.

termes qui s'excluent mutuellement. Car aussi longtemps que ce système-là n'est pas en place, les tenants de l'économie libérale doivent réclamer – et ils n'hésiteront pas à le faire – que l'État intervienne pour l'établir et, une fois qu'il est établi, pour le maintenir. Le tenant de l'économie libérale peut donc, sans aucune inconséquence, demander à l'État d'utiliser la force de la loi, il peut même faire appel à la force violente, à la guerre civile, pour instaurer les conditions préalables à un marché autorégulateur [1].

Ce passage trop peu cité, remarquable en ce qu'il anticipe même certaines « croisades » récentes, nous emmène loin de la « disjonction » entre État et marché que l'on croit propre au libéralisme. La réalité historique est en effet toute différente, comme le montre Polanyi quand il cite la guerre qu'a menée le Nord contre le Sud afin d'unifier les règles de fonctionnement du capitalisme américain.

Cette forme constante d'intervention de « maintien » du marché éclaire d'un jour nouveau l'erreur de K. Polanyi comme de ceux qui le suivent. Elle n'est que la présomption optimiste d'une fin ardemment souhaitée ou que le résultat d'une confusion de pensée, dont le risque a été repéré par Polanyi lui-même [2]. Le libéralisme économique ne se confond pas avec le laisser-faire, il n'est pas contraire à l'« interventionnisme », comme on le pense encore souvent.

En réalité, c'est parmi les différentes sortes d'interventions de l'État qu'il faut opérer une distinction. Elles peuvent relever de principes hétéronomes à la marchandisation et obéir à des principes de solidarité, de partage, de respect de traditions ou de normes religieuses. En ce sens, elles participent du « contre-mouvement » qui contrarie la tendance principale du grand marché. Mais elles peuvent relever aussi d'un programme visant à étendre la mise en marché (ou quasi-marché) de secteurs entiers de la production et de la vie sociale, par certaines politiques publiques ou certaines dépenses sociales qui viennent encadrer ou supporter le déploiement des entreprises capitalistes. K. Polanyi, lorsqu'il s'est voulu « prophète », a été comme fasciné par la contradiction entre ce mouvement marchand et ce contre-mouvement social, contradiction qui, à ses yeux, a finalement conduit à l'« explosion » du système. Mais cette fascination, explicable par le contexte comme par les intentions démonstratives de son ouvrage, lui a fait oublier les interventions publiques de fonctionnement du marché autorégulateur qu'il avait pourtant bien mises en évidence.

---

1   *Ibid.*, p. 201.
2   *Ibid.*

Cette erreur de K. Polanyi est importante en ce qu'elle tend à obscurcir la nature spécifique du néolibéralisme, qui n'est pas simplement une nouvelle réaction à la « grande transformation », une « réduction de l'État » qui précéderait un « retour de l'État ». Il se définit mieux comme un certain type d'interventionnisme destiné à façonner politiquement des rapports économiques et sociaux régis par la concurrence.

Le néolibéralisme et les discordances du libéralisme

La « crise du libéralisme » a dévoilé l'insuffisance du principe dogmatique du laisser-faire dans la conduite des affaires gouvernementales. Le caractère fixe des « lois naturelles » les a rendues incapables de guider un gouvernement qui a pour objectif déclaré d'assurer la plus grande prospérité possible en même temps que l'ordre social.

Parmi tous ceux qui restent attachés aux idéaux du libéralisme classique, deux types de réponse ont été formulés qu'il importe de distinguer, même si, historiquement, elles se sont parfois mêlées. La première dans l'ordre chronologique est celle du « nouveau libéralisme », la seconde est celle du « néolibéralisme ». Les noms donnés à ces deux voies ne se sont pas imposés d'un coup, on s'en doute. C'est l'usage qui en a été fait, les contenus qui ont été élaborés, les lignes politiques qui se sont peu à peu dégagées qui nous permettent de les distinguer après coup. La proximité des noms traduit d'abord une communauté de projet : il s'agissait dans les deux cas de répondre à une crise du mode de gouvernement libéral, de surmonter les difficultés de toutes sortes nées des mutations du capitalisme, des conflits sociaux, des affrontements internationaux. Il s'agissait même, plus fondamentalement, de faire face à ce qui a pu apparaître un moment comme la « fin du capitalisme », laquelle fin s'est incarnée dans l'ascension des « totalitarismes » après la Première Guerre mondiale. Ce que ces deux courants se sont progressivement découvert en commun, pour le dire brutalement, c'est un ennemi commun, le totalitarisme, c'est-à-dire la destruction de la société libérale. C'est sans doute ce qui les a poussés à forger un discours à la fois théorique et politique qui donne raison, forme, sens à l'intervention gouvernementale, un discours nouveau qui produise une nouvelle rationalité gouvernementale. Ce qui supposait de mettre en question, de part et d'autre, le naturalisme libéral tel qu'il s'était transmis au cours du XIXe siècle.

La distinction des noms, « nouveau libéralisme » et « néolibéralisme », aussi discrète soit-elle en apparence, traduit une opposition qui ne s'est pas aperçue d'un coup, parfois même pour ceux qui ont été des acteurs de ces formes de rénovation de l'art du gouvernement. Le « nouveau libéralisme », dont l'une des expressions tardives et les plus élaborées sur le plan de la théorie économique a été celle de J. M. Keynes, a consisté à réexaminer l'ensemble des moyens juridiques, moraux, politiques, économiques, sociaux permettant de réaliser une « société de liberté individuelle » profitant à tous. Deux propositions pourraient le résumer : 1. les *agenda* de l'État doivent dépasser les frontières que le dogmatisme du laisser-faire leur a imposées si l'on veut sauvegarder l'essentiel des bienfaits d'une société libérale ; 2. ces nouveaux *agenda* doivent remettre pratiquement en question la confiance jusque-là accordée dans les mécanismes autorégulateurs du marché et la foi dans la justice des contrats entre individus supposés égaux. En d'autres termes, la réalisation des idéaux du libéralisme réclame que l'on sache utiliser des moyens apparemment étrangers ou opposés aux principes libéraux pour mieux en défendre la mise en œuvre : lois de protection du travail, impôts progressifs sur le revenu, assurances sociales obligatoires, dépenses budgétaires actives, nationalisations. Mais si ce réformisme accepte de restreindre les intérêts individuels pour mieux protéger l'intérêt collectif, il ne le fait jamais que pour mieux garantir les conditions réelles de réalisation des fins individuelles.

Le « néolibéralisme » vient plus tard. Il apparaît à certains égards comme une décantation du « nouveau libéralisme » et à d'autres comme une alternative aux types d'intervention économique et de réformisme social prônés par le « nouveau libéralisme ». Il partagera largement avec lui la première proposition. Mais, lors même que les néolibéraux admettent la nécessité d'une intervention de l'État et qu'ils rejettent la pure passivité gouvernementale, ils s'opposent à toute action qui viendrait entraver le jeu de la concurrence entre intérêts privés. L'intervention de l'État a même un sens contraire : il s'agit non de limiter le marché par une action correctrice ou compensatrice de l'État, mais de développer et de purifier le marché concurrentiel par un encadrement juridique soigneusement adapté. Il ne s'agit plus de postuler un accord spontané entre les intérêts individuels, mais de produire les conditions optimales pour que leur jeu de rivalité satisfasse l'intérêt collectif. À cet égard, refusant la seconde des deux propositions mentionnées plus haut, le néolibéralisme combine la réhabilitation de l'intervention publique et une conception du marché centrée sur la concurrence, dont on a vu la source dans le spencérisme de la seconde moitié du xixᵉ siècle [1]. Il prolonge le tournant qui a déplacé l'axe du libéralisme en faisant de la concurrence le principe central de la vie sociale et individuelle, mais, en opposition à la phobie spencérienne de l'État, il reconnaît que l'ordre de marché n'est pas une donnée de nature, mais le produit artificiel d'une histoire et d'une construction politique.

---

1   M. Foucault a pointé ce passage de l'échange à la concurrence, qui caractérise le néolibéralisme relativement au libéralisme classique. M. FOUCAULT, *NBP, op. cit.*, p. 121-122.

II

La refondation intellectuelle

6

Le colloque Walter Lippmann ou la réinvention du libéralisme

S'il est vrai que la crise du libéralisme a eu pour symptôme un réformisme social de plus en plus prononcé dès la fin du XIXᵉ siècle, le néolibéralisme est une *réponse* à ce symptôme, ou encore une tentative pour entraver cette orientation vers les politiques redistributives, assurantielles, planificatrices, régulatrices, protectionnistes qui s'étaient développées depuis la fin du XIXᵉ siècle, orientation regardée comme une décomposition menant tout droit au collectivisme.

On cite souvent à tort la création de la Société du Mont-Pèlerin en 1947 comme l'acte de naissance du néolibéralisme [1]. En réalité, le moment fondateur du néolibéralisme se situe plus en amont : il s'agit du colloque Walter Lippmann qui s'est tenu à Paris à partir du 26 août 1938 et durant cinq jours dans le cadre de l'Institut international de coopération intellectuelle (ancêtre de l'Unesco), rue Montpensier au centre de Paris [2]. La réunion de Paris brille par la qualité de ses participants qui, pour beaucoup, marqueront l'histoire de la pensée et de la politique libérale dans les pays

---

1   Pour l'histoire de la Société du Mont-Pèlerin, *cf.* Ronald Max HARTWELL, *A History of the Mont Pelerin Society*, Liberty Fund, Indianapolis, 1995.

2   Pour plus de détails, *cf.* François DENORD, « Aux origines du néolibéralisme en France : Louis Rougier et le Colloque Walter Lippmann de 1938 », *Le Mouvement social*, 2001, n° 195, pp. 9-34 et, plus récemment, le livre très documenté de Serge AUDIER, *Le Colloque Lippmann. Aux origines du néolibéralisme*, Le Bord de l'eau, Latresne, 2008.

occidentaux après guerre, qu'il s'agisse de Friedrich Hayek, de Jacques Rueff, de Raymond Aron, de Wilhelm Röpke ou d'Alexander von Rüstow.

Choisir l'une de ces deux dates pour situer un moment fondateur n'est pas indifférent, comme on va le voir. Il en va de l'analyse que l'on fait du néolibéralisme.

Ces deux événements ne sont d'ailleurs pas sans rapport. Le colloque Walter Lippmann se conclut sur la déclaration de création d'un Centre international d'études pour la rénovation du libéralisme dont le siège sera installé au Musée social, rue Las Cases à Paris, centre qui était alors conçu comme une société intellectuelle internationale devant tenir des sessions régulières dans des pays à chaque fois différents. Les événements en Europe en ont décidé autrement. Sous cet angle, la Société du Mont-Pèlerin apparaît comme un prolongement de l'initiative de 1938. L'un de leurs points communs, qui n'a pas été de moindre importance dans la diffusion du néolibéralisme, est le cosmopolitisme dont il témoigne. Ce colloque est la première tentative de création d'une « internationale » néolibérale qui s'est prolongée par la suite à travers d'autres organismes dont, ces dernières décennies, la Trilatérale et le Forum économique mondial de Davos. L'autre point commun est l'importance accordée au travail intellectuel de refondation de la doctrine pour mieux assurer sa victoire contre les principes adverses. La reconstruction de la doctrine libérale va bénéficier de lieux académiques prestigieux et bien financés, à commencer dès le début des années 1930 par l'Institut universitaire des hautes études internationales fondé en 1927 à Genève, la London School of Economics et l'Université de Chicago, pour ne mentionner que les lieux les plus célèbres, avant de se distiller dans les quelques centaines de *think tanks* qui, à travers le monde, diffuseront la doctrine.

Le néolibéralisme va se déployer selon plusieurs lignes de force, soumis à des tensions dont on doit prendre la mesure. Le colloque de 1938 a témoigné de discordances qui, dès le commencement, divisent les intellectuels se réclamant du néolibéralisme. Il constitue même un bon révélateur de divergences qui, après la Seconde Guerre mondiale, continueront à agir de façon plus ou moins ouverte. Ces divergences sont de plusieurs sortes et ne doivent pas être confondues. Le colloque Walter Lippmann témoigne en premier lieu du fait que l'exigence commune de reconstruction du libéralisme n'a pas encore permis en 1938 de distinguer complètement les tendances du « nouveau libéralisme » et celles du « néolibéralisme ». Comme l'a montré Serge Audier, un certain nombre de participants français au colloque relèvent typiquement du premier courant quand ils se réfèrent à un

« libéralisme social » comme Louis Marlio ou à un « socialisme libéral » comme Bernard Lavergne.

Mais le « nouveau libéralisme » n'est pas l'axe principal du colloque, qui est bien plutôt le moment où se décante un autre mode de reconstruction, qui aura en commun avec le « nouveau libéralisme » son acceptation de l'intervention mais qui cherchera à en donner une nouvelle définition et, partant, à lui assigner de nouvelles limites. Encore est-ce là simplifier les choses. D'autres divergences portent sur le sens même de ce « néolibéralisme » que l'on veut édifier : s'agit-il de transformer le libéralisme en lui redonnant une fondation nouvelle ou bien s'agit-il plutôt de redonner vie au libéralisme classique, c'est-à-dire d'opérer un « retour au vrai libéralisme » contre les déviations et les hérésies qui l'ont perverti ? Face aux ennemis communs (le collectivisme sous ses formes communiste et fasciste, mais aussi les tendances intellectuelles et les courants politiques réformateurs qui sont supposés y mener dans les pays occidentaux, à commencer par le keynésianisme), ces divergences vont paraître secondaires, surtout de l'extérieur. Durant la traversée du désert intellectuel et politique des néolibéraux, il importait en effet d'opposer un front uni à l'« interventionnisme étatique » et à la « montée du collectivisme ». C'est cette opposition que la Société du Mont-Pèlerin a réussi à incarner en rassemblant les différents courants du néolibéralisme, le courant américain (fortement influencé par les « néoautrichiens » Friedrich Hayek et Ludwig von Mises) et le courant allemand, permettant ainsi de gommer les lignes divergentes telles qu'elles s'étaient affirmées avant guerre. Ce rassemblement des néolibéraux a surtout occulté l'un des aspects majeurs du tournant qui s'est produit dans l'histoire du libéralisme moderne : la théorisation d'un interventionnisme proprement libéral. C'est précisément ce que mettait au jour le colloque Walter Lippmann. En ce sens, ce dernier n'est pas seulement un acte de naissance, c'est un révélateur.

Contre le naturalisme libéral

Le colloque se réunit du 26 au 30 août 1938. Le maître d'œuvre de cette réunion internationale de vingt-six économistes, philosophes, hauts fonctionnaires de plusieurs pays est Louis Rougier, philosophe aujourd'hui oublié. Ce dernier était alors professeur de philosophie à Besançon, adepte du positivisme logique, membre du Cercle de Vienne, et auteur de nombreux ouvrages et articles prônant un « retour du libéralisme » sur de nouvelles bases. La double occasion de cette réunion est la parution de la traduction française du livre de Walter Lippmann, *An Inquiry into the Principles of the Good Society*, sous le titre de *La Cité libre* [1], et la présence de l'auteur à Paris. Ce livre est présenté par l'organisateur du colloque comme le manifeste d'une reconstruction du libéralisme autour duquel peuvent se réunir des esprits différents ayant travaillé dans la même direction. L'idée qui anime Rougier est assez simple : il n'y aura de « retour du libéralisme » que si l'on parvient à refonder théoriquement la doctrine libérale et à en déduire une politique libérale active qui évitera les effets négatifs de la croyance métaphysique dans le laisser-faire. La ligne que Rougier veut fixer au colloque est un prolongement de la conviction très fermement affirmée par Lippmann dans son ouvrage lorsqu'il définissait ainsi l'« *agenda* » du libéralisme à réinventer :

> L'*agenda* prouve que le libéralisme est tout autre chose que l'apologétique stérile qu'il était devenu pendant sa sujétion au dogme du laisser-faire et à l'incompréhension des économistes classiques. Il démontre, je crois, que le libéralisme est, non pas une justification du *statu quo*, mais une logique de réajustement social rendue nécessaire par la révolution industrielle [2].

Rougier, dans son avant-propos ouvrant les travaux du colloque, signale que cet effort de refondation n'a pas encore de nom officiel : faut-il parler de « libéralisme constructeur », de « néocapitalisme », ou bien de « néolibéralisme », terme qui d'après lui semble prévaloir dans l'usage [3] ? Refonder le libéralisme pour mieux combattre la grande montée des totalitarismes est le but que L. Rougier entend donner à la réunion dont il fut le promoteur, soulignant que ce colloque a pour ambition de condenser un

---

1   W. Lippmann, *La Cité libre*, Librairie de Médicis, Paris, 1938. W. Lippmann, publiciste et éditorialiste américain célèbre pour ses analyses de l'opinion publique et de la politique étrangère américaines, a été entre les deux guerres au croisement du « nouveau libéralisme » et du néolibéralisme. Dans *Drift and Mastery* (1913), il se prononçait pour un contrôle scientifique de l'économie et de la société. Plus tard, ses écrits sur la Grande Dépression et sur le New Deal prolongeront sa thèse selon laquelle il n'y a pas de libertés sans intervention gouvernementale. Dans *The New Imperative* (1935), il souligne que le « nouvel impératif » politique, qui a été mis en pratique avec les politiques de réponse à la crise, consiste pour l'État « à prendre la responsabilité de la condition de vie des citoyens ». Ces politiques, menées aussi bien par Hoover que par Roosevelt, ont inauguré à ses yeux un « New Deal permanent » en rupture avec l'idéologie du laisser-faire d'avant 1929, donnant au gouvernement une nouvelle fonction qui consiste à « user de tous ses pouvoirs pour réguler le cycle des affaires ». Si le gouvernement de l'économie moderne est indispensable, il reste à déterminer la meilleure politique possible. Tous ses efforts viseront à repenser un mode de gouvernement libéral. *Cf.* Ronald Steel, *Walter Lippmann and the American Century*, Little Brown, Boston, 1980.

2   W. Lippmann, *La Cité libre, op. cit.*, p. 272.

3   L'expression a déjà été utilisée avant le colloque, en particulier par Gaëtan Pirou.

mouvement intellectuel diffus [1]. Ce colloque est en même temps pour lui l'acte inaugural d'une organisation internationale destinée à construire et à répandre une doctrine libérale d'un nouveau genre : le Centre international d'études pour la rénovation du libéralisme, que nous avons évoqué plus haut. Ce centre organisera encore quelques réunions thématiques, mais il disparaîtra du fait de la dispersion de ses membres avec la guerre et l'Occupation.

Dans son discours d'ouverture, L. Rougier rappelle aussi l'importance de la thèse de W. Lippmann, selon laquelle le libéralisme ne s'identifie pas au laisser-faire. Cette assimilation a en effet démontré toutes ses conséquences négatives puisque, devant l'évidence des maux du laisser-faire, l'opinion en conclut vite que seul le socialisme est en mesure de sauver du fascisme ou que, inversement, seul le fascisme peut sauver du socialisme, alors que ce sont deux variétés d'une même espèce. Il insiste également sur la critique qu'a su mener W. Lippmann du naturalisme de la doctrine « manchestérienne ». *La Cité libre* a eu le grand mérite, à ses yeux, de rappeler que le régime libéral est le résultat d'un ordre légal qui suppose un interventionnisme juridique de l'État. Il résume ainsi la thèse centrale de l'ouvrage :

> La vie économique se déroule dans un cadre juridique qui fixe le régime de la propriété, des contrats, des brevets d'invention, de la faillite, le statut des associations professionnelles et des sociétés commerciales, la monnaie et la banque, toutes choses qui ne sont pas des données de la nature, comme les lois de l'équilibre économique, mais des créations contingentes du législateur [2].

C'est là l'expression de la ligne dominante du colloque, qui sera l'objet de réticences, voire de contestation d'un certain nombre d'invités, en particulier des « néoautrichiens » von Mises et sans doute Hayek qui, même s'il ne s'exprime pas lors des discussions, est alors en accord avec celui qu'il regarde comme son maître. Mais tous les participants partagent sans conteste leur refus du collectivisme, du planisme et du totalitarisme, sous

---

1   L. Rougier regarde les discussions du colloque comme la suite d'une série de travaux déjà parus se réclamant du libéralisme et qui ont pour thème commun la « crise du capitalisme ». Il mentionne les ouvrages de Jacques Rueff, *La Crise du capitalisme* (1935), de Louis Marlio, *Le Sort du capitalisme* (1938), de Bernard Lavergne, *Grandeur et déclin du capitalisme* (1938).

2   Travaux du Centre international d'études pour la rénovation du libéralisme, *Le Colloque Lippmann*, Librairie de Médicis, Paris, 1939, p. 15. Le compte rendu du colloque a été récemment publié par Serge Audier in *Le Colloque Lippmann. Aux origines du néolibéralisme, op. cit.*

leurs différentes formes communiste et fasciste. C'est également le refus largement partagé des réformes de gauche qui visent la redistribution des revenus et la protection sociale, telles celles menées par le Front populaire en France [1]. Mais que faire pour combattre ces tendances ? Réactualiser dans un nouveau contexte ou bien réviser en profondeur le libéralisme ? Cette alternative est étroitement liée au diagnostic de la « grande crise » et de ses causes.

Les divergences qui s'expriment alors sont à rapporter à une différence majeure d'interprétation des phénomènes économiques, politiques et sociaux de l'entre-deux-guerres, qu'un certain nombre d'auteurs de différents horizons politiques et doctrinaux réfléchissent comme une « crise du capitalisme ». Il ne fait guère de doute, comme on l'a vu plus haut, que la situation a profondément changé par rapport à la « belle époque du libéralisme », que Karl Polanyi a bien décrite.

Deux interprétations radicalement opposées du « chaos » du capitalisme se heurtent lors de ces journées. Elles divisent d'ailleurs plus largement à cette époque les milieux libéraux en Europe. Pour les uns, la doctrine du laisser-faire doit certes être rénovée, mais elle doit surtout être défendue contre tous ceux qui prônent des ingérences étatiques. Parmi ces derniers, Lionel Robbins en Angleterre et Jacques Rueff en France sont, avec les « Autrichiens », von Mises et Hayek, parmi les auteurs les plus conservateurs en matière doctrinale [2]. Pour les autres, le libéralisme doit être refondé de façon complète et doit favoriser ce que déjà on appelle un « interventionnisme libéral », selon l'expression utilisée par A. von Rüstow ou par Henri Truchy [3]. Les divergences sur les analyses de la grande crise sont particulièrement significatives de ces deux options possibles. Pour les premiers, les facteurs principaux du chaos sont à chercher dans la trahison progressive des principes du libéralisme classique (Robbins, Rueff, Hayek, von Mises) ; pour les autres, les causes de la crise sont à trouver dans le

---

1   L'accord sur ce point n'est pas aussi général. Preuve de la « complexité du néolibéralisme français », selon l'expression de Serge Audier, un certain nombre de participants au colloque Walter Lippmann sont des partisans des « progrès sociaux » et du « libéralisme social ». C'est le cas déjà cité de Louis Marlio ou de Bernard Lavergne. Serge AUDIER, *Le Colloque Lippmann. Aux origines du néolibéralisme, op. cit.*, p. 140-157 et p. 172-180.

2   On verra plus loin combien des auteurs comme Von Mises et surtout Hayek ont développé des réflexions originales, qui ne peuvent être simplement assimilées au vieux laisser-fairisme.

3   Henri TRUCHY, « Libéralisme économique et économie dirigée », *L'Année politique française et étrangère*, décembre 1934, p. 366 (mentionné par F. Denord).

libéralisme classique lui-même (Rougier, Lippmann et les théorciens allemands de l'ordolibéralisme [1]).

Dans son ouvrage *La Grande Dépression, 1929-1934*, Lionel Robbins
expliquait ainsi que la crise est la conséquence des interventions politiques qui ont déréglé le mécanisme autocorrectif des prix. Ce sont, comme
le souligne J. Rueff dans la préface qu'il a donnée au livre, les bonnes intentions des réformateurs sociaux qui ont conduit au désastre. La réaction de
L. Robbins et de J. Rueff témoigne de la nostalgie d'un marché spontanément autorégulé qui aurait fonctionné dans un âge d'or des sociétés occidentales. C'est ce que traduit bien J. Rueff dans son opuscule *La Crise du
capitalisme*, lorsqu'il oppose le quasi-équilibre d'avant la Première Guerre
mondiale au chaos de la grande crise [2]. Avant, écrit-il, « les hommes agis-
saient indépendamment les uns des autres, sans se soucier jamais des répercussions de leurs actes sur l'état général des marchés. Et, cependant, du
chaos des trajectoires individuelles naissait cet ordre collectif que traduisait
le quasi-équilibre que les faits révélaient [3] ». Mais, depuis, les interventions
publiques, toutes les formes de dirigisme, les taxations, les planifications,
les réglementations ont « rendu possible la chute joyeuse de la prospérité [4] ». Le postulat de ces auteurs, que l'on trouve aussi chez von Mises ou
Hayek, est que l'intervention politique est un processus cumulatif. Une fois
commencée, elle mène nécessairement à la collectivisation complète de
l'économie et au régime policier totalitaire, puisqu'il faut adapter les
comportements individuels aux commandements absolus du programme
de gestion autoritaire de l'économie. La conclusion est claire : on ne peut
parler de faillite du libéralisme puisque c'est la politique interventionniste
qui a engendré la crise. Le mécanisme des prix, lorsqu'il est laissé libre de
fonctionner, résout tous les problèmes de coordination des décisions des
agents économiques.

J. Rueff, par exemple, lors de la séance du colloque du dimanche
28 août consacrée aux rapports du libéralisme et de la question sociale, soutient de la façon la plus orthodoxe que l'insécurité sociale que subissent les
travailleurs est due aux déséquilibres économiques périodiques contre lesquels on ne peut rien, et qui ne sont pas aussi graves qu'il y paraît dans la
mesure même où il y a automatiquement retour à l'équilibre si l'on ne

---

1   Nous consacrons à ces derniers une présentation au chap. 7.
2   J. RUEFF, *La Crise du capitalisme*, Éditions de la Revue bleue, Paris, 1936.
3   *Ibid.*, p. 5.
4   *Ibid.*, p. 6.

dérègle pas le mécanisme des prix. Par contre, si l'État intervient, il casse la machine automatique :

> Le système libéral tend à assurer aux classes les plus dépourvues le maximum de bien-être. Toutes les interventions de l'État sur le plan économique ont eu pour effet d'appauvrir les travailleurs. Toutes les interventions des gouvernements ont paru vouloir améliorer la condition du plus grand nombre, mais il n'y a pas d'autre moyen pour cela que d'augmenter la masse des produits à partager [1].

Au questionnement sceptique de W. Lippmann sur les bienfaits sociaux de la liberté du marché (« est-il possible de soulager les souffrances que comporte la mobilité d'un système de marchés privés ? Si l'équilibre doit toujours être laissé à lui-même, cela comporte de grandes souffrances [2] »), J. Rueff répond peu après par la sentence définitive : « Le système libéral laisse au système économique une souplesse qui seule permet de lutter contre l'insécurité [3]. » Et von Mises rappellera encore à propos de l'assurance-chômage que « le chômage, en tant que phénomène massif et durable, est la conséquence d'une politique qui vise à maintenir les salaires à un niveau plus élevé que celui qui résulterait de l'état du marché. L'abandon de cette politique aboutirait très rapidement à une diminution considérable du nombre de chômeurs [4] ».

La veille, la question posée « le déclin du libéralisme est-il dû à des causes endogènes ? » illustrait également les tensions. Pour le penseur ordolibéral W. Röpke, la concentration industrielle qui détruit la concurrence est due à des causes techniques (poids du capital fixe), alors que von Mises tient plutôt que les cartels sont le produit du protectionnisme qui fragmente l'espace économique mondial, freine la concurrence entre pays et favorise donc les ententes au niveau national. D'après lui, il serait donc absurde de prôner l'intervention de l'État en matière de concentration puisque c'est précisément elle qui est la cause du mal : « Ce n'est pas le libre jeu des forces économiques, mais la politique antilibérale des gouvernements qui a créé les conditions favorables à l'établissement des monopoles. C'est la législation, c'est la politique, qui ont créé la tendance au monopole [5]. »

---

1   Travaux du Centre international d'études pour la rénovation du libéralisme, *Le Colloque Lippmann, op. cit.*, p. 69.
2   *Ibid.*, p. 69.
3   *Ibid.*, p. 71.
4   *Ibid.*, p. 74.
5   *Ibid.*, p. 37.

Cette ligne de non-intervention absolue qui s'exprime au colloque témoigne sur ce plan de la persistance d'une orthodoxie apparemment inentamée. Mais ce que M. Foucault appellera justement une « phobie de l'État » ne résume pas le propos le plus neuf du colloque.

L'originalité du néolibéralisme

À travers les propos de nombreux intervenants s'impose une redéfinition du libéralisme qui laisse les orthodoxes particulièrement désarmés. Cette ligne de force du colloque réunit la perspective de L. Rougier, d'ordre essentiellement épistémologique, celle de W. Lippmann, qui rappelle l'importance de la construction juridique dans le fonctionnement de l'économie de marché, et enfin celle, très proche, des « sociologues libéraux » allemands W. Röpke et A. von Rüstow qui insistent sur l'étayage social du marché, lequel n'est pas capable à lui seul d'assurer l'intégration de tous.

Les participants du colloque étaient apparemment très conscients des clivages qui les séparaient. Ainsi A. von Rüstow affirme-t-il :

> Il est indéniable qu'ici, dans notre cercle, deux points de vue différents sont représentés. Les uns ne trouvent rien d'essentiel à critiquer ou à changer au libéralisme traditionnel [...]. Nous autres nous cherchons la responsabilité du déclin du libéralisme dans le libéralisme lui-même ; et, par conséquent, nous cherchons l'issue dans un renouvellement fondamental du libéralisme [1].

Ce sont surtout L. Rougier et W. Lippmann qui, lors du colloque, définissent ce que l'on doit alors entendre, selon eux, par « néolibéralisme » et quelles sont les tâches qui lui incombent. Les deux auteurs avaient développé auparavant dans leurs ouvrages respectifs des idées assez semblables et surtout la même volonté de réinventer le libéralisme. Pour mieux comprendre la nature de cette reconstruction, il convient d'examiner d'un peu plus près les écrits de L. Rougier et surtout de W. Lippmann.

Le « retour au libéralisme » prôné par L. Rougier est en réalité une refondation des bases théoriques du libéralisme et la définition d'une

---

1   F. Denord commente ce propos de la manière suivante : « En public, Rüstow respecte les règles de la bienséance universitaire mais, en privé, il confesse à Wilhelm Röpke tout le mal qu'il pense de Friedrich Hayek et de Ludwig von Mises : leur place est au musée, dans le formol. Les gens de leur espèce sont responsables de la grande crise du XXᵉ siècle » (F. DENORD, « Aux origines du néolibéralisme en France : Louis Rougier et le Colloque Walter Lippmann de 1938 », *loc. cit.*, p. 88).

nouvelle politique. Rougier paraît surtout guidé par son refus de la métaphysique naturaliste. L'important pour lui est d'affirmer d'emblée la distinction entre un naturalisme libéral d'ancienne facture et un libéralisme actif qui vise la création consciente d'un ordre légal à l'intérieur duquel l'initiative privée soumise à la concurrence puisse se déployer en toute liberté. Cet interventionnisme *juridique* de l'État s'oppose à un interventionnisme *administratif* qui gêne ou empêche la liberté d'action des entreprises. Le cadre légal doit laisser, au contraire d'une gestion autoritaire de l'économie, le consommateur arbitrer sur le marché entre les producteurs en concurrence.

La grande différence selon Rougier entre ce néolibéralisme et le libéralisme ancien porte sur la conception que l'on se fait de la vie économique et sociale. Les libéraux avaient tendance à considérer l'ordre établi comme un ordre naturel, ce qui les conduisait à prendre systématiquement des positions conservatrices tendant à maintenir les privilèges existants. Ne pas intervenir, c'était en somme respecter la nature. Pour Rougier,

> être libéral, ce n'est nullement être conservateur, dans le sens du maintien des privilèges de fait résultant de la législation passée. C'est au contraire être essentiellement « progressif », dans le sens d'une perpétuelle adaptation de l'ordre légal aux découvertes scientifiques, aux progrès de l'organisation et de la technique économiques, aux changements de structure de la société, aux exigences de la conscience contemporaine. Être libéral, ce n'est pas, comme le « manchestérien », laisser les voitures circuler dans tous les sens, suivant leur bon plaisir, d'où résulteraient des encombrements et des accidents incessants ; ce n'est pas, comme le « planiste », fixer à chaque voiture son heure de sortie et son itinéraire ; c'est imposer un *Code de la route*, tout en admettant qu'il n'est pas forcément le même au temps des transports accélérés qu'au temps des diligences [1].

Cette métaphore du code de la route est l'une des images les plus utilisées par tout le néolibéralisme, elle en est presque la signature générale. Elle est filée chez Lippmann [2], mais aussi dans le fameux livre que publiera Hayek après guerre, *La Route de la servitude*.

L'idée décisive du colloque est que le libéralisme classique est le premier responsable de la crise qu'il subit. Ce sont les erreurs de gouvernement auxquelles il a conduit qui ont favorisé le planisme et le dirigisme. De

---

1   Travaux du Centre international d'études pour la rénovation du libéralisme, *Le Colloque Lippmann, op. cit.*, p. 15-16.

2   W. Lippmann explique dans *La Cité libre* que les fonctionnaires sont là pour faire respecter le code de la route, non pour dire où il faut aller (*La Cité libre, op. cit.*, p. 335-336).

quelle nature étaient ces erreurs ? Elles ont consisté pour l'essentiel à confondre des règles de fonctionnement d'un système social avec des lois naturelles intangibles. L. Rougier voit par exemple dans la physiocratie française l'expression la plus claire de ce type de confusion [1]. Ce qu'il appelle la « mystique libérale », ou croyance en une nature immuable, qu'il veut distinguer soigneusement de la science économique véritable, provient du passage de l'observation des caractéristiques scientifiques d'un ordre régi par la libre concurrence à l'idée que cet ordre est intouchable et parfait puisque œuvre de Dieu [2]. La seconde erreur méthodologique, qui est liée à cette confusion, consiste dans la croyance au « primat de l'économique sur le politique ». Cette double erreur peut se résumer, selon Rougier, par la formule suivante : « Le meilleur législateur est celui qui s'abstient toujours d'intervenir dans le jeu des forces économiques et qui leur subordonne tous les problèmes moraux, sociaux et politiques. » Cette soumission à un ordre supposé naturel, laquelle est au principe du laisser-faire, est une illusion fondée sur l'idée que l'économie forme un domaine séparé qui ne serait pas régi par le droit. Cette indépendance de l'économie à l'égard des institutions sociales et politiques est l'erreur de fond de la mystique libérale qui fait méconnaître le caractère construit du fonctionnement du marché.

W. Lippmann, dans *La Cité libre*, a produit une analyse très semblable des erreurs des « derniers libéraux », comme il les nomme. Le « laisser-faire », dont il rappelle l'origine chez Gournay, était une théorie négative, destructrice, révolutionnaire, qui ne pouvait guider, de par sa nature même, la politique des États. Il s'agissait non pas d'un programme mais d'un mot d'ordre qui « n'avait été qu'une objection historique à des lois périmées [3] ». Ces idées initialement révolutionnaires, qui avaient permis d'abattre les vestiges du régime social et politique ancien et d'instaurer un ordre de marché, « se transformèrent en un dogme obscurantiste et pédantesque [4] ». Le naturalisme qui imprégnait les théories juridico-politiques des premiers libéraux était bien fait pour cette mutation dogmatique et conservatrice. Si les droits naturels furent à une époque des fictions

---

1   *Cf.* L. ROUGIER, *Les Mystiques économiques. Comment l'on passe des démocraties libérales aux États totalitaires*, Librairie de Médicis, Paris, 1938.
2   Selon L. Rougier, la croyance naturaliste est une mystique, mais moins grossière que la doctrine collectiviste qui, elle, est une pure croyance magique dans les pouvoirs absolus de la raison humaine sur les processus sociaux et politiques. Il y a donc des degrés dans la mystique.
3   W. LIPPMANN, *La Cité libre*, *op. cit.*, p. 227 *sq.*
4   *Ibid.*, p. 228.

libérales qui permirent de sécuriser les propriétés et donc de favoriser les conduites accumulatrices, ces mythes se sont figés en dogmes inaltérables qui ont empêché toute réflexion sur l'utilité des lois, explique-t-il. En interdisant la réflexion sur la portée des lois, ce respect absolu de la « nature » confortait les situations acquises par les privilégiés.

Cette analyse n'est pas sans entretenir une étroite parenté avec les positions des fondateurs français de la sociologie du xixᵉ siècle. Le grand défaut du libéralisme économique, comme l'avait montré en son temps Auguste Comte, tenait à l'impossibilité de bâtir un ordre social viable sur une théorie essentiellement négative. La nouveauté du néolibéralisme « réinventé » réside dans le fait de pouvoir penser l'ordre de marché comme un ordre construit, partant, d'être en mesure d'établir un véritable programme politique (un « *agenda* ») visant à son établissement et à son entretien permanent.

L'idée la plus fausse des « derniers libéraux » comme J. S. Mill ou H. Spencer [1] consiste à tenir qu'il y a des domaines où il y a une loi et d'autres où il n'y en a pas. C'est cette croyance dans l'existence de sphères d'action « naturelles », de régions sociales de non-droit comme le serait, à leurs yeux, l'économie de marché, qui a déformé l'intelligence du cours historique et empêché de poursuivre les politiques nécessaires. Comme le remarque encore Lippmann, la dogmatique libérale s'est progressivement détachée au xixᵉ siècle des pratiques réelles des gouvernements. Pendant que les libéraux discutaient sentencieusement de l'étendue du laisser-faire et de la liste des droits naturels, la réalité politique était celle de l'invention de lois, d'institutions, de normes de toutes sortes indispensables à la vie économique moderne : « Toutes ces transactions dépendaient d'une loi quelconque, de la disposition de l'État à faire valoir certains droits et protéger certaines garanties. C'était par conséquent n'avoir aucun sens des réalités que de demander où étaient les limites du domaine de l'État [2]. » Les droits de propriété, les contrats les plus variés, les statuts juridiques des entreprises, enfin tout l'énorme édifice du droit commercial et du droit du travail étaient un démenti en acte de l'apologétique du laisser-faire des « derniers libéraux », devenus incapables de réfléchir la pratique effective des gouvernants et la signification de l'œuvre législatrice. L'erreur est même plus profonde. Ces libéraux ont été incapables de comprendre la dimension *institutionnelle* de l'organisation sociale :

---

1   W. Lippmann confond ces deux auteurs, faute de tenir compte des doutes et inflexions de Mill.
2   W. Lippmann, *La Cité libre, op. cit.*, p. 230.

Ce n'est qu'en reconnaissant que les droits légaux sont proclamés et appliqués par l'État que l'on peut soumettre à un examen rationnel la valeur d'un droit particulier. Les derniers libéraux ne s'en rendirent pas compte. Ils commirent la grave erreur de ne pas voir que la propriété, les contrats, les sociétés, tout comme les gouvernements, les parlements et les tribunaux, sont des créatures de la loi, et n'existent qu'en tant que faisceaux de droits et de devoirs dont l'application peut être exigée [1].

On voit à ces formules combien la critique néolibérale de Lippmann retrouve le sol même de la gouvernementalité telle que l'avait pensée Bentham, en deçà des formules naturalistes qui avaient envahi la littérature apologétique du marché. Sans qu'il établisse complètement le lien entre la critique qu'il mène de l'illusion jusnaturaliste et la manière dont Bentham pensait les rapports entre la liberté d'action et l'ordre juridique, Lippmann analyse l'évolution doctrinale comme une *dégradation* qui s'est produite entre la fin du XVIIIe siècle et la fin du XIXe siècle, entre Bentham et Spencer.

L'ignorance qu'ont manifestée les libéraux tardifs à l'égard du travail des juristes pour définir, encadrer, amender le régime des droits et obligations concernant la propriété, les échanges et le travail, a des raisons dont il entend rendre compte. Cette méconnaissance du fait que « tout le régime de la propriété privée et des contrats, de l'entreprise individuelle, de l'association et de la société anonyme fait partie d'un ensemble juridique dont il est inséparable » a pour explication le mode de fabrication du droit en question. C'est, selon lui, parce qu'il est plus le produit de la jurisprudence sanctionnant l'usage que d'une codification en bonne et due forme qu'ils ont pu y voir faussement l'expression d'une « sorte de droit naturel fondé sur la nature des choses et possédant une valeur pour ainsi dire suprahumaine ». Cette illusion naturaliste les poussait à voir dans chaque disposition juridique qui ne leur plaisait pas une insupportable ingérence de l'État, une violation intolérable de l'état de nature [2]. Ne pas reconnaître le travail propre de la création juridique est l'erreur inaugurale au principe de la rhétorique dénonciatrice de l'intervention de l'État :

> Le titre de propriété est une création de la loi. Les contrats sont des instruments juridiques. Les sociétés sont des créatures du droit. On commet par conséquent une erreur en considérant qu'elles ont une existence en dehors de la loi et en se demandant ensuite s'il est loisible d'« intervenir » à leur égard [...]. Toute propriété, tout contrat, toute société n'existent que parce

---

1   *Ibid.*, p. 293.
2   *Cf. ibid.*, p. 252.

qu'il existe des droits et des garanties dont l'application peut être assurée, lorsqu'ils sont sanctionnés par la loi en faisant appel au pouvoir de coercition de l'État. Quand on parle de ne toucher à rien, on parle pour ne rien dire [1].

Une source supplémentaire d'erreur a consisté à voir dans les simplifications nécessaires de la science économique un modèle social à appliquer. Pour Lippmann, comme pour Rougier, il est parfaitement normal que le travail scientifique élimine les scories et les hybridations de la réalité des sociétés pour dégager par abstraction des relations et des régularités. Mais les libéraux ont regardé ces lois comme des créations naturelles, une image exacte de la réalité, et n'ont plus vu dans ce qui échappait au modèle simplifié et purifié que des imperfections ou des aberrations [2]. La conjonction de cette mésinterprétation épistémologique et de cette illusion naturaliste explique la force durable du dogmatisme libéral jusqu'au début du XIXᵉ siècle.

Le libéralisme qui portait l'idéal de l'émancipation humaine au XVIIIᵉ siècle s'est progressivement transformé en un conservatisme étroit s'opposant à toute marche en avant des sociétés au nom du respect absolu de l'ordre naturel :

> Les conséquences de cette erreur ont été catastrophiques. Car en imaginant ce domaine de la liberté entièrement hypothétique et illusoire, dans lequel les hommes sont censés travailler, acheter et vendre, faire des contrats et posséder des biens, les libéraux renoncèrent à toute critique pour devenir les défenseurs du droit qui se trouvait régner dans ce domaine. Ils devinrent ainsi des apologistes obligés de tous les abus et de toutes les misères qu'il contenait. Ayant admis qu'il n'existait pas de lois, mais un ordre naturel venu de Dieu, ils ne pouvaient enseigner que l'adhésion joyeuse ou la résignation stoïque. En fait, ils défendaient un système composé de vestiges juridiques du passé et d'innovations intéressées introduites par les classes de la société les plus fortunées et les plus puissantes. De plus, ayant supposé la non-existence d'une loi humaine régissant les droits de propriété, les contrats et les sociétés, ils ne purent naturellement pas s'intéresser à la question de savoir si cette loi était bonne ou mauvaise, et si elle pouvait être réformée ou améliorée. C'est à juste titre qu'on s'est moqué du conformisme de ces libéraux. Ils avaient probablement autant de sensibilité que les autres hommes, mais leurs cerveaux avaient cessé de fonctionner. En affirmant en bloc que l'économie d'échange était « libre », c'est-à-dire située hors du ressort de la juridiction de l'État, ils s'étaient mis dans une impasse. [...] C'est

---

1 *Ibid.*, p. 320-321.
2 *Ibid.*, p. 244.

pour cette raison qu'ils ont perdu la maîtrise intellectuelle des grandes nations, et que le mouvement progressiste a tourné le dos au libéralisme [1].

Non seulement libéralisme et progressisme se sont séparés, mais on a vu surtout apparaître une contestation de plus en plus forte du capitalisme libéral et des inégalités qu'il engendrait. Le socialisme s'est développé en profitant de la pétrification conservatrice de la doctrine libérale, mise au service des intérêts économiques des groupes dominants. La mise en cause de la propriété est pour W. Lippmann particulièrement symptomatique de cette dérive : « Si la propriété privée est si gravement compromise dans le monde moderne, c'est parce que les classes possédantes, en résistant à toute modification de leurs droits, ont provoqué un mouvement révolutionnaire qui tend à les abolir [2]. »

L'agenda *du libéralisme réinventé*

Les « derniers libéraux » n'ont pas compris que, « bien loin d'être abstentionniste, l'économie libérale suppose un ordre juridique actif et progressiste » visant l'adaptation permanente de l'homme aux conditions toujours changeantes. Il faut un « interventionnisme libéral », un « libéralisme constructeur », un dirigisme de l'État qu'il conviendra de distinguer d'un interventionnisme collectiviste et planiste. Appuyé sur l'évidence des bénéfices de la compétition, cet interventionnisme abandonne la phobie spencérienne à l'égard de l'État et combine l'héritage du concurrentialisme social et la promotion de l'action étatique. Il a précisément pour fin de rétablir sans cesse les conditions de la libre concurrence menacée par des logiques sociales qui tendent à l'enrayer afin de garantir la « victoire des plus aptes » :

> Le dirigisme de l'État libéral implique qu'il soit exercé de manière à protéger la liberté, non à l'asservir ; de manière à ce que la conquête du bénéfice soit l'issue de la victoire des plus aptes dans une loyale compétition, non le privilège des plus protégés ou des mieux nantis, par suite du soutien hypocrite de l'État [3].

---

1   *Ibid.*, p. 234-235
2   *Ibid.*, p. 329.
3   L. Rougier, *Les Mystiques économiques, op. cit.*, p. 84.

Ce libéralisme « mieux compris », ce « libéralisme véritable », passe par la réhabilitation de l'État comme source d'autorité impartiale vis-à-vis des particuliers :

> Qui veut revenir au libéralisme devra rendre aux gouvernements une autorité suffisante pour résister à la poussée des intérêts privés syndiqués, et on ne leur rendra cette autorité par des réformes constitutionnelles que dans la mesure où l'on aura redressé l'esprit public en dénonçant les méfaits de l'interventionnisme, du dirigisme et du planisme, qui ne sont trop souvent que l'art de dérégler systématiquement l'équilibre économique au détriment de la grande masse des citoyens-consommateurs pour le bénéfice très momentané d'un petit nombre de privilégiés, comme on le voit surabondamment par l'expérience russe [1].

Sans doute n'est-il pas simple de distinguer l'intervention qui tue la concurrence de celle qui la renforce. En tout cas, si l'on constate qu'il y a des forces politiques et sociales qui poussent à dérégler la machine, on doit accepter qu'une contre-force vise à rendre toute sa place et sa puissance aux « goûts du risque et des responsabilités [2] ». Rougier tient en fait deux positions différentes. Selon l'une, l'interventionnisme de l'État doit être essentiellement *juridique*. Il s'agit d'imposer à tous les agents économiques des règles universelles et de résister à toutes les interventions qui déforment la concurrence en donnant des avantages ou en accordant des privilèges et des protections à des catégories particulières. Le danger est que l'État soit mis sous la coupe de groupes coalisés, qu'il s'agisse des plus riches ou des masses pauvres.

Pour Rougier, il est des forces dans la société qui poussent à pervertir à leur profit les jeux de la concurrence, à commencer par des forces politiques qui, pour conquérir les suffrages des électeurs, n'hésitent pas à pratiquer des politiques démagogiques. Le Front populaire français en est pour lui un parfait exemple. Il est aussi des logiques sociales qui poussent à ces déformations, lesquelles ne sont pas prises en compte par une pensée économique trop restreinte : « [...] nous ne sommes pas des molécules de gaz mais des êtres pensants et sociaux ; nous coalisons nos intérêts, nous sommes soumis à des entraînements grégaires, nous subissons des pressions extérieures de groupements organisés (syndicats, organisations politiques, États étrangers, etc.) [3]. » Un État fort, protégé des chantages et des

---

1   *Ibid.*, p. 10.
2   *Ibid.*, p. 192.
3   *Ibid.*, p. 192.

pressions, est nécessaire pour garantir une égalité de traitement devant la loi.

Mais il soutient un autre argument. L'État ne doit pas s'interdire d'intervenir pour mieux faire fonctionner les rouages de l'économie. Le libéralisme constructeur revient à

> lubrifier la machine économique, à dégripper les facteurs autorégulateurs de l'équilibre ; à permettre aux prix, au taux de l'intérêt, à la disparité, de réadapter la production aux besoins réels, rendus solvables, de la consommation ; l'épargne, aux besoins d'investissement justifiés désormais par la demande ; le commerce extérieur, à la division naturelle du travail international ; les salaires, aux possibilités techniques et à la rentabilité des entreprises [1].

Cette ingérence adaptatrice va même jusqu'à inciter certains comportements souhaitables des agents afin de rétablir des équilibres qui, bien que « naturels », ne se constitueraient pas seuls :

> Un interventionnisme libéral doit se préoccuper, en période de suréquipement, de stimuler la consommation qui seule permet de valoriser la production, car si le volume de la production est fonction du prix de revient seule la demande solvable détermine sa valeur marchande et sociale ; et cela, non par les procédés stérilisants des ventes à crédit, mais en distribuant la majeure partie des bénéfices d'une entreprise sous formes de dividendes aux actionnaires et de salaires aux ouvriers. Ce faisant, l'État n'a pas pour but de créer des équilibres artificiels, mais de rétablir les équilibres naturels entre l'épargne et les investissements, la production et la consommation, les exportations et les importations [2].

Le capitalisme concurrentiel n'est pas un produit de la nature, il est une machine qui réclame une surveillance et une régulation constantes. On voit cependant le flou qui entoure l'« interventionnisme libéral » dans la version qu'en donne Rougier, et qui ne pouvait qu'inquiéter les libéraux les plus proches de l'orthodoxie. Rougier mêle trois dimensions différentes dans la légitimation de la politique publique : l'établissement d'un État de droit ; une politique d'adaptation aux conditions changeantes ; une politique qui aide à la réalisation des « équilibres naturels ». Elles ne sont pas du même ordre. Rompre avec la « phobie de l'État » telle qu'elle se manifestait exemplairement chez Spencer est une chose, fixer la limite qui séparera l'intervention légitime de celle qui ne l'est pas en est une autre. Comment

---

1   *Ibid.*, p. 194.
2   *Ibid.*, p. 85.

éviter de tomber dans les errements des « politiciens démagogues » et des « doctrinaires illuminés » ? Le critère absolu est le respect des principes de la concurrence. Contrairement à tous ceux qui expliquent que « la concurrence tue la concurrence », Rougier tient, avec tous les autres libéraux d'ailleurs, que les distorsions de la concurrence viennent principalement des ingérences de l'État et non pas d'un processus endogène. Depuis le protectionnisme douanier jusqu'à l'instauration d'un monopole, c'est toujours l'État qui est, seul ou non, à l'origine d'une limitation ou d'une suppression du régime concurrentiel au détriment des intérêts du plus grand nombre. Ce qui, cependant, introduit un écart entre les positions, c'est que pour Rougier la concurrence ne peut s'établir que par l'ingérence de l'État. C'est également un axe majeur du néolibéralisme allemand, comme l'indique A. von Rüstow pendant le colloque :

> Ce n'est pas la concurrence qui tue la concurrence. C'est plutôt la faiblesse intellectuelle et morale de l'État, qui, d'abord ignorant et négligeant ses devoirs de policier du marché, laisse dégénérer la concurrence, puis laisse abuser de ses droits par des chevaliers pillards pour donner le coup de grâce à cette concurrence dégénérée [1].

Pour L. Rougier, le « retour au libéralisme » n'a de sens que par la valeur que l'on accorde à la « vie libérale », qui n'est pas la jungle des égoïsmes mais le jeu réglé des réalisations de soi-même. C'est ainsi qu'il prône la « saveur de la vie qui résulte de ce qu'elle comporte un risque, mais dans le cadre ordonné d'un jeu dont on connaît et dont on respecte les règles [2] ».

Néolibéralisme et révolution capitaliste

Lippmann, quant à lui, va déployer un argumentaire assez différent et sans doute plus consistant pour justifier le néolibéralisme et expliquer sa signification historique. À ses yeux, le collectivisme est une « contre-révolution », une « réaction » à la révolution véritable née dans les sociétés occidentales. Car, pour lui, la vraie révolution, c'est celle de l'économie capitaliste et marchande étendue à toute la planète, c'est celle du capitalisme qui bouleverse en permanence les modes de vie en faisant du marché

---

1   Travaux du Centre international d'études pour la rénovation du libéralisme, *Le Colloque Lippmann, op. cit.*, p. 41

2   L. Rougier, *Les Mystiques économiques, op. cit.*, p. 4.

le « régulateur souverain des spécialistes dans une économie basée sur une division du travail très spécialisée [1] ».

C'est ce que les derniers libéraux ont oublié et qui oblige à une « redécouverte du libéralisme ». Ce dernier en effet n'est pas une idéologie comme les autres, il est encore moins cet « ornement fané » du conservatisme social qu'il est progressivement devenu. Il est pour Lippmann la seule philosophie qui puisse conduire l'adaptation de la société et des hommes qui la composent à la mutation industrielle et marchande fondée sur la division du travail et la différenciation des intérêts. C'est la seule doctrine qui soit capable, si on la comprend bien, de construire la « Grande Association » et de la faire fonctionner harmonieusement : « Le libéralisme n'est pas comme le collectivisme une réaction à la révolution industrielle, il est la philosophie même de cette révolution industrielle [2]. » Le caractère *nécessaire* du libéralisme, son inscription dans le mouvement des sociétés, n'est pas sans apparaître comme le pendant de la thèse marxienne qui fait du socialisme une autre nécessité de l'histoire.

L'économie fondée sur la division du travail et régulée par les marchés est un système de production qui ne peut pas être fondamentalement modifié. C'est une donnée de l'histoire, un socle historique, au même titre que le système économique des cueilleurs-chasseurs. Mieux même, c'est une révolution très semblable à celle qu'a connue l'humanité au Néolithique. L'erreur des collectivistes est de croire que l'on peut annuler cette révolution sociale par la maîtrise totale des processus économiques, celle des manchestériens de penser qu'il s'agit d'un état naturel qui ne réclame aucune intervention politique.

Le mot important, dans la réflexion de Lippmann, est celui d'*adaptation*. L'*agenda* du néolibéralisme est guidé par la nécessité d'une adaptation permanente des hommes et des institutions à un ordre économique intrinsèquement variable, fondé sur une concurrence généralisée et sans répit. La politique néolibérale est requise pour favoriser ce fonctionnement en s'attaquant aux privilèges, aux monopoles et aux rentes. Elle vise à créer et entretenir les conditions de fonctionnement du système concurrentiel.

À la révolution permanente des méthodes et des structures de production doit également répondre l'adaptation permanente des modes de vie et des mentalités. Ce qui oblige à une intervention permanente de la puissance publique. C'est bien ce qu'avaient compris les premiers libéraux,

---

1   W. Lippmann, *La Cité libre, op. cit.*, p. 209.
2   *Ibid.*, p. 285.

inspirés par la nécessité des réformes sociales et politiques, mais c'est aussi ce qu'avaient oublié les « derniers libéraux », plus soucieux de conservation que d'adaptation. À vrai dire, les laisser-fairistes supposaient que ces problèmes d'adaptation étaient résolus magiquement ou plutôt qu'ils ne se posaient même pas.

Le néolibéralisme repose sur le double constat que le capitalisme a ouvert une période de révolution permanente dans l'ordre économique mais que les hommes ne sont pas spontanément adaptés à cet ordre de marché changeant puisqu'ils ont été formés dans un autre monde. C'est la justification d'une politique qui doit viser la *vie individuelle et sociale tout entière*, comme le rediront après W. Lippmann les ordolibéraux allemands. Cette politique d'adaptation de l'ordre social à la division du travail est une tâche immense, écrit-il, qui consiste à « donner à l'humanité un nouveau genre de vie [1] ». W. Lippmann est particulièrement explicite sur le caractère systématique et complet de la transformation sociale à opérer :

> Le défaut d'adaptation est dû au fait qu'une révolution s'est produite dans le mode de production. Comme cette révolution a lieu chez des hommes qui ont hérité d'un genre de vie radicalement différent, le réajustement nécessaire doit s'étendre à l'ordre social tout entier. Il doit presque certainement continuer aussi longtemps que la révolution industrielle elle-même se poursuit. Il ne peut y avoir un moment auquel l'« ordre nouveau » est réalisé. De par la nature des choses, une économie dynamique doit nécessairement être logée dans un ordre social progressiste [2].

C'est précisément à l'État et à la législation qu'il produit ou dont il est le garant d'insérer les activités productrices et marchandes dans des rapports évolutifs, de les encadrer par des normes en harmonie avec la spécialisation productive et l'extension des échanges marchands. Loin de nier la nécessité d'un cadre social, moral et politique pour mieux laisser jouer les mécanismes supposés naturels de l'économie de marché, le néolibéralisme doit aider à la redéfinition d'un cadre nouveau qui soit compatible avec la nouvelle structure économique.

Plus encore, la politique néolibérale doit *changer l'homme même.* Dans une économie en mouvement perpétuel, l'adaptation est une tâche toujours actuelle afin de recréer une harmonie entre la manière dont on vit et pense et les contraintes économiques auxquelles on doit se plier. Né dans un état ancien, héritier d'habitudes, de modes de conscience et de

---

1   *Ibid.*, p. 272.
2   *Ibid.*, p. 256.

conditionnements inscrits dans le passé, l'homme est un inadapté chronique qui doit être l'objet de politiques spécifiques de réadaptation et de modernisation. Et ces politiques doivent aller jusqu'à transformer la manière même dont l'homme se représente sa vie et sa destinée pour éviter les souffrances morales et les conflits inter- ou intra-individuels :

> Les véritables problèmes des sociétés modernes se posent partout où l'ordre social n'est pas compatible avec les nécessités de la division du travail. Une revue des problèmes actuels ne serait pas autre chose qu'un catalogue de ces incompatibilités. Le catalogue commencerait par l'hérédité, énumérerait toutes les coutumes, les lois, les institutions et les politiques, et ne serait achevé qu'après avoir traité de la notion qu'a l'homme de sa destinée sur terre, de ses idées sur son âme et celle de tous les autres hommes. Car tout conflit entre l'héritage social et la façon dont les hommes doivent gagner leur vie entraîne nécessairement du désordre dans leurs affaires et de la division dans leurs esprits. Lorsque l'héritage social et l'économie ne forment pas un tout homogène, il y a nécessairement révolte contre le monde ou renonciation au monde. C'est pourquoi, à des époques comme la nôtre, où la société est en conflit avec les conditions de son existence, le mécontentement mène certains à la violence et d'autres à l'ascétisme et au culte de l'au-delà. Lorsque les temps sont troublés, les uns font des barricades et d'autres entrent au couvent [1].

Pour éviter ces crises d'adaptation, il convient de mettre en œuvre un ensemble de réformes sociales, qui constituent une *véritable politique de la condition humaine* dans les sociétés occidentales. Lippmann pointe deux aspects proprement humains de cette politique globale d'adaptation à la compétition : l'eugénisme et l'éducation. L'adaptation réclame des hommes nouveaux, dotés de qualités non seulement différentes mais bien supérieures à celles dont disposaient les hommes anciens :

> L'économie nécessite non seulement que la qualité de l'espèce humaine, que l'équipement des hommes en vue de la vie soient maintenus à un degré minimum de qualité, mais encore que cette qualité soit progressivement améliorée. Pour vivre avec succès dans un monde d'interdépendance croissante du travail spécialisé, il faut un accroissement continuel des facultés d'adaptation, de l'intelligence et de la compréhension éclairée des droits et devoirs réciproques, des bienfaits et des possibilités d'un tel genre de vie [2].

---

1   *Ibid.*, p. 256-257.
2   *Ibid.*, p. 258.

Il faut en particulier une grande politique d'éducation des masses qui prépare les hommes aux fonctions économiques spécialisées qui les attendent et à l'esprit du capitalisme auquel ils doivent adhérer pour vivre « en paix dans une grande Association de membres interdépendants [1] » :

> Éduquer de grandes masses, équiper les hommes pour une vie dans laquelle ils doivent se spécialiser tout en restant capables de changer de spécialité, voilà un immense problème non encore résolu. L'économie de la division du travail exige que ces problèmes d'eugénisme et d'éducation soient effectivement traités, et l'économie classique suppose qu'ils le sont [2].

Ce qui rend nécessaire cette grande politique éducative menée au bénéfice des masses et plus seulement d'une petite élite cultivée, c'est que les hommes auront à changer de position professionnelle et d'entreprise, à s'adapter aux nouvelles techniques, à faire face à la concurrence généralisée. L'éducation ne relève pas, chez W. Lippmann, de l'argumentaire républicain traditionnel, mais de la logique adaptative qui seule justifie la dépense scolaire : « C'est pour rendre les hommes aptes à leur nouveau genre de vie que le libéralisme veut consacrer à l'éducation une part considérable des budgets publics [3]. »

La politique que Lippmann promeut a d'autres aspects, qui la rapprochent, comme on le verra plus loin, des thèmes de la sociologie ordolibérale de W. Röpke et de A. von Rüstow : protection du cadre de vie, de la nature, des quartiers et des villes. Les hommes, s'ils doivent être mobiles économiquement, ne doivent pas vivre comme des nomades déracinés, sans passé. La question de l'intégration sociale dans les communautés locales, très présente dans la culture américaine, fait partie des contrepoids nécessaires au développement de l'économie marchande : « Il est certain que la révolution industrielle a décivilisé d'énormes masses d'hommes en les tirant de leurs foyers ancestraux et en les assemblant dans d'énormes faubourgs mornes et anonymes pleins de taudis surpeuplés [4]. » Pas plus que les ordolibéraux allemands d'après-guerre, Lippmann ne voit de contradiction entre le type d'économie qu'il veut voir perdurer, dans la mesure même où il la considère comme une donnée historique indépassable, et les conséquences sociales qu'elle peut engendrer. À ses yeux, la défense d'une société intégrée et stabilisée est du ressort de la politique sociale,

---

1   *Ibid.*, p. 285.
2   *Ibid.*, p. 258.
3   *Ibid.*, p. 285.
4   *Ibid.*, p. 260.

exactement comme la lutte contre le collectivisme des grandes sociétés hol-
ding est une nécessité pour maintenir la concurrence. À certains égards, ce
néolibéralisme, qui se veut une politique d'adaptation, conduit à une certaine hostilité à l'égard des formes prises par le capitalisme des grandes
unités. C'est ainsi que l'on peut entendre la volonté de lutter contre les
manipulations des monopoles et le désir de voir étendue la surveillance des
transactions commerciales et financières : « Dans une société libérale,
l'amélioration des marchés doit faire l'objet d'une étude incessante. C'est
un vaste domaine de réformes nécessaires [1]. »

Retenons en tout cas que cette réinvention du libéralisme refuse de
s'aveugler sur les nécessités politiques liées au fonctionnement des
marchés, en particulier sur le plan de la mobilisation, de la formation de
la force de travail et de sa reproduction dans des structures sociales et institutionnelles stables et efficaces. C'est même sans doute la principale préoccupation de *La Cité libre*, comme en témoigne la justification de l'impôt
progressif destiné entre autres à l'éducation des producteurs, mais aussi à
leur indemnisation en cas de licenciement pour les aider à se reconvertir
et à se déplacer : « Il n'y a aucune raison pour qu'un État libéral n'assure et
n'indemnise pas les hommes contre les risques de son propre progrès. Il a
au contraire toutes les raisons de le faire [2]. »

Le règne de la loi

On a dit plus haut combien la critique néolibérale du naturalisme faite
par W. Lippmann rejoignait la conception benthamienne du rôle créateur
de la loi, en particulier dans le domaine de l'action économique. L'idée que
la propriété n'est pas inscrite dans la nature mais qu'elle est le produit d'un
écheveau de droits compliqué, variable, différencié leur est incontestablement commune. On retrouve le même souci du changement de l'armature légale en fonction des évolutions sociales et économiques, contre les
conceptions conservatrices du jusnaturalisme. La loi doit être modifiée
quand il le faut dans un système économique en évolution permanente.
Mais Lippmann montre beaucoup plus de sympathie que Bentham pour la
pratique jurisprudentielle de la *Common Law* et beaucoup plus de méfiance
pour la création parlementaire de la loi. Il montre même, bien avant Hayek,

---

1   *Ibid.*, p. 268.
2   *Ibid.*, p. 270.

qu'il y a une affinité d'esprit entre le mode de création de la loi dans la pratique anglo-saxonne et les nécessités de coordination des individus dans les sociétés modernes.

La question de l'art du gouvernement est centrale. Les collectivistes et les laisser-fairistes se méprennent pour des raisons contraires sur l'ordre politique correspondant à un système de division du travail et d'échange. Les uns veulent administrer toutes les relations des hommes entre eux, les autres voudraient croire que ces relations sont libres par nature. La démocratie, c'est le règne de la loi pour tous, c'est le gouvernement par la loi commune faite par les hommes : « Dans une société libre, l'État n'administre pas les affaires des hommes. Il administre la justice entre les hommes qui mènent eux-mêmes leurs propres affaires [1]. » Il est vrai que cette conception a eu du mal à se dégager, comme en attestent les débats depuis la fin du XVIIIᵉ siècle.

Comment organiser l'État à une époque où le peuple est le détenteur légitime du pouvoir pour le faire servir les intérêts des masses ? C'est tout le problème de la constitution que se sont posé les *Founding Fathers*, c'est également celui des républicains français comme des démocrates radicaux anglais. Selon W. Lippmann, le mode de gouvernement libéral ne relève pas de l'idéologie, mais de la nécessité de structure, comme on l'a dit plus haut. Il tient à la nature même des liens sociaux dans la société marchande.

La division du travail impose un certain type de politique libérale et interdit l'arbitraire d'un pouvoir dictatorial qui disposerait des individus comme il l'entend. Sur le plan politique, une société civile composée d'agents économiques est impossible à diriger par commandement et décret comme s'il s'agissait d'une organisation hiérarchisée. On ne peut que concilier des intérêts différenciés en déterminant une loi commune. « Le système libéral s'efforce de définir ce qu'un homme peut attendre de tous les autres, y compris des fonctionnaires de l'État, et d'assurer la réalisation de cette attente [2]. » Cette conception des rapports sociaux définit le seul mode de gouvernement possible d'une cité libre qui limite l'arbitraire et ne prétend pas diriger les individus.

Une loi est une règle générale des rapports entre des individus privés, elle n'exprime que les rapports généraux des hommes entre eux. Ce n'est ni l'émanation d'une puissance transcendante ni la propriété naturelle de l'individu. Elle est un mode d'organisation des droits et devoirs réciproques

---

1   *Ibid.*, p. 318.
2   *Ibid.*, p. 343.

des individus les uns envers les autres, objets de changements continus en fonction de l'évolution sociale. Le gouvernement libéral par la loi commune, explique-t-il, « c'est le contrôle social exercé non pas par une autorité supérieure qui donne des ordres, mais par une loi commune qui définit les droits et les devoirs réciproques des personnes et les invite à faire appliquer la loi en soumettant leur cas à un tribunal [1] ». Cette conception de la loi étend à l'ensemble du droit le domaine des droits privés comme institution des obligations relatives des individus les uns à l'égard des autres.

W. Lippmann renoue avec la conception *relationnelle* de la loi, qui était celle des premiers libéraux. Nous ne sommes pas, explique-t-il, des petites souverainetés indépendantes, tels des Robinson sur leur île ; nous sommes liés à un ensemble dense d'obligations et de droits, qui installent une certaine réciprocité dans nos relations.

Ces droits ne sont pas décalqués de la nature, ils ne sont pas déduits non plus d'un dogme posé une fois pour toutes, ils sont encore moins la production d'un législateur omniscient. Ils sont le produit d'une évolution, d'une expérience collective des besoins de réglementation nés de la multiplication et de la modification des transactions interindividuelles. Lippmann, héritier des Écossais Hume et Ferguson, fait, bien avant Hayek, de la formation de la société civile le résultat d'un processus de découverte de la règle générale qui doit gouverner leurs rapports réciproques et qui par là même contribue à les *civiliser*, au sens où l'application du *droit civil* obéit au principe aussi général que simple du refus de l'arbitraire dans leurs relations. Ce principe de civilisation assure à chacun une sphère de liberté, fruit de restrictions à l'exercice du pouvoir arbitraire de l'homme sur l'homme. Le développement de la loi, qui est négation des possibilités d'agression d'autrui, permet seul de libérer les facultés productrices et les énergies créatrices.

Pour W. Lippmann la gouvernementalité nouvelle est essentiellement *judiciaire* : elle ne se plie pas tant à la forme de l'administration de la justice dans toute son étendue et dans ses procédures qu'elle n'accomplit une opération intégralement judiciaire dans son contenu et dans sa portée. L'opposition simpliste entre intervention et non-intervention de l'État, si prégnante dans la tradition libérale, a empêché de comprendre le rôle effectif de l'État dans la création juridique et a bloqué les possibilités d'adaptation. L'ensemble des normes produites par la coutume,

---

1   *Ibid.*, p. 316.

l'interprétation des juges et la législation, avec la garantie de l'État, évolue par un constant travail d'adaptation, par une réforme permanente qui fait de la politique libérale une fonction essentiellement judiciaire. Il n'y a pas de différence de nature dans les opérations des pouvoirs exécutif, législatif ou proprement judiciaire : ils ont tous à juger, sur des scènes différentes et selon des procédures distinctes, de revendications, souvent contradictoires, de groupes et d'individus ayant des intérêts différents. La loi comme règle générale vise à assurer des obligations équitables entre les individus porteurs d'intérêts particuliers. Toutes les institutions libérales exercent un jugement sur les intérêts. Adopter une loi, c'est trancher entre des intérêts en conflit. Le législateur n'est pas une autorité qui commande et impose, c'est un juge qui tranche entre des intérêts. Le modèle le plus pur est donc celui de la *Common Law*, opposée au droit romain d'où est issue la théorie moderne de la souveraineté.

L'administration de la justice, essentiellement commutative, prend une place vitale dans un univers social où les conflits d'intérêt sont inévitables. C'est bien parce que les intérêts particuliers se sont différenciés dans la « Grande Association », selon une image chère aux premiers libéraux, que le mode de gouvernement doit changer en passant de la « méthode autoritaire » à la « méthode réciproque » du contrôle social. Les arrangements normatifs sont destinés à rendre compatibles les revendications individuelles par la définition et le respect des obligations réciproques, selon une logique essentiellement horizontale. Le Souverain ne gouverne pas par décret, il n'est pas l'expression d'une fin collective, même pas celle du « plus grand bonheur du plus grand nombre ». La règle libérale de gouvernement consiste à s'en remettre à l'action privée des individus et non à faire appel à l'autorité publique pour déterminer ce qu'il est bon de faire ou de penser. C'est le principe de la limite de la contrainte étatique. Ce qui, comme on le verra plus loin, suppose une méfiance à l'égard du pouvoir du peuple par le peuple.

Le point essentiel chez W. Lippmann est sans doute que l'on ne peut penser indépendamment l'économie et le système normatif. Leur implication réciproque part de la considération de l'interdépendance généralisée des intérêts dans la société civile. La découverte progressive des principes du droit est à la fois le produit et le facteur de cette « Grande Association » dans laquelle chacun est lié aux autres pour la satisfaction de son intérêt :

> Les hommes devenus dépendants les uns des autres par l'échange de travail spécialisé sur des marchés de plus en plus étendus se sont donné comme armature juridique une méthode de contrôle social qui consiste à définir, à

juger et à amender des droits et des obligations réciproques, et non pas à ordonner par décret [1].

L'exercice de ce nouveau mode de gouvernement n'a pas été sans accroître le champ de l'interdépendance, faisant entrer de plus en plus d'individus et de peuples dans le réseau de transactions et de compétitions, au point qu'il est possible d'imaginer une « Grande Association » à l'échelle mondiale, résultat logique de la division mondiale du travail. Loin de constituer un gouvernement mondial ou un empire, la nouvelle société civile établira des relations pacifiques entre peuples indépendants grâce au renforcement de la division mondiale du travail, liée elle-même à l'« acceptation croissante dans le monde entier des principes essentiels d'une loi commune que tous les parlements représentant les différentes collectivités humaines respectent et adaptent à la diversité de leurs conditions [2] ».

Un gouvernement des élites

Qu'est-ce qui distingue le collectivisme de l'État fort libéral ? Les collectivistes se font des illusions sur la capacité qu'ils ont de maîtriser l'ensemble des relations économiques dans une société aussi différenciée que la société moderne. L'expérience de la Première Guerre mondiale, puis la révolution de 1917 ont fait croire à la possibilité d'une gestion directe et totale des relations économiques. Pourtant, les hommes ne peuvent diriger l'ordre social du fait de la complexité et de l'enchevêtrement des intérêts : « Plus les intérêts à diriger sont complexes, moins il est possible de les diriger au moyen de la contrainte exercée par une autorité supérieure [3]. »

Mais ne nous trompons pas. Il ne s'agit pas de diminuer la quantité de force de cette autorité. Il s'agit de changer le type d'autorité, le champ de son exercice. Elle devra se satisfaire d'être garante d'une loi commune qui gouvernera indirectement les intérêts. Seul un État fort sera en mesure de faire respecter cette loi commune. Comme y insiste Lippmann dans toutes ses publications, il faut revenir sur l'illusion d'un pouvoir gouvernemental faible tel qu'il a pu se répandre durant le XIXᵉ siècle. Cette grande croyance libérale dans l'État discret, superflu, n'est plus de mise depuis 1914 et 1917 :

---

1   *Ibid.*, p. 385.
2   *Ibid.*, p. 383.
3   *Ibid.*, p. 57.

Aussi longtemps que la paix semblait assurée, le bien public résidait dans l'agrégat des transactions privées. On n'avait pas besoin d'un pouvoir qui dépassât les intérêts particuliers et les maintînt dans un ordre donné en les dirigeant. Tout ceci, nous le savons maintenant, n'était que le rêve d'un jour de beau temps exceptionnel. Le rêve s'acheva lorsque survint la Première Guerre mondiale [1].

Cette thèse de l'État fort amène les néolibéraux à reconsidérer ce que l'on entend par démocratie et plus particulièrement par « souveraineté du peuple ». L'État fort ne peut être gouverné que par une élite compétente, dont les qualités sont à l'exact opposé de la mentalité magique et impatiente des masses :

Il faut que les démocraties se réforment constitutionnellement de façon à ce que ceux auxquels elles confient les responsabilités du pouvoir se considèrent non comme les représentants des intérêts économiques et des appétits populaires, mais comme les garants de l'intérêt général contre les intérêts particuliers ; non comme les instigateurs des surenchères électorales, mais comme les modérateurs des revendications syndicales ; se donnant pour tâche de faire respecter par tous les règles communes des compétitions individuelles et des ententes collectives ; empêchant que des minorités agissantes ou des majorités illuminées ne faussent en leur faveur la loyauté du combat qui doit assurer, pour le bienfait de tous, la sélection des élites. Il faut qu'elles inculquent aux masses, par la voix de nouveaux instituteurs, le respect des compétences, l'honneur de collaborer à une œuvre commune [2].

C'est là un trait commun entre les thèses politiques de L. Rougier, qui les a développées dans son ouvrage *La Mystique démocratique* [3], et les positions de W. Lippmann en faveur d'un gouvernement des élites [4]. On retrouvera cette redéfinition de la démocratie dans la conception hayekienne de la « démarchie » [5]. Bien avant *La Cité libre*, dans ses écrits sur l'opinion publique et sur les problèmes de gouvernement dans les démocraties, W. Lippmann a longuement examiné l'impossibilité de concilier un système de règle du jeu impartial et le principe effectif de la souveraineté

1   W. Lippmann, *Crépuscule des démocraties ?*, Fasquelle, Paris, 1956, p. 18.
2   L. Rougier, *Les Mystiques économiques*, *op. cit.*, p. 18-19.
3   L. Rougier, *La Mystique démocratique (ses origines, ses illusions)*, 1929, rééd. Éditions de l'Albatros, Paris, 1983.
4   *Cf.* Francis Urbain Clave, « Walter Lippmann et le néolibéralisme de *La Cité libre* », *Cahiers d'économie politique*, vol. 48, 2005, p. 79-110.
5   *Cf. infra*, chap. 8.

populaire selon lequel les masses pourraient dicter leurs vœux aux gouvernants.

L'opinion publique, objet de deux ouvrages majeurs de Lippmann dans les années 1920, empêche les gouvernants de prendre les mesures qui s'imposent, spécialement concernant la guerre ou la paix. Le fait que les peuples ont trop d'influence par le biais de l'opinion publique et du suffrage universel est la faiblesse congénitale des démocraties. Ce dogme démocratique considère que les gouvernants doivent suivre l'avis majoritaire, les intérêts du plus grand nombre, ce qui est aller dans le sens de ce qui est le plus agréable et le moins pénible. Il faut laisser au contraire les gouvernants gouverner et limiter le pouvoir du peuple à la nomination des gouvernants selon une ligne « jeffersonnienne ». L'essentiel est de protéger le gouvernement exécutif des interférences capricieuses des populations, cause de l'affaiblissement et de l'instabilité des régimes démocratiques. Le peuple doit nommer qui le dirigera, non pas dire ce qu'il faut faire à tout instant. C'est la condition pour éviter que l'État ne soit amené à une intervention généralisée et illimitée. D'où la nécessité d'une technologie politique qui l'empêche d'être soumis aux intérêts particuliers comme c'est le cas avec le parlementarisme. Lippmann, dont on a pu dire qu'il était « platonicien » en politique, a en tout cas le mérite de la cohérence [1].

Le cadre général du néolibéralisme a été dessiné dès les années 1930, avant que F. Hayek ne prenne la direction du mouvement dans la foulée de *La Route de la servitude*. Les rapports entre cette phase inaugurale et l'évolution du néolibéralisme après 1947 et la création de la Société du Mont-Pèlerin ne peuvent être compris seulement en termes de « radicalisation » ou de « retour au libéralisme classique » contre les dérives interventionnistes apparues en 1938 [2]. Le développement de la pensée de Hayek, en particulier, ne peut être simplement saisie comme une « réaffirmation » des principes anciens puisqu'elle intégrera de façon singulière la critique du

---

1   Son admiration et son amitié pour De Gaulle étaient fondées sur cette incarnation de l'État au-dessus des intérêts particuliers. On notera d'ailleurs que beaucoup d'autres libéraux, en particulier en France, ont vu en De Gaulle un modèle politique typiquement néolibéral, de J. Rueff à R. Barre en passant par R. Aron. *Cf.* F. U. CLAVE, « Walter Lippmann et le néolibéralisme de *La Cité libre* », *loc. cit.*, p. 91.

2   C'est l'interprétation fautive qu'en donne Alain LAURENT dans *Le Libéralisme américain. Histoire d'un détournement*, *op. cit.*, p. 139 *sq.* Son erreur, comme celle, symétrique, des « antilibéraux » réside dans l'absence de compréhension de la nature de l'« interventionnisme libéral », ce qui les empêche de comprendre la manière dont Hayek prolonge et infléchit le néolibéralisme.

vieux laisser-fairisme et la nécessité d'un ferme et rigoureux « code de la route ». Cette pensée, qui peut être regardée comme une réponse originale aux problèmes posés par la redéfinition du libéralisme, va chercher à articuler les positions de la majorité et la minorité du colloque Lippmann, permettant au moins pour un temps de maintenir dans le même courant les ordolibéraux allemands et les Austro-Américains.

7

L'ordolibéralisme entre « politique économique » et « politique de société »

N é dans les années 1930 à Fribourg-en-Brisgau par le rapprochement d'économistes comme Walter Eucken (1891-1950) et de juristes comme Franz Böhm (1895-1977) et Hans Grossman-Doerth (1884-1944), l'ordolibéralisme est la forme allemande du néolibéralisme, celle qui va s'imposer après la guerre en République fédérale d'Allemagne. Le terme « ordolibéralisme » tient à l'insistance commune de ces théoriciens sur l'*ordre* constitutionnel et procédural qui est au fondement d'une société et d'une économie de marché.

L'« ordre » (Ordo) comme tâche politique

Le terme même d'« ordre » doit être entendu en deux sens : un sens proprement *épistémologique* ou *systémique* qui ressortit à l'analyse des différents « systèmes » économiques, et un sens *normatif* qui n'est pas sans déterminer une certaine politique économique. Dans le chapitre final des *Grundlagen der Nationalökonomie* (1940), W. Eucken distingue ainsi entre « ordre économique » (*Wirtschaftsordnung*) et « ordre de l'économie » (*Ordnung der Wirtschaft*) : le premier concept s'inscrit dans une typologie des « formes d'organisation » ; le second a une portée normative dans la mesure où il renvoie à la réalisation et à la défense d'un ordre économique susceptible de surmonter les multiples aspects de la crise de la vie moderne, à savoir l'ordre de concurrence (*Wettbewerbsordnung*) [1]. Dans cette dernière perspective, il apparaît que l'ordre de concurrence, loin d'être un ordre naturel, doit être constitué et réglé par une politique « ordonnatrice » ou « de mise en ordre » (*Ordnungspolitik*) [2]. L'objet propre de cette politique est le cadre institutionnel, qui peut seul assurer le bon fonctionnement de cet « ordre économique » spécifique. En effet, faute d'un cadre institutionnel adéquat, les mesures de politique économique même les mieux intentionnées sont condamnées à rester inefficaces.

Dans un article de 1948 intitulé « Das ordnungspolitische Problem » (« Le problème politique de la mise en ordre »), Eucken prend l'exemple de l'Allemagne de l'après-guerre pour souligner l'importance décisive de ce cadre. En 1947, des lois de dissolution des cartels furent promulguées afin de déconcentrer le pouvoir économique. Mais ces lois furent instaurées alors que le contrôle du processus économique était entre les mains des bureaux du gouvernement central. Dans le cadre d'un tel « ordre économique », celui d'une économie dirigée, ces mesures furent sans effet : des produits comme le ciment, l'acier, le charbon ou le cuir continuèrent d'être répartis par la voie de l'administration, de sorte que la direction de l'économie resta pour l'essentiel inchangée. Mais si l'« ordre économique » avait été différent, autrement dit si les prix avaient servi de régulateurs, nul doute que la loi antimonopole aurait eu un résultat tout à fait autre [3]. Aussi la tâche politique du moment est-elle de mettre en place un ordre de concurrence fondé sur le mécanisme des prix et, à cette fin, de créer un cadre institutionnel spécifiquement adapté à une économie de concurrence.

Né dans les cercles intellectuels en opposition au nazisme, l'ordolibéralisme est ainsi une doctrine de transformation sociale qui en appelle à la responsabilité des hommes. Comment agir pour refonder un ordre social libéral après les errements de l'étatisme totalitaire ? Telle est la question que se sont posée très tôt ses principaux représentants. Il s'agit pour eux de

---

1   Rainer KLUMP, « On the phenomenological roots of german ordnungstheorie : what Walter Eucken ows to Edmund Husserl », *in* Patricia COMMUN, *L'Ordolibéralisme allemand, aux sources de l'économie sociale de marché*, CIRAC/CICC, Cergy-Pontoise, 2003, p. 158.

2   Le terme allemand *Ordnung* doit alors s'entendre en un sens actif : non pas l'agencement des éléments qui donne à un système déjà constitué sa cohérence propre, mais l'activité de mise en ordre, voire de mise en place d'un ordre. Nous rendrons le sens systémique par « ordre » et le sens politique actif par « mise en ordre ».

3   W. EUCKEN, « Das ordnungspolitische Problem », *Ordo-Jahrbuch für die Ordnung der Wirtschaft und Gesellschaft*, J. B. C. Mohr, Fribourg, 1948, vol. I, p. 65.

reconstruire l'économie de marché sur la base d'une analyse scientifique de la société et de l'histoire [1]. Mais une dimension morale est consubstantielle à cette analyse : l'« ordre libéral » témoigne de la capacité humaine de créer volontairement et consciemment un ordre social juste, conforme à la dignité de l'homme. La création d'un État de droit (*Rechtsstaat*) est la condition de cet ordre libéral. Ceci veut dire que l'établissement et le fonctionnement du capitalisme ne sont pas prédéterminés, qu'ils dépendent des actions politiques et des institutions juridiques. M. Foucault insiste à bon droit sur l'importance qu'il y a à confronter cette conception à la conception marxiste de l'histoire du capitalisme qui dominait alors [2]. L'ordolibéralisme récuse en effet avec vigueur toute forme de réduction du juridique à une simple « superstructure », tout comme l'idée corrélative de l'économie comme « infrastructure ». En témoigne tout particulièrement ce passage de l'article de 1948 dont il vient d'être question :

> Fausse serait la vue selon laquelle l'ordre économique serait comme l'infrastructure (*der Unterbau*) sur laquelle s'élèveraient les ordres de la société, de l'État, du droit et les autres ordres. L'histoire des temps modernes nous apprend tout aussi clairement que les époques plus anciennes que les ordres étatiques ou les ordres juridiques exercent également une influence sur la formation de l'ordre économique.

W. Eucken éclaire son propos en se référant de nouveau à la situation de l'Allemagne après 1945. D'un côté, la transformation de l'ordre économique sous l'effet de la naissance de groupes de pouvoir monopolistiques peut influencer considérablement la prise de décision dans l'État ; de l'autre, la formation de monopoles peut être encouragée par l'État lui-même, notamment à travers sa politique de patente, sa politique commerciale, sa politique de taxes, comme cela est souvent arrivé récemment, précise Eucken :

> Tout d'abord, l'État favorise la formation du pouvoir économique privé et ensuite devient partiellement dépendant de lui. Ainsi, il n'y a pas une dépendance unilatérale des autres ordres à l'égard de l'ordre économique, mais une dépendance réciproque, une « interdépendance des ordres » (*Interdependenz der Ordnungen*) [3].

---

1   *Cf.* Jean-François Poncet, *La Politique économique de l'Allemagne occidentale*, Sirey, Paris, 1970, p. 58.

2   M. Foucault, *NBP, op. cit.*, p. 169 *sq.*

3   W. Eucken, « Das ordnungspolitische Problem », *loc. cit.*, p. 72.

Cette analyse emporte une conséquence décisive : le devenir du capitalisme n'est pas entièrement déterminé par la logique économique de l'accumulation du capital, contrairement à ce qu'un discours marxiste alors largement répandu affirmait. De ce dernier point de vue, « il n'y a en fait qu'un capitalisme, puisqu'il n'y a qu'une logique du capital » ; mais, du point de vue ordolibéral – qui était déjà celui de L. Rougier –, « l'histoire du capitalisme ne peut être qu'une histoire économico-institutionnelle », ce qui signifie que le capitalisme tel que nous le connaissons relève de la « singularité historique d'une figure économico-institutionnelle », et non de l'unique figure que dicte la logique de l'accumulation du capital. L'enjeu politique de cette considération est manifeste : loin que l'impasse de *cette* figure du capitalisme soit l'impasse du « capitalisme tout court », tout un champ de possibilités s'ouvre devant elle à condition d'œuvrer en faveur d'un certain nombre de transformations économiques et politiques [1].

Œuvre de volonté et non produit d'une évolution aveugle, l'ordre de marché participe donc d'un ensemble cohérent d'institutions conformes à la morale. Les ordolibéraux ne sont pas les seuls à leur époque à rompre ainsi avec la perspective naturaliste du vieux *free trade*, mais ils ont pour caractéristique d'avoir systématisé théoriquement cette rupture en montrant que toute activité de production et d'échange s'exerçait dans le cadre d'une constitution économique spécifique et d'une structure sociale construite. La critique de l'économie politique classique est formulée d'une manière particulièrement nette par W. Eucken dès 1948 dans l'article déjà cité :

> Les classiques reconnurent clairement que le processus économique de la division du travail impose une tâche de direction difficile et diversifiée. Ceci fut déjà un résultat éminent, par rapport auquel l'époque ultérieure resta en arrière. Ils virent aussi que ce problème ne pouvait être résolu que par un ordre économique (*Wirtschaftsordnung*) adéquat. Ce fut également une reconnaissance nouvelle et de grande portée, qui elle aussi se perdit largement par la suite. En dépit de cela, la politique économique, pour autant qu'elle fut influencée par les classiques, ne fut pas suffisamment tournée vers le problème de la mise en ordre (*Ordnungsproblem*). Les classiques voyaient la solution du problème de direction dans l'ordre « naturel », dans lequel les prix de concurrence conduisaient automatiquement le processus. Ils croyaient que l'ordre naturel se réalise spontanément et que le corps de la société n'a pas besoin d'un « régime alimentaire rigoureusement déterminé » (Smith), donc d'une politique déterminée de mise en ordre de l'économie

---

1 Sur tout ce développement, *cf.* M. Foucault, *NBP, op. cit.*, p. 170-171.

(*Wirtschaftsordnungspolitik*), pour prospérer. On en vint par là à une politique du « laisser-faire » et avec elle à la naissance de formes d'ordre dans le cadre desquelles la direction du processus économique laissa paraître des dommages importants. La confiance dans l'autoréalisation de l'ordre naturel était trop grande (*Das Vertrauen auf die Selbstverwirklichung der natürlichen Ordnung war zu groß*) [1].

D'une manière encore plus tranchée, W. Röpke résume bien l'esprit de la doctrine dans son *Civitas humana*, où l'on retrouve, en écho du colloque Lippmann, le refus du laisser-faire :

> Ce n'est pas en nous appliquant à ne rien faire que nous susciterons une économie de marché vigoureuse et satisfaisante. Bien au contraire, cette économie est une formation savante, un artifice de la civilisation ; elle a ceci de commun avec la démocratie politique qu'elle est particulièrement difficile et présuppose bien des choses que nous devons nous efforcer d'atteindre opiniâtrement. Cela constitue un ample programme de rigoureuse politique économique positive, avec une liste imposante de tâches à accomplir [2].

Particulièrement éloquent est ici le rapprochement opéré entre économie de marché et démocratie politique : l'une comme l'autre relèvent de l'artifice et nullement de la nature.

Mais ce large accord sur la critique des illusions naturalistes de l'économie politique classique dissimule mal certaines différences, voire des divergences, sur la nature des remèdes à apporter aux maux dont souffre la société moderne. Aussi est-ce à bon droit que les commentateurs ont souvent attiré l'attention sur le fait que l'unité du courant restait problématique. On peut schématiquement distinguer deux groupes principaux : d'une part, celui des économistes et des juristes de l'École de Fribourg, au premier rang desquels W. Eucken et F. Böhm ; d'autre part, celui d'un libéralisme d'inspiration « sociologique », dont les principaux représentants furent Alfred Müller-Armack, W. Röpke et A. von Rüstow [3]. Les fondateurs de l'École de Fribourg font du *cadre juridico-politique* le fondement principal de l'économie de marché et l'objet de la constitution économique. Les « règles du jeu » institutionnelles semblent monopoliser leur attention. Les auteurs du second groupe, non moins influents que les premiers sur les

---

1 W. EUCKEN, « Das ordnungspolitische Problem », *loc. cit.*, p. 80.
2 W. RÖPKE, *Civitas humana ou les Questions fondamentales de la Réforme économique et sociale*, trad. P. Bastier, Librairie de Médicis, Paris, 1946, p. 65.
3 Il a déjà été question dans le précédent chapitre des deux derniers, eu égard au rôle qu'ils ont joué dans les débats du colloque Lippmann ; quant au troisième, nous le présenterons un peu plus loin dans ce chapitre.

responsables politiques, mettront beaucoup plus l'accent sur le *cadre social* dans lequel l'activité économique doit se dérouler. C'est le cas d'économistes aux préoccupations sociologiques, mais aussi religieuses et morales plus affirmées, comme W. Röpke et A. von Rüstow. Pour le dire vite, tandis que le premier groupe accorde la priorité à la croissance économique, censée porter en elle-même le progrès social, le second est plus attentif aux effets de désintégration sociale du processus du marché et assigne en conséquence à l'État la tâche de mettre en place un « environnement social » (*soziale Umwelt*) propre à réintégrer les individus dans des communautés. Le premier groupe énonce les principes d'une « politique économique » (*Wirtschaftspolitik*) ; le second entreprend d'élaborer une véritable « politique de société » (*Gesellschaftspolitik*) [1].

La légitimation de l'État par l'économie et son « supplément social »

L'ordolibéralisme a fourni la justification doctrinale de la reconstruction politique ouest-allemande en faisant de l'économie de marché la base d'un État libéral-démocratique. Cette justification comporte elle-même deux aspects, l'un négatif et l'autre positif.

Tout d'abord, c'est là l'aspect négatif, la critique ordolibérale du nazisme fait de ce dernier l'aboutissement naturel et la vérité de l'économie planifiée et dirigée. Loin de constituer une « monstruosité » ou un « corps étranger », le nazisme a été comme le révélateur d'une sorte d'invariant unissant nécessairement certains éléments entre eux : économie protégée, économie d'assistance, économie planifiée, économie dirigée [2]. Significativement, W. Röpke ira jusqu'à désigner l'économie planifiée comme « économie de commando » (*Kommandowirtschaft*) [3] ! Mais cette critique va encore plus loin. Elle décèle dans le nazisme une logique de croissance indéfinie du pouvoir de l'État et se permet ainsi de retourner contre lui la critique qu'il n'a cessé d'adresser à la société bourgeoise individualiste : à suivre les ordolibéraux, ce n'est pas en effet l'économie de

---

1 C'est ce que souligne Michel Senellart, qui discerne justement dans la surestimation de l'homogénéité du discours ordolibéral l'une des limites du travail de M. Foucault. M. SENELLART, « Michel Foucault : la critique de la *Gesellschaftspolitik* ordolibérale », *in* P. COMMUN, *L'Ordolibéralisme allemand, op. cit.*, p. 48.

2 M. FOUCAULT, *NBP, op. cit.*, p. 113.

3 P. COMMUN, *L'Ordolibéralisme allemand, op. cit.*, p. 196, note 59.

marché qui est responsable de la dissolution des liens organiques traditionnels et de l'atomisation des individus, c'est la croissance du pouvoir de
l'État qui a pour effet de détruire les liens de communauté entre les individus [1]. C'est encore à W. Röpke qu'il appartiendra de donner à cette critique du nazisme son fondement philosophique : du point de vue de
l'ordolibéralisme, le nazisme ne fait que pousser jusqu'à son extrémité
l'application à l'économie et à la société du type de rationalité valant dans
les sciences de la nature. Le collectivisme économique apparaît dans cette
perspective comme l'extension de l'« élimination scientiste de l'homme »
à la pratique économique et politique. Ce « napoléonisme économique »
ne peut prospérer qu'« à l'ombre de la cour martiale » [2], dans la mesure où
il cherche la maîtrise totale de la société par une planification à laquelle
chaque individu est contraint d'obéir. Collectivisme économique et coercition tyrannique de l'État sont liés, comme économie de marché et liberté
individuelle le sont. L'économie de marché est au contraire un obstacle
rédhibitoire à toute « politisation de la vie économique » ; elle empêche le
pouvoir politique de décider à la place du consommateur. Le principe du
« libre choix » apparaît ici non seulement comme un principe d'efficacité
économique, mais aussi comme un antidote à toute dérive coercitive de
l'État.

Considérée à présent sous son aspect positif, l'originalité doctrinale de
l'ordolibéralisme, dans le contexte historique de la reconstruction des institutions politiques allemandes au lendemain de la guerre, est d'opérer,
selon l'expression de M. Foucault, un « double circuit » entre l'État et l'économie. Si le premier fournit le cadre d'un espace de liberté à l'intérieur
duquel les individus pourront poursuivre leurs intérêts particuliers, le libre
jeu économique créera et légitimera dans un autre sens les règles de droit
public de l'État. En d'autres termes, « l'économie produit de la légitimité
pour l'État qui en est le garant [3] ». Le problème des ordolibéraux est en ce
sens rigoureusement inverse de celui qu'affrontaient les libéraux du
XVIIIe siècle : non pas faire une place à la liberté économique à l'intérieur
d'un État existant qui a déjà sa légitimité propre, mais faire exister un État
à partir de l'espace préexistant de la liberté économique [4]. Pour être
comprise, l'importance de cette légitimation de l'État par la croissance économique et l'augmentation du niveau de vie doit évidemment être

1   M. Foucault, *NBP, op. cit.*, p. 117.
2   W. Röpke, *Civitas humana, op. cit.*, p. 57.
3   M. Foucault, *NBP, op. cit.*, p.86.
4   *Ibid.*, p. 88.

réinscrite dans l'histoire politique de l'Allemagne, et tout particulièrement dans l'expérience traumatisante du IIIe Reich.

C'est, pour M. Foucault, ce qui explique le large et constant « consensus » autour des objectifs économiques mis en avant par les responsables ouest-allemands en 1948. En effet, en avril 1948, le Conseil scientifique formé auprès de l'administration allemande de l'économie dans la zone anglo-américaine, qui comprend notamment W. Eucken, F. Böhm et A. Müller-Armack, remet à cette administration un rapport qui affirme que la direction du processus économique doit être assurée par le mécanisme des prix. Quelques jours plus tard, Ludwig Erhard [1], responsable de l'administration économique de la « bizone », reprend à son compte ce principe et appelle à libérer l'économie des contraintes étatiques. De fait, la libéralisation des prix va être couplée avec une réforme monétaire dès le mois de juin 1948. Cette décision politique va à contre-courant du climat dirigiste et interventionniste qui prévalait alors dans toute l'Europe, principalement en raison des exigences de la reconstruction.

Deux hommes ont joué un rôle décisif dans la conversion de L. Erhard, d'abord réticent à ce type de mesures. Le premier n'est autre que W. Eucken lui-même. Dès 1947, ce dernier publie un texte au titre significatif : « La misère économique allemande » (« Die deutsche Wirtschaftsnot »). Il y montre comment l'économie dirigée aboutit à la désintégration du système productif et pointe la responsabilité des Alliés dans cet état de choses. Leur politique lui apparaît comme la continuation directe de la politique nazie : contrôle des prix et de la distribution, démontages, confiscations, etc. Il préconise donc de casser le système de l'économie dirigée en couplant la réforme monétaire avec la libéralisation des prix. Manifestement, le travail de persuasion mené par W. Eucken tout au long de l'année 1947 explique en grande partie la rapidité d'exécution de la réforme de la monnaie [2]. Le second penseur à avoir directement influencé L. Erhard est W. Röpke. De retour en Allemagne en 1947, après douze années d'exil, il fait la même analyse que W. Eucken : le problème majeur de l'économie

---

1   Ludwig Erhard, qui deviendra ministre de l'Économie d'Adenauer en 1951, est considéré comme le père du « miracle économique allemand ».

2   P. COMMUN, *L'Ordolibéralisme allemand, op. cit.*, p. 194. Initiée le 20 juin 1948, cette réforme monétaire remplace l'ancien Reichsmark par le Deutsche Mark et installe la Bank deutscher Länder dans ses fonctions de banque d'émission. Elle a un triple objectif : diminuer la masse monétaire afin de résorber l'excédent de pouvoir d'achat, augmenter la vitesse de circulation de la monnaie et rétablir un étalon monétaire des échanges (*ibid.*, p. 207-208).

allemande est la « perte de la fonction des prix comme indicateurs de rareté [1] ». En avril 1948, L. Erhard rend visite à W. Röpke alors domicilié à Genève et, selon l'un de ses biographes, il aurait pris la décision de la réforme monétaire dès son retour de Suisse [2].

Cependant, la promotion de l'économie au rang d'instance de légitimation ne règle nullement par elle-même la question de savoir quelle forme exacte doit prendre l'organisation politique de l'État à reconstruire. L'institution du marché ne suffit pas à déterminer la forme de la construction constitutionnelle. Si l'on peut admettre la thèse proposée par M. Foucault d'une légitimation de l'État par l'économie, on ne doit pas oublier qu'il y a également dans l'ordolibéralisme, tout au moins dans le second des deux groupes distingués plus haut, une tentative de légitimation de l'autorité politique par sa « mission sociale ». Des considérations à la fois morales et sociales vont ainsi permettre d'infléchir significativement la doctrine. C'est qu'il ne s'agit pas seulement de dire quels sont les droits et libertés des individus, il faut encore situer les racines et les milieux concrets des devoirs qu'ils devront remplir.

W. Röpke a particulièrement insisté sur le fait que l'une des dimensions de la grande crise civilisationnelle qui a débouché sur le totalitarisme prend l'aspect d'une crise de la légitimité de l'État. Sur quoi faire reposer la légitimité politique ? Un État légitime est un État qui se plie au droit, qui respecte le principe de liberté de choix, bien sûr, mais c'est aussi un État qui obéit au *principe de subsidiarité*, tel qu'il est défendu par la doctrine catholique, c'est-à-dire qui respecte les milieux d'intégration des individus dans des sphères naturelles hiérarchisées. Le fondement de l'ordre politique n'est pas seulement économique, il est sociologique. S'il est préférable de se doter d'un État décentralisé de type fédéral respectant le principe de la subsidiarité fondé sur l'idée de cette hiérarchie de « communautés naturelles », c'est que seule une telle forme institutionnelle donne un cadre social stable, sécurisant, mais aussi moralisant aux individus. C'est cette intégration dans la famille, dans le voisinage, dans le village ou le quartier, dans la région, qui lui donnera le sens de ses responsabilités, le sentiment de ses obligations envers autrui, le goût d'accomplir ses devoirs sans lesquels il n'y a ni lien social ni vrai bonheur. Comme on le verra plus loin, une politique spécifique, de type « sociologique », est requise pour assurer cette assise morale et sociale de l'État, de sorte qu'on peut parler là

---

1   *Ibid.*, p. 195.
2   *Ibid.*

aussi d'un « double circuit » entre la société et l'État. La décentralisation est ici intégrée à la doctrine libérale de limitation du pouvoir de l'État. W. Röpke explique ainsi le « principe de la hiérarchie » :

> En partant de chaque individu et en remontant jusqu'à la centrale étatique, le droit originel se trouve dans l'échelon inférieur et chaque échelon supérieur n'entre en jeu subsidiairement à la place de l'échelon immédiatement inférieur que lorsqu'une tâche excède le domaine de ce dernier. Ainsi se constitue un échelonnement de l'individu, par-delà la taille et la commune, jusqu'au canton et finalement jusqu'à l'État central, échelonnement qui, à la fois, limite l'État même à qui il oppose le droit propre des échelons inférieurs, avec leur sphère inviolable de liberté. Donc, dans ce sens largement entendu de la « hiérarchie », le principe de la décentralisation politique implique déjà le programme du libéralisme dans sa signification la plus étendue et la plus générale, programme qui, ainsi, fait partie lui-même des conditions essentielles d'un État sain, d'un État qui se fixe à lui-même les limitations nécessaires et qui, en respectant les sphères libres de l'État, acquiert sa propre santé, sa force et sa stabilité [1].

Qu'on ne se méprenne donc pas sur le sens que W. Röpke donne à la qualification de cette assise sociale comme « naturelle » : l'adjectif n'est là que pour signifier son caractère de condition d'une « saine intégration » de l'individu dans son milieu. L'évolution des sociétés occidentales depuis le XIXᵉ siècle a engendré une désintégration pathologique croissante de ces communautés. C'est par conséquent à l'État d'opérer une adaptation permanente de ces cadres sociaux par une politique spécifique qui a deux objectifs, présentés par W. Röpke comme conciliables et complémentaires : la consolidation sociale de l'économie de marché et l'intégration des individus dans des communautés de proximité.

L'ordre de concurrence et la « constitution économique »

Ainsi qu'on l'a vu, en son sens proprement normatif, « ordo » désigne une organisation à la fois économiquement efficace et respectueuse de la dimension morale de l'homme, une « organisation capable de fonctionner

---

1   W. Röpke, *Civitas humana*, *op. cit.*, p. 161. On sait quelle place la construction européenne a réservé au principe de subsidiarité. Sur la relation de cette construction avec l'ordolibéralisme, *cf. infra*, chap. 11.

et digne de l'Homme [1] ». Cette organisation ne peut être que celle d'une économie de marché. Dans cette mesure, l'*Ordnungspolitik* vise avant tout, par une législation économique appropriée, à déterminer un « cadre » stable dans lequel pourra se dérouler de façon optimale un « processus » économique fondé sur la libre concurrence et la coordination des « plans » des agents économiques par le mécanisme des prix. En conséquence, elle fait de la souveraineté du consommateur et de la concurrence libre et non faussée les principes fondamentaux de toute « constitution économique ». Qu'est-ce qui fonde la supériorité à la fois économique et morale de l'économie de marché relativement aux autres ordres économiques possibles ?

La supériorité de l'économie de marché tient selon eux au fait qu'elle est la seule forme susceptible tout à la fois de surmonter la rareté des biens (premier critère ou critère de la « capacité de fonctionnement ») et de laisser les individus libres de conduire leur vie comme ils l'entendent (second critère ou critère de la « dignité de l'homme »). Le principe qui est au cœur de cet ordre économique n'est autre que le principe de concurrence et c'est précisément pourquoi cet ordre est supérieur à tous les autres. Selon les termes de F. Böhm, le système concurrentiel est « le seul système qui laisse une chance complète aux plans spontanés de l'individu » et qui réussit à « accorder les millions de plans spontanés et libres avec les désirs des consommateurs », cela sans commandement et sans contrainte légale [2]. Comme on l'a vu précédemment, cette promotion du principe de la concurrence n'est pas sans introduire un déplacement majeur relativement au libéralisme classique dans la mesure où le marché n'est plus défini par l'*échange*, mais par la *concurrence*. Si l'échange fonctionne à l'équivalence, la concurrence implique l'inégalité [3].

Mais le plus important est l'attitude foncièrement antinaturaliste et antifataliste qui découle de cette reconnaissance de la logique de la concurrence qui régit l'économie de marché : alors que les anciens économistes libéraux en avaient conclu à la nécessité d'une non-intervention de l'État, les ordolibéraux font de la concurrence libre l'objet d'un choix politique fondamental. C'est que la concurrence n'est justement pas pour eux une

---

1   W. EUCKEN, *Grundsätze der Wirtschaftspolitik*, J. C. B. Mohr (Paul Siebeck), Tübingen, 1952 [6ᵉ éd.], p. 239, cité par Laurence SIMONIN, « Le choix des règles constitutionnelles de la concurrence : ordolibéralisme et théorie contractualiste de l'État », *in* P. COMMUN, *L'Ordolibéralisme allemand, op. cit.*, p. 71.

2   F. BÖHM, « Die Idee des Ordo im Denken Walter Euckens », *Ordo*, vol. 3, 1950, p. 15, cité par L. SIMONIN, « Le choix des règles constitutionnelles de la concurrence… », *loc. cit.*, p. 71.

3   *Cf. supra*, chap. 5.

donnée naturelle, c'est une « essence » dégagée par la méthode de l'« abstraction isolante »[1]. C'est la « réduction éidétique » élaborée par Husserl qui est mise en œuvre dans le champ de la science économique. L'objectif est d'extraire le nécessaire du contingent, en faisant varier par l'imagination un objet quelconque jusqu'à isoler un prédicat qui ne peut en être séparé : l'invariant ainsi obtenu révèle l'essence ou *eidos* de l'objet examiné, d'où le nom d'« éidétique » donné à cette méthode. Loin de reposer sur l'observation de faits naturels, le libéralisme rompt ainsi avec toute attitude de « naïveté naturaliste[2] », il justifie sa préférence pour une certaine organisation économique par toute une argumentation rationnelle qui invite à la construction juridique d'un État de droit et d'un ordre de marché.

De fait, la politique ordolibérale est tout entière suspendue à une décision constituante : il s'agit littéralement d'institutionnaliser l'économie de marché dans la forme d'une « constitution économique », elle-même partie intégrante du droit constitutionnel positif de l'État, de manière à développer la forme de marché la plus complète et la plus cohérente[3]. Le droit économique de la concurrence, expliquent les économistes et juristes de Fribourg, est l'un des volets majeurs du système juridique établi par le législateur et la jurisprudence. W. Eucken et L. Erhard nommeront cette constitution économique la « décision de base » ou la « décision fondamentale ». Son principe est simple : « La réalisation d'un système de prix de concurrence parfaite est le critère de toute mesure de politique économique[4]. »

Tous les articles de la législation économique doivent contribuer à assurer le bon fonctionnement de cette logique de la « concurrence parfaite ». Les différentes pièces du modèle viennent s'ajuster les unes aux autres grâce au travail des experts scientifiques qui en élaborent les « principes constituants » (*konstituierende Prinzipien*). Comme leur nom l'indique, ces principes ont pour fonction de constituer l'ordre comme structure formelle. Ils sont au nombre de six : principe de la stabilité de la politique économique, principe de la stabilité monétaire, principe des marchés ouverts,

---

1   L'allemand dit exactement : « *pointiert hervorhebende Abstraktion* ».
2   Selon l'expression husserlienne utilisée fort à propos par M. Foucault, *NBP*, *op. cit.*, p. 123.
3   *Cf.* François Bilger, *La Pensée économique libérale dans l'Allemagne contemporaine*, chap. II, LGDJ, Paris, 1964.
4   *Cf.* J.-F. Poncet, *La Politique économique de l'Allemagne occidentale*, *op. cit.*, p. 60.

principe de la propriété privée, principe de la liberté des contrats, principe de la responsabilité des agents économiques [1].

Politique de « mise en ordre » et politique « régulatrice »

Une fois posées les règles institutionnelles, comment définir précisément la politique qu'il appartient au gouvernement de conduire ? Cette dernière doit s'exercer à un double niveau d'inégale importance : à un premier niveau, par un encadrement solide, voire un façonnement, de la société par la législation, et, à un second niveau, par l'action vigilante d'une « police des marchés ».

Les néolibéraux allemands sont très loin d'une hostilité de principe à l'égard de toute intervention de l'État. Ils entendent en revanche distinguer les bonnes interventions des mauvaises selon le critère de leur conformité au « modèle » proposé par la constitution. La distinction ordolibérale entre actions « conformes » et actions « non conformes » à l'ordre de marché ne doit pas être assimilée à la distinction benthamienne des *agenda* et des *non-agenda*. Ce n'est pas le résultat de l'action qui est le critère discriminant, mais le respect ou non des « règles du jeu » fondamentales de l'ordre concurrentiel. La logique est plus procédurale que conséquentialiste.

La distinction fondamentale entre le « cadre » et le « processus » fonde la distinction entre les deux niveaux de la politique ordolibérale, à savoir la politique de « mise en ordre » et la politique « régulatrice » : les actions conformes peuvent relever du « cadre », et elles définissent en ce cas une politique « ordonnatrice » ou de « mise en ordre », mais elles peuvent aussi relever du « processus », et elles correspondent alors à une politique « régulatrice ». Selon W. Eucken, le « cadre » est le produit de l'histoire des hommes, de sorte que l'État peut continuer à le modeler par une politique active de « mise en ordre » ; le « processus » de l'activité relève de l'action individuelle, par exemple de l'initiative privée sur le marché, et doit être exclusivement et strictement régi par les règles de la concurrence en économie de marché.

1　Sylvain Broyer, « *Ordnungstheorie* et ordolibéralisme : les leçons de la tradition. Du caméralisme à l'ordolibéralisme : ruptures et continuités ? », *in* P. Commun, *L'Ordolibéralisme allemand, op. cit.*, p. 98, note 73.

La politique de « mise en ordre » vise à créer les conditions juridiques d'un ordre concurrentiel fonctionnant sur la base d'un système de prix libres. Pour reprendre une expression de W. Eucken, il convient de façonner les « données » globales, celles qui s'imposent à l'individu et échappent au marché, afin de construire le cadre de la vie économique tel que le mécanisme des prix puisse fonctionner régulièrement et spontanément. Ce sont ces données qui constituent les conditions d'existence du marché sur lesquelles le gouvernement doit intervenir. Elles peuvent être divisées en deux types : les données de l'organisation sociale et économique et les données matérielles. Les premières sont les règles du jeu qu'il faut imposer aux acteurs économiques individuels. Le libre-échange mondial en est un exemple. On doit y inclure également l'action sur les esprits, voire le conditionnement psychologique (ce que sous Erhard on a appelé le « *Seelen Massage* [1] »). Les données matérielles comprennent les infrastructures (les équipements) d'une part et les ressources humaines (démographiques, culturelles, morales et scolaires) d'autre part. L'État peut également agir sur les techniques en favorisant l'enseignement supérieur et la recherche, comme il peut stimuler l'épargne personnelle grâce à son action sur le système fiscal et social. W. Röpke affirmera que cette politique d'encadrement, typique de l'« interventionnisme libéral », s'appuie sur des « institutions et dispositions qui assurent à la concurrence ce cadre, ces règles de jeu et cet appareil d'impartiale surveillance des règles de jeu, dont la concurrence a autant besoin que d'un tournoi, sous peine de dégénérer en rixe sauvage. En effet, une ordonnance de concurrence véritable, juste, loyale, souple dans son fonctionnement ne peut exister sans un cadre moral et juridique bien conçu, sans une surveillance constante des conditions permettant à la concurrence de produire ses effets en tant que véritable concurrence de rendement [2] ».

Plus cette politique de mise en ordre est efficace, moins la politique régulatrice du processus doit être importante [3]. En effet, la politique « régulatrice » a pour fonction de « régler » les structures existantes de manière à les faire évoluer vers l'ordre de concurrence ou à garantir leur conformité à cet ordre contre toute dérive. Par conséquent, loin de contrarier la logique de la concurrence, elle a pour tâche de lever tous les obstacles au libre jeu

---

1   Littéralement le « massage des âmes » !
2   W. Röpke, *Civitas humana*, *op. cit.*, p. 66.
3   Comme l'écrit J.-F. Poncet : « Plus la politique ordonnatrice est active et éclairée, moins la politique régulatrice aura à se manifester » (*La Politique économique de l'Allemagne occidentale*, *op. cit.*, p. 61).

du marché par l'exercice d'une véritable police des marchés, dont l'un des exemples est la lutte contre les cartels. La politique conjoncturelle n'est donc pas proscrite, mais elle doit obéir à la règle constitutionnelle suprême de la stabilité des prix et du contrôle de l'inflation et ne pas porter atteinte à la libre fixation des prix. Ni le maintien du pouvoir d'achat, ni le maintien d'un plein-emploi, ni l'équilibre de la balance des paiements ne sauraient constituer des objectifs premiers, nécessairement subordonnés aux « principes constituants ».

La loi de 1957 portant sur la création de la Bundesbank est un parfait exemple de cette orientation quand elle précise que la Banque centrale est indépendante, qu'elle n'est pas soumise aux directives du gouvernement et que sa mission essentielle est de sauvegarder la monnaie. Il lui faut donc se refuser à intervenir dans le « processus », en particulier par une politique monétaire laxiste qui jouerait abusivement de la baisse des taux d'intérêt pour réaliser le plein-emploi. La politique active de type keynésien est en droit incompatible avec les principes ordolibéraux. Elle favorise en effet l'inflation et rigidifie les marchés alors que la politique structurelle doit viser au contraire la flexibilité des salaires et des prix. D'une manière générale, on proscrira tous les instruments auxquels a recours la planification, tels la fixation des prix, le soutien à un secteur du marché donné, la création systématique d'emplois, l'investissement public. Outre qu'elle est subordonnée aux lois de la constitution économique, la politique régulatrice est commandée par un certain nombre de principes spécifiques, définis précisément comme « régulateurs » (*regulierende Prinzipien*) : création d'un office de surveillance des cartels, politique fiscale directe et progressive, surveillance des effets non voulus susceptibles d'être causés par la liberté de plan accordée aux agents économiques, surveillance particulière du marché du travail [1]. Si l'on résume : la politique de mise en ordre intervient directement sur le « cadre » ou les conditions d'existence du marché de manière à réaliser les principes de la constitution économique ; la politique régulatrice intervient, non directement sur le « processus » lui-même, mais par une vigilance et une surveillance destinées à écarter tous les obstacles au libre jeu de la concurrence et à faciliter ainsi le « processus ».

---

1   S. Broyer, « *Ordnungstheorie* et ordolibéralisme : les leçons de la tradition… », *loc. cit.*

Le citoyen-consommateur
et la « société de droit privé »

L'ordolibéralisme entend fonder un ordre social et politique sur un type déterminé de rapport social : la concurrence libre et loyale entre des individus parfaitement souverains sur leur vie. Toute distorsion de la concurrence traduit la domination illégitime soit de l'État, soit d'un groupe d'intérêts privés sur l'individu. Elle est assimilable à une tyrannie et à une exploitation.

La question centrale pour l'ordolibéralisme est celle du pouvoir : à la fois celle du pouvoir de droit dont dispose chaque individu sur sa vie – la propriété privée étant comprise à cet égard comme un moyen d'indépendance –, et celle du pouvoir illégitime de tous les groupements d'intérêts susceptibles de porter atteinte à ce pouvoir des individus par des pratiques anticoncurrentielles. L'idéal social, parfois très archaïsant comme chez W. Röpke, renvoie à la fois à une société de petits entrepreneurs dont aucun n'est en mesure d'exercer un pouvoir exclusif et arbitraire sur le marché et à une démocratie de consommateurs exerçant quotidiennement leur pouvoir individuel de choix. L'ordre politique le plus parfait semble être celui qui donne satisfaction à une multitude de souverains individuels qui auraient le dernier mot aussi bien en politique que sur le marché. L. Erhard soulignait ainsi que « la liberté de consommation et la liberté de production sont dans l'esprit du citoyen des droits fondamentaux intangibles [1] ».

Il faut bien voir que cette promotion politique du consommateur, loin d'être anodine, est à relier directement au principe constitutionnel de la concurrence. Certes, les individus sont reliés entre eux par des actions économiques dans lesquelles ils interviennent à la fois en tant que producteurs et que consommateurs. La différence tient à ce que l'individu en tant que producteur cherche à satisfaire une demande de la société – il en est donc en quelque sorte le « domestique » – alors que, en tant que consommateur, il est en position de « commander ». La thèse des ordolibéraux est qu'il existe chez les consommateurs des « intérêts constitutionnels communs » qui n'existent pas chez les producteurs. En effet, les intérêts des individus en tant que producteurs sont des intérêts de type protectionniste dans la mesure où ils visent à obtenir un traitement particulier pour des personnes ou des groupes déterminés, soit un « privilège », et non des règles valant pour tous uniformément. Au contraire, les intérêts des

---

1   L. ERHARD, *La Prospérité pour tous*, Plon, Paris, 1959, p. 7.

individus en tant que consommateurs sont consensuels et communs, et ce même s'ils se concentrent sur des marchés différents : tous les consommateurs ont en tant que consommateurs un même intérêt pour le processus concurrentiel et le respect des règles de la concurrence. De ce point de vue, la « constitution économique » de l'ordre de concurrence paraît relever d'une sorte de contrat entre le consommateur-électeur et l'État, dans la mesure même où elle consacre l'intérêt général en consacrant la souveraineté du consommateur [1].

L'État doit évidemment commencer par respecter l'égalité des chances dans le jeu concurrentiel en supprimant tout ce qui pourrait ressembler à un privilège ou une protection accordés à tel intérêt particulier aux dépens des autres [2]. L'un des arguments majeurs de la doctrine, que l'on retrouve dans d'autres courants libéraux, veut que l'un des principaux biais du capitalisme, la concentration excessive et la cartellisation de l'industrie, ne soit pas de nature endogène, mais qu'il trouve son origine dans des politiques de privilège et de protection menées par l'État quand il est sous le contrôle de quelques grands intérêts privés. C'est pourquoi il faut un « État fort » capable de résister à tous les groupes de pression et affranchi des dogmes « manchestériens » de l'État minimum.

L. Erhard a très bien résumé l'esprit de cette doctrine dans son ouvrage *La Prospérité pour tous* [3]. L'État a un rôle essentiel à jouer : il est le protecteur suprême de la concurrence et de la stabilité monétaire, considérée comme un « droit fondamental du citoyen ». Le droit fondamental de jouir de l'égalité des droits et des chances et d'un « cadre stable », sans lesquels la concurrence serait faussée, légitime et oriente l'intervention publique. À ses yeux, la politique consiste à s'en tenir à des règles générales sans jamais privilégier aucun groupe particulier, car ce serait introduire des distorsions graves soit dans l'affectation des revenus, soit dans l'allocation des ressources dans l'ensemble de l'économie. Cette dernière est un tout dont les parties sont reliées entre elles de façon cohérente : « Les intérêts particuliers et le soutien de groupes bien définis doivent être proscrits ne serait-ce qu'à cause de l'interdépendance de tous les phénomènes économiques. Toute mesure spéciale a des répercussions dans des domaines qui

---

1 Pour tout ce développement, *cf.* L. Simonin, « Le choix des règles constitutionnelles de la concurrence... », *loc. cit.*, p. 70.
2 *Cf.* Viktor Vanberg, « L'École de Fribourg », *in* Philippe Nemo et Jean Petitot, *Histoire du libéralisme en Europe*, PUF, Paris, 2006, p. 928 *sq.*
3 L. Erhard, *La Prospérité pour tous, op. cit.*

pouvaient paraître tout à fait dissemblables, où l'on n'aurait jamais pu penser que de telles incidences puissent se produire [1]. »

Mais c'est dans l'essai désormais classique de F. Böhm, *Privatrechtsgesellschaft und Marktwirtschaft*, « Société de droit privé et économie de marché » [2], que l'on trouve la légitimation théorique à la fois la plus aboutie et la plus originale de la « préférence constitutionnelle » pour l'ordre de concurrence. L'auteur s'en prend au préjugé des juristes selon lequel l'individu serait, au plan du droit, immédiatement confronté à l'État. Il montre que la Révolution française, loin d'avoir émancipé l'individu *de* la société, l'a en réalité « laissé *dans* la société » : c'est la société qui fut alors transformée de société féodale de privilèges « en une pure société de droit privé » (*in eine reine Privatrechtsgesellschaft*) [3]. Il précise ce qu'il faut entendre par « société de droit privé » : « Une société de droit privé n'est cependant en aucun cas un simple voisinage d'individus sans liaison, mais une multitude d'hommes qui sont soumis à un ordre unitaire (*einheitlichen Ordnung*), et, au vrai, à un ordre de droit (*Rechtsordnung*) ». Cet ordre de droit privé n'établit pas seulement des règles auxquelles tous les membres de la société sont également soumis lorsqu'ils concluent des contrats entre eux, acquièrent des biens et des titres les uns des autres, coopèrent les uns avec les autres ou échangent des services, etc., mais par-dessus tout il accorde à toutes les personnes qui sont placées sous sa juridiction une très grande liberté de mouvement, une compétence pour concevoir des plans et conduire leur existence en relation avec leurs prochains, un *statut* à l'intérieur de société de droit privé qui n'est pas un « don de la nature » mais un « droit civil social », non un « pouvoir naturel » mais une « autorisation sociale ». La réalité de droit est donc, non pas que l'individu fasse directement face à l'État, mais qu'il soit lié à son État « par le médium de la société de droit privé [4] ».

Indéniablement, il y a là une forme de réhabilitation de la « société civile » contre une certaine pente de la pensée allemande à subordonner celle-ci à l'État [5]. Le point est d'autant plus important à souligner que le fonctionnement du système de direction de l'économie de marché

---

1   *Ibid.*, p. 85.
2   F. Böhm, *Privatrechtsgesellschaft und Marktwirtschaft*, *Ordo Jahrbuch*, vol. 17, 1966, p. 75-151.
3   *Ibid.*, p. 84-85.
4   *Ibid.*, p. 85.
5   Il n'est que de penser à la manière dont Hegel fait de l'État le véritable fondement de la société civile dans ses *Principes de la philosophie du droit*.

présuppose l'existence d'une société de droit privé [1]. Dans ces conditions, la tâche du gouvernement se borne « à établir l'ordre-cadre (*die Rahmenordnung*), à en prendre soin et à contraindre à son observance [2] ». Le plus remarquable est que F. Böhm n'hésite pas à reprendre ici à son compte, en la détournant de son sens, la distinction rousseauiste de la « volonté générale » et de la « volonté particulière » [3]. En s'acquittant de sa mission, l'État agit impartialement et garantit que la « volonté générale » ne sera pas sacrifiée sur l'autel des différentes volontés particulières. D'un côté, tous les groupes de pression organisés sur la base d'intérêts professionnels qui cherchent à affaiblir le mandat constitutionnel de l'État en faisant prévaloir un intérêt particulier au détriment de la généralité des règles du droit privé ; de l'autre, l'intérêt général de tous les membres de la société pour la mise en place et le maintien d'un ordre de concurrence régi par le droit privé. Dans cette perspective, la « volonté générale » est la volonté de défendre la généralité des règles du droit privé, la « volonté particulière » est la « volonté professionnelle » par laquelle tel ou tel groupe d'intérêt agit afin d'obtenir des exemptions de la loi ou une loi particulière en sa faveur. Alors que chez Rousseau la volonté générale constitue en tant que rapport du peuple à lui-même le fondement du droit public, chez Böhm elle a pour objet l'établissement et le maintien du droit privé. Le gouvernement est ainsi le gardien de la « volonté générale » en étant le gardien des règles du droit privé [4].

L'« économie sociale de marché » : les équivoques du « social »

Pour les ordolibéraux, le terme de « social » renvoie à une forme de société fondée sur la concurrence comme type de lien humain, forme de société qu'il s'agit de construire et de défendre par l'action délibérée d'une *Gesellschaftspolitik* (« politique de société »), ainsi que l'ont baptisée A. Rüstow et A. Müller-Armack. Objet d'une politique délibérée, ce type de société d'individus souverains dans leurs choix est également le fondement ultime d'un État de droit, comme on vient de le voir.

---

1   F. Böhm, *Privatrechtsgesellschaft und Marktwirtschaft*, *op. cit.*, p. 98.
2   *Ibid.*, p. 138.
3   *Ibid.*, notamment p. 140-141.
4   On verra dans le chap. 9 tout le parti qu'un Hayek tirera de cette délimitation de la tâche du gouvernement.

Mais ce même terme désigne aussi, dans un sens plus classique, une certaine foi dans le *résultat* bénéfique du processus économique de marché, foi que le titre du livre fameux de L. Erhard déjà cité résume bien : *La Prospérité pour tous*. A. Müller-Armack [1], le propagateur de l'expression d'« économie sociale de marché », expliquait ainsi que l'économie de marché était dite « sociale » parce qu'elle obéissait aux choix des consommateurs, parce qu'elle réalisait une démocratie de consommation par la concurrence en faisant pression sur les entreprises et les salariés pour améliorer la productivité : « Cette orientation sur la consommation équivaut en fait à une prestation sociale de l'économie de marché » ; il ajoutait que « l'augmentation de la productivité, garantie et imposée constamment par le système concurrentiel, agit de même comme une source de progrès social » [2].

Avant de finalement s'y rallier, les socialistes allemands critiquèrent ce concept au prétexte que l'économie de marché ne pouvait pas être sociale, qu'elle était même par principe contraire à toute économie fondée sur la solidarité et la coopération sociale. A. Müller-Armack répondait par deux arguments :

- Un système d'économie de marché est supérieur à toute autre forme d'économie pour assurer le bien-être et la sécurité économique. « C'est la recherche d'une synthèse entre les règles du marché d'un côté et les nécessités sociales d'une société de masse industrielle moderne de l'autre [3]. »

- L'économie *sociale* de marché s'oppose à l'économie *libérale* de marché. L'économie de marché est voulue par une société, c'est un choix collectif irrévocable. Un ordre de marché est un « ordre artificiel »

---

1 Alfred Müller-Armack a été l'économiste ordolibéral allemand le plus impliqué dans la mise en œuvre des politiques économiques auprès de Ludwig Erhard. Il a également été l'un des hommes les plus efficaces pour faire valoir les conditions allemandes dans le processus de construction européenne. Professeur d'économie et responsable au ministère des Finances, il fait le lien entre la théorie et la pratique. C'est lui qui en 1946 lance la formule d'« économie sociale de marché » dans son ouvrage intitulé *Wirtschaftslenkung und Marktwirtschaft* (« Économie planifiée et économie de marché »). Universitaire à Cologne, il fut surtout l'un des négociateurs du Traité de Rome de 1957 et l'artisan du compromis qui en assura la double signature. Après quoi, il devint sous-secrétaire d'État pour les Affaires européennes à partir de 1958, et fut très souvent le représentant allemand pour les diverses négociations liées à la construction européenne.

2 Cité par Hans Tietmeyer, *Économie sociale de marché et stabilité monétaire*, Economica et Bundesbank, Francfort, 1999, p. 6. Il faut noter que l'expression est créée un an avant que A. Müller-Armack n'adhère à la Société du Mont-Pèlerin de Hayek et de Röpke (ce sera l'un des dix premiers Allemands de la société).

3 A. Müller-Armack, *Auf dem Weg nach Europa. Erinnerungen und Ausblicke*, Rainer Wunderlich, C. E. Poeschel, Tübingen et Stuttgart, 1971, cité par H. Tietmeyer, *Économie sociale de marché et stabilité monétaire*, *op. cit.*, p. 207.

déterminé par des buts de société. C'est une machine sociale qu'il faut réguler, c'est un artifice, un moyen technique, qui doit produire des résultats bénéfiques à condition qu'aucune loi ne contrevienne aux règles de marché.

Le sens de « social » est donc équivoque : tantôt il renvoie directement à une réalité construite par l'action politique, tantôt il procède d'une croyance dans les bénéfices sociaux du système de concurrence parfaite. Il est aussi très enveloppant. Pour A. Müller-Armack, une économie sociale de marché comprend la politique culturelle, l'éducation et la politique scientifique. L'investissement dans le capital humain, l'urbanisme, la politique écologique participent de cette politique d'encadrement social.

Dans sa signification ordolibérale, l'« économie sociale de marché » est une expression directement opposée à celle d'État-providence ou d'État social. La « prospérité pour tous » est une conséquence de l'économie de marché et d'elle seule, alors que les assurances sociales et les indemnités de toutes sortes que verse l'État social, mal nécessaire, sans doute, mais provisoire et qu'il faut limiter autant qu'on peut, risquent de démoraliser les agents économiques. La responsabilité individuelle et la charité sous ses différentes formes sont les seuls vrais remèdes aux problèmes de pauvreté.

Les ordolibéraux, alors même qu'ils ont beaucoup influencé le pouvoir politique en Allemagne dès la fin de la guerre, n'ont pas pu se débarrasser d'un système d'assurances sociales qui datait de Bismarck ni même enrayer son développement comme ils l'auraient souhaité. De même ont-ils dû s'accommoder de la cogestion des entreprises, sorte de compromis avec les syndicats allemands dans l'après-guerre. Mais c'est un complet contresens que d'assimiler cet interventionnisme social à l'ordolibéralisme [1]. La « politique sociale » devait, selon la doctrine, se limiter à une législation minimale protectrice des travailleurs et à une redistribution fiscale très modérée devant permettre à chacun de continuer à participer au « jeu du marché ». Elle devait ainsi se cantonner à la lutte contre l'exclusion, thème qui permet de conjoindre la doctrine chrétienne de la charité et la philosophie néolibérale de l'intégration de tous au marché par la « responsabilisation individuelle ». W. Röpke a insisté sur le fait que l'« interventionnisme libéral » avait aussi pour tâche de garantir aux individus un cadre de vie stable et sécurisé, ce qui supposait non pas tant des « interventions de conservation » que des interventions d'adaptation, les seules capables de

---

1   *Cf.* sur ce point le chap. 11, consacré à la construction européenne.

protéger les plus faibles contre les duretés des changements économiques et technologiques.

Le progrès social passe par la constitution d'un « capitalisme populaire » reposant sur l'encouragement à la responsabilité individuelle par la constitution de « réserves » et la création d'un patrimoine personnel obtenu par le travail. L. Erhard expliquait sans aucune ambiguïté : « Les termes libre et social se recouvrent [...] ; plus l'économie est libre, plus elle est sociale, et plus le profit est grand pour l'économie nationale [1]. » C'est de la compétition libre que naîtra tout progrès social : « Le bien-être pour tous et le bien-être par la concurrence » sont synonymes [2]. En matière de politique sociale, il faut donc refuser le principe indiscriminé de la protection de tous. La valeur éthique est dans la lutte concurrentielle, non dans la protection généralisée de l'État-providence « où chacun a la main dans la poche de son voisin [3] ».

La « politique de société » de l'ordolibéralisme

Comme on l'a vu plus haut, l'un des aspects importants de la doctrine est l'affirmation de l'*interdépendance* de toutes les institutions comme de tous les niveaux de la réalité humaine. L'ordre politique, les fondations juridiques, les valeurs, les mentalités font partie de l'ordre global et ont tous un effet sur le processus économique. Les objectifs de la politique vont logiquement comprendre une action sur la société et le cadre de vie, dans le but de les rendre conformes au bon fonctionnement du marché. La doctrine conduit donc à réduire la séparation entre État, économie et société telle qu'elle existait dans le libéralisme classique. Elle en brouille les frontières en considérant que toutes les dimensions de l'homme sont semblables à des pièces indispensables au fonctionnement d'une « machine économique » (A. Müller-Armack). L'économie de marché ne peut fonctionner que si elle s'appuie sur une société qui lui procure les manières d'être, les valeurs, les désirs qui lui sont nécessaires. La loi ne suffit pas, il y faut encore les mœurs. Là est sans doute la signification la plus profonde de

---

1   Cité par H. Tietmeyer, *Économie sociale de marché et stabilité monétaire, op. cit.*, p.6.
2   L. Erhard, *La Prospérité pour tous, op. cit.*, p. 3.
3   *Ibid.*, p. 133.

l'expression « économie sociale de marché » si l'on veut bien considérer cette économie comme une entité globale dotée de cohérence [1].

L'ordolibéralisme conçoit la société à partir d'une certaine idée du lien entre les individus. La concurrence est, en matière de rapport social, la *norme*. Elle va de pair avec la liberté. Pas de liberté sans concurrence, pas de concurrence sans liberté. La concurrence est le mode de relation interindividuelle à la fois le plus conforme à l'efficacité économique et le plus conforme aux exigences morales que l'on peut attendre de l'homme, dans la mesure où elle lui permet de s'affirmer comme un être autonome, libre et responsable de ses actes.

Cette concurrence est loyale si elle concerne des individus capables d'exercer leur capacité de jugement et de choix. Cette capacité dépend des structures juridiques, mais aussi des structures sociales. D'où l'idée d'une « politique de société », qui vient logiquement compléter les considérants constitutionnels de la doctrine. Il faut donc veiller, pour prévenir toute confusion, à toujours traduire *Gesellschaftspolitik* par « politique de société » et non par « politique sociale » : le génitif objectif a ici une fonction essentielle dans la mesure où il signifie que la société est l'objet et la cible de l'action gouvernementale, et aucunement que cette action devrait se proposer un quelconque transfert des revenus les plus élevés vers les revenus les plus bas. C'est pourquoi M. Foucault est parfaitement fondé à parler ici de « gouvernement *de* société » par opposition au « gouvernement économique » des physiocrates [2].

W. Röpke est incontestablement l'un de ceux qui ont le plus théorisé cette spécificité de la politique de société. Pour défendre l'économie de marché contre le poison mortel du collectivisme, il importe, écrit-il dans ses nombreux et copieux ouvrages, de critiquer le capitalisme historique, c'est-à-dire la forme concrète qu'a prise le principe d'ordre de l'économie de marché [3]. Cette dernière demeure le meilleur système économique et, comme on l'a vu, le seul socle d'un État authentiquement libéral. Mais l'économie de marché « a été falsifiée et défigurée par le monopolisme et par les empiétements irrationnels de l'État [4] », au point que dans sa forme actuelle le capitalisme est une « forme souillée, adultérée de l'économie de

---

1   On se reportera à la lecture qu'en donne M. Foucault dans *Naissance de la biopolitique*, *op. cit.*, p. 150. *Cf.* également l'article de M. Senellart, « Michel Foucault : la critique de la *Gesellschaftspolitik* », *in* P. Commun, *L'Ordolibéralisme allemand*, *op. cit.*, p. 45-48.

2   M. Foucault, *NBP*, *op. cit.*, p. 151 (nous soulignons).

3   *Cf.* W. Röpke, *Civitas humana*, *op. cit.*, p. 26.

4   *Ibid.*, p. 37.

marché » [1]. L'« humanisme économique », encore appelé « troisième voie », s'appuie sur un *libéralisme sociologique* (*soziologische Liberalismus*) « contre lequel s'émoussent les armes forgées contre l'ancien libéralisme uniquement économique [2] ». W. Röpke admet que l'ancien libéralisme ignorait la société ou qu'il supposait son adaptation spontanée à l'ordre de marché. C'était là un aveuglement coupable, produit par le rationalisme optimiste des Lumières, qui ignorait le lien social, la diversité de ses formes, les cadres « naturels » dans lesquels il s'épanouit. Il convient donc de définir les conditions sociales de fonctionnement du système concurrentiel et de considérer les réformes à entreprendre pour les réunir. C'est ce qui spécifiera cette « troisième voie » comme celle du « libéralisme constructeur » et de l'« humanisme économique », aussi étrangers au collectivisme qu'au capitalisme monopoliste, deux types d'économie qui favorisent le commandement, le despotisme, la dépendance.

La question posée dans l'œuvre de W. Röpke est donc celle-ci : de quelle sorte doit être la société dans laquelle le consommateur pourra exercer pleinement et continûment son droit à choisir en toute indépendance les biens et les services qui le satisferont le mieux ?

Cette « troisième voie », qui se distingue du constitutionnalisme plus étroitement juridique des fondateurs de l'École de Fribourg par une dimension morale très affirmée, doit répondre à un défi beaucoup plus vaste que les seuls dérèglements économiques. Elle doit porter remède à une « crise totale de notre société ». Ce qui explique que cette « politique de structure [3] » soit plus complètement définie comme une « politique de société », c'est-à-dire comme une politique qui vise une transformation complète de la société, dans un sens évidemment très différent du collectivisme. La formule décisive est donnée dans *Civitas humana* : « Mais l'économie de marché elle-même ne peut durer que par une politique de société reposant sur une base renouvelée [4]. » Cette politique qui veut produire des individus capables de choix responsables et réfléchis doit chercher à décentraliser les institutions politiques, à décongestionner les villes, à déprolétariser et à déségrégariser les structures sociales, à démonopoliser l'économie et la

---

1   *Ibid.*, p. 65.
2   *Ibid.*, p. 43.
3   *Ibid.*, p. 69.
4   *Ibid.*, p. 74. Nous avons modifié la traduction en rendant *Gesellschaftspolitik* par « politique de société » et non par « politique sociale » pour les raisons expliquées ci-dessus. La phrase allemande est celle-ci : « *Die Marktwirtschaft selbst ist aber nur zu halten bei einer widergelagerten Gesellschaftspolitik* » (*Civitas humana. Grundfragen der Gesellschaft und Wirtschaftsreform*, Eugen Rentsch Verlag, Erlenbach, Zurich, 1944, p. 85).

société : en un mot, à faire une « économie humaine », selon l'expression que W. Röpke aime à employer et dont il voit l'exemple dans les villages du pays bernois, composés de petites et moyennes exploitations agricoles et entreprises artisanales.

L'aspect archaïsant et nostalgique de ce libéralisme sociologique ne doit pas masquer le fait qu'il s'agit de répondre à un problème crucial pour l'ensemble des néolibéraux. Comment réhabiliter l'économie de marché, comment continuer à croire à la pleine souveraineté de l'individu dans le contexte du gigantisme de la civilisation capitaliste industrielle et urbaine ? Le problème s'est posé pour Hayek, obligé de distinguer l'« ordre spontané » des interactions individuelles et l'« organisation » qui repose sur une concertation délibérée, en particulier celle de la production moderne dans les entreprises capitalistes comme dans les appareils administratifs d'État [1]. Dans quelle mesure peut-on encore faire de l'individu indépendant, consommateur et producteur, l'entité de référence de l'ordre économique de marché ? W. Röpke a le mérite de ne pas esquiver le problème. Si l'on veut éviter la « société de fourmis » du capitalisme des grandes unités et du collectivisme, il faut faire en sorte que les structures sociales fournissent aux individus les bases de leur indépendance et de leur dignité.

M. Foucault a bien vu l'équivoque de cette « politique de société » [2]. Elle doit faire que la société ne soit pas entièrement gagnée par la logique de marché (principe d'hétérogénéité de la société à l'économie), mais elle doit également faire que les individus s'identifient à de micro-entreprises permettant la réalisation d'un ordre concurrentiel (principe d'homogénéité de la société à l'économie). « Économie de marché et société non commercialisée se complètent et s'épaulent l'une l'autre. Elles se comprennent entre elles comme espace creux et cadre, comme une lentille convexe et une lentille concave qui donnent ensemble l'objectif photographique [3]. »

Ce point mérite d'être examiné avec attention. Il faut encadrer l'économie de marché, la placer fermement dans le « cadre sociologique-anthropologique » dont elle se nourrit, mais sans méconnaître qu'elle doit aussi s'en distinguer.

---

1   *Cf. infra*, chap. 9.
2   M. FOUCAULT, *NBP, op. cit.*, p. 246-247.
3   W. RÖPKE, *Civitas humana, op. cit.*, p. 74. Cette image du cadre et du creux, du bord et du vide, n'est pas sans rappeler la thématique de l'encastrement (*embeddeness*) de K. Polanyi. À partir des mêmes symptômes de la crise de la civilisation capitaliste, W. Röpke et K. Polanyi tirent des conséquences politiques diamétralement opposées.

L'économie de marché n'est pas tout. Dans une société saine et vivante, elle a sa place marquée où l'on ne peut se passer d'elle et où il faut qu'elle soit pure et nette. Mais elle dégénère immanquablement, se pourrit et empoisonne de ses germes putrides toutes les autres fractions de la société si, à côté de ce secteur, il n'y en a pas d'autres : les secteurs de l'approvisionnement individuel, de l'économie d'État, du planisme, du dévouement et de la simple et non commerciale humanité [1].

Le marché doit rencontrer ses limites dans des sphères soustraites à la logique marchande : l'autoproduction, la vie familiale, le secteur public sont indispensables à l'existence sociale [2]. Cette exigence de pluralité des sphères sociales ne relève pas d'un souci d'efficacité ou de justice, elle tient à la nature plurielle de l'homme, ce que le « vieux libéralisme économique » n'a pas compris. Le lien social ne peut se réduire à un rapport marchand.

On avait perdu de vue que l'économie de marché ne forme qu'une section étroite de la vie sociale, qui est encadrée et maintenue par un domaine bien plus étendu : champ extérieur où les hommes ne sont point concurrents, producteurs, commerçants, consommateurs, membres de sociétés d'exploitation, actionnaires, épargnants, mais simplement des hommes qui ne vivent pas seulement de pain, membres de familles, voisins, coreligionnaires, collègues de profession, citoyens de la chose publique, êtres de chair et de sang, avec leurs pensées et leurs sentiments éternellement humains tendant à la justice, à l'honneur, à l'entraide, au sens de l'intérêt général, à la paix, au travail bien fait, à la beauté et à la paix de la nature. L'économie de marché est seulement une organisation déterminée et, comme nous l'avons vu, absolument indispensable à l'intérieur d'un étroit domaine où elle trouve sa place véritable et non déformée ; abandonnée à elle seule, elle est dangereuse et même intenable, parce que alors elle réduirait à une existence totalement antinaturelle les hommes qui, tôt ou tard, rejetteraient et cette organisation et l'économie de marché qui leur serait devenue odieuse [3].

---

1   *Ibid.*, p. 72.

2   Dans *La Crise de notre temps*, Payot, Paris, 1962, W. Röpke écrivait dans le même sens : « Le principe du marché suppose, lui aussi, certaines limites et si la démocratie doit avoir des sphères soustraites à l'influence de l'État pour qu'elle ne tourne pas au despotisme outrancier, l'économie de marché doit en avoir également qui ne soient pas soumises aux lois du marché, sous peine de devenir intolérable : nous entendons la sphère de l'auto-approvisionnement, la sphère des conditions de vie toutes simples et modestes, la sphère de l'État et de l'économie planifiée » (p. 136).

3   W. RÖPKE, *Civitas humana, op. cit.*, p. 71-72.

La cause principale de la grande crise sociale et morale de l'Occident qui mène tout droit au collectivisme tient au fait que le cadre social n'a pas été suffisamment solide. Ce n'est pas l'économie de marché qui n'a pas fonctionné, ce sont les structures d'encadrement qui ont lâché. W. Röpke pense la crise sociale comme un effondrement des digues qui devaient « contenir » le marché : « Ce sont ces bords vermoulus qui ont amené la ruine de l'économie libérale du temps passé et, en même temps, de tout le système social du libéralisme. »

Quel est alors le remède ? Si l'économie de marché est comme un creux, il convient d'en reconsolider les bords, de poursuivre une politique « visant à une plus grande solidité du cadre sociologique-anthropologique [1] ».

Ce « programme sociologique » comprend plusieurs voies, décentralisation, déprolétarisation, désurbanisation, qui tendent toutes vers un objectif commun : une société de petites unités familiales d'habitation et de production, indépendantes et en concurrence les unes avec les autres. Chacun doit être inséré professionnellement dans un cadre de travail lui garantissant son indépendance et sa dignité. En un mot, chacun doit jouir des garanties offertes par la petite entreprise, mieux, *chacun doit fonctionner comme une petite entreprise.* On voit l'équivoque soulignée par M. Foucault : ce qui est censé fonctionner comme un *dehors* du marché qui le limite de l'extérieur est pensé précisément sur le *modèle* d'un marché atomistique composé de multiples unités indépendantes.

La petite entreprise comme remède à la prolétarisation

Examinons de plus près la critique que mène W. Röpke de la prolétarisation, principal facteur du collectivisme. La société industrielle a conduit à un déracinement urbain et à un nomadisme sans précédent de masses salariées : « C'est un état pathologique comme il n'en exista jamais, dans une telle amplitude, au cours de l'histoire [2]. » Retrouvant des accents qu'on avait peu entendus dans la sociologie depuis Auguste Comte, W. Röpke montre que ce nomadisme prolétaire lié à la destruction de la paysannerie et de l'artisanat par la grande exploitation concentrée a créé comme un grand vide dans l'existence de millions de travailleurs privés de sécurité et

---

1   *Ibid.*, p. 74.
2   *Ibid.*, p. 228.

de stabilité, « salariés urbanisés, sans indépendance, sans propriété, insérés dans des exploitations géantes de l'industrie et du commerce [1] ». En raison du vide qu'elle crée, la prolétarisation est analysée comme une perte d'autonomie de l'existence et un isolement social :

> La prolétarisation signifie que des hommes tombent dans une situation sociologique et anthropologique dangereuse, caractérisée par le manque de propriété, le manque de réserves de toute nature (y compris les liens de la famille et du voisinage), la dépendance économique, le déracinement, les logements-casernes de masses, la militarisation du travail, l'éloignement de la nature, la mécanisation de l'activité productrice, bref, une dévitalisation et une dépersonnalisation générales [2].

La politique de société doit avoir pour priorité de « combler le fossé séparant les prolétaires de la société bourgeoise, en les déprolétarisant, en faisant d'eux, au vrai et noble sens du mot, des bourgeois, des citoyens, c'est-à-dire d'authentiques membres de la "civitas" [3] ». Cette politique d'intégration, dont A. von Rüstow avait déjà dessiné le champ lors du colloque Lippmann, passe par le développement de la petite exploitation familiale et la diffusion de la propriété dans le cadre de petites villes ou de villages dans lesquels peuvent être établis des liens d'interconnaissance. Elle s'oppose donc à l'État social, lequel ne fait que diminuer un peu plus l'homme en le faisant dépendre de subsides collectifs. Le grand danger est que le déracinement prolétarien et la perte de toute propriété personnelle qui caractérisent cette situation ne conduisent à ce nouvel esclavage de l'État providentiel : « Plus la prolétarisation s'étend, plus impétueux s'affirme le désir des déracinés de se faire garantir par l'État leur nécessaire et leur sécurité économique, et plus disparaissent les restes de la responsabilité personnelle [4]. » Déprolétariser les masses déracinées par le capitalisme industriel, c'est en faire, non des assurés sociaux, mais des propriétaires, des épargnants, des producteurs indépendants. La propriété est à ses yeux le seul moyen de réenraciner les individus dans un milieu, de leur apporter la sécurité qu'ils désirent, de les motiver au travail : « Notre devoir est de maintenir et d'accroître de toutes nos forces le nombre des paysans,

---

1   *Ibid.*, p. 229.
2   *Ibid.*, p. 230
3   *Ibid.*, p. 167. Il est à remarquer que W. Röpke joue délibérément sur l'équivoque du mot allemand *Bürger* qui signifie à la fois « bourgeois » et « citoyen ». Mais ce jeu en dit long sur la tendance du néolibéralisme à la dilution de la distinction entre l'économique et le politique.
4   *Ibid.*, p. 231.

des artisans, des petits industriels et marchands, bref, de tous les individus indépendants, pourvus de propriété de production et d'habitation [1]. » L'économie de marché a besoin de ces « socles humains », de ces « hommes solidement ancrés dans l'existence, grâce à leur genre de travail et de vie » [2].

Cette idéalisation de l'exploitation familiale qui inspire la politique de restauration de la propriété individuelle, regardée comme point essentiel de la réforme sociale, ne donne cependant jamais à penser que tous les salariés vont effectivement devenir des petits chefs d'entreprise. Il s'agit plutôt d'un *modèle social* que chacun pourra approcher, dont il pourra apprécier les bienfaits moraux et matériels, grâce à la propriété de sa maison et à la culture de son jardin : « Nous sommes même persuadés que le jardin potager derrière la maison opérera des miracles », s'exclame-t-il [3]. Avec le jardin, grâce à l'autoproduction qu'il pourra réaliser, le salarié sera son maître, comme un entrepreneur ayant la responsabilité entière du processus de production. C'est en devenant propriétaire et producteur familial que l'individu retrouvera les vertus de précaution, de sérieux, de responsabilité, si indispensables à l'économie de marché. Cette dernière a besoin que les structures sociales lui fournissent les hommes indépendants, courageux, honnêtes, travailleurs, rigoureux sans lesquels elle ne peut que dégénérer en hédonisme égoïste. C'est cette dimension morale de la petite entreprise qui constitue ce qu'il appelle significativement le « noyau paysan de l'économie politique [4] ». C'est seulement lorsque le « code de l'honnêteté », une éthique du travail, un souci de liberté sont suffisamment ancrés en chaque individu que peut se déployer une concurrence saine et loyale sur le marché et que l'équilibre social peut être retrouvé. En un mot, les « digues » morales qui permettent aux individus de « tenir » sont identiques à celles qui permettent de « faire tenir » l'économie de marché. Elles reposent sur la généralisation effective du modèle de l'entreprise à l'échelle de l'ensemble de la société. L'entreprise petite et moyenne est le rempart face aux dérèglements introduits par le capitalisme, exactement comme les communautés naturelles, dans le principe fédéraliste de subsidiarité, constituent les limites du pouvoir de l'État.

---

1   *Ibid.*, p. 257.
2   W. Röpke, *La Crise de notre temps, op. cit.*, p. 198.
3   *Ibid.*, p. 152.
4   W. Röpke, *Civitas humana, op. cit.*, p. 290.

La « *troisième voie* »

Le néolibéralisme de W. Röpke est un projet social visant une « organisation économique d'hommes libres [1] ». Selon lui, l'on n'est libre que si l'on est propriétaire, membre d'une communauté naturelle familiale, entrepreneuriale et locale, pouvant compter sur les solidarités de proximité (famille, amis, collègues), disposant de l'énergie pour faire face à la concurrence générale. Cette « troisième voie » se situe entre le « darwinisme social » du laisser-faire et l'État social qui prend soin de l'individu du berceau à la tombe [2]. Elle doit être fondée sur l'idée de la « responsabilité individuelle » : « Plus l'État prendra soin de nous, moins nous nous sentirons enclins à agir par nos propres forces [3]. » La propriété et l'entreprise sont donc les cadres sociaux de cette autonomie de la volonté économique : « Le paysan sans dettes, possédant un domaine suffisamment grand, est l'homme le plus libre de notre globe [4]. »

Cette troisième voie a plusieurs visages. On pourrait n'y lire qu'une formule de compromis, une sorte de voie moyenne entre libéralisme et planisme. C'est ce que W. Röpke laisse penser dans certains écrits d'avant-guerre [5] en refusant les oppositions brutales entre les « solutions totales » des fanatiques :

> Pourquoi continuer à ranger en bataille, l'un en face de l'autre, libéralisme et interventionnisme, puisqu'en vérité il ne peut s'agir que d'un plus ou moins de libéralisme, et non un oui ou non brutal, puisque le libéralisme intégral est une impossibilité et que l'interventionnisme intégral se supprime de lui-même et devient pur communisme [6] ?

Cependant, en d'autres endroits, le propos est beaucoup plus ambitieux. La troisième voie définit un libéralisme sociologique « constructeur » qui a pour objet une complète refonte sociale indispensable pour remédier à la grande crise de notre époque. Il définit la *Gesellschaftspolitik* comme

> une politique qui poursuivra à l'unisson la restauration de la liberté économique, l'humanisation des conditions de travail et de vie, la suppression de la prolétarisation, de la dépersonnalisation, du désencadrement social, de la

---

1   W. Röpke, *La Crise de notre temps, op. cit.*, p. 201.
2   *Ibid.*, p. 183
3   *Ibid.*
4   *Ibid.*, p. 227.
5   Comme par exemple dans W. Röpke, *Explication économique du monde moderne*, Librairie de Médicis, Paris, 1940, p. 281.
6   *Ibid.*, p. 282.

formation en masse, du gigantisme et du privilège, et autres dégénérescences pathologiques du capitalisme, une telle politique est plus qu'une simple réforme économique et sociale. [...] Tous les désordres économiques de notre temps ne sont que les symptômes superficiels d'une crise totale de notre société, et c'est comme telle qu'on doit la soigner et la guérir. Aussi une réforme économique efficace et durable doit-elle être en même temps une *réforme radicale de la société* [1].

C'est sans doute par cette insistance sur l'aspect moral de l'« esprit d'entreprise », de la « responsabilisation individuelle », de l'« éthique de la compétition », que le libéralisme sociologique de W. Röpke éclaire fort bien tous les efforts déployés en vue de faire de l'entreprise une sorte de forme universelle donnant à l'autonomie de choix des individus le pouvoir de s'exercer.

Sans doute l'exaltation des vertus de la vie paysanne peut-elle aujourd'hui faire sourire en raison d'un romantisme et d'un vitalisme un brin désuets. Mais la contribution essentielle de W. Röpke à la gouvernementalité néolibérale est ailleurs : dans le fait de recentrer l'intervention gouvernementale sur l'individu afin d'obtenir de lui qu'il organise sa propre vie, soit ses rapports à sa propriété privée, à sa famille, à son ménage, à ses assurances, à sa retraite, de sorte que sa vie fasse de lui « comme une sorte d'entreprise permanente et d'entreprise multiple [2] ». Il faut ici souligner à quel point cette promotion à l'universalité du modèle de l'entreprise nous éloigne de J. Locke. Pour ce dernier, comme on l'a vu [3], le sens élargi de la notion de « propriété » avait pour fonction de légitimer la propriété des biens extérieurs comme extension de la propriété de soi-même réalisée par le travail. Pour certains des néolibéraux contemporains, c'est aussi bien le rapport à soi-même que le rapport aux biens extérieurs qui doit prendre pour modèle la logique de l'entreprise comme unité de production entrant en concurrence avec d'autres. En d'autres termes, ce n'est pas le résultat du travail qui est annexé à la personne au titre de prolongement de celle-ci, c'est le gouvernement de soi de l'individu qui doit désormais intérioriser les règles de fonctionnement de l'entreprise ; ce n'est pas l'extérieur (soit le résultat du travail) qui est comme tiré du côté de l'intérieur, c'est l'extérieur (soit l'entreprise) qui fournit à l'intériorité du rapport à soi la norme de sa propre réorganisation.

---

1   W. Röpke, *Explication économique du monde moderne*, op.cit., p. 284-285.
2   M. Foucault, *NBP*, *op. cit.*, p. 247.
3   *Cf. supra*, chap. 3.

En définitive, même si la cohérence d'ensemble de la doctrine reste problématique, le legs politique des deux branches de l'ordolibéralisme allemand au néolibéralisme contemporain tient en deux choses essentielles. En premier lieu, la promotion de la concurrence au rang de norme destinée à guider une « politique de mise en ordre » : si l'épistémologie de W. Eucken est, en dehors de quelques cercles de spécialistes, largement tombée dans l'oubli, en revanche les principes de la « constitution économique » continuent d'être invoqués pour évaluer telle ou telle mesure de politique économique, même si cela tourne souvent au rabâchage formel. En second lieu, l'assignation à l'action politique d'un objet tout à fait spécifique, à savoir la « société » jusque dans sa trame la plus fine, et donc l'individu comme foyer du gouvernement de soi et point d'appui du gouvernement des conduites. C'est là en effet qu'il faut situer le sens profond de l'universalisation de la logique de l'entreprise préconisée par la « politique de société » dans sa forme la plus aboutie.

8

L'homme entrepreneurial

On ne saisirait pas l'originalité du néolibéralisme si l'on ne voyait pas son point focal dans le rapport entre les institutions et l'action individuelle. En effet, dès que l'on ne tient plus pour entièrement naturelle la conduite économique maximisatrice, condition absolue de l'équilibre général, il convient d'expliquer les facteurs qui l'influencent, la façon dont elle approche, sans jamais pouvoir atteindre la perfection, un certain degré d'efficience. Les différences entre les auteurs néolibéraux relèvent en partie de la solution apportée à ce problème. Autant les principaux responsables de la « renaissance néolibérale », L. Rougier, W. Lippmann, et les ordolibéraux allemands mettent l'accent sur la nécessité de l'intervention gouvernementale, autant L. von Mises se refuse à définir la fonction des institutions en termes d'interventionnisme. Mises revendique même haut et fort son attachement au principe du « laisser-faire » : « Dans l'économie de marché, type d'organisation sociale axé sur le laisser-faire, il y a un domaine à l'intérieur duquel l'individu est libre de choisir entre diverses façons d'agir, sans être entravé par la menace d'être puni [1]. » À lire de tels passages, il semble qu'avec L. von Mises, comme l'avait d'ailleurs remarqué A. von Rüstow en 1938, nous soyons revenus aux apologies les plus dogmatiques du laisser-faire comme source de prospérité pour chacun et pour tous.

---

1. L. VON MISES, *L'Action humaine. Traité d'économie*, PUF, Paris, 1985, p. 297.

Ce serait aller trop vite que d'en conclure que ce courant de pensée n'apporte rien de nouveau et se contente d'un simple retour au libéralisme dogmatique. Ce serait surtout négliger un changement majeur dans l'argumentation qui réside dans la valorisation de la concurrence et de l'entreprise comme forme générale de la société. Certes, le point commun avec le libéralisme classique reste bien l'exigence de justifier la limitation de l'État au nom du marché, en soulignant le rôle de la liberté économique dans l'*efficacité* de la machine économique et dans la poursuite du processus de marché. D'où une certaine méprise qui laisse penser que L. von Mises ou F. Hayek ne seraient que des « revenants » du vieux libéralisme manchestérien.

Ce qui peut tromper dans la démarche austro-américaine [1], c'est son « subjectivisme [2] » plus ou moins poussé, qui a pu conduire certains des disciples de L. von Mises, comme Murray Rothbard, jusqu'à l'« anarcho-capitalisme », c'est-à-dire jusqu'au refus radical de toute légitimité accordée à l'entité étatique. Sans méconnaître ce qu'il reste de très « classique » dans cette orientation, qui la range loin de l'inspiration constructiviste du néolibéralisme, il importe de dégager la contribution originale de la pensée de ces auteurs. Cette dernière est tout entière structurée par l'opposition entre deux types de processus, un processus de destruction et un processus de construction. Le premier, appelé par von Mises le « destructionnisme », a pour agent principal l'*État*. Il repose sur l'enchaînement pervers des ingérences étatiques qui mènent au totalitarisme et à la régression économique. Le second, qui correspond au capitalisme, a pour agent l'*entrepreneur*, c'est-à-dire potentiellement tout sujet économique.

En mettant l'accent sur l'action individuelle et sur le processus de marché, les auteurs austro-américains visent en premier lieu à produire une description réaliste d'une machine économique qui tend vers l'équilibre si on ne la perturbe pas par un moralisme ou des interventions politiques et sociales destructeurs. Ils visent en second lieu à montrer comment se construit dans la concurrence générale une certaine dimension de

---

1   L'expression « austro-américain » désigne ici les économistes immigrés aux États-Unis ou américains eux-mêmes qui se rattachent à l'École autrichienne moderne dont les deux figures théoriques et idéologiques importantes sont L. von Mises et F. Hayek. Outre les théories de ces derniers, on insistera plus particulièrement sur les développements de la doctrine produits par Israël Kirzner.

2   Dans *The Counter-Revolution of Science*, The Free Press, New York, 1955, Hayek écrit que toute avancée importante dans la théorie économique durant les cent dernières années fut un pas en avant dans l'application cohérente du subjectivisme (p. 31). Et il rend sur ce point un hommage marqué à Von Mises, qu'il considère comme son maître.

l'homme, l'*entrepreneurship* [1], qui est le principe de conduite potentiellement universel le plus essentiel à l'ordre capitaliste. Par là, comme le dit si justement Thomas Lemke dans son commentaire de M. Foucault, le néolibéralisme se présente bien comme un « projet politique qui cherche à créer une réalité sociale qui est supposée déjà exister [2] ». C'est précisément cette dimension anthropologique de l'homme-entreprise qui, sur un autre mode que la sociologie ordolibérale, sera la principale contribution de ce courant.

C'est à lui, beaucoup plus qu'à l'économie néoclassique, que l'on doit les voies stratégiques promues par le néolibéralisme : la création de situations de marché et la production du sujet entrepreneurial. Dans le programme néoclassique, la concurrence renvoie toujours à un certain état et relève en ce sens davantage d'une statique que d'une dynamique. Plus exactement, elle est à la fois un canon au regard duquel il devient possible de juger des diverses situations dans lesquelles se trouve un marché, et le cadre dans lequel l'action rationnelle des agents peut idéalement conduire à l'équilibre. Toute situation qui ne correspond pas aux conditions de la concurrence pure et parfaite est considérée comme une anomalie qui ne permet pas de réaliser l'harmonie préconçue entre les agents économiques. La théorie néoclassique est ainsi conduite à prescrire un « retour » aux conditions de la concurrence posées *a priori* comme « normales ». S'il est exact que le programme néoclassique a apporté au discours du libre marché une forte caution académique, en particulier sous les espèces du « marché efficient » de la finance globale, il est faux de penser que la rationalité néolibérale s'appuie exclusivement ou même principalement sur le socle du programme walraso-parétien de l'équilibre général. C'est une tout autre conception de la concurrence, qui n'a de commun avec la version néoclassique que le nom, qui constitue le fondement spécifique du concurrentialisme néolibéral. Le grand pas en avant réalisé par les Autrichiens, von Mises et F. Hayek, consiste à regarder la concurrence sur le marché comme un processus de découverte de l'information pertinente, comme un certain mode de conduite du sujet qui cherche à surpasser et à devancer les autres dans la découverte de nouvelles occasions de gains. En d'autres termes, en radicalisant et en systématisant dans une théorie cohérente de l'action humaine un certain nombre d'aspects déjà présents dans la pensée libérale classique (le désir d'améliorer son sort, de faire mieux que son prochain, etc.), la doctrine autrichienne privilégie une dimension agonistique,

---

1   Ce terme est rendu par « entrepreneurialité » dans la traduction française.
2   T. Lemke, « The birth of bio-politics : Michel Foucault's lecture at the College de France on neo-liberal governmentality », *Economy and Society*, vol. 30, n° 2, 2001, p. 203.

celle de la compétition et de la rivalité. C'est à partir de la lutte des agents que l'on pourra décrire, non pas la formation d'un équilibre défini par des conditions formelles, mais la vie économique elle-même, dont l'acteur réel est l'entrepreneur, dont le ressort est l'esprit entrepreneurial qui anime chacun à des degrés différents, et dont le seul frein est l'État quand il entrave ou supprime la libre compétition.

Cette révolution dans la manière de penser a inspiré de multiples recherches, dont celles, en pleine expansion, qui portent sur l'innovation et l'information. Mais elle appelle surtout une politique qui dépasse de loin les seuls marchés des biens et services et concerne la totalité de l'action humaine. Si l'on retient bien souvent comme typique d'une politique néolibérale la construction d'une situation économique qui la rapprocherait du canon de la concurrence pure et parfaite, on oublie qu'il y a une autre orientation, plus masquée peut-être ou moins immédiatement perçue, qui vise à introduire, à rétablir ou à soutenir des dimensions de rivalité dans l'action, et, plus fondamentalement, à modeler les sujets pour en faire des entrepreneurs sachant saisir les opportunités de gains, prêts à s'engager dans le processus permanent de la concurrence. C'est tout particulièrement dans le domaine du management que cette orientation a trouvé sa traduction la plus forte.

Critique de l'interventionnisme

On se rappelle que, lors du colloque Lippmann, L. von Mises était l'un de ceux qui vitupéraient le plus toute relégitimation de l'intervention étatique, au point de paraître aux yeux de certains autres participants comme un *old liberal* assez déplacé en ce lieu. De fait, il ne supporte pas plus le socialisme qu'il ne tolère l'intervention étatique [1]. D'ailleurs, à ses yeux, cette dernière n'est que le germe du second. L'interférence de l'État peut détruire l'économie de marché et ruiner la prospérité en brouillant l'information transmise par le marché. Les prix orientent les projets individuels dans le temps et permettent de coordonner leurs actions. La manipulation des prix ou de la monnaie perturbe surtout la connaissance des désirs des consommateurs et empêche les entreprises d'y répondre convenablement et à temps. Ces effets négatifs, résultat des entraves à l'adaptation, enclenchent un processus de plus en plus néfaste. Plus l'État intervient, plus il

---

1   Stéphane Longuet, *Hayek et l'École autrichienne*, Nathan, Paris, 1998.

provoque de troubles, plus il intervient encore pour les éliminer, et ceci jusqu'à la mise en place d'un socialisme totalitaire. Cette chaîne de réactions est facilitée par l'idéologie de la démocratie illimitée fondée sur les mythes de la souveraineté du peuple et de la justice sociale.

De ce point de vue, il n'y a pas de troisième voie possible entre le *free market* et le contrôle de l'État. Pour von Mises, l'intervention est par définition une entrave à l'économie de marché. C'est pourquoi il ne ménage pas ses critiques à l'encontre des ordolibéraux, ces « interventionnistes qui cherchent des solutions de "tiers-chemin" [1] ». Sans craindre l'outrance, Von Mises voit dans ces théoriciens des suppôts sans doute involontaires de la dictature. Selon lui, ils ne se rendent pas compte qu'ils conduisent au despotisme économique absolu du gouvernement en lieu et place de la souveraineté absolue du consommateur sur les choix de production, qu'ils sont en cela les dignes héritiers du « socialisme à l'allemande, modèle Hindenburg [2] ». Le gouvernement doit se contenter d'assurer les conditions de la coopération sociale sans intervention. « Le contrôle est indivisible » : ou il est tout privé ou il est tout étatique ; ou la dictature de l'État ou la souveraineté du consommateur. Pas de milieu entre le totalitarisme étatique et le marché défini comme une « démocratie de consommateurs [3] ». Cette position radicale qui interdit toute intervention repose sur la disjonction de deux processus auto-entraînants et de sens contraire : le mauvais processus étatique qui crée des êtres assistés, et le processus de marché qui crée des entrepreneurs créatifs.

Ce qui vient troubler la parfaite démocratie du consommateur et ouvre la voie au despotisme totalitaire, c'est l'intrusion de principes éthiques autres que celui du seul intérêt, hétérogènes au procès du marché :

---

1   L. VON MISES, *L'Action humaine, op. cit.*, p. 858.
2   *Ibid.*, p. 761. Mises ajoute : « Les partisans aussi de la plus récente variante de l'interventionnisme, la *Soziale Marktswirtschaft* [économie sociale de marché] affirment hautement qu'ils considèrent l'économie de marché comme le meilleur et le plus désirable des systèmes d'organisation économique de la société, et qu'ils rejettent l'omnipotence gouvernementale des socialistes. Mais, évidemment, tous ces avocats d'une politique de tiers-chemin soulignent avec la même vigueur leur rejet du libéralisme manchestérien et du laisser-faire. Il est nécessaire, disent-ils, que l'État intervienne dans les phénomènes de marché, chaque fois et en chaque endroit où le "libre jeu des forces économiques" aboutit à des situations qui apparaissent "socialement" indésirables. En soutenant cette thèse, ils tiennent pour allant de soi que c'est au gouvernement qu'il revient de décider, dans chaque cas particulier, si tel ou tel fait économique doit être considéré comme répréhensible du point de vue "social" et, par conséquent, si oui ou non la situation du marché requiert du gouvernement un acte spécial d'intervention. »
3   *Ibid.*, p. 856.

> [L'économie] ne s'intéresse pas à la question de savoir si les profits doivent
> être approuvés ou condamnés du point de vue d'une prétendue loi natu-
> relle, ou d'un prétendu code éternel et immuable de la moralité, au sujet
> duquel l'intuition personnelle ou la révélation divine sont supposées fournir
> une information précise. L'économie établit simplement le fait que les
> profits et les pertes sont des phénomènes essentiels de l'économie de
> marché [1].

Il en va de même des jugements de valeur portés par les intellectuels,
lesquels jugements, hétérogènes à la logique économique, ne respectent
pas la démocratie absolue du consommateur et donc le fonctionnement du
marché :

> Les moralistes et les prêcheurs adressent au profit des critiques qui tombent
> à côté. Ce n'est pas la faute des entrepreneurs si les consommateurs – le
> peuple, l'homme ordinaire – préfèrent l'apéritif à la Bible et les romans poli-
> ciers aux livres sérieux ; et si des gouvernements préfèrent les canons au
> beurre. L'entrepreneur ne fait pas des profits plus élevés en vendant de
> « mauvaises » choses plutôt que de « bonnes » choses. Ses profits sont
> d'autant plus importants qu'il réussit mieux à procurer aux consommateurs
> ce qu'ils demandent le plus intensément [2].

L'exercice de l'autorité appelle son propre renforcement. Devant les
échecs de ces interventions, l'État ira toujours plus loin dans les actes
d'autorité, mettant en cause de façon toujours plus prononcée les libertés
individuelles :

> Il importe de se rappeler que l'intervention du gouvernement signifie tou-
> jours, soit l'action violente, soit la menace d'y recourir. [...] Gouverner est
> en dernière analyse se servir d'hommes en armes, policiers, gendarmes,
> soldats, gardiens de prison et exécuteurs. L'aspect essentiel du pouvoir, c'est
> qu'il peut imposer ses volontés en matraquant, tuant et emprisonnant. Ceux
> qui réclament davantage de gouvernement réclament en fin de compte plus
> de contrainte et moins de liberté [3].

Cette condamnation sans appel de l'intervention repose sur la dénonciation d'une usurpation. L'État prétend savoir à la place des individus ce
qui est bon pour eux. Or, pour von Mises comme pour Hayek, ce qui fait la
particularité et la supériorité de l'économie de marché, c'est que l'individu

---

1   *Ibid.*, p. 315
2   *Ibid.*, p. 316.
3   *Ibid.*, p. 756-757.

doit être seul à décider de la fin de ses actions, car lui seul sait ce qui est bon pour lui.

> Dans l'économie de marché, l'individu est libre d'agir à l'intérieur de l'orbite de la propriété privée et du marché. Ses choix sont sans appel. Pour ses semblables, ses actions sont des faits dont ils n'ont qu'à tenir compte dans leur propre activité. La coordination des actions autonomes de tous les individus est assurée par le fonctionnement du marché. La société ne dit pas à quelqu'un ce qu'il a à faire. Il n'est pas besoin de rendre la coopération obligatoire par des ordres et des prohibitions. La non-coopération se pénalise elle-même. L'ajustement aux exigences de l'effort productif en société et la poursuite des objectifs propres de l'individu ne sont pas en conflit. Donc cela ne demande pas d'arbitrage. Le système peut marcher et remplir son rôle sans l'intervention d'une autorité qui émette ordres et interdictions et qui punisse les récalcitrants [1].

On ne saurait sans doute être plus explicite dans l'exaltation des vertus du libre marché et du rôle de l'intérêt individuel dans le fonctionnement de l'économie capitaliste. En est-on revenu pour autant à Smith, voire à Mandeville ?

Une nouvelle conception du marché

Si la pensée austro-américaine accorde un rôle central au marché, c'est qu'elle le regarde comme un *procès subjectif*. Le mot clé, celui de *marché*, est bien toujours le même que dans la pensée libérale traditionnelle, mais le *concept* qu'il désigne a changé. Il n'est plus celui d'Adam Smith, ni celui des néoclassiques. C'est un processus de découverte et d'apprentissage qui modifie les sujets en les ajustant les uns aux autres. La coordination n'est pas statique, elle ne relie pas des êtres toujours semblables à eux-mêmes ; elle est productrice d'une réalité toujours changeante, d'un mouvement qui affecte les environnements dans lesquels évoluent les sujets et les transforme eux aussi. Le processus de marché, une fois mis en place, constitue bien un cadre d'action qui n'a plus besoin d'aucune autre sorte d'interventions, lesquelles ne pourraient être que des entraves sources de destruction de l'économie, mais le marché cesse d'être cet « air » naturel où circulent les marchandises sans obstacle. Il n'est pas un « milieu » donné une fois pour toutes, régi par des lois naturelles, gouverné par un principe mystérieux de

---

1   *Ibid.*, p. 762.

l'équilibre. Il est un processus réglé mettant en œuvre des ressorts psychologiques et des compétences spécifiques. C'est un processus non pas tant autorégulateur (c'est-à-dire conduisant à l'équilibre parfait), qu'autocréateur, capable de s'auto-engendrer dans le temps. Et, s'il n'a justement pas besoin de pouvoirs extérieurs régulateurs, c'est qu'il a sa propre dynamique. Une fois en place, il pourrait poursuivre un parfait mouvement perpétuel, autopropulsif, s'il n'était ralenti ou perverti par des entraves étatiques et éthiques qui constituent autant de frottements nuisibles.

Le marché est donc conçu comme un processus d'autoformation du sujet économique, comme un processus subjectif auto-éducateur et auto-disciplinaire par lequel l'individu apprend à se conduire. Le procès de marché construit son propre sujet. Il est *autoconstructif.*

Von Mises veut voir l'homme comme un être actif, comme un *Homo agens.* Le moteur initial est une sorte de vague aspiration au mieux-être, une impulsion à agir pour améliorer sa situation. Mises ne définit pas l'action humaine par un calcul de maximisation à proprement parler, mais par une rationalité minimale qui le pousse à accorder des moyens à un objectif d'amélioration de la situation. L'action humaine a un but. Voilà le point de départ, et l'essentiel : à partir de cette impulsion à réaliser ce but, il va, non pas échanger ce qu'il avait comme par un fait de hasard *en trop* – les peaux de lapin ou les poissons pêchés dont il ne savait que faire – ainsi que le supposaient les premiers théoriciens de l'ordre du marché ; il va *entreprendre* et, en entreprenant, il va *apprendre.* Il va dresser un *plan individuel d'action* et se lancer dans des entreprises, il va choisir des buts et leur affecter des moyens, il va construire, comme le dit l'élève et continuateur de L. von Mises, Israel Kirzner, des « systèmes fins-moyens » en fonction de ses propres aspirations qui orienteront son énergie. L'être de référence de ce néolibéralisme n'est pas d'abord et essentiellement l'homme de l'échange qui fait des computations à partir des données disponibles, c'est l'homme de l'entreprise qui fait le choix d'un but et entend le réaliser. Mises en a donné la formule : « En toute économie réelle et vivante, chaque acteur est toujours entrepreneur [1]. »

Il pourrait sembler qu'avec ce courant de pensée austro-américain nous soyons sortis de la problématique de la gouvernementalité néolibérale. Il n'en est rien. Tout se passe comme s'il accordait au seul processus de marché le soin de construire le sujet entrepreneurial.

---

1   Cité par I. Kirzner, *The Meaning of Market Process. Essays in the Development of Modern Austrian Economics*, Routledge, Londres, 1992, p. 30.

À la différence des ordolibéraux allemands, qui confient au cadre de la société le soin de borner les actions humaines, les Austro-Américains empruntent la voie du « subjectivisme », c'est-à-dire celle de l'autogouvernement du sujet. Ce n'est pas par la « nature » que l'homme sait se conduire, c'est grâce au marché, qui constitue un processus de formation. C'est en plaçant toujours plus souvent l'individu dans une situation de marché qu'il pourra apprendre à se conduire rationnellement. Se dessine alors, mais cette fois « en creux », le type même d'action relevant de la gouvernementalité néolibérale : la création de situations de marché qui permettent cet apprentissage constant et progressif. Cette science du choix en situation de concurrence est en réalité la théorie de la façon dont l'individu est amené à se gouverner sur le marché.

L'économie est affaire de choix plus que de calcul de maximisation, ou plus exactement ce dernier n'est qu'un moment ou une dimension de l'action, qui ne peut la résumer entièrement. Le calcul présuppose en effet des données et peut même être vu comme étant déterminé par les données, comme c'est le cas dans les doctrines de l'équilibre général. Le choix est plus dynamique, il implique créativité et indétermination. Il est l'élément proprement humain de la conduite économique. Comme le dit encore I. Kirzner, une machine peut calculer, elle ne peut pas choisir. L'économie, elle, est une théorie du choix [1]. Et d'abord celui des consommateurs, les nouveaux souverains actifs qui cherchent la meilleure affaire, le meilleur produit qui correspondra à leur propre construction de buts et de moyens, c'est-à-dire à leur plan. C'est tout l'apport du subjectivisme dont se réclament Mises et Kirzner que d'avoir « transformé la théorie des prix de marché en une théorie générale du choix humain [2] ».

Ce point est fondamental. Si l'*opus magnum* de L. von Mises s'intitule *L'Action humaine*, il convient de prendre ce titre avec le plus grand sérieux. C'est bien d'une redéfinition de l'*Homo oeconomicus* sur des bases plus larges qu'il s'agit :

> La théorie générale du choix et de la préférence [...] est bien davantage qu'une simple théorie du « côté économique » des initiatives de l'homme, de ses efforts pour se procurer des choses utiles et accroître son bien-être matériel. *C'est la science de tous les genres de l'agir humain.* L'acte de choisir

---

1   *Ibid.*, p. 123. La fameuse définition de Lionel Robbins (« l'économie, c'est l'étude du comportement humain comme une relation entre des fins et des moyens rares qui ont des usages mutuellement exclusifs ») a été influencée sur ce point par les économistes autrichiens, selon I. Kirzner.

2   L. VON MISES, *L'Action humaine, op. cit.*, p .3.

détermine toutes les décisions de l'homme. En faisant son choix, l'homme n'opte pas seulement pour les divers objets et services matériels. Toutes les valeurs humaines s'offrent à son option. Toutes les fins et les moyens, les considérations tant matérielles que morales, le sublime et le vulgaire, le noble et l'ignoble, sont rangés en une série unique et soumis à une décision qui prend telle chose et en écarte telle autre. Rien de ce que les hommes souhaitent obtenir ou éviter ne reste en dehors de cet arrangement en une seule gamme de gradations et de préférences. La théorie moderne de la valeur recule l'horizon scientifique et élargit le champ des études économiques. Ainsi émerge de l'économie politique de l'école classique une théorie générale de l'agir humain, la praxéologie. Les problèmes économiques ou catallactiques [1] sont enracinés dans une science plus générale et ne peuvent plus, désormais, être coupés de cette connexité. Nulle étude de problèmes proprement économiques ne peut se dispenser de partir d'actes de choix ; l'économie devient une partie – encore que la mieux élaborée jusqu'à présent – d'une science plus universelle, la praxéologie [2].

Le marché et la connaissance

Il n'y a pas de milieu : soit la démocratie du consommateur, soit la dictature de l'État. Les principes éthiques ou esthétiques ne valent rien dans la sphère du marché, avons-nous dit. Il ne peut y avoir d'économie de marché sans le primat absolu de l'intérêt à l'exclusion de tout autre motif de l'action :

> La seule raison pour laquelle l'économie de marché peut fonctionner sans que des ordres gouvernementaux disent à tout un chacun ce qu'il doit faire et comment il doit le faire, c'est qu'elle ne demande à personne de s'écarter des lignes de conduite qui conviennent le mieux à ses intérêts propres. Ce qui assure l'intégration des actions individuelles dans l'ensemble du système social de production, c'est la poursuite par chaque individu de ses propres objectifs. En suivant son « avidité », chaque acteur apporte sa contribution au meilleur agencement possible des activités de production. Ainsi, dans la sphère de la propriété privée et des lois qui la protègent contre les atteintes d'actions violentes ou frauduleuses, il n'y a aucun antagonisme entre les intérêts de l'individu et ceux de la société [3].

---

1 Sur le sens exact de ce terme, *cf. infra*, chapitre suivant.
2 L. von Mises, *L'Action humaine, op. cit.*, p. 3-4.
3 *Ibid.*, p. 763.

La limitation du pouvoir gouvernemental trouve son fondement, non pas dans les « droits naturels », ni non plus, ultimement, dans la prospérité engendrée par la libre initiative privée, mais dans les conditions mêmes de fonctionnement de la machine économique. Certes, il y a bien des conciliations possibles, mais l'essentiel repose sur l'idée que l'économie de marché a pour condition la liberté individuelle la plus complète. C'est là un argument plus fonctionnel qu'éthique : la condition de fonctionnement du mécanisme de marché est le libre choix de décision en fonction des informations que chacun possède. Le marché est même l'un de ces instruments qui marchent tout seuls, justement parce qu'il coordonne les travaux spécialisés en utilisant de façon optimale des connaissances dispersées.

La théorie hayekienne de la connaissance est particulièrement significative sur ce point [1]. Hayek partage avec von Mises l'idée que l'individu n'est pas un acteur omniscient. Il est peut-être rationnel, comme le tient Mises, mais il est surtout ignorant. C'est pourquoi d'ailleurs il y a des règles qu'il suit sans y penser. Ce qu'il sait, il le sait à travers des règles, des normes de comportement, des schèmes de perception que la civilisation a développés progressivement [2].

Ce problème de la connaissance n'est pas périphérique relativement à la théorie économique, il est central bien qu'il ait été longtemps négligé au profit de l'analyse de la division du travail. L'objet économique par excellence était le problème de la coordination de tâches spécialisées et de l'allocation des ressources. Or, dit Hayek, c'est le problème de la « division de la connaissance » qui constitue le « principal problème de l'économie et même des sciences sociales » [3]. Dans une société structurée par la division du travail, personne ne sait tout. L'information est structurellement dispersée. Mais, alors que le premier réflexe consiste à vouloir « centraliser » l'information, ce que tente de faire le socialisme (comme le montrent les théoriciens qui vantent la supériorité du « calcul socialiste »), Hayek, après von Mises, montre que cette tentative est vouée à l'échec à cause de l'insurmontable dispersion du savoir.

Il ne s'agit pas ici de la connaissance scientifique. « *Knowledge* » veut dire, pour Hayek qui en fait le premier la théorie, un certain type de

1 Cette théorie est contenue pour l'essentiel dans deux textes majeurs, celui de 1935 intitulé « Economics and knowledge » et celui de 1945 « The use of knowledge in society » reproduits tous les deux dans F. Hayek, *Individualism and Economic Order*, The University of Chicago Press, 1948.
2 *Ibid.*, p. 88. F. Hayek cite Alfred Whitehead selon lequel « la civilisation avance en accroissant le nombre des opérations importantes que nous pouvons accomplir sans avoir à y penser ». *Ibid.*, p. 88.
3 *Ibid.*, p. 50.

connaissances directement utilisables sur le marché, celles qui concernent les circonstances de temps et de lieu ; celles qui touchent non le pourquoi mais le combien ; celles que peut acquérir un individu dans sa pratique ; celles dont il est le seul à pouvoir saisir la valeur et qu'il peut utiliser de façon profitable pour surpasser les autres dans la compétition. Cette connaissance spécifique et dispersée, trop souvent méprisée et négligée, a autant de valeur que la connaissance des savants et des administrateurs. En ce sens, pour Hayek, il n'est pas anormal qu'un agent de change ou un agent immobilier gagnent beaucoup plus qu'un ingénieur, un chercheur ou un professeur : tout le monde gagnent, même ces dernières catégories, à ce que des possibilités de profit soient effectivement réalisées sur le marché.

Ces connaissances individuelles et particulières sont parmi celles qui comptent le plus, qui sont en tout cas plus efficaces que les données statistiques agrégées, dans la mesure où elles permettent la réalisation de tous les petits changements permanents auxquels il faut s'adapter sur le marché. D'où l'importance d'une décentralisation des décisions pour que chacun puisse agir avec les informations dont il dispose. Inutile et même dangereux de réclamer un « contrôle conscient » des processus économiques : la supériorité du marché tient justement à ce qu'il peut se passer de tout contrôle de cette sorte. En revanche, il faut faciliter la communication des informations pour compléter les fragments cognitifs que possède chacun. Le prix est un moyen de communication de l'information par laquelle les individus vont pouvoir coordonner leurs actions. L'économie de marché est une économie d'information qui permet de se passer du contrôle centralisé. Seuls les mobiles individuels poussent les individus à faire ce qu'ils doivent faire sans que personne n'ait à leur dire de le faire, en utilisant des connaissances qu'ils sont les seuls à détenir ou à chercher.

Le marché est un mécanisme social qui permet de mobiliser cette information et de la communiquer à autrui *via* les prix. Le problème de l'économie n'est donc pas celui de l'équilibre général. Il est de savoir comment les individus vont pouvoir tirer le meilleur parti de l'information fragmentaire dont ils disposent.

L'entrepreneurialité comme mode du gouvernement de soi

On ne peut comprendre cette défense de la liberté du marché sans la rapporter au postulat qui l'accompagne nécessairement : il n'est nul besoin d'intervenir puisque seuls les individus sont capables de calculer à partir des informations qu'ils possèdent. C'est ce postulat de l'action humaine rationnelle qui ruine à l'avance les prétentions du dirigisme. De là, l'importance de l'effort de von Mises consistant à faire reposer la science économique sur une théorie générale de l'action humaine, la « praxéologie ».

L'économie néoclassique standard laissait ouverte la possibilité d'une intervention correctrice de l'État. En effet, en construisant des modèles d'équilibre sur la base d'hypothèses irréalistes (dont la connaissance parfaite des données), les marginalistes n'ont fait, par leur irréalisme même, que montrer l'irréalité du marché pur et parfait. Le subjectivisme dont les Austro-Américains se revendiquent permet d'éviter de payer politiquement si cher un résultat théorique aussi douteux que l'équilibre général, qui n'est pas d'un grand intérêt pour la connaissance du fonctionnement des économies réelles. Il s'agit plutôt de comprendre comment agit réellement le sujet, comment il se conduit lorsqu'il est dans une situation de marché. C'est à partir de ce fonctionnement que la question du mode de gouvernement de soi pourra se poser.

Cet autogouvernement a un nom : c'est l'*entrepreneurship*. Cette dimension l'emporte sur la capacité calculatoire et maximisatrice de la théorie économique standard. Tout individu a quelque chose d'entrepreneurial en lui et l'économie de marché a pour caractéristique de libérer et de stimuler cette « entrepreneurialité » humaine. I. Kirzner définit ainsi cette dimension fondamentale : « L'élément entrepreneurial du comportement économique des participants consiste [...] dans leur vigilance envers des changements de circonstances, précédemment inaperçues, qui leur permettent de rendre l'échange plus profitable qu'il ne l'était auparavant [1]. »

Le pur esprit de marché ne nécessite aucune dotation initiale, puisqu'il s'agit d'exploiter une possibilité de vendre plus cher un bien qu'on ne l'a acheté : « Il s'ensuit que *chacun d'entre nous est un entrepreneur potentiel*, puisque le rôle entrepreneurial pur ne présuppose aucune bonne fortune initiale sous forme d'actifs de valeur [2]. » L'entrepreneur n'est pas un capitaliste, ce n'est pas un producteur, ce n'est pas même l'innovateur schumpétérien qui modifie sans cesse les conditions de la production et constitue le moteur de la croissance. C'est un être doté d'un esprit commercial, à la recherche de toute occasion de profit qui se présente à lui et qu'il peut saisir

---

1   I. Kɪʀᴢɴᴇʀ, *Concurrence et esprit d'entreprise*, Economica, Paris, 2005, p. 12.
2   *Ibid.*, p. 12 (nous soulignons).

grâce aux informations qu'il détient et que les autres n'ont pas. Il se définit uniquement par son intervention spécifique dans la circulation des biens.

Pour von Mises comme pour Kirzner, l'entrepreneurialité n'est pas seulement un comportement « économisant », c'est-à-dire visant la maximisation des profits. Elle comporte également une dimension « extra-économisante » d'activité de découverte, de détection des « bonnes occasions ». La liberté d'action est la possibilité de faire l'expérience de ses facultés, d'apprendre, de se corriger, de s'adapter. Le marché est un *processus de formation de soi*.

Pour Mises, l'entrepreneur est l'homme qui agit pour améliorer son sort en utilisant les écarts de prix entre facteurs de production et produits. L'esprit qu'il développe est celui de la spéculation, mêlant risque et anticipation :

> Comme tout homme en tant qu'acteur, l'entrepreneur est toujours un spéculateur. Il envisage d'agir en fonction de situations futures et incertaines. Son succès ou son échec dépendent de l'exactitude de sa prévision d'événements incertains. [...] La seule source d'où découlent les profits de l'entrepreneur est son aptitude à prévoir mieux que les autres ce que sera la demande des consommateurs [1].

À la différence de Lionel Robbins, qui suppose que l'homme se trouve toujours placé dans une situation dans laquelle il doit maximiser ses atouts pour atteindre une série de buts qui lui sont donnés on ne sait comment, l'*Homo agens* de von Mises et de Kirzner qui veut améliorer son sort doit constituer les « cadres de fins et de moyens » dans lesquels il devra opérer ses choix. Ce n'est pas un maximisateur passif, c'est un constructeur des situations profitables qu'il découvre par sa vigilance (*alertness*) et qu'il pourra exploiter. C'est parce que l'homme est un sujet actif, créatif, constructeur, qu'il ne faut pas interférer dans ses choix, au risque de briser cette capacité de vigilance et cet esprit commercial si essentiel au dynamisme de l'économie capitaliste. Apprendre à chercher de l'information devient une compétence vitale dans le monde compétitif que décrivent ces auteurs. Si l'on ne peut pas avoir connaissance de l'avenir, on peut, grâce au procès concurrentiel et entrepreneurial, acquérir l'information qui favorise l'action.

La pure dimension d'entrepreneurialité, la vigilance pour l'occasion commerciale, est un *rapport de soi à soi* qui est au principe de la critique de

---

1   L. VON MISES, *L'Action humaine, op. cit.*, p. 307.

l'interférence. Nous sommes tous des entrepreneurs, ou plutôt nous apprenons tous à l'être, nous nous formons par le seul jeu du marché à nous gouverner comme des entrepreneurs. Ce qui veut dire aussi que, si le marché est regardé comme un libre espace pour les entrepreneurs, toutes les relations humaines peuvent être affectées par cette dimension entrepreneuriale, constitutive de l'humain [1].

La coordination du marché a pour principe la découverte mutuelle des plans individuels. Le processus de marché ressemblerait ainsi à un scénario où des ignorants isolés, en interagissant, révéleraient peu à peu les uns aux autres les opportunités qui vont améliorer leur situation respective. Si tout le monde savait tout, il y aurait ajustement immédiat et tout s'arrêterait [2]. Le marché est un processus d'apprentissage continu et d'adaptation permanente.

L'important dans le processus, c'est la réduction d'ignorance qu'il permet, c'est le *learning by discovery*, qui s'oppose aussi bien au savoir total du planificateur qu'au savoir total de l'équilibre général. Les entrepreneurs ne font pas les meilleurs choix tout le temps puisqu'ils ignorent les décisions d'autrui. Mais ils peuvent apprendre la nature des plans d'autrui par la confrontation commerciale, par le jeu même de la concurrence. Découvrir les opportunités d'acheter ou de vendre, c'est découvrir les entreprises rivales qui pourraient les perturber. C'est donc aussi adapter son offre ou sa demande aux concurrents. Le marché se définit précisément par son caractère intrinsèquement concurrentiel. Chaque participant essaie de surpasser les autres dans une lutte incessante pour devenir leader et le rester. Cette lutte a des vertus de contagion. On imite les meilleurs, on devient toujours plus vigilant, on gagne progressivement en *entrepreneurship*. L'entrepreneur qui cherche à vendre par toutes les méthodes de la persuasion moderne a les effets les plus positifs sur les consommateurs. En les rendant conscients des possibilités d'achat, son effort vise à « procurer aux consommateurs l'entrepreneurialité dont ils sont privés au moins partiellement [3] ».

Nous sommes loin ici de Schumpeter qui ne jurait que par le déséquilibre introduit par l'innovation. La concurrence et l'apprentissage qu'elle

---

1   I. Kɪʀzɴᴇʀ, *Concurrence et esprit d'entreprise, op. cit.*, p. 12.

2   Israel Kirzner, dans sa préface à l'édition française de *Concurrence et esprit d'entreprise*, souligne combien la théorie standard diffère de l'approche misénienne en ce qu'elle s'est concentrée sur l'équilibre de marché et non sur le processus de marché, et en ce qu'elle ignore le rôle de l'entrepreneur dans le processus de concurrence fait d'une succession de découvertes entrepreneuriales, préférant méditer les conditions hypothétiques de l'équilibre qu'étudier les processus réels de marché. *Ibid.*, p. ɪx.

3   *Ibid.*, p. 117.

permet ont des effets d'équilibration entre offre et demande du fait de l'information qui circule [1].

Le déséquilibre économique est dû à la mutuelle ignorance dans laquelle se trouvent les participants potentiels au marché. Ces derniers ne voient pas immédiatement les opportunités de gains mutuels, mais ils les découvrent à un moment ou à un autre. Ils les ignorent mais sont disposés à les découvrir. Le processus de marché n'est rien d'autre que la suite des découvertes qui font sortir de cet état d'ignorance. Ce procès de découverte est un procès d'équilibration. À la fin du procès, lorsque n'existent plus que des poches résiduelles d'ignorance, apparaît un nouvel état d'équilibre. Il s'agit bien sûr d'un état hypothétique, dans la mesure où il y a sans cesse des changements de toutes sortes qui modifient les opportunités : « Les forces en faveur de la mutuelle découverte et pour l'élimination de l'ignorance sont toujours à l'œuvre [2]. »

Le procès de découverte du marché modifie le concept même de ce que l'on doit entendre par connaissance et par ignorance. La découverte de ce que nous ne savions pas ne se confond pas avec une recherche délibérée de connaissance, qui suppose que nous sachions à l'avance ce que nous ne savons pas. La découverte que nous permet de faire l'expérience de marché repose sur le fait que nous ne savions pas que nous ignorions, que nous ignorions que nous ignorions. Si la découverte pertinente est liée à une ignorance qui s'ignore comme telle, alors on saisit mieux la difficulté des planificateurs qui, ignorant qu'ils ignorent, ne peuvent trouver. C'est cette ignorance non sue comme telle qui est le point de départ de l'analyse du marché. La surprise, la découverte faite au hasard, déclenche la réaction de ceux qui sont les plus « alertés », c'est-à-dire les « entrepreneurs ». Si l'on découvre au hasard d'une promenade qu'un commerçant vend 1 dollar des fruits que nous achetions 2 dollars à un autre, l'esprit d'entreprise qui nous tient en alerte nous détournera du plus cher. Le sujet de marché est engagé dans une expérience de découverte où ce qu'il découvre en premier est qu'il ne savait pas qu'il ignorait.

Comme on le voit, I. Kirzner a opéré une synthèse de la théorie haye-kienne de l'information et de la théorie miséenne de l'entrepreneur qui renouvelle l'argumentaire en faveur du libre marché. Le marché a besoin de la liberté individuelle comme l'une de ses composantes fondamentales [3]. Cette liberté individuelle ne consiste pas tant à définir sa propre échelle

---

1   *Cf.* sur tous ces points I. KIRZNER, *The Meaning of Market Process…*, *op. cit.*
2   *Ibid.*, p. 45.
3   *Ibid.*, p. 52.

de préférences qu'à faire ses propres découvertes entrepreneuriales :
« L'individu libre a la liberté de décider de ce qu'il voit [1]. » La liberté sans
but n'est rien, elle ne prend sa valeur que par le seul système qui lui donne
des buts concrets, c'est-à-dire des occasions de profit ! Le capitalisme ne tire
pas ses avantages des libres contrats entre des échangistes qui savent à
l'avance ce qu'ils veulent. Il a pour ressort le procès de découverte
« compétitif-entrepreneurial ».

Former le nouvel entrepreneur de masse

Il n'y a pas de conscience spontanée de la nature de l'esprit humain
pour L. von Mises, pas plus qu'il n'y a pour F. Hayek de conscience des
règles auxquelles on obéit. L'action humaine se déroule donc toujours dans
un certain brouillard. C'est même sans doute l'une de ses qualités les plus
éminentes et les moins connues. La rationalité effective dont elle
témoigne, qui est adaptation efficace des moyens aux fins, exclut tout
rationalisme qui ferait de la réflexion sur l'action une condition du bien
agir. Cette inconscience est aussi une faiblesse exploitée par les rationalistes
démagogues qui entendent remplacer la coordination du marché, source
d'anarchie et d'injustice pour eux, par le contrôle conscient de l'économie. Permettre à tous de devenir de véritables sujets du marché suppose
de combattre ceux qui critiquent le capitalisme. Cette bataille dévolue aux
intellectuels est indispensable dans la mesure où les idéologies ont une très
grande influence sur les orientations de l'action individuelle. Von Mises,
Hayek, comme leurs successeurs, en ont été très vite convaincus. Dans son
grand ouvrage critique, *Le Socialisme*, Mises soutient qu'il n'y a pas plus
important que la « bataille d'idées » entre capitalisme et socialisme [2]. C'est
parce que les masses, qui ne pensent pas, croient que le socialisme leur
garantira un plus haut niveau de bien-être qu'elles y adhèrent [3].

---

1   *Ibid.*, p. 53.
2   L. VON MISES, *Socialisme*, Librairie de Médicis, Paris, 1938, p. 507.
3   Mises écrit ceci : « C'est un fait exact que les masses ne pensent pas. Mais c'est là préci-
    sément la raison pour laquelle elles suivent ceux qui pensent. La direction spirituelle de
    l'humanité appartient au petit nombre d'hommes qui pensent par eux-mêmes ; ces
    hommes exercent d'abord leur action sur le cercle capable d'accueillir et de comprendre
    la pensée élaborée par d'autres ; par cette voie les idées se répandent dans les masses où
    elles se condensent peu à peu pour former l'opinion publique du temps. Le socialisme
    n'est pas devenu l'idée dominante de notre époque parce que les masses ont élaboré
    puis transmis aux couches intellectuelles supérieures l'idée de la socialisation des
    moyens de production ; le matérialisme historique lui-même, quelque imprégné qu'il

Mises ne cache pas l'influence possible et souhaitable de la science économique sur les politiques économiques. Les politiques libérales n'ont jamais fait que mettre en pratique la science économique. C'est d'ailleurs cette dernière qui a réussi à faire sauter un certain nombre de verrous entravant le développement du capitalisme :

> Ce furent les idées des économistes classiques qui firent écarter les obstacles aux améliorations technologiques dressés par des lois séculaires, les habitudes et les préjugés, qui ont libéré le génie des réformateurs et des innovateurs jusqu'alors enserrés dans la camisole de force des corporations, de la tutelle gouvernementale et des pressions sociales de toute espèce. Ce furent ces idées qui abaissèrent le prestige des conquérants et des spoliateurs, et qui démontrèrent les bienfaits sociaux découlant de l'activité économique privée. Aucune des grandes inventions modernes n'aurait pu être mise en œuvre si la mentalité de l'ère précapitaliste n'avait été entièrement démantelée par les économistes. Ce que l'on nomme communément la « révolution industrielle » a été un rejeton de la révolution idéologique opérée par les doctrines des économistes [1].

C'est bien ce que von Mises et Hayek tenteront de faire à leur tour pour combattre les nouveaux dangers qui s'opposent à la pleine liberté du marché, pour critiquer les différentes formes de l'intervention de l'État [2]. Avec George Stigler ou Milton Friedman, on sait qu'ils ne furent pas seulement des économistes réputés, mais aussi de redoutables « entrepreneurs idéologiques », ne se cachant pas de militer de la façon la plus constante et la plus avouée en faveur du capitalisme de libre entreprise contre tous ceux qui, d'une façon ou d'une autre, se sont résignés à l'intervention réformatrice de l'État. Ces auteurs ont même fait la théorie de la lutte idéologique : si les masses ne pensent pas, comme aime à le dire Von Mises, il appartient à des cercles étroits d'intellectuels de mener frontalement le combat contre toutes les formes de progressisme et de réforme sociale, germe de totalitarisme. D'où l'extrême attention portée par les néolibéraux américains à la diffusion de leurs idées dans les médias et à l'enseignement de

---

soit de l'"esprit populaire" du romantisme et de l'école historique du droit, n'a jamais osé avancer une telle affirmation. L'âme des foules n'a jamais produit d'elle-même autre chose que des massacres collectifs, des actes de dévastation et de destruction. » *Ibid.*, p. 510.

1   L. VON MISES, *L'Action humaine, op. cit.*, p. 9
2   La praxéologie est ainsi consciemment destinée à servir de socle théorique aux nouvelles politiques libérales.

l'économie dans les écoles et les collèges américains [1]. Si le marché est un processus d'apprentissage, si le fait d'apprendre est même un facteur essentiel du processus subjectif de marché, le travail d'éducation réalisé par des économistes peut et doit contribuer à l'accélération de cette autoformation du sujet. La culture d'entreprise et l'esprit d'entreprise peuvent s'apprendre dès l'école, de même que les avantages du capitalisme sur toute autre organisation économique. Le combat idéologique fait partie intégrante du bon fonctionnement de la machine.

L'universalité de l'homme-entreprise

Cette valorisation de l'entrepreneurialité et l'idée que cette faculté ne peut se former qu'en milieu marchand sont parties prenantes de la redéfinition du sujet de référence de la rationalité néolibérale. Avec von Mises s'opère un net déplacement du thème. Il ne s'agit plus tant de la fonction spécifique de l'entrepreneur dans le fonctionnement économique que de la *faculté* entrepreneuriale telle qu'elle existe en tout sujet, de la capacité qu'il a de devenir entrepreneur dans les divers aspects de sa vie, voire d'être l'entrepreneur de sa vie. Il s'agit en somme de faire que chacun devienne le plus possible « *enterprising* ».

Cette proposition générique, de nature anthropologique, redessine quelque peu la figure de l'homme économique ; elle lui donne une allure encore plus dynamique et plus active que par le passé. L'importance accordée au rôle de l'entrepreneur n'est pas neuve. Dès le XVIIIᵉ siècle, l'homme de projet (le « *projector* ») apparaît déjà à certains, dont Daniel Defoe, comme le véritable héros moderne. Après Richard Cantillon, qui soulignera la fonction économique spécifique de l'entrepreneur, ce sera surtout Jean-Baptiste Say qui, en voulant se distinguer d'Adam Smith, distribuera la notion, à ses yeux trop homogène, de travail en trois fonctions séparées : celle du savant qui produit les connaissances, celle de l'entrepreneur qui les met en œuvre pour produire de nouvelles utilités, celle de

---

1 L'une des principales mobilisations publiques des auteurs néolibéraux a été une vive contestation du rapport de la *Task Force* chargée en 1961 d'établir un programme d'enseignement en économie pour les *high schools*, beaucoup trop descriptif à leur goût et trop peu positif vis-à-vis de l'économie capitaliste. L. VON MISES, « The objectives of economic education », Memorandum for Foundation for Economic Education, *in Economic Freedom and Interventionism. The Foundation for Economic Education*, New York, 1990, p. 167.

l'ouvrier qui exécute l'opération productive [1]. L'entrepreneur est un média-
teur entre la connaissance et l'exécution : « L'entrepreneur met à profit les
facultés les plus relevées et les plus humbles de l'humanité. Il reçoit les
directions du savant et il les transmet à l'ouvrier [2]. » L'entrepreneur qui
applique les connaissances a un rôle majeur. Sur lui seul repose le succès
de l'entreprise et, en généralisant, la prospérité d'un pays. La France a beau
avoir les meilleurs savants, l'Angleterre la dépasse sur le plan industriel par
le talent de ses entrepreneurs et l'habileté de ses ouvriers [3]. En quoi cette
fonction est-elle si importante ?

> L'entrepreneur d'industrie est l'agent principal de la production. Les autres
> opérations sont bien indispensables pour la création des produits ; mais c'est
> l'entrepreneur qui les met en œuvre, qui leur donne une impulsion utile, qui
> en tire des valeurs. C'est lui qui juge des besoins et surtout des moyens de les
> satisfaire, et qui compare le but avec ces moyens ; aussi sa principale qualité
> est-elle le jugement [4].

S'il doit avoir un jugement sain, il lui faut aussi la science de sa pratique qui ne s'apprend que par l'expérience, et il doit être doté en outre de
certaines vertus qui en feront un vrai chef capable de tenir le cap : l'audace
judicieuse et la persévérance opiniâtre [5]. Mais ces qualités si nécessaires
dans l'incertitude des affaires ne sont pas également distribuées dans la
population. Elles font tout le mérite des entrepreneurs qui réussissent et
justifient leur profit. On a là le début de la grande légende des entrepreneurs qui accompagnera la révolution industrielle, légende à la propagation de laquelle les saint-simoniens ont grandement contribué en France [6].

La valorisation théorique de l'entrepreneur connaîtra un nouvel essor
plus tard avec Joseph Schumpeter et sa *Théorie de l'évolution économique* (1911) [7]. Pour l'économiste autrichien, le fait fondamental dont la
théorie doit tenir compte est la modification des états historiques, laquelle
empêche de raisonner comme si le circuit était purement répétitif. En
d'autres termes, une science économique qui privilégie l'immobilité sur le

---

1   *Cf.* J.-B. Say, *Traité d'économie politique*, Guillaumin, Paris, 1841 [6ᵉ éd.], liv. I, chap. vi,
     p. 78 *sq.*, et *Cours complet d'économie politique pratique*, Guillaumin, Paris, 1848,
     Iʳᵉ partie, chap. vi, p. 93 *sq.*
2   J.-B. Say, *Cours complet d'économie politique pratique, op. cit.*, p. 94.
3   J.-B. Say, *Traité d'économie politique, op. cit.*, p. 82.
4   J.-B. Say, *Cours complet d'économie politique pratique, op. cit.*, p. 97.
5   *Ibid.*, chap. XII.
6   *Cf.* Dimitri Uzunidis, *La Légende de l'entrepreneur. Le capital social, ou comment vient
     l'esprit d'entreprise*, Syros, Paris, 1999.
7   J. A. Schumpeter, *Théorie de l'évolution économique*, Dalloz, Paris, 1999.

mouvement, l'équilibre sur le déséquilibre, passe à côté de l'essentiel. L'évolution économique résulte de ruptures liées à de nouvelles combinaisons productives, techniques, commerciales, à des innovations de multiples sortes, depuis la création de nouveaux produits jusqu'à l'ouverture de nouveaux marchés en passant par la mise au point de nouveaux procédés, l'utilisation de matières premières nouvelles et l'agencement de modes d'organisation différents.

Ce point de vue dynamique, qui privilégie les discontinuités, oblige à redéfinir les concepts : l'entreprise est le lieu d'exécution de ces nouvelles combinaisons tout comme l'entrepreneur est le personnage actif et créatif dont la fonction est de les mettre en œuvre. Par essence, l'entrepreneur schumpétérien est un innovateur qui s'oppose au personnage routinier qui se contente d'exploiter les méthodes traditionnelles [1]. Sa fonction est centrale dans l'explication de l'évolution économique, laquelle opère par ruptures successives des « états économiques ».

Mais, pour Schumpeter, tout le monde n'est pas entrepreneur. Seuls les « conducteurs » (*Führer*) en sont capables. Encore leur tâche n'est-elle pas de dominer, mais de réaliser des possibilités qui existent dans la situation à l'état latent [2]. L'entrepreneur est un chef qui a la volonté et l'autorité et ne craint pas d'aller à contre-courant : il crée, il dérange, il brise le cours ordinaire des choses [3]. C'est l'homme du « plus ultra », c'est l'homme de la « destruction créatrice [4] ». Ce n'est pas un individu calculateur hédoniste, c'est un combattant, un compétiteur, qui aime lutter et vaincre, dont la réussite financière n'est jamais qu'un indice de sa réussite en tant que créateur. L'activité économique doit être entendue comme un sport, comme un impitoyable et perpétuel combat de boxe [5]. L'innovation est inséparable de la concurrence, elle en est la forme majeure, car la concurrence ne porte pas seulement sur les prix mais aussi et surtout sur les structures, les stratégies, les procédés et les produits.

J. Schumpeter n'a rien d'un militant néolibéral. Dans un ouvrage rédigé près de trente ans plus tard, *Capitalisme, socialisme et démocratie*, il témoignera de son pessimisme en prédisant le « crépuscule de la fonction

---

1   *Ibid.*, p. 106.
2   *Ibid.*, p. 125.
3   *Ibid.*, p. 126.
4   Titre du chap. VII de J. A. SCHUMPETER, *Capitalisme, socialisme et démocratie*, Payot, Paris, 1990.
5   *Ibid.*, p. 135.

d'entrepreneur [1] » qui conduira à l'état stationnaire. L'innovation est devenue routine, elle ne provoque plus de ruptures. Elle se bureaucratise, elle s'automatise. De façon plus générale, le capitalisme, ne bénéficiant plus des conditions sociales et politiques qui le protégeaient jusque-là, est menacé.

Loin de ce pessimisme, un néoschumpétérisme se répandra dans les années 1970 et 1980, à la suite des crises pétrolières et des nouvelles normes de fonctionnement du capitalisme. La référence à la figure de l'entrepreneur-innovateur telle que l'a dessinée Schumpeter prendra alors une portée nettement apologétique, devenant même l'un des éléments de la vulgate managériale. Plus important encore, ce néoschumpétérisme contribuera à la conception de la « société entrepreneuriale ». Peter Drucker, grande figure du management, réhabilitera cette figure héroïque en annonçant l'avènement de la nouvelle société d'entrepreneurs et en souhaitant la diffusion de l'esprit d'entreprise dans toute la société [2]. Le management sera la vraie source du progrès, la vague technologique nouvelle qui fera repartir l'économie. La grande innovation « schumpétérienne », d'après P. Drucker, plus que l'informatique, c'est le management : « Le management est la nouvelle technologie qui, mieux qu'aucune science ou invention particulière, a fait passer l'économie américaine au stade de l'économie d'entrepreneurs, et qui est en train de faire de l'Amérique une société d'entrepreneurs [3]. » Cette société se caractérise par son « adaptabilité » et sa norme de fonctionnement, le changement perpétuel : « L'entrepreneur va chercher le changement, il sait agir sur lui et l'exploiter comme une opportunité [4]. » Le nouveau « management d'entrepreneurs », tel que le définit P. Drucker, entend répandre et systématiser l'esprit d'entreprise dans tous les domaines de l'action collective, tout particulièrement le service public, en faisant de l'innovation le principe universel d'organisation. Tous les problèmes sont solubles dans l'« esprit gestionnaire » et dans l'« attitude managériale » ; tous les travailleurs doivent regarder leur fonction et leur engagement dans l'entreprise avec les yeux du manager.

---

1   *Ibid.*, p. 179.
2   P. Drucker, *Les Entrepreneurs*, Hachette, Paris, 1985. Peter Drucker ne partage pas tout à fait la vision romantique de Schumpeter. Être entrepreneur est une profession et suppose une discipline.
3   *Ibid.*, p. 41.
4   *Ibid.*, p. 53.

La conception de l'individu comme un entrepreneur à la fois innovateur et exploiteur des opportunités est donc l'aboutissement de plusieurs lignes de pensée, dont la « praxéologie » de von Mises et la diffusion d'un modèle de management prétendant à une validité pratique universelle. Cette dimension du discours néolibéral se manifestera sous de multiples formes sur lesquelles on reviendra dans la dernière partie de l'ouvrage. L'éducation et la presse seront requises de jouer un rôle déterminant dans la diffusion de ce nouveau modèle humain générique. Les grandes organisations internationales et intergouvernementales, près de vingt ou trente ans plus tard, joueront un rôle puissant d'encouragement en ce sens. Il n'est pas inintéressant de constater que l'Organisation de coopération et de développement économiques (OCDE) et l'Union européenne, sans se référer explicitement aux lieux d'élaboration de ce discours sur l'individu-entreprise universel, en seront de puissants relais, faisant par exemple de la formation à l'« esprit d'entreprise » une priorité des systèmes éducatifs dans les pays occidentaux. Que chacun soit entrepreneur par lui-même et de lui-même, telle est l'inflexion majeure que le courant austro-américain et le discours managérial néo-schumpétérien auront donnée à la figure de l'homme économique. Certes, eu égard aux formes contemporaines de la gouvernementalité néolibérale, la principale limite de ce courant paraît résider dans une phobie de l'État qui le conduit trop souvent à réduire l'activité de gouverner à l'imposition d'une volonté par la contrainte. Cette attitude lui interdit de comprendre comment le gouvernement de l'État pourrait venir s'articuler positivement au gouvernement de soi du sujet individuel, au lieu de le contrarier ou de lui faire en quelque manière obstacle. À s'en tenir là, on méconnaîtrait cependant l'originalité de Hayek qui est d'avoir ouvertement légitimé le recours à la coercition étatique lorsqu'il s'agit de faire respecter le droit du marché ou droit privé.

9
L'État fort gardien du droit privé

Hayek est souvent enclin à la sous-estimation rétrospective du rôle déterminant joué par le colloque Lippmann dans le « renouveau » du libéralisme. Cette propension se révèle d'une manière particulièrement frappante au détour d'une note ajoutée après coup à l'article de 1951 intitulé « La transmission des idéaux de la liberté économique ». Au moment de présenter le « groupe allemand » des ordolibéraux (W. Eucken, W. Röpke), Hayek écrit ceci :

> Dans la version originale de cet article, j'ai impardonnablement oublié de citer un début prometteur de cette renaissance libérale qui, bien que stoppé net par l'éclatement de la guerre en 1939, permit nombre des contacts personnels qui formèrent la base d'un effort renouvelé à l'échelle internationale après la guerre. En 1937, Walter Lippmann ravit et encouragea les libéraux par la publication de sa brillante *réaffirmation* des idéaux fondamentaux du libéralisme classique dans *The Good Society* [1].

On a vu plus haut ce qu'il en était de cette prétendue « réaffirmation » qui se voulait en réalité une véritable « révision » [2]. L'aveu que contient cette note en dit long sur la volonté de dénier toute discontinuité entre

---

1   F. HAYEK, « La transmission des idéaux de la liberté économique », *in Essais de philosophie, de science politique et d'économie*, trad. C. Piton, Les Belles Lettres, Paris, 2007, p. 300, note 3 (nous soulignons).

2   *Cf. supra*, chap. 6.

libéralisme et néolibéralisme. On aurait cependant tort d'en conclure que Hayek aurait purement et simplement ignoré la contribution du colloque Lippmann. En réalité, il se montrera toujours soucieux de se démarquer du vieux libéralisme manchestérien, dans la droite lignée de la critique amorcée en août 1938 [1].

Loin par conséquent que le libéralisme « rénové » condamne par principe l'intervention de l'État en tant que telle, son originalité consiste à substituer à l'alternative « intervention ou non-intervention » la question de savoir *quelle doit être la nature* de ses interventions. Plus précisément encore, la question est de différencier les interventions légitimes des interventions illégitimes. C'est ce que dit de manière tout à fait explicite *La Route de la servitude* : « L'État doit-il ou non "agir" ou "intervenir" ? – *poser l'alternative de cette façon c'est déplacer la question*. Le terme *laisser-faire* est extrêmement ambigu et ne sert qu'à déformer les principes sur lesquels repose la politique libérale [2]. » Bref, « c'est le caractère de l'activité du gouvernement qui importe, plus que son volume [3] ». La récurrence de ces formulations permet de vérifier qu'une certaine critique des insuffisances du « vieux libéralisme » amorcée par le colloque Lippmann fut assez largement et durablement partagée par celui qui devint le principal artisan de la « renaissance libérale » après guerre.

Ni laisser-faire... ni « fins sociales »

Cette proximité dans la critique ne doit cependant pas abuser. En effet, elle n'implique en aucune façon une entière communauté de vues sur la nature des interventions que l'État doit conduire et sur le critère de leur légitimité. Le meilleur indice de l'existence d'un désaccord persistant nous est donné par ce qui pourrait sembler relever, au premier abord, d'un différend purement terminologique. Ce qui est en cause, c'est le sens d'un petit mot : le mot « social ». Un essai de Hayek paru en 1957, « Social ? Qu'est-ce que ça veut dire ? [4] », met en évidence à quel point ce seul terme cristallise une divergence irréductible avec l'ordolibéralisme allemand. À ses yeux, le

---

1   *Cf.* en particulier, *La Route de la servitude*, PUF, Paris, 2002, p. 33.
2   *Ibid.*, p. 64 (nous soulignons).
3   F. HAYEK, *La Constitution de la liberté*, Litec, Paris, 1994, p. 223. Dans le même sens, *ibid.*, p. 231, et *Droit, législation et liberté*, vol. 1, PUF, Paris, 1980, p. 73.
4   Titre original : « What is "Social" ? – What does it mean ? », *in Essais de philosophie, de science politique et d'économie, op. cit.*, p. 353-366.

tort de ce courant est d'entretenir une confusion conceptuelle entre les conditions de l'ordre de marché et les exigences « morales » de la justice. De fait, un certain souci de « justice sociale [1] » n'est pas sans animer dès l'origine les promoteurs de l'« économie sociale de marché » : on a pu voir qu'une telle visée charge effectivement le mot « social » de toutes les équivoques [2].

C'est pourquoi Hayek ne cessera d'enfoncer le clou. Outre l'essai de 1957, deux autres textes vont exactement dans le même sens. Tout d'abord, la conférence intitulée « Des sortes de rationalisme » (1964), qui reprend la même critique de fond à l'encontre de « l'un des mots les plus trompeurs et les plus nuisibles de notre temps », dans la mesure où « le mot "social" prive les termes avec lesquels il est combiné de tout contenu précis (comme dans les expressions allemandes "*soziale Marktwirtschaft*" ou "*sozialer Rechtsstaat*") » : « Je me suis senti obligé de prendre position contre le mot "social", et de démontrer, en particulier, que le concept de justice sociale n'avait pas la moindre signification, et qu'il créait une illusion trompeuse que les gens aux idées claires se devaient d'éviter [3]. » En second lieu, un développement consacré au sens du mot « social » dans le volume II de *Droit, législation et liberté* (paru en 1973) : « L'on parle non seulement de "justice sociale", mais aussi de "démocratie sociale", d'"économie sociale de marché" ou d'"État de droit social" (ou de souveraineté sociale de la Loi, en allemand *sozialer Rechtsstaat*) ; et, bien que justice, démocratie, économie de marché ou État de droit soient des expressions au sens parfaitement clair, l'addition de l'adjectif "social" les rend susceptibles de désigner presque n'importe quoi de désirable [4]. »

On comprend mieux dès lors que la position de Hayek sur la question épineuse de la légitimité de l'intervention gouvernementale demande à être située à l'intérieur du cadre qui vient d'être ainsi délimité de manière toute négative : d'un côté, une critique des insuffisances du libéralisme manchestérien qui a pour fonction de justifier un certain type

---

1 Ou, à tout le moins, la volonté d'assigner au gouvernement des « objectifs sociaux » (*cf. supra*, chap. 7).

2 *Cf. supra*, chap. 7.

3 *Ibid.*, p. 141.

4 F. HAYEK, *Droit, législation et liberté*, vol. 2, PUF, Paris, 1981, p. 96. La note qui suit la phrase citée vaut la peine d'être ici reproduite : « Je déplore cet usage, bien qu'en y recourant certains de mes amis en Allemagne (et plus récemment aussi en Angleterre) aient apparemment réussi à rendre acceptable pour des milieux élargis la sorte d'ordre social pour lequel je plaide » (p. 207). Si l'on comprend bien, la seule justification de l'usage du terme « social » par les néolibéraux allemands est qu'il a permis d'acclimater à l'« esprit du temps » la propre doctrine de Hayek...

d'intervention dont tout laisse à penser qu'elle est rendue indispensable par le rôle essentiel de l'« armature juridique » dans le bon fonctionnement du marché ; de l'autre, un refus principiel de toute forme d'assignation au gouvernement d'objectifs « sociaux », au motif fondamental que de tels objectifs ne sont pas sans impliquer une conception artificialiste de la société selon laquelle celle-ci pourrait être consciemment dirigée vers des fins collectives susceptibles d'être positivement définies [1].

En définitive, la question est de savoir comment légitimer un certain type d'intervention gouvernementale (à l'encontre de la doctrine du laisser-faire) sans pour autant concéder que l'ordre du marché – qui fonde selon Hayek la cohésion de la société – est un ordre artificiel (à l'encontre en particulier des néolibéraux allemands dont c'est l'une des thèses maîtresses). Répondre à cette question implique de clarifier le statut de l'armature juridique elle-même (relève-t-elle elle-même de l'ordre de l'artifice ou, au contraire, d'une certaine forme de « naturalité » ?) et, plus largement, d'examiner la conception alternative de la société que Hayek oppose à toute conception artificialiste.

L'« ordre spontané du marché » ou « catallaxie »

Dans un article trop peu connu qui marque un tournant dans l'élaboration de sa pensée, intitulé significativement « Le résultat de l'action humaine mais non d'un dessein humain [2] », Hayek complique l'opposition classique entre le « naturel » et le « conventionnel » en élaborant une division tripartite entre trois sortes de phénomènes. En effet, l'inconvénient majeur de l'opposition classique – héritée de la distinction faite par les sophistes grecs entre ce qui est *phusei* et ce qui est *thesei* ou *nomô* – est de pouvoir signifier aussi bien la différence entre ce qui résulte de l'*action* humaine et ce qui en est indépendant que la différence entre ce qui résulte d'une *volonté* humaine et ce qui en est indépendant. Hayek fait valoir qu'il y a là une source de confusion : ce qui est indépendant de la volonté humaine n'est pas nécessairement indépendant de l'action humaine ;

---

1   Du coup, F. Hayek se montre très réservé sur la pertinence pratique de la distinction faite par W. Röpke entre actions conformes et actions non conformes, *ibid.*

2   Le titre original : « The results of human action but not of human design » est la reprise d'une formule de Ferguson tirée de *An Essay on the History of Civil Society* (*cf. supra*, chap. 2), in *Essais de philosophie, de science politique et d'économie, op. cit.*, p. 159 à 172.

certains résultats de l'action humaine peuvent n'avoir pas été voulus pour eux-mêmes tout en faisant apparaître une manière d'ordre ou de régularité.

Aussi convient-il d'introduire entre l'*artificiel* (ce qui procède directement d'une volonté humaine) et le *naturel* (ce qui est indépendant de l'action humaine) une « catégorie intermédiaire », celle d'une classe de phénomènes correspondant à toutes les structures qui sont indépendantes de toute intention tout en résultant de l'action humaine. Dans la systématisation ultérieure donnée à cette division tripartite, on aura ainsi : *taxis*, terme grec qui désigne un ordre construit par l'homme, selon un dessein clairement établi, le plus souvent au moyen d'un plan (on l'appellera « ordre fabriqué » ou encore « artificiel », ce que Hayek dénommera souvent par le terme « organisation » : ce peut être une habitation, une institution ou un code de règlements) ; *kosmos*, terme grec qui désigne un ordre indépendant de la volonté humaine en ce qu'il trouve en lui-même son propre principe moteur (on l'appellera « ordre naturel » ou « ordre mûri » : un organisme, par exemple, est un tel ordre naturel) ; enfin, le troisième type d'ordre que Hayek appellera « ordre spontané » (*spontaneous order*), qui échappe à l'alternative de l'artificiel et du naturel en ce qu'il regroupe tous les phénomènes qui résultent de l'action humaine sans pour autant résulter d'un dessein (*design*) humain. Le gain conceptuel réalisé par cette tripartition est proprement décisif, puisqu'il permet de penser l'ordre spécifique que constitue le marché : l'ordre de marché est en effet un ordre spontané, en aucune façon un ordre artificiel.

Cette thèse, centrale dans la pensée de Hayek, comporte plusieurs aspects. Le premier est qu'il ne faut pas confondre l'ordre du marché avec une « économie ». Au sens strict du terme, une « économie » (par exemple, un ménage, une ferme, une entreprise) est une « organisation » ou un « arrangement » délibéré d'un certain nombre de ressources au service d'une même fin ou d'un « ordre unitaire de fins », qui, comme telle, relève de la *taxis* [1]. À la différence d'une économie, l'ordre du marché est indépendant de tout but particulier, ce qui fait qu'il « peut être utilisé pour la poursuite de très nombreux buts individuels divergents et même opposés ». Bref, il repose, non sur des buts communs, « mais sur la réciprocité, c'est-à-dire sur la réconciliation de différents buts, au bénéfice mutuel des participants [2] ».

---

1   *Ibid.*, p. 252 (*cf.* aussi *Droit, législation et liberté*, vol. 2, *op. cit.*, p. 129-130).
2   *Ibid.*, p. 251.

Le deuxième aspect est que la cohésion de l'ordre de marché est rendue possible par des règles formelles qui valent précisément en raison de leur généralité : toute règle qui procéderait d'une fin particulière déterminée serait ici ruineuse puisqu'en prescrivant telle ou telle conduite (celle qui correspond à cette fin et à nulle autre), elle ne pourrait que perturber le fonctionnement d'un ordre qui est en son principe indépendant de toute fin particulière. De telles règles ne peuvent donc pas fixer ce que des personnes doivent faire, mais seulement ce qu'elles ne doivent pas faire, elles consistent « uniquement en interdictions d'empiéter sur le domaine protégé de chacun [1] ». Hayek appelle *lois* de telles règles pour les distinguer des prescriptions positives particulières (encore appelées *commandements* [2]), de sorte que l'ordre de marché peut être caractérisé comme *nomocratie* (régi par la loi) et non comme *téléocratie* (régi par une ou des fins) [3].

Le troisième aspect est que la *société* elle-même doit être comprise comme un ordre spontané. Certes, la société n'est pas réductible à l'ordre du marché, ne serait-ce que dans la mesure où l'on trouve en elle tout à la fois des ordres spontanés (le marché, la monnaie) et des organisations ou ordres construits (les familles, les entreprises, les institutions publiques dont le gouvernement lui-même). Il n'en reste pas moins que, dans cet ordre d'ensemble qu'est une société, l'ordre du marché occupe une place essentielle. Tout d'abord, en ce sens que c'est l'extension de cet ordre du marché au cours de l'histoire qui a eu pour résultat l'élargissement de la société au-delà des organisations étroites de la horde, du clan et de la tribu, jusqu'à faire apparaître ce que Hayek appelle la « Grande Société » ou « Société ouverte » [4]. Ensuite, parce que « les seuls liens qui maintiennent l'ensemble d'une Grande Société sont purement économiques » : car, même s'il existe indubitablement dans la structure d'ensemble de cette société des relations autres qu'économiques, « c'est l'ordre de marché qui rend possible la conciliation des projets divergents », et ce même lorsque ces projets poursuivent des fins non économiques [5]. Cet aspect de la

---

1   *Ibid.*, p. 253 (*cf.* aussi *Droit, législation et liberté*, vol. 2, *op. cit.*, p. 148).

2   Sur la distinction loi/commandement, voir *La Constitution de la liberté*, *op. cit.* p. 148-149.

3   *Ibid.*, p. 251.

4   *Ibid.* Par là, Hayek n'est pas sans renouveler l'une des grandes idées de Ferguson, celle de la « société civile » comme moteur du progrès historique (étant entendu que le concept d'« ordre du marché » ne recoupe pas exactement celui de « société civile »). Aussi n'est-il guère étonnant qu'il se soit toujours démarqué de toute forme de « conservatisme ».

5   F. HAYEK, *Droit, législation et liberté*, vol. 2, *op. cit.*, p. 135.

position de Hayek est insuffisamment souligné : l'ordre de marché n'est pas *une* « économie », mais il est constitué de « relations économiques » (dans lesquelles c'est la compétition entre projets divergents qui opère l'affectation de tous les moyens disponibles) et ce sont ces relations économiques qui sont *au fondement du lien social* [1].

Une telle conception de l'ordre du marché comme ordre spontané est solidaire d'une autre thèse, tout aussi centrale dans la pensée de Hayek, celle de la « division de la connaissance ». Cette notion, élaborée très tôt [2], est construite par analogie avec la notion smithienne de « division du travail ». Chaque individu ne dispose que de connaissances limitées et fragmentaires (constituées d'informations pratiques et de savoir-faire davantage que de connaissances rationnelles), ce qui fait que personne ne peut prétendre détenir à un moment donné l'ensemble des connaissances dispersées entre les millions d'individus qui composent la société. Pourtant, grâce au mécanisme du marché, la combinaison de ces fragments épars engendre à l'échelle de la société des résultats qui n'auraient pu être amenés délibérément par la voie d'une direction consciente. Cela n'est possible que dans la mesure où, dans un ordre de marché, les prix jouent le rôle de vecteurs de transmission de l'information [3].

Au plan de la doctrine économique, une telle vision s'oppose irréductiblement à la théorie de l'équilibre général (L. Walras) : tandis que cette dernière présuppose des agents parfaitement informés de toutes les données susceptibles de fonder leurs décisions, la conception hayekienne insiste au contraire sur la situation d'incertitude dans laquelle le marché met les agents économiques [4]. Là encore, Hayek renoue de façon originale avec l'une des idées-forces du libéralisme smithien, puisque, comme on l'a vu, la métaphore de la « main invisible » signifie essentiellement l'impossibilité d'une totalisation du processus économique, donc une sorte d'inconnaissabilité bénéfique [5].

---

1   Hayek va ainsi bien au-delà du libéralisme classique qui, en la personne de ses premiers représentants (Smith, Ferguson), s'est toujours refusé à fonder le lien social sur le seul lien économique. Une note de *Droit, législation et liberté* (chap. 10, p. 212, note 12) cite à l'appui de cette thèse l'affirmation de Antoine-Louis-Claude Destutt de Tracy : « Commerce is the whole of Society ».

2   On se reportera sur ce point au chapitre précédent.

3   F. HAYEK, *Droit, législation et liberté*, vol. 2, *op. cit.*, p. 141.

4   Sur le lien entre ordre spontané de marché et division de la connaissance, on se reportera à la présentation claire et informée donnée par G. DOSTALER, *Le Libéralisme de Hayek*, La Découverte, Paris, 2001, p. 31-32 et p. 50-51. *Cf.* également *supra*, chap. 8.

5   M. FOUCAULT, *NBP*, *op. cit.*, p. 285.

Le terme par lequel Hayek entend condenser sa conception de l'ordre de marché est celui de « catallaxie » :

> Je propose que nous appelions cet ordre spontané du marché une *catallaxie*, par analogie avec le terme de « catallaxie » qui a été proposé pour remplacer celui de « sciences économiques ». *Catallaxie* est tiré du verbe grec ancien *katallattein* qui, significativement, signifie non seulement « troquer » et « échanger », mais également « admettre dans la communauté » et « faire un ami d'un ennemi » [1].

Il faut ici prêter avant tout attention au double sens du verbe grec, qui donne à entendre que l'échange est au principe du lien social en tant qu'il crée un ordre par ajustement mutuel des actions des différents individus.

Hayek rattache cette notion d'ordre spontané à la grande philosophie écossaise du XVIIIe siècle, celle-là même qu'illustrent les noms de Ferguson, de Smith et de Hume. Dans l'article de 1965, « Des sortes de rationalisme », il oppose l'un à l'autre deux rationalismes, un « rationalisme naïf » et un « rationalisme critique ». Le premier, celui de Bacon, de Descartes et de Hobbes, tient que toutes les institutions humaines sont « des créations délibérées de la raison consciente » : à ce premier rationalisme, ignorant des limites des pouvoirs de la raison, convient l'appellation de « constructivisme [2] ». Le second se définit au contraire par la conscience de ces limites, et c'est précisément cette conscience qui lui permet de ménager une place à des ordres qui ne procèdent pas d'une délibération consciente.

La « sphère garantie de liberté » et le droit des individus

Nous avons vu que l'ordre spontané devait être caractérisé comme « nomocratique » et non comme « téléocratique ». Pour comprendre la place dévolue au droit par Hayek, il convient de revenir brièvement sur cette notion de « loi » (*nomos*). En effet, ce terme devrait ne désigner *stricto sensu* que les règles impersonnelles et abstraites qui s'imposent à tout individu indépendamment de la poursuite de telle ou telle fin particulière comme indépendamment de toute circonstance particulière [3]. De telles

---

1   F. HAYEK, *Essais de philosophie, de science politique et d'économie, op. cit.*, p. 252-253.
2   *Ibid.*, p. 143.
3   F. HAYEK, *Droit, législation et liberté*, vol. 2, *op. cit.*, p. 42 : par « abstraite » il faut entendre que « la règle doit s'appliquer dans un nombre indéterminé d'instances futures ».

règles de conduite formelles constituent l'armature du *droit privé* et du *droit pénal*. La confusion la plus ruineuse consisterait à les assimiler aux règles du *droit public*. Ces dernières règles ne sont pas des règles de *conduite*, mais des règles d'*organisation* : elles ont pour fonction de définir l'organisation de l'État et donnent à une autorité le pouvoir d'agir de telle ou telle manière « à la lumière de buts particuliers ». Hayek observe que l'insinuation progressive du droit public dans le droit privé au cours du dernier siècle a eu pour conséquence que le terme de « loi », qui ne désignait à l'origine que les règles de conduite applicables à tous, en vint à désigner « toute règle d'organisation ou même tout ordre particulier approuvés par la législature constitutionnellement instituée [1] ».

Le libéralisme ne peut que s'opposer à une telle évolution : l'ordre qu'il entend promouvoir peut en effet être défini comme une « société de droit privé » (*Privatrechtsgesellschaft*), selon la forte expression de l'ordolibéral allemand F. Böhm que Hayek reprend à son compte [2]. C'est précisément parce que toute règle d'organisation est ordonnée à un but, alors que le propre d'une règle de conduite est d'être indépendante de tout objectif, qu'il faut prendre garde à les distinguer nominalement. On rappellera que les Grecs distinguaient judicieusement *nomos* et *thesis* : seul le droit privé est *nomos*, le droit public est *thesis*, ce qui signifie que le droit public est « édicté » ou « construit » et qu'en ce sens il constitue un ordre « fabriqué » ou « artificiel », alors que le droit privé est essentiellement un ordre « spontané ». Les règles de conduite qui seules rendent possible la formation d'un ordre spontané du marché sont donc elles-mêmes issues, non de la volonté arbitraire de quelques hommes, mais d'un processus spontané de sélection opérant sur la longue durée.

C'est en ce point que la pensée de Hayek s'inspire étroitement de la théorie darwinienne de l'évolution et ce n'est pas sans raison que l'on a pu parler à son propos d'un « évolutionnisme culturel ». Telle que la comprend Hayek, la notion d'évolution désigne un « processus d'adaptation continue à des événements imprévisibles, à des circonstances aléatoires qui n'auraient pu être prévues [3] ». C'est cette idée qui autorise une analogie entre l'évolution biologique et l'évolution des règles de droit à l'échelle des sociétés humaines. De même que le mécanisme de la sélection

1   F. HAYEK, *Essais de philosophie, de science politique et d'économie, op. cit.*, p. 258-259.
2   *Ibid.*, p. 258 ; voir aussi F. HAYEK, *Droit, législation et liberté*, vol. 2, *op. cit.*, p. 37. Pour ce concept, *cf. supra*, chap. 7.
3   F. HAYEK, *La Présomption fatale : les erreurs du socialisme*, PUF, Paris, 1993, p. 38 (cité par G. DOSTALER, *Le Libéralisme de Hayek, op. cit.*, p. 86).

naturelle assure la survie des espèces les mieux adaptées à leur environnement et la disparition des autres, de même la sélection inconsciente de règles de « juste conduite » (ou règles de droit privé) favorise l'adaptation des sociétés à un environnement souvent hostile. Ce processus de sélection des règles « par essais et erreurs » a permis à la longue la diffusion la plus large des règles les plus efficaces selon une logique d'« évolution convergente », donc sans qu'il soit nécessaire de postuler une imitation consciente de certaines sociétés par d'autres [1].

Quelle que soit la pertinence de la référence à Darwin, ce qui est en cause, c'est l'idée que la sélection des règles de juste conduite est au principe du progrès des sociétés. C'est en effet par cette voie que l'humanité a pu sortir des premières sociétés tribales et s'affranchir d'un ordre fondé sur l'instinct, la proximité et la coopération directe, jusqu'à former les liens de la « Grande Société ». Le point essentiel est que ce progrès n'est pas dû à une création consciente de la part de législateurs particulièrement inventifs : ces règles de droit privé (en particulier celles du droit marchand) ont été incorporées à la tradition et à la coutume bien avant d'être codifiées par les juges, lesquels n'ont fait somme toute que les *découvrir* sans jamais avoir à les *faire*. C'est d'ailleurs ce qui justifie suffisamment que l'on distingue de telles règles de celles qui sont « posées » (*thesis*). Comme Hayek le fait remarquer explicitement, « l'emploi du qualificatif "positif" appliqué à la loi dérive du latin qui traduisait par *positus* (qui est posé) ou *positivus* l'expression grecque *thesei* qui désignait quelque chose de créé délibérément par une volonté humaine, par opposition à ce qui n'avait pas été inventé, mais s'était produit *phusei*, par nature [2] ». C'est en cela que Hayek s'oppose directement à toute la tradition du positivisme juridique. Deux auteurs sont particulièrement visés. Hobbes, tout d'abord : faisant sien l'adage latin « *non veritas sed auctoritas facit legem* [3] », ce dernier définit la loi comme « le commandement de celui qui détient le pouvoir législatif [4] ». On ne saurait mieux exprimer la confusion de la loi et du commandement dénoncée par Hayek, d'autant que pour Hobbes c'est le souverain, et lui seul, qui est le législateur. Bentham, ensuite : si le droit anglais tout entier est divisé en deux branches, seule la loi *faite par le législateur* mérite

---

1   F. Hayek, *Droit, législation et liberté*, vol. 2, *op. cit.*, p. 48.

2   *Ibid.*, p. 53 (voir aussi *Essais de philosophie, de science politique et d'économie, op. cit.*, p. 169, note 21).

3   Cité par F. Hayek, *ibid.* (T. Hobbes, *Léviathan*, 1651, chap. 26, « Ce n'est pas la vérité mais l'autorité qui fait la loi »).

4   Cité par F. Hayek, *ibid.*, p. 54 (T. Hobbes, *Dialogue on the Common Laws*, 1681).

d'être désignée par le nom de droit *réel* (*statute law*), « tous les arrangements qui sont censés être faits par l'autre branche [...] devraient être distingués par les appellations de droit irréel, n'existant pas réellement, imaginaire, factice, illégitime, droit *fait par le juge*[1] ». Ce droit « fait » par le juge, c'est la *common law* ou loi *non écrite*, que Bentham s'emploie à discréditer dans la mesure où elle n'est pas « la volonté de commandement d'un législateur », ce qu'est proprement la loi[2]. John Austin et Hans Kelsen ne font aux yeux de Hayek que prolonger cette tradition intellectuelle qui réduit le droit à la volonté d'un législateur, tout à l'opposé de la tradition libérale qui affirme l'antériorité du droit sur la législation.

Cependant, la reconnaissance de cette antériorité de la justice sur toute législation et sur tout État organisé ne vaut nullement adhésion à la doctrine du droit naturel. Hayek tourne l'alternative du positivisme et du naturalisme : les règles de la justice ne sont ni déduites abstraitement par la raison « naturelle » (jusnaturalisme), ni le fruit d'un dessein délibéré (positivisme), elles sont un « produit de l'expérience pratique de l'espèce humaine[3] », c'est-à-dire le « résultat imprévu d'un processus de croissance[4] ». Il ne saurait donc être question pour Hayek d'invoquer, à la suite de Locke, une « loi naturelle » inscrite par Dieu dans la créature sous la forme d'un commandement de la raison[5]. Si l'on tient à parler de « loi de la nature », c'est au sens de Hume qu'il faut l'entendre : les règles de justice ne sont pas des conclusions de la raison, qui est parfaitement impuissante à les former ; on peut les dire « artificielles » (en ce qu'elles ne sont pas innées) mais non pas « arbitraires », dans la mesure où elles ont été élaborées progressivement, tout comme les langues et l'argent, à partir de l'expérience répétée des inconvénients de leur transgression[6]. Ces règles se ramènent toutes à trois lois fondamentales : « celles de la stabilité des possessions, de leur transfert par consentement, et de l'accomplissement des promesses[7] », soit le contenu essentiel de tous les systèmes de droit privé,

---

1   Cité par F. Hayek, *ibid.* (nous soulignons).
2   Cité par F. Hayek, *ibid.*, p. 197, note 35 : « *The primitive sense of the word law, and the ordinary meaning of the word, is... the will of command of a legislator.* »
3   *Ibid.*, p. 180.
4   *Ibid.*, p. 167.
5   F. Hayek, *Essais de philosophie, de science politique et d'économie*, *op. cit.*, p. 162-163, note 7.
6   *Ibid.*, p. 183.
7   *Ibid.* ; voir aussi, F. Hayek, *La Constitution de la liberté*, *op. cit.*, p. 157.

« la liberté de contrat, l'inviolabilité de la propriété, et le devoir de dédommager autrui pour les torts qu'on lui inflige [1] ».

Cette identification du noyau fondamental des règles de juste conduite n'est pas sans entraîner une réélaboration de la question de la liberté et des droits individuels, telle qu'elle avait été posée par les principaux courants du libéralisme classique. Ce sont en effet ces règles qui, en prenant progressivement corps, ont rendu possible, parallèlement à la formation de l'ordre spontané du marché, une extension du « domaine » de la liberté individuelle. Ce domaine coïncide avec la « sphère de décision privée » dont dispose l'individu pour autant qu'il situe son action à l'intérieur du cadre formel des règles. C'est dire à quel point la liberté, loin d'être une donnée naturelle ou une invention de la raison, résulte d'une longue évolution culturelle : « Bien que la liberté ne soit pas un état de nature, mais un bien fabriqué par la civilisation, elle n'est pas née d'un dessein [2]. » Une fois encore, naturalisme et volontarisme sont renvoyés dos à dos. La liberté n'est pas le « pouvoir de faire ce qu'on veut », elle est indissociable de l'existence de règles morales transmises par la coutume et la tradition qui, en raison même de leur généralité, interdisent à tout individu d'exercer une quelconque contrainte sur autrui. En conséquence, la seule définition de la liberté qui soit acceptable pour Hayek est « négative » : elle est l'« absence de cet obstacle bien précis qu'est la coercition exercée par autrui [3] ». Toute autre définition de la liberté est trompeuse, qu'il s'agisse de la « liberté politique » comprise comme participation des hommes au choix du gouvernement ou à l'élaboration de la législation, ou même de la « liberté intérieure » tant vantée par les philosophes (la maîtrise de soi par opposition à l'esclavage des passions) [4]. De la coercition comme contraire de la liberté, Hayek donne cette définition : « Par coercition nous entendons le fait qu'une personne soit tributaire d'un environnement et de circonstances tellement contrôlés par une autre qu'elle est obligée, pour éviter un dommage plus grand, d'agir non pas en conformité avec son propre plan, mais au service des fins de l'autre personne [5]. »

Cette définition de la coercition par l'imposition à un individu des fins d'un ou de plusieurs autres semble situer Hayek dans la droite lignée d'un

---

1   F. HAYEK, *Droit, législation et liberté*, vol. 2, *op. cit.*, p. 48.
2   F. HAYEK, *La Constitution de la liberté*, *op. cit.*, p. 53.
3   *Ibid.*, p. 19.
4   *Ibid.*, p. 13-16. Hayek dénonce la confusion de pensée qui entoure le concept philosophique de « liberté de la volonté » (*freedom of the will*).
5   *Ibid.*, p. 21.

John Stuart Mill. Reste que la distinction entre les actions qui n'affectent que leur auteur et celles qui affectent les intérêts d'autrui (dont on sait quelle importance elle pouvait avoir pour J. S. Mill) apparaît à l'auteur de *La Constitution de la liberté* comme peu opératoire en elle-même[1]. Hayek juge d'ailleurs excessive la violente charge de J. S. Mill contre le « despotisme de la coutume » dans le chapitre III du *De la liberté* : dans sa critique de la « coercition morale », il « poussait probablement trop loin la défense de la liberté », dans la mesure où la pression de l'opinion publique ne saurait être assimilée à une « coercition »[2]. Seule une définition stricte de la coercition, qui implique une instrumentalisation de la personne au service des fins d'autrui, paraît en mesure de « tracer les limites de la sphère protégée ». Pour autant que les « règles-lois » ont pour fonction de protéger l'individu de la coercition exercée par autrui, on posera que, dans un régime de liberté, « la sphère libre de l'individu comprend toute action qui n'est pas explicitement restreinte par une loi générale[3] ». C'est à la condition d'avoir opéré une telle délimitation que l'on peut espérer fonder les droits individuels. L'originalité de Hayek est en effet de rattacher de tels droits, non à une loi de nature prescrite par Dieu (Locke) ou à la loi générale de la vie (Spencer), mais aux règles de juste conduite elles-mêmes : « Il y a un sens du mot "droit" d'après lequel *toute règle de juste conduite crée un droit correspondant des individus* », de sorte que, dans la mesure où ces règles « délimitent des domaines personnels », « l'individu aura droit à ce domaine »[4].

On voit bien ici que tout dépend de la reconnaissance préalable d'une « sphère privée » ou « réservée » garantie par les règles générales : « Le caractère "légitime" des attentes de quelqu'un, ou les "droits" de l'individu, sont les aboutissements de la reconnaissance de la sphère privée envisagée[5]. » Aussi définir la coercition comme « violation des droits individuels » n'est-il licite que si cette reconnaissance a été consentie, puisque la reconnaissance effective de la sphère privée équivaut à la reconnaissance des droits accordés par les règles qui délimitent cette sphère. Les règles générales sont donc d'abord et avant tout des règles de composition des sphères protégées, et, en tant que telles, elles garantissent à chaque individu des

---

1 *Ibid.*, p. 145.
2 *Ibid.*, p. 146.
3 *Ibid.*, p. 215.
4 F. Hayek, *Droit, législation et liberté*, vol. 2, *op. cit.*, p. 121 (nous soulignons).
5 F. Hayek, *La Constitution de la liberté, op. cit.*, p. 139.

droits dont l'extension est strictement proportionnelle à celle de sa sphère propre. L'erreur serait de restreindre cette extension à celle des biens matériels qui appartiennent à un individu :

> Il ne faut pas se représenter cette sphère comme étant exclusivement, ni même principalement, constituée de biens matériels. Certes, répartir les choses qui nous entourent entre ce qui est mien et ce qui ne l'est pas, est bien le but principal des règles de composition des sphères, mais ces règles nous garantissent aussi plusieurs autres « droits », tels que la sécurité dans certains usages des objets, ou simplement la protection contre les immixtions dans nos activités [1].

Plus largement, on accordera à la notion de « propriété » un sens élargi, qui recoupe celui que Locke avait déjà donné au nom générique de « propriété » dans le *Second Traité du gouvernement* :

> Depuis l'époque de John Locke, il est habituel d'appeler ce domaine protégé « propriété » (ce que Locke lui-même avait défini comme « la vie, la liberté, et les possessions d'un homme »). Ce terme suggère cependant une conception beaucoup trop étroite et purement matérielle du domaine protégé, qui inclut non seulement les biens matériels, mais également des recours divers contre les autres ainsi que certaines attentes. Si le concept de propriété est, toutefois, interprété (avec Locke) dans ce sens élargi, il est vrai que la loi, au sens de règles de justice, et l'institution de la propriété sont inséparables [2].

Cependant, il faut bien voir que, si Hayek retrouve ainsi le concept lockéen de « propriété », c'est en le déduisant de sa propre idée de la loi comme règle générale issue d'une « croissance inconsciente », donc en le coupant de sa fondation jusnaturaliste.

Le « *domaine légitime des activités gouvernementales* » et la *règle de l'État de droit*

Les contours de la sphère protégée semblent dessiner par eux-mêmes les limites de l'intervention de l'État : toute immixtion de ce dernier à l'intérieur de cette sphère constituera une atteinte arbitraire aux droits de l'individu, si bien qu'on disposerait là du critère permettant de discriminer entre interventions légitimes et interventions illégitimes. Il faut en effet y

---

1   *Ibid.*, p. 140.
2   F. HAYEK, *Essais de philosophie, de science politique et d'économie, op. cit.*, p. 257.

insister, la question est d'abord pour Hayek celle de la *légitimité*, non celle de l'*efficacité*. L'argument de l'inefficacité pratique ou des effets nuisibles de l'intervention gouvernementale lui paraît de nature à obscurcir la « distinction fondamentale entre mesures compatibles et mesures incompatibles avec un système de liberté [1] ».

Il n'est que de se rappeler la manière dont John Stuart Mill cherche à déterminer les limites de l'action gouvernementale dans le chapitre V de son essai *De la liberté* pour mesurer l'écart qui sépare sa démarche de celle de Hayek. J. S. Mill ne fait pas dériver la doctrine du libre-échange du principe de la liberté individuelle : les restrictions imposées au commerce sont certes des contraintes, mais, « si elles sont condamnables, c'est uniquement parce qu'elles ne produisent pas vraiment les résultats escomptés », ce n'est nullement parce que la société n'aurait pas le droit de contraindre [2]. Hayek est conscient de l'insuffisance du point de vue de J. S. Mill sur cette question. Dans la note 2 du chapitre XV de *La Constitution de la liberté*, il relève que, les économistes ayant pour habitude de tout considérer sous l'angle de l'opportunité, « il n'est pas surprenant qu'ils aient perdu de vue les critères plus généraux ». Suit immédiatement une référence à Mill : « John Stuart Mill, en admettant (*On Liberty*, 1946, p. 8) qu'"il n'y a, en fait, pas de principe reconnu qui permette de juger de manière générale la légitimité de l'intervention du pouvoir", avait déjà donné l'impression que tout était affaire d'opportunité [3]. » Ce qu'entend énoncer Hayek, c'est justement un tel principe général de légitimité.

Pour accéder à ce principe, il faut tout d'abord comprendre que la constitution de la sphère d'action réservée à l'individu procède entièrement et exclusivement de l'existence des règles générales de juste conduite. En conséquence, toute remise en cause de ces règles ne peut que menacer la liberté individuelle elle-même. C'est pourquoi il faut poser en principe qu'aucune intervention de l'État, si bien intentionnée soit-elle, ne doit s'exempter du respect dû aux règles générales : autrement dit, l'État doit s'appliquer à lui-même les règles qui valent pour toute personne privée. On voit maintenant comment il faut entendre la proposition selon laquelle l'ordre libéral forme une « société de droit privé », selon la formule de F. Böhm reprise par Hayek : les règles du droit privé doivent prévaloir universellement, y compris pour les « organisations » qui relèvent non de

---

1   F. HAYEK, *La Constitution de la liberté, op. cit.*, p. 222.
2   J. S. MILL, *De la liberté*, Gallimard, Paris, 2005, p. 209.
3   *Ibid.*, p. 484.

l'ordre spontané du marché mais de l'État. On a là en un sens comme la conséquence juridique de l'idée selon laquelle c'est la société *tout entière* (« *the whole of Society* [1] ») qui repose sur des « relations économiques » (puisque celles-ci sont structurées par le droit privé). Pour Hayek, c'est ce *principe d'auto-application par l'État des règles générales du droit privé* qui a reçu historiquement en Allemagne la dénomination d'« État de droit » (*Rechtsstaat*). D'où la thèse selon laquelle « l'État de droit est le critère qui nous permet de faire la distinction entre les mesures qui sont compatibles avec un système de liberté, et celles qui ne le sont pas [2] ».

D'où vient cette « tradition allemande du *Rechtsstaat* » dont *La Constitution de la liberté* souligne l'importance décisive pour tout le mouvement libéral ultérieur ? S'il faut en croire Hayek, cette tradition devrait l'essentiel de son inspiration théorique à l'influence exercée par la philosophie du droit de Kant. Renversant l'ordre déductif dans lequel Kant a lui-même articulé moralité et droit, Hayek interprète librement le célèbre « impératif catégorique [3] » comme une « extension au domaine total de l'éthique de l'idée qui est à la base de celle de suprématie du Droit [4] ». Ce renversement reçoit, dès 1963, sa formulation la plus claire dans le texte de la conférence consacrée à *La Philosophie juridique et politique de David Hume* :

> On suggère parfois que Kant a développé sa théorie de l'État de droit en appliquant aux affaires publiques son concept moral de l'impératif catégorique. C'est probablement *l'inverse* qui s'est passé, c'est-à-dire que Kant développa sa théorie de l'impératif catégorique en appliquant à la morale le concept d'État de droit (*Rule of Law*) qu'il trouva prêt à l'emploi [5].

L'équivalence ici postulée entre l'expression allemande d'« État de droit » et l'expression anglaise de « règne de la loi » permet à Hayek d'aller

---

1   *Cf. supra*, note 20.

2   *Ibid.*, p. 223.

3   « Agis seulement d'après la maxime grâce à laquelle tu peux vouloir en même temps qu'elle devienne une loi universelle », E. Kant, *Fondation de la métaphysique des mœurs*, Flammarion, Paris, 1994, p. 97.

4   F. Hayek, *Essais de philosophie, de science politique et d'économie, op. cit.*, p. 197. Certes, dans l'architecture du système, la *Doctrine du droit* précède bien la *Doctrine de la vertu*, mais elles sont toutes deux précédées par la *Fondation de la métaphysique des mœurs* à laquelle il revient de dégager dans toute sa pureté le principe suprême de la moralité.

5   *Ibid.*, p. 189. S'il est vrai que le problème de l'« application » de la moralité pure est à l'évidence, à l'intérieur du kantisme, un problème délicat, rien ne justifie l'affirmation selon laquelle Kant aurait « appliqué » le droit à la morale pour aboutir au concept de l'impératif catégorique.

plus loin encore en affirmant dans le même texte que « ce que Kant avait à dire sur ce sujet semble dériver directement de Hume [1] ».

Pour cerner l'enjeu théorique et politique de cette question, il faut rappeler, à la suite de M. Foucault [2], que la norme de l'État de droit s'est constituée en Allemagne à partir d'une double opposition : opposition au despotisme, d'une part, opposition à l'État de police (*Polizeistaat*), d'autre part. C'est que les deux notions ne se recouvrent pas. Le despotisme fait de la volonté du souverain le principe de l'obligation qui s'impose à tous d'obéir aux injonctions de la puissance publique. L'État de police se caractérise quant à lui par l'absence de différence entre les prescriptions générales et permanentes de la puissance publique (ce qu'il est convenu d'appeler les « lois ») et les actes particuliers et conjoncturels de cette même puissance publique (qui relèvent en droit du niveau des « règlements »). D'où une double définition de l'État de droit : tout d'abord, l'État de droit encadre les actes de la puissance publique par des lois qui les limitent par avance, de telle sorte que ce n'est pas la volonté du souverain, mais la forme de la loi qui constitue le principe de l'obligation ; en second lieu, l'État de droit fait une distinction de principe entre les lois, qui valent par leur validité universelle, et les décisions particulières ou mesures administratives [3]. C'est un peu plus tard, dans la seconde moitié du XIXe siècle, que l'élaboration de cette notion d'État de droit fut approfondie dans un sens qui fit apparaître le problème des « tribunaux administratifs » comme un problème central. En effet, à suivre cette élaboration, l'État de droit n'a pas simplement pour caractéristique de restreindre son action au cadre général de la loi, c'est un État qui offre à chaque citoyen des voies de recours juridiques contre la puissance publique. Ménager de telles voies de recours implique l'existence d'instances judiciaires chargées d'arbitrer les rapports entre les citoyens et la puissance publique. C'est précisément sur le statut

---

1   *Ibid.*, p. 188. Là encore, on ne peut que s'inscrire en faux contre la possibilité d'une telle « dérivation » : chez Hume, les « lois de la nature » sont le fruit d'une expérience progressive, alors que chez Kant la « loi morale » est entièrement *a priori* et, en tant que telle, indépendante de toute expérience, ce que vérifie le caractère purement formel de cette loi (par contraste avec le contenu déterminé des trois règles mises en évidence par Hume : stabilité des possessions, transfert des possessions par consentement, exécution des promesses).

2   M. FOUCAULT, *NBP, op. cit.*, p. 173-174.

3   *Ibid.*, p. 174-175. Foucault se réfère à l'ouvrage pionnier de C. T. WELCKER, *Les Derniers Principes du droit, de l'État et de la punition* (1813).

de tels tribunaux que les controverses vont se cristalliser en Allemagne dans le courant du xixe siècle [1].

Retenant l'idée que l'État doit pouvoir être poursuivi devant un tribunal par tout citoyen comme n'importe quelle personne privée, dans la mesure où il relève des mêmes règles de droit que n'importe quelle personne privée, Hayek donne à cette notion d'État de droit une ampleur inédite en lui faisant jouer le rôle de *règle pour toute législation*. Un passage de *La Constitution de la liberté* le dit très explicitement :

> L'État de droit étant une limitation de toute législation, il s'ensuit qu'il ne peut être une loi au même sens que les lois faites par le législateur [...]. L'État de droit n'est en conséquence pas une règle posée par la loi, mais une règle concernant ce que devrait être la loi, une règle méta-légale ou un idéal politique [2].

On obtient de la sorte trois niveaux distincts qui gagneraient à être toujours soigneusement hiérarchisés : premièrement, le niveau *méta-légal* qui est celui de la règle de l'État de droit ; deuxièmement, le niveau proprement *légal* qui est celui de la législation entendue au sens de la détermination de *nouvelles règles générales de conduite* ; troisièmement enfin, le niveau *gouvernemental* qui est celui de la promulgation des décrets et règlements *particuliers*. On voit que dans cette hiérarchisation la règle de l'État de droit est la règle qui doit présider à l'élaboration de toutes les règles générales ou lois. L'important est de comprendre la véritable portée de ce principe : elle est de constituer « une limitation des pouvoirs de tout gouvernement, y compris les pouvoirs du législateur [3] ». Car cette fonction interdit qu'on le rabatte sur une simple exigence de légalité : la conformité des actions du gouvernement aux lois existantes ne garantit nullement à elle seule que le pouvoir d'agir du gouvernement soit limité (une loi pourrait en effet donner au gouvernement le pouvoir d'agir comme il l'entend) ; ce qui est exigé par la règle de l'État de droit, c'est que toutes les lois existantes « se conforment à certains principes [4] ».

On distinguera par conséquent l'« État de droit formel » (*formelle Rechtsstaat*) et l'« État de droit matériel » (*materieller Rechtsstaat*) : l'État de droit tel que l'entend Hayek correspond à l'« État de droit matériel » qui exige que l'action coercitive de l'État soit strictement limitée à l'application

---

1   Sur ces controverses, F. Hayek, *La Constitution de la liberté*, *op. cit.*, p. 201-204, ainsi que le commentaire de M. Foucault, *NBP*, *op. cit.*, p. 175-176.

2   *Ibid.*, p. 206.

3   *Ibid.*, p. 205.

4   *Ibid.*

de règles uniformes de juste conduite, alors que l'« État de droit formel » ne requiert que la légalité, c'est-à-dire « exige simplement que chaque action de l'État soit autorisée par la législation, que cette loi consiste en une règle générale de juste conduite ou non [1] ». Par là, c'est la critique adressée à la conception intégralement artificialiste de la législation d'un Bentham qui prend tout son sens. Poser que tout, jusqu'aux droits reconnus à l'individu, procède de la « fabrique » du législateur, c'est consacrer théoriquement l'« omnipotence du pouvoir législatif [2] ». À l'inverse, reconnaître que l'extension des droits individuels marche de pair avec l'élaboration des règles du droit privé, c'est faire de ces règles le modèle auquel doit se conformer dans son activité le pouvoir législatif lui-même et donc lui assigner par avance des limites infranchissables.

Quelles sont donc plus précisément les conditions auxquelles toute loi doit satisfaire pour se conformer à la règle méta-légale de l'État de droit ? Hayek énumère trois « attributs de la loi véritable », c'est-à-dire de la loi au sens « substantiel » ou « matériel » qui vient d'être spécifié. Le premier attribut de ces règles, c'est bien sûr leur généralité : elles ne doivent faire référence « à aucune personne, aucun espace ou aucun objet particuliers », elles « doivent toujours viser l'avenir et ne jamais avoir d'effet rétroactif » [3]. Ce qui implique que la loi authentique s'interdise de viser une fin particulière, si souhaitable qu'elle puisse paraître au premier abord. Leur deuxième attribut, c'est qu'elles « doivent être connues et certaines [4] ». Si Hayek insiste tout particulièrement sur cette condition, c'est parce que la certitude de la loi ainsi que la prévisibilité de ses décisions garantissent à l'individu, voué en vertu de l'ordre spontané du marché à agir dans un contexte d'incertitude, ce minimum de stabilité sans lequel il aurait le plus grand mal à mener à bien ses propres projets : « La question est de savoir si l'individu peut prévoir l'action de l'État, et si cette connaissance lui fournit des points de repère pour y ajuster ses propres projets [5]. » Enfin, le troisième attribut d'une loi véritable n'est autre que l'égalité, ce qui signifie que « toute loi doit s'appliquer de manière égale à tous [6] ». Cette dernière exigence est « incompatible avec le fait d'avantager ou de défavoriser de manière prévisible des personnes données [7] ». En conséquence, elle

---

1   F. Hayek, *Essais de philosophie, de science politique et d'économie, op. cit.*, p. 197. p. 254.
2   F. Hayek, *Droit, législation et liberté*, vol. 2, *op. cit.*, p. 63.
3   F. Hayek, *La Constitution de la liberté, op. cit.*, p. 208.
4   *Ibid.*
5   F. Hayek, *La Route de la servitude, op. cit.*, p. 64.
6   F. Hayek, *La Constitution de la liberté, op. cit.*, p. 209.
7   *Ibid.*, p. 210.

implique que l'État « se conforme à la même loi que tous et se trouve ainsi limité dans ses actes de la même façon que n'importe quelle personne privée [1] ».

Des trois attributs de la loi (généralité, certitude, égalité), c'est indéniablement le troisième qui met le mieux en évidence que, dans l'esprit de Hayek, *l'idéal de l'État de droit se confond avec l'idéal d'une société de droit privé.* C'est en ce point que la pensée du néolibéralisme va bien au-delà du principe du contrôle de l'autorité politique énoncé par tout un courant du libéralisme classique. Hume fait des lois « générales et égales » auxquelles les organes du gouvernement doivent se conformer le principe d'une limitation empêchant l'autorité de devenir absolue [2], mais il n'affirme jamais que les lois édictées par l'autorité législative doivent se conformer au modèle des règles du droit privé, pas plus qu'il ne confond de telles lois avec les règles de justice que sont les « lois de nature » (stabilité des possessions, transfert consenti de la propriété, obligation des promesses). La même remarque vaut pour Locke. *Droit, législation et liberté* fait élogieusement référence au *Second Traité du gouvernement* en citant dans une note [3] le début du § 142 : le pouvoir législatif, y explique Locke, « doit gouverner d'après des *lois stables et promulguées* (*promulgated established Laws*), qui ne doivent pas varier au gré des cas particuliers ; il doit n'avoir qu'une règle pour le riche et pour le pauvre, pour le favori à la Cour et pour le paysan à la charrue [4] ». Là encore, on doit faire remarquer que l'argumentation de Locke s'inscrit dans une problématique de la limitation du pouvoir législatif qui n'équivaut nullement à tracer l'idéal d'une « société de droit privé ». Une chose est d'assujettir le pouvoir de faire les lois à la règle formelle de la fixité et de l'égalité, autre chose est d'exiger de ces lois qu'elles s'alignent dans leur « substance » sur les règles du droit privé, comme le soutient Hayek. Ce qui le montre assez, c'est qu'il n'est question chez Locke de l'impératif de l'égalité que pour autant qu'il concerne l'application de la loi à des individus définis par leur situation sociale (le riche et le pauvre, le courtisan et le paysan), nullement de l'auto-application par l'État d'une règle de droit privé.

Quelles conséquences faut-il tirer de cette extension du droit privé à la « personne » de l'État ? La première, et sans doute la plus importante du point de vue de Hayek, est que, dans un État de droit, « le pouvoir politique

---

1   *Ibid.*

2   D. HUME, *Essais moraux, politiques et littéraires*, Vrin, Paris, 1999, p. 100.

3   Il s'agit de la note 60 de l'ouvrage, p. 201.

4   J. LOCKE, *Second Traité du gouvernement*, *op. cit.*, p. 104 (*cf. supra*, chap. 3).

ne peut intervenir dans la sphère privée et protégée d'une personne que pour punir une infraction à une règle quelconque promulguée [1] ». Cela signifie que l'exécutif n'a pas à donner d'« ordres » ou de « commande-ments » à l'individu (c'est-à-dire, faut-il le rappeler, de prescriptions parti-culières relatives à une fin déterminée) ; il a seulement à veiller au respect des règles de juste conduite qui sont également valables pour tous, et c'est justement ce devoir de protection de la sphère privée de *tous* les individus qui, en cas de violation des règles par un individu, l'autorise à intervenir dans la sphère privée de *cet* individu afin de lui appliquer une sanction pénale. Mais, en dehors de telles situations, il doit être clairement établi que « les autorités gouvernementales ne doivent avoir aucun pouvoir dis-crétionnaire permettant ce genre d'empiétement » dans la sphère privée d'un citoyen [2]. Le contraire reviendrait en effet à considérer la personne privée et sa propriété comme un simple moyen à la disposition du gouver-nement. C'est pourquoi la possibilité doit toujours être donnée à cette per-sonne de recourir à des tribunaux indépendants habilités à décider si le gouvernement s'est conformé dans son action au strict cadre des règles générales ou s'il a arbitrairement outrepassé ce cadre (par où l'on retrouve la question de la place des « tribunaux administratifs »). Encore une fois, le point important « est que toute action coercitive du pouvoir politique doit être définie sans ambiguïté dans un cadre juridique permanent qui per-mette à l'individu de gérer ses projets en confiance, et qui réduise autant que possible les incertitudes inhérentes à l'existence humaine [3] ».

Ce qui est ici en jeu, c'est bien la *préservation de l'efficience de l'ordre du marché*, puisque l'élément décisif de la confiance réside dans le fait que l'individu puisse compter à la fois sur l'aptitude de l'État à faire respecter les règles générales et sur le respect des règles générales par l'État lui-même. En somme, la certitude procurée par le cadre juridique doit compenser l'incertitude inhérente à la situation occupée par l'individu dans un ordre spontané tel que l'ordre du marché. C'est dire toute l'impor-tance de l'action coercitive de l'État lorsqu'il s'agit de veiller à punir les infractions aux règles de conduite : garantir la sécurité des agents écono-miques est la véritable justification du monopole de l'usage de la coerci-tion détenu par l'État. Ce qui implique « qu'il n'ait d'autre monopole que

---

1   F. HAYEK, *La Constitution de la liberté, op. cit.*, p. 206.
2   *Ibid.*, p. 213.
3   *Ibid.*, p. 223.

celui-là et que, à tous autres égards, il opère dans les mêmes conditions que tout le monde [1] » (condition d'égalité réinterprétée par Hayek).

La seconde conséquence de la nécessaire subordination du pouvoir gouvernemental au principe de l'État de droit est cette fois-ci d'ordre positif : dans la mesure où ce principe ne constitue une limitation que pour les actions *coercitives* du gouvernement, tout un champ d'activités se trouve laissé à l'État, celui des activités *non coercitives*. Le libéralisme tel que le comprend Hayek « demande une distinction nette entre les *pouvoirs de coercition de l'État*, dans l'exercice desquels ses actions sont limitées à l'application de règles de juste conduite, dont tout arbitraire est exclu, et la *prestation de services par l'État*, au cours de laquelle il ne peut utiliser les ressources mises à sa disposition pour cette fin, pour laquelle il n'a pas de pouvoir de coercition ni de monopole, mais peut largement user de ses ressources à sa discrétion [2] ». Le problème est que le financement des activités de « pur service » fait intervenir une certaine coercition sous la forme de prélèvements fiscaux [3]. Cet aspect coercitif des activités de service n'est justifié qu'à la condition que l'État ne s'arroge pas le droit exclusif de fournir certains services, ce qui reviendrait *ipso facto* à la constitution d'un monopole (lequel signifierait la violation de la condition d'égalité rappelée ci-dessus). Car, « ce qui est contestable, ce n'est pas l'entreprise d'État, mais le monopole d'État [4] ». Parmi toutes les activités de service qui peuvent ainsi revenir légitimement à l'État, les plus importantes sont celles qui « relèvent de son effort pour aménager un cadre favorable aux décisions individuelles » : l'instauration et le maintien d'un système monétaire efficace, la définition des poids et des mesures, la mise à disposition d'informations par l'établissement de statistiques, l'organisation de l'éducation sous une forme ou sous une autre, etc. [5]. À quoi il convient d'ajouter « tous les services qui sont nettement souhaitables, mais qui ne sont pas fournis par l'entreprise concurrentielle parce qu'il serait soit impossible, soit difficile de faire payer les bénéficiaires », services au nombre desquels il faut compter « l'essentiel des services sanitaires et de santé publique, la

---

1   *Ibid.*, p. 224.
2   F. Hayek, *Essais de philosophie, de science politique et d'économie, op. cit.*, p. 254 (nous soulignons).
3   F. Hayek, *La Constitution de la liberté, op. cit.*, p. 223.
4   *Ibid.*, p. 225.
5   *Ibid.*, p. 224.

construction et l'entretien des routes, et la plupart des équipements urbains créés par les municipalités pour leurs administrés [1] ».

Il est en revanche des mesures que la règle de l'État de droit exclut par principe. Ce sont toutes celles dont l'exécution implique une discrimination arbitraire entre les personnes parce qu'elles visent l'obtention de résultats particuliers pour des personnes particulières, au lieu de s'en tenir à l'application des règles générales valant indistinctement et uniformément pour toutes les personnes. Sont particulièrement visées ici les « mesures visant à régir l'accès aux divers négoces et métiers, les termes des transactions, et les volumes produits ou commercialisés [2] ». Tout contrôle des prix et des quantités à produire est donc à proscrire, en ce qu'il est nécessairement « arbitraire et discrétionnaire » et empêche le marché de fonctionner correctement (en empêchant les prix de jouer leur rôle de transmetteurs de l'information). Pour les mêmes raisons de fond, on exclura toute intervention du gouvernement visant à réduire les inévitables différences de situation matérielle qui résultent du jeu de catallaxie. La poursuite d'objectifs relatifs à une juste distribution des revenus (ce que l'on désigne généralement par l'expression de « justice sociale » ou « distributive ») est donc en contradiction formelle avec la règle de l'État de droit. En effet, une rémunération ou une distribution « justes » n'ont de sens que dans un système de « fins communes » (« téléocratie »), alors que, dans l'ordre spontané du marché, aucune fin de ce genre ne saurait prévaloir, ce qui entraîne que la « distribution » des revenus n'y est ni « juste » ni « injuste » [3]. En définitive, « toutes les tentatives pour garantir une "juste" distribution doivent donc être orientées vers la conversion de l'ordre spontané du marché en une organisation ou, en d'autres termes, en ordre totalitaire [4] ». Ce qui se trouve ainsi condamné par principe, c'est l'idée que la justice distributive ferait partie des attributions de l'État : « S'il repose sur la justice commutative, l'État de droit exclut la poursuite d'une justice distributive [5]. » Par

---

1   *Ibid.* Hayek se réfère juste après à la fameuse réflexion de Smith sur « ces travaux publics qui [...] sont d'une nature telle que le profit ne pourrait compenser la dépense qu'ils représenteraient pour un individu ou un groupe peu nombreux ».

2   F. HAYEK, *La Constitution de la liberté, op. cit.*, p. 227.

3   À la différence des libertariens qui, rappelons-le, tiennent cet ordre pour intrinsèquement juste (*cf.* note 1, p. 80). Ajoutons que Hayek récuse jusqu'à la pertinence du terme de « distribution » appliqué à un ordre spontané, lui préférant celui de « dispersion » qui présente l'avantage de ne pas suggérer une action délibérée, *Essais de philosophie, de science politique et d'économie, op. cit.*, p. 261.

4   *Ibid.*, p. 261.

5   F. HAYEK, *La Constitution de la liberté, op. cit.*, p. 232. Depuis Aristote, l'expression de « justice commutative » désigne la justice dans les échanges.

contre, le fait que le gouvernement s'emploie à assurer « hors marché » une protection contre le dénuement extrême à tous ceux qui sont incapables de gagner sur le marché de quoi subsister, « sous la forme d'un revenu minimum garanti ou d'un niveau de ressources au-dessous duquel personne ne doit tomber », n'est pas en soi de nature à impliquer « une restriction de liberté ou un conflit avec la souveraineté du droit » : ce qui pose problème, c'est seulement que la rémunération de services rendus soit fixée par l'autorité [1].

On voit bien maintenant que, dans sa version hayekienne, le néolibéralisme non seulement n'exclut pas mais appelle l'intervention du gouvernement. Car la conception de la loi comme « règle du jeu économique » qui prévaut ici détermine nécessairement ce que Foucault appelle une « croissance de la demande judiciaire », allant jusqu'à parler d'un « *interventionnisme judiciaire*, qui devra se pratiquer comme arbitrage dans le cadre des règles du jeu [2] ». Il faut prendre toute la mesure de la transformation qui s'est opérée relativement à la place du judiciaire dans la pensée du libéralisme classique. Au XVIIIe siècle, l'idée du primat de la loi n'était pas sans impliquer une « réduction considérable du judiciaire ou du jurisprudentiel » : le judiciaire était en principe voué à l'application pure et simple de la loi, ce qui explique en grande partie que le *Second Traité* ne dise mot du pouvoir judiciaire, à côté des pouvoirs législatif, exécutif et fédératif [3]. Dorénavant, dès lors que la loi n'est rien d'autre que « règle de jeu pour un jeu dont chacun reste maître, quant à lui et pour sa part », le judiciaire acquiert « une autonomie et une importance nouvelles » [4]. Car, dans ce « jeu de catallaxie », le véritable sujet économique, c'est l'entreprise elle-même. Plus celle-ci est encouragée à mener son jeu comme elle l'entend dans le cadre des règles formelles, plus elle fixe pour elle-même librement ses propres objectifs, étant entendu qu'il n'y a aucune fin commune imposée et que l'entreprise constitue elle-même une « organisation » (au sens technique que Hayek donne à ce terme). Ainsi, plus les occasions de conflit et de litige entre les sujets économiques vont se multiplier, plus la demande d'arbitrage de la part des instances judiciaires va croître ; ou, dit autrement, plus l'action administrative recule, plus l'action judiciaire gagne en champ d'intervention.

---

1   F. HAYEK, *Droit, législation et liberté, op. cit.*, p. 105.
2   M. FOUCAULT, *NBP, op. cit.*, p. 180 (nous soulignons).
3   *Cf. supra*, chap. 3.
4   M. FOUCAULT, *NBP, op. cit.*

Une telle autonomisation du judiciaire n'est nullement accidentelle, elle fait système avec d'autres écarts tout aussi importants relativement au libéralisme classique. En dernière analyse, on peut relever trois écarts majeurs. Le premier consiste à faire des relations économiques internes au jeu du marché le fondement de « la société tout entière ». Le deuxième consiste à soustraire l'armature juridique constitutive de cet ordre à l'alternative du droit naturel et de la création délibérée : les règles juridiques s'identifient aux règles du droit privé et pénal (particulièrement celles du droit marchand), lesquelles sont issues d'un processus inconscient de sélection. Ce deuxième glissement permet déjà de dessiner en creux l'idéal d'une « société de droit privé », dont rien ne permet de dire qu'il était celui du libéralisme classique. Le troisième écart couronne les deux autres et représente l'aboutissement de toute cette doctrine : l'État doit s'appliquer à lui-même les règles du droit privé, ce qui signifie non seulement qu'il a à se considérer à l'égal de n'importe quelle personne privée, mais qu'il doit s'imposer dans sa propre activité législative de promulguer des lois fidèles à la logique de ce même droit privé. On est là loin, très loin, d'une simple « réaffirmation » du libéralisme classique.

L'État fort plutôt que la démocratie

Hayek est finalement très éloigné de la « réhabilitation du laisser-faire » à laquelle on réduit trop souvent le néolibéralisme. Du reste, Hayek regarde la doctrine du laisser-faire comme foncièrement étrangère à la thèse des « économistes classiques anglais » dont il se réclame :

> En fait, leur thèse n'a jamais été ni orientée contre l'État en tant que tel, ni proche de l'anarchisme – *qui est la conclusion logique de la doctrine rationaliste du laisser-faire* ; elle a été une thèse tenant compte, à la fois, des fonctions propres de l'État et des limites de son action [1].

C'est dire qu'il n'est pas question pour lui de souscrire à la conception libertarienne de l'« État minimal » défendue par Robert Nozick, selon laquelle une agence de sécurité parvenue à s'octroyer le monopole de la force au terme d'un processus de concurrence ferait parfaitement office d'État, sans même parler des positions autrement radicales de l'anarcho-capitalisme (David Friedman) en faveur d'une privatisation de toutes les

---

1   F. Hayek, *La Constitution de la liberté, op. cit.*, p. 59 (nous soulignons).

fonctions dévolues à l'État par le libéralisme classique (armée, police, justice, éducation).

Cependant, contrairement à la présentation qu'il donne lui-même de son rapport au libéralisme classique, Hayek n'est pas un simple « continuateur » qui n'aurait fait que redonner vigueur aux thèses de ce courant. Son insistance sur les droits des individus n'autorise nullement à en faire un héritier de Locke, pas plus que le constructivisme assumé de l'ordolibéralisme allemand ne permet de voir en lui un héritier de Bentham. Ce qui le sépare d'un Locke sur la question essentielle de la fonction du pouvoir politique ne tient pas à quelques aménagements sans conséquence. En réalité, ce qui est en jeu, c'est une profonde remise en cause de la *démocratie libérale*. Il n'est que de reprendre trois des notions clés qui permettent à Locke de définir le « gouvernement limité » (le « bien commun », le législatif comme pouvoir suprême, le consentement de la majorité du peuple) pour se convaincre qu'il s'agit bien d'une rupture. En premier lieu, on l'a vu plus haut, Locke fait du « bien commun » ou « bien du peuple » positivement défini la fin à laquelle toute l'activité gouvernementale doit s'ordonner. Hayek vide quant à lui la notion de « bien commun » de tout contenu positif assignable : faute de correspondre à une « fin », le « bien commun » se réduit à l'« ordre abstrait de l'ensemble » tel qu'il est rendu possible par les « règles de juste conduite », ce qui revient très exactement à faire consister le « bien commun » en un simple « moyen », puisque cet ordre abstrait ne vaut jamais qu'« en tant que moyen facilitant la poursuite d'une grande diversité d'intentions individuelles [1] ».

En deuxième lieu, on l'a vu aussi, Locke tient le pouvoir législatif pour le « pouvoir suprême » du gouvernement, ce qu'il faut entendre en un sens fort : il lui appartient vraiment de *faire* des lois, ce qui ne saurait se ramener à entériner les variations de la « coutume ». Hayek n'a quant à lui de cesse de dénoncer la confusion entre gouvernement et législation, entre élaboration des décrets et règlements particuliers d'un côté et ratification des lois ou « règles générales de conduite » de l'autre, ce qui le conduit à attribuer ces deux fonctions à deux assemblées différentes. À l'assemblée gouvernementale, le pouvoir exécutif ; à l'assemblée législative, le pouvoir de déterminer les nouvelles règles générales. Cette dernière assemblée échappe à tout contrôle démocratique : les nomothètes seraient des hommes d'âge mûr (minimum de 45 ans), élus par des électeurs du même âge pour une

---

1   F. Hayek, *Droit, législation et liberté*, vol. 2, *op. cit.*, p. 6.

période de quinze ans. Afin d'éviter l'emploi du mot « démocratie », « souillé par un abus prolongé », Hayek forge le terme de « démarchie »[1].

En troisième lieu, et on touche là véritablement au fond du problème, Locke fait du consentement de la majorité du peuple la règle qui oblige tous les membres du corps politique. Il va même jusqu'à soutenir qu'« il subsiste toujours *dans le peuple un pouvoir suprême* de destituer ou de *changer le législatif* lorsqu'il s'aperçoit que celui-ci agit en contradiction avec la mission qui lui a été confiée[2] ». Contrairement à lui, Hayek se refuse à conférer à la majorité du peuple un pouvoir absolu d'obliger tous ses membres. Que la règle majoritaire ne soit pas limitée ni limitable, voilà qui lui paraît former le contenu du concept de « souveraineté populaire[3] ». Or ce concept a pour fonction de légitimer une « démocratie illimitée » toujours susceptible de dégénérer en « démocratie totalitaire ». Ce qui veut dire que la démocratie n'est pas une fin, mais qu'elle n'est jamais qu'un moyen qui n'a de valeur que comme méthode de sélection des dirigeants. Aussi Hayek avait-il le mérite de la franchise lorsqu'il déclarait à un journal chilien sous la dictature de Pinochet, très exactement en 1981 : « Ma préférence personnelle va à une dictature libérale et non à un gouvernement démocratique dont tout libéralisme est absent[4]. » Cette critique de la « souveraineté populaire » et de la « démocratie illimitée » répond à une préoccupation fondamentale : il s'agit en dernière analyse de soustraire les règles du droit privé (celui de la propriété et de l'échange marchand) à toute espèce de contrôle exercé par une « volonté collective ». Il n'y a rien là que de très logique, si l'on veut bien se rappeler ce qu'implique l'idéal d'une « société de droit privé » : un État qui adopte pour principe de soumettre son action aux règles du droit privé ne peut prendre le risque d'une discussion publique sur la valeur de ces normes, *a fortiori* ne peut-il accepter de s'en remettre à la volonté du peuple pour trancher cette discussion.

Comment apprécier la contribution propre de Hayek à l'élaboration du néolibéralisme ? Il est hors de doute que son influence intellectuelle et

---

1   *Ibid.*, p. 48. Tandis que la « démocratie » peut dégénérer en coercition exercée par la majorité sur la minorité, la « démarchie » n'accorde de pouvoir d'obliger à la volonté du plus grand nombre qu'à la condition que la majorité s'engage à suivre la règle générale.

2   J. Locke, *Second Traité du gouvernement*, *op. cit.*, p. 108 (*cf. supra*, chap. 3).

3   F. Hayek, *La Constitution de la liberté*, *op. cit.*, p. 104.

4   Cité par Stéphane Longuet, *Hayek et l'École autrichienne*, Nathan, Paris, 1998, p. 175. Le texte anglais de l'interview d'avril 1981 au quotidien *El Mercurio*, tel qu'il est publié par l'Institut Hayek, dit exactement : « *As you will understand, it is possible for a dictator to govern in a liberal way. And it is also possible for a democracy to govern with a total lack of liberalism. Personally I prefer a liberal dictator to democratic government lacking liberalism.* »

politique fut déterminante à partir de la fondation de la Société du Mont-Pèlerin (1947). Nombre de propositions politiques formulées dans la troisième partie de *La Constitution de la liberté*, en particulier celles qui visent à combattre la « coercition » exercée par les syndicats, ont directement inspiré les programmes de Thatcher et de Reagan [1]. Reste que, si l'on prend pour critère, non plus l'influence politique directe, mais la contribution à la mise en place de la *rationalité* néolibérale (au sens de M. Foucault), une réévaluation s'impose. On doit assurément à Hayek d'avoir donné une ampleur inédite à des thèmes qui appartenaient déjà au fonds originel (celui qu'ont mis en place L. Rougier et W. Lippmann en soulignant l'importance des règles juridiques et la nécessité d'un « État fort libéral »). On lui doit également, et peut-être même surtout, d'avoir approfondi l'idée avancée par F. Böhm d'un gouvernement gardien du droit privé jusqu'à lui faire signifier explicitement l'exigence d'une application de ce droit au gouvernement lui-même. On lui doit enfin, dans l'ordre de la théorie économique, l'élaboration de la notion de « division de la connaissance ». Mais, sur la question décisive de la *construction de l'ordre du marché*, force est de reconnaître que c'est une démarche constructiviste, fort éloignée de l'évolutionnisme culturel hayekien, qui tend aujourd'hui à prévaloir dans la pratique du néolibéralisme.

---

1   Margaret Thatcher déclara ainsi le 5 janvier 1981 à la Chambre des Communes : « Je suis une grande admiratrice du professeur Hayek. Il serait bien que les honorables membres de cette Chambre lisent certains de ses livres, *La Constitution de la liberté*, les trois volumes de *Droit, législation et liberté* » (cité par G. Dostaler, *Le Libéralisme de Hayek, op. cit.*, p. 24).

III

La nouvelle rationalité

10

Le grand tournant

L es années 1980 ont été marquées en Occident par le triomphe d'une politique que l'on a qualifiée à la fois de « conservatrice » et de « néolibérale ». Les noms de R. Reagan et M. Thatcher symbolisent cette rupture avec le « welfarisme » de la social-démocratie et la mise en œuvre de nouvelles politiques censées pouvoir surmonter l'inflation galopante, la baisse des profits et le ralentissement de la croissance. Les slogans souvent simplistes de cette nouvelle droite occidentale sont connus : les sociétés sont surimposées, surréglementées, et soumises aux pressions multiples des syndicats, des corporations égoïstes, des fonctionnaires. La politique conservatrice et néolibérale a surtout semblé constituer une réponse politique à la crise à la fois économique et sociale du régime dit « fordiste » d'accumulation du capital. Ces gouvernements conservateurs ont profondément remis en cause la régulation keynésienne macroéconomique, la propriété publique des entreprises, le système fiscal progressif, la protection sociale, l'encadrement du secteur privé par des réglementations strictes, spécialement en matière de droit du travail et de représentation des salariés. La politique de la demande destinée à soutenir la croissance et à réaliser le plein-emploi fut la cible principale de ces gouvernements, pour lesquels l'inflation était devenue le problème prioritaire [1].

---

1   Il suffit pour avoir une vision synthétique de ces politiques de considérer le manifeste du parti conservateur anglais de 1979 sur lequel M. Thatcher a été élue. Son programme prévoyait le contrôle de l'inflation, la diminution du pouvoir des syndicats, la restau-

Mais suffit-il de situer dans une certaine conjoncture historique les politiques néolibérales pour en comprendre la nature et pour cerner les rapports qu'elles entretiennent avec les efforts de refondation théorique du libéralisme ? Comment expliquer la permanence de ces politiques pendant plusieurs décennies ? Comment surtout rendre compte du fait que certaines de ces politiques ont pu être menées aussi bien par la « nouvelle droite [1] » que par la « gauche moderne » ?

En réalité, ces nouvelles formes politiques engagent un changement autrement plus important qu'une simple restauration du « pur » capitalisme d'antan et du libéralisme traditionnel. Elles ont pour caractéristique principale de modifier radicalement le mode d'exercice du pouvoir gouvernemental ainsi que les références doctrinales dans le contexte d'un changement des règles de fonctionnement du capitalisme. Elles témoignent d'une subordination à un certain type de rationalité politique et sociale articulée à la mondialisation et à la financiarisation du capitalisme. En un mot, il n'y a de « grand tournant » que par la mise en œuvre générale d'une nouvelle logique normative capable d'intégrer et de réorienter durablement politiques et comportements dans une nouvelle direction. Andrew Gamble a résumé ce nouveau cours par la formule : « Économie libre, État fort. » L'expression a le mérite de souligner que nous n'avons pas affaire à un simple retrait de l'État, mais à un réengagement politique de l'État sur de nouvelles bases, de nouvelles méthodes et de nouveaux objectifs. Que veut dire exactement cette formule ? On peut naturellement y voir ce que les courants conservateurs veulent y mettre : le rôle accru de la défense nationale contre les ennemis extérieurs, de la police contre les ennemis intérieurs, et plus généralement des contrôles sur la population, sans oublier la volonté de restauration de l'autorité établie, des institutions et des valeurs traditionnelles, en particulier « familiales ». Mais il y a plus que cette ligne de défense de l'ordre institué, assez classiquement conservatrice.

C'est sur ce point précis que les malentendus persistent. Certains auteurs n'ont voulu voir dans les politiques économiques et sociales menées par la nouvelle droite et la gauche moderne qu'un « retour du

---

ration des incitations à travailler et à s'enrichir, le renforcement du Parlement et de la loi, l'aide à la vie familiale par une politique plus efficace de services sociaux, le renforcement de la défense. *Cf.* A. GAMBLE, *The Free Economy and the Strong State. The Politics of Thatcherism*, Duke University Press, Durham, 1988.

1   L'expression « nouvelle droite » est la traduction de l'expression anglaise *new right*, qui désigne précisément les formations politiques, les associations et les médias qui ont porté le discours néolibéral et conservateur depuis les années 1980. Elle ne doit donc pas donner à penser une quelconque parenté avec ce qui a reçu ce nom en France.

marché ». Ils rappellent à juste titre que ce type de politiques a toujours pris appui sur l'idée que pour que les marchés fonctionnent bien, il fallait réduire les impôts, diminuer la dépense publique, y compris en encadrant son évolution par des règles constitutionnelles, transférer au privé les entreprises publiques, restreindre la protection sociale, privilégier des « solutions individuelles » face aux risques, contrôler la croissance de la masse monétaire pour réduire l'inflation, disposer d'une monnaie forte et stable, déréglementer les marchés, en particulier celui du travail. Au fond, si le « compromis social-démocrate » était synonyme d'interventionnisme étatique, le « compromis néolibéral » était lui synonyme de libre marché. Ce qui est resté moins bien perçu est le caractère *disciplinaire* de cette nouvelle politique, donnant au gouvernement un rôle de gardien vigilant de règles juridiques, monétaires, comportementales, lui attribuant la fonction officielle de surveillant des règles de concurrence dans le cadre d'une collusion officieuse avec des grands oligopoles, et peut-être plus encore lui assignant l'objectif de créer des situations de marché et de former des individus adaptés aux logiques de marché. En d'autres termes, l'attention portée à la seule idéologie du laisser-faire a détourné de l'examen des pratiques et des dispositifs encouragés, ou directement mis en place, par les gouvernements. En conséquence, c'est la *dimension stratégique* des politiques néolibérales qui a été paradoxalement négligée dans la critique « antilibérale » standard, dans la mesure où cette dimension est d'emblée prise dans une rationalité globale demeurée inaperçue.

Qu'entendre exactement par « stratégie » ? Dans son sens le plus courant, le terme désigne le « choix des moyens employés pour parvenir à une fin [1] ». Il est indéniable que le tournant des années 1970-1980 a mobilisé tout un éventail de moyens pour atteindre dans le meilleur délai certains objectifs bien déterminés (démantèlement de l'État social, privatisation des entreprises publiques, etc.). On est donc parfaitement fondé à parler en ce sens d'une « stratégie néolibérale » : on entendra par là l'ensemble des discours, des pratiques, des dispositifs de pouvoir visant à instaurer de nouvelles conditions politiques, à modifier les règles de fonctionnement économique, à transformer les rapports sociaux de manière à imposer ces objectifs. Cependant, pour légitime qu'il soit, cet usage du terme de « stratégie » pourrait donner à penser que l'objectif de la concurrence généralisée entre entreprises, économies et États a lui-même été élaboré à partir d'un projet mûri de longue date, comme s'il avait fait l'objet d'un choix

---

1   Hubert Dreyfus et Paul Rabinow, *Michel Foucault. Un parcours philosophique*, Gallimard, Paris, 1984, p. 318-319.

tout aussi rationnel et maîtrisé que les moyens mis au service des objectifs initiaux. De là à penser le tournant en termes de « complot », il n'y a qu'un pas que certains ont vite fait de franchir, en particulier à gauche. Il nous apparaît plutôt que l'objectif d'une nouvelle régulation par la concurrence n'a pas préexisté à la lutte contre l'État-providence dans laquelle se sont engagés, tour à tour ou simultanément, des cercles intellectuels, des groupes professionnels, des forces sociales et politiques, souvent pour des motifs assez hétérogènes. Le tournant s'est amorcé sous la pression de certaines conditions, sans que personne ne songe encore à un nouveau mode de régulation à l'échelle mondiale. Notre thèse est que cet objectif s'est constitué au cours de l'affrontement lui-même, qu'il s'est imposé à des forces très différentes en raison même de la logique de l'affrontement, et qu'à partir de ce moment il a joué le rôle d'un catalyseur en offrant un point de ralliement à des forces jusque-là relativement dispersées. Pour tenter de rendre compte de cette émergence de l'objectif à partir des conditions d'un affrontement déjà engagé, il faut recourir à un autre sens du terme de « stratégie », un sens qui ne la fait pas procéder de la volonté d'un stratège ou de l'intentionnalité d'un sujet. Cette idée d'une « stratégie sans sujet » ou « sans stratège » a précisément été élaborée par M. Foucault. Prenant l'exemple de l'objectif stratégique de moralisation de la classe ouvrière dans les années 1830, ce dernier tient que cet objectif a alors *produit* la bourgeoisie comme l'agent de sa mise en œuvre, loin que ce soit la classe bourgeoise, comme sujet préconstitué, qui ait conçu cet objectif à partir d'un idéologie déjà élaborée [1]. Ce qu'il s'agit de penser ici, c'est une certaine « logique des pratiques » : il y a d'abord des pratiques, souvent disparates, qui mettent en œuvre des techniques de pouvoir (au premier rang desquelles les techniques disciplinaires), et c'est la multiplication et la généralisation de toutes ces techniques qui impriment peu à peu une direction globale, sans que personne ne soit l'instigateur de cette « poussée vers un objectif stratégique [2] ». On ne saurait mieux dire la manière dont la concurrence s'est constituée comme nouvelle norme mondiale à partir de certains rapports entre les forces sociales et de certaines conditions économiques, sans avoir été « choisie » de façon préméditée par un quelconque « état-major ». Faire apparaître la dimension stratégique des politiques néolibérales, c'est donc non seulement faire apparaître en quoi elles relèvent du choix de certains moyens (selon le premier sens du terme de

---

1   « Le jeu de Michel Foucault », *loc. cit.*, p. 306-307.
2   H. Dreyfus et P. Rabinow, *Michel Foucault*, *op. cit.*, p. 268-269.

« stratégie »), mais c'est également faire apparaître le caractère stratégique (au second sens du même terme) de l'objectif de la concurrence généralisée qui a permis de donner à tous ces moyens une cohérence globale.

Nous nous proposons dans ce chapitre d'examiner dans l'ordre les quatre points suivants. Le premier concerne la *relation d'appui réciproque* en vertu de laquelle les politiques néolibérales et les transformations du capitalisme se sont comme épaulées les unes les autres pour produire ce que nous avons appelé le « grand tournant ». Cependant ce tournant n'est pas dû à la seule crise du capitalisme, pas plus qu'il n'est venu d'un coup. Il a été précédé et il s'est accompagné d'une *lutte idéologique*, laquelle a surtout consisté en une critique systématique et durable de l'État-providence par des essayistes et des hommes politiques. Cette offensive a nourri directement l'action de certains gouvernements et a grandement contribué à légitimer la nouvelle norme lorsque celle-ci a fini par émerger. C'est le deuxième point. Mais la seule conversion des esprits n'aurait pas suffi ; il a fallu obtenir une transformation des comportements. Celle-ci fut pour l'essentiel l'œuvre de techniques et de dispositifs de *discipline*, c'est-à-dire de systèmes de contrainte, tant économiques que sociaux, dont la fonction a été d'obliger les individus à se gouverner sous la pression de la compétition, selon les principes du calcul maximisateur et dans une logique de valorisation de capital. C'est le troisième point. La progressive extension de ces systèmes disciplinaires ainsi que leur codification institutionnelle ont finalement abouti à la mise en place d'une *rationalité* générale, sorte de nouveau régime des évidences s'imposant aux gouvernants de tous bords comme unique cadre d'intelligibilité des conduites humaines.

Une nouvelle régulation par la concurrence [1]

Il est deux façons de manquer le sens du « grand tournant ». La première consiste à le faire exclusivement procéder de transformations économiques internes au système capitaliste. On isole ainsi artificiellement la dimension de *réaction-adaptation* à une situation de crise. La seconde consiste à voir dans la « révolution néolibérale » l'application délibérée et concertée d'une théorie économique, celle de Milton Friedman étant le

---

1   Le contenu de cette section reprend pour une part un exposé réalisé par El Mouhoub Mouhoud et Dominique Plihon au séminaire « Question Marx ». Il a été entièrement revu à l'occasion de la présente publication par les auteurs de l'ouvrage avec l'aide d'El Mouhoub Mouhoud.

plus souvent privilégiée [1]. C'est alors la dimension de la *revanche* idéologique qui est survalorisée. En réalité, la mise en place de la norme mondiale de la concurrence s'est opérée par le *branchement* d'un projet politique sur une dynamique endogène, tout ensemble technologique, commerciale et productive. Nous voudrions dans cette section et la suivante mettre en évidence les principaux traits de cette dynamique, réservant l'examen spécifique de la seconde dimension aux sections ultérieures consacrées à l'idéologie et à la discipline.

Le programme politique de M. Thatcher et de R. Reagan, dupliqué ensuite par un grand nombre de gouvernements et relayé par les grandes organisations internationales comme le FMI ou la Banque mondiale, se présente d'abord comme un ensemble de *réponses* à une situation jugée « ingérable ». Cette dimension proprement réactive est parfaitement manifeste dans le rapport de la Commission Trilatérale [2] intitulé *The Crisis of Democracy*, document clé qui témoigne de la conscience de l'« ingouvernabilité » des démocraties partagée par beaucoup de dirigeants des pays capitalistes [3]. Les experts invités à formuler leur diagnostic en 1975 constataient que les gouvernants étaient devenus incapables de gouverner du fait de la trop grande implication des gouvernés dans la vie politique et sociale. Tout à l'inverse de Tocqueville ou de Mill qui déploraient l'apathie des modernes, les trois rapporteurs de la Commission Trilatérale, Michel Crozier, Samuel Huntington et Joji Watanuki, se plaignaient de l'« excès de démocratie » apparu dans les années 1960, c'est-à-dire, à leurs yeux, de la montée des revendications égalitaires et du désir de participation politique active des classes les plus pauvres et les plus marginalisées. À leurs yeux, la démocratie politique ne peut fonctionner normalement qu'avec un certain degré « d'apathie et de non-participation de la part de certains individus et de certains groupes [4] ». Rejoignant les thèmes classiques des premiers

---

1 Cet aspect est très unilatéralement souligné dans le dernier ouvrage de Naomi Klein, *La Stratégie du choc. La montée d'un capitalisme du désastre*, Leméac/Actes Sud, Arles, 2008.

2 La Commission Trilatérale, fondée en 1973 par David Rockefeller, regroupe comme sa charte l'indique deux cents « citoyens distingués », c'est-à-dire des membres très sélectionnés de l'élite politique et économique mondiale provenant de la « triade » (États-Unis, Europe, Japon), qui s'attacheront à « développer des propositions pratiques pour une action conjointe ».

3 M. Crozier, S.. Huntington et J. Watanuki, *The Crisis of Democracy : Report on the Governability of Democracies to the Trilateral Commission*, New York University Press, New York, 1975.

4 *Ibid.*, p. 114.

théoriciens néolibéraux, ils en venaient à réclamer que l'on reconnaisse qu'« il y a une limite désirable à l'extension indéfinie de la démocratie politique [1] ».

Cet appel à mettre des « limites aux revendications » traduisait à sa manière l'entrée en crise de l'ancienne norme fordiste. Cette dernière mettait en cohérence les principes du taylorisme avec des règles de partage de la valeur ajoutée favorables à la hausse régulière des salaires réels (par indexation sur les prix et les gains de productivité). Cette articulation de la production et de la consommation de masse s'appuyait en outre sur le caractère relativement autocentré [2] de ce modèle de croissance qui garantissait une certaine « solidarité » macroéconomique entre salaire et profit. Les caractéristiques de la demande (faible différenciation des produits, élasticité élevée de la demande par rapport au prix [3], progression des revenus) correspondaient à la satisfaction progressive des besoins des ménages en biens de consommation et d'équipement. Aussi cette croissance soutenue des revenus assurée par l'augmentation des gains de productivité permettait-elle d'écouler la production de masse sur des marchés essentiellement domestiques. Des secteurs industriels peu exposés à la concurrence internationale jouaient un rôle moteur dans la croissance. L'organisation de l'activité productive reposait sur une division du travail très poussée, une automatisation accrue mais rigide, un cycle production/consommation long, permettant d'obtenir des économies d'échelle sur des bases nationales ou même internationales, ces dernières étant liées déjà à la délocalisation massive de segments d'assemblage dans les pays asiatiques. On comprend que de telles conditions rendaient possibles, au plan politique et social, des arrangements articulant jusqu'à un certain point la valorisation du capital et une augmentation des salaires réels (ce que l'on a pu appeler le « compromis social-démocrate »).

Cependant, dès la fin des années 1960, le modèle « vertueux » de la croissance fordiste rencontre des limites endogènes. Les entreprises connaissent alors une baisse très sensible de leurs taux de profit [4]. Cette chute de la « profitabilité » s'explique par le ralentissement des gains de

---

1   *Ibid.*, p. 115, cité par Serge Halimi, *Le Grand Bond en arrière*, Fayard, Paris, 2004, p. 249.
2   Le terme permet de définir un circuit macroéconomique centré sur la base territoriale de l'État-nation.
3   L'élasticité-prix de la demande désigne dans le langage économique la sensibilité de la demande à la variation des prix.
4   *Cf.* Gérard Duménil et Daniel Lévy, *Crise et sortie de crise, ordre et désordres néolibéraux*, PUF, Paris, 2000.

productivité, par le rapport des forces sociales et la combativité des salariés (ce qui a donné aux « années 68 » leur caractéristique historique), par la forte inflation amplifiée par les deux chocs pétroliers de 1973 et de 1979. La stagflation semble alors signer l'acte de décès de l'art keynésien de « piloter la conjoncture », lequel supposait l'arbitrage entre l'inflation et la récession. La coexistence des deux phénomènes, fort taux d'inflation et taux de chômage élevé, paraît discréditer les outils de la politique économique, en particulier l'action bénéfique de la dépense publique sur le niveau de la demande et le niveau d'activité, partant sur le niveau de l'emploi.

Le dérèglement du système international mis en place au lendemain de la Seconde Guerre mondiale constituera au même moment un facteur supplémentaire de crise. Le flottement général des monnaies à partir de 1973 ouvre la voie à une influence accrue des marchés sur les politiques économiques et, dans un contexte nouveau, l'ouverture croissante des économies sape les bases du circuit autocentré « production-revenu-demande ».

La nouvelle politique monétariste s'efforce précisément de répondre aux deux problèmes majeurs que constituent la stagflation et le pouvoir de pression exercé par les organisations de salariés. Il s'est agi, en cassant l'indexation des salaires sur les prix, de transférer la ponction opérée par les deux chocs pétroliers sur le pouvoir d'achat des salariés au bénéfice des entreprises. Les deux axes principaux du retournement de la politique économique auront été la lutte contre l'inflation galopante et la restauration des profits à la fin des années 1970. L'augmentation brutale des taux d'intérêt, au prix d'une sévère récession et d'une montée du chômage, a permis de lancer rapidement une série d'offensives contre le pouvoir syndical, de baisser les dépenses sociales et les impôts et de favoriser la dérégulation. Les gouvernements de gauche eux-mêmes se convertirent à cette politique monétariste au début des années 1980, comme le montre exemplairement le cas de la France [1].

Par un autre « cercle vertueux », cette hausse des taux d'intérêt a débouché sur la crise de la dette des pays latino-américains – en particulier du Mexique – en 1982, ce qui fut l'occasion pour le FMI d'imposer, en échange de la négociation des conditions de remboursement, des plans d'ajustement structurel supposant de profondes réformes. Le doublement des taux d'intérêt américains en 1979 et ses conséquences à la fois internes et externes vont redonner aux créanciers un pouvoir sur les débiteurs, en

---

1 Avec le tournant de la rigueur pris par le gouvernement Delors en 1983.

exigeant d'eux une rémunération réelle plus élevée et en leur imposant ensuite des conditions politiques et sociales très défavorables [1]. Cette discipline monétaire et budgétaire devient la nouvelle norme des politiques anti-inflationnistes dans l'ensemble des pays de l'Organisation de coopération et de développement économiques (OCDE) et des pays du Sud qui dépendent des crédits de la Banque mondiale et de l'appui du FMI.

Une nouvelle orientation a ainsi progressivement pris corps dans des dispositifs et mécanismes économiques qui ont profondément modifié les « règles du jeu » entre les différents capitalismes nationaux comme entre les classes sociales à l'intérieur de chacun des espaces nationaux. Les plus fameuses des mesures engagées sont la grande vague de *privatisation* des entreprises publiques (le plus souvent bradées) et le mouvement général de *dérégulation* de l'économie. L'idée directrice de cette orientation est que la liberté donnée aux acteurs privés, lesquels bénéficient d'une meilleure connaissance de l'état des affaires et de leur propre intérêt, est toujours plus efficace que l'intervention directe ou la régulation publique. Si l'ordre économique keynésien et fordiste reposait sur l'idée que la concurrence entre entreprises et entre économies capitalistes devait être encadrée par des règles fixes communes en matière de taux de change, de politiques commerciales et de partage des revenus, la nouvelle norme néolibérale mise en place à la fin des années 1980 érige la concurrence en règle suprême et universelle de gouvernement.

Ce système de règles a défini ce que l'on pourrait nommer un *système disciplinaire mondial*. Comme on le montrera plus loin, l'élaboration de ce système représente l'aboutissement d'un processus d'expérimentation des dispositifs disciplinaires mis au point dès les années 1970 par les gouvernements acquis au dogme du monétarisme. Elle a trouvé sa formulation la plus condensée dans ce que John Williamson a appelé le « consensus de Washington ». Ce consensus s'est établi dans la communauté financière internationale comme un ensemble de prescriptions que doivent suivre tous les pays pour obtenir prêts et aides [2].

---

1 *Cf.* Dominique PLIHON, *Le Nouveau Capitalisme*, La Découverte, « Repères », Paris, 2003.

2 Parmi les dix prescriptions qui constituent la nouvelle norme mondiale, l'on trouve : la discipline budgétaire et fiscale (respect de l'équilibre budgétaire et baisse des prélèvements obligatoires et des taux d'imposition), la libéralisation commerciale avec suppression des barrières douanières et fixation de taux de change compétitifs, l'ouverture aux mouvements de capitaux étrangers, la privatisation de l'économie, la déréglementation et la mise en place de marchés concurrentiels, la protection des droits de propriété, en particulier la propriété intellectuelle des oligopoles internationaux.

Les organisations internationales ont joué un rôle très actif dans la diffusion de cette norme. Le FMI et la Banque mondiale ont vu le sens de leur mission se transformer radicalement dans les années 1980, sous l'effet du basculement des gouvernements des pays les plus puissants dans la nouvelle rationalité gouvernementale. La plupart des économies les plus fragiles ont dû obéir aux prescriptions de ces organismes pour bénéficier de leurs aides ou, au moins, pour obtenir leur « approbation », afin d'améliorer leur image auprès des créanciers et investisseurs internationaux. Dani Rodrick, un économiste de Harvard ayant beaucoup travaillé avec la Banque mondiale, n'a pas hésité à parler à ce sujet d'une « habile stratégie de marketing » : « On présenta l'ajustement structurel comme une démarche que les pays devaient entreprendre pour sauver leurs économies de la crise [1]. » En réalité, comme l'a bien montré Joseph Stiglitz, les résultats des plans d'ajustement ont été souvent très destructeurs. Les « thérapies de choc » ont étouffé la croissance par des taux d'intérêt très élevés, elles ont détruit des productions locales en les exposant sans précaution à la concurrence des pays plus développés, elles ont souvent aggravé les inégalités et accru la pauvreté, elles ont renforcé l'instabilité économique et sociale et soumis ces économies « ouvertes » à la volatilité des mouvements de capitaux. L'intervention du FMI et de la Banque mondiale visait à imposer le cadre politique de l'État concurrentiel, soit celui de l'État dont toute l'action tend à faire de la concurrence la loi de l'économie nationale, que cette concurrence soit celle des producteurs étrangers ou celle des producteurs nationaux.

De façon plus générale, les politiques suivies par les gouvernements du Nord comme du Sud consistèrent à chercher dans l'augmentation de leurs parts de marché au niveau mondial la solution à leurs problèmes intérieurs. Cette course à l'exportation, à la conquête des marchés étrangers et à la captation de l'épargne a créé un contexte de concurrence exacerbée qui a conduit à une « réforme » permanente des systèmes institutionnels et sociaux, présentée aux populations comme une nécessité vitale. Les politiques économiques et sociales ont toutes intégré comme dimension principale cette « adaptation » à la mondialisation, cherchant à accroître la réactivité des entreprises, à diminuer la pression fiscale sur les revenus du capital et les groupes les plus favorisés, à discipliner la main-d'œuvre, à abaisser le coût du travail et à augmenter la productivité.

---

1   Cité par N. KLEIN, *op. cit.*, p. 202. On a là, soit dit en passant, une assez bonne illustration du premier sens du terme de « stratégie » comme choix des moyens permettant d'atteindre un objectif déterminé par avance.

Les États devinrent eux-mêmes des éléments clés de cette concurrence exacerbée, cherchant à attirer une part plus importante des investissements étrangers en créant les conditions fiscales et sociales les plus favorables à la valorisation du capital. Ils ont donc largement contribué à la création d'un ordre qui les soumet à de nouvelles contraintes, lesquelles les conduisent à comprimer salaires et dépenses publiques, à réduire les « droits acquis » jugés trop coûteux, à affaiblir les mécanismes de solidarité qui échappent à la logique assurantielle privée. À la fois acteurs et objets de la concurrence mondiale, constructeurs et auxiliaires du capitalisme financier, les États sont de plus en plus soumis à la loi d'airain d'une dynamique de la mondialisation qui leur échappe très largement. Les dirigeants des gouvernements et des organismes internationaux (financiers et commerciaux) peuvent ainsi soutenir que la mondialisation est un *fatum* tout en œuvrant continûment à la création de cette supposée « fatalité ».

L'essor du capitalisme financier

Sur le plan mondial, la diffusion de la norme néolibérale trouve un véhicule privilégié dans la libéralisation financière et la mondialisation de la technologie. Un marché unique des capitaux se met en place à travers une série de réformes de la législation, dont les plus significatives ont été la libération complète des changes, la privatisation du secteur bancaire, le décloisonnement des marchés financiers et, au niveau régional, la création de la monnaie unique européenne. Cette libéralisation *politique* de la finance est fondée sur un besoin de financement de la dette publique qui sera satisfait par l'appel aux investisseurs internationaux. Elle est justifiée au plan théorique par la supériorité de la concurrence entre acteurs financiers sur l'administration du crédit pour ce qui regarde le financement des entreprises, des ménages et des États endettés [1]. Elle a été facilitée par une révision progressive de la politique monétaire américaine qui a abandonné les stricts canons du monétarisme doctrinal.

La finance mondiale a connu pendant près de deux décennies une extension considérable. Le volume des transactions à partir des années 1980 montre que le marché financier s'est autonomisé relativement à la sphère de la production et des échanges commerciaux, accroissant

---

1   *Cf.* D. Plihon, « L'État et les marchés financiers », *Les Cahiers français*, n° 277, 1996.

l'instabilité devenue chronique de l'économie mondiale [1]. Depuis que la « globalisation » est tirée par la finance, la plupart des pays sont dans l'impossibilité de prendre des mesures qui iraient à l'encontre des intérêts des détenteurs de capitaux. De ce fait, ils n'ont empêché ni la formation des bulles spéculatives ni leur éclatement. Plus encore, ils ont pu contribuer, comme aux États-Unis à partir de 2000, à leur formation par une politique monétaire qui s'est éloignée du monétarisme classique. L'unification du marché mondial de l'argent s'est accompagnée d'une homogénéisation des critères de comptabilité, d'une uniformisation des exigences de rentabilité, d'un mimétisme des stratégies des oligopoles, des vagues de rachats, de fusions et de restructuration des activités.

Le passage du capitalisme fordiste au capitalisme financier a également été marqué par une modification sensible des règles de contrôle des entreprises. Avec la privatisation du secteur public, le poids croissant des investisseurs institutionnels et l'augmentation des capitaux étrangers dans la structure de la propriété des entreprises, l'une des transformations majeures du capitalisme réside dans les objectifs poursuivis par les entreprises sous la pression des actionnaires. De fait, le pouvoir financier des propriétaires de l'entreprise est parvenu à obtenir des managers qu'ils exercent une pression continuelle sur les salariés afin d'accroître les dividendes et d'augmenter les cours de Bourse. Selon cette logique, la « création de valeur actionnariale », c'est-à-dire la production de valeur au profit des actionnaires telle que les marchés boursiers la déterminent, devient le principal critère de gestion des dirigeants. Les comportements des entreprises en seront profondément affectés. Elles développeront tous les moyens d'augmenter cette « création de valeur » financière : fusions-acquisitions, recentrage sur les métiers de base, externalisation de certains segments de la production, réduction de la taille de l'entreprise [2]. La gouvernance d'entreprise (*corporate governance*) est directement liée à la volonté de prise de contrôle par les actionnaires de la gestion des entreprises. Le contrôle dit « indiciel », déterminé par la seule variation de l'indice boursier, a pour but de réduire l'autonomie des objectifs des managers, supposés avoir des intérêts différents de ceux des actionnaires, voire opposés aux leurs. Le principal effet de ces pratiques de contrôle a été de faire de l'augmentation du cours de la Bourse l'objectif commun des actionnaires et des dirigeants. Le marché financier a été ainsi constitué en *agent disciplinant* pour tous les acteurs de l'entreprise, depuis le dirigeant

---

1   Cf. François CHESNAIS, *La Mondialisation financière. Genèse, coût et enjeux*, Syros, Paris, 1997.
2   D. PLIHON, *Le Nouveau Capitalisme, op. cit.*, p. 67 *sq.*

jusqu'au salarié de base : tous doivent être soumis au principe d'*accountability*, c'est-à-dire à la nécessité de « rendre des comptes » et d'être évalués en fonction des résultats obtenus.

Le renforcement du capitalisme financier a eu d'autres conséquences importantes et, en premier lieu, sociales. La concentration des revenus et des patrimoines s'est accélérée avec la financiarisation de l'économie. La déflation salariale a traduit le pouvoir accru des possesseurs de capitaux qui leur a permis de capter un surcroît important de valeur en imposant leurs critères de rendement financier à l'ensemble de la sphère productive et en mettant en concurrence les forces de travail à l'échelle mondiale. Elle a conduit de nombreux salariés à recourir à l'endettement, lui-même rendu plus facile après le krach de 2000 par l'activisme monétaire de la Federal Reserve Bank. Leur appauvrissement relatif et souvent absolu les a ainsi soumis au pouvoir de la finance.

En second lieu, c'est le rapport du sujet à lui-même qui a été profondément atteint. Du fait d'une fiscalité plus attractive, et de l'encouragement des pouvoirs publics, le patrimoine financier et immobilier de nombreux ménages moyens et supérieurs a considérablement augmenté depuis les années 1990. Si l'on est loin du rêve thatchérien de populations occidentales faites de millions de petits capitalistes, la logique du capital financier a eu néanmoins des effets subjectifs non négligeables. Chaque sujet a été conduit à se concevoir et à se comporter dans toutes les dimensions de son existence comme un porteur de capital à valoriser : études universitaires payantes, constitution d'une épargne retraite individuelle, achat de son logement, placements à long terme dans des titres de Bourse, tels sont les aspects de cette « capitalisation de la vie individuelle » qui, au fur et à mesure qu'elle gagnait du terrain dans le salariat, a érodé un peu plus les logiques de solidarité [1].

L'avènement du capitalisme financier ne nous a pas fait passer, contrairement à ce qu'un certain nombre d'analystes avaient alors avancé, du capitalisme organisé du XIXe siècle à un « capitalisme désorganisé » [2]. Mieux vaut dire que le capitalisme s'est réorganisé sur de nouvelles bases dont le ressort est la mise en œuvre de la concurrence généralisée, y compris dans l'ordre de la subjectivité. Ce qu'on s'est plu à appeler

---

1   *Cf.* sur ce point, R. Martin, *The Financialization of Daily Life*, Temple University Press, Philadelphie, 2002. Sur ce que nous appellerons la « subjectivation financière », *cf. infra*, chap. 13.

2   Scott Lasch et John Urry, *The End of Organized Capitalism*, Polity Press, Cambridge, 1987.

« dérégulation », expression équivoque qui pourrait laisser penser que le capitalisme ne connaît plus aucun mode de régulation, est en réalité une nouvelle *mise en ordre* des activités économiques, des rapports sociaux, des comportements et des subjectivités.

Rien ne l'indique mieux que le rôle des États et des organisations économiques internationales dans la mise en place du nouveau régime d'accumulation à dominante financière. Il y a en effet quelque fausse naïveté dans le fait de déplorer la puissance du capital financier par opposition à la force déclinante des États. Le nouveau capitalisme est profondément lié à la construction *politique* d'une finance globale régie par le principe de la concurrence généralisée. En cela, la « mise en marché » (*marketization*) de la finance est fille de la raison néolibérale. Il convient donc de ne pas prendre l'effet pour la cause en identifiant sommairement néolibéralisme et capitalisme financier.

Certes tout ne vient pas de la main de l'État. Si, au départ, l'un des objectifs de la libéralisation des marchés financiers consistait à faciliter les besoins croissants de financement des déficits publics, l'expansion de la finance globale est aussi le résultat de multiples innovations en produits financiers, en pratiques et en technologies qui n'avaient pas été prévues à l'origine.

Reste que c'est bien l'État qui, dans les années 1980, a constitué par ses réformes de libéralisation et de privatisation une finance de marché en lieu et place d'une gestion plus administrée des financements bancaires des entreprises et des ménages. Rappelons que, des années 1930 aux années 1970, le système financier était encadré par des règles qui visaient à le *protéger des effets de la concurrence*. À partir des années 1980, les règles auxquelles il va continuer d'être soumis changent radicalement de sens, puisqu'elles visent à *réglementer la concurrence générale* entre tous les acteurs de la finance à l'échelle internationale [1]. La France offre un bon exemple de cette transformation. Les gouvernements français ont entrepris de mettre fin à la gestion administrée du crédit : suppression de son encadrement, levée du contrôle des changes, privatisation des institutions bancaires et financières. Ces mesures ont permis la création d'un grand marché unique des capitaux et encouragé le développement de conglomérats mêlant les activités de banque, d'assurance et de

---

1   Comme l'écrivent Dominique Plihon, Jézabel Couppey-Soubeyran et Dhafer Saïdane, « dès lors, le but de la réglementation n'a plus été de soustraire l'activité bancaire à la concurrence, mais de créer des conditions légales et loyales d'activité (*level playing field*) ». D. PLIHON, J. COUPPEY-SOUBEYRAN et D. SAÏDANE, *Les Banques, acteurs de la globalisation financière*, La Documentation française, Paris, 2006, p. 113.

conseil. Parallèlement, la gestion de la dette publique, en pleine expansion au début des années 1990, a été profondément modifiée pour faire appel aux investisseurs internationaux, de sorte que, par ce moyen, les États ont largement et directement contribué à l'essor de la finance mondialisée. Par une manière de « choc en retour » de sa propre action, l'État a lui-même été enjoint de réaliser de façon accélérée son « adaptation » à la nouvelle donne financière internationale. Plus les transferts de revenus vers les prêteurs, par le moyen de l'impôt, ont été importants, plus il a été question de diminuer le nombre des fonctionnaires et de baisser leurs rémunérations, plus il a fallu transférer au secteur privé des pans entiers du secteur public. Les privatisations, de même que l'encouragement à l'épargne individuelle, ont fini par donner un pouvoir considérable aux banquiers et aux assureurs.

L'élargissement de la taille des marchés, leur décloisonnement, la création du marché des produits dérivés ont été systématiquement encouragés par les pouvoirs publics pour faire face à la concurrence des autres places financières (en particulier des plus puissantes, celles de Londres et New York). Aux États-Unis, dans les années 1990, on a ainsi assisté à la fin du cloisonnement du secteur bancaire avec la suppression du *Glass-Stagall Act* de 1933 et à la naissance parallèle de grands conglomérats multifonctions (*one-stop shopping*). La titrisation des créances, amorcée aux États-Unis dans les années 1970, a bénéficié d'un cadre légal dans la plupart des pays (en France en 1988) [1]. Enfin, dans un autre domaine, c'est encore à l'État qu'il revint de construire le lien entre le pouvoir du capital financier et la gestion de l'entreprise : il donna aux normes de la gouvernance d'entreprise un cadre légal [2] consacrant les droits des actionnaires et instaurant un système de rémunération des dirigeants fondé sur la montée de la valeur des actions (*stock-options*) [3].

Cette construction politique de la finance de marché par les gouvernements n'a pas manqué d'être relayée par l'action du FMI et de la Banque mondiale. Les politiques publiques ont puissamment et activement aidé les « investisseurs institutionnels » à instaurer la norme du maximum de valeur actionnariale, à capter des flux de revenus de plus en plus importants, à alimenter grâce au prélèvement rentier une spéculation sans frein. La concentration des institutions financières, désormais placées au centre

---

1   *Ibid.*, p. 18-19.
2   Telle, en France, la « loi sur les nouvelles régulations économiques » de mai 2001.
3   On se rappelle que ces mesures favorables au capitalisme financier ont fait consensus parmi les élites politiques et économiques. En France, c'est à un gouvernement de gauche qu'il revint de les mettre en œuvre.

des nouveaux dispositifs économiques, a permis un drainage massif de l'épargne des ménages et des entreprises, leur donnant du même coup un pouvoir accru sur toutes les sphères économiques et sociales. Ce que l'on appelle donc « libéralisation » de la finance, qui est plus proprement la construction de marchés financiers internationaux, a engendré une « créature » à la puissance à la fois diffuse, globale et incontrôlable.

Paradoxalement, ce rôle actif des États n'a pas été sans favoriser le dérapage des institutions de crédit au milieu des années 2000. C'est bien la concurrence exacerbée entre institutions de crédit « multifonctionnelles » qui les a poussées à prendre des risques de plus en plus grands afin de maintenir leur propre rentabilité [1]. Cette prise de risque n'était possible que si l'État restait le garant suprême du système. Le sauvetage des caisses d'épargne dans les années 1990 aux États-Unis a montré que l'État ne pourrait rester indifférent à l'écroulement des grandes banques selon le principe du « *too big to fail* ». En réalité, le gouvernement néolibéral joue depuis longtemps le rôle de prêteur en dernier ressort, comme le montrent suffisamment aux États-Unis les pratiques d'achat des créances aux banques et leur titrisation [2]. De sorte qu'il n'y a pas à s'étonner de voir les gouvernements multiplier les interventions de « sauvetage » des institutions bancaires et des sociétés d'assurances depuis le déclenchement de la crise en 2007 : ces interventions ne font qu'illustrer à très grande échelle le principe de « nationalisation des risques et privatisation des profits ». Ainsi, le gouvernement britannique de Gordon Brown a nationalisé près de 50 % de son système bancaire et le gouvernement américain a recapitalisé les banques de Wall Street pour un montant de plusieurs centaines de milliards de dollars. Contrairement à ce que certains analystes ont prétendu, ce n'est évidemment pas de « socialisme » qu'il s'agit, pas plus que d'une nouvelle « révolution d'Octobre », mais d'une *extension contrainte et forcée du rôle actif de l'État néolibéral*. Constructeur, vecteur et partenaire du capitalisme financier, l'État néolibéral a franchi un pas supplémentaire en devenant effectivement, à la faveur de la crise, l'institution financière de dernier ressort. Cela est si vrai que ce « sauvetage » peut faire provisoirement de lui une sorte d'État *boursier* qui rachète à bas prix des titres pour essayer de les revendre plus tard à un cours élevé. L'idée selon laquelle,

---

1   Sur les mécanismes de la crise financière, on se reportera à Paul JORION, *Vers la crise du capitalisme américain*, La Découverte, Paris, 2007 et Frédéric LORDON, *Jusqu'à quand ? Pour en finir avec les crises financières*, Raisons d'agir, Paris, 2008.
2   Les crédits hypothécaires ont ainsi été massivement garantis aux États-Unis par les deux agences publiques chargés du prêt au logement, Fannie Mae et Freddie Mac.

après un « retrait de l'État », nous assisterions à un « retour de l'État » doit donc être sérieusement mise en question.

Idéologie (1) : le « capitalisme libre »

Qu'une telle illusion soit si courante tient pour une large part à une stratégie efficace de conversion des esprits qui a pris, depuis les années 1960 et 1970, la double forme d'une lutte idéologique contre l'État et les politiques publiques, d'une part, et d'une apologie sans réserve du capitalisme le plus débridé, d'autre part. Toute une vulgate a largement brodé sur le thème du nécessaire « désengagement de l'État » et sur l'incomparable « efficacité des marchés ». C'est ainsi qu'au détour des années 1980 l'on a pu croire revenu le mythe du marché autorégulateur, en dépit de politiques néolibérales qui visaient à la *construction* la plus active des marchés.

Cette conquête politique et idéologique a été l'objet de nombreux travaux. Certains auteurs ont déployé une stratégie très consciente de *lutte idéologique*. Hayek, von Mises, Stigler ou Friedman ont véritablement *pensé* l'importance de la propagande et de l'éducation, thème qui occupe une part notable de leurs écrits et de leurs interventions. Ils ont même cherché à donner une forme populaire à leurs thèses pour qu'elles touchent, sinon l'opinion directement, du moins ceux qui la font, et ceci très tôt comme le montre le succès mondial de *La Route de la servitude* de Hayek. Ce qui explique aussi la constitution des *think tanks* dont le plus célèbre, la Société du Mont-Pèlerin, fondée en 1947 à Vevey en Suisse par Hayek et Röpke, n'a été que la « tête de réseau » d'un vaste ensemble d'associations et de cercles militants dans tous les pays. L'historiographie décrit ainsi la manière dont les *think tanks* des « évangélistes du marché » ont permis de donner l'assaut aux grands partis de droite, en s'appuyant sur une presse dépendante des milieux d'affaires, puis, de proche en proche, comment les « idées modernes » du marché et de la mondialisation ont fait refluer puis dépérir les systèmes idéologiques qui leur étaient immédiatement opposés, à commencer par la social-démocratie.

Cet aspect des choses est évidemment essentiel d'un point de vue historique. C'est bien par la fixation et la répétition des mêmes arguments qu'une vulgate a fini par s'imposer partout, particulièrement dans les médias, l'université et le monde politique. Aux États-Unis, Milton Friedman a joué un rôle majeur, à côté de ses travaux académiques, dans la réhabilitation du capitalisme par une production exceptionnelle d'articles, de livres et d'émissions de télévision. Il est le seul économiste en son temps à avoir fait la couverture de *Time* (en 1969). Parfaitement conscient de l'importance de cette propagation des idées procapitalistes, il notait que la législation ne fait la plupart du temps que suivre un mouvement dans l'opinion publique qui a eu lieu vingt ou trente ans auparavant[1]. Le retournement de l'opinion contre le laisser-faire des années 1880 ne s'est ainsi traduit dans les politiques qu'au début du XXᵉ siècle. Pour M. Friedman, un nouveau changement en faveur du capitalisme concurrentiel a eu lieu vers les années 1960 et 1970, à la suite de l'échec des politiques de régulation keynésienne, de lutte contre la pauvreté et de redistribution des revenus, et du fait de la répulsion croissante pour le modèle soviétique. À ses yeux, la révolte des contribuables californiens en 1978, qui s'est étendue progressivement aux États-Unis et, au-delà, dans un grand nombre de pays occidentaux, a témoigné de cette nouvelle aspiration de la population à réduire les dépenses publiques et les impôts. M. Friedman, conscient de ces cycles et des effets retardés de l'opinion sur la législation et la politique, voit juste quand il annonce en 1981 qu'il s'agit d'un tournant majeur qui va se traduire dans les mesures gouvernementales.

Chaque pays a connu, à son heure, ses best-sellers vantant la révolution conservatrice américaine et le retour du marché tout en dénonçant avec véhémence les abus coûteux de la fonction publique et de l'« État-providence ». Cette immense vague porteuse des nouvelles évidences a fabriqué un consentement, sinon des populations, du moins des « élites » détentrices de la parole publique et a permis de stigmatiser comme « archaïques » ceux qui osaient encore s'y opposer[2].

On ne saurait toutefois oublier que ce n'est pas la seule force des idées néolibérales qui a assuré leur hégémonie. Elles se sont imposées à partir de l'affaiblissement des doctrines de gauche et de l'effondrement de toute alternative au capitalisme. Elles se sont surtout affirmées dans un contexte de crise des modes anciens de régulation de l'économie capitaliste, au moment où l'économie mondiale était touchée par des chocs pétroliers. C'est ce qui explique que, à la différence des années 1930, la crise du capitalisme fordiste a débouché sur une issue favorable non pas à *moins de capitalisme* mais à *plus de capitalisme*. Le thème majeur de cette guerre

---

1   *Cf.* sa conférence « The invisible hand in economics and politics », Institute of Southeast Asian Studies, 1981.

2   Par exemple, aux États-Unis, George GILDER, *Wealth and Poverty*, Bantam Books, New York, 1981, ou, en France, Henri LEPAGE, *Demain le capitalisme*, Hachette, « Pluriel », Paris, 1978.

idéologique a été la critique de l'État comme source de tous les gaspillages et comme frein de la prospérité.

Le succès idéologique du néolibéralisme a d'abord été rendu possible par le crédit nouveau accordé à de très anciennes critiques contre l'État. Depuis le XIXᵉ siècle, l'État a inspiré les diatribes les plus virulentes. Frédéric Bastiat, précédant Spencer sur ce registre, s'était distingué dans ses *Harmonies économiques*. Les services publics, écrivait-il, entretiennent l'irresponsabilité, l'incompétence, l'injustice, la spoliation et l'immobilisme : « Tout ce qui est tombé dans le domaine du fonctionnarisme est à peu près stationnaire » faute de l'aiguillon indispensable de la concurrence [1]. Ce sont donc sans surprise des thèmes à peine rajeunis par un vocabulaire neuf qui vont resservir : l'État est trop coûteux, il dérègle la machine fragile de l'économie, il « désincite » les acteurs de produire. Le « coût de l'État » et le poids excessif de l'impôt ont été constamment mis en avant depuis trente ans pour légitimer un premier virage sur le plan fiscal. D'autres critiques se sont ajoutées, brodant sur l'idée de gaspillage bureaucratique : caractère inflationniste des dépenses de l'État, dimension insupportable de la dette accumulée, effet dissuasif d'impôts trop lourds, fuite des entreprises et des capitalistes hors de l'espace national rendu « non compétitif » par le poids des charges pesant sur les revenus du capital. M. Friedman rêvait ainsi d'une société très peu fiscalisée :

> Ma définition serait la suivante : est « libérale » une société où les dépenses publiques, toutes collectivités confondues, ne dépassent pas 10 à 15 % du produit national. Nous en sommes très loin. Il existe évidemment d'autres critères tels que le degré de protection de la propriété privée, la présence de marchés libres, le respect des contrats, etc. Mais tout cela se mesure finalement à l'aune du poids global de l'État. 10 %, c'était le chiffre de l'Angleterre à l'apogée du règne de la reine Victoria, à la fin du XIXᵉ siècle. À l'époque de l'âge d'or de la colonie, Hong-Kong atteignait moins de 15 %. Toutes les données empiriques et historiques montrent que 10 à 15 % est la taille optimale. Aujourd'hui, les gouvernements européens se situent à quatre fois plus en moyenne. Aux États-Unis, nous en sommes seulement à trois fois [2].

Cette argumentation n'est pas sans renouer avec le thème très ancien du « gouvernement frugal » qui doit s'empêcher de prélever des richesses excessives pour ne pas nuire à l'activité des agents économiques en les privant de

---

[1]   F. BASTIAT, *Œuvres économiques*, textes présentés par Florin Aftalion, PUF, « Libre Échange », Paris, 1983, p. 207.

[2]   « Milton Friedman : le triomphe du libéralisme », Entretien avec Henri Lepage, *Politique internationale*, n° 100, été 2003.

ressources et en détruisant leurs motivations. Elle a été renforcée par les ana-lyses de L. von Mises et F. Hayek dans les années 1930 sur l'inefficacité bureaucratique, essentiellement due pour eux à l'impossibilité du calcul en économie dirigée et à l'absence de tout arbitrage possible entre solutions alternatives. Les arguments élaborés par ces auteurs contre la « bureau-cratie » et l'« État omnipotent », qui étaient, au moment de leur formulation, à contre-courant, ont connu cinquante ans plus tard un très grand succès dans la presse, et bien au-delà de la droite, l'écroulement de l'Union sovié-tique semblant apporter la démonstration en acte de l'échec de toute éco-nomie centralisée. Enfin, l'amalgame de la bureaucratie de type stalinien et des différentes formes d'intervention de l'économie, que Hayek ou von Mises n'avaient pas hésité à faire, devint usuel dans la nouvelle vulgate. Les échecs de la régulation keynésienne, les difficultés rencontrées par la sco-larisation de masse, le poids de la fiscalité, les différents déficits des caisses publiques d'assurances sociales, l'incapacité relative de l'État social de sup-primer la pauvreté ou de réduire les inégalités, tout fut prétexte à revenir sur les formes institutionnelles qui, après la Seconde Guerre mondiale, avaient assuré un compromis entre les grandes forces sociales. Plus encore, ce sont toutes les réformes sociales depuis la fin du XIXᵉ siècle qui ont été mises en cause au nom de la liberté absolue des contrats et de la défense incondition-nelle de la propriété privée. Donnant tort à la thèse polanyienne de la « grande transformation », les années 1980 se caractérisent sur le plan idéo-logique comme une époque « spencérienne ».

Tout a été amalgamé, avec un contenu certes un peu différent, mais selon la même méthode que celle qu'avait employée Hayek dans *La Route de la servitude*. Le goulag et l'impôt n'étaient au fond que deux éléments d'un même continuum totalitaire. En France, par exemple, « nouveaux philosophes » et « nouveaux économistes » participèrent simultanément à la même dénonciation du grand Léviathan. Plus encore, c'est à un complet retournement de la critique sociale que nous avons assisté : alors que, jusque dans les années 1970, le chômage, les inégalités sociales, l'infla-tion, l'aliénation, toutes les « pathologies sociales » étaient rapportés au capitalisme, dès les années 1980, les mêmes maux sont désormais systéma-tiquement attribués à l'État. Le capitalisme n'est plus le problème, il est devenu la solution universelle. Tel était bien le message des ouvrages de M. Friedman dès les années 1960 [1].

---

1   *Cf.* M. Friedman, *Capitalisme et libertés*, Robert Laffont, Paris, 1971 [1962].

C'est en effet au nom des « échecs du marché » (*market failures*) que l'intervention publique avait été justifiée dès les années 1920 et qu'elle avait pu s'étendre après guerre. Cette inversion de la critique a été parfaitement résumée par M. Friedman dans *La Liberté du choix* :

> Le gouvernement est un des moyens par lesquels nous pouvons essayer de compenser les « défauts du marché », et d'utiliser nos ressources plus efficacement pour produire les quantités d'air, d'eau et de terre propres que nous acceptons de payer. Malheureusement, les facteurs mêmes qui produisent le « défaut de marché » empêchent également le gouvernement de parvenir à une solution satisfaisante. En règle générale, le gouvernement a autant de mal que les participants du marché à identifier qui a pâti et qui a profité, et à évaluer le volume exact des préjudices et des bénéfices. Essayer de se servir du gouvernement pour corriger un « défaut de marché », c'est souvent en fait substituer un « défaut de gouvernement » à un « défaut de marché » [1].

Ronald Reagan en avait fait un slogan : « Le gouvernement n'est pas la solution, c'est le problème » [2].

Idéologie (2) : l'« État-providence » et la démoralisation des individus

Un grand nombre de thèses, de rapports, d'essais et d'articles chercheront à calculer la balance des coûts et des avantages de l'État pour conclure par un verdict sans appel : les indemnités chômage et le revenu minimum sont responsables du chômage, la prise en charge des dépenses de maladie creuse les déficits et provoque l'inflation des coûts, la gratuité des études pousse à la flânerie et au nomadisme des étudiants, les politiques de redistribution des revenus ne réduisent pas les inégalités mais découragent l'effort, les politiques urbaines n'ont pas enrayé la ségrégation mais ont alourdi la fiscalité locale. En somme, il s'est agi de poser partout la question décisive de l'utilité des interférences étatiques avec l'ordre du marché et de

---

1   M. FRIEDMAN, *La Liberté du choix*, Belfond, Paris, 1980, p. 204.
2   D'autres arguments sont venus étayer cette mise en question de l'intervention publique. L'école économique américaine dite du *Public Choice* a développé un point de vue plus élaboré, en appliquant aux activités publiques la logique du calcul économique individuel. Nous examinerons cette doctrine dans le chap. 13.

montrer que, dans la plupart des cas, les « solutions » apportées par l'État constituaient plus de problèmes qu'elles n'en résolvaient [1].

Mais la question du coût de l'État social est loin de se limiter à la seule dimension comptable. En réalité, c'est sur le terrain moral que l'action publique peut avoir les effets les plus négatifs selon nombre de polémistes. Plus précisément, c'est par la démoralisation qu'elle risque d'engendrer dans la population que la politique de l'« État-providence » est devenue particulièrement coûteuse. Le grand thème néolibéral veut que l'État bureaucratique détruise les vertus de la société civile, l'honnêteté, le sens du travail bien fait, l'effort personnel, la civilité, le patriotisme. Ce n'est pas le marché qui détruit la société civile par l'« appétit du gain » [2], car il ne pourrait fonctionner sans ces vertus de la société civile ; c'est l'État qui mine les ressorts de la moralité individuelle. Comme l'a montré Albert O. Hirschman, l'argument n'était pas nouveau. Il constitue l'un des trois schèmes fondamentaux de la « rhétorique réactionnaire », celui qu'il appelle l'« effet pervers ». Vouloir le bien du grand nombre par des politiques protectrices et redistributrices conduit immanquablement à faire leur malheur [3]. Telle fut la thèse largement diffusée de Charles Murray dans *Losing Ground*, ouvrage paru en pleine période reaganienne [4]. La lutte généreuse contre la pauvreté a échoué parce qu'elle a dissuadé les pauvres de chercher à progresser contrairement à ce qu'avaient fait de nombreuses générations d'immigrants. Le maintien des individus dans des catégories dévalorisées, la perte de dignité et d'estime de soi, l'homogénéisation de la classe pauvre, voilà quelques-uns des effets non voulus de l'aide sociale. Il n'est pour C. Murray qu'une solution : la suppression du *Welfare State* et la réactivation de la solidarité de famille et de voisinage, laquelle oblige les individus, pour ne pas perdre la face, à prendre leurs responsabilités, à retrouver un statut, une fierté.

L'une des constantes du discours néolibéral est sa critique de l'« assistanat » engendré par la couverture trop généreuse des risques de la part des systèmes d'assurance sociale. Non seulement les réformateurs néolibéraux se sont servis de l'argument de l'efficacité et du coût, mais ils ont mis en avant la supériorité *morale* des solutions du marché ou inspirées par le marché.

---

1   *Cf.* l'un des premiers dossiers à charge produits en France : Henri Lepage, *Demain le capitalisme*, Hachette, « Pluriel », Paris, 1978, chap. VI : « L'État-providence démystifié ».
2   On se rappelle la critique faite par Ferguson à cet égard, *cf. supra*, chap. 1 et 2.
3   A. O. Hirschman, *Deux siècles de rhétorique réactionnaire*, Fayard, Paris, 1995.
4   C. Murray, *Losing Ground. American Social Policy*, Basic Books, New York, 1984.

Cette critique repose sur un postulat portant sur le rapport de l'individu au risque. L'« État-providence », en voulant promouvoir le bien-être de la population par des mécanismes de solidarité, a déresponsabilisé les individus et les a dissuadés de chercher du travail, de faire des études, de prendre soin de leurs enfants, de se prémunir contre les maladies dues à des pratiques nocives. Le remède consiste donc à faire jouer dans tous les domaines et à tous les niveaux, mais d'abord à celui, microéconomique, du comportement des individus, les mécanismes du calcul économique individuel. Ce qui devrait avoir un double effet : une moralisation des comportements, une plus grande efficience des systèmes sociaux. C'est ainsi qu'aux États-Unis l'aide apportée aux familles ayant des enfants à charge (*Aid to Families with Dependent Children*) est devenue dans les années 1970 le symbole des effets néfastes du *Welfare State*, encourageant la dissolution des liens familiaux, la multiplication des familles assistées et la désincitation au travail des *welfare mothers*. Ce que confirmera, sur un mode académique, la démonstration du *Traité de la famille* de Gary Becker fondée sur le calcul des avantages et des coûts pour les jeunes mères de rester célibataires [1]. L'« État-providence » a pour effet pervers d'inciter les agents économiques à préférer le loisir au travail. Cet argumentaire, repris à satiété, relie la sécurité apportée aux individus et la perte du sens des responsabilités, l'abandon des devoirs parentaux, l'effacement du goût pour l'effort et de l'amour du travail. En un mot, la protection sociale est destructrice des valeurs sans lesquelles le capitalisme ne pourrait plus fonctionner [2].

C'est sans doute l'essayiste américain George Gilder, dans son bestseller *Wealth and Poverty* paru au moment de l'arrivée au pouvoir de R. Reagan, qui a insisté le plus éloquemment sur la relation entre valeurs et capitalisme [3]. Pour lui, l'avenir repose sur la foi dans le capitalisme telle que la manifestait Lippmann dans *The Good Society* :

> La foi dans l'homme, dans l'avenir, la foi dans les rendements croissants du don, la foi dans les avantages mutuels du commerce, la foi dans la providence de Dieu sont toutes essentielles au succès du capitalisme. Toutes sont nécessaires pour encourager l'ardeur au travail et l'esprit d'entreprise envers et contre tous les échecs et les frustrations inévitables d'un monde déchu ; pour inspirer la confiance et la solidarité dans une économie où elles seront souvent trahies ; pour encourager le renoncement aux plaisirs immédiats au

---

1 G. S. BECKER, *A Treatise on Family*, Harvard University Press, Cambridge, 1981.
2 Un exemple d'un tel argumentaire dans Philippe BÉNÉTON, *Le Fléau du bien. Essai sur les politiques sociales occidentales*, Robert Laffont, Paris, 1983, p. 287.
3 G. GILDER, *Richesse et pauvretés*, Albin Michel, Paris, 1981.

nom d'un avenir qui risque de s'évanouir en fumée, et, enfin, pour stimuler le goût du risque et de l'initiative dans un monde où les profits s'évaporent quand d'autres refusent de participer au jeu [1].

Si la richesse repose sur ces vertus, la pauvreté est encouragée par des politiques doublement dissuasives pour le travail et la fortune : « L'aide sociale et les autres subventions ne font donc que nuire au travail. Les pauvres choisissent le loisir parce qu'ils sont payés pour le faire et non par débilité morale [2]. » Et prendre aux riches pour donner aux pauvres, c'est également dissuader par la fiscalité les riches de s'enrichir : « L'impôt progressif est le principal danger qui menace ce système et décourage les riches de risquer leur argent [3]. »

Les remèdes à apporter à cette situation sont évidents : baisser les transferts des uns vers les autres. La seule guerre contre la pauvreté qui tienne consiste à en revenir aux valeurs traditionnelles : « Travail, famille et foi sont les *seuls* remèdes à la pauvreté [4]. » Les trois moyens sont liés, puisque c'est la famille qui transmet le sens de l'effort et la foi. Mariage monogame, croyance en Dieu, esprit d'entreprise sont les trois piliers de la prospérité une fois que l'on s'est débarrassé de l'aide sociale qui détruit famille, courage et travail.

Milton Friedman et son épouse Rose vont dans le même sens en considérant que « l'expansion de l'État au cours des dernières décennies et le développement de la criminalité pendant la même période constituent, à [leurs] yeux, les deux facettes d'une même évolution [5] ». C'est que l'intervention de l'État repose sur une conception de l'individu comme « produit de son environnement, ne pouvant donc pas être tenu pour responsable de ses actes ». Il faut renverser cette représentation et considérer au contraire l'individu comme pleinement responsable. Responsabiliser l'individu, c'est responsabiliser la famille [6]. Ce sera entre autres objectifs le but du libre choix de l'école par les parents et la liberté qui leur sera laissée de financer en partie la scolarité de leurs enfants. Si l'enrichissement doit devenir la valeur suprême, c'est qu'il est regardé comme le motif le plus efficace pour pousser les travailleurs à accroître leurs efforts et leurs performances, de même que la propriété privée de leur logement ou de l'entreprise est regardée comme la condition

---

1   *Ibid.*, p. 85-86.
2   *Ibid.*, p. 81.
3   *Ibid.*, p. 72.
4   *Ibid.*, p. 81 (souligné par l'auteur).
5   Milton et Rose FRIEDMAN, *La Tyrannie du statu quo*, Lattès, Paris, 1984, p. 211.
6   *Ibid.*, p. 214 et 215.

de la responsabilité individuelle. C'est pourquoi il faut vendre le parc de logements sociaux pour favoriser une « démocratie de propriétaires » et un « capitalisme populaire ». De même faut-il soumettre par la privatisation les directions des entreprises à des actionnaires qui seront exigeants sur la gestion de leur propre patrimoine. Plus globalement, il faut mettre le client en position d'arbitrage entre plusieurs opérateurs afin qu'il fasse pression sur l'entreprise et ses agents pour être mieux servi. La concurrence ainsi introduite par les consommateurs est le principal levier de « responsabilisation », donc de performance, des salariés dans les entreprises.

Un nouveau discours valorisant le « risque » inhérent à l'existence individuelle et collective tendra à faire penser que les dispositifs de l'État social sont profondément nuisibles à la créativité, à l'innovation, à la réalisation de soi. Si chacun est seul responsable de son sort, la société ne lui doit rien, mais il doit en revanche faire constamment ses preuves pour mériter les conditions de son existence. La vie est une perpétuelle gestion des risques qui réclame une rigoureuse abstention des pratiques dangereuses, le contrôle permanent de soi, une régulation de ses propres comportements qui mélange ascétisme et souplesse. Le grand mot de la société du risque est l'« autorégulation ». Cette « société du risque » est devenue l'une de ces évidences qui accompagnent les propositions les plus variées de la protection et de l'assurance privées. Un immense marché de la sécurité personnelle, qui va de l'alarme domestique aux placements pour la retraite, s'est développé proportionnellement à l'affaiblissement des dispositifs d'assurances collectives obligatoires, renforçant par un effet de boucle le sentiment du risque et la nécessité de se protéger individuellement. Par une sorte d'extension de cette problématique du risque, un certain nombre d'activités ont été réinterprétées comme des moyens de protection personnelle. C'est le cas par exemple de l'éducation et de la formation professionnelle, regardées comme des boucliers qui protègent du chômage et accroissent l'« employabilité ».

Pour comprendre cette nouvelle morale, il faut avoir en mémoire la « révolution » qu'ont prétendu faire les économistes américains depuis les années 1960. La raison économique appliquée à toutes les sphères de l'action privée et publique permet de faire fondre les lignes de séparation entre politique, société et économie. Globale, elle doit être à la base de toutes les décisions individuelles, elle permet l'intelligibilité de tous les comportements, elle doit seule structurer et légitimer l'action de l'État[1].

---

1 Pour G. Becker, toute action humaine est économique : « *The economic approach provides a valuable unified framework for understanding all human behavior* », écrit-il dans *The Economic Approach to Human Behavior*, University of Chicago Press, 1976, p. 14. Ce qui

C'est ce que montrent les économistes que l'on a dits « nouveaux », lesquels ont cherché à étendre le champ d'analyse de la théorie standard à de nouveaux objets. Il ne s'agit pas ici, comme c'était le cas avec les théoriciens austro-américains, de donner des bases nouvelles à la science économique par une théorie de l'entrepreneuriat ; il est question pour eux, mais c'est déjà beaucoup, de sortir des domaines traditionnels de l'analyse économique pour généraliser l'analyse coûts-bénéfices à l'ensemble du comportement humain. Certes, les ponts sont nombreux entre ces courants, mais les logiques n'en restent pas moins hétérogènes. Von Mises avait lui-même l'ambition d'une science totale du choix humain. Mais il croyait devoir l'élaborer en refondant les concepts et les méthodes de l'économie. C'est ainsi qu'il cherchait à distinguer l'action humaine en général comme création de systèmes moyens-fins, étudiée par la praxéologie, et l'économie monétaire et marchande spécifique (relevant de la catallaxie).

Les économistes américains adeptes de l'économie standard veulent établir que les outils les plus traditionnels de l'analyse sont susceptibles de la plus grande extension, montrant par là que l'on peut ainsi faire l'économie d'une révolution paradigmatique et conserver les vieux outils du calcul de maximisation. La famille, le mariage, la délinquance, l'éducation, le chômage, mais aussi l'action collective, la décision politique, la législation deviennent des objets du raisonnement économique. C'est ainsi que Gary Becker formule une nouvelle théorie de la famille, la considérant comme une firme utilisant un certain volume de ressources en monnaie et en temps pour produire des « biens » de différentes natures : compétences, santé, estime de soi, et d'autres « marchandises » comme les enfants, le prestige, l'envie, le plaisir des sens, etc [1].

Le fondement de la démarche de G. Becker consiste à étendre la fonction d'utilité utilisée dans l'analyse économique de telle sorte que l'individu soit considéré comme un *producteur* et non pas comme un simple consommateur. Il produit des marchandises qui vont le satisfaire en utilisant des biens et des services achetés sur les marchés, du temps personnel et d'autres « *inputs* » qui ont de la valeur, des prix cachés mais calculables.

---

signifie que tous les aspects du comportement humain sont traduisibles en prix (*cf.* p. 6). Il a commencé ses travaux par une thèse, *The Economics of Discrimination* (1957), qui traite des phénomènes de discrimination sur le marché du travail aux États-Unis. Il les a poursuivis par l'analyse des effets de l'éducation par son livre sur le capital humain en 1964 (*Human Capital : A Theoretical and Empirical Analysis with Special Reference to Education*) et il a théorisé sa méthode dans *Economic Theory* (1971) et dans *Economic Approach to Human Behavior* (1976).

1   G. S. BECKER, *A Treatise on Family, op. cit.*, p. 24.

Il s'agit en somme de choisir entre des « fonctions de production » en supposant que tout bien est « produit » par l'individu qui mobilise des ressources variées, argent, temps, capital humain, et même les relations sociales identifiées à un « capital social [1] ». Ce qui pose évidemment le problème de l'identification des « *inputs* », mais aussi celui de la quantification de tous les aspects non monétaires entrant dans le calcul et menant à une décision.

L'essentiel, dans ce réinvestissement des régions extérieures au champ classiquement délimité de la science économique, est de donner ou plutôt de redonner une consistance théorique à l'anthropologie de l'homme néolibéral, non pas seulement, comme le dit G. Becker, dans l'intention de poursuivre un but scientifique désintéressé, mais pour fournir des appuis discursifs indispensables à la gouvernementalité néolibérale de la société. À elle seule, aussi influente qu'elle ait pu être, cette conception de l'*homme comme capital* – ce qui est proprement la signification du concept de « capital humain » – n'a pu produire les mutations subjectives de masse que l'on peut aujourd'hui constater. Il a fallu pour cela qu'elle prenne matériellement corps à travers la mise en place de dispositifs multiples, diversifiés, simultanés ou successifs, qui ont durablement modelé la conduite des sujets.

Discipline (1) : un nouveau système de disciplines

Le concept même de gouvernementalité, en tant qu'action sur les actions d'individus supposés libres de leurs choix, permet de redéfinir la discipline comme technique de gouvernement propre aux sociétés de marché. Le terme de *discipline* pourra surprendre ici. Il implique, en apparence du moins, un certain infléchissement au regard du sens que lui a donné M. Foucault dans *Surveiller et punir* quand il l'appliquait aux techniques de distribution spatiale, de classement et de dressage des corps individuels. Le modèle de la discipline était pour lui le Panoptique benthamien. Cependant, loin d'opposer la « discipline », la « normalisation » et le « contrôle », comme certaines exégèses l'ont soutenu, la réflexion de M. Foucault a fait de mieux en mieux apparaître la matrice de

---

1   Comme il le fait dans Gary Becker et Kevin M. Murphy, *Social Economics. Market Behavior in a Social Environment*, Harvard University Press, Cambridge, 2000.

cette nouvelle forme de « conduite des conduites », laquelle peut se diversifier, selon les cas à traiter, depuis l'enfermement des prisonniers jusqu'à la surveillance de la qualité des produits vendus sur le marché[1]. Si « gouverner, c'est structurer le champ d'action éventuel des autres », la discipline peut alors être redéfinie, de façon plus large, comme un ensemble de techniques de structuration du champ d'action, différentes selon la situation dans laquelle se trouve l'individu[2].

Dès l'âge classique des disciplines, le pouvoir ne peut donc s'exercer par une pure contrainte sur un corps, il doit accompagner le désir individuel et l'orienter en faisant jouer tous les ressorts de ce que Bentham appelle l'« influence ». Ce qui suppose qu'il pénètre dans le calcul individuel, qu'il en participe même, pour agir sur les anticipations imaginaires que font les individus : pour renforcer le désir (par la récompense), pour l'affaiblir (par la punition), pour le détourner (par la substitution d'objet).

Cette logique qui consiste à diriger indirectement la conduite est l'horizon des stratégies néolibérales de promotion de la « liberté de choisir ». On ne voit pas toujours la dimension normative qui leur appartient nécessairement : la « liberté de choisir » s'identifie en fait à l'obligation d'obéir à une conduite maximisatrice dans un cadre légal, institutionnel, réglementaire, architectural, relationnel, qui doit précisément être construit pour que l'individu choisisse « en toute liberté » ce qu'il doit obligatoirement choisir dans son propre intérêt. Tout le secret de l'art du pouvoir, disait Bentham, est de faire en sorte que l'individu poursuive son intérêt comme si c'était son devoir et inversement.

Trois aspects des disciplines néolibérales sont à distinguer. La liberté des sujets économiques suppose tout d'abord la sécurité des contrats et la fixation d'un cadre stable. La discipline néolibérale conduit à étendre le champ d'action à stabiliser par des règles fixes. La constitution d'un cadre non seulement légal, mais aussi budgétaire et monétaire, doit interdire aux sujets d'anticiper des variations de politique économique, c'est-à-dire de faire de ces variations des objets d'anticipation. Cela revient à dire que le calcul individuel doit pouvoir s'appuyer sur un ordre de marché stable, ce qui exclut de faire du cadre même l'objet d'un calcul.

---

1   C'est le sens à donner à la formule : « *Le Panoptique, c'est la formule même d'un gouvernement libéral.* » M. FOUCAULT, *NBP, op. cit.*

2   M. FOUCAULT, « Le sujet et le pouvoir », *Dits et Écrits II, 1976-1988, op. cit.*, p. 1056 *sq.*

La stratégie [1] néolibérale consistera alors à créer le plus grand nombre possible de situations de marché, c'est-à-dire à organiser par divers moyens (privatisation, mise en concurrence des services publics, « mise en marché » de l'école ou de l'hôpital, solvabilisation par la dette privée) l'« obligation de choisir », afin que les individus acceptent la situation de marché telle qu'elle leur est imposée comme « réalité », c'est-à-dire comme unique « règle du jeu », et intègrent ainsi la nécessité d'opérer un calcul d'intérêt individuel s'ils ne veulent pas perdre « au jeu », et, plus encore, s'ils veulent valoriser leur capital personnel dans un univers où l'accumulation semble la loi générale de l'existence.

Des dispositifs de récompenses et de punitions, des systèmes d'incitations et de « désincitations » se substitueront enfin aux sanctions du marché pour guider les choix et la conduite des individus là où les situations marchandes ou quasi marchandes ne sont pas entièrement réalisables [2]. On construira des systèmes de contrôle et d'évaluation de la conduite dont les mesures conditionneront l'obtention des récompenses et l'évitement des punitions. L'expansion de la technologie évaluative comme mode disciplinaire repose sur le fait que *plus* l'individu calculateur est supposé libre de choisir, *plus* il doit être surveillé et évalué pour obvier à son opportunisme foncier et le forcer à conjoindre son intérêt avec celui de l'organisation qui l'emploie.

M. Friedman est l'un des principaux penseurs de cette nouvelle forme de discipline. On a dit plus haut le rôle qu'il a joué dans la diffusion de masse des idéaux du libre marché et de la libre entreprise. Beaucoup mieux connu du public que Hayek et sans doute plus influent que ce dernier sur les responsables politiques américains, il a mené conjointement une carrière d'universitaire, consacrée par un prix Nobel d'économie en tant que chef de file de l'École de Chicago, et de fondateur du monétarisme, et une carrière de propagandiste en faveur des bienfaits de la liberté économique.

M. Friedman s'est distingué en faisant du principe monétariste le pendant sur le plan strictement économique des règles formelles telles qu'elles ont été pensées par les néolibéraux dans les années 1930. Ce principe particulier peut s'énoncer ainsi : pour bien coordonner leurs activités sur le

---

1 Le terme est ici à entendre en son premier sens (*cf. supra* la distinction des deux sens de « stratégie »).

2 De la même façon, mais dans un contexte fort différent, Bentham avait distingué la structuration normalisante des actions spontanées sur le marché, d'une part, et la surveillance plus finement construite des conduites dans les institutions destinées à éduquer ou à rééduquer ceux qui ne parvenaient pas à fonctionner seuls dans l'espace des échanges marchands, d'autre part.

marché, les agents économiques doivent connaître à l'avance les règles simples et stables qui président à leurs échanges. Ce qui est vrai en matière juridique doit l'être *a fortiori* au plan des politiques économiques. Ces dernières doivent être automatiques, stables et parfaitement connues à l'avance [1]. La monnaie participe de cette stabilité indispensable aux agents économiques pour qu'ils puissent déployer leurs activités. Mais fixer ce cadre stable signifie que les agents économiques vont devoir s'y adapter et modifier leurs comportements. Tout l'interventionnisme friedmanien consiste à mettre en place des *contraintes de marché* qui forcent les individus à s'y adapter. En d'autres termes, il s'agit de mettre les individus dans des situations qui les obligent à la « liberté de choisir », c'est-à-dire à manifester pratiquement leurs capacités de calcul et à se gouverner eux-mêmes comme des individus « responsables ». Cet interventionnisme spécial consiste à abandonner nombre des instruments de gestion anciens (dépenses budgétaires actives, politiques des revenus, contrôle des prix et des changes) et à s'en tenir à quelques indicateurs clés et à quelques objectifs limités comme le taux d'inflation, le taux de croissance de la masse monétaire, le déficit budgétaire et l'endettement de l'État, afin d'enfermer les acteurs de l'économie dans un système de contraintes qui les oblige à se comporter comme le modèle l'exige.

À la suite de M. Friedman, dont la théorie de la monnaie est fondée sur le principe de l'inefficacité des politiques monétaires actives, des économistes américains ont développé dans les années 1970 l'idée que les politiques de régulation macroéconomiques ne pouvaient que perdre en efficacité du fait des comportements d'apprentissage des agents économiques. La volonté de relance par la baisse des taux d'intérêt ou par une stimulation budgétaire rencontre de moins en moins de succès au fur et à mesure de son usage, puisque les agents économiques « apprennent » que ces mesures n'ont pas les effets réels proclamés. La « théorie des anticipations rationnelles » est un cas particulier de l'explication par les effets non voulus. Les intentions politiques sont déçues dans leur résultat par l'absence de prise en compte des capacités de calcul sophistiqué des agents eux-mêmes, qui, au bout d'une série d'expériences des conséquences de ces politiques, ne se laissent plus tromper par les illusions de la monnaie abondante ou des baisses d'impôts. Il en résulte que le gouvernement ne peut plus les considérer comme des êtres passifs, réagissant par réflexe aux

---

1   Bernard Élie, « Milton Friedman et les politiques économiques », *in* M. Lavoie et M. Seccareccia (dir.), *op. cit.*, p. 55.

stimuli monétaires et budgétaires. Le calcul maximisateur intègre en quelque sorte les politiques elles-mêmes comme l'un des paramètres à prendre en compte. Cette « internalisation » du politique dans le calcul individuel permet de repenser la façon dont le néolibéralisme a lui-même progressivement évolué.

Le monétarisme, tel que Friedman en avait fait la théorie, connut une rapide diffusion à la mesure de la situation créée par l'éclatement du système monétaire international d'après-guerre, l'instauration de taux de change flottants et le rôle accru des capitaux volatiles pouvant mettre en danger n'importe quelle devise qui ne serait pas gérée selon les nouvelles normes de discipline monétaire. Cette dernière est devenue en somme une discipline imposée par les marchés financiers, comme on l'a vu en Grande-Bretagne en 1976, en France en 1991 et en Suède en 1994. C'est ainsi que la lutte contre l'inflation constitua la priorité des politiques gouvernementales, tandis que le taux de chômage se transformait en simple « variable d'ajustement ». Toute lutte pour le plein-emploi fut même soupçonnée d'être un facteur d'inflation sans effet durable. La théorie friedmanienne du « taux de chômage naturel » fut largement acceptée par les responsables politiques de toutes couleurs.

Le budget devint lui-même un instrument de discipline des comportements. La baisse des impôts sur les revenus les plus élevés et sur les entreprises a été souvent présentée comme un moyen de renforcer les incitations à l'enrichissement et à l'investissement. En réalité, de façon beaucoup plus masquée, l'objectif de la diminution de la pression fiscale comme le refus d'augmenter les cotisations sociales ont été des moyens, plus ou moins efficaces selon la situation des rapports de force, d'imposer des réductions de la dépense publique et des programmes sociaux au nom du respect des équilibres et de la limitation de la dette de l'État. Le meilleur exemple de cette stratégie fiscale reste sans doute celui de R. Reagan, qui fit adopter en 1985 une loi obligeant à la réduction automatique des dépenses publiques jusqu'au rétablissement de l'équilibre budgétaire en 1995 (*Balanced Budget and Deficit Reduction Act*), juste après avoir creusé un déficit considérable. Parvenant à faire oublier que les baisses des prélèvements obligatoires pour les uns avaient nécessairement une contrepartie pour les autres, les gouvernements néolibéraux ont instrumentalisé les « trous » ainsi creusés dans les budgets pour démontrer le coût « exorbitant » et « insupportable » de la protection sociale et des services publics. Par un enchaînement plus ou moins volontaire, le rationnement imposé aux programmes sociaux et aux services publics, en dégradant les prestations, a bien souvent engendré un mécontentement des usagers et leur adhésion au moins partielle aux critiques d'inefficacité qui leur étaient faites [1].

Cette double contrainte monétaire et budgétaire a été employée comme une discipline sociale et politique « macroéconomique » censée dissuader, du fait de l'inflexibilité des règles établies, toute politique qui chercherait à donner la priorité à l'emploi, qui voudrait donner satisfaction aux revendications salariales, ou relancer l'économie par la dépense publique. Tout se passe donc comme si l'État se donnait par ces règles des interdits définitifs quant à l'usage de certains leviers d'action sur le niveau d'activité, mais comme si, en même temps, en contraignant les agents à les intérioriser, il se donnait les moyens d'agir sur eux en permanence par une « chaîne invisible », pour employer une expression de Bentham, qui les obligerait à se comporter comme des individus en compétition les uns avec les autres.

S'il était difficile de persuader les populations qu'il leur fallait accepter une moindre couverture sociale des maladies et de la vieillesse, dans la mesure même où il s'agit de « risques universels », il était plus facile de s'en prendre aux chômeurs et de faire jouer un principe de division entre les bons travailleurs sérieux qui réussissaient et tous ceux qui avaient échoué par leur propre faute, qui ne parvenaient pas à « s'en sortir » et, de surcroît, vivaient aux crochets de la collectivité. Le thatchérisme a largement joué de la partition de la culpabilité individuelle, développant l'idée selon laquelle la société ne devait plus jamais être considérée comme responsable du sort des individus.

L'un des arguments majeurs des politiques néolibérales a consisté à dénoncer la trop grande rigidité du marché du travail. L'idée directrice en l'occurrence est celle de la contradiction qui existerait entre la protection dont jouirait la main-d'œuvre et l'efficacité économique. Cette idée n'est pas nouvelle. Jacques Rueff, dès les années 1920, dénonçait le *dole* [2] britannique comme principale cause du chômage outre-Manche. Ce qui est plus nouveau est la conception disciplinaire de la prise en charge des chômeurs. Il n'est pas question en effet de supprimer purement et simplement toute assistance aux chômeurs, mais de faire en sorte que l'aide conduise à une plus grande docilité des travailleurs privés d'emploi. Il s'agit de faire du marché de l'emploi un marché beaucoup plus conforme au modèle de pure concurrence, non pas simplement par souci dogmatique, mais pour mieux

---

1   On analysera plus loin l'argumentaire de l'école du *Public Choice*.
2   Le *dole* est le nom donné à l'indemnité versée aux chômeurs en Grande-Bretagne.

discipliner la main-d'œuvre en l'ordonnant aux impératifs de restauration de la rentabilité. C'est retrouver là, sous une forme nouvelle, une politique qui vise à pénaliser le travailleur privé d'emploi pour qu'il soit en quelque sorte poussé à retrouver au plus vite un travail sans pouvoir se contenter trop longtemps des aides reçues. On se rappelle qu'à une autre époque la réforme de l'assistance en Angleterre avait poursuivi des buts semblables. La loi sur les pauvres de 1834 promulguée à l'instigation de Nassau Senior et d'Edwin Chadwick, dans l'esprit de l'économie classique et du principe d'utilité, s'était traduite par l'imposition aux résidents des *workhouses* d'un régime de travail quasi pénitencier, véritable repoussoir pour ceux qui auraient le souci de leur dignité et de leur liberté.

C'est tout l'esprit des politiques de « *Welfare to Work* » (« passer de l'aide sociale au travail »), bâties elles aussi sur le postulat du choix rationnel. Sur le terrain de la politique de l'emploi, la discipline néolibérale a consisté à « responsabiliser » les chômeurs en utilisant l'arme de la punition pour ceux qui n'accepteraient pas suffisamment de se plier aux règles du marché. Le chômage traduirait une préférence de l'agent économique pour le loisir lorsque ce dernier est subventionné par la collectivité, il serait donc « volontaire ». Vouloir le réduire par des politiques de relance est inutile et même néfaste, selon la doctrine du taux de chômage naturel. L'indemnisation des chômeurs revient à créer des « trappes à chômage ». La première tâche pratique a consisté à s'attaquer à tout ce qui pouvait contribuer à cette rigidité supposée être la cause du chômage. La seconde a eu pour objectif de construire un système de « retour à l'emploi » beaucoup plus contraignant pour les salariés sans emploi.

Les syndicats et la législation du travail ont été les premières cibles des gouvernements se réclamant du néolibéralisme. La désyndicalisation dans la plupart des pays capitalistes développés a sans doute eu des causes objectives, comme la désindustrialisation et la délocalisation des usines dans les régions et pays à bas salaires, sans tradition de luttes sociales ou soumis à un régime despotique. Elle est aussi le produit d'une volonté politique d'affaiblissement de la puissance syndicale qui s'est traduite, aux États-Unis et en Grande-Bretagne notamment, par des séries de mesures et de dispositifs législatifs limitant le pouvoir d'intervention et de mobilisation des syndicats [1]. La législation sociale se transforma dès lors dans un sens

---

1   On se rappelle la brutalité avec laquelle R. Reagan licencia tous les contrôleurs aériens à la suite de leur grève en 1981 pour les remplacer par des non-syndiqués. Ce n'était là qu'un signal d'une offensive généralisée contre les compromis sociaux nés au moment du New Deal. Il en est allé de même en Grande-Bretagne où M. Thatcher mena une

beaucoup plus favorable aux employeurs : révision à la baisse des salaires, suppression de leur indexation sur le coût de la vie, précarisation accrue des emplois, etc [1]. L'orientation générale de ces politiques réside dans le démantèlement des systèmes qui protégeaient les salariés des variations cycliques de l'activité économique et leur remplacement par de nouvelles normes de flexibilité, permettant aux employeurs d'ajuster de façon optimale leurs besoins en main-d'œuvre au niveau de l'activité tout en réduisant le plus possible le coût de la force de travail.

Ces politiques visent également à « activer » le marché du travail en modifiant le comportement des chômeurs. Le « chercheur d'emploi » est supposé devenir un sujet acteur de son employabilité, un être « *self-entreprising* », qui se prend en charge lui-même. Les droits à la protection sont de plus en plus subordonnés aux dispositifs d'incitation et de pénalisation qui obéissent à une interprétation économique du comportement des individus [2].

Ces mesures de « responsabilisation » des « chercheurs d'emploi » ne sont pas l'apanage des gouvernements conservateurs. Elle a trouvé quelques-uns de ses meilleurs défenseurs dans la gauche européenne, comme tendrait à le prouver le « courageux » *Agenda 2010* du chancelier allemand Gerhard Schröder qui conditionne sévèrement l'aide de l'État aux demandeurs d'emploi à leur docilité pour accepter les emplois qui leur sont proposés, mais également au niveau de revenu et aux biens possédés par la famille : « Tout bénéficiaire de l'argent des contribuables doit être prêt à limiter autant qu'il est possible la charge qu'il représente pour la collectivité, ce qui signifie que tous biens et revenus propres doivent d'abord être utilisés pour subvenir à ses besoins élémentaires [3]. » Cette politique disciplinaire, on le voit, remet radicalement en question les principes de solidarité avec les victimes éventuelles des risques économiques.

---

offensive frontale contre les syndicats et soumit leur action par des restrictions drastiques.

1   Pour une analyse de l'évolution de la législation sociale aux États-Unis, *cf.* Isabelle RICHET, *Les Dégâts du libéralisme. États-Unis : une société de marché*, Textuel, Paris, 2002.

2   Sur ce point, *cf.* Mark CONSIDINE, *Enterprising States. The Public Management of Welfare-to-Work*, Cambridge University Press, 2001. C'est ainsi que les conditions d'indemnisation n'ont cessé de se durcir à peu près partout. En France, par exemple, en 2005, a été instauré un système de pénalité qui fait baisser l'indemnité de 20 % au premier refus d'une proposition d'emploi, de 50 % au deuxième et de 100 % au troisième. En 2008, cette politique punitive qui a déjà permis d'accroître le nombre de radiations des fichiers de l'ANPE a été encore renforcée.

3   G. SCHRÖDER, *Ma vie et la politique*, Odile Jacob, Paris, 2006, p. 295.

Discipline (2) : l'obligation de choisir

Il n'y a pas un seul domaine où la concurrence ne soit louée comme le moyen d'accroître la satisfaction du client grâce à la stimulation exercée sur les producteurs. La « liberté de choix » est un thème fondamental des nouvelles normes de conduite des sujets. Il semble que l'on ne puisse concevoir un sujet qui ne soit actif, calculateur, à l'affût des meilleures opportunités. Oubliant même toutes les limites de ses bienfaits montrées par la théorie économique depuis au moins un siècle (différenciation des produits, monopole naturel, etc.), la nouvelle *doxa* ne veut connaître que la pression que le consommateur est capable d'appliquer sur le fournisseur de biens et de services. Il s'agit en somme de construire de nouvelles contraintes qui placent les individus dans des situations où ils sont obligés de choisir entre des offres alternatives et sont incités à maximiser leur intérêt propre.

La « liberté de choisir », qui résume pour M. Friedman toutes les qualités que l'on est en droit d'attendre du capitalisme concurrentiel, constitue l'une des principales missions de l'État. Non seulement il a pour tâche de renforcer la concurrence sur les marchés existants, mais il a également celle de créer la concurrence là où elle n'existe pas encore. C'est que le capitalisme est le seul système à même de protéger la liberté individuelle dans tous les domaines, en particulier dans le domaine politique. Il s'agit donc d'introduire des dispositifs de marché et des incitations marchandes ou quasi marchandes pour obtenir que les individus deviennent actifs, entreprenants, « acteurs de leurs choix », « preneurs de risques ».

Il faudrait sans doute ici rappeler comment un certain *ethos* du choix supposé libre est au cœur des messages publicitaires et des stratégies de marketing, et comment cette disposition peu à peu acquise a été facilitée par les développements technologiques qui ont élargi la gamme des produits et les canaux de diffusion des *mass media*. Le consommateur doit devenir prévoyant. Comme on l'a vu plus haut, il doit se munir individuellement de toutes les garanties (couverture par des assurances privées, propriété de son logement, entretien de son employabilité). Il doit choisir de façon rationnelle dans tous les domaines les meilleurs produits et de plus en plus les meilleurs prestataires de services (le mode d'acheminement de son courrier, son fournisseur d'électricité, etc.). Et, comme chaque entreprise élargit la gamme de ses produits, le sujet doit « choisir » de plus en plus subtilement l'offre commerciale la plus avantageuse (son heure et sa date de voyage par avion ou par train par exemple, son produit d'assurance et d'épargne, etc.). Cette « privatisation » de la vie sociale ne s'arrête pas à la consommation privée et au domaine des loisirs de masse. L'espace public est de plus en plus construit sur le modèle du « *global shopping center* », selon la forte expression qu'emploie Peter Drucker pour désigner l'univers dans lequel nous vivons désormais.

L'un des cas exemplaires de la construction de situation de marché pour laquelle les néolibéraux se sont beaucoup mobilisés sur le terrain politique est celui de l'éducation. Dans ce domaine aussi, M. Friedman a fait figure de pionnier. Devant la dégradation du secteur public de l'éducation aux États-Unis, il a proposé dès les années 1950 d'instaurer un système de concurrence entre les établissements scolaires fondé sur le « chèque éducation [1] ». Le système consiste à ne plus financer directement les écoles, mais à verser à chaque famille un « chèque » représentant le coût moyen de la scolarité ; libre à elle de l'utiliser dans l'école de son choix et d'y ajouter la somme qu'elle voudra selon ses choix en matière de scolarisation. Là encore, le raisonnement est fondé sur le comportement supposé rationnel du consommateur qui doit pouvoir arbitrer entre plusieurs possibilités et choisir la meilleure opportunité. En réalité, le système de « chèques éducation » a deux objectifs qui sont liés : il est destiné à transformer des familles en « consommatrices d'école » ; il vise à introduire de la concurrence entre les établissements, ce qui relèvera le niveau des plus médiocres. Ce système combine donc un financement public, considéré comme légitime pour la « première éducation » du fait de ses effets positifs sur toute la société, et une administration de type entrepreneurial de l'établissement scolaire placé en situation de compétition avec d'autres. Cette orientation en faveur d'un « marché scolaire » a dominé depuis les années 1990 les politiques de réforme scolaire dans le monde, à des degrés différents selon les pays, ce qui n'a pas été sans conséquences sur la fragmentation accrue des systèmes éducatifs et la différenciation des lieux et des modes de scolarité selon les classes sociales.

---

1   « The role of government in education », repris *in* M. FRIEDMAN, *Capitalism and Freedom*, University of Chicago Press, Chicago, 1962 [1955]. L'idée a été ensuite reprise et développée par John E. CHUBB et Terry M. MOE, *Politics, Markets and America's Schools*, The Brookings Institution, Washington, 1990.

Discipline (3) : la gestion néolibérale de l'entreprise

La discipline néolibérale ne s'arrête pas à cette manière « négative » d'orienter les conduites par des règles immuables au plan « macroéconomique » que les agents rationnels sont censés intégrer dans leur propre calcul. Elle ne se réduit pas non plus à la mise en place de situations de concurrence qui obligent à choisir, bien au-delà de la seule sphère de la consommation de biens et de services marchands. L'extension et l'intensification des logiques de marché ont eu des effets très sensibles sur l'organisation du travail et les formes d'emploi de la force de travail. La logique du pouvoir financier n'a fait qu'accentuer la disciplinarisation des salariés soumis à des exigences de résultats de plus en plus élevées [1]. La recherche obsessionnelle de plus-value boursière a non seulement impliqué de garantir aux propriétaires du capital une croissance continue de leurs revenus aux dépens des salariés, ce qui a entraîné une divergence accrue de l'évolution des salaires relativement à celle des gains de productivité et, comme on l'a dit, une accentuation encore plus marquée des inégalités dans la distribution des revenus [2]. Mais elle s'est aussi et surtout traduite par l'imposition de normes de rentabilité plus élevées dans toutes les économies, dans tous les secteurs et à tous les échelons de l'entreprise. Des salariés de plus en plus nombreux ont été de ce fait soumis à des systèmes d'incitation et de sanction visant à atteindre ou à dépasser les objectifs de création de valeur actionnariale, objectifs eux-mêmes définis par des méthodes d'ajustement sur des normes internationales de rentabilité. Toute une *discipline de la valeur actionnariale* a ainsi pris forme dans des techniques comptables et évaluatives de gestion de la main-d'œuvre dont le principe consiste à faire de chaque salarié une sorte de « centre de profit » individuel. C'est que le principe de la gestion néolibérale, que certains auteurs appellent l'« autonomie contrôlée », la « contrainte souple », l'« autocontrôle », vise à la fois à « internaliser » les contraintes de rentabilité financière dans l'entreprise même et à faire intérioriser par les salariés

---

1   Catherine Sauviat parle très justement du capital financier comme d'une « machine à discipliner les salariés »(C. Sauviat, « Les fonds de pension et les fonds mutuels : acteurs majeurs de la finance mondialisée et du nouveau pouvoir actionnarial », *in* F. Chesnais (dir.), *La Finance mondialisée, racines sociales et politiques, configuration, conséquences*, La Découverte, Paris, 2004, p. 118).

2   Michel Aglietta et Laurent Berrebi, *Désordres dans le capitalisme mondial*, Odile Jacob, Paris, 2007, p. 34.

les nouvelles normes d'efficacité productive et de performance individuelle.

Faire agir les individus dans le sens souhaité suppose de créer des conditions particulières qui les obligent à travailler et à se comporter comme des agents rationnels. Le levier du chômage et de la précarité a sans doute été un moyen de discipline puissant, en particulier en matière de taux de syndicalisation et de revendication salariale. Mais ce levier « négatif », dont le ressort est la peur, était sans doute loin de suffire pour la réorganisation des firmes. D'autres instruments de gestion ont été nécessaires pour renforcer la pression hiérarchique sur les salariés et accroître leur implication. Le management des entreprises privées a ainsi développé des pratiques de gestion de la main-d'œuvre dont le principe est l'individualisation des objectifs et des récompenses sur la base d'évaluations quantitatives répétées. Cette orientation, souvent identifiée à une mise en cause du modèle bureaucratique tel que Max Weber en a dessiné l'idéal-type, a également consisté à renverser le sens de l'obéissance. Plutôt que d'obéir à des procédures formelles et à des commandements hiérarchiques venant du haut, les salariés ont été amenés à se plier aux exigences de qualité et de délai imposées par le « client », érigé en source exclusive de contraintes incontournables. Dans tous les cas, l'individualisation des performances et des gratifications a permis la mise en concurrence des salariés *entre eux* comme type normal de relations dans l'entreprise. Tout s'est passé comme si le monde du travail avait « internalisé » la logique de compétition exacerbée existant ou censée exister *entre les entreprises* en même temps que la logique concurrentielle pour capter et garder les capitaux apportés par des actionnaires poussant à la « création de valeur » à leur profit. Ce qui a mis sous la pression plus directe des marchés un plus grand nombre de salariés, non plus seulement des cadres mais aussi des ouvriers et des employés. Cela n'a pas débouché sur une diminution des contrôles hiérarchiques, mais sur leur modification progressive dans le cadre d'un « nouveau management » qui a pu s'appuyer sur des modes d'organisation, de nouvelles technologies de comptabilité, d'enregistrement, de communication, etc [1].

Ce « nouveau management » a pris des formes très diverses, comme le développement de la contractualisation des relations sociales, la décentralisation des négociations entre salariés et patronat au niveau de l'entreprise, la mise en concurrence des unités de l'entreprise entre elles ou avec des unités extérieures, la normalisation par l'imposition généralisée de

---

1   *Cf.* Michel GOLLAC et Serge VOLKOFF, « *Citius, Altius, Fortius*. L'intensification du travail », *Actes de la recherche en sciences sociales*, n° 114, septembre 1996.

standards de qualité, l'essor de l'évaluation individualisée des résultats [1].
Les frontières entre le dedans et le dehors de l'entreprise sont devenues plus floues avec le développement de la sous-traitance, l'autonomisation des entités dans l'entreprise, le recours à l'emploi temporaire, les structures de projets, le travail découpé en « missions », l'appel à des consultants extérieurs.

Ces nouvelles formes d'organisation du travail et du management permettent de définir un nouveau modèle d'entreprise que Thomas Coutrot appelle l'« entreprise néolibérale [2] ». La plus grande autonomie des équipes ou des individus, la polyvalence, la mobilité entre « groupes de projet » et unités décentralisées se traduisent par un affaiblissement et une instabilité des collectifs de travail. Les nouvelles formes de discipline de l'entreprise néolibérale s'opèrent à plus grande distance, de manière indirecte, antérieurement ou postérieurement à l'action productive. Le contrôle s'opère par enregistrement des résultats, par traçabilité des différents moments de la production, par une surveillance plus diffuse des comportements, des manières d'être, des modes de relation avec les autres, spécialement dans tous les lieux de production de services qui mettent en relation avec la clientèle et dans toutes les organisations où la mise en œuvre du travail suppose la coopération et l'échange d'informations. Cette gestion plus « personnalisée » et plus floue joue sur la concurrence entre salariés et entre segments de l'entreprise afin de les contraindre, par une comparaison des résultats et des méthodes (*benchmarking*) [3], à s'aligner selon un processus sans fin sur les performances maximales et les « meilleures pratiques ». La concurrence devient ainsi un mode d'intériorisation des contraintes de rentabilité du capital, permettant d'alléger les lignes hiérarchiques et les contrôles permanents par l'encadrement intermédiaire, introduisant une pression disciplinaire illimitée.

L'externalisation de certaines activités, la décentralisation en unités plus autonomes, accroissent le besoin d'évaluation afin de coordonner les activités. L'évaluation devient la clé de la nouvelle organisation, ce qui

---

1   *Cf.* sur ce point, Michel LALLEMENT, « Transformation des relations du travail et nouvelles formes d'action politique », *in* Pepper D. CULPEPPER, Peter A. HALL et Bruno PALIER (dir.) *La France en mutation, 1980-2005*, Presses de Sciences-Po, Paris, 2006.

2   T. COUTROT, *L'Entreprise néo-libérale, nouvelle utopie capitaliste. Enquête sur les modes d'organisation du travail*, La Découverte, Paris, 1998.

3   Le *benchmarking* est très précisément une méthode de management qui consiste à sélectionner des références standard de performance permettant de comparer les résultats d'une entité productive (filiale, département, entreprise), de déterminer des « bonnes pratiques » et de se fixer des objectifs de performance plus élevés.

n'est pas sans cristalliser des tensions de toutes sortes, ne serait-ce que celle qui relève de la contradiction entre l'injonction à la créativité et à la prise de risque et le jugement social qui tombe comme un rappel des rapports effectifs de pouvoir dans l'entreprise.

Ce nouveau mode d'organisation de l'entreprise a eu des conséquences importantes sur le travail et l'emploi. Il s'est traduit par l'intensification du travail, par le raccourcissement des délais, par l'individualisation des salaires. Cette dernière méthode, en liant la rémunération à la performance et à la compétence, accroît le pouvoir de la hiérarchie et réduit toutes les formes collectives de solidarité. Mais elle est coextensive à une pratique nouvelle du gouvernement des salariés fondée sur l'« autocontrôle », supposé être beaucoup plus efficace que la contrainte extérieure. Cette « philosophie du management » a été formulée par Peter Drucker. Dans la nouvelle économie du savoir, explique-t-il, il ne s'agit plus de gérer des structures mais de « guider » des personnes qui ont des savoirs pour qu'elles produisent le plus possible. Le management par objectifs, l'évaluation des performances réalisées, l'autocontrôle des résultats sont les moyens de cette gestion des individus :

> L'avantage principal du management par objectifs, c'est qu'il permet aux cadres de mesurer leur propre performance. L'autocontrôle renforce la motivation, le désir de mieux faire, de ne pas se laisser aller. [...] Même s'il n'était pas indispensable pour donner une unité de direction et d'effort à l'équipe dirigeante, le management par objectifs le serait pour permettre l'autocontrôle [1].

Cet autocontrôle est à la fois plus économique, puisqu'il permet de réduire la pyramide hiérarchique, et plus efficace, dans la mesure où le travail ne dépend plus d'une nécessité extérieure mais d'une contrainte intérieure :

> Au contrôle de l'extérieur, il substitue le contrôle de l'intérieur, beaucoup plus strict, plus exigeant et plus efficace. Il pousse le cadre à agir non parce que quelqu'un lui a dit ce qu'il fallait faire, ou l'y a contraint, mais parce que les besoins objectifs de sa tâche l'exigent. Cet homme agira non parce qu'un autre l'a voulu ainsi, mais parce qu'il a décidé de lui-même qu'il devait le faire – autrement dit, il agira en homme libre [2].

---

1 P. DRUCKER, *Devenez manager ! Les meilleurs textes de P. Drucker*, Village mondial, Paris, 2006, p. 122.
2 *Ibid.*, p. 127.

Cette « philosophie de la liberté », qui est d'application universelle, « assure la performance en transformant des nécessités objectives en buts personnels. C'est la définition même de la liberté – la liberté dans le cadre de la loi [1] ». Le management cherche ainsi à capter des énergies individuelles, non pas selon une logique « artiste » ou « hédoniste » mais selon un régime d'autodiscipline qui manipule les instances psychiques de désir et de culpabilisation. Il s'agit de mobiliser l'aspiration à la « réalisation de soi » au service de l'entreprise, tout en faisant reporter la responsabilité de l'accomplissement des objectifs sur l'individu seul. Ce qui n'est évidemment pas sans un coût psychique élevé pour les individus [2].

Cet autogouvernement de soi n'est pas spontanément obtenu par simple effet d'un discours managérial séducteur manipulant l'aspiration de chacun à l'autonomie. Ce contrôle de la subjectivité ne s'opère efficacement que dans le cadre d'un marché du travail flexible où la menace du chômage est l'horizon de tout salarié. Il est aussi le produit de techniques de gestion qui ont cherché à objectiver les contraintes de marché et les exigences de rentabilité financière sous la forme d'indicateurs chiffrés d'objectifs et de résultats et, par individualisation des performances mesurées et discutées lors d'entretiens personnels, à faire intérioriser aux salariés la nécessité vitale pour eux d'améliorer sans cesse leur « employabilité ». Le comble de l'autocontrôle, qui dit aussi le mécanisme pervers qui fait de chacun l'« instrument de soi-même », a lieu lorsque le salarié est invité à définir non seulement les objectifs qu'il doit atteindre mais les critères sur lesquels il veut être jugé.

Rationalité (1) : la pratique des experts et des administrateurs

Il ne s'agit donc plus comme dans le welfarisme de redistribuer des biens selon un certain régime de droits universels à la vie, c'est-à-dire à la santé, à l'éducation, à l'intégration sociale, à la participation politique, mais de faire appel à la capacité calculatrice des sujets pour faire des choix et pour atteindre des résultats posés comme conditions d'accès à un certain bien-être. Ce qui suppose que les sujets, pour « être responsables », disposent des éléments de ce calcul, des indicateurs de comparaison, des

---

1   *Ibid.*, p. 127.
2   *Cf.* Nicole AUBERT et Vincent GAULEJAC, *Le Coût de l'excellence*, Seuil, Paris, 1991.

traductions comptables de leurs actions, ou encore, plus radicalement, de la monétarisation de leurs « choix » : il faut « responsabiliser » les malades, les élèves et leurs familles, les étudiants, les chercheurs d'emploi, en leur faisant supporter une partie croissante du « coût » qu'ils représentent, exactement comme il faut « responsabiliser » les salariés en individualisant les récompenses et les pénalités liées à leurs résultats.

Ce travail politique et éthique de responsabilisation a partie liée avec de nombreuses formes de « privatisation » de la conduite puisque la vie se présente seulement comme le résultat de choix individuels. L'obèse, le délinquant ou le mauvais élève sont responsables de leur sort. La maladie, le chômage, la pauvreté, l'échec scolaire et l'exclusion sont regardés comme les suites de mauvais calculs. Les problématiques de la santé, de l'éducation, de l'emploi, de la vieillesse viennent confluer dans une vision comptable de capitaux que chacun accumulerait et gérerait tout au long de sa vie. Les difficultés de l'existence, le malheur, la maladie et la misère sont des échecs de cette gestion, par manque de prévision, de prudence, d'assurance face aux risques [1]. D'où le travail de « pédagogie » qu'il faut faire pour que chacun se considère comme détenteur d'un « capital humain » qu'il doit faire fructifier, d'où la mise en place de dispositifs destinés à « activer » les individus en les obligeant à prendre soin d'eux, à s'éduquer, à trouver un emploi.

Il importe à cet égard de ne pas confondre l'idéologie triomphante de la nouvelle droite et la rationalité gouvernementale qui en est le support. La grande offensive idéologique contre l'intervention de l'État n'a pas seulement précédé les réorientations pratiques, elle les a accompagnées. Et ce n'est pas tant le « retrait de l'État » qui a été le plus important dans le tournant néolibéral que la transformation de ses modalités d'intervention au

---

[1]   On se souvient que la transformation des individus en risquophiles était la base de la « refondation sociale » voulue par le Mouvement des entreprises de France (Medef). L'opposition entre deux sortes d'humains, les risquophiles, dominants courageux, et les risquophobes, dominés frileux, avait été théorisée en 2000 par François EWALD et Denis KESSLER, « Les noces du risque et de la politique », *Le Débat*, n° 109, 2000. Robert Castel leur avait apporté dans *Le Monde* une réponse cinglante (Robert CASTEL, « "Risquophiles", "risquophobes" : l'individu selon le Medef », *Le Monde*, 6 juin 2001) : « Autrefois les *"mauvais pauvres"* ne pouvaient s'en prendre qu'à eux-mêmes de leur sort parce qu'ils étaient fainéants, intempérants, lascifs, sales et méchants. Version modernisée et quelque peu euphémisée de la même bonne conscience morale, méritent aujourd'hui l'invalidation sociale les risquophobes, les frileux et tous ceux qui demeurent si stupidement attachés aux acquis du passé qu'ils sont incapables de participer à l'avènement de ces lendemains qui chantent que nous prépare le capitalisme de demain. Il s'agit bien là d'un discours de dominants pour les dominants. »

nom de la « rationalisation » et de la « modernisation » des entreprises et des administrations. Et, de ce point de vue, ce ne sont peut-être pas tant les intellectuels médiatiques et les journalistes convertis qui ont joué le rôle le plus important que les experts et administrateurs dociles qui, dans les différents domaines où ils avaient à intervenir, ont mis en place les nouveaux dispositifs et modes de gestion propres au néolibéralisme en les présentant comme des techniques politiques nouvelles guidées par la seule recherche de résultats bénéfiques pour tous. Ces « intellectuels organiques » du néolibéralisme, se réclamant tantôt, ou tour à tour, de la droite ou de la gauche [1], ont joué un rôle majeur dans la naturalisation de ces pratiques, dans leur neutralisation idéologique et finalement dans leur implantation pratique. Des cellules de recherches, de nombreux colloques, de larges opérations de formation de l'encadrement des fonctions publiques, la production et la diffusion massives d'un lexique homogène, véritable *lingua franca* des élites modernisatrices, ont fini par imposer le discours orthodoxe du management. Que l'on ne s'y trompe pas : les politiques néolibérales n'ont pas été mises en œuvre au nom de la « religion du marché », mais au nom d'impératifs techniques de gestion, au nom de l'efficacité, voire de la « démocratisation » des systèmes d'action publique. Les élites converties à la *rationalisation* des politiques publiques ont joué le rôle majeur, aidées évidemment en cela par l'ensemble des appareils de fabrication du consentement qui ont relayé leurs arguments en faveur de la « modernité ».

À droite comme à gauche, quelques figures pionnières se sont distinguées en France précocement, tels Raymond Barre en 1978 ou Jacques Delors quelques années plus tard, qui ont joué l'un et l'autre la même partition du « réalisme », de la « rigueur » et de la « modernité ». Ce sont en effet toutes les élites politiques et économiques qui sont passées en quelques années d'un mode de gestion « keynésien » à un mode « néolibéral », emportant avec elles une grande partie de l'encadrement administratif et partidaire. Comme le dit justement Bruno Jobert, « les vecteurs de ces changements sont moins de nouvelles élites que des élites anciennes qui ont cherché souvent avec succès à pérenniser leur influence quitte à en modifier les orientations. Les promoteurs du néolibéralisme sont le plus

---

1 Sur ce point, il conviendrait de considérer les trajectoires personnelles des acteurs de cette implantation pratique des schèmes néolibéraux. On peut se demander, par exemple, si la « deuxième gauche » en France n'a pas constitué, pour un certain nombre d'entre eux, une « passerelle » leur facilitant le passage d'un engagement politique ou syndical à une participation active à la « réforme » des dispositifs de l'État social et éducateur.

souvent des repentis, touchés par la grâce de ce nouveau verbe [1] [...] ». Ce qui est vrai pour les anciens pays de l'Est, où les apparatchiks staliniens sont devenus les nouveaux maîtres du capitalisme restauré, l'est également à l'Ouest, de façon sans doute moins voyante, où des experts, parfois de gauche, et des administrateurs, élevés souvent dans le culte du service public, se sont convertis au lexique du management et de la performance.

Le tournant néolibéral des pratiques des hauts fonctionnaires constitue un démenti à la thèse du *Public Choice* qui prétend que ces derniers n'ont de cesse d'augmenter l'étendue de l'intervention et du volume des ressources de la bureaucratie. En réalité, le mode néolibéral de l'action publique constitue un virage dans la rationalisation bureaucratique, beaucoup plus qu'un désengagement de l'État. Les hauts fonctionnaires ne trouvent pas nécessairement leur intérêt dans l'augmentation des impôts et dans l'augmentation du nombre de leurs subordonnés, comme l'ont pensé les économistes du « choix rationnel ». Ils le trouvent dans l'accroissement de leur pouvoir et de leur légitimité, comme l'avait d'ailleurs montré Max Weber, ce qui suppose de se faire les adeptes du « changement », de la « réforme », voire de la « fin » de la bureaucratie d'État, lorsque du moins cette réorientation ne remet pas en cause la domination qu'ils exercent.

Rationalité (2) : la « troisième voie » de la gauche néolibérale

Le succès durable du néolibéralisme a été assuré non seulement par l'adhésion des grandes formations politiques de droite à un nouveau projet politique de concurrence mondiale, mais aussi par la porosité de la « gauche moderne » aux grands thèmes néolibéraux, au point, dans certains cas – on pense surtout au « blairisme » [2] –, de donner le sentiment d'une complète soumission à la rationalité dominante. On trouverait aux États-Unis une même tendance qui a vu les « *liberals* » se mettre à parler, à

---

1   B. Jobert (dir), *Le Tournant néo-libéral en Europe. Idées et recettes dans les pratiques gouvernementales*, L'Harmattan, Paris, 1994, p. 15.

2   Il y en a eu beaucoup d'autres, parmi lesquelles la politique de G. Schröder et la grande alliance entre la droite et la gauche allemandes, et, en France, la réussite de la politique d'ouverture de N. Sarkozy à un certain nombre de « personnalités » du Parti socialiste, qui ont montré à quel point le nouveau cours idéologique avait décomposé l'armature intellectuelle et politique de la social-démocratie.

penser et à agir comme les « *conservatives* » [1]. Le plus marquant dans cette institutionnalisation du néolibéralisme a consisté dans l'acceptation par la gauche moderne de la vision néolibérale du marché du travail flexible et de la politique de remise au travail des chômeurs. Cela s'est accompagné également, sur le plan doctrinal, par un abandon de toute référence à Keynes, et *a fortiori* par un renoncement à toute élaboration d'un nouveau keynésianisme adapté au changement d'échelle entraîné par la construction de l'Europe et par la mondialisation.

Rien n'illustre mieux le tournant néolibéral de la gauche que le changement de signification de la politique sociale en rupture avec toute la tradition social-démocrate qui avait pour ligne directrice un mode de partage de biens sociaux indispensables à la pleine citoyenneté. La lutte contre les inégalités, qui était centrale dans l'ancien projet social-démocrate, a été remplacée par la « lutte contre la pauvreté », selon une idéologie de l'« équité » et de la « responsabilité individuelle » théorisée par quelques intellectuels du blairisme comme Anthony Giddens. Désormais, la solidarité est conçue comme une aide ciblée sur les « exclus » du système, visant des « poches » de pauvreté, selon une vision chrétienne et puritaine. Cette aide ciblée sur des « populations spécifiques » (« handicapés », « petites retraites », « personnes âgées », « mères isolées », etc.), pour ne pas être créatrice de dépendance, doit s'accompagner d'un effort personnel et d'un travail effectif. En d'autres termes, la nouvelle gauche a repris à son compte la matrice idéologique de ses opposants traditionnels, abandonnant l'idéal de la construction de droits sociaux pour tous.

Pourtant, on ne comprendrait pas le néolibéralisme de gauche, cette forme politique nouvelle qui a succédé à la social-démocratie, si l'on se contentait d'y voir une simple adhésion à l'idéologie néolibérale. Cette « gauche moderne » s'en défend d'ailleurs, en prenant ses distances avec ce qu'elle croit être le néolibéralisme, c'est-à-dire, pour elle, un pur et simple retour au laisser-faire intégral. Si elle dénonce cette « idéologie de la jungle » pour se démarquer de la droite, elle accepte, elle assume, elle reproduit une forme de pensée, une manière de poser les problèmes et, par là, un système de réponses qui constituent une rationalité enveloppante, c'est-à-dire un type de discours normatif dans lequel la réalité entière est rendue intelligible et par lequel sont prescrites comme « allant de soi » un certain nombre de politiques déterminées. En un mot, et de façon peut-être

---

1   Pour une analyse de la « fascination » de la gauche américaine pour le mode de penser de la droite, *cf.* James K. GALBRAITH, *The Predator State. How Conservatives Abandonned the Free Market and Why Liberals Should Too*, The Free Press, New York, 2008.

paradoxale, rien ne manifeste mieux la nature de la rationalité néolibérale que l'évolution des pratiques des gouvernements qui depuis trente ans se réclament de la gauche tout en menant une politique très semblable à celle de la droite [1]. Tout discours « responsable », « moderne » et « réaliste », c'est-à-dire participant de cette rationalité, se caractérise par l'acceptation préalable de l'économie de marché, des vertus de la concurrence, des avantages de la mondialisation des marchés, des contraintes incontournables introduites par la « modernisation » financière et technologique. La pratique disciplinaire du néolibéralisme s'est imposée comme une donnée de fait, une réalité face à laquelle on ne peut rien faire d'autre que s'adapter.

Le meilleur exemple de cette identification a sans doute été donné par le « Manifeste » cosigné par T. Blair et G. Schröder en 1999 à l'occasion des élections européennes et intitulé « La troisième voie et le nouveau centre » (« *The Third Way/Das neue Mitte* »). Le but de la gauche moderne, y est-il affirmé, est de donner

> un cadre solide pour une économie de marché compétitive. La libre compétition entre les agents de production et le libre-échange sont essentiels pour stimuler productivité et croissance. Pour cette raison, il est nécessaire de se doter d'un cadre qui permette aux forces du marché de fonctionner convenablement : cela est essentiel pour la croissance économique et c'est une condition préalable à une politique efficace en faveur de l'emploi.

Ce « cadre », objet de la « nouvelle politique de l'offre pour la gauche », est opposé aux « vingt dernières années du laisser-faire [en français dans le texte] néolibéral », lesquelles sont dites « dépassées ». On voit par là combien la mésinterprétation du néolibéralisme permet de construire une fausse opposition. Et l'on comprend aussi qu'avec une telle prémisse le Manifeste déploie pratiquement l'ensemble de l'argumentaire authentiquement néolibéral : coût trop élevé du travail, dépenses publiques trop importantes, dangereuse primauté des droits sur les obligations, trop grande confiance accordée à la gestion de l'économie par le gouvernement.

Ce Manifeste de la gauche moderne traduit particulièrement bien ce que nous appelons ici la « rationalité néolibérale ». Il commence par une remise en cause des vieilles solutions de la gauche archaïque : « L'enjeu de la justice sociale était parfois confondu avec le mot d'ordre de l'égalité des revenus. La conséquence en était le peu d'attention portée à la récompense

---

[1] Il ne faudrait pas oublier cependant que les partis de gauche ont été traversés par des luttes internes plus ou moins virulentes. Force est de constater que les opposants à cette orientation néolibérale ont été mis sur la défensive, accusés d'être des partisans de l'ancienne gestion administrative coûteuse, inefficace et démoralisatrice.

personnelle dans l'effort et dans la responsabilité ; on risquait aussi d'associer dans les esprits "social-démocratie" avec "conformité et médiocrité" au lieu d'incarner la créativité, la diversité et la performance. » Il faut au contraire renforcer la responsabilité individuelle comme principe général des politiques publiques : « Les sociaux-démocrates veulent transformer la bouée de sauvetage des droits sociaux en un tremplin pour la responsabilité individuelle », selon une expression typiquement blairiste.

Il faut également flexibiliser les marchés du travail : « Les entreprises doivent avoir suffisamment de marges de manœuvre pour agir et pour profiter des occasions qui se présentent : elles ne doivent pas être entravées par trop de règles. Les marchés du travail, du capital et des biens doivent tous être flexibles : il n'est pas possible de s'accommoder de rigidité dans un secteur de l'économie et d'ouverture et de dynamisme dans un autre secteur. L'adaptabilité et la flexibilité sont des avantages de plus en plus rentables dans une économie basée sur la connaissance. »

Il faut ensuite baisser les impôts, tout particulièrement ceux qui pourraient nuire à la compétitivité des entreprises, et réduire le rôle de l'État :

> Le coût du travail était alourdi par des charges toujours plus élevées. La croyance selon laquelle l'État devrait s'attaquer à tous les défauts ou lacunes du marché a trop souvent conduit à une extension démesurée des missions de l'administration et à une bureaucratie croissante. L'équilibre entre les actions individuelles et l'action collective a été rompu. Des valeurs importantes pour les citoyens – la construction autonome de soi, le succès personnel, l'esprit d'entreprise, la responsabilité individuelle et le sentiment d'appartenance à une communauté – furent trop souvent subordonnées aux garanties sociales universelles.
>
> Trop souvent, les droits furent élevés au-dessus des obligations, mais on ne peut pas se débarrasser de ses responsabilités, envers soi-même, sa famille, son voisinage ou l'ensemble de la société, sur l'État et s'en remettre à lui seul. Si on oublie le principe d'obligation mutuelle, c'est le sentiment d'appartenance collectif qui s'affaiblit, ce sont ses responsabilités envers ses proches ou ses voisins qui disparaissent, c'est la délinquance ou le vandalisme qui augmentent, et c'est tout notre appareil légal qui ne peut plus suivre. La capacité des gouvernements à régler avec précision leur économie nationale, afin de favoriser la croissance et l'emploi, a été exagérée. L'importance des entreprises et des acteurs économiques dans la création de richesses a été sous-évaluée. En fait, on a *exagéré les faiblesses du marché* et *sous-estimé ses qualités*.

Les propositions de cette nouvelle politique de l'offre qui doit se substituer à la politique dépassée de la demande, c'est-à-dire au keynésianisme, reposent sur le principe général de la primauté de l'entreprise privée dans l'économie et sur l'importance des « valeurs » qu'elle est susceptible de diffuser dans la société. Ce qui conduit à définir une nouvelle manière de gouverner, plus moderne : « L'État ne doit pas ramer, mais tenir le gouvernail : juste ce qu'il faut de contrôle, tel est le défi. » Ce qui signifie que le combat contre le développement de l'administration et des dépenses publiques devient une priorité de cette nouvelle politique de l'offre : « Dans le secteur public, la bureaucratie doit être réduite à tous les niveaux ; des objectifs de résultats concrets doivent être formulés ; la qualité des services publics évaluée en permanence, et les dysfonctionnements éradiqués. » Mais cette nouvelle manière de « piloter » doit s'appuyer sur un « état d'esprit » et des valeurs qui n'ont plus rien à voir avec ceux de la vieille gauche :

> Pour le plein succès des nouvelles politiques publiques, il faut promouvoir une mentalité de gagnant et un nouvel esprit d'entreprise à tous les niveaux de la société. Cela requiert : une main-d'œuvre compétente et bien formée, qui soit désireuse de prendre de nouvelles responsabilités ; un système de sécurité sociale qui donne une nouvelle chance, tout en encourageant l'esprit d'initiative, la créativité et l'envie de relever de nouveaux défis ; un climat favorable aux entrepreneurs, à leur indépendance et à leur esprit d'initiative. Il faut faire en sorte que la création et la survie des petites entreprises soient facilitées ; nous voulons une société qui met à l'honneur ses chefs d'entreprise, comme elle le fait pour les artistes et les footballeurs, et qui revalorise la créativité dans tous les domaines de la vie.

Ce Manifeste permet de mieux comprendre la nature du « réalisme » de la gauche moderne, dont Tony Blair a été le principal promoteur sur la scène européenne. La caractéristique première du blairisme depuis la conquête en 1994 du Parti travailliste est la reprise de l'héritage thatchérien, considéré non pas comme une politique à inverser mais comme un *fait acquis* [1].

Dans leur livre commun, *La Troisième Voie*, Anthony Giddens et Tony Blair théorisent le virage. La mission du New Labour, affirment-ils, est d'apporter des réponses de « centre gauche » dans le nouveau cadre imposé par le néolibéralisme considéré comme une donnée irréversible. Le maître mot de cette ligne politique est l'*adaptation* des individus à la nouvelle réalité plutôt que leur protection contre les aléas d'un capitalisme mondialisé et financiarisé. La « nouvelle gauche » est celle qui accepte le cadre de la mondialisation libérale et qui vante toutes les opportunités que l'on peut

---

[1]   *Cf.* sur ce point la démonstration de Keith DIXON, *Un digne héritier. Blair et le thatchérisme*, Raisons d'agir, Paris, 1999.

en tirer pour la croissance et la compétitivité des économies [1]. Le commissaire européen au Commerce, Peter Mandelson, donne du « consensus » une formulation très claire lorsqu'il fait la louange du « boom de l'ouverture des marchés » à l'échelle mondiale, qui à ses yeux interdit tout retour en arrière en matière de politique économique et sociale, ce qui ne serait ni possible ni d'ailleurs souhaitable tant la prospérité de tous dépend de cette ouverture économique [2].

La gauche moderne, c'est aussi celle qui admet que la principale, sinon la seule source de richesse et de croissance est l'entreprise privée, et qui en tire pour conséquence que, dans toutes ses actions, la puissance publique doit la favoriser et, en ce qui touche à la fourniture de services publics, doit développer les partenariats avec cet acteur majeur de l'économie. L'une des premières batailles qu'a menées Tony Blair a été l'abolition de l'article 4 des statuts du Labour Party, qui se donnait pour objectif la socialisation des moyens de production. De fait, le New Labour n'est jamais revenu sur la grande vague de privatisation menée par M. Thatcher, qui a concerné plus de quarante grandes entreprises représentant près d'un million de salariés, pas plus d'ailleurs que la « gauche plurielle » en France de 1997 à 2002 n'a enrayé le processus lancé au milieu des années 1980.

La conception de la société et de l'individu qui sert d'appui à cette politique est très semblable à celle qui structure les orientations de la droite néolibérale. Primauté de la concurrence sur la solidarité, habileté à saisir des opportunités pour réussir, responsabilité individuelle sont regardées comme les fondements principaux de la justice sociale [3]. La politique de la gauche moderne doit aider les individus à s'aider eux-mêmes, c'est-à-dire à « s'en sortir » dans une compétition générale qui n'est pas interrogée en

---

1   Tony Blair donne une excellente définition dans un entretien : « Je dirais que les activités d'un gouvernement ne doivent pas viser à entraver la compétition entre les entreprises dans le marché global. Cela ne constitue pas une réponse appropriée et cela ne marchera pas, parce que le marché nous domine. Si nous essayons de protéger des entreprises des effets du marché global, ce qui arrive alors, c'est qu'elles survivront pendant quelques années, puis elles disparaîtront car les pressions de la compétition globale sont telles que cela arrivera nécessairement. Ce que vous pouvez faire par contre, c'est équiper ces entreprises, ainsi que les individus qui travaillent pour elles afin qu'ils puissent faire face aux rigueurs de ce marché global. Voici, selon moi, ce qu'est la troisième voie. » Cité par Philippe MARLIÈRE, *Essais sur Tony Blair et le New Labour. La troisième voie dans l'impasse*, Syllepse, Paris, 2003, p. 97-98.

2   P. MANDELSON, « Europe's openness and the politics of globalisation », The Alcuin Lecture, Cambridge, 8 février 2008.

3   Michael FREEDEN, « True blood or false genealogy : New Labour and british social democratic thought », *in* Andrew GAMBLE et Tony WRIGHT, *The New Social Democracy*, Blackwell, Oxford, 1999, p. 163.

elle-même. Cela se traduit dans le discours tenu par la réintroduction des catégories propres au schème concurrentiel du lien social : le capital humain, l'égalité des chances, la responsabilité individuelle, etc., au détriment d'une conception alternative du lien social qui reposerait sur une plus grande solidarité et sur des objectifs d'égalité réelle. C'est même, au fond, par rapport à cette conception « archaïque » de la société défendue par la « vieille » gauche que s'est construite la doctrine de la « gauche moderne ». Jacques Delors, dans sa préface à la traduction française, résume bien le propos des deux auteurs :

> Les sociaux-démocrates adeptes de la troisième voie ne défendent plus l'idée selon laquelle le citoyen doit être protégé par l'État, nourri, logé et vêtu de sa naissance à sa mort, comme le formulait Hobhouse ; leur but est plutôt de créer les conditions permettant aux individus de parvenir à un haut niveau de vie décent grâce à leurs propres efforts [1].

A. Giddens résume ainsi la politique de la troisième voie par le slogan : « pas de droits sans responsabilités », ce qui, selon lui, signifie qu'il faut donc accroître les obligations individuelles sur le marché du travail [2]. Selon lui, l'État est un « investisseur social » qui aide les gens à s'adapter plutôt qu'il ne les protège :

> Les sociaux-démocrates doivent modifier leur conception du rapport entre risque et sécurité héritée de l'État-providence, et s'efforcer de développer une société de preneurs de risques responsables aussi bien dans les sphères de l'État, de la gestion de l'entreprise et du marché du travail [3].

La citoyenneté n'est plus définie comme participation active à la définition d'un bien commun propre à une communauté politique, mais comme une mobilisation permanente d'individus qui doivent s'engager dans des partenariats et des contrats de toutes sortes avec des entreprises et des associations, pour la production de biens locaux donnant satisfaction

---

1 T. BLAIR et A. GIDDENS, *La Troisième Voie. Le Renouveau de la social-démocratie*, Seuil, Paris, 2002, p. 10. J. Delors reprend l'argumentaire et le lexique classique des adversaires du welfarisme lorsqu'il avance que « les politiques de protection sociale traditionnelles ont souvent engendré une culture de la dépendance et de l'irresponsabilité » (p. 12). Il est intéressant de remarquer, ne serait-ce que pour écarter les hypocrisies d'un socialisme français ou d'une construction européenne qui auraient par miracle échappé à l'emprise de la rationalité néolibérale, que J. Delors inscrit son propre projet européen dans le cadre de cette troisième voie. Son Livre blanc de 1993 publié par la Commission européenne (*Croissance, compétitivité, emploi*) en reprend les grandes lignes.
2 *Ibid.*, p. 78.
3 *Ibid.*, p. 111.

aux consommateurs. L'action publique doit viser avant tout la mise en place de conditions favorables à l'action des individus, orientation qui tend à dissoudre l'État parmi l'ensemble des producteurs de « biens publics ». A. Giddens définit ainsi le rôle de l'action publique :

> L'État ne peut plus se contenter d'assurer la protection sociale. Il doit assumer un rôle plus étendu, mais aussi plus souple, de régulateur, en contribuant à créer une sphère publique efficace et des biens publics satisfaisants. Il n'est pas le seul acteur en ce domaine, loin de là. Ainsi, la distribution de denrées alimentaires aux magasins, supermarchés, etc. représente un bien public. Il revient à l'État de créer le cadre de régulation de cette activité [1].

En quoi consiste exactement cette « régulation » qui doit mener à la « bonne » société, selon sa propre expression ? Il s'agit de faire en sorte que l'individu ait toujours le choix d'arbitrage entre les produits et les services. Sans grande originalité, le principe de la concurrence doit être universel, y compris pour les services publics. La seule différence est que les normes que doivent suivre les compétiteurs ne sont pas dans tous les cas définies de la même manière et par les mêmes acteurs. Selon A. Giddens :

> Dans les domaines où les forces du marché s'exercent librement, on pourrait dire que l'individu se comporte en citoyen-consommateur. Les normes sont principalement et directement issues de la concurrence. Un mauvais téléviseur proposé au même prix que les autres ne fera pas long feu sur le marché. Le rôle joué par l'État et les autres autorités publiques se limite à superviser le cadre général, en empêchant la formation de monopoles et en offrant les moyens de garantir les contrats. Dans les sphères non marchandes – l'État et la société civile –, le consommateur devrait se voir proposer un certain choix. Même si les principes régulateurs du marché n'y jouent qu'un rôle mineur. Dans le secteur public par exemple, il faudrait pouvoir choisir entre plusieurs généralistes, écoles ou services sociaux. Toutefois les normes ne peuvent pas être garanties par la concurrence comme c'est le cas dans la sphère marchande. Elles doivent être supervisées directement par des professionnels et les autorités publiques. Disons que, dans ces sphères, l'individu est un consommateur-citoyen – il est en droit d'attendre que les normes soient rigoureusement appliquées par une autorité extérieure [2].

---

1   A. GIDDENS, *Le Nouveau Modèle européen*, Hachette Littératures, Paris, 2007, p. 147.
2   *Ibid.*, p. 158-159. On notera au passage que l'expression « superviser le cadre général » est d'inspiration très ordolibérale.

A. Giddens reprend ainsi l'argumentaire des théoriciens du *Public Choice* et du « nouveau management public » [1]. Contre l'égoïsme des fonctionnaires, « il faut encourager la diversité des fournisseurs et créer des incitations efficaces » dans tous les domaines et en particulier dans la santé et l'éducation [2]. Mise en concurrence et obligation de choisir sont les voies de la réforme de l'État : « la possibilité du choix et, plus généralement, la reconnaissance d'un plus grand pouvoir de l'usager contribuent à stimuler l'efficacité et la maîtrise des coûts [3] », car elles poussent le prestataire à améliorer le service [4] : « Les sociaux-démocrates doivent s'inspirer de la critique selon laquelle les institutions publiques, ne bénéficiant pas de la discipline du marché, deviennent paresseuses et leurs services de mauvaise qualité [5]. »

La doctrine de la « troisième voie » traduit assez bien un abandon des piliers fondamentaux de la social-démocratie (et du travaillisme). L'État social et les politiques de redistribution des revenus sont désormais conçus comme des obstacles à la croissance et non plus comme des éléments centraux du compromis social. Le New Labour a prolongé et légitimé la dénonciation des politiques sociales construites sur des droits et des acquis, il a exalté la réussite individuelle avec des accents moralisateurs que n'auraient pas reniés Malthus ou Spencer [6]. Certes, le blairisme a maintenu quelques différences avec la pure orthodoxie économique de type monétariste : l'instauration du salaire minimum, une politique budgétaire contracyclique, un réinvestissement, avec l'aide du secteur privé, dans les services publics de la santé et de l'éducation. Reste que ces différences politiques, pour

---

1   *Ibid.*, p. 163. Pour le « nouveau management public », *cf.* chap. 12.

2   A. Giddens prend pour exemples la privatisation des écoles en Suède et les chèques éducation aux États-Unis, *ibid.*, p. 166-167.

3   *Ibid.*, p. 165-166.

4   *Ibid.*, p. 165. A. Giddens voudrait faire la différence entre ce qu'il appelle la « démocratisation du quotidien », qui renforce le pouvoir de l'usager, et le pur et simple « consumérisme » néolibéral. Mais on voit mal ce qui les distingue. Par exemple, en matière scolaire et universitaire, A. Giddens témoigne du nouveau consensus entre la gauche moderne et la nouvelle droite pour que les étudiants financent leurs études eux-mêmes en recourant à l'emprunt.

5   Cité par K. DIXON, *Un digne héritier, op. cit.*, p. 77.

6   Florence Faucher-King et Patrick Le Galès le soulignent bien : « Le New Labour adopte une vision qui valorise les gagnants, les entrepreneurs (quels que soient leur couleur, leur origine, leur âge), la sécurité des biens et des personnes ; les enjeux d'intégration dans la société, de redistribution ou de discours sur la solidarité, l'espace public sont laissés de côté. » F. FAUCHER-KING et P. LE GALÈS, *Tony Blair, 1997-2007*, Presses de Sciences-Po, Paris, 2007, p. 18.

indéniables qu'elles soient, s'inscrivent à l'intérieur d'un même cadre fondamental, celui de la rationalité politique et des pratiques disciplinaires propres au néolibéralisme.

À propos du New Labour, Keith Dixon parle ainsi d'un « néolibéralisme de la deuxième génération [1] ». Si l'on écarte enfin l'idée que le néolibéralisme signifie le retrait de l'État, on peut distinguer dans l'activisme réformateur et centralisateur du blairisme cette dimension structurante de la nouvelle forme de gouvernement des individus [2]. C'est bien ce que traduisent certains analystes de la politique du New Labour quand ils s'essayent à en faire le bilan :

> Le programme de réformes a été accompli en mobilisant et en développant les capacités de contrôle et de direction du gouvernement. Poursuivant et adaptant le cadre légué par les conservateurs, modernisant l'héritage utilitariste (pas de confiance dans la société), les néotravaillistes ont réformé le gouvernement et ses modes opératoires de manière systématique. Les gouvernements Blair ont massivement accru la centralisation de la Grande-Bretagne, en laissant davantage d'autonomie aux individus et aux organisations au sein d'un système de contraintes et de contrôles renforcés, un système de « conduite des conduites », aurait dit M. Foucault, qui n'échappe pas toujours à une dérive bureaucratique, voire autoritaire [3].

Ce que l'on appelle parfois improprement la « conversion néolibérale de la gauche » ne s'explique donc pas seulement par les campagnes idéologiques de la droite ou par la capacité de persuasion de cette dernière. Elle s'explique plus fondamentalement par la diffusion d'une rationalité globale qui fonctionne comme une évidence largement partagée, relevant non de la logique de parti mais de la technique, supposée idéologiquement neutre, du gouvernement des hommes.

Le plus important n'est pas tant le triomphe de la vulgate néolibérale que la manière dont le néolibéralisme s'est traduit en politiques concrètes,

---

1 K. DIXON, *Un abécédaire du blairisme*, Le Croquant, Bellecombe-en-Bauges, 2005, p. 15.

2 On en trouve la manifestation sous la forme fallacieuse du « ni-ni », qui renvoie dos à dos le laisser-faire et l'ancien compromis social-démocrate. T. Blair formulait ainsi les choses avant son accession au pouvoir : « Si je rejette l'habituelle attitude de laisser-faire de ceux qui disent que le gouvernement n'a aucun rôle à jouer, autant je rejette le retour à un modèle d'État corporatiste, qui a fait son temps. Le rôle du gouvernement n'est pas celui de grand commandeur de l'économie, mais celui de compagnon de route. » T. BLAIR, *La Nouvelle Grande-Bretagne. Vers une société de partenaires*, L'Aube, La Tour-d'Aigues, 1996, p. 101.

3 F. FAUCHER-KING et P. LE GALÈS, *op. cit.*, p. 16.

finalement subies et parfois même acceptées par une partie de la population salariée, lors même que ces politiques avaient pour visée explicite le recul des droits acquis, des solidarités entre groupes et entre générations, et qu'elles mettaient une grande partie des sujets sociaux dans des difficultés et face à des menaces grandissantes, les plaçant systématiquement et explicitement dans une logique de « risques ». Le néolibéralisme est beaucoup plus qu'une idéologie partisane. Les responsables politiques qui mettent en œuvre les pratiques néolibérales se défendent d'ailleurs généralement de toute idéologie. Le néolibéralisme, lorsqu'il inspire des politiques concrètes, se nie comme idéologie puisqu'il est la *raison* même.

C'est ainsi que des politiques très semblables peuvent se mouler dans des rhétoriques les plus diverses (conservatrices, traditionalistes, modernistes, républicaines, au gré des situations et des cas), manifestant par là leur extrême plasticité. Pour le dire autrement, la dogmatique néolibérale se donne pour une *pragmatique générale* indifférente aux origines partisanes. La modernité ou l'efficacité ne sont ni de droite ni de gauche, selon la formule de ceux qui « ne font pas de politique ». L'essentiel est que « cela marche », comme le répétait souvent Tony Blair. C'est aussi ce qui permet de mesurer l'écart entre la période *militante* du néolibéralisme politique de M. Thatcher et de R. Reagan, et la période *gestionnaire*, où il n'est plus question que de « bonne gouvernance », de « bonnes pratiques » et d'« adaptation à la mondialisation ». Au cours de cette période de maturité, les anciens opposants ont dû pour beaucoup abjurer leur ancienne critique du capitalisme, ils ont enfin dû reconnaître l'« économie de marché » comme le moyen le plus efficace de coordination des activités économiques. En somme, la grande victoire idéologique du néolibéralisme a consisté à « désidéologiser » les politiques suivies, au point qu'elles ne doivent même plus faire l'objet de quelconques débats.

On tient là l'une des causes de l'effondrement doctrinal si complet de la gauche au cours des années 1990. Si l'on admet que les dispositifs pratiques de gestion néolibérale des individus sont les seuls efficaces, voire les seuls possibles, en tout cas les seuls que l'on puisse imaginer, on voit mal comment on pourrait s'opposer réellement aux principes qui les sous-tendent (l'hypothèse des choix rationnels par exemple), ou mettre effectivement en question les résultats auxquels ils parviennent (une plus grande exposition à la concurrence et aux « accidents » de la conjoncture mondiale). Il ne reste plus que la logique de la persuasion rhétorique, consistant à dénoncer très fort ce qu'on accepte tout bas. Ce que les plus « habiles » des responsables de gauche ont su faire quand il le fallait [1]. Mais, plus encore, le néolibéralisme politique tel qu'il s'est déployé a eu des effets majeurs sur les conduites effectives des individus en les incitant à « se prendre en charge », à ne plus compter sur la solidarité collective, à calculer et à maximiser leurs intérêts en poursuivant des logiques plus individuelles dans un contexte de concurrence plus radicale entre eux. En d'autres termes, la stratégie néolibérale a consisté et consiste toujours à orienter systématiquement la conduite des individus comme s'ils étaient toujours et partout engagés dans des relations de transaction et de concurrence sur un marché.

---

1   La France « socialiste » de Mitterrand a été plongée dans un bain rhétorique très hostile au néolibéralisme, alors que, bien avant le blairisme, elle avait déjà adopté nombre des méthodes néolibérales.

11

Les origines ordolibérales
de la construction européenne

L e grand tournant mondial qui s'est opéré dans les années 1980
et 1990 a suivi la puissante vague conservatrice venue de Grande-
Bretagne et des États-Unis. Cela a donné naissance, par contrecoup, à une
sorte de légende dorée de la construction européenne regardée comme bas-
tion de résistance à l'« ultralibéralisme » anglo-saxon. C'est l'une des anti-
ennes du néolibéralisme de gauche. L'histoire est beaucoup plus complexe,
à la fois moins linéaire et moins manichéenne. En réalité, comme le font
valoir à juste titre les universitaires américains du collectif Retort, « la
notion d'une Europe politiquement autonome – d'une Europe qui s'oppo-
serait au "barbarisme" américain, et qui occuperait une place relativement
positive au sein du capital et de la modernité – est largement illusoire ». En
se mirant dans l'« image autosatisfaite » d'une supposée « exception » européenne, « la gauche abandonne toute possibilité de résistance réelle » [1].
Car, s'il est vrai que cette construction de l'Europe est le produit de plusieurs traditions, dont celle, puissante, de la démocratie chrétienne, elle
relève aussi d'une des plus anciennes stratégies néolibérales, dont nous
avons vu plus haut, avec l'analyse de l'ordolibéralisme, les principaux fondements théoriques. Cette stratégie originale, et souvent méconnue
comme telle, est *antérieure* à la diffusion de l'idéologie néolibérale dans les
années 1970, comme à la crise de régulation du capitalisme fordiste. Le

---

1   RETORT, *Des images et des bombes, Politique du spectacle et néolibéralisme militaire, op. cit.*,
     p. 8-9.

néolibéralisme européen n'a en effet pas attendu de triompher sur le plan des idées pour s'institutionnaliser progressivement grâce à des politiques conduites avec un grand esprit de continuité. La construction juridique et politique d'un marché concurrentiel s'est réalisée peu à peu pendant que continuait de dominer une rationalité administrative et bureaucratique, et que prévalaient dans les faits l'interventionnisme keynésien ou, comme en France, les différentes formes de « colbertisme ». Il n'est nullement question de faire de l'Europe le banc d'essai d'une expérimentation néolibérale qui aurait ensuite gagné par contagion le reste du monde ; il s'agit simplement de faire toute sa place à la logique ordolibérale qui a très tôt imprimé un certain cours à la construction européenne. Comme le remarquait en 1967 un observateur des premiers pas de cette construction, « le *concurrentialisme* se substitue au libéralisme d'autrefois ». C'est, ajoutait-il, l'« idée de base du néolibéralisme contemporain [1] ».

La construction du « marché commun » en Europe offre un exemple particulièrement intéressant de mise en œuvre de ce « concurrentialisme » néolibéral. Le Traité de la Communauté européenne du charbon et de l'acier (CECA) en 1951, puis le Traité de Rome de 1957 ont commencé à instaurer des règles strictes pour éviter que la concurrence ne soit faussée par des pratiques discriminatoires, des abus de position dominante, des subventions étatiques. Depuis lors, la Commission européenne, fortement appuyée par la Cour de justice européenne, a élaboré un ensemble d'instruments qui ont formé la base, selon un rapport de l'OCDE, d'une véritable « constitution économique [2] ». Cette politique de la concurrence, qui n'a cessé de s'élargir et de s'approfondir [3], est considérée d'ailleurs comme l'un

---

1   Louis FRANCK, *La Libre Concurrence*, PUF, Paris, 1967. L. Franck précisait : « Il est désormais admis que des interventions publiques sont nécessaires à la préservation de certaines formes de libre concurrence, que cette libre concurrence n'est pas ou n'est plus dans la nature des choses, que les deux notions de libre concurrence et de laisser-faire doivent être dissociées : c'est, on le sait, l'un des enseignements du nouveau libéralisme, mais il est, par rapport à l'école classique, quelque peu révolutionnaire » (p. 7).

2   OCDE, *Droit et politique de la concurrence en Europe*, Paris, 2005, p. 12.

3   La concurrence libre et non faussée, regardée comme un moyen de l'efficacité économique, fonde la légitimité des directives très normatives et la jurisprudence des institutions européennes. Les normes juridiques définies par la Direction générale de la concurrence et soutenues par la jurisprudence de la Cour de justice répondent toutes à des objectifs économiques de bien-être et de compétitivité. Sur ce point, la Commission est restée parfaitement fidèle au programme néolibéral. S'attachant dans un premier temps à contrôler les conditions de la concurrence dans le secteur privé, la Commission et la Cour ont commencé à s'en prendre aux monopoles des entreprises publiques à partir des années 1980 dans le secteur des télécommunications. En 1988, la Commission, généralisant ses objectifs de lutte contre les distorsions de la concurrence, a

des leviers les plus puissants de l'intégration économique : « L'encourage-ment donné par la Cour à la Commission à propos de la fixation par cette dernière des conditions de l'intégration du marché a conféré aux règles de concurrence du Traité une nature quasi constitutionnelle », souligne encore l'OCDE [1].

Ce néolibéralisme politique ne vient pas de nulle part. L'ordolibéra-lisme a constitué l'essentiel du fondement doctrinal de l'actuelle construc-tion européenne, avant même qu'elle ne soit soumise à la nouvelle rationalité mondiale. Pour les néolibéraux européens avoués, la filiation entre l'ordolibéralisme et l'esprit qui a présidé à la mise en place du Marché commun puis de l'Union européenne ne fait guère de doute. Elle est même revendiquée par un certain nombre d'entre eux. L'un des témoignages les plus convaincants à cet égard est la conférence donnée par Frits Bolkestein à l'Institut Walter-Eucken à Fribourg le 10 juillet 2000. L'orateur qui se pré-sentait alors comme le « responsable du marché intérieur et de la fiscalité » de la Commission européenne donnait à sa conférence le titre suivant [2] : « Construire l'Europe libérale du XXIᵉ siècle ». Après avoir rappelé le rôle des ordolibéraux dans la politique économique et monétaire de la République fédérale d'Allemagne (RFA), et plus particulièrement la place éminente de Walter Eucken dans la doctrine, Frits Bolkestein affirmait :

> Dans une vision de l'Europe de demain, l'idée de liberté, telle qu'elle était défendue par Eucken, doit donc certainement occuper une place centrale. Dans la pratique européenne, cette idée est concrétisée par les quatre libertés du marché intérieur, à savoir la libre circulation des personnes, des biens, des services et des capitaux.

Et il ajoutait :

> En effet, il est clair que beaucoup reste à faire pour que ces libertés devien-nent des certitudes. La Commission européenne et le Conseil sont conscients de ce défi et l'ont relevé en adoptant un programme ambitieux de

---

entamé son long combat en faveur de la libéralisation des services publics par une directive qui vise à éliminer tous les monopoles publics qui transgressent le droit de la concurrence. Énergie, transports, assurances, services postaux, radiodiffusion, très vastes sont les domaines où les entreprises publiques sont mises en demeure de s'ali-gner sur le droit de la concurrence s'appliquant au secteur privé.

1   *Ibid.*, p. 12.
2   F. Bolkestein est un homme politique néerlandais, longtemps responsable du Parti populaire (libéral), président de l'Internationale libérale de Londres entre 1996 et 1999, auteur de la directive « Services » qu'il a élaborée lors de son mandat à la Commission européenne entre 1999 et 2004.

déréglementation et de flexibilisation, résumé dans l'acte final du sommet de Lisbonne qui a eu lieu en mars dernier. La mise en œuvre de l'ensemble des mesures proposées à Lisbonne représentera un progrès considérable dans la réalisation d'une Europe conforme aux idées « ordolibérales ».

La suite est encore plus explicite :

> Le projet ambitieux de l'Union économique et monétaire représente à cet égard un défi particulier. Ce projet a non seulement pour but de renforcer les libertés du citoyen, mais constitue également l'un des principaux instruments politiques qui doivent permettre de stabiliser l'énorme économie de marché qu'est l'Europe. Il est donc, à ce titre, un pur produit de la pensée « ordolibérale ».

Frits Bolkestein détaillait le programme de réformes qui devait permettre de réaliser intégralement cette Europe « ordolibérale ». Quatre points étaient soulignés :

1. La flexibilisation des salaires et des prix par la réforme des marchés du travail (« Il est absolument nécessaire de progresser dans le domaine de la flexibilisation du marché de l'emploi » ; « L'un de nos principaux défis est donc d'améliorer la flexibilité du marché du travail et du marché des capitaux »).

2. La réforme des retraites par l'encouragement à l'épargne individuelle (« Si nous voulons également éviter le déclenchement de la bombe à retardement que constituent les retraites, il est urgent de s'attaquer sérieusement à la réforme de la législation sur les retraites. Les fonds de pension doivent pouvoir profiter des nouvelles possibilités d'investissement offertes par l'euro »).

3. La promotion de l'esprit d'entreprise (« Les Européens semblent faire preuve d'un esprit d'entreprise insuffisant. Le problème de l'Europe n'est pas tellement le manque de capital-risque pour lancer de nouveaux projets d'affaires. L'argent ne manque pas. Par contre, trop peu de personnes sont disposées à franchir le pas pour créer leur entreprise. Les réformes structurelles doivent donc aller de pair avec un changement de mentalité chez le citoyen »).

4. La défense de l'idéal de civilisation d'une société libre contre le « nihilisme » (« Le relativisme moral et épistémologique de ce courant menace d'ébranler les valeurs essentielles du projet libéral, comme l'esprit critique et rationnel et la croyance en la dignité fondamentale de l'individu libre » ; « L'avènement de l'Europe libérale de demain risque d'être ébranlé par la formation transmise aujourd'hui aux jeunes Européens dans les écoles et les universités [...]. La tâche des universitaires est donc de

transmettre, par leur travail, les valeurs fondatrices de la société libre ou, en tous les cas, de combattre les idées qui visent à mettre en péril ce type de société »).

F. Bolkestein ne cachait pas qu'à ses yeux la construction de l'Europe était depuis le départ un projet antisocialiste, et même un projet tourné contre l'État social. Il rappelait ainsi que, « pour Eucken, le socialisme était une vision d'horreur, un modèle, non seulement d'inefficacité, mais aussi, et surtout, d'absence de liberté ».

L'« Europe libérale » est donc un programme clairement dessiné, comme F. Bolkestein a eu le grand mérite de le rappeler. Il a également eu raison de souligner que cette construction s'inscrivait dans la lignée de l'ordolibéralisme allemand, allant ainsi à l'encontre de cette idée qui voudrait que l'Europe incarne un « modèle social » opposé à la mondialisation « ultralibérale » des Anglo-Saxons. La confusion, largement volontaire, porte sur le sens de l'expression typiquement ordolibérale d'« économie sociale de marché », donnée par beaucoup comme un synonyme d'« Europe sociale ». Dans une interview de 2005, Jacques Delors, à la question d'un journaliste qui lui demandait « comment le nouveau traité permettra-t-il de lutter contre les perversions du marché ? », faisait la réponse suivante :

> Dès 1957, les pays européens avaient considéré que s'ils avaient un marché commun ils accroîtraient à la fois leur efficacité et la solidarité entre eux. Ce n'est pas facile à faire. Ce sont les mêmes principes qui sont repris par le traité. Il n'est pas novateur par rapport à cela. Ce qui est nouveau, c'est la montée en puissance des forces politiques qui refusent l'intervention de l'État et des institutions pour équilibrer les forces du marché. Au nom d'un monétarisme que j'ai toujours combattu, on refuse le rééquilibrage entre l'économique et le monétaire... Le traité ne tranche pas. Il laisse aux forces politiques la possibilité d'aller dans un sens ou dans l'autre. Sans le traité, nous disposons de moins d'atouts pour défendre les intérêts légitimes de la France et aller vers cette *économie sociale de marché*, rénovée, qui est une réponse à la mondialisation et à la puissance financière [1].

Cette réponse est assez caractéristique d'une certaine lecture de l'histoire européenne qui tend à faire oublier que cette « économie sociale de marché » a été la formule du néolibéralisme allemand avant de devenir celle du néolibéralisme européen. Jacques Delors n'est pas seul à entretenir cette occultation. Presque tous les partisans du Traité constitutionnel

---

[1]   *Nord-Éclair*, 14 mai 2005.

européen (TCE) ont défendu des interprétations semblables. Jacques Chirac, dans une tribune publiée par vingt-six journaux européens à la veille du sommet d'Hampton Court le 27 octobre 2005, déclarait ainsi : le modèle de l'Europe, « c'est l'économie sociale de marché. Son contrat, c'est l'alliance de la liberté et de la solidarité, c'est la puissance publique garante de l'intérêt général ». Et il continuait : « C'est pourquoi la France n'acceptera jamais de voir l'Europe réduite à une simple zone de libre-échange », « c'est pourquoi nous devons relancer le projet d'une Europe politique et sociale, fondée sur le principe de la solidarité ».

Ces quelques citations soulignent la nécessité d'une clarification, tant au sujet des sources du néolibéralisme européen que des voies par lesquelles il s'est imposé.

Archéologie des principes du Traité constitutionnel européen

Reportons-nous un instant à la « Constitution européenne » dans l'élaboration de laquelle les partis libéraux et chrétiens-démocrates européens ont joué un rôle fondamental. La campagne référendaire qui s'est déroulée en France en 2005 a posé le problème de la « constitutionnalisation » d'un certain nombre d'orientations de politique économique : le monétarisme de la Banque centrale européenne, la concurrence comme principe de l'activité économique, la part réduite et secondaire laissée aux « services économiques d'intérêt général ». Ces options posaient la question de la nature de l'« économie sociale de marché », formule de référence officielle de la nouvelle constitution pour toute l'Union.

Le Traité, qui deviendra en 2007 le « Traité de Lisbonne » après un toilettage sommaire, contenait dès son commencement une série de principes fondamentaux portant sur la nature de l'économie européenne, principes qui étaient déclinés dans la partie III. On y trouvait en particulier dès l'article 3 une formulation de l'objectif à poursuivre, censée être claire pour tous : « une économie sociale de marché hautement compétitive ». Toute la politique économique définie à la partie III vise à organiser l'Europe autour de quelques principes fondamentaux d'une « économie de marché ouverte où la concurrence est libre », comme il est répété constamment dans les parties et articles de la constitution. Cette dernière consacre deux piliers de cette « économie sociale de marché » : le principe suprême de la concurrence dans les activités économiques et la stabilité des prix, garantie par une Banque centrale indépendante.

L'Union dispose ainsi d'une compétence exclusive pour l'« établissement des règles de concurrence nécessaires au fonctionnement du marché intérieur » (article I-13). Les articles III-162 et III-163 mettent en application ce principe en interdisant toutes les pratiques qui pourraient fausser la concurrence sur le marché intérieur et toutes les pratiques considérées comme des abus de position dominante. L'article III-167 interdit plus particulièrement les aides de l'État qui pourraient distordre la concurrence.

La stabilité de la monnaie est le second principe décisif. Dans la partie I-titre III portant sur « Les compétences de l'Union », on trouve à l'article 29 la définition des missions et du statut de la Banque centrale européenne. L'alinéa 2 déclare :

> Le Système européen de banques centrales est dirigé par les organes de décision de la Banque centrale européenne. L'objectif principal du Système européen de banques centrales est de maintenir la stabilité des prix. Sans préjudice de l'objectif de stabilité des prix, il apporte son soutien aux politiques économiques générales dans l'Union en vue de contribuer à la réalisation des objectifs de l'Union.

Et l'alinéa 3 précise :

> La Banque centrale européenne est une institution dotée de la personnalité juridique. Elle est seule habilitée à autoriser l'émission de l'euro. Dans l'exercice de ses pouvoirs et dans ses finances, elle est indépendante. Les institutions et organes de l'Union ainsi que les gouvernements des États membres s'engagent à respecter ce principe.

Ces principes ne sont pas nouveaux. Le Traité de Maastricht en 1992 créant l'Union européenne avait déjà par son article 3 introduit l'objectif d'un « régime assurant que la concurrence n'est pas faussée dans le marché intérieur », et, par un article 3A, qui n'était pas anodin, il donnait pour objectif l'« instauration d'une politique économique fondée sur l'étroite coordination des politiques économiques des États membres, sur le marché intérieur et sur la définition d'objectifs communs », conduite conformément au respect du principe d'une « économie de marché ouverte où la concurrence est libre ». Cette dernière expression, utilisée depuis comme un véritable slogan, est répétée dans le Traité de Maastricht à de nombreuses reprises comme elle le sera encore dans le Traité constitutionnel.

Mais le Traité de Maastricht s'inscrivait lui-même dans une logique plus ancienne. Le Traité de Rome de 1957 affirmait la nécessité de l'« établissement d'un régime assurant que la concurrence n'est pas faussée dans le marché commun » (I-3). À l'article 29, il était précisé que la Commission suivait l'« évolution des conditions de concurrence à l'intérieur de la Communauté, dans la mesure où cette évolution aura pour effet d'accroître la force compétitive des entreprises ».

La troisième partie consacrée à la politique de la Communauté définissait avec soin les « règles de la concurrence ». On pouvait y lire à l'article 85 que « sont incompatibles avec le marché commun et interdits tous accords entre entreprises, toutes décisions d'associations d'entreprises et toutes pratiques concertées, qui sont susceptibles d'affecter le commerce entre États membres et qui ont pour objet ou pour effet d'empêcher, de restreindre ou de fausser le jeu de la concurrence à l'intérieur du Marché commun ». L'article 86 traçait l'image d'une économie de concurrence sans monopoles privés ou publics : « Est incompatible avec le marché commun et interdit, dans la mesure où le commerce entre États membres est susceptible d'en être affecté, le fait pour une ou plusieurs entreprises d'exploiter de façon abusive une position dominante sur le marché commun ou dans une partie substantielle de celui-ci. » Étaient déjà proscrites, par la même occasion, les pratiques de *dumping* mais aussi les aides de l'État. L'article 92 indiquait : « Sauf dérogations prévues par le présent traité, sont incompatibles avec le marché commun, dans la mesure où elles affectent les échanges entre États membres, les aides accordées par les États ou au moyen de ressources d'État sous quelque forme que ce soit, qui faussent ou qui menacent de fausser la concurrence en favorisant certaines entreprises ou certaines productions. »

Le Traité de Rome instituant une Communauté économique européenne contenait déjà l'essentiel de la doctrine de la construction européenne. Dès 1957, les libertés économiques fondamentales (les « quatre libertés de circulation des personnes, des marchandises, des services et des capitaux ») prennent d'ailleurs une valeur constitutionnelle, reconnue comme telle par la Cour européenne de justice en tant que droits fondamentaux des citoyens européens [1]. C'est ce que le TCE confirmait dans ses nombreux articles où il est question des « principes d'une économie de marché ouverte où la concurrence est libre » [2].

---

1 *Cf.* Laurence SIMONIN, « Ordolibéralisme et intégration économique européenne », *Revue d'Allemagne et des Pays de langue allemande*, t. 33, fascicule 1, 2001, p. 66.

2 Les socialistes français favorables à la ratification, dont la pratique du déni de réalité a été particulièrement visible lors de cet épisode du référendum, soutenaient au contraire que ce traité marquait la fin du « tout économique », montrant par là combien ils ne saisissaient pas, ou ne voulaient pas saisir, la logique « ordolibérale » du processus en

Depuis 1957, la logique de « constitutionnalisation » de l'économie sociale de marché est devenue de plus en plus manifeste. Il apparaît ainsi que la ligne de force majeure de la construction européenne n'est pas la coopération sectorielle et l'organisation de politiques spécifiques, mais plutôt l'intégration dans le droit constitutionnel des principes fondamentaux de l'économie sociale de marché [1]. Le TCE marque à cet égard l'apogée d'un lent mouvement en faveur d'une norme économique suprême considérée comme une composante essentielle de la constitution politique au sens le plus large du terme.

Cette « constitutionnalisation » des libertés économiques correspond très largement à la réalisation des principes fondamentaux de l'ordolibéralisme tels qu'ils ont été définis entre 1932 et 1945 et, plus généralement, du néolibéralisme européen [2]. C'est très consciemment qu'une partie des responsables politiques et des économistes d'inspiration libérale, notamment en France et en Italie, ont encouragé cette construction dans laquelle ils voyaient la mise en œuvre des principes du concurrentialisme. Le cas de Jacques Rueff, dont on a dit plus haut le rôle qu'il joua dans la contestation des politiques interventionnistes de type keynésien, est très éclairant à cet égard.

En 1958, J. Rueff montrait que le Traité de Rome signé quelques mois plus tôt avait ceci de particulier qu'il créait un « marché institutionnel », lequel devait être distingué soigneusement du « marché manchestérien ». S'il avait les mêmes qualités d'équilibre que l'autre et « s'il était bien lui aussi une zone de "laissez-passer", il n'était pas une zone de

---

1   cours. Ainsi, pour ne prendre qu'un exemple, Dominique Strauss-Kahn et Bertrand Delanoë écrivaient dans une tribune du *Monde* : « Jusqu'ici, l'histoire de l'Union s'était largement écrite autour de la construction économique. [...] Le nouveau traité marque la fin de cette approche trop monolithique et diversifie l'ambition de la Communauté européenne : outre les droits sociaux des citoyens, il consacre le modèle européen de société, avec en son cœur le *modèle de justice sociale* – l'"économie sociale de marché" – à laquelle nous sommes attachés » (« Il faut ratifier le Traité », *Le Monde*, 3 juillet 2004).

1   Ceci est d'ailleurs parfaitement reconnu par des spécialistes qui en défendent la légitimité et la nécessité. Francesco Martucci écrit à propos de ce qu'il appelle la « constitution économique européenne » : « La Communauté européenne dispose d'une constitution économique fondée sur une économie de marché », et il en détaille les objectifs, les instruments et les principes (« La Constitution européenne est-elle libérale ? », Supplément de la *Lettre de la Fondation Robert-Schuman*, n° 219, 2005, <www.robert-schuman.eu>).

2   *Cf. supra*, chap. 7.

"laisser-faire" [1] ». La puissance publique était invitée à intervenir pour protéger le marché des « intérêts privés » qui auraient eu vite fait de créer des ententes et de contrôler des débouchés réservés ; elle était également invitée à atténuer les conséquences sociales de l'ouverture des marchés à la concurrence. J. Rueff expliquait que la marque principale du marché institutionnel était ce qu'il appelait son « réalisme foncier ». Les fondateurs avaient « préféré un marché limité par des interventions qui lui donneraient une chance d'être moralement acceptable et politiquement accepté [2] ». Cela ne signifiait pas une quelconque entrave au marché puisque, comme il le soulignait également, les interventions admises ne devaient consister qu'en procédures « respectant le mécanisme des prix » et ne troublant en rien leur libre formation sur le marché.

Ce « marché institutionnel » dont la construction européenne est le prototype est selon J. Rueff promis à un grand avenir. Sa réalisation doit réunir tous les partis libéraux et socialistes, et elle doit s'étendre à l'ensemble des rapports économiques mondiaux. Le néolibéralisme, s'il était déjà pour lui le socle de la construction européenne, ne manquerait pas d'être également le fondement du marché mondial qui « unira demain, dans une civilisation commune, tous les individus et tous les peuples qui veulent donner aux hommes la liberté sans le désordre et le bien-être sans la servitude, tout en réduisant, autant qu'il est humainement possible, l'inégalité et l'injustice ». Un demi-siècle plus tard, on ne peut que s'étonner du caractère prémonitoire des propos de J. Rueff lorsqu'il annonçait que libéraux et socialistes devraient finir par s'accorder sur le même objectif de construction du « marché institutionnel », reprenant son antienne d'avant-guerre selon laquelle le libéralisme n'est ni de droite, ni de gauche [3].

Mais d'où vient cette idée d'un marché construit et surveillé par l'autorité politique ? Pour J. Rueff, comme pour d'autres observateurs de l'époque, il ne fait guère de doute que l'idée qui anime le « marché commun » est un pur produit du néolibéralisme apparu à la fin des années 1930 :

---

1   J. Rueff, « Le marché institutionnel des Communautés européennes », *Revue d'économie politique*, janvier-février 1958, p. 7.
2   *Ibid.*, p. 8.
3   J. Rueff affirmait que « libéraux et socialistes sont voués également, s'ils veulent atteindre leurs fins, aux disciplines du marché institutionnel », puisque les uns et les autres adhèrent aux mêmes « civilisations de marché » contre le totalitarisme planifié.

> Le marché institutionnel est ainsi l'aboutissement et le couronnement de l'effort de rénovation de la pensée libérale, qui a pris naissance il y a une vingtaine d'années, qui, sous le nom de néolibéralisme, ou de libéralisme social, voire de socialisme libéral, a pris conscience progressivement de ses aspirations et des méthodes propres à les satisfaire, pour se reconnaître, finalement, dans les formules communautaires de la Communauté européenne du charbon et de l'acier et dans celles dont la Communauté économique européenne sera, demain, l'application généralisée [1].

Si l'ordolibéralisme, comme on l'a vu suffisamment, ne jouit d'aucun monopole, il faut convenir qu'il a constitué le corps de doctrine le plus cohérent du néolibéralisme européen. L'hommage que lui rend J. Rueff, l'influence qu'il aura en France sur de hauts responsables comme l'ancien président V. Giscard d'Estaing ou l'ancien Premier ministre Raymond Barre en sont autant de signes [2].

L'hégémonie de l'ordolibéralisme en RFA

Pour comprendre comment ces principes ont pu gagner l'Europe, il faut revenir à la manière dont ils se sont imposés en RFA après la Seconde Guerre mondiale et comment ils ont constitué la base d'un consensus où l'on retrouve les formations politiques allemandes les plus importantes. Il importe cependant de ne pas confondre, comme on le fait trop souvent, ce qui en Allemagne relève strictement de la filiation ordolibérale et ce qui tient à un héritage plus ancien (l'État social « bismarckien ») ou aux conditions sociales et politiques du compromis entre forces syndicales et patronat (la « cogestion »). Le « capitalisme rhénan » n'est pas l'« économie sociale de marché » telle que l'ont définie les théoriciens libéraux allemands ; il renvoie à une réalité hybride, fruit de l'histoire et des rapports de force sociaux et politiques.

---

1   *Ibid.*, p. 8. D'autres auteurs, au début des années 1960, ont fait le lien entre les principes du marché commun et le néolibéralisme. C'est le cas de Louis Franck dans *La Libre Concurrence*, *op. cit.*, p. 20 : « Il n'est pas douteux non plus que le néolibéralisme a profondément influencé la politique de sauvegarde de la concurrence, adoptée par les traités de Paris et de Rome qui ont institué, le premier la CECA et le second la CEE elle-même. »

2   On ne doit pas oublier que la construction européenne a servi consciemment et très tôt de levier pour mettre en question les « rigidités des structures sociales et économiques » des pays membres. En 1959, le *Rapport sur les obstacles à l'expansion économique*, dit « rapport Armand-Rueff », fonde ses préconisations sur la préparation de l'économie et de la société françaises à la concurrence européenne.

Le succès initial du néolibéralisme allemand est tributaire de plusieurs facteurs : il s'agissait pour la RFA de refonder la légitimité du nouvel État, de s'intégrer dans le monde libre, de prendre ses distances avec le passé nationaliste et totalitaire [1]. Il faudrait également mentionner l'influence des États-Unis sur la reconstruction et la peur de l'inflation qui avait détruit l'économie en 1923. Tous ces facteurs ont joué en faveur d'un renversement de situation dans un pays longtemps réticent au libéralisme. L'ordolibéralisme a pu s'imposer parce qu'il a combiné après le nazisme un refus de l'étatisme autarcique et un refus du libéralisme pur de l'économie politique classique et néoclassique qui n'avait pas été pour rien dans les désordres de l'entre-deux-guerres. Il promeut un libéralisme organisé qui s'accommode d'un « État fort » mais impartial, capable de s'imposer face aux intérêts privés coalisés et de faire respecter par tous les règles du jeu de la concurrence.

Sur le plan historique et pratique, la « chance » de l'ordolibéralisme fut la création en 1948 d'un Conseil économique auprès des instances d'occupation responsables de la politique économique, à l'instigation, semble-t-il, de Ludwig Erhard, conseil dominé par les ordolibéraux. L. Erhard, souvent présenté comme le « père du miracle allemand », a été, plutôt qu'un théoricien, un praticien de l'économie s'en tenant aux « besoins du système » et refusant tout dirigisme économique. Il fut l'artisan de la réforme économique du 21 juin 1948 qui créa le Deutsche Mark. Peu de temps après, c'est lui qui libéra brutalement les prix. C'est lui encore qui fit voter la loi « anticartel » de 1957 [2] et décida de l'indépendance de la Bundesbank la même année. Son dogme était « la concurrence avant tout » : « Soutenir l'économie concurrentielle est un devoir social », écrit-il dans son best-seller, *La Prospérité pour tous* [3], faisant écho à un ouvrage d'un disciple de Walter Eucken qui avait publié dans les années 1930 un livre sur « la concurrence comme devoir social ». L. Erhard fut aidé dans cette tâche

---

1   *Cf.* sur ce point, M. FOUCAULT, *NBP*, *op. cit.*

2   D'après Jean-François Poncet, la loi de 1957 contre les monopoles est considérée comme une « loi fondamentale » et comme le pendant de la constitution dans le domaine économique (J.-F. PONCET, *La Politique économique de l'Allemagne contemporaine*, *op. cit.*, p. 156). L'auteur montre bien qu'elle est le fruit d'un compromis laborieux entre un patronat pragmatique soucieux de la puissance économique et un gouvernement influencé par l'ordolibéralisme.

3   L. ERHARDT, *La Prospérité pour tous*, *op. cit.*, p. 113.

par des hommes mi-théoriciens mi-praticiens comme Alfred Müller-Armack, à qui l'on doit semble-t-il l'expression de *Sozial Marktwirtschaft*[1].

Le succès de l'ordolibéralisme se voit d'abord à la conversion des grands partis allemands à l'« économie sociale de marché ». Dès 1949, la démocratie chrétienne adopte dans son programme l'essentiel de la doctrine ordolibérale sous l'influence de Ludwig Erhard. Les démocrates chrétiens étaient partagés entre deux références : le christianisme social qui a inspiré le Programme d'Ahlen de 1947 et les directives de Düsseldorf, plus libérales[2]. Ce sont ces dernières qui l'emportent sur le programme plus social d'Ahlen. Comme le souligne Joachim Starbatty, le lien entre les deux orientations chrétienne et ordolibérale est le principe de subsidiarité : « On abandonne à chaque citoyen, dans les limites du possible, l'initiative et la responsabilité. Cela détermine la prise de décision décentralisée et la formation d'un patrimoine privé : les composantes de l'économie de marché[3]. » Cette conciliation du christianisme et du libéralisme a été rendue possible par le fait que les objectifs sociaux sont donnés comme une conséquence « juste » d'une compétition économique loyale et par le fait que ce néolibéralisme réprouve la tradition hédoniste anglo-saxonne et se réclame d'une « éthique économique » inspirée de Kant.

Le Parti social-démocrate (SPD), quant à lui, fera sa conversion officielle à l'économie de marché exactement dix ans plus tard, en 1959, au Congrès de Bad-Godesberg. S'il parle d'économie de marché « dirigée », le SPD se ralliera vite à l'expression consacrée de *Sozial Marktwirtschaft*. Les principaux partis de gouvernement se réclament donc de la doctrine dès les années 1960. C'est aussi le cas des syndicats puisque la puissante Deutscher Gewerkschaftsbund (DGB) déclare en 1964 son adhésion à l'économie de

---

1   Selon certains témoignages, l'expression lui aurait été au moins suggérée par L. Erhard dès 1945. Alfred Müller-Armack a d'abord été nommé par L. Erhard « directeur pour les questions de principes » au ministère des Finances, titre qui est tout un programme, avant de devenir secrétaire d'État pour les problèmes européens, participant à ce titre à la rédaction du Traité de Rome, au château de Val-Duchesse près de Bruxelles.

2   J. Starbatty, « L'économie sociale de marché dans les programmes de la CDU/CSU », *in Les Démocrates chrétiens et l'économie sociale de marché*, Economica, Paris, 1988, p. 91. Les interprétations données par la CDU au concept d'« économie sociale de marché » reflètent les tensions programmatiques entre deux textes de référence : l'un, dit *Programme d'Ahlen*, est influencé par la doctrine sociale catholique, quand l'autre, intitulé *Directives de Düsseldorf*, est plus nettement d'inspiration ordolibérale.

3   *Ibid.*, p. 92.

marché. En vingt ans, l'ordolibéralisme est devenu un « credo national », selon la forte expression de François Bilger [1].

La doctrine a été en grande partie réalisée, même si la politique sociale a été plus « globale » que prévu et même si la cogestion des entreprises a constitué une pratique étrangère au programme ordolibéral. Ce dernier s'est heurté à une réalité sociale et historique plus complexe qui a imposé des compromis sociaux et politiques. Les chrétiens démocrates au pouvoir jusqu'au milieu des années 1960 ont dû composer avec un État-providence hérité de l'ère Bismarck comme avec une classe ouvrière très organisée et très puissante durant toute la phase de reconstruction industrielle. À partir de la fin des années 1960, le « modèle allemand » se « social-démocratise » et se « keynésianise » quand le SPD est aux affaires. En 1967, la loi sur la « promotion de la stabilité et de la croissance de l'économie » illustre cette conjonction imprévue de l'ordolibéralisme et de la politique conjoncturelle keynésienne [2]. De 1965 à 1975, l'« économie sociale de marché » va acquérir une image de « gauche » qui est sans doute à l'origine de la confusion entretenue sur le sens de l'expression [3].

Il importe de ne pas confondre doctrine ordolibérale et « modèle allemand » du capitalisme. Dans un livre qui eut un grand retentissement en France au début des années 1990, Michel Albert a contribué à répandre une confusion désormais courante entre l'« économie sociale de marché » et le « capitalisme rhénan », c'est-à-dire un modèle de capitalisme nationalement organisé [4]. Michel Albert voit dans l'économie sociale de marché un « ensemble composite » dans lequel il range les mesures welfaristes et la cogestion [5]. Tout à son entreprise de construction d'un « modèle de capitalisme » opposé à celui qui aurait cours dans les pays anglo-saxons, il mélange les apports originellement libéraux et les corrections sociales-démocrates qui y ont été apportées. Alors que l'expression d'« économie

---

1 F. BILGER, « La pensée néolibérale française et l'ordolibéralisme allemand », *in* P. COMMUN (dir.), *L'Ordolibéralisme allemand, op. cit.*, p. 17.

2 On notera que c'est sans doute ce qu'ont cherché à rééditer les socialistes français lorsqu'à la fin des années 1990 ils ont voulu introduire une souplesse conjoncturelle dans le Pacte de stabilité européen.

3 Le renversement a été tel que, en 2004, le chancelier Schröder se revendiquait de l'économie sociale de marché, tandis que les chrétiens démocrates avaient tendance à renier une notion devenue trop proche de l'image de l'État social. Voir sur tous ces points, Fabrice PESIN et Christophe STRASSEL, *Le Modèle allemand en question*, Economica, Paris, 2006, p. 14.

4 M. ALBERT, *Capitalisme contre capitalisme*, Seuil, Paris, 1991.

5 *Ibid.*, p. 138.

sociale de marché » a été créée en 1947, l'expression de « modèle allemand » est venue plus tard, dans les années 1970, au moment où la social-démocratie avait réussi à infléchir la politique allemande en faveur des salariés et l'avait également réorientée dans le sens d'un soutien conjoncturel beaucoup plus actif. Ceci s'est traduit par une extension des prestations sociales, une politique redistributive plus importante, un poids croissant des prélèvements obligatoires, alignant ainsi la RFA sur les autres pays européens en matière de protection sociale.

L'un des aspects les plus notables du « modèle allemand » sur le plan social est l'importance des rapports négociés entre patronat et syndicats qui limitent les relations de pur marché entre employeurs et salariés [1]. Le social-démocrate Karl Schiller, qui a succédé à L. Erhard, a voulu pousser plus loin l'« action concertée » entre les syndicats, le patronat et le gouvernement en matière de politique sociale et de salaires. Un certain nombre de lois symbolisent cette « concertation » structurée et institutionnalisée : ce sont la loi de cogestion (1976, modifiant celle de 1951) et la loi sur le statut des entreprises (1972) qui règlent la participation des représentants des travailleurs dans les conseils d'administration et de surveillance et dans les conseils d'entreprise élus. Cette participation des salariés au processus de décision des entreprises est complétée par des conventions collectives, qui concernent au niveau sectoriel et territorial les salaires et le temps de travail. L'État laisse théoriquement les syndicats et le patronat libres de leurs négociations selon le principe de l'autonomie des partenaires. Comme le montre encore P. Wagner, c'est bien la loi qui a structuré ces relations et a imposé la « paix sociale », interdisant le recours à la grève avant les procédures de conciliation.

La fin des années 1970 est en Allemagne comme ailleurs une période de remise en cause de la gestion sociale et keynésienne du capitalisme. À partir des années 1980, on assiste, avec l'arrivée de l'Union chrétienne démocrate (CDU) au pouvoir, à un « retour aux sources » qui s'accompagne d'une remise en cause de la « dérive sociale de l'économie sociale de marché », selon l'expression utilisée par Patricia Commun [2]. Ce retour aux principes de l'ordolibéralisme signifie que les progrès sociaux doivent désormais être considérés comme des effets de l'ordre concurrentiel et de la stabilité monétaire et non pas comme des objectifs en soi.

---

1   P. Wagner, « Le "modèle" allemand, l'Europe et la globalisation », 2004 [1995], <http ://multitudes.samizdat.net>.
2   P. Commun (dir.), *L'Ordolibéralisme allemand, op. cit.*, p. 9.

La construction européenne sous influence

C'est dans ce contexte qu'il faut comprendre comment l'ordolibéralisme, véritable « tradition cachée » de l'Europe, va devenir à partir des années 1980 la doctrine de référence des élites gouvernementales de l'Union, avec quelques réticences ici ou là, en particulier françaises. Il faut ici se défier d'un certain réflexe nationaliste qui impute à l'Allemagne la responsabilité d'une faible croissance et d'un chômage important, du fait d'un attachement à une monnaie forte. En réalité, ce n'est pas la puissance économique allemande qui a imposé son « modèle rhénan » de capitalisme, ce sont les responsables européens qui ont donné à la construction européenne une logique largement influencée par l'ordolibéralisme. On remarquera d'ailleurs que le « modèle allemand » de capitalisme nationalement organisé est précisément remis en question par l'unification européenne, ne serait-ce que parce que le « dialogue social européen » est très loin des règles très formalisées et contraignantes de l'« action concertée ». On peut même tenir que le transfert de la négociation sociale vers le niveau européen, comme vers le niveau infranational, est un moyen pour le patronat allemand de se délester des contraintes de la négociation nationale telles qu'elles ont été fixées dans une phase antérieure du rapport de forces entre patronat et salariés. Plus encore, l'intégration européenne se faisant de plus en plus par la mise en concurrence des systèmes institutionnels (comme on le verra plus loin), au nom du principe de la « reconnaissance mutuelle [1] », c'est l'idée même d'une autonomie de la concertation nationale qui est remise en question par la « dérégulation compétitive ».

L'autre curiosité tient à ce que cette référence au « modèle allemand » se fait au moment où il est remis en cause aussi bien par les chrétiens démocrates que par le SPD, et ceci au nom de la nécessité des réformes structurelles européennes. Plus frappant encore est le fait que l'on cherche à étendre à toute l'Europe des rigidités budgétaires et monétaires qui ont montré en Allemagne même leur inefficacité en matière de croissance et d'emploi tandis que la construction européenne est considérée comme l'un des « leviers » permettant de réimporter en Allemagne même les principes concurrentiels de l'ordolibéralisme. La mondialisation est donnée comme la contrainte majeure qui condamne l'Allemagne comme l'Union

---

1   Selon ce principe, qui s'applique aussi bien aux produits qu'aux diplômes, tout ce qui est permis dans un pays doit l'être dans les autres pays de l'Union européenne.

européenne entière à accroître la flexibilité, à alléger le coût salarial des entreprises [1].

L'histoire des rapports entre l'ordolibéralisme et la construction européenne est une affaire complexe. Elle passe en une quarantaine d'années de la résistance des ordolibéraux à la conquête idéologique réussie. Dès le départ, les ordolibéraux, théoriciens ou praticiens comme L. Erhard, se montrèrent méfiants à l'égard de ce qui pouvait ressembler à un contrôle administratif et une planification économique. Tout ce qui venait de France était d'ailleurs soupçonné de receler un insupportable dirigisme. Ainsi, quand Konrad Adenauer soumit en 1950 le plan Schuman concernant la Communauté du charbon et de l'acier à W. Röpke, celui-ci lui adressa une note lui déconseillant vivement d'élargir à d'autres secteurs cette initiative dangereuse car il fallait éviter « de placer l'économie européenne sous la tutelle d'une planification omnipotente [2] ». L. Erhard, au ministère des Finances, dans son désir de limiter le dirigisme supposé des Français, s'opposa à la politique de Jean Monnet et de la Haute Autorité de Luxembourg qui visait à élargir les collaborations économiques administrées à d'autres secteurs. La stratégie du gouvernement allemand consistait d'abord à intégrer l'économie du pays dans un système de libre-échange mondial. Le marché commun européen ne devait pas être conçu comme une forteresse mais comme une étape dans cette voie.

En mai 1955, dans un texte intitulé « Considérations sur le problème de la coopération ou de l'intégration », L. Erhard écrit que l'Europe devrait viser l'« intégration fonctionnelle », c'est-à-dire la libéralisation généralisée des mouvements de biens, de services et de capitaux, et la convertibilité des monnaies, et non la « création d'institutions toujours nouvelles ». En réalité, le gouvernement allemand était divisé entre les fédéralistes et les ordolibéraux. Les premiers visaient une unification politique qui passait par une intégration économique progressive, les seconds optaient pour une économie de marché européenne et une intégration dans le grand marché mondial.

---

1. Comme le dit Hans Tietmeyer, l'ancien président de la Deutsche Bundesbank, « la mondialisation récompense celui qui est flexible, elle sanctionne à l'opposé le manque de souplesse ». H. TIETMEYER, *Économie sociale de marché et stabilité monétaire*, Economica et Bundesbank, Paris, 1999, p. 81.

2. Cité *in* Andreas WILKENS, « Jean Monnet, Konrad Adenauer et la politique européenne de l'Allemagne fédérale. Convergences et discordances (1950-1957) », *in* Gérard BOSSUAT et Andreas WILKENS, *Jean Monnet, l'Europe et les chemins de la paix*, Publications de la Sorbonne, Paris, 1999, p. 154.

Le marché commun de 1957 est en fait le résultat d'un double compromis, entre la France et l'Allemagne, et entre tendances à l'intérieur du gouvernement allemand. La France obtint la mise en place de politiques communes, dont la politique agricole à laquelle elle reste jusqu'à aujourd'hui attachée, y voyant l'un des principaux acquis communautaires. Elle obtint également certains alignements sociaux, en particulier sur les congés des salariés, un tarif extérieur commun assez élevé contre l'avis allemand, ainsi qu'une sorte de préférence à l'importation en provenance des pays coloniaux ou ex-coloniaux. La logique de la position française, on le sait, a consisté, outre les avantages qu'elle voulait voir conservés pour ses agriculteurs, à doter l'ensemble européen d'une puissance suffisante pour garantir son indépendance vis-à-vis des « blocs ».

Mais le Traité de Rome est également issu d'un compromis interne au gouvernement allemand entre le courant fédéraliste (Etzel) et le courant ordolibéral (Müller-Armack). D'un côté est préconisé un élargissement sectoriel, de l'autre une « intégration fonctionnelle » des marchés. Ce compromis fut symboliquement scellé dans la maison de campagne de A. Müller-Armack le 22 mai 1955 où se retrouvèrent des représentants des deux courants [1]. C'est sur la base de ce compromis entre les responsables allemands [2] que furent préparés les deux Traités de Rome signés le même jour sur le Marché commun et sur la Communauté de l'énergie atomique. Évitant la mise en place d'organes administratifs supranationaux, sauf pour l'énergie, l'Allemagne assura le succès de sa conception d'une intégration horizontale et « fonctionnelle », reposant sur les quatre libertés économiques fondamentales et le principe de concurrence libre et non faussée. L. Erhard sortait gagnant, même si J. Monnet et les fédéralistes pensaient eux aussi avoir remporté la partie. Pour L. Erhard, comme il l'exprima au lendemain de la conférence de Messine en 1955, la coopération

---

1   A. Wilkens décrit ainsi cet épisode : « On tomba d'accord, d'une part, sur l'acceptation du principe de la création par étapes successives d'un "marché commun de libre-échange" au sein duquel devait être assurée la libre circulation des personnes, des biens, des services et des capitaux et, d'autre part, sur la participation au projet d'une communauté européenne dans le domaine de l'énergie atomique et – concession supplémentaire du ministère fédéral de l'Économie aux amis de Monnet – sur la création d'un fonds européen destiné au soutien des investissements productifs des pays de la communauté. Le fait que Müller-Armack eût été gagné dans une étape antérieure au principe d'un marché commun structuré institutionnellement joua un rôle important dans l'obtention de ce compromis » (A. WILKENS, « Jean Monnet, Konrad Adenauer et la politique européenne de l'Allemagne fédérale... », *loc. cit.*, p. 181).

2   À noter que le SPD s'est rallié au fédéralisme de J. Monnet et à son comité d'action pour les États-Unis d'Europe.

européenne devait avoir lieu dans un « système d'économies libres » et les seuls organes supranationaux imaginables devaient être des « organes de surveillance afin de garantir que les États nationaux s'en tiennent aux règles du jeu qu'ils auront préalablement fixées [1] ».

Le traité instituant la Communauté économique européenne (CEE) peut apparaître comme un compromis entre l'exigence de politiques communes (agriculture, transport) et de mesures visant à créer un marché libre des personnes, des marchandises, des services et des capitaux. Mais le marché commun a d'emblée un statut étrange. Cette « communauté économique européenne » est une « communauté » parmi d'autres (charbon et acier, atome, agriculture), mais elle les englobe aussi en les soumettant à un principe général, dont les autres ne seront que des parties ou des exceptions. Le principe de la concurrence y est d'emblée inscrit comme principe structurant : le traité établit un « régime assurant que la concurrence n'est pas faussée dans le marché commun ».

Vers la mise en concurrence des législations ?

Les grands principes ordolibéraux sont à l'œuvre dans la logique européenne de constitutionnalisation de l'ordre libéral, dans l'application stricte de la politique de concurrence comme dans l'indépendance de la Banque centrale européenne (BCE). On pourrait encore les repérer aujourd'hui dans une politique favorable à l'élargissement de l'Union comme dans la défense du libre-échange mondial, orientations qui sont comme des répliques des combats que les responsables politiques allemands ont menés en faveur de l'adhésion de la Grande-Bretagne, de l'abaissement du tarif extérieur commun et de la participation au grand marché mondial.

Ces principes sont également à l'œuvre dans l'application de règles de discipline destinés à limiter l'action budgétaire des gouvernements et, plus largement encore, dans la disqualification de la politique conjoncturelle au profit de la politique de « réformes structurelles », celles de la flexibilisation des marchés du travail et de la « responsabilisation individuelle » en matière de formation, d'épargne et de protection sociale. Hans Tietmeyer a tracé la ligne de conduite ordolibérale qu'il fallait poursuivre en Europe, anticipant dans ses interventions écrites et orales la « Stratégie de

---

1   Cité par A. Wilkens, « Jean Monnet, Konrad Adenauer et la politique européenne de l'Allemagne fédérale... », *loc. cit.*, p. 186.

Lisbonne » formulée en 2000. Selon lui, l'impératif consiste à limiter les efforts de répartition et de protection qui bloquent l'économie et le progrès social. L'argument du sous-emploi en Europe ne doit plus servir à favoriser les dépenses publiques et la création monétaire. La sécurité, c'est l'emploi de chacun et non pas l'aide sociale [1].

Le néolibéralisme européen s'est ainsi construit et diffusé *via* la construction européenne, véritable laboratoire à grande échelle de l'ordolibéralisme des années 1930. On dira certes que ce n'est pas un modèle pur, que les principes ordolibéraux ont dû composer avec des logiques sociales, nationales, politiques hétérogènes, mais ce sont eux qui ont de plus en plus prévalu, comme en témoignent mieux que tout le Traité constitutionnel et sa tentative de constitutionnaliser l'économie de marché.

La défaite du gaullisme et de ses choix stratégiques (politique étrangère de refus des blocs, indépendance militaire à travers l'armement nucléaire, modèle « politique » de construction de l'Europe des nations et des patries) [2] est un fait assumé dans les années 1970 par V. Giscard d'Estaing et R. Barre. Le ralliement de J. Chirac en octobre 2005 à l'« économie sociale de marché », quatre mois après son échec lors de la ratification du Traité, traduit symboliquement l'effondrement définitif d'une construction politique de l'Europe « à la française ». Mais on a également vu que cette domination était le résultat de l'échec de la « social-démocratie » européenne et de son ralliement au modèle néolibéral, moyennant quelques aménagements sociaux.

La force du modèle ordolibéral est particulièrement évidente en matière de politique monétaire. Articulée aux « critères de Maastricht », la ligne suivie interdit en théorie tout réglage de la conjoncture à l'aide des instruments de la monnaie et du budget, c'est-à-dire la *policy mix* d'inspiration keynésienne. L'idée typiquement ordolibérale de H. Tietmeyer selon laquelle la stabilité des prix est un « droit fondamental du citoyen » est devenue une conviction partagée. Cette logique doctrinale est également avérée en matière de politique de concurrence, laquelle, depuis le Traité de Rome et son article 3, est au cœur de la construction européenne [3]. Tous les objectifs fixés sont liés à cette primauté : l'allocation optimale des

---

1   H. Tietmeyer, *Économie sociale de marché et stabilité monétaire, op. cit.,* p. 39.
2   De Gaulle avait toujours critiqué une Europe des marchés dirigée par « *quelque aréopage technocratique, apatride et irresponsable* » et il s'était prononcé pour une « coopération organisée des États évoluant, sans doute, vers une confédération » (conférence de presse du 9 septembre 1965).
3   Fabrice Fries, *Les Grands Débats européens,* Seuil, Paris, 1995, p. 186.

ressources, la baisse des prix, l'innovation, la justice sociale, le fonctionnement décentralisé, le décloisonnement des économies nationales, tout est
regardé soit comme une cause soit comme un effet de l'ordre concurrentiel
poursuivi par la Commission [1].

La Commission dispose d'un pouvoir exceptionnel, quoique parfaitement conforme à la logique ordolibérale, qui consiste à donner à une instance « technique » située au-dessus des gouvernements le pouvoir
d'imposer les « règles du jeu ». C'est selon cette logique du « gouvernement
par les règles » que la Direction générale « Concurrence » de la Commission
poursuit son travail de surveillance et de sanction à l'égard des ententes,
des abus de position dominante, des concentrations. C'est encore selon
cette logique que la Commission prend des mesures préventives lui permettant d'interdire par exemple une fusion qu'elle juge non conforme à ses
principes, ce qui donne aux autorités européennes un pouvoir de regard et
de contrôle sur les structures de l'économie [2].

La Commission supervise aussi les aides de l'État et les apports de capitaux publics qui peuvent être interprétés dans certains cas comme des subventions ; c'est elle qui là aussi donne son autorisation en accordant des
dérogations. Ceci constitue une sorte de « politique industrielle », qui est
en même temps une non-politique, puisqu'elle se détermine selon des
règles et non d'après des *fins*, comme le fait la politique américaine qui, de
ce point de vue, est beaucoup plus « utilitariste », c'est-à-dire moins forma-
liste. C'est très exactement une politique du *cadre*, qui donne un pouvoir
d'interprétation très important à la Commission sur la nature légitime ou
non de l'aide, un pouvoir qui est à la fois de type administratif (enquête,
dossier, application des sanctions) et de type judiciaire, puisqu'elle juge et
inflige des sanctions. Sans être tout à fait aussi indépendante que l'Office
des cartels allemand (*Bundeskartellamt*), la Commission affirme la supériorité du droit de la concurrence sur toute autre considération, en particulier
sociale et politique. Cette suprématie juridique pose de nombreux
problèmes. Par exemple, celui très complexe de l'analyse des marchés :
qu'est-ce qu'une position dominante ? Est-elle en elle-même une entrave
à la concurrence ? Quelle est la bonne échelle d'analyse : un pays,
l'Europe, le monde ? Il paraît assez évident que, dans la phase de mondiali-
sation-concentration du capital, les critères ordolibéraux d'une « économie

---

1   F. Fries montre bien que cette politique de « concurrence pure » est formelle voire for-
     maliste, à l'opposé de la pratique plus « substantive » américaine qui admet, elle, les
     « *efficiency excuses* », ou ce que l'on pourrait appeler des *exceptions pour cause d'efficacité*.
2   *Ibid.*, p. 192.

humaine » faite de petites et moyennes entreprises sont un mythe largement dépassé.

Mais, s'il est un domaine où la Commission paraît être d'une fidélité quasi parfaite à la doctrine ordolibérale, c'est dans le domaine des « services économiques d'intérêt général », qui doivent être eux aussi soumis à la règle suprême de la concurrence, puisque par définition le droit de la concurrence est supérieur à tout autre [1]. Ce qui s'est passé pour les transports, pour les télécommunications, pour l'énergie, et pour la poste, l'illustre parfaitement. L'Europe se conforme en la matière à cet idéal du « consommateur-roi » qui doit toujours pouvoir choisir son entreprise de services.

Aujourd'hui, l'Europe élargie va encore plus loin dans la logique de la concurrence, au point que le vieil ordolibéralisme tel qu'il s'est inscrit dans les traités semble débordé par des conceptions « ultras ». Une logique plus radicale semble aujourd'hui prendre forme, qui repose sur la *mise en concurrence des systèmes institutionnels eux-mêmes*, qu'il s'agisse de la fiscalité, de la protection sociale ou de l'enseignement. Ce que l'on appelle, pour le critiquer, le « *dumping* social et fiscal » ne tombe pas sous la critique libérale de la distorsion de la concurrence, et si les subventions de l'État sont proscrites, ce n'est pas le cas de la baisse de l'impôt sur les sociétés destinée à attirer les capitaux des investisseurs ou les épargnants des pays voisins. De ce point de vue, l'Irlande a montré la voie. Tous les pays européens, en particulier les nouveaux membres, se sont lancés dans cette nouvelle étape de l'« ordre concurrentiel », qui apparaît comme un moyen privilégié en matière d'intégration économique.

Tout se passe comme si les transformations qui ont affecté la gestion du capitalisme à l'échelle mondiale depuis les années 1970 et 1980 avaient induit une inflexion du néolibéralisme européen en inversant les termes qui le particularisaient : non plus fabriquer l'ordre de la concurrence par la législation européenne, mais fabriquer la législation européenne par le libre jeu de la concurrence. Ce qui semble ainsi se dessiner aujourd'hui, c'est une sorte de *mutation de certains courants de l'ordolibéralisme*, témoignant d'une convergence de plus en plus grande entre les deux « souches » principales du néolibéralisme, la souche allemande et la souche austro-américaine.

---

1. De ce point de vue, le compromis du « mini-Traité simplifié » ne change strictement rien. En un sens, la formulation retenue, la concurrence comme « objectif », et non plus comme « principe », ne fait qu'accuser davantage la dimension *constructiviste* de la démarche des dirigeants européens.

Cette mutation correspond au désir d'un certain nombre de courants de revenir aux sources du néolibéralisme européen et même de le radicaliser afin d'abattre ce avec quoi il avait bien fallu composer, l'État social, les services publics fournisseurs de biens sociaux et le pouvoir syndical [1]. Il semble d'ailleurs que la conception « statique » et étatique des ordolibéraux de la première génération soit désormais dépassée par la conception dynamique et évolutionniste des « néo-ordolibéraux » de la deuxième génération, dont l'une des préoccupations essentielles concerne l'intégration européenne qu'ils voudraient réaliser par le « *principe de la concurrence entre systèmes* ». En d'autres termes, plutôt que de façonner un cadre par la législation, ils voudraient que ce cadre soit le produit de la concurrence entre systèmes institutionnels.

La délocalisation, les migrations de travailleurs, les déplacements de résidence sont les vecteurs de la nouvelle intégration européenne par la concurrence. Le critère du « pays d'origine » opposé à celui de destination apparaît fondamental. Car c'est par ce biais que l'on peut mettre en concurrence les réglementations nationales et aboutir à une harmonisation non plus *préalable* à l'échange mais *postérieure* à lui, harmonisation qui vient non pas d'en haut mais d'en bas, par le libre jeu des marchés. C'est le consommateur de règlements et d'institutions, si l'on peut dire, qui est l'arbitre final [2]. Cette harmonisation par la concurrence doit s'opérer dans les services publics et dans les systèmes de sécurité sociale et d'impôts, dans le droit du travail comme dans la législation commerciale et financière [3]. Pour cette nouvelle génération d'ordolibéraux, il reste encore beaucoup d'obstacles, dont certains sont dressés par la Commission elle-même quand elle entend établir des règles sociales uniformes, comme ce fut encore le cas dans les années 1980. Il faut donc que la Commission fixe des règles du jeu

---

1   Patricia Commun parle à ce propos de « nouvelle économie sociale de marché », sans doute bien éloignée des rêves de rénovation d'un Jacques Delors… (P. COMMUN (dir.), *L'Ordolibéralisme allemand, op. cit.*, p. 11.). *Cf.* également P. COMMUN, « Faut-il réactualiser l'ordolibéralisme allemand ? Réflexions sur la dimension historique, philosophique et culturelle de la pensée économique allemande », *Allemagne d'aujourd'hui*, n° 170, 2004. L'auteur évoque la tentative de retour aux sources de ceux qui se sont regroupés dans l'« *Initiative Neue Soziale Marktwirtschaft* ». Ces nouveaux néolibéraux redéfinissent le « social » ainsi : « Est social celui qui montre de l'initiative personnelle et de la responsabilité, qualités essentielles pour une véritable solidarité. »

2   Selon une remarque de Laurence Simonin, « la possibilité d'émigrer donne aux citoyens un pouvoir supplémentaire, puisqu'il est parfaitement suffisant qu'une menace d'émigration conduise à discipliner un gouvernement ». L. SIMONIN, « Ordolibéralisme et intégration économique européenne », *loc. cit.*

3   *Ibid.*, p. 85.

plus claires permettant cette concurrence entre systèmes et règlements, en généralisant les principes du « pays d'origine » et de la « reconnaissance mutuelle » et en laissant les agents économiques arbitrer librement entre les systèmes par leur mobilité complète. C'est à leurs yeux le seul moyen d'éviter que l'Europe ne demeure un « cartel d'États-providence ».

Mais, pour ces « néo-ordolibéraux », il importe que « l'établissement de cette concurrence entre juridictions soit consacré dans une *constitution européenne de la liberté* [1] ». L'expression, qui évoque bien sûr Hayek, semble bien indiquer un rapprochement décisif entre les deux variantes allemande et austro-américaine du néolibéralisme. En tout cas, cette orientation radicale permet de mettre en valeur la direction prise par l'Europe sous la conduite de la Commission à partir des années 1990.

M. Foucault a vu juste quand il a repéré dans l'ordolibéralisme cette ambition très originale, exceptionnelle même, de légitimer des institutions politiques exclusivement sur le fondement des principes économiques du libre marché. Il y a un rapport d'homologie entre la reconstruction allemande – le mythe de l'« année zéro » – et celui de l'Europe comme « table rase » des institutions politiques existantes. Bâtir un édifice politique minimal sur la base de l'économie de marché et de la concurrence par l'instauration de la constitution économique apparaît comme le principal ressort du succès de l'ordolibéralisme. Cependant, alors que l'ordolibéralisme première manière cherchait à encadrer le marché par des lois faites par les États et les instances européennes, le nouvel ordolibéralisme cherche à faire du marché lui-même le principe de la sélection des lois faites par les États. Dans cette optique, le rôle de la Commission européenne se réduirait à sanctionner l'arbitrage rendu par le marché en matière de législation, ce qui aurait l'avantage, aux yeux des nouveaux ordolibéraux, de freiner l'activisme réglementaire par trop zélé dont cette instance a fait preuve par le passé. De la sorte se mettrait en place une législation européenne qui finirait par s'imposer aux pouvoirs législatifs eux-mêmes, tant nationaux qu'européen, d'une manière d'autant plus indiscutable qu'elle serait consacrée par le verdict du marché.

Une telle évolution, si elle se vérifiait, jetterait une lumière singulièrement crue sur l'idéal d'une « société de droit privé » qui fut dès le début celui du néolibéralisme (F. Böhm repris par F. Hayek) : que les États aient à s'appliquer à eux-mêmes les règles du droit privé trouve une manière

---

1 Cité par L. Simonin, *ibid.*, p. 84.

d'aboutissement dans cette proposition de faire du principe de la concurrence le principe de l'harmonisation des législations nationales, donc le principe de l'élaboration de la législation européenne elle-même. Une telle tendance indique d'ores et déjà que certaines forces, au sein même du néolibéralisme européen, entendent *vider la démocratie libérale de toute sa substance* en dépossédant les pouvoirs législatifs de leurs principales prérogatives. On peut cependant prévoir qu'un tel projet n'ira pas sans rencontrer des résistances à l'intérieur même des instances européennes, en particulier de la part de ceux qui restent attachés à la spécificité « européenne » de l'ordolibéralisme. La crise financière ouverte en 2007, qui a déjà eu pour premier effet de faire bouger les lignes à l'intérieur même du néolibéralisme politique, pourrait bien redonner un lustre inattendu aux vieilles formules de la tradition la plus classique de l'ordolibéralisme.

12

Le gouvernement entrepreneurial

Pour des raisons contraires, les « libéraux » comme les « antilibéraux » paraissent toujours entériner la séparation traditionnelle entre la sphère des intérêts privés et celle de l'État, comme si la première pouvait fonctionner de façon autonome et autorégulée. C'est ainsi que la critique « antilibérale » ne cesse de tomber dans le piège de la représentation qui fait du marché un système clos, naturel et antérieur à la société politique. Mieux encore, cette interprétation du néolibéralisme comme pur laisser-fairisme a permis à une « gauche moderne » de se présenter comme une alternative à la droite néolibérale du seul fait qu'elle prétendait, elle, vouloir donner un « cadre solide » à l'économie de marché. C'est également ainsi que se perpétue l'erreur de diagnostic historique commise par K. Polanyi lorsqu'il croyait que le retour de l'État signifiait la fin définitive de l'utopie libérale.

De fait, les grandes vagues de privatisation, de dérégulation et de baisse d'impôts qui se sont répandues depuis les années 1980 partout dans le monde ont donné du crédit à l'idée d'un désengagement de l'État, si ce n'est à celle de la fin des États-nations libérant l'action des capitaux privés dans les champs jusque-là régis par des principes non marchands.

Pourtant, il y a déjà bien longtemps que la fable de l'immaculée conception du marché spontané et autonome a été mise en doute. On peut s'étonner de la répétition du même constat à plusieurs décennies de distance : ce que certains se plaisent à appeler « libre marché » relève d'un mythe qui, pour n'être pas sans effets à très hauts risques, n'en reste pas moins très éloigné des pratiques réelles. En 1935, Walter Lippmann expliquait en ces termes, dans un bref et remarquable texte (« Le New Deal permanent »), la perte d'autorité dans l'opinion de la croyance en l'autorégulation des marchés :

> Ceux qui prêchent cet évangile ne le mettent nullement en pratique. Ce n'est plus la règle de leur propre conduite. Ils tiennent farouchement que l'économie est automatiquement autorégulatrice, que le libre jeu de l'offre et de la demande régulera la production et la distribution de la richesse plus efficacement qu'une gestion et une administration conscientes et concertées. Mais, dans les faits, ils n'appliquent guère ce principe. Ceux qui insistent le plus sur l'idéal du laisser-faire sont les mêmes qui, au moyen de droits de douane et de combinaisons, ont organisé la vie industrielle du pays en systèmes d'entreprises soumis à un contrôle hautement centralisé. Dans la façon dont ils expriment leur pensée, ce sont des libre-échangistes. Dans leur pratique réelle, ils suspendent le libre jeu de l'offre et de la demande et le remplacent, partout où cela est possible, par la gestion consciente de la production et la détermination administrative des prix et des salaires [1].

Ainsi, dès les années 1930, il apparaissait que la question ne se posait plus dans les termes de l'alternative simpliste du marché autorégulateur et de l'intervention de l'État, mais qu'elle portait sur la nature de l'intervention gouvernementale et sur ses buts. Selon W. Lippmann, « la vérité est que, dans l'État moderne, même une politique de laisser-faire devrait être administrée de façon délibérée, même le libre jeu de l'offre et de la demande devrait être maintenu de façon délibérée [2] ». Il n'est pas sans intérêt de relever que c'est le même constat que fait James K. Galbraith dans *The Predator State* (2008). L'économie dite de marché, soutient-il, ne pourrait fonctionner sans le réseau dense de dispositifs sociaux, éducatifs, scientifiques, militaires hérités des périodes antérieures du capitalisme américain, ce qu'il appelle, dans une formule curieusement très proche de celle de W. Lippmann, « *the Enduring New Deal* » [3].

Mais il ne suffit pas de constater la permanence de l'intervention de l'État. Il faut encore examiner de près les objectifs qu'elle vise et les méthodes qu'elle emploie. On oublie trop souvent que le néolibéralisme ne cherche pas tant le « recul » de l'État et l'élargissement des domaines de l'accumulation du capital que la *transformation de l'action publique* en

---

1   W. LIPPMANN, « The Permanent New Deal », *in The New Imperative*, Macmillan, Londres, 1935, p. 42-44.
2   *Ibid.*, p. 47.
3   James K. GALBRAITH, *The Predator State*, *op. cit.*

faisant de l'État une sphère régie, elle aussi, par des règles de concurrence et soumise à des contraintes d'efficacité semblables à celles que connaissent les entreprises privées. L'État a été restructuré de deux manières que l'on tend à confondre : par l'extérieur, avec les privatisations massives des entreprises publiques qui mettent fin à l'« État producteur », mais aussi de l'intérieur, avec la mise en place d'un État évaluateur et régulateur mobilisant des instruments de pouvoir nouveaux et structurant, avec eux, de nouvelles relations entre gouvernement et sujets sociaux[1].

Le principal reproche qui est fait à l'État est son *manque global d'efficacité et de productivité* dans le cadre des nouvelles contraintes imposées par la mondialisation : il coûte trop cher par rapport aux avantages qu'il apporte à la collectivité, et il entrave la compétitivité de l'économie. C'est donc à une analyse économique que l'on entend soumettre l'action publique pour discriminer non seulement les *agenda* et les *non-agenda*, mais la manière même de réaliser les *agenda*. Tel est l'objectif de la ligne de l'« État efficace » ou de l'« État managérial » tel qu'il commence à se construire à partir des années 1980. La droite néolibérale comme la gauche moderne ont, en pratique, admis que le gouvernement ne pouvait se désintéresser de la gestion de la population en ce qui concerne sa sécurité, sa santé, son éducation, ses transports, son logement et, bien sûr, son emploi. Il le peut d'autant moins que la nouvelle norme mondiale de la concurrence impose que les dispositifs administratifs et sociaux coûtent moins cher et soient principalement orientés vers les exigences de la compétition économique. La différence que ces politiques veulent introduire réside dans l'efficience de cette gestion et, partant, dans la méthode à employer pour fournir biens et services à la population. Lorsque cette gestion est entre les mains de l'administration, elle contrarie, selon les « évidences » de la nouvelle orthodoxie, la logique de marché quant au rôle des prix et à la pression de la concurrence. C'est le fondement de la posture antibureaucratique de la fraction « moderniste » des dirigeants de l'administration d'État et de leurs experts attitrés. Le mépris pour les agents de base des services publics, les bas salaires qui leur sont versés, mais aussi le manque chronique de personnel et de moyens dont disposent ces services eux-mêmes, sans parler des campagnes médiatiques contre la gestion

---

1   *Cf.* sur ce point les remarques de Desmond KING, « Une nouvelle conception de l'État : de l'étatisme au néolibéralisme », *in* Vincent WRIGHT et Sabino CASSESE (dir.), *La Recomposition de l'État en Europe*, La Découverte, Paris, 1996 et, sur la dimension structurante de l'instrument, Pierre LASCOUMES et Patrick LE GALÈS (dir), *Gouverner par les normes*, Presses de Sciences-Po, Paris, 2007.

bureaucratique et le « poids des prélèvements », ont beaucoup fait pour dévaluer ce qui relevait de l'action publique et de la solidarité sociale. Le paradoxe est que ce dénigrement a bien souvent été le fait d'une partie des élites administratives elles-mêmes qui y ont trouvé un moyen de renforcer leur pouvoir dans le champ bureaucratique. Mais c'est surtout la transformation de la conception de l'action publique qui a changé sous l'effet de la logique de la compétition mondiale. Si l'État est regardé comme un instrument chargé de réformer et de gérer la société pour la mettre au service des entreprises, il doit se plier lui-même aux règles d'efficacité des firmes privées.

Cette volonté d'imposer au cœur de l'action publique les valeurs, les pratiques et les fonctionnements de l'entreprise privée conduit à instituer une nouvelle pratique de gouvernement. Depuis les années 1980 le nouveau paradigme dans tous les pays de l'OCDE veut que l'État soit plus flexible, réactif, fondé sur le marché et orienté vers le consommateur. Le management se présente comme un mode de gestion « générique », valable pour tout domaine, comme une activité purement instrumentale et formelle transposable au secteur public dans son entier [1]. Cette mutation entrepreneuriale ne vise pas seulement à accroître l'efficacité et à réduire les coûts de l'action publique, elle subvertit radicalement les fondements modernes de la démocratie, c'est-à-dire la reconnaissance de droits sociaux attachés au statut de citoyen.

Cette réduction de l'intervention politique à une interaction horizontale avec des acteurs privés introduit un changement de perspective. Ce n'est plus seulement, comme au temps des premiers utilitaristes, la question générale de l'utilité de son action qui est posée à l'État, c'est la *question de la mesure quantifiée de son efficacité comparée à celle d'autres acteurs.* C'est cette nouvelle conception « désenchantée » de l'action publique qui conduit à voir dans l'État une entreprise qui est située sur le même plan que les entités privées, laquelle « entreprise étatique » n'a qu'un rôle réduit en matière de production de l'« intérêt général ». En d'autres termes, si l'on veut bien supposer que le marché ne fait pas naître une harmonie naturelle des intérêts, il ne s'ensuit pas que l'État soit en mesure de réaliser, de son côté, une harmonie artificielle, sauf à être soumis lui aussi à un mode de contrôle extrêmement serré.

L'institution du marché régi par la concurrence, construction voulue et soutenue par l'État, a donc été confortée et prolongée par une

---

1   *Cf.* Denis Saint-Martin, *Building the New Managerialist State. Consultants and the Politics of Public Sector Reform in Comparative Perspective*, Oxford University Press, 2000.

orientation qui a consisté à « importer » les règles de fonctionnement du marché concurrentiel dans le secteur public, au sens le plus large, jusqu'à penser l'exercice du pouvoir gouvernemental selon la rationalité de l'entreprise. On voit par là que l'expression de « marché institutionnel » est devenue avec le temps particulièrement ambiguë : il ne s'est plus agi seulement d'une institution politique du marché, mais, par renversement, d'une *mise en marché de l'institution publique* enjointe de fonctionner selon des règles entrepreneuriales. Sous cet angle, le néolibéralisme a connu une inflexion pratique très nette que l'on peut identifier à un retour sur soi de la logique de la concurrence qu'entendait construire la puissance publique. L'évolution de ces vingt dernières années a fini par donner tort à L. Walras pour qui « le principe de la libre concurrence applicable à la production des choses d'intérêt privé ne l'est plus à la production des choses d'intérêt public [1] ». Car c'est bel et bien ce qu'ont prétendu réaliser les tenants de la nouvelle « gouvernance ». De ce point de vue, le néolibéralisme politique a connu une radicalisation quand il a regardé la concurrence comme le meilleur instrument d'amélioration de la performance de l'action publique.

De la « gouvernance d'entreprise »
à la « gouvernance d'État »

Le changement dans la conception et l'action de l'État s'est d'ores et déjà imprimé dans le vocabulaire politique. Le terme de « gouvernance » est devenu le mot clé de la nouvelle norme néolibérale à l'échelle mondiale. Le mot « gouvernance » (*gobernantia*) est lui-même ancien. Au XIIIe siècle, il désigne le fait et l'art de gouverner [2]. Le terme s'est progressivement dédoublé dans les notions de *souveraineté* et de *gouvernement*, durant toute la période de constitution des États-nations. Remis en circulation dans la langue française par le président sénégalais Léopold Sédar Senghor à la fin du XXe siècle, il a retrouvé une vigueur dans les pays anglophones pour signifier dans un premier temps une modification des relations entre managers et actionnaires, avant de recevoir une signification politique et une portée normative lorsqu'il s'est appliqué aux pratiques des gouvernements soumis aux contraintes de la mondialisation. Il devient alors la catégorie principale employée par les grands organismes chargés de

---

1 Cité par L. Franck, *La Libre Concurrence, op. cit.*
2 *Cf.* J.-P. Gaudin, *Pourquoi la gouvernance ?*, Presses de Sciences-Po, Paris, 2002.

la diffusion des principes de la discipline néolibérale à l'échelle mondiale, tout particulièrement par la Banque mondiale dans les pays du Sud. La polysémie du terme est une indication de son usage. Il permet en effet de réunir trois dimensions du pouvoir de plus en plus entremêlées : la conduite des entreprises, celle des États et, enfin, celle du monde [1].

Cette catégorie politique de « gouvernance », ou plus exactement de « bonne gouvernance », joue un rôle central dans la diffusion de la norme de la concurrence généralisée. La « bonne gouvernance » est celle qui respecte les conditions de gestion mises aux prêts d'ajustement structurel, et, en premier lieu, l'ouverture aux flux commerciaux et financiers, de sorte qu'elle est étroitement liée à une politique d'intégration au marché mondial. Elle prend ainsi peu à peu la place de la catégorie désuète et dévaluée de « souveraineté ». Un État ne devra plus être jugé sur sa capacité d'assurer sa *souveraineté* sur un territoire, selon la conception occidentale classique, mais sur son respect des normes juridiques et des « bonnes pratiques » économiques de la *gouvernance* [2].

La gouvernance des États emprunte à celle de l'entreprise un caractère majeur. De la même façon que les managers de l'entreprise ont été placés sous la surveillance des actionnaires dans le cadre de la *corporate governance* à dominante financière, les dirigeants des États ont été pour les mêmes raisons mis sous le contrôle de la communauté financière internationale, d'organismes d'expertise, d'agences de notation. L'homogénéité des modes de pensée, l'identité des instruments d'évaluation et de validation des politiques publiques, les audits et les rapports de consultants, tout indique que la nouvelle manière de réfléchir l'action gouvernementale a largement emprunté à la logique managériale régnant dans les grands

---

1   La Commission on Global Governance, créée à l'initiative de l'ancien chancelier allemand Willy Brandt en 1992, définit ainsi la notion : « La somme des différentes façons dont les individus et les institutions publiques et privées gèrent leurs affaires communes. C'est un processus continu de coopération et d'accommodement entre des intérêts divers et conflictuels. Elle inclut les institutions officielles et les régimes dotés de pouvoirs exécutoires tout aussi bien que les arrangements informels sur lesquels les peuples et les institutions sont tombés d'accord ou qu'ils perçoivent être de leurs intérêts. » Cité dans Jean-Christophe GRAZ, *La Gouvernance de la mondialisation*, La Découverte, Paris, 2008, p. 41.

2   Les deux notions de « gouvernance » et de « souveraineté » sont donc pour partie antinomiques. La gouvernance suppose d'abord l'obéissance aux injonctions des organismes représentant les grands intérêts commerciaux et financiers ; elle permet aussi, en fonction des rapports de force internationaux et des intérêts géostratégiques, le droit d'ingérence d'ONG, de forces armées étrangères ou de créanciers au nom des droits de l'homme ou des minorités, ou bien, plus prosaïquement, au nom de la « liberté du marché ».

groupes multinationaux. Le succès d'un outil comme le *benchmarking*[1] dans l'analyse et la conduite des politiques publiques montre comment un instrument permettant de contrôler et de stimuler l'activité des filiales de grandes multinationales a pu passer de la sphère de la firme à celle du gouvernement. Cet emprunt au management privé a permis d'introduire dans la définition même de la « bonne gouvernance » des « parties prenantes » totalement étrangères aux entités classiquement retenues dans les principes de souveraineté. Ces « parties prenantes » sont les créanciers du pays et les investisseurs extérieurs qui ont à juger de la qualité de l'action publique, c'est-à-dire de sa conformité à leurs intérêts financiers. À partir du moment où les investisseurs étrangers respectent les règles de la *corporate governance*, ils attendent que les dirigeants locaux adoptent les règles de la *state governance*. On voit par là que cette dernière consiste en une mise sous contrôle des États par un ensemble d'instances supragouvernementales et privées déterminant les objectifs et les moyens de la politique à mener. En ce sens, les États sont regardés comme des « unités productives » comme les autres au sein d'un vaste réseau de pouvoirs politico-économiques soumis à des normes semblables.

La « gouvernance » a été souvent décrite comme un nouveau mode d'exercice du pouvoir impliquant des institutions politiques et juridiques internationales et nationales, des associations, des Églises, des entreprises, des *think tanks*, des universités, etc. Sans entrer ici dans l'examen de la nature du nouveau pouvoir mondial, force est de constater que la nouvelle norme concurrentielle a impliqué le développement croissant de formes multiples de concession d'autorité aux firmes privées, au point que l'on peut parler, dans de multiples domaines, d'une *coproduction publique-privée des normes internationales*. C'est le cas, par exemple, d'Internet, des télécommunications ou de la finance internationale. Cette cogouvernance privée-publique de la politique économique conduit à la production de mesures et de dispositifs en matière fiscale et réglementaire systématiquement favorables aux grands groupes oligopolistiques. L'une des manifestations de ce processus est la délégation de l'élaboration des normes comptables à un organisme privé mondial (IASB), qui est lui-même largement influencé par les principes de comptabilité en vigueur aux États-Unis[2].

---

1   *Cf. supra*, chap. 10, « Discipline (3) : la gestion néolibérale de l'entreprise ».
2   *Cf.* Nicolas VÉRON, « Normalisation comptable internationale : une gouvernance en devenir », *in* CONSEIL D'ANALYSE ÉCONOMIQUE, *Les Normes comptables et le monde post-Enron*, La Documentation française, Paris, 2003.

L'entreprise devient l'un des fondements de l'organisation de la « gouvernance » de l'économie mondiale avec l'appui des États locaux. Ce sont les impératifs, les urgences et les logiques des firmes privées qui commandent désormais directement les *agenda* de l'État. Cela ne veut pas dire que les firmes multinationales sont toutes-puissantes et organisent unilatéralement le « dépérissement de l'État », ni même que l'État est un simple « instrument » entre leurs mains, selon un schéma marxiste encore assez répandu. Cela signifie que les politiques macroéconomiques sont largement le fruit de codécisions publiques et privées, tandis que l'État garde une certaine autonomie dans les autres domaines, même si cette autonomie est, elle aussi, entamée par l'existence de pouvoirs supranationaux et par la délégation de nombreuses responsabilités publiques à des réseaux enchevêtrés d'ONG, de communautés religieuses, d'entreprises privées et d'associations.

C'est bien cette nouvelle *hybridation* généralisée de l'action dite « publique » qui explique la promotion de la catégorie de la « gouvernance » pour penser les fonctions et les pratiques étatiques en lieu et place des catégories du droit public, à commencer par celle de souveraineté. Elle renvoie à une privatisation de la *fabrication* de la norme internationale et à une normalisation privée nécessaire à la coordination des échanges de produits et de capitaux. Elle ne signifie pas que l'État bat en retraite, mais qu'il exerce son pouvoir de façon plus indirecte en orientant autant qu'il le peut les activités d'acteurs privés tout en intégrant les codes, les standards et les normes définis par des agents privés (sociétés de consulting, agences de notation, accords commerciaux internationaux). Exactement comme le management privé vise à faire travailler les salariés le plus possible par un système d'incitations, la « gouvernance d'État » vise officiellement à faire produire par des entités privées des biens et services d'une façon supposée plus efficiente, elle concède au secteur privé la capacité de produire des *normes d'autorégulation* en lieu et place de la *loi*. L'État attend désormais des acteurs privés nationaux ou transnationaux qu'ils agissent dans le sens de la coordination des activités internationales. C'est donc un État qui est *davantage « stratège » que producteur direct de services*. Ce fut le sens, par exemple, de l'accord de Bâle II, qui a laissé aux institutions de la finance internationale le soin de définir leurs propres critères d'autocontrôle.

L'échec de la Commission de Bâle, brutalement révélé par la crise financière dès 2007, est avant tout celui de cette gouvernance hybride typiquement néolibérale, impliquant tout à la fois les pouvoirs publics et les grands acteurs privés du système. Il convient d'abord de rappeler que le secteur financier n'a pas été laissé complètement à lui-même. À cet égard, ainsi que la remarque en a déjà été faite dans l'introduction de cet ouvrage, il ne faut pas confondre *absence* de règles et *défaillance* des règles. La concurrence mondiale entre conglomérats bancaires et entre places boursières rendit progressivement nécessaires de nouvelles règles internationales. Dès 1974, dans un contexte marqué par la fin du système monétaire international et la montée des risques liés aux fluctuations des devises [1], le Comité de Bâle pour le contrôle bancaire fut créé sous l'égide de la Banque des règlements internationaux (BRI). Ce comité fut chargé de développer ce qu'il est convenu d'appeler la « supervision prudentielle » du système financier. Il s'agissait d'un ensemble de normes répondant à la mise en concurrence généralisée des institutions de financement [2]. Cette nouvelle régulation visait à contraindre les banques, non seulement à obéir aux règles légales, mais aussi à exercer un autocontrôle plus rigoureux (contrôle interne) et à se soumettre à des normes plus strictes de transparence vis-à-vis des autres acteurs du marché.

Dans l'édifice de la supervision du secteur, le Comité de Bâle a pour vocation de définir des standards susceptibles d'être repris dans les réglementations nationales. Les autorités de tutelle délèguent par ailleurs aux banques la responsabilité du contrôle interne, en leur imposant de séparer les activités liées au risque et les activités de contrôle du risque. Ces autorités ont progressivement codifié les procédures de contrôle interne à tous les niveaux [3]. En 1988, les accords dits de Bâle I avaient fixé des normes de fonds propres qui se sont vite révélées mal adaptées à la montée des risques de marché et des risques opérationnels. Fin 2006, de nouveaux accords, dits de Bâle II, furent mis en place, au terme de longues négociations dans

---

1   Faillites de la banque Herstatt en 1974 et de la Franklin National Bank aux États-Unis.

2   Ce que Dominique Plihon, Jézabel Couppey-Soubeyran et Dhafer Saïdane écrivent à propos de la France vaut également pour le système financier dans son ensemble : « La déréglementation et la privatisation du secteur bancaire en France ont parfois été jugées comme le signe d'un désengagement de l'État et l'amorce d'une véritable dérégulation du secteur bancaire. Elles sont souvent même tenues pour responsables des difficultés éprouvées par les banques au cours des années 1990. *Pourtant déréglementation ne signifie pas dérégulation. La réglementation ne disparaît pas, elle change de nature* [nous soulignons]. Il s'agit d'une réglementation prudentielle qui vise non plus à administrer l'activité des banques, mais à l'orienter vers plus de prudence, en mettant l'accent notamment sur les normes de solvabilité. Émergent ainsi les conditions d'une régulation nouvelle. La réglementation n'exclut plus le marché, tandis que la montée des risques a naturellement sensibilisé les banques à la gestion interne de leurs risques. » (D. Plihon, J. Couppey-Soubeyran et D. Saïdane, *Les Banques, acteurs de la globalisation financière*, *op. cit.*, p. 113.)

3   *Ibid.*, p. 109.

lesquelles les établissements bancaires ont pesé de tout leur poids. Ces accords fixent de nouvelles règles de solvabilité, des méthodes plus strictes de contrôle interne, des obligations de transparence de gestion. Ces « trois piliers » de réglementation viennent compléter des dispositifs nationaux déjà existants. Aux États-Unis, la loi Sarbanes-Oxley de 2002 a cherché à renforcer, après l'affaire Enron, les mécanismes de surveillance des établissements financiers, tout comme, en France, la loi de sécurité financière de 2003 a accru la transparence des opérations et mis en place une instance de surveillance du marché (l'Autorité du marché financier).

Cet ensemble normatif public/privé s'est avéré défaillant. C'est lui qui a permis le développement, par le biais de la titrisation des créances et des produits dérivés, d'une pratique systématique de délestage vers l'extérieur des risques pris par les banques. De fait, ces dernières ont comme contourné les règles établies dans les accords de Bâle II en matière de ratios de solvabilité, au vu et au su des autorités de tutelle (en premier lieu celles des États-Unis), en transférant, sur des marchés peu réglementés, les risques à d'autres acteurs moins surveillés et moins contrôlés que les banques elles-mêmes (tels les *hedge funds* et les sociétés d'assurance). L'erreur a consisté à croire que la diffusion des risques entre des détenteurs plus nombreux du risque de crédit sur le marché était un facteur de stabilisation du marché financier international. Les autorités de tutelle ont ainsi laissé s'installer un mécanisme de déstabilisation systémique. Par toutes sortes de « véhicules » d'une extrême complexité, les risques liés à des crédits « toxiques » se sont reportés le long d'une très longue chaîne de transfert, de sorte que ceux qui sont au bout de la chaîne ne sont plus capables d'évaluer la perte potentielle représentée par des portefeuilles titrisés, c'est-à-dire en fait contaminés [1]. Ce mécanisme de transfert de risque, fondé sur les théories optimistes de l'efficience des marchés [2], a accru mécaniquement la prise de risques dans la mesure où, plus les banques sont en mesure de reporter le risque en externe, plus elles relâchent leur vigilance.

La crise financière met ainsi remarquablement en évidence les dangers inhérents à la gouvernementalité néolibérale quand celle-ci conduit à confier, en plein cœur du système économique capitaliste, une part de la

---

1   *Cf.* Michel AGLIETTA, *Macroéconomie financière*, La Découverte, Paris, 2008, p. 96-97, pour l'analyse technique des échappatoires réglementaires qui ont permis aux banques de contourner les règles de Bâle II.

2   C'est la théorie selon laquelle la mise en vente des risques eux-mêmes par le biais de produits financiers sophistiqués en permet une meilleure évaluation. En donnant une valeur marchande aux risques, le marché financier est censé produire une meilleure efficience dans l'allocation des financements.

supervision prudentielle aux « acteurs » eux-mêmes, au prétexte qu'ils subissent directement les contraintes de la concurrence mondiale et qu'ils savent se gouverner eux-mêmes en poursuivant leur intérêt propre. Ce sont précisément ces logiques d'hybridation qui ont endormi la vigilance et mené à des comportements hautement déstabilisateurs. Parmi les acteurs privés qui ont joué les rôles les plus nuisibles, on trouve en particulier le petit nombre d'agences de notation chargées de l'évaluation des établissements bancaires. Ces acteurs chargés de la surveillance, fonction hautement stratégique, échappent eux-mêmes à toute surveillance et sont traversés par des problèmes aigus de conflits d'intérêts, dans la mesure où les évaluations sont sollicitées et payées par les entreprises notées. Les failles du dispositif de surveillance sont évidemment très diverses. Mais ce sont les règles elles-mêmes qui ont constitué le facteur décisif : outre qu'elles ont été élaborées et mises en œuvre par les « surveillés » eux-mêmes, elles ne concernaient que des établissements pris un à un, ce qui d'emblée les rendait inopérantes en cas de crise systémique. Ce qui est donc en cause est la capacité des acteurs privés de s'autodiscipliner en prenant en compte, non point leur seul intérêt d'établissement, mais l'intérêt du système lui-même [1].

On retrouve cette même logique de régulation indirecte et hybride dans tous les processus de spécifications techniques nécessaires au commerce mondial laissés à la négociation des professionnels de chaque secteur. Cette évolution renvoie bien sûr aux transformations économiques et financières elles-mêmes. La concurrence s'est tellement exacerbée qu'elle a conduit à diverses réactions en matière de production et de marketing, par exemple l'accentuation de la « différenciation des produits » de la part des firmes comme modalité privilégiée de compétition entre elles. La concurrence oligopolistique entre grands groupes

---

1 C'est ce que, bien tardivement, a admis Alan Greenspan dans son audition au Congrès le 23 octobre 2008 : « J'ai commis l'erreur de penser que l'intérêt bien compris des organisations et en particulier des banques les rendait les mieux capables de protéger leurs propres actionnaires et le capital des firmes. Mon expérience dans mes fonctions à la Fed pendant dix-huit ans et dans mes fonctions précédentes m'a amené à penser que les dirigeants des établissements connaissent bien mieux les risques de défaut que les meilleurs des régulateurs. Le problème est donc qu'un pilier essentiel de ce qui semblait être un édifice particulièrement solide s'est effondré. [...] Je ne sais pas exactement ce qui s'est produit ni pourquoi. Mais je n'hésiterai pas à changer mes vues si les faits l'exigent. » Et d'ajouter à propos de l'« idéologie libérale » : « J'ai été très affecté par cette faille dans la structure essentielle qui définit ce que je pourrais appeler la manière dont le monde fonctionne. »

mondiaux les a poussés à faire des alliances en matière de « recherche-développement » (R & D) afin de mutualiser les ressources et les risques. Dans cette configuration, les États n'ont plus qu'un rôle de subordonné ou d'assistant, et ils intériorisent suffisamment ce rôle pour ne plus être en mesure de définir de politiques sociales, environnementales ou scientifiques sans l'accord au moins tacite des oligopoles.

L'État ne se retire pas [1], il se plie à des conditions nouvelles qu'il a contribué à mettre en place. La construction politique de la finance globale en constitue la meilleure démonstration [2]. C'est avec les moyens de l'État et selon une rhétorique souvent très traditionnelle (l'« intérêt national », la « sécurité » du pays, le « bien du peuple », etc.) que les gouvernements, au nom d'une concurrence qu'ils ont eux-mêmes voulue et d'une finance globale qu'ils ont eux-mêmes construite, mènent les politiques favorables aux entreprises et désavantageuses pour les salariés de leurs propres pays. Lorsqu'on parle du poids croissant des organismes internationaux ou intergouvernementaux comme le FMI, l'OMC, l'OCDE ou encore la Commission européenne, on oublie ainsi que les gouvernements qui font mine de se plier *passivement* aux audits, rapports, injonctions, directives de ces organismes, en sont aussi *activement* partie prenante. Tout se passe comme si la discipline néolibérale, qui impose des régressions sociales à une grande partie de la population et organise un transfert de revenus vers les classes les plus fortunées, supposait un « jeu de masques » permettant de faire porter à d'autres instances la responsabilité du démantèlement de l'État social et éducateur par la mise en place de règles concurrentielles dans tous les domaines de l'existence.

Les grandes institutions internationales créées après la Seconde Guerre mondiale (FMI, Banque mondiale, GATT) ont constitué les principaux vecteurs d'imposition de la nouvelle norme néolibérale. Elles ont pris le relais des États-Unis et de la Grande-Bretagne sans rencontrer de grandes résistances. Pour cela, les institutions de Bretton-Woods ont dû à la fois redéfinir leur rôle et faire une place à de nouvelles institutions et agences non gouvernementales. La montée en puissance de l'Organisation mondiale du commerce (OMC) en est un signe majeur. On se tromperait à ne voir dans cette dernière que l'instrument de règles universelles de marché, à l'écart des pressions et des intérêts étatiques et oligopolistiques, et, plus encore peut-être, à regarder cette institution comme le principal défenseur des

---

1   *Cf.* S. Strange, *The Retreat of the State. The Diffusion of Power in the World Economy*, Cambridge University Press, 1996.
2   *Cf. supra*, chap. 10, « L'essor du capitalisme financier ».

pays du Sud en raison du déplacement du contenu des négociations commerciales vers les priorités liées au développement. C'est surtout dans le domaine de l'innovation technologique que la logique des intérêts oligopolistiques se manifeste le plus ouvertement. Dans le cadre des négociations au sein de l'OMC, les pays du Nord sont davantage enclins à servir les intérêts des oligopoles des secteurs à forte intensité de dépenses de R & D en leur permettant de réaliser l'extension des droits de propriété intellectuelle. À travers les institutions internationales, les groupes de pression des oligopoles de la connaissance organisent la *protection des rentes d'innovation* pour récupérer les fruits des dépenses de recherche et développement privées et contribuent au cantonnement des pays en développement dans le sous-développement.

Une autre inflexion dans l'action des gouvernements est encore plus directement liée à la norme de concurrence mondiale. Elle touche au recentrement de l'intervention de l'État sur les facteurs de production.

L'État a désormais une responsabilité éminente en matière de soutien logistique et infrastructurel aux oligopoles comme en matière d'attraction des implantations de ces grands oligopoles sur le territoire national qu'il administre. Cela touche des domaines très divers : recherche, université, transports, incitations fiscales, environnement culturel et urbanisation, garantie des débouchés (marchés publics ouverts aux PME aux États-Unis). En d'autres termes, l'intervention gouvernementale prend la forme d'une politique de facteurs de production et d'environnement économique. L'État concurrentiel, ce n'est pas l'État *arbitre* entre intérêts, c'est l'État *partenaire* des intérêts oligopolistiques dans la guerre économique mondiale. On le voit bien dans le registre de la politique commerciale. Le libre-échange lui-même change de signification. Du fait de la fragmentation des processus productifs, les produits exportés par une économie contiennent une proportion de plus en plus importante de composants qui ont été importés. Les États sont donc amenés à remplacer le protectionnisme *tarifaire* par un protectionnisme *stratégique*, le protectionnisme de *produits* par une logique de subvention aux *facteurs de production*.

La norme de la concurrence généralisée presse les États, ou d'autres instances publiques, de produire les conditions locales optimales de valorisation du capital, ce que l'on pourrait appeler non sans paradoxe les « biens communs du capital ». De tels biens sont le produit des investissements en infrastructures et en institutions nécessaires dans le régime de concurrence exacerbée pour attirer capitaux et salariés qualifiés. Structures de recherche, fiscalité, universités, moyens de circulation, réseaux bancaires, zones de résidence et de loisir pour cadres sont quelques-uns de ces biens nécessaires à l'activité capitaliste, ce qui tend à montrer que la mobilité du capital a pour condition la mise en place d'infrastructures fixes et immobiles par l'État.

L'État n'est plus tant destiné à assurer l'intégration des différents niveaux de la vie collective qu'à ordonner les sociétés aux contraintes de la concurrence mondiale et de la finance globale. La gestion de la population change de signification et de méthode. Alors que, dans la période fordiste, l'idée prédominante était, selon la formule consacrée, l'« accord entre efficacité économique et progrès social » dans le cadre d'un capitalisme national, on ne perçoit plus maintenant cette même population qu'à la façon d'une « ressource » pour les entreprises selon une analyse en termes de coûts-avantages. La politique que l'on appelle encore « sociale » par inertie sémantique n'a plus pour logique une répartition des gains de productivité destinée à maintenir un niveau de demande suffisant pour les débouchés de la production de masse, elle vise à *maximiser l'utilité de la population*, en accroissant l'« employabilité » et la productivité, et à diminuer son coût par des politiques « sociales » d'un nouveau genre qui consistent à affaiblir le pouvoir de négociation des syndicats, à dégrader le droit du travail, à baisser le coût du travail, à diminuer le montant des retraites et la qualité de la protection sociale au nom de l'« adaptation à la mondialisation ». L'État n'abandonne donc pas son rôle en matière de gestion de la population, mais son intervention n'obéit plus aux mêmes impératifs ni aux mêmes ressorts. En lieu et place de l'« économie du bien-être », qui mettait l'accent sur l'accord entre progrès économique et distribution équitable des fruits de la croissance, la nouvelle logique considère les populations et les individus sous l'angle plus étroit de leur contribution et de leur coût dans la compétition mondiale.

Ce sont également les conditions dans lesquelles les groupes sociaux entrent en conflit qui changent avec le gouvernement entrepreneurial. Ainsi, la rationalité néolibérale sonne-t-elle le glas du régime « inclusif » de l'opposition de classes institué après la Seconde Guerre mondiale dans les démocraties libérales. Ce que l'on a appelé l'« intégration » des syndicats, pendant de la gestion social-démocrate, faisait du conflit d'intérêts l'un des moteurs de l'accumulation du capital, et de la lutte des classes un facteur fonctionnel de la croissance. La scansion classique du conflit syndicalement encadré, de la négociation et de l'« avancée sociale » qui en résultait souvent était la manifestation même de cette inclusion conflictuelle. Il n'en est plus ainsi quand la population est doublement regardée sous l'angle privilégié de la « ressource humaine » et de la « charge sociale ». La seule forme admissible de rapports avec les syndicats et plus généralement avec les salariés est la « concertation », la « convergence », le « consensus » autour des objectifs supposés désirables par tous. Quiconque se refuserait à respecter les principes managériaux, quelque syndicat qui n'accepterait pas d'emblée les résultats auxquels la « concertation » doit nécessairement mener, et qui par là se refuserait à agir de « concert » avec les gouvernants, se verraient d'emblée exclus du « jeu ». Le nouveau régime de gouvernement ne connaît que des « *stakeholders* », des « parties prenantes » qui sont directement intéressées au succès de l'affaire dans laquelle elles se sont volontairement engagées. Le fait le plus symptomatique est sans doute l'unité obligatoire du discours employé. Tandis que dans la régulation ancienne des relations sociales il s'agissait de concilier des logiques qui étaient d'emblée considérées comme différentes et divergentes, ce qui impliquait la recherche du « compromis », dans la nouvelle régulation, les termes de l'accord sont fixés d'emblée et une fois pour toutes, puisque de la performance et de l'efficacité nul ne saurait être l'ennemi. Seuls les modalités pratiques, les rythmes et quelques arrangements marginaux peuvent encore faire l'objet de discussion. On sait que c'est le principe même des « réformes courageuses », en particulier de celles qui visent à dégrader la situation générale du plus grand nombre. On voit par là que les modes de la conflictualité sont appelés à changer, dans les entreprises, dans les institutions, dans la société entière. Deux transformations majeures apparaissent. D'une part, la logique managériale unifie les champs économiques, sociaux et politiques et crée les conditions de possibilité d'une lutte transversale. D'autre part, en déconstruisant systématiquement toutes les institutions qui pacifiaient la lutte des classes, elle « externalise » le conflit en lui donnant le caractère d'une contestation globale de l'État entrepreneurial et, partant, du nouveau capitalisme lui-même.

Gouvernance mondiale
sans gouvernement mondial

Une forme inédite de « pouvoir mondial » adapté aux caractéristiques de l'économie mondialisée se met en place. La compétition économique prend désormais l'aspect d'une confrontation entre des États qui tissent entre eux des alliances et se coalisent avec des entreprises dont les réseaux d'action sont de plus en plus mondialisés. Ce qu'on appelle « marché mondial » constitue un *vaste entrelacs mouvant de coalitions d'entités privées et publiques*, jouant de tous les ressorts et de tous les registres (financiers, diplomatiques, historiques, culturels, linguistiques, etc.) pour promouvoir les intérêts mêlés des pouvoirs étatiques et économiques. Il faut ajouter au panorama le rôle croissant des entités publiques subétatiques, telles que les régions ou les villes, qui utilisent une marge de liberté plus ou moins grande pour se livrer entre elles à d'autres formes de concurrence afin de se doter des meilleurs atouts.

L'un des traits majeurs de la période n'est pas exactement la « fin des États-nations », selon la formule de Kenichi Ohmae [1], mais la relativisation de leur rôle comme entité intégratrice de toutes les dimensions de la vie collective : organisation du pouvoir politique, élaboration et diffusion de la culture nationale, rapports entre classes sociales, organisation de la vie économique, niveau de l'emploi, aménagement local, etc. Les États tendent à déléguer une grande partie de ces fonctions aux entreprises privées, souvent déjà mondialisées ou obéissant à des normes mondiales. Ils leur confient pour partie la tâche de garantir le développement socio-économique du pays, comme la prise en charge de la « culture de masse » par les médias privés. On assiste de ce fait à une *privatisation partielle des fonctions d'intégration*, fonctions qui ne répondent pas aux mêmes contraintes et temporalités selon qu'elles relèvent de la compétence de firmes privées ou des prérogatives de la puissance publique. C'est le cas en matière d'emploi, les subventions aux entreprises n'assurant que de façon précaire les missions de développement et d'aménagement du territoire sur le long terme. C'est également le cas en matière de « culture » ou d'enseignement, les entreprises privées ne poursuivant pas les mêmes objectifs que ceux classiquement assignés à l'État.

Cette situation a pour effet de créer un complexe d'intérêts étatiques et privés qui mine l'ancienne partition des intérêts particuliers et de l'intérêt général. Ce n'est pas seulement que l'État connaît une érosion de ses marges de manœuvre, c'est plutôt qu'il est au service d'intérêts oligopolistiques spécifiques et qu'il n'hésite pas à leur déléguer une partie non négligeable de la gestion sanitaire, culturelle, touristique, voire « ludique » de la population.

Devant cette situation inédite, aucun contour d'un gouvernement mondial n'émerge qui aurait pour vocation de mettre les sociétés nationales et locales à l'abri de la concurrence à laquelle se livrent les oligopoles mondiaux, pas plus d'ailleurs que n'émerge un gouvernement européen qui protégerait les populations du dumping social et fiscal des pays

---

1   K. Ohmae, *De l'État-nation aux États-régions*, Dunod, Paris, 1996.

membres de l'Union européenne. Aucune régulation des échanges n'est donc assurée, ni en matière de conditions sociales, ni en matière de fiscalité, ni en matière monétaire au-delà de la zone euro. Il va sans dire qu'aucune instance mondiale n'a su, non plus, prévenir les crises financières et protéger les économies et les sociétés de l'instabilité croissante du capitalisme à dominante financière.

Certes, ce contraste entre la facilité de circulation du capital à travers les territoires et la faiblesse des institutions de régulation est en partie atténué par le rôle grandissant dévolu aux institutions internationales, tels le FMI, la Banque mondiale, l'OMC, le G8 ou le G20, qui assurent un minimum de coordination au niveau mondial. La structure mondiale du pouvoir a de moins en moins à voir avec la représentation ancienne du « droit des gens » (l'ancien *jus gentium*) à l'époque de l'épanouissement des souverainetés nationales. Cette transformation alimente la thèse postmoderne de la mort de la souveraineté étatique et de l'émergence de nouvelles formes de pouvoir mondial [1]. Selon cette thèse, il y aurait un déplacement du pouvoir de l'État vers le pouvoir multiple et fragmenté d'agences et d'organes « hybrides », mi-publics mi-privés. Si cette concession aux entreprises du travail de codification des normes est réelle, comme on l'a rappelé, il convient de ne pas oublier que la transformation en cours est plus globale. Ce sont en effet les principes et les modes de l'action publique qui changent avec l'emprise croissante du modèle de l'entreprise, y compris au sein des « fonctions régaliennes » les plus classiques. Naomi Klein rappelle ainsi comment l'administration Bush a tiré parti du contexte de la « guerre contre le terrorisme » pour externaliser, sans le moindre débat public, « bon nombre des fonctions les plus délicates du gouvernement, de la prestation de soins de santé aux soldats aux interrogatoires de prisonniers, en passant par la collecte et l'analyse en profondeur (*data mining*) de données sur chacun d'entre nous ». Le gouvernement agit alors, poursuit-elle, « non pas comme l'administrateur d'un réseau de fournisseurs, mais plutôt comme un investisseur de capital-risque à la bourse bien garnie qui fournit au complexe les fonds d'amorçage dont il a besoin et devient le principal client de ses services [2] ». L'extension du champ de la

---

1 La thèse postmoderne, telle qu'elle est présentée par exemple par M. Hardt et A. Negri dans leur ouvrage *Empire* (Exils, Paris, 2000), veut que la souveraineté étatique soit remplacée par de nouvelles formes d'assujettissement plus direct à l'ordre productif capitaliste.

2 N. KLEIN, *La Stratégie du choc, op. cit.*, p. 22. Par « complexe » l'auteur entend ici une « entité tentaculaire » beaucoup plus vaste que le complexe militaro-industriel. Les chiffres donnent à eux seuls une idée de l'ampleur de la transformation : « en 2003, le

« gouvernance » ne consiste donc pas seulement en un tissage de rapports multiples avec des acteurs non étatiques, elle n'est pas simplement le signe du déclin de l'État-nation, mais signifie plus profondément une transformation du « format » et du rôle de l'État, qui est désormais perçu comme une *entreprise au service des entreprises* [1]. C'est sans doute dans cette transformation de l'État que l'on peut le mieux appréhender l'articulation nouvelle entre la norme mondiale de la concurrence et l'art néolibéral de gouverner les individus.

Le modèle de l'entreprise

L'interventionnisme néolibéral ne vise pas à corriger systématiquement les « échecs du marché » en fonction d'objectifs politiques jugés souhaitables pour le bien-être de la population. Il vise d'abord à créer des situations de mise en concurrence censées avantager les plus « aptes » et les plus forts, et à adapter les individus à la compétition, considérée comme source de tous les bienfaits. Ce n'est pas que le marché soit en lui-même toujours préférable à la gestion publique, c'est que les « échecs de l'État » sont supposés être plus dommageables que ceux du marché. C'est aussi que les technologies du management privé sont regardées comme des remèdes plus efficaces aux problèmes posés par la gestion administrative que les règles du droit public.

L'exemple britannique est de ce point de vue remarquable. Comme le soulignent Jack Hayward et Rudolf Klein,

> ce qui avait débuté comme un retour à une opinion évoquant le XVIIIᵉ siècle selon laquelle « gouverner mieux signifie gouverner moins » est devenu de plus en plus une recherche de l'efficacité managériale fondée sur la substitution des méthodes des entreprises privées (pourtant peu renommées pour leur efficacité en Grande-Bretagne) à celles de l'administration publique [2].

---

gouvernement des États-Unis passa 3 512 marchés avec des sociétés chargées d'exécuter des fonctions liées à la sécurité ; au cours de la période de 22 mois ayant pris fin en août 2006, la Sécurité intérieure (Department of Homeland Security) attribua à elle seule plus de 115 000 contrats du même ordre », *ibid.*, p. 23.

1   L'expression de *corporate state* utilisée par Naomi Klein ne signifie pas autre chose. La traduction française par « État corporatiste » (*ibid.*, p. 26.) introduit un contresens regrettable.

2   Jack HAYWARD et Rudolf KLEIN, « Grande-Bretagne : de la gestion publique à la gestion privée du déclin économique », *in* B. JOBERT et B. THÉRET (dir), *Le Tournant néo-libéral en Europe, Idées et recettes dans les pratiques gouvernementales*, L'Harmattan, Paris, 1994.

Pour les nouveaux conservateurs, il ne suffisait pas d'imposer des freins automatiques à la croissance des dépenses publiques, il fallait modifier en profondeur le mode de gestion de l'action publique. Le thatchérisme a lancé un profond mouvement de recentralisation administrative aux dépens des collectivités locales, selon une tendance nettement contraire aux principes doctrinaux de certains néolibéraux favorables à la décentralisation du pouvoir, en même temps qu'une refonte managériale des modes de gestion. La fonction publique a été ainsi divisée en agences indépendantes dotées d'objectifs spécifiques et régies par des normes fixées par le « centre de pilotage », exposées à la concurrence et soumises aux décisions « souveraines » des consommateurs. Il s'agissait en l'occurrence de remplacer une administration obéissant aux principes de droit public par une gestion régie par le droit commun de la concurrence.

Dans les années 1980, la priorité est donnée à l'entreprise, vecteur de tous les progrès, condition de la prospérité et d'abord pourvoyeuse d'emplois. Ce culte de l'entreprise et de l'entrepreneur n'est pas le fait uniquement de lobbies patronaux et de doctrinaires. Ce sont les élites administratives, les experts en gestion, les économistes, les journalistes dociles et les responsables politiques qui le célèbrent tous les jours et dans presque tous les pays. L'homogénéisation idéologique se conjugue avec l'internationalisation des économies : la compétitivité devient une priorité politique dans le contexte de l'« ouverture ». Face à l'entreprise parée de toutes les qualités, l'État-providence est présenté comme une « charge », frein à la croissance et source d'inefficacité [1]. « Faire reculer les frontières de l'État-providence », selon le mot d'ordre thatchérien, donne naissance à un ensemble de croyances et de pratiques, le managérialisme, qui se présente comme un remède universel à tous les maux de la société, réduits à des questions d'organisation que l'on peut résoudre par des techniques cherchant systématiquement l'efficience. Ce managérialisme donne évidemment au manager et à son savoir une place éminente qui en fait un véritable héros des temps nouveaux [2].

Le postulat de cette nouvelle « gouvernance » est que le management privé est toujours plus efficace que l'administration publique ; que le secteur privé est plus réactif, plus souple, plus innovant, techniquement plus efficace car plus spécialisé, moins soumis à des règles statutaires, que le secteur public. On a vu plus haut que le principal facteur de cette supériorité

---

1   *Cf.* sur ce point Jean-Pierre Le Goff, *Le Mythe de l'entreprise*, La Découverte, Paris, 1992.
2   C. Pollitt, *Managerialism and the Public Services. Cuts or Cultural Change in the 1990s ?*, Blackwell Business, Londres, 1990, p. 8.

réside pour les néolibéraux dans l'effet disciplinaire de la concurrence comme stimulant de la performance. C'est cette hypothèse qui a été au principe de toutes les mesures visant à « externaliser » vers le secteur privé tantôt des services publics entiers et tantôt des segments d'activités, ou à multiplier des rapports d'association contractuelle avec le secteur privé (sous la forme par exemple de « partenariat public-privé »), ou encore à développer des liens systématiques de sous-traitance entre administrations et entreprises. L'État « régulateur » est celui qui entretient des relations contractuelles pour la réalisation d'objectifs déterminés avec des entreprises, des associations ou des agences publiques jouissant d'une autonomie de gestion [1].

Le conservatisme en Grande-Bretagne comme aux États-Unis a changé de visage et a voulu apparaître comme une « révolution » ou une « rupture » avec le passé au nom des valeurs de la modernité. La nouvelle droite a tenu à se présenter comme une force anticonservatrice et « antisystème », détenant le monopole de la réforme et du changement, tournant systématiquement les mécontentements des fractions populaires à son profit par un populisme antiélite et anti-État, souvent teinté de xénophobie. L'une des constantes de la rhétorique de la nouvelle droite a consisté à mobiliser l'opinion contre les « gaspillages », les « abus » et les « privilèges » de tous les parasites qui peuplent la bureaucratie et vivent aux crochets de la saine population honnête et laborieuse. Le managérialisme est ainsi devenu, comme le note Christopher Pollitt, la « face acceptable de la pensée de la nouvelle droite concernant l'État ». En présentant cette réforme comme une opération chirurgicale, idéologiquement indifférente, bénéfique pour tous, elle a reçu un soutien bien au-delà du camp conservateur et a largement imprégné les représentations de la gauche moderne, laquelle, surenchérissant sur la « modernité » dont elle voudrait être la véritable incarnation, a voulu montrer que le néolibéralisme de gauche n'était pas moins « audacieux » que le néolibéralisme de droite. L'aspect « technique » et « tactique » de la nouvelle gestion publique a permis de faire oublier que l'essentiel était bel et bien d'introduire les disciplines et les catégories du secteur privé, d'accroître le contrôle politique dans l'ensemble du secteur public, de réduire autant que possible les budgets, de supprimer le plus possible d'agents publics, de diminuer l'autonomie

---

1. Selon Luc Rouban, « Les contrats, qu'ils soient passés entre des collectivités publiques ou avec des entreprises du secteur privé, offrent le nouveau cadre normatif de l'action publique » (L. Rouban, « La réforme de l'appareil d'État », *in* V. Wright et S. Cassese, *La Recomposition de l'État en Europe, op. cit.*, p. 148.

professionnelle d'un certain nombre de professions (médecins, enseignants, psychologues, etc.), d'affaiblir les syndicats du secteur public, en
un mot de réaliser pratiquement la restructuration néolibérale de l'État [1].

L'hypothèse de l'acteur égoïste et rationnel

La restructuration de l'action publique repose sur le postulat que les
fonctionnaires comme les usagers sont des agents économiques qui ne
répondent qu'à la logique de leur intérêt personnel. Améliorer l'efficacité
de l'action publique va consister à jouer des contraintes et des incitations
qui orienteront la manière dont les individus vont se conduire, en faisant
en sorte que les décisions qu'ils seront conduits à prendre allègent les coûts
et maximisent le résultat. Le courant du *Public Choice*, déjà évoqué, a joué
un rôle pionnier dans ce type de méthodologie en faisant l'hypothèse que
rien ne prouvait *a priori* que les choix des électeurs et les décisions des fonctionnaires débouchaient sur des mesures optimales pour la population. Un
grand nombre de travaux produits par des économistes de l'École de Chicago ont cherché, de leur côté, à montrer que les programmes sociaux et les
réglementations étaient loin d'avoir les résultats attendus par leurs promoteurs, du fait notamment de l'existence d'effets pervers ou de coûts cachés
qui n'avaient pas été pris en compte dans leur décision.

Ces recherches rejoignaient les premiers pas dans l'évaluation quantitative des décisions publiques réalisés par Bentham dans sa *Théorie des
peines et des récompenses*. Elles reposaient, comme les analyses bentha-
miennes, sur l'idée que tous les agents concernés (bénéficiaires, payeurs,
fonctionnaires) poursuivent des intérêts spécifiques et adoptent une
conduite rationnelle pour les satisfaire, comme n'importe quelle entreprise ou n'importe quel consommateur sur le marché [2]. En outre, fondant
leur analyse sur la logique du calcul individuel, ces mêmes recherches

---

1   C. POLLITT, *Managerialism and the Public Services*, *op. cit.*, p. 49.
2   De nombreuses analyses de J. Bentham anticipent les critiques de l'extension bureaucratique : « L'intérêt du ministre est d'avoir autant d'employés, c'est-à-dire autant de
dépendants qu'il est possible : multiplier les agents, c'est multiplier ses créatures ; leur
donner de grands salaires, c'est les attacher d'autant plus à leur protecteur ; et il n'y a
point de motif pour les surveiller de bien près, parce qu'il ne perd rien à leur négli-
gence » (*Théorie des peines et des récompenses*, 1811, vol. 1, p. 224). Mais la solution pour
J. Bentham est très différente des préconisations des économistes néoclassiques. Elle
repose sur la démocratie la plus radicale et la surveillance continue des représentants et
fonctionnaires dans des dispositifs panoptiques.

visaient à montrer que certains « en ont plus pour leur argent » que d'autres. Ainsi, une abondante littérature, visant à enlever toute légitimité à l'État-providence et aux politiques redistributrices en général, s'est attachée à montrer que ces dispositifs tendaient à avoir des effets contraires à l'égalité recherchée.

De façon générale, l'application du calcul coûts-avantages tend à montrer que le « consommateur » paie toujours plus cher un bien public qu'un bien privé, qu'il paie également plus cher un bien privé dont la production est réglementée qu'un bien privé dont la production ne l'est pas. Mais, au-delà de cette volonté démonstrative, ce type d'analyse de la « production politique » importe par le type de conception de l'État qu'elle suppose. Ce dernier ne relève de l'analyse économique commune que dans la mesure où on le conçoit *a priori* comme un agent parmi d'autres dans le système économique, poursuivant ses propres objectifs, devant répondre par une offre à des demandes, dont la production est comparable à celle des autres agents économiques privés.

Cette interprétation néoclassique de l'action publique est apparue comme relativement nouvelle dans l'histoire officielle de la théorie économique. Elle considère l'État non plus comme une entité « exogène » à l'ordre marchand, devant respecter des limites externes, mais comme une entité entièrement intégrée dans l'espace des échanges, dans le système d'interdépendance des agents économiques.

Partir de l'hypothèse que tout agent public est un être qui fera passer son intérêt particulier avant l'intérêt général n'est en réalité guère nouveau. On a dit plus haut que le premier qui, dans l'histoire de la théorie politique, en a fait un principe d'analyse et de réforme fut Jeremy Bentham. On ne comprendrait pas aujourd'hui les rapports entre la promotion du marché d'un côté et les principes du « nouveau management » de l'autre si l'on ne revenait pas à cette source essentielle. Bentham cherche à rationaliser l'action publique pour accroître son efficacité, en utilisant des mécanismes fins et serrés de contrôle et d'incitation, destinés à orienter le comportement des individus dans un sens favorable à l'intérêt général, tout au moins à réduire la divergence entre l'intérêt de chaque agent et ce qui est collectivement attendu de lui en termes de services utiles.

Comprenant que l'État doit intervenir dans l'économie et la société, à la fois directement par sa législation et indirectement pour gérer et surveiller les populations, afin d'orienter les intérêts et les actions dans le sens le plus propre à assurer « le plus grand bonheur du plus grand nombre », J. Bentham a cherché tout au long de sa longue carrière de penseur et de technologue à réfléchir aux dispositifs coercitifs et incitatifs permettant de forcer les agents publics à joindre leur intérêt particulier et l'intérêt collectif, selon le « principe de jonction de l'intérêt et du devoir [1] ». Son originalité, qui en fait l'un des précurseurs ignorés de ce que l'on a appelé depuis la « nouvelle gestion publique », tient à ce qu'il ne se contente pas d'en appeler au marché pour lutter contre les gaspillages bureaucratiques. Il entend découvrir des moyens substitutifs de contrôle sur les agents publics qui auront la même efficacité que le marché sur les individus qui y participent. L'objectif est de supprimer tous les abus, les incompétences, les vexations, les délais, les oppressions, les fraudes que font subir aux administrés des fonctionnaires et des hommes politiques spontanément corrompus par leur « *sinister interest* » contraire à celui du plus grand nombre. Dans un grand nombre de textes, mais spécialement dans son *Code constitutionnel* rédigé dans les années 1820, il dresse un vaste tableau d'un appareil bureaucratique entièrement ordonné au principe de contrôle de la conformité des actions des fonctionnaires et de l'intérêt du public [2].

Par cet ensemble de dispositifs, l'intervention publique répondra bien à l'objectif gouvernemental du « plus grand bonheur pour le plus grand nombre ». Concernant l'organisation de l'État, cet objectif se spécifiera à travers l'application de deux principes subordonnés, le principe de maximisation de l'aptitude des agents publics et celui de minimisation de la dépense publique (« *Official Aptitude maximized, Expense minimized* »). Le principe d'utilité permet de penser à la fois l'efficacité des actions privées spontanées sur le marché et la nécessité de contrôler étroitement les activités de ceux qui sont susceptibles de faire passer leur intérêt privé avant l'intérêt collectif. La primauté de l'intérêt personnel conduit en effet dans deux directions qui ne sont pas aussi contradictoires qu'il pourrait sembler : d'un côté, elle mène à laisser la plus grande liberté possible aux agents qui poursuivent leur but propre sur le marché ; de l'autre, elle pousse à exercer les contrôles les plus minutieux sur tous ceux qui, censés travailler dans l'intérêt collectif, sont immanquablement tentés de travailler pour leurs propres satisfactions quand ils ne sont pas assez surveillés. La confiance, certes relative, accordée aux uns se double d'une défiance absolue pour les autres. Le même principe, celui de l'intérêt, va donc conduire à découvrir des dispositifs normatifs qui produiront dans la sphère publique des résultats aussi souhaitables que le marché dans la

---

1   *Cf.* sur ce point la thèse de Christophe Chauvet, « Les apports de Jeremy Bentham à l'analyse économique de l'État », Université de Picardie, UFR de sciences économiques et de gestion, 2006.
2   *Cf.* L. J. Hume, *Bentham and Bureaucracy*, Cambridge University Press, 2004.

sphère privée [1]. Pour contrer les abus de pouvoir, qui sont les maladies structurelles de toute relation politique, Bentham propose comme remède universel la transparence qui empêche les fonctionnaires et les représentants élus de travailler pour leur propre compte ou de gaspiller les deniers publics. Bentham est l'un de ceux qui ont érigé en règle d'or le contrôle des agents publics par le public. Inversant le dispositif panoptique où un petit nombre d'inspecteurs pouvaient surveiller un grand nombre d'individus, Bentham décrit dans son *Code constitutionnel* des dispositions architecturales qui permettent au public placé dans des loges distribuées tout autour des espaces de travail administratif d'observer derrière des glaces sans tain l'intensité du travail des fonctionnaires. Il suffit, comme dans la prison panoptique, que l'agent public puisse se croire surveillé en permanence pour que le dispositif produise l'effet désiré. Par cette surveillance, l'espérance de gains procurés par le comportement délictueux est contrebalancée dans l'esprit de l'agent sous observation par la forte probabilité de la sanction. « Le bon gouvernement dépend plus qu'on ne l'a pensé jusqu'à présent de l'architecture », écrit-il [2]. C'est tout l'édifice bureaucratique benthamien qui est conçu comme un système de contrôle auquel tout doit s'ordonner : la définition précise des postes, des fonctions et des compétences requises, la fixation de normes dans les relations entre les fonctionnaires et le public, la tenue rigoureusement exhaustive des livres de comptes, la publication régulière des rapports d'activité, le régime permanent d'inspection des services et, par-dessus tout, le contrôle exercé par l'opinion publique sur l'action des agents de l'État.

Mais la surveillance n'est pas tout. Il faut aussi savoir employer les incitations positives qui encourageront l'accomplissement du devoir. Dans la *Théorie des peines et des récompenses*, Bentham attribuait à l'égalité des salaires la responsabilité principale de la langueur et de l'oisiveté qui régnaient dans les bureaux. Pour assurer l'union de l'intérêt et du devoir, il faut s'attacher à faire du salaire une récompense proportionnée à l'assiduité et à la façon dont le service est rendu. Ce qui est particulièrement recommandé pour la rémunération du responsable du service. Dans les hôpitaux ou les maisons de force, dans les lieux de travail, dans l'armée, dans la marine, le responsable sera pénalisé ou récompensé en fonction du

---

1   C. Chauvet, « Les apports de Jeremy Bentham à l'analyse économique de l'État », *op. cit.*, p. 22.

2   J. Bentham, *Constitutional Code*, vol. 1, éd. F. Rosen and J. H. Burns, Clarendon Press, Oxford, 1983.

nombre de blessés, de malades, de morts, de sorte que les intérêts de ce responsable soient en harmonie avec ceux qui lui sont confiés.

Les analyses de Bentham anticipent celles du *Public Choice* dans la mesure où elles partent du même postulat de l'agent calculateur qui se laissera toujours guider par son intérêt personnel. Mais, on le verra plus loin, la différence est grande avec les analyses du *Public Choice* concernant le rôle attribué aux mécanismes de la démocratie. Reste que l'on ne comprendrait pas le rapport entre les deux démarches si on ne les situait pas dans ce qui constitue en propre la *gouvernementalité fondée sur les intérêts*, si l'on ne voyait pas que les pratiques de mesure et d'incitation visant à guider les conduites sont partie intégrante de la manière de gouverner les hommes dans les sociétés de marché. La mesure des effets, ce qu'on appelle aujourd'hui l'*évaluation*, n'est pas extérieure à la pratique gouvernementale moderne. Elle n'est pas un ajout tardif ; elle la caractérise depuis le commencement, comme le montre l'attention que lui porte toute la technologie de l'utilitarisme benthamien. Il a certes fallu du temps pour que cette dimension de l'évaluation de l'efficacité prenne toute l'ampleur qu'on lui connaît aujourd'hui et apparaisse comme le mode « évident » de régulation de l'activité publique. Sous cet angle, la pratique néolibérale est un puissant révélateur des lentes mutations qui ont affecté les modes de gouvernement depuis le XVIIIᵉ siècle.

Le Public Choice
et la nouvelle gestion publique

Le consensus en faveur d'une réforme d'inspiration néolibérale de l'action publique procède de la croyance en la fin de l'« âge de la bureaucratie » [1]. En d'autres termes, la restructuration de l'action gouvernementale à laquelle nous assistons à des degrés et à des rythmes différents selon les pays ne doit pas être interprétée selon ses propres critères (les trois E : efficacité, économie, efficience), mais selon la logique anthropologique dont elle participe et dont les théoriciens principaux ont été les économistes du *Public Choice*, tout particulièrement James Buchanan et Gordon Tullock.

---

1 On passerait du modèle bureaucratique comme centre et organisation de la société à un paradigme « postbureaucratique » (notion attribuée à Michael BARZELAY, *Breaking through Bureaucracy : A New Vision for Managing in Government, op. cit.*) fondé sur la nouvelle économie politique.

L'école du *Public Choice*, dont le foyer historique est l'université de Virginie à Charlottesville, a produit une analyse du gouvernement en s'intéressant non pas à la *nature* des biens qu'il produit, mais à la *façon* dont il les produit. Appliquant la théorie économique aux institutions collectives, l'École du *Public Choice* considère que, si l'on suppose l'unité du fonctionnement humain dans tous les domaines, il n'y a aucune raison de ne pas opérer une homogénéisation à la fois théorique et pratique du fonctionnement de l'État et du marché. Le fonctionnaire est un homme comme les autres, il est un individu calculateur, rationnel et égoïste qui cherche à maximiser son intérêt personnel au détriment de l'intérêt général. Seuls les intérêts privés ont une réalité et une signification pour les agents publics, en dépit de leurs proclamations vertueuses. L'État ne maximise pas l'intérêt général, ce sont les agents publics qui poursuivent la plupart du temps leurs intérêts particuliers au prix d'un gaspillage social considérable [1] :

> En tant qu'hommes ordinaires, ressemblant à tous les autres, les bureaucrates prendront la majorité de leurs décisions (pas toutes cependant) en fonction de ce qui les avantage personnellement, et non en considérant le bénéfice qu'en retirera la société dans son ensemble. Ils peuvent occasionnellement sacrifier leur propre bien-être à un intérêt plus général, comme tout mortel le fait parfois, mais il faut s'attendre à ce que cette attitude soit exceptionnelle [2].

Le bureaucrate cherche à augmenter les crédits de son service, le nombre de ses subordonnés, ou à monter dans la hiérarchie [3]. Définissant de façon très lâche un bureau comme toute organisation qui ne poursuit pas le profit et dont les agents ne tirent pas leur revenu de la vente d'un produit, William Niskanen affirme que la fonction d'utilité du bureaucrate est liée à l'augmentation du budget de son bureau. Si la firme privée cherche à maximiser le profit, le bureau cherche à maximiser le budget [4]. G. Tullock ne dit pas autre chose :

> En règle générale, le bureaucrate verra ses chances de promotion augmenter, son pouvoir, son influence, le respect qu'on lui porte et même les conditions matérielles dans son bureau s'améliorer lorsque son administration grandit.

---

1   *Cf.* Xavier GREFFE, *Analyse économique de la bureaucratie*, Economica, Paris, 1988, p. 13.
2   G. TULLOCK, *Le Marché politique. Analyse économique des processus politiques*, Economica, Paris, 1978, p. 34.
3   G. TULLOCK, *The Politics of Bureaucracy*, Public Affairs Press, Washington, 1965 ; W. NISKANEN, *Bureaucracy and Representative Government*, Aldine Publishing Company, Chicago, 1971.
4   W. NISKANEN, *op. cit.*, p. 42.

Si la bureaucratie dans son ensemble prend de l'expansion, presque tout bureaucrate en faisant partie y gagnera quelque chose, et encore plus si c'est la sous-division dans laquelle il est employé qui prend de l'extension [1].

À cette tendance automatique à la croissance de l'offre correspond une tendance à l'expansion de la demande. Comme l'État social suscite de multiples demandes d'intervention, la bureaucratie parasitaire enfle. Une sorte de grande alliance se forme entre les fonctionnaires et les membres des classes moyennes qui profitent le plus des services publics, entraînant un gonflement des effectifs et l'inflation de la dépense publique. Ceux qui en bénéficient s'organisent en groupes de pression internes (les bureaucrates) ou en groupes de pression externes (les lobbies) aux dépens des contribuables atomisés. Ce phénomène est renforcé par le comportement des parlementaires qui cherchent à « acheter » les votes décisifs des fractions mobilisées de l'électorat et à bénéficier du soutien de fonctionnaires de plus en plus nombreux. Plus il y a de bureaucrates parmi le corps électoral, plus il y a d'électeurs favorables à l'impôt et à la dépense. Le résultat est que la bureaucratie tend à « surproduire » des services par rapport au réel besoin de la population. Profitant de ressources importantes qui ne sont pas restituées à la collectivité, les administrations les dépensent coûte que coûte pour justifier leur existence et leur croissance. Comme le disait Jean-Jacques Rosa, « le marché politique, c'est un lieu où s'échangent des votes contre des promesses d'interventions publiques [2] ». Cette critique de la bureaucratie déduit donc du postulat de l'égoïsme rationnel des agents l'ensemble des effets négatifs auxquels conduit une telle absence de concurrence dans la production de services publics [3].

W. Niskanen propose comme principal levier du changement structurel la mise en compétition des bureaux dans l'offre de services semblables afin de casser le monopole public et d'accroître l'efficience de la production [4]. Il suggère également des modifications dans les incitations au travail, comme par exemple l'introduction d'un système de profit personnel fondé sur l'appropriation par les chefs de service d'une part de la différence entre le budget alloué et les coûts effectifs, ou encore un système de promotions dont la rapidité serait proportionnée à la réduction des budgets dépensés. Les objectifs normatifs du *Public Choice* sont explicites :

---

1   G. Tullock, *Le Marché politique, op. cit.*

2   « Face-à-face Attali-Rosa », *L'Express*, 9 juin 1979, cité par Henri Lepage, *Demain le libéralisme*, Hachette, « Pluriel », Paris, 1980, p. 60.

3   *Cf.* le résumé que fait H. Lepage des thèses du courant du *Public Choice*, *ibid.*, p 202-206.

4   W. Niskanen, *op. cit.*, p. 195.

> En général, les contraintes qui pèsent sur le comportement d'un individu sur le marché sont plus « efficaces » que celles supportées par les employés de l'État si bien que les individus sur le marché, en recherchant l'assouvissement de leur propre bien-être, servent bien mieux celui de leurs concitoyens que ne le font les hommes qui travaillent pour le gouvernement. En vérité, un des objectifs de la « nouvelle économique » est d'élever par des réformes le coefficient d'« efficacité » du gouvernement pour le rapprocher de celui du marché [1].

Si l'on ne parviendra jamais à atteindre ce coefficient, puisque, « même placées dans une situation de concurrence, les administrations ne se montrent pratiquement jamais aussi efficaces que les sociétés privées dans une industrie compétitive », on peut espérer améliorer la situation par différents leviers [2]. Le premier est évidemment de mettre en concurrence services publics et privés en donnant la possibilité à des sociétés privées sous contrat de contribuer à la fourniture de services jusque-là exclusivement fournis par l'administration publique. Mais cela peut également passer par la mise en concurrence des services bureaucratiques eux-mêmes. Il suffit pour cela, explique G. Tullock, de diviser une administration « en plus petits secteurs aux budgets séparés » dont on comparerait les performances [3].

Comme on le voit, l'analyse des économistes de l'École de Virginie rejoint en de nombreux points le diagnostic et les remèdes de J. Bentham. Il s'agit dans les deux cas de créer des incitations positives ou négatives, similaires à celles du marché, pour guider l'intérêt du fonctionnaire. Il demeure néanmoins une grande différence quant à la conception de la démocratie. Alors que, chez le Bentham radical des années 1820, c'est par un contrôle étroit exercé par les électeurs sur les représentants et les fonctionnaires que pourra être mis en œuvre le « principe de jonction de l'intérêt et du devoir », le *Public Choice*, retrouvant sur ce terrain les critiques d'un Hayek, est un mouvement très hostile à la démocratie représentative, accusée d'être le facteur principal de développement de la bureaucratie. Dans un régime démocratique, les citoyens ne peuvent pas exercer de véritable contrôle sur les bureaucrates, ils cherchent plutôt à s'allier avec eux quand ils parviennent à s'organiser. Les parlementaires, quant à eux, poussent à la surproduction bureaucratique pour être réélus. Et les pauvres qui ne payent pas l'impôt usent et abusent d'un pouvoir électoral plus important que les

---

1   G. TULLOCK, *Le Marché politique, op. cit.*, p. 15.
2   *Ibid.*, p. 44.
3   *Ibid.*, p. 46.

riches moins nombreux pour leur faire supporter l'essentiel du poids de l'impôt. C'est en ce sens que James Buchanan, dans *Les Limites de la liberté* (1975), titre en lui-même symptomatique, plaide pour la suppression de l'État-providence et son remplacement par un nouveau contrat social dans lequel les riches verseraient une compensation financière aux pauvres en échange de la suppression des prestations reçues. J. Buchanan milite de façon plus globale pour une « révolution constitutionnelle » qui contraindrait les gouvernements à respecter des limites à la dette, au déficit et au niveau des impôts [1] : « La démocratie peut devenir son propre Léviathan si on ne lui impose pas et si on ne fait pas respecter des limites constitutionnelles [2]. » Cette révolution viserait à « reconstruire les fondements de l'ordre constitutionnel lui-même », mesure radicale indispensable devant les impasses du pragmatisme traditionnel des Américains.

Nous touchons ici au cœur des nouveaux modes de gouvernement propres à la rationalité néolibérale, dont l'un des grands principes peut se résumer par la formule benthamienne : « *The more strictly we are watched, the better we behave* » (« Plus on est surveillé de près, mieux l'on se conduit ») [3]. Le postulat de la conduite foncièrement intéressée des agents publics conduit à la refonte des moyens de les contrôler et de les guider. Cette surveillance, qui a pris l'aspect massif et diffus d'une évaluation comptable de tous les actes des agents publics et des usagers, est le principe implicite de la réforme du secteur public présentée comme la seule possible. Cette réforme s'inspire des pratiques du management privé fondé sur l'efficience [4]. S'il faut privatiser autant que l'on peut, il faut aussi briser les logiques qui ont fait jusque-là croître les bureaucraties et les dépenses publiques, c'est-à-dire les alliances d'intérêts entre groupes de pression internes, lobbies externes et élus. L'entreprise doit remplacer la bureaucratie partout où cela est possible et, lorsque cela ne l'est pas, le bureaucrate doit le plus possible se conduire *comme un entrepreneur*.

Nous avons vu plus haut que, selon les économistes du *Public Choice*, seuls les intérêts privés ont une réalité et une signification pour les individus maximisateurs. La supposition que tout agent public est un calculateur opportuniste est au principe des dispositifs de contrôle qui se mettent

---

1 J. BUCHANAN, *Les Limites de la liberté, entre l'anarchie et le Léviathan*, Litec, Paris, 1992, p. 42.
2 *Ibid.*, p. 184.
3 Cité par F. FAUCHER-KING et P. LE GALÈS, *Tony Blair, 1997-2007, op. cit.*, p. 65.
4 L'efficacité a pour critère la meilleure solution apportée à un problème tandis que l'efficience suppose d'évaluer financièrement la solution la plus économe.

en place. Les modèles de référence de la nouvelle gouvernance publique, issus de l'économie de la firme, ont reposé la question de l'opposition et de la conciliation entre les intérêts de l'ordonnateur et ceux de l'exécutant. Le modèle du « *principal/agent* », apparu dans les années 1970, est employé dans la littérature économique pour penser les rapports entre niveaux hiérarchiques. Ce modèle est fondé sur les choix rationnels : le principal est celui qui a l'autorité et l'agent celui qui doit exécuter. Le problème posé consiste à savoir comment assurer par des dispositifs de surveillance et d'incitation les mandataires (l'agent) à agir de façon congruente avec les intérêts des mandants (le principal), sachant que les individus cherchent à maximiser leur utilité et entendent tirer un avantage du fait que les contrats ne prescrivent pas dans le détail le contenu des tâches à effectuer (postulat de l'incomplétude des contrats). Ce modèle, d'abord utilisé pour l'analyse des rapports entre l'actionnaire et le manager, est devenu la grille de lecture des rapports entre le « centre de décision » politique et les organes d'exécution, dotés d'autonomie de gestion et soumis à évaluation. C'est même désormais la façon la plus ordinaire de penser les relations entre niveaux hiérarchiques : l'évaluation de plus en plus sophistiquée est censée résoudre le « problème de l'agence », c'est-à-dire le comportement opportuniste de l'exécutant disposant d'une information que ne possède pas le décisionnaire.

Cette nouvelle économie politique a servi de « sens commun » à un très vaste mouvement de réorganisation des administrations, auquel Christopher Hood a donné en 1991 le nom générique de « nouvelle gestion publique » (*New Public Management*). Celle-ci vise à transformer l'État en s'inspirant systématiquement des logiques de concurrence et des méthodes de gouvernement en usage dans les entreprises privées [1]. La nouvelle gestion publique entend « réinventer le gouvernement » face à ce qui apparaît comme une faillite des espérances mises dans les grands programmes des années 1950 et 1960, et ceci dans un contexte politique où les

---

[1] On dira que les tentatives d'amélioration de la productivité du secteur public ne sont pas nouvelles. Les États-Unis ont été des pionniers de ce mouvement, comme en témoigne le travail de la Commission Hoover qui avait préconisé en 1949 la création de « budgets de performance » à l'origine du *Budget and Accounting Procedures Act* de 1950. Ce travail s'était prolongé, dans les années 1960, par le Planning Programming Budgeting System (PPBS) donnant naissance aux diverses modalités de « rationalisation des choix budgétaires ». Mais ces tentatives n'ont pas eu le caractère systématique et universel qu'a pris le mouvement de réforme de la « nouvelle gestion publique » à partir de la fin des années 1980 et au début des années 1990. Elles n'avaient pas non plus pour modèle exclusif le management du secteur privé.

gouvernements prétendent pouvoir limiter les coûts tout en améliorant la satisfaction des usagers considérés comme des clients.

Ce « paradigme global » de la réinvention du gouvernement a présenté plusieurs visages selon les pays, les gouvernements, ou les interprètes, lesquels insistent tantôt sur l'importation du modèle de l'entreprise, tantôt sur la nécessaire participation démocratique des populations aux décisions, quand ils ne mélangent pas les deux. Mais la tendance majeure dans les pays développés a consisté à imposer aux administrations un nouveau mode de rationalisation obéissant aux logiques entrepreneuriales. La concurrence, le *downsizing*, l'*outsourcing* (externalisation), l'audit, la régulation par des agences spécialisées, l'individualisation des rémunérations, la flexibilité du personnel, la décentralisation des centres de profit, les indicateurs de performance et le *benchmarking* constituent autant d'instruments que des administrateurs zélés et des décideurs politiques en mal de légitimité vont importer et diffuser dans le secteur public au nom de l'adaptation de l'État aux « réalités du marché et de la mondialisation ».

La nouvelle gestion publique consiste à faire en sorte que les agents publics n'agissent plus par simple conformité aux règles bureaucratiques, mais recherchent la maximisation des résultats et le respect des attentes des clients. Ce qui suppose que les unités administratives soient responsables de leur production spécifique et qu'elles jouissent d'une certaine autonomie dans la réalisation de leur projet propre [1]. Les techniques de management sont fondées sur le triptyque « objectifs-évaluation-sanction ». Chaque entité (unité de production, collectif ou individu) est rendue « autonome » et « responsable » (au sens de l'*accountability*). Dans le cadre de ses missions, elle se voit attribuer des objectifs à atteindre. Elle est évaluée régulièrement sur la réalisation de ces objectifs et elle est finalement sanctionnée positivement ou négativement selon ses performances.

---

1   Christian de Visscher et Frédéric Varone en donnent une excellente synthèse : « La définition d'objectifs quantitatifs pour l'exécution des politiques publiques, la focalisation sur les prestations fournies plutôt que sur la procédure à suivre, la réduction des coûts de production des services publics, la gestion d'une unité administrative par un manager allouant librement ses ressources, la motivation du personnel par des incitations pécuniaires, la garantie d'une liberté de choix aux usagers, etc. En un mot, la Nouvelle gestion publique vise à faire des administrations traditionnelles des organisations orientées vers la performance. L'État s'assurerait de la sorte une légitimation secondaire, au travers de la qualité des prestations publiques et de l'usage efficient des deniers publics. Celle-ci renforcerait sa légitimité première qui se base sur le respect des règles démocratiques encadrant, en amont, les processus décisionnels » (« La nouvelle gestion publique "en action" », *Revue internationale de politique comparée*, « La nouvelle gestion publique », vol. 11, n° 2, 2004, p. 79).

L'efficacité est censée s'accroître du fait de la pression à la fois constante et objectivée que l'on fera peser à tous les niveaux sur les agents publics, de sorte qu'ils seront mis artificiellement dans la même situation que le salarié du privé exposé aux contraintes des clients, relayées par sa propre hiérarchie.

L'un des aspects importants de ce nouveau management, outre l'insistance sur la « performance », est l'importation de la « démarche qualité » utilisée par les entreprises privées qui entendent subordonner leur activité à la satisfaction du consommateur.

La concurrence au cœur de l'action publique

La concurrence est le maître mot de cette nouvelle gestion publique. En ce sens, cette dernière traduit le dogme friedmanien :

> Le pire danger pour le consommateur, c'est bien le monopole – qu'il soit privé ou gouvernemental. La protection la plus efficace du consommateur, c'est la libre concurrence à l'intérieur, et le libre-échange partout dans le monde. Ce qui protège le consommateur de l'exploitation par un commerçant, c'est l'existence d'un autre commerçant, à qui il peut acheter et qui ne demande qu'à lui vendre. La possibilité de choisir entre plusieurs sources d'approvisionnement défend le consommateur de façon beaucoup plus efficace que tous les Ralph Nader du monde [1].

Si l'action publique doit être une « politique de concurrence », l'État lui-même doit devenir un acteur mis en concurrence avec d'autres en particulier sur le plan mondial. Il s'agit de mener de front deux opérations qui apparaissent comme homogènes du fait de l'unicité des catégories mises en jeu : d'une part, construire des marchés les plus concurrentiels possible dans la sphère marchande ; d'autre part, faire intervenir la logique de concurrence dans le cadre même de l'action publique. La concurrence est ainsi au principe de la libéralisation des industries de réseaux, tels les secteurs des télécommunications, de l'électricité, du gaz, des chemins de fer ou encore de la poste, libéralisation qui, sans se confondre avec la privatisation ou la dérégulation, témoigne bien des nouvelles formes de l'intervention publique par la création de marchés ou de quasi-marchés dans des secteurs considérés comme monopolistiques ou répondant à des critères étrangers aux considérations de coût. Pour reprendre le titre de l'ouvrage de

---

1   M. Friedman, *La Liberté du choix, op. cit.*, p. 217.

I. Kirzner, *concurrence et esprit d'entreprise* sont les deux maîtres mots de la pratique gouvernementale néolibérale [1].

L'une des premières mesures importantes du gouvernement Thatcher fut la mise en place du Compulsory Competitive Tendering (CCT), un système rendant obligatoires un appel d'offres concurrentiel pour toute fourniture de services locaux et le choix de l'offre la plus compétitive selon les critères du *Value for Money*, ce qui revenait à mettre en concurrence les entreprises privées et les collectivités locales [2].

Cette institutionnalisation de la compétition est censée favoriser une meilleure réalisation des finalités attribuées aux services publics, en apportant une plus grande satisfaction aux clients qui ont le libre choix de leur prestataire et en réduisant les coûts. Ce qui suppose que la forme de la prestation, publique ou privée, n'en affecte pas le contenu et l'effet. En renforçant l'efficacité des services publics, la politique du choix est censée leur donner une nouvelle légitimité. Cette idée est centrale dans la rhétorique de la gauche moderne, comme le souligne T. Blair :

> Le choix est un principe majeur de notre programme. Il en faut beaucoup plus, pas seulement entre prestataires de services publics, mais à l'intérieur de chaque service. Là où il est possible, le choix améliore la qualité du service rendu aux plus pauvres et aide à lutter contre les inégalités, en même temps qu'il renforce l'attachement des classes moyennes à un service collectif. Dans le domaine de l'éducation, cela signifie le choix entre plusieurs écoles, afin que les parents puissent choisir plus souvent un établissement qui réponde pleinement aux besoins de leur enfant [3].

La réalité est un peu différente : le « libre choix » est très inégalitaire, toutes les familles n'ayant pas les mêmes capacités de l'exercer avec les mêmes atouts, comme de nombreuses études l'ont montré dans le domaine scolaire [4].

La concurrence doit également être au principe de la « gestion des ressources humaines ». La constitution de marchés internes de biens et de

---

1   I. Kirzner, *Concurrence et esprit d'entreprise, op. cit.*

2   *Cf.* L'analyse du CCT *in* Patrick Le Galès, « Contrôle et surveillance. La restructuration de l'État en Grande-Bretagne », *in* P. Lascoumes et P. Le Galès (dir.), *Gouverner par les instruments*, Presses de Sciences-Po, Paris, 2004.

3   T. Blair, « Comment réformer les services publics ? », *En temps réel, les Cahiers*, juin 2003, p. 36.

4   Il ne faut pas oublier non plus que la « mise en marché » de la fourniture des services en Grande-Bretagne a été conçue comme un puissant moyen de contrôle exercé sur les autorités locales, le gouvernement central se dotant de moyens de sanction pour faire appliquer les nouvelles procédures.

services s'accompagne d'une mise en concurrence des agents eux-mêmes au sein du secteur public. Le nouveau management public produit une mutation profonde des anciens systèmes de notation et de rémunération au profit d'évaluations centrées sur la performance individuelle et d'incitations financières personnalisées. Les managers à la tête des services seront ainsi évalués *ex-post* et non plus *ex-ante*, selon l'accomplissement des objectifs sur lesquels ils se sont engagés. Comme ils évaluent eux-mêmes leurs subordonnés, les services et les administrations ressemblent plus que jamais à de longues chaînes de surveillance et de contrôle de la performance individuelle [1].

Ce « management de la performance » participe d'une sorte de « défonctionnarisation » du service public dont quelques aspects sont l'assouplissement ou la suppression des règles de droit public auxquels les fonctionnaires devaient se conformer, le remplacement des concours de titularisation par des contrats d'embauche de droit privé, la mobilité entre services et entre secteur public et secteur privé, le licenciement rendu possible des fonctionnaires jugés incompétents [2]. Si la dimension statutaire traditionnelle de l'emploi public est remise en question, on est pourtant loin d'une quelconque « débureaucratisation », comme on le verra plus loin.

Un nouveau modèle de conduite des agents publics tend à se mettre en place : le gouvernement entrepreneurial. Il repose sur les principes du « management de la performance », il mobilise des outils importés du secteur privé – indicateurs de résultats et gestion des motivations par un

---

1 On trouve dans le Livre blanc rédigé par Jean-Ludovic SILICANI (*Livre blanc sur l'avenir de la Fonction publique, faire des services publics et de la fonction publique des atouts pour la France*, La Documentation française, Paris, 2008) une formulation particulièrement épurée de ce mode de concaténation évaluative : « Si la *chaîne managériale* n'a pas été mobilisée du sommet à la base, sans discontinuité, le résultat ne sera pas atteint », écrit J.-L. Silicani. Il ajoute : « Il est ainsi essentiel que ces objectifs managériaux soient rappelés dans la lettre de mission que reçoit chaque ministre et qu'il soit aussi jugé sur ses résultats dans ce domaine. Il sera ainsi incité à procéder de la même façon avec ses directeurs, qui feront de même avec leurs propres collaborateurs, et ainsi de suite. La première condition pour que cette dynamique managériale vertueuse s'enclenche, et génère ainsi rapidement une amélioration considérable de l'efficacité de l'administration, est qu'une relation directe de confiance s'établisse entre un ministre et ses directeurs d'administration centrale. » Dans ce cauchemar bureaucratique, du ministre jusqu'au plus modeste agent public, une chaîne continue de contrôle est censée assurer l'efficacité de la totalité administrative. Chacun est évaluateur et évalué. Seul, sans doute, le président, Évaluateur suprême, fait exception.

2 B. Guy PETERS, « Nouveau management public (*New Public Management*) », in *Dictionnaire des politiques publiques*, Presses de Sciences-Po, Paris, 2006.

système d'incitations – qui permettent un « gouvernement à distance » des comportements. Ce gouvernement suppose le contrôle étroit du travail des agents publics par une évaluation systématique et leur subordination à la demande de « citoyens-clients » invités à exercer une capacité de choix devant une offre diversifiée, selon le principe du « pilotage par la demande ». Cette stratégie a une double nature, financière et normative. Elle permet de faire contribuer directement l'usager au coût du service en le « responsabilisant » financièrement, ce qui répond à la recherche de la baisse de la pression fiscale, et elle est également le moyen de modifier le comportement du « consommateur » de services publics, invité à réguler sa demande. Le livre qui a le mieux rassemblé l'ensemble des caractéristiques de cette nouvelle pratique gouvernementale est le best-seller paru en 1992 de David Osborne et Ted Gaebler, *Reinventing Government* [1]. Pour ces deux auteurs, aucun gouvernement n'est fixe dans l'histoire. De la même manière que l'on a renouvelé les formes d'action publique lors du New Deal, l'on doit aujourd'hui inventer un nouveau gouvernement adapté au « nouveau monde » de l'« âge de l'information », de la globalisation et de la « crise fiscale » [2]. La production des services publics doit obéir à la même règle que celle qui a présidé à la réorganisation des entreprises : réduction de leur taille, concentration sur un « métier », augmentation de la qualité, décentralisation de l'autorité, aplatissement de la ligne hiérarchique [3]. Il ne s'agit pas tant de modifier les volumes de dépenses, en plus ou en moins, que de réinventer les politiques et les organismes publics. Nous vivons, écrivent-ils, une période où il faut abandonner le modèle bureaucratique wébérien pour passer à un modèle postwébérien. L'expression par laquelle ils entendent résumer leur propos est celle de « gouvernement entrepreneurial [4] ».

Les deux auteurs n'entendent pas proposer un nouveau modèle sorti de leur imagination, ils prétendent rendre compte de ce qui est en cours aux États-Unis mêmes. La réinvention du gouvernement entrepreneurial

---

1 D. Osborne and T. Gaebler, *Reinventing Government. How the Entrepreneurial Spirit is Transforming the Public Sector, from Schoolhouse to State House, from City hall to the Pentagon*, Addison-Wesley Publishing, Reading, 1992. D. Osborne est également l'auteur de *Banishing Bureaucracy : The Five Strategies for Reinventing Government* et de *The Price of Government : Getting the Results We Need in An Age of Permanent Fiscal Crisis.*

2 *Ibid.*, p. XVII.

3 *Ibid.*, p. 12.

4 Le mot d'entrepreneur a pour eux un sens précis qu'ils empruntent à J.-B. Say : un entrepreneur est celui qui, dans quelque domaine où il se trouve, augmente l'efficacité et la productivité.

est un processus qui, selon eux, a commencé lorsque les électeurs californiens votèrent le 6 juin 1978 la fameuse « proposition 13 » qui diminua de moitié les taxes locales sur la propriété. Cette « révolte fiscale » s'étendit à tous les États américains jusqu'à ce que Reagan en fît l'axe majeur de sa politique. Constatant la diminution de leurs ressources, les maires et les gouverneurs furent obligés dans les années 1980 de développer de nouveaux modes d'organisation et d'encourager les « partenariats public-privé ». Ce sont ces nouvelles pratiques qui ont permis l'invention au niveau local des « gouvernements entrepreneuriaux ».

Ces derniers obéissent à dix principes qui sont analysés en détail par les auteurs. La plupart des gouvernements entrepreneuriaux promeuvent la concurrence entre fournisseurs de services. Ils retirent du pouvoir à la bureaucratie pour le rendre aux citoyens. Ils mesurent la performance de leurs agences en se concentrant non pas sur les ressources mais sur les résultats. Ils sont guidés par la poursuite de leurs objectifs et non par le respect des règles et des régulations. Ils considèrent les usagers comme des consommateurs et leur offrent des possibilités de choix entre écoles, entre programmes de formation, entre types d'habitat. Ils préviennent les problèmes avant qu'ils n'émergent plutôt que de se contenter d'offrir des services après coup. Ils mettent leur énergie à éviter la dépense plutôt qu'à trouver des fonds. Ils décentralisent l'autorité, en favorisant le management participatif. Ils préfèrent les mécanismes du marché aux mécanismes bureaucratiques. Ils ne se concentrent pas seulement sur la fourniture de services publics mais sur la mise en action de tous les secteurs – public, privé, associatif – pour résoudre les problèmes de la communauté [1].

Il ne faudrait pas confondre, écrivent D. Osborne et T. Gaebler, ce gouvernement entrepreneurial ainsi résumé dans ses divers aspects avec le *free market* des conservateurs : « Structurer le marché pour réaliser un objectif public est en fait à l'opposé de laisser au "libre marché" le soin de régler les choses, il s'agit d'une forme d'intervention sur le marché [2]. » De toute manière, ajoutent-ils, le libre marché n'existe pas si l'on entend par là un marché libre de toute intervention gouvernementale. Tous les marchés légaux sont structurés par des règles établies par les gouvernements, à l'exception des marchés noirs contrôlés par la force et régis par la violence [3]. Cette gouvernance entrepreneuriale qui utilise des leviers publics pour orienter les décisions privées dans le sens de buts collectifs permet de

---

1   *Ibid.*, p. 20.
2   *Ibid.*, p. 283.
3   *Ibid.*, p. 284.

définir selon eux une « troisième voie » entre le *free market* des conservateurs et les programmes bureaucratiques du *big government* des « libéraux »
(au sens américain du terme).

Ce thème du gouvernement entrepreneurial n'est pas resté sans suite.
C'est sous Bill Clinton que fut lancée la *National Performance Review* inspirée du livre de D. Osborne et T. Graeber. À la suite du rapport rédigé par
Al Gore en 1993 se donnant pour programme de « créer un gouvernement
qui marche mieux et coûte moins cher [1] », l'administration Clinton orga-
nisa une vaste opération de communication, mit en place des « équipes »
et des « laboratoires » de réinvention du gouvernement [2]. Selon Al Gore, la
National Performance Review aurait permis de diminuer l'emploi public de
351 000 personnes. Une démarche semblable au Canada en 1994 aurait, là
aussi, conduit à diminuer de 45 000 le nombre de fonctionnaires. Cette
procédure d'audit général, fortement encouragée par les institutions de
l'expertise internationale comme l'OCDE, s'est répandue partout sous des
noms différents mais selon la même logique.

Une politique de gauche ?

Cette « réinvention du gouvernement » se donne souvent pour une
réinvention de la politique de gauche. En vérité, ce n'est jamais là que
l'exemple le plus frappant de la domination de la nouvelle raison néolibérale. Cette réforme des instruments de l'intervention publique devint à la
fin des années 1990 la base de l'accord entre B. Clinton et T. Blair et
quelques autres dirigeants de la gauche européenne. Le théoricien de la
troisième voie, A. Giddens, décrivait en ces termes les nouvelles orientations de la « réforme de l'État » :

> La plupart des États ont encore beaucoup de leçons à apprendre des meil-
> leures techniques de gestion d'entreprise. Ils devraient procéder notamment
> à des contrôles de résultats, à de véritables audits, mettre en place des

---

1   *Cf. From Red Tape to Results : Creating a Government that Works better and Costs less*,
     Government Printing Office, Washington DC. Le terme « *red tape* » désigne la bande
     rouge qui entoure les documents administratifs. L'équivalent français, quoiqu'un peu
     familier, serait « paperasse ». Ceci signifie que l'on doit passer de la règle bureaucra-
     tique aux résultats.
2   *Cf.* X. GREFFE, *Analyse économique de la bureaucratie, op. cit.*, p. 143.

structures de décision plus souples ou assurer une participation accrue des employés [1].

Cependant, ce qui se donnait volontiers pour une « rénovation » de la gauche tendait à faire oublier que la mutation managériale de l'action publique n'était qu'un approfondissement d'une politique initiée par les gouvernements néolibéraux des années 1980. Les conservateurs britanniques ont été en effet des pionniers dans cette voie. Dès 1980, une série de dispositifs sont mis en place pour appliquer systématiquement dans le secteur public le principe d'efficience cher aux consultants des sociétés d'audit qui conseillaient le gouvernement [2] : l'Efficiency Unit, le Scrutinity Programme, la Financial Management Initiative, le National Audit Office.

En 1988, un rapport au Premier ministre britannique lança l'opération ambitieuse et systématique des *next steps* [3] qui considérait l'administration comme un ensemble d'« unités de production » ou d'« agences » dotées de leur propre autonomie, poursuivant leurs propres objectifs et obéissant à des indicateurs de performance. Plusieurs options étaient ouvertes pour améliorer la productivité du service public : la privatisation, la sous-traitance au privé ou l'autonomisation de l'agence [4]. Dans ce dernier cas, il s'agissait de faire éclater un service public très unifié et très normalisé en de nombreuses entités décentralisées et responsables devant le ministre de tutelle. La fonction publique britannique a ainsi été progressivement divisée en quelque 110 agences autonomes regroupant près de 80 % des agents publics. Chaque agence est dirigée par un responsable recruté sur sa compétence managériale et payé selon sa performance. Libre de sa gestion, il est loisible de sous-traiter au privé les services s'il estime que cette solution est plus efficiente.

La Grande-Bretagne de Tony Blair a poursuivi les orientations du thatchérisme. La Private Finance Initiative, appelée aussi Public-Private

---

1   A. GIDDENS et T. BLAIR, *La Troisième Voie. Le Renouveau de la social-démocratie*, *op. cit.*, p. 87.

2   *Cf.* D. SAINT-MARTIN, *Building the New Managerialist State, op. cit.*

3   « Improving management in Government – the next steps ». *Cf.* Christopher HOOD, « A public management for All Seasons (in the UK) ? », *Public Administration*, 69/1, 1991, p. 3-19 ; Perry ANDERSON, « Histoire et leçons du néolibéralisme », *Page 2*, novembre 1996, p. 2 ; Xavier GREFFE, *Gestion publique*, Dalloz, Paris, 1999.

4   Xavier Greffe cite le Livre blanc de 1991 *Competing for Quality* qui fait du « test de marché » l'une de ces méthodes pour ouvrir à la concurrence la fourniture de services : « la concurrence pour la qualité : privatiser si les solutions marchandes sont meilleures, sinon introduire les mécanismes du marché le plus possible pour accroître le contrôle du client sur le service » (X. GREFFE, *Gestion publique, op. cit.*, p. 151).

Partnership (PPP), permet aux entreprises du secteur privé de financer et de gérer les services publics dans l'éducation, la santé et la sécurité. Le contrat donne au secteur privé le droit d'exploiter un service pendant une longue période (vingt ou trente ans) en échange d'un financement de l'infrastructure et de son entretien. Mais les entreprises privées ne fournissent pas nécessairement un service de qualité équivalente et l'État est contraint de participer aux frais en subventionnant les entreprises privées [1]. Un programme de restructuration du secteur public a été également mis en place au Canada à partir de 1988 (Public Service 2000), ainsi qu'en Australie, en Nouvelle-Zélande, au Danemark et en Suède. En France, Michel Rocard voulut impulser ce type d'orientation en 1991 (le « renouveau du service public »). En 1992, il fit publier la « Charte des services publics » introduisant la logique managériale par la création de « centres de responsabilité » dans les services déconcentrés de l'État, centres qui devaient établir avec leur ministère de tutelle des « projets de service ». Les deux catégories clés de ce « renouveau », la « responsabilisation » et l'« évaluation », n'étaient guère originales [2]. Cette première greffe du nouveau management public n'a pas pris l'ampleur qu'elle a eue ailleurs, tant sans doute la résistance à considérer le secteur public comme un producteur de services fournis à un client est restée culturellement et politiquement puissante en France.

La réforme managériale, thème depuis longtemps brandi par les élites modernisatrices qui occupent la tête de l'État français [3], a été relancée à la fin des années 1990 et au début des années 2000, avec l'élaboration et le vote de la loi organique relative aux lois de finances (LOLF) en août 2001. Cette loi entend introduire une obligation de performance dans la gestion financière de l'État. Le financement budgétaire ne doit plus dépendre de la nature de la dépense mais des résultats des « programmes », lesquels sont tenus d'expliciter des objectifs précis qui seront soumis à évaluation. On le voit, il n'y a là non plus rien de très original à cette nouvelle pratique qui vise à « remplacer une logique de moyens par une logique de résultats ».

---

1   Philippe MARLIÈRE, *Essais sur Tony Blair et le New Labour. La Troisième Voie dans l'impasse*, Syllepse, Paris, 2003, p. 104.

2   C'est à ce moment que furent créés un comité interministériel de l'évaluation, un conseil scientifique de l'évaluation et un fonds national de développement de l'évaluation.

3   *Cf.* le « rapport Picq » sur les responsabilités et l'organisation de l'État (mai 1994), Jean PICQ, *L'État en France. Servir une nation ouverte sur le monde*, La Documentation française, Paris, 1995. *Cf.* également Roger FAUROUX et Bernard SPITZ, *Notre État : le livre-vérité de la fonction publique*, Robert Laffont, Paris, 2000.

Une seconde phase, dite d'accélération, a été déclenchée en juillet 2007, peu après l'élection de Nicolas Sarkozy, sous le nom de « Révision générale des politiques publiques » (expression qui n'est pas sans faire penser à la *National Performance Review* d'Al Gore). Tirant un bilan très mitigé des premières mesures de « modernisation », le gouvernement veut opérer une véritable « rupture ». Là encore, la pratique n'est guère nouvelle au regard de ce qui s'est passé ailleurs puisqu'il s'agit de mettre en place un audit systématique de toutes les politiques publiques et des dépenses sociales afin de « diminuer la dépense publique tout en améliorant l'efficacité et la qualité du service rendu par les administrations ». La démarche doit consister à établir la « pertinence » de chaque action publique « sans tabou ni *a priori* », puis à fixer le niveau des moyens matériels et humains nécessaires à l'accomplissement des missions en tenant compte des moyens d'améliorer la productivité des services. L'originalité réside peut-être dans les procédures extrêmement centralisées de cette « révision générale » pilotée depuis l'entourage le plus proche du président de la République, marginalisant du même pas toutes les institutions et instances qui avaient jusque-là un rôle de contrôle du budget et de l'administration.

Le nouveau modèle de gouvernement a gagné beaucoup d'autres pays. Les thèmes et les termes de la « bonne gouvernance » et des « bonnes pratiques » sont devenus les mantras de l'action gouvernementale. Les organisations internationales ont largement propagé les nouvelles normes de l'action publique, spécialement dans les pays sous-développés. Ainsi la Banque mondiale, dans son *Rapport sur le développement dans le monde* de 1997, a-t-elle proposé de remplacer l'expression d'« État minimum » par celle d'un « mieux d'État ». Plutôt que d'encourager de façon systématique la privatisation, elle veut maintenant voir dans l'État un « régulateur » des marchés. L'État doit avoir une autorité, il doit se concentrer sur l'essentiel, il doit être capable de créer des cadres réglementaires indispensables à l'économie. Selon la Banque mondiale, l'État efficace est un État central fort qui a pour priorité une activité régulatrice garantissant l'État de droit et facilitant le marché et son fonctionnement [1]. L'OCDE n'a pas été en reste, qui

---

1   La Banque mondiale écrivait dans son rapport de 1997 : « Nous sommes en train de constater que le marché et l'État sont complémentaires puisqu'il incombe au second de mettre en place les bases institutionnelles nécessaires au fonctionnement du premier. En outre, pour attirer l'investissement privé, la crédibilité du gouvernement – c'est-à-dire la prévisibilité des règles et des politiques publiques et la constance de leur application – peut être aussi importante que leur contenu. » BANQUE MONDIALE, *Rapport sur le développement dans le monde*, Washington, 1997, p. 4 (cité par Matthias FINGER, « Néoli-

depuis le milieu des années 1990 a multiplié les recommandations de réforme de la réglementation et d'ouverture des services publics à la concurrence, au travers des activités de son département consacré au management public (PUMA). Il en va de même de la Commission européenne avec son Livre blanc sur la « gouvernance européenne » en 2001, encore que cette dernière mêle le fonctionnement des institutions et la promotion du modèle entrepreneurial et concurrentiel dans les services publics.

Cette réforme de l'administration publique participe de la mondialisation des formes de l'art de gouverner. Partout, quelle que soit la situation locale, ce sont les mêmes méthodes qui sont préconisées, c'est un lexique uniforme qui est employé (*competition, process reengineering, benchmarking, best pratices, performance indicators*). Ces méthodes et ces catégories sont valables pour tous les problèmes, toutes les sphères de l'action, depuis la défense nationale jusqu'à la gestion des hôpitaux en passant par l'activité judiciaire. Cette réforme « générique » de l'État selon les principes du secteur privé se présente comme neutre idéologiquement. Elle ne vise qu'à l'efficience ou, comme disent les experts britanniques de l'audit, au « *value for money* », c'est-à-dire à l'optimisation des ressources utilisées. Nous avons vu plus haut que l'adhésion à la nouvelle gestion publique avait dépassé les clivages partisans au point de constituer l'un des axes majeurs de la « troisième voie » censée réunir les nouveaux démocrates américains et la social-démocratie européenne rénovée. Il s'agit en réalité d'une rationalité extrêmement prégnante et d'autant plus puissante qu'elle rencontre peu de critiques et d'opposants. Cette nouvelle gestion publique, si universellement acceptée, agit beaucoup plus efficacement que n'importe quel discours radical en affaiblissant les résistances éthiques et politiques dans le secteur public et dans le secteur associatif. C'est qu'avec ce lexique et la rationalité qu'il enferme se diffuse une conception utilitariste de l'homme qui n'épargne plus aucun domaine d'activité. Le fonctionnaire est un agent rationnel qui ne réagit qu'aux incitations matérielles. Les codes d'honneur propres aux métiers, les identités professionnelles, les valeurs collectives, le sens du devoir et de l'intérêt général qui animent un certain nombre d'agents publics et donnent sens à leur engagement sont délibérément ignorés. Partout, et dans tous les secteurs, les motifs d'agir sont les mêmes, tout comme les procédures d'évaluation qui conditionnent les

béralisme contre nouvelle gestion publique », *in* M. HUFTY (dir.), *La Pensée comptable. État, néolibéralisme, nouvelle gestion publique*, PUF, « Les Nouveaux Cahiers de l'Institut universitaire d'études du développement », Paris, 1998, p. 62.

récompenses et les sanctions. Un formidable travail de réduction du sens de l'action publique et du travail des agents publics est en cours : seul le motif le plus intéressé de la conduite, seules les incitations pécuniaires qui sont censées l'orienter ont de la pertinence.

Avec ce gouvernement entrepreneurial, le marché ne s'impose pas simplement parce qu'il « mord » sur les secteurs étatiques ou associatifs, mais parce qu'il est devenu un modèle universellement valable pour penser l'action publique et sociale. Hôpitaux, écoles, universités, tribunaux et commissariats sont tous considérés comme des entreprises relevant des mêmes outils et des mêmes catégories. Ce travail de réduction propre au management public a naturellement à voir avec la mutation anthropologique qui caractérise les sociétés occidentales. Il n'en est pas seulement le reflet, il en est un vecteur particulièrement efficace quand il touche à des domaines qui peuvent apparaître comme hétérogènes à la logique quantitative des performances. On pense à l'éducation, la culture, la santé, la justice ou la police [1]. Or, dans ces domaines, les mutations ne sont pas moins sensibles que dans les autres. Des notions comme celle de « gestion des flux judiciaires » qui se répandent dans les années 1990 tendent à faire du magistrat un manager tenu d'augmenter chaque année son « portefeuille de procédures », et ce de façon d'autant plus impérative que son salaire et son avancement vont de plus en plus dépendre du respect des ratios. L'appréhension massivement comptable de l'activité judiciaire, médicale, sociale, culturelle, éducative ou policière a des conséquences non négligeables sur la manière dont sont considérés les « clients » de ces services régis par les nouveaux principes gestionnaires comme sur la façon dont les agents vivent la tension entre ces logiques comptables et la signification qu'ils attribuent à leur métier [2].

Les normes comptables constituent non pas tant une « idéologie » qu'une forme spécifique de rationalité importée de l'économique. À ce titre, la « gestion par la performance » pose de redoutables problèmes qu'elle tend généralement à esquiver : problème de fixation des indicateurs de performance, problème de la mise en forme des résultats, problème de la circulation de l'information entre le « haut » et le « bas ». La question est de

---

1   Pour la réforme entrepreneuriale de l'hôpital public, *cf.* Frédéric PIERRU, *Hippocrate malade de ses réformes*, Éditions du Croquant, Bellecombe-en-Bauges, 2007. Pour l'analyse de la récente loi de réforme de l'université dite « Loi sur la responsabilité des universités », *cf.* Annie VINOKUR, « La loi relative aux libertés et responsabilités des universités : essai de mise en perspective », *Revue de la régulation*, n° 2, janvier 2008.

2   *Cf.* par exemple, pour la nouvelle « économie judiciaire », Gilles SAINATI et Ulrich SCHAL-CHLI, *La Décadence sécuritaire*, La Fabrique, Paris, 2007.

savoir ce que veut dire la « culture de résultat » dans la justice, la médecine, la culture ou l'éducation et sur quelles valeurs on peut en juger. On remplace en réalité un acte de jugement, relevant de critères éthiques et politiques, par une mesure d'efficience qui est supposée neutre idéologiquement. On tend ainsi à occulter les finalités propres de chaque institution au profit d'une norme comptable identique, comme si chaque institution n'avait pas des valeurs constitutives qui lui sont propres [1].

Une technologie de contrôle

Cette refonte managériale de l'action publique s'appuie sur la croyance dans les vertus d'une évaluation générale et exhaustive capable de rendre compte « rationnellement » et « scientifiquement » des effets d'un programme politique, de l'activité d'un service, du travail de chaque agent [2]. Cette logique d'évaluation généralisée est portée par des groupes sociaux dont le pouvoir effectif et la légitimité reposent de plus en plus sur la conception et la maîtrise des outils pratiques d'observation, d'enquête et de jugement. Le recrutement, la formation, la socialisation des chefs de service ont pris partout une grande importance, d'autant plus qu'ils sont regardés comme les principaux « agents de la modernisation ». La haute administration, de plus en plus formée dans le cadre de *business schools*, en symbiose de plus en plus forte avec les milieux de l'entreprise privée, y a trouvé quant à elle une ressource de légitimité supplémentaire mêlant « modernité » et « scientificité », et ce au détriment des institutions démocratiques privées par ce pouvoir d'expertise de leur rôle de proposition et de contrôle de l'administration.

Cette nouvelle gestion publique vise à contrôler étroitement les agents publics afin d'accroître leur engagement dans le travail. On attend désormais de leur part l'obtention de résultats, volontiers chiffrés comme dans l'entreprise privée, beaucoup plus que le seul respect des procédures

---

1   En termes wébériens, l'idéal-type de la « rationalité en finalité », commandée par une logique d'adaptation optimale des moyens à un objectif, tend à se confondre avec la réalité. Il se trouve qu'aucune institution ne peut se priver complètement de « rationalité en valeur » qui subordonne l'action à des principes éthiques, religieux ou philosophiques.

2   L'idée que l'action des ministres devrait désormais relever de la logique de l'audit et non plus du jugement public des citoyens, idée mise en application par décision de Nicolas Sarkozy en décembre 2007, n'est jamais que l'aboutissement caricatural de la dogmatique mondiale de l'« esprit gestionnaire ».

fonctionnelles et des règles juridiques. Cette mesure de la performance est devenue la technologie élémentaire des rapports de pouvoir dans les services publics, véritable « obsession de contrôle » des agents, source d'une bureaucratisation et d'une inflation normative considérables[1]. Elle tend à modeler l'activité elle-même et vise à produire des transformations subjectives des « évalués » pour qu'ils se conforment à leurs « engagements contractuels » envers les instances supérieures. Il s'agit par là de réduire l'autonomie acquise par un certain nombre de groupes professionnels, tels les médecins, les juges et les enseignants, jugés dispendieux, laxistes ou peu productifs, en leur imposant des critères de résultat construits par une technostructure experte proliférante. Idéalement, chacun doit être son propre surveillant, en tenant à jour le compte de ses résultats et leur conformité aux objectifs qui lui ont été commandés. L'un des buts consiste à faire intérioriser les normes de performance et parfois, mieux encore, à faire que *l'évalué soit le producteur des normes qui serviront à le juger*.

L'évaluation est un processus de normalisation qui conduit les individus à s'adapter aux nouveaux critères de performance et de qualité, à respecter de nouvelles procédures qui ne sont souvent pas moins formelles que les règles bureaucratiques classiques. Mais, à la différence de ces dernières, les nouveaux critères peuvent atteindre plus directement le « cœur du métier », sa signification sociale, les valeurs sur lesquelles il repose, comme ce peut être le cas dans des mondes professionnels les plus divers, depuis les chercheurs jusqu'aux policiers en passant par les infirmières ou les postiers. Ces modes uniformes de mesure de la performance et d'incitations propres à la nouvelle gestion en font une terrible machine de guerre contre les formes d'autonomie professionnelle et les systèmes de valeur auxquels obéissent les salariés[2].

Le management repose sur une illusion de maîtrise comptable des effets de l'action. L'interprétation purement chiffrée des résultats d'une activité, qui est commandée par l'usage des « tableaux de bord » orientant

---

1   Michael POWER, *La Société de l'audit. L'obsession du contrôle*, La Découverte, Paris, 2005. En pratique, les nouvelles techniques de contrôle constituent une dépense de temps, d'énergie et d'argent qui remet en question le dogme de l'« efficacité ». Audits, évaluations, temps d'élaboration des « projets », recherche des contrats peuvent être particulièrement dispendieux en temps et détourner des objectifs principaux des activités. Cela tend à être le cas partout où ces méthodes sont mises en œuvre, notamment dans le domaine de l'enseignement supérieur et de la recherche scientifique.

2   Certains théoriciens de l'organisation comme Henry Mintzberg ont montré la nécessité de différencier les modes d'organisation selon le type d'activité (H. MINTZBERG, *Structure et dynamique des organisations*, Éditions d'organisation, Paris, 1982).

le « pilotage » des services, entre en contradiction avec l'expérience du métier et ses dimensions non quantifiables [1]. L'efficacité recherchée peut ainsi être contrariée par les conflits de valeur qu'engendre cette « culture managériale » dans des univers professionnels régis par d'autres valeurs. Les effets de « démoralisation » ne sont pas sans conséquences sur la qualité du service, d'autant que le dévouement et la conscience professionnelle sont regardés comme des fictions trompeuses ou des exceptions dans la nouvelle *doxa*.

Par ailleurs, le paradoxe est que seule la nouvelle gestion publique échappe à l'évaluation de ces effets. Qui évalue en effet l'évaluation ? Lorsqu'on met en avant comme preuve de productivité accrue la baisse du nombre de fonctionnaires en Suède ou au Canada, personne n'est cependant en mesure de dire si l'effet sur la société est bénéfique, s'il n'y a pas des coûts non évalués ou des transferts de charges sur certains groupes sociaux [2]. La diminution du nombre de fonctionnaires et la réduction de leurs rémunérations (comme c'est le cas des fonctionnaires français depuis la désindexation des traitements en 1982) ne constituent pas en soi des conditions de plus grande performance.

On ne vérifie que ce que l'on a construit, on ne mesure que ce que l'on a pu réduire à du mesurable [3]. L'évaluation est une entreprise de normalisation où les caractères propres des activités s'effacent dans l'uniformisation des standards (du type ISO 9000) [4]. Avec les nouveaux dispositifs de contrôle se développent de nouvelles perceptions des tâches à accomplir, de nouveaux rapports au travail et aux autres. Par la sélection du critère et de la norme, l'évaluation a pour effet de rendre visibles ou invisibles certains aspects du métier, de les valoriser ou de les dévaloriser : ce qui se voit dans l'activité prend de la valeur au détriment de ce qui ne se voit pas. La question souvent posée de l'« objectivité » de l'évaluation n'a pas de sens. Cette technologie de pouvoir vise à créer un type de rapport qui se valide lui-même par la conformité des sujets à la définition de la norme de conduite légitime. C'est donc par la *construction d'un sujet* dont la conduite

---

1   Cette illusion est poussée très loin en Grande-Bretagne avec la construction d'un indicateur unique de mesure de la gestion locale sur une échelle allant de 1 à 4.

2   *Cf.* sur ce point les analyses de C. POLLITT, *Managerialism and the Public Services, op. cit.*

3   M. Power note justement que « l'efficience et l'efficacité des entreprises sont autant construites que vérifiées au cours du processus d'audit lui-même », *La Société de l'audit, op. cit.*, p. 111.

4   La thèse forte de M. Power est que la technologie de pouvoir passe par une transformation du regard sur l'activité pour la rendre « auditable ». Cette « auditabilité » est une construction sociale et politique.

sera guidée par les procédures d'évaluation et les sanctions qui leur sont liées qu'il faut apprécier ce mode de gouvernement qui s'introduit dans le service public.

L'intériorisation des normes de performance, l'autosurveillance constante pour se conformer aux indicateurs, la compétition avec les autres sont les ingrédients de cette « révolution des mentalités » que les « modernisateurs » veulent opérer. Ce régime général d'inspection, qui modernise le vieux rêve benthamien, a sa propre logique qui peut tourner au cauchemar bureaucratique, comme les autorités locales britanniques en ont fait l'expérience, spécialement sous les gouvernements néotravaillistes quand ceux-ci ont voulu perfectionner le système d'audit en multipliant les critères et les objectifs à atteindre (*Best Value for Money* [1]).

Managérialisme et démocratie politique

La nouvelle gestion publique a deux dimensions : elle introduit des modes de contrôle plus fins qui participent d'une rationalisation bureaucratique plus sophistiquée ; elle brouille les missions propres du service public en les alignant formellement sur une production du secteur privé. De sorte que l'on peut à la fois souligner la continuité avec la logique bureaucratique ancienne et mettre en évidence un certain nombre de points de rupture.

L'un des aspects principaux est sans doute le surcroît de centralisation bureaucratique auquel aboutit le nouveau régime d'inspection à partir de standards nationaux et uniformes dans des pays dans lesquels les libertés locales étaient fortes. En Grande-Bretagne, le pilotage par indicateurs de performance a servi par exemple à accentuer très fortement le contrôle des instances centrales sur les collectivités locales dès 1982, grâce à la mise en place d'une Commission nationale d'audit. La soumission des comportements aux contraintes d'instruments sophistiqués, loin de donner plus de liberté aux acteurs de terrain, tend à les enfermer dans une hyperobjectivation de l'activité. Les normes statistiques se sont avérées de puissants moyens de standardisation et de normalisation des

---

1   Patrick Le Galès décrit la situation ubuesque de responsables locaux passant leur temps à rédiger des rapports complexes pour satisfaire aux contrôles de l'Audit Commission qui, par emballement inflationniste, s'est mise à augmenter considérablement le nombre des inspections répétitives des services locaux. (P. LE GALÈS, « Contrôle et surveillance. La restructuration de l'État en Grande-Bretagne », *loc. cit.*, p. 52 *sq.*).

comportements, dans la logique de la bureaucratie de type « wébérien » [1].
Ainsi, la tension entre la centralisation des instances d'audit et de régulation et l'autonomie supposée des services soumis à la concurrence entraîne des effets pervers non négligeables, poussant les services à se focaliser de façon obsessionnelle sur leurs ratios de performance sans grand souci du contenu réel de leur mission : un taux de réussite à un examen, un taux de remplissage de lits d'hôpitaux, un ratio faits constatés/faits élucidés peuvent signifier des résultats effectifs très différents et même des déviations très sérieuses quant à la réalité du service rendu. Cette fétichisation du chiffre conduit cette hyperrationalisation vers la « fabrication de résultats » qui sont loin de traduire des améliorations réelles, d'autant que les managers et leurs subordonnés sont tous contraints de « jouer le jeu » et de contribuer à une production collective de chiffres. Rien ne permet d'affirmer que les réalités coïncident toujours avec la rhétorique managériale et commerciale. Les critères d'évaluation quantitative sont loin de s'accorder toujours avec les critères qualitatifs d'attention aux clients.

Cette nouvelle étape de la rationalisation bureaucratique s'accompagne de la perte de signification propre des services publics. L'un des effets de la nouvelle gestion publique est en effet le brouillage des frontières entre secteur public et secteur privé. C'est d'ailleurs l'idée même d'un secteur public dont les principes dérogeraient à la logique marchande qui est mise en question avec la multiplication des relations contractuelles et des délégations en cascade, comme avec les transformations de l'emploi public dans le sens d'une plus grande diversité de formes et d'une précarité plus développée [2]. La promotion de la concurrence, par exemple, ne se concilie pas facilement avec les obligations de services publics auxquels restent attachés nombre d'agents publics et de citoyens. La nouvelle gestion publique tranche avec les principes de la fonction publique tels qu'ils ont été établis en France (primauté du droit public, égalité de traitement des usagers, continuité du service, laïcité et respect de la neutralité politique). La transformation de l'usager en consommateur auquel il convient de

---

1   Ce qui tendrait à montrer que l'analyse économique du *Public Choice* centrée sur les coûts de la bureaucratie a laissé de côté l'un des aspects majeurs des processus de rationalisation mis en évidence par la sociologie.

2   Pour Luc Rouban, « la mutation administrative de ces dernières années tend à restreindre non pas l'action publique mais les moyens publics de l'action gouvernementale. Ce mouvement conduit à mettre fin à la notion de "secteur public" entendu comme englobant des activités bénéficiant d'un régime juridique et financier dérogeant aux règles du marché » (L. ROUBAN, « La réforme de l'appareil d'État », *loc. cit.*, p. 147).

vendre le plus de produits possible pour augmenter la rentabilité n'est pas aussi « neutre » que les experts veulent le dire. Quant aux procédures d'évaluation, elles tendent à confondre la mesure des résultats que l'on peut faire en interne et les effets multiples et de longue durée qu'une politique peut avoir sur l'ensemble de la société.

L'importation des logiques comptables issues du monde économique marchand tend non seulement à « déréaliser » les activités et leurs résultats, mais aussi à dépolitiser les rapports entre l'État et les citoyens. Ces derniers sont considérés comme des acheteurs de services qui doivent « en avoir pour leur argent ». Cette priorité donnée à la dimension d'efficience et au rendement financier élimine de l'espace public toute conception de justice autre que celle de l'équivalence entre ce que le contribuable a personnellement payé et ce qu'il a personnellement reçu.

La méfiance comme principe et la surveillance évaluative comme méthode sont les traits les plus caractéristiques du nouvel art de gouvernement des hommes. L'esprit managérial qui l'anime s'impose au détriment des valeurs désormais déclassées du service public et du dévouement des agents à une cause générale qui les dépasserait. Dans l'ancienne forme de gouvernement, liée à l'idéal d'une souveraineté démocratique, l'autonomie relative du fonctionnaire reposait sur l'engagement qu'il prenait de servir une cause qui s'imposait à lui et pour laquelle il était tenu de respecter le droit public et les valeurs professionnelles composant un « esprit de corps ». Cet engagement, symbolisé par un statut, avait pour réciprocité une certaine confiance, certes toujours pondérée par un souci des formes réglementaires, dans la conduite vertueuse de l'agent public. Dès lors que le postulat du nouveau management tient que l'on ne peut plus faire confiance à l'« individu ordinaire », intrinsèquement privé de tout attachement à un « esprit » public et de toute adhésion à des valeurs qui lui seraient extérieures, la seule solution reste le contrôle et le « pilotage à distance » des intérêts particuliers. Qu'il s'agisse des personnels hospitaliers, des juges ou des pompiers, les ressorts et les principes de leur activité professionnelle ne sont plus conçus que sous l'angle des intérêts personnels et corporatifs, niant par là toute dimension morale et politique de leur engagement dans un métier reposant sur des valeurs propres. Les trois E du management, « économie, efficacité, efficience », ont fait disparaître de la logique du pouvoir les catégories du devoir et de la conscience professionnelle.

La défiance caractérise également le rapport entre les institutions publiques et les sujets sociaux et politiques, regardés eux aussi comme des « opportunistes » à la recherche de leur avantage maximal sans

considération de l'intérêt collectif. La restructuration néolibérale transforme les citoyens en consommateurs de services qui n'ont jamais en vue
que leur satisfaction égoïste, ce qui conduit à les traiter comme tels par des
procédures de surveillance, de restriction, de pénalisation, de « responsabilisation ». C'est ce qui conduit à « impliquer » les malades en leur faisant
supporter une part accrue des frais médicaux et les étudiants en augmen-
tant les droits d'inscription universitaires. Le « pilotage » des administrations, des collectivités locales, des hôpitaux et des écoles par des indicateurs
synthétiques de performance, dont les résultats sont largement diffusés par
la presse nationale et locale sous la forme de « palmarès », invite le citoyen
à ne plus fonder son jugement que sur le seul rapport coût/bénéfice. Le
dépérissement de toute confiance dans les « vertus » civiques a sans
doute des effets performatifs sur la manière dont les nouveaux
citoyens-consommateurs regardent désormais leur contribution fiscale aux
charges collectives et le « retour » qu'ils en reçoivent à titre individuel. Ces
derniers ne sont plus appelés à juger des institutions et des politiques selon
le point de vue de l'intérêt de la communauté politique, mais en fonction
de leur seul intérêt personnel. *C'est la définition même du sujet politique qui
s'en trouve radicalement changée.*

13

La fabrique du sujet néolibéral

La conception qui fait de la société une entreprise constituée d'entreprises ne va pas sans une norme subjective nouvelle, qui n'est plus exactement celle du sujet productif des sociétés industrielles. Le sujet néolibéral en formation, dont nous voudrions esquisser ici quelques-uns des traits majeurs, est le corrélat d'un dispositif de performance et de jouissance qui fait actuellement l'objet de nombreux travaux. Il ne manque pas aujourd'hui de descriptions de l'homme « hypermoderne », « incertain », « flexible », « précaire », « fluide », « sans gravité ». Ces travaux précieux, et souvent convergents, au croisement de la psychanalyse et de la sociologie, font état d'une condition nouvelle de l'homme qui affecterait selon certains jusqu'à l'économie psychique elle-même.

D'un côté, de nombreux psychanalystes disent recevoir dans leur cabinet des patients souffrant de symptômes qui témoignent d'un nouvel âge du sujet. Ce nouvel état subjectif est souvent rapporté dans la littérature clinique à de vastes catégories comme l'« âge de la science » ou le « discours capitaliste ». Que l'historique s'empare du structural ne devrait pas étonner les lecteurs de Lacan, pour lequel le sujet de la psychanalyse n'est pas une substance éternelle ni un invariant transhistorique, mais bien l'effet de discours qui sont inscrits dans l'histoire et la société [1]. D'un autre

---

[1] Si l'on s'y arrêtait, on pourrait montrer que J. Lacan a indiqué à plusieurs reprises dans ses écrits et ses séminaires l'importance du virage utilitariste dans l'histoire occidentale. *Cf.* par exemple *Écrits*, Seuil, Paris, 1966, p. 122.

côté, dans le champ sociologique, la transformation de l'« individu » tient du fait indéniable. Ce que l'on désigne le plus souvent du terme équivoque d'« individualisme » est tantôt renvoyé à des mutations morphologiques, dans la tradition durkheimienne, tantôt à l'expansion des rapports marchands, dans la tradition marxiste, tantôt encore à l'extension de la rationalisation à tous les domaines de l'existence, selon un fil plus wébérien.

Psychanalyse et sociologie enregistrent donc à leur manière une mutation du discours sur l'homme qui peut être rapportée, comme chez Lacan, d'un côté à la science et de l'autre au capitalisme : c'est bien un discours scientifique qui, dès le XVIIe siècle, commence à énoncer ce qu'est l'homme et ce qu'il doit faire ; et c'est bien pour faire de l'homme cet animal productif et consommateur, cet être de labeur et de besoin, qu'un nouveau discours scientifique s'est proposé de redéfinir la toise humaine. Mais ce cadre très général est encore insuffisant pour repérer comment une nouvelle logique normative a pu s'imposer dans les sociétés occidentales. En particulier, il ne permet pas de pointer les infléchissements qu'a pu connaître l'histoire du sujet occidental depuis ces trois derniers siècles, moins encore les transformations en cours qui peuvent être rapportées à la rationalité néolibérale.

C'est que, si nouveau sujet il y a, ce dernier doit être ressaisi dans les pratiques discursives et institutionnelles qui, à la fin du XXe siècle, ont engendré la figure de l'homme-entreprise ou du « sujet entrepreneurial », en favorisant la mise en place d'un maillage de sanctions, d'incitations, d'implications qui ont pour effet de produire des fonctionnements psychiques d'un nouveau genre. Faire aboutir l'objectif de réorganiser de fond en comble la société, les entreprises et les institutions par la multiplication et l'intensification des mécanismes, des relations et des comportements de marché, voilà qui n'est pas sans impliquer un devenir-autre des sujets. L'homme benthamien était l'homme *calculateur* du marché et l'homme *productif* des organisations industrielles. L'homme néolibéral est l'homme *compétitif*, intégralement immergé dans la compétition mondiale. De cette transformation, il a partout été question dans les pages précédentes. Il s'agit maintenant d'en décrire plus systématiquement les multiples formes.

Le sujet pluriel et la séparation des sphères

D'où partons-nous ? Longtemps, le sujet occidental dit « moderne » a relevé de régimes normatifs et de registres politiques à la fois hétérogènes les uns aux autres et en rapports conflictuels : la sphère coutumière et religieuse des sociétés anciennes, la sphère de la souveraineté politique, la sphère de l'échange marchand. Ce sujet occidental vivait ainsi dans trois espaces différents : celui des prestations et croyances d'une société encore ruralisée et christianisée ; celui des États-nations et de la communauté politique ; celui du marché monétaire du travail et de la production. Cette répartition a été dès le départ mouvante, et tout l'enjeu des rapports de force et des stratégies politiques consistait précisément à en fixer et à en modifier les frontières. Les grandes luttes portant sur la nature même du régime politique en donnaient une expression singulièrement condensée. Plus importants, mais plus difficiles à saisir, sont la modification progressive des rapports humains, la transformation des pratiques quotidiennes induites par l'économie nouvelle, les effets subjectifs des nouvelles relations sociales dans l'espace marchand et des nouvelles relations politiques dans l'espace de la souveraineté.

Les démocraties libérales ont été des univers de tensions multiples et de poussées disjonctives. Sans entrer dans des considérations qui dépasseraient notre propos, nous pouvons les décrire comme des régimes qui permettaient et respectaient dans certaines limites un fonctionnement hétérogène du sujet, en ce sens qu'elles assuraient à la fois la séparation et l'articulation des différentes sphères de vie. Cette hétérogénéité se traduisait par l'indépendance relative des institutions, des règles, des normes morales, religieuses, politiques, économiques, esthétiques, intellectuelles. Ce qui ne veut pas dire que l'on épuise, par cette caractéristique d'équilibre et de « tolérance », la nature du mouvement qui les animées. Deux grandes poussées parallèles ont eu lieu : la démocratie politique et le capitalisme. L'homme moderne s'est alors dédoublé : le citoyen doté de droits inaliénables et l'homme économique guidé par son intérêt, l'homme comme « fin » et l'homme comme « outil ». L'histoire de cette « modernité » a consacré un déséquilibre en faveur du second pôle. Si l'on voulait privilégier le développement, même heurté, de la démocratie, comme le font certains auteurs [1], on raterait l'axe majeur que, de manière différente,

---

1   *Cf. supra* la discussion du point de vue de M. Gauchet dans le chap. 5.

Marx, Weber ou Polanyi ont mis en évidence : le déploiement d'une logique générale des rapports humains soumis à la règle du profit maximal.

On ne méconnaîtra pas ici toutes les modifications qu'a pu engendrer dans le sujet le rapport marchand lui-même. Marx, avec d'autres mais peut-être mieux que d'autres, a pointé les effets de dissolution du marché sur les liens humains. Avec l'urbanisation, la marchandisation des rapports sociaux a été l'un des facteurs les plus puissants de l'« émancipation » de l'individu à l'égard des traditions, des racines, des attachements familiaux et des fidélités personnelles. Ce fut la grandeur de Marx de montrer que cette liberté subjective avait pour prix une nouvelle forme d'assujettissement aux lois impersonnelles et incontrôlables de la valorisation du capital. L'individu libéral pouvait bien, à l'instar du sujet lockéen propriétaire de lui-même, croire jouir de toutes ses facultés naturelles, de l'exercice libre de sa raison et de sa volonté, il pouvait bien proclamer au monde son irréductible autonomie, il n'en demeurait pas moins le rouage des grands mécanismes que l'économie politique classique avait commencé d'analyser.

Cette marchandisation expansive a pris dans les rapports humains la forme générale de la *contractualisation*. Les contrats volontaires engageant des personnes libres, contrats certes toujours garantis par l'instance souveraine, se sont ainsi substitués aux formes institutionnelles de l'alliance et de la filiation et, plus généralement, aux formes anciennes de la réciprocité symbolique. Le contrat est devenu plus que jamais l'étalon de toutes les relations humaines. De sorte que l'individu a de mieux en mieux éprouvé dans son rapport à autrui sa pleine et entière liberté d'engagement volontaire, percevant la « société » comme un ensemble de rapports d'association entre des personnes dotées de droits sacrés. Là est le cœur de ce qu'il est convenu d'appeler l'« individualisme » moderne.

Comme l'a montré É. Durkheim, il y avait là une singulière illusion dans la mesure où, dans le contrat, il y a toujours plus que le contrat : sans l'État garant, aucune liberté personnelle ne saurait exister. Mais on peut dire aussi, avec M. Foucault, que sous le contrat il y a bien autre chose que le contrat, ou encore que sous la liberté subjective il y a bien autre chose que la liberté subjective. Il y a un agencement de processus de normalisation et de techniques disciplinaires qui constituent ce que l'on peut appeler un *dispositif d'efficacité*. Jamais les sujets ne se seraient volontairement ou spontanément « convertis » à la société industrielle et marchande par la seule propagande du libre-échange ni même par les seuls attraits de l'enrichissement privé. Il aura fallu penser et installer, « par une stratégie sans stratèges », les types d'éducation de l'esprit, de contrôle du corps, d'organisation du travail, d'habitat, de repos et de loisir qui étaient la forme institutionnelle du nouvel idéal de l'homme, à la fois individu calculateur et travailleur productif. C'est ce dispositif d'efficacité qui a fourni à l'activité économique les « ressources humaines » nécessaires, c'est lui qui n'a cessé de produire les âmes et les corps aptes à fonctionner dans le grand circuit de la production et de la consommation. En un mot, la nouvelle normativité des sociétés capitalistes s'est imposée par une normalisation subjective d'un type particulier.

M. Foucault a donné de ce processus une première cartographie, d'ailleurs problématique. Le principe général du dispositif d'efficacité n'est pas tant, comme on l'a trop dit, un « dressage des corps » qu'une « gestion des esprits ». Ou plutôt faudrait-il dire que l'action disciplinaire sur les corps n'a été qu'un moment et qu'un aspect du façonnement d'un certain mode de fonctionnement de la subjectivité. Le Panoptique de Bentham est en effet particulièrement emblématique de ce façonnement subjectif. Le nouveau gouvernement des hommes pénètre jusqu'à leur pensée, l'accompagne, l'oriente, la stimule, l'éduque. Le pouvoir n'est plus seulement la volonté souveraine, mais, comme le dit si bien Bentham, il se fait « méthode oblique » ou « législation indirecte », destinée à conduire les intérêts. Postuler la liberté de choix, susciter cette liberté, la constituer pratiquement, suppose que les sujets soient conduits comme par une « main invisible » à faire les choix qui leur seront profitables à chacun et à tous. À l'arrière-plan de cette représentation se trouve non pas tant un grand ingénieur, sur le modèle de l'Horloger suprême, qu'une machine qui fonctionne idéalement toute seule et qui trouve dans chaque sujet un rouage prêt à répondre aux besoins de l'agencement de l'ensemble. Mais ce rouage, il faut le fabriquer et l'entretenir.

Le *sujet productif* fut le grand œuvre de la société industrielle. Il ne s'agissait pas seulement d'augmenter la production matérielle, il fallait encore que le pouvoir se redéfinît comme essentiellement productif, comme un stimulant de la production dont les limites seraient déterminées par les seuls effets de son action sur la production. Ce pouvoir essentiellement productif avait comme corrélat le sujet productif, non pas seulement le travailleur, mais le sujet qui, dans tous les domaines de son existence, produit du bien-être, du plaisir, du bonheur. Très tôt l'économie politique a eu comme répondant une psychologie scientifique décrivant une économie psychique qui lui était homogène. Déjà au XVIIIᵉ siècle s'amorcent les noces de la mécanique économique et de la psycho-physiologie des sensations. C'est sans doute le croisement décisif qui va dessiner la nouvelle économie de l'homme gouverné par les plaisirs et les peines. Gouverné et gouvernable par les sensations : si l'individu doit être considéré dans sa liberté, il est aussi un irréductible fripon, un « délinquant potentiel », un être mû avant tout par son intérêt propre. La nouvelle politique s'inaugure avec le monument panoptique dressé à la gloire de la surveillance de chacun par tous et de tous par chacun.

Mais, demandera-t-on, pourquoi surveiller les sujets et maximiser le pouvoir ? La réponse s'imposait alors d'elle-même : pour la production du plus grand bonheur. L'intensification des efforts et des résultats, la minimisation des dépenses inutiles, telle est la loi de l'efficacité. Fabriquer les hommes utiles, dociles au travail, prompts à la consommation, fabriquer l'*homme efficace*, voilà qui déjà se dessine, et de quelle manière, dans l'œuvre benthamienne. Mais l'utilitarisme classique, en dépit de son formidable travail de broyage des catégories anciennes, n'a pu venir à bout de la pluralité intérieure au sujet [1] comme de la séparation des sphères à laquelle cette pluralité répondait. Le principe d'utilité, dont la vocation homogénéisante était explicite, n'est pas parvenu à absorber tous les discours et toutes les institutions, de même que l'équivalent général de la monnaie n'a pas réussi à subordonner toutes les activités sociales. C'est précisément ce caractère pluriel du sujet et cette séparation des sphères pratiques qui sont aujourd'hui en question.

La modélisation de la société par l'entreprise

Le pas inaugural, on l'a dit, a consisté à inventer l'homme du calcul exerçant sur lui-même l'effort de maximisation des plaisirs et des peines requis par l'existence entre les individus de rapports intéressés. Les institutions étaient faites pour former et encadrer les sujets plutôt rétifs à cette existence et à faire converger des intérêts divers. Mais les discours des institutions, à commencer par le discours politique, étaient loin d'être univoques. L'utilitarisme ne s'est pas imposé comme seule doctrine légitime, loin de là. Les principes sont restés mêlés, et on a même vu apparaître à la fin du XIXᵉ siècle dans les relations économiques des considérations « sociales », des droits « sociaux », des politiques « sociales » qui sont venus

---

1 Comme on l'a vu plus haut (chap. 3, tout particulièrement la note 2, p. 95), la pensée de J. Locke n'est pas sans réfléchir cette différenciation du sujet en sujet d'intérêt, sujet juridique, sujet religieux, etc. À sa manière, l'influence persistante de cette pensée, en dépit de l'hégémonie de l'utilitarisme, témoigne d'une certaine forme de résistance à la subsomption du sujet sous le régime exclusif de l'intérêt.

sérieusement borner la logique accumulatrice du capital et contrarier la conception strictement contractualiste des échanges sociaux. La construction des États-nations a continué à s'écrire dans les mots anciens de la tradition des légistes et à s'inscrire dans des formes politiques étrangères à l'ordre de la production. En un mot, la norme d'efficacité économique est restée contenue par des discours qui lui étaient hétérogènes, la nouvelle rationalité de l'homme économique est restée masquée et brouillée par l'enchevêtrement des théories.

Par contraste, le moment néolibéral se caractérise par une homogénéisation du discours de l'homme autour de la figure de l'entreprise. Cette nouvelle figure du sujet opère une unification sans précédent des formes plurielles de la subjectivité que laissait subsister la démocratie libérale et dont elle savait jouer à l'occasion pour mieux perpétuer son existence.

Désormais, diverses techniques contribuent à fabriquer ce nouveau sujet unitaire, que nous appellerons indifféremment « sujet entrepreneurial » ou « sujet néolibéral », ou, encore plus simplement, *néosujet* [1]. Nous n'avons plus affaire aux anciennes disciplines vouées, par la contrainte, à dresser les corps et à plier les esprits pour les rendre plus dociles, méthodologie institutionnelle depuis longtemps en crise. Il s'agit de gouverner un être dont toute la subjectivité doit être impliquée dans l'activité qu'il est requis d'accomplir. À cette fin, on doit reconnaître en lui la part irréductible du désir qui le constitue. Les grandes proclamations sur l'importance du « facteur humain » qui pullulent dans la littérature du néomanagement doivent être lues à la lumière d'un type de pouvoir nouveau : il ne s'agit plus tant de reconnaître que l'homme au travail reste bien un homme, qu'il ne se réduit jamais au statut d'objet passif ; il s'agit de voir en lui le sujet actif qui doit participer totalement, s'engager pleinement, se livrer tout entier dans son activité professionnelle. Le sujet unitaire est ainsi le sujet de l'implication totale de soi. C'est la volonté de se réaliser, le projet que l'on veut mener, la motivation qui anime le « collaborateur » de l'entreprise, enfin le *désir* sous tous les noms qu'on veut bien lui donner, qui est la cible du nouveau pouvoir. L'être désirant n'est pas seulement le point d'application de ce pouvoir, il est le relais des dispositifs de direction des conduites. Car l'effet recherché par les nouvelles pratiques de fabrication et de gestion du nouveau sujet est de faire que l'individu travaille pour l'entreprise comme si c'était pour lui-même, et de supprimer ainsi tout sentiment d'aliénation et même toute *distance* entre l'individu et l'entreprise

---

1   Nous reprenons à notre compte le néologisme proposé par Jean-Pierre Lebrun dans son ouvrage *La Perversion ordinaire. Vivre ensemble sans autrui*, Denoël, Paris, 2007.

qui l'emploie. Ce dernier doit travailler à sa propre efficacité, à l'intensification de son effort, comme si cette conduite de soi venait de lui, comme si elle lui était commandée de l'intérieur par l'ordre impérieux de son propre désir auquel il ne saurait être question de résister.

Les nouvelles techniques de l'« entreprise de soi » parviennent sans doute au comble de l'aliénation en prétendant supprimer tout sentiment d'aliénation : obéir à son désir et à l'Autre qui parle à voix basse en dedans de soi, c'est tout un. Le management moderne est en ce sens un gouvernement « lacanien » : le désir du sujet est le désir de l'Autre. À charge pour le pouvoir moderne de se faire l'Autre du sujet. C'est bien à quoi tend la construction des figures tutélaires du marché, de l'entreprise et de l'argent. Mais c'est surtout ce que permettent d'obtenir de fines techniques de motivation, d'incitation et de stimulation.

La « culture d'entreprise » et la nouvelle subjectivité

La *gouvernementalité entrepreneuriale* relève d'une rationalité d'ensemble qui tire sa force de son propre caractère englobant, puisqu'elle permet de décrire les nouvelles aspirations et conduites des sujets, de prescrire les modes de contrôle et d'influence qui doivent s'exercer sur eux dans leurs comportements, de redéfinir les missions et les formes de l'action publique. Du sujet à l'État en passant par l'entreprise, un même discours permet d'articuler une définition de l'homme à la manière dont il veut « réussir » son existence ainsi qu'à celle dont il doit être « guidé », « incité », « formé », « mis en capacité » (*empowered*) pour accomplir ses « objectifs ». En d'autres termes, la rationalité néolibérale produit le sujet dont elle a besoin en disposant les moyens de le gouverner afin qu'il se conduise réellement comme une entité en compétition qui doit maximiser ses résultats en s'exposant à des risques qu'elle doit affronter et en assumant la responsabilité entière d'éventuels échecs. « Entreprise » est ainsi le nom que l'on doit donner au gouvernement de soi à l'âge néolibéral. C'est dire que ce « gouvernement de soi entrepreneurial » est autre chose et beaucoup plus que la « culture d'entreprise » dont nous avons parlé plus haut. Certes, la valorisation idéologique du modèle de l'entreprise en fait partie ; certes, l'entreprise est partout donnée comme le lieu d'épanouissement des individus, comme l'instance où peuvent se conjoindre enfin le désir de réalisation des individus, leur bien-être matériel, le succès commercial et financier de la « communauté » de travail, et leur contribution à la prospérité générale de la population. Par là, le nouveau management ambitionne de dépasser sur le plan imaginaire la contradiction qu'avait repérée en son temps Daniel Bell entre les valeurs hédonistes de la consommation et les valeurs ascétiques du travail [1].

On commettrait cependant une lourde erreur en se laissant prendre à la séduction de ce nouveau management. De la même manière que la philanthropie du xviiiᵉ siècle accompagnait d'une douce musique la mise en place des nouvelles technologies de pouvoir, les propos humanistes et hédonistes de la gestion moderne des hommes accompagnent la mise en œuvre de techniques visant à produire de nouvelles formes d'assujettissement plus efficaces. Celles-ci, aussi nouvelles soient-elles, sont empreintes de la plus sourde et de la plus classique des violences sociales propres au capitalisme : la tendance à la transformation du travailleur en une simple marchandise. L'érosion progressive des droits attachés au statut de travailleur, l'insécurité instillée peu à peu dans tout le salariat par les « nouvelles formes d'emploi » précaires, provisoires et temporaires, les plus grandes facilités de licenciement, l'affaiblissement du pouvoir d'achat jusqu'à l'appauvrissement de fractions entières des classes populaires sont autant d'éléments qui ont produit un accroissement considérable du degré de dépendance des travailleurs vis-à-vis de leurs employeurs. C'est ce contexte de *peur sociale* qui a facilité la mise en place du néomanagement dans les entreprises. À cet égard, la « naturalisation » du risque dans le discours néolibéral et l'exposition de plus en plus directe des salariés aux fluctuations du marché par la diminution des protections et des solidarités collectives ne sont que les deux faces d'une même médaille. En reportant les risques sur les salariés, en produisant l'accroissement du sentiment du risque, les entreprises ont pu exiger d'eux une disponibilité et un engagement beaucoup plus importants.

Cela ne revient pas à dire que le néomanagement n'aurait rien de bien neuf et que le capitalisme serait au fond toujours le même. La grande nouveauté réside bien au contraire dans le façonnement par lequel les individus sont rendus aptes à supporter les nouvelles conditions qui leur sont faites, ce alors même qu'ils contribuent par leur propre comportement à rendre ces conditions de plus en plus dures et de plus en plus pérennes. En un mot, la nouveauté consiste à déclencher un « effet de chaîne » en produisant des « sujets entreprenants » qui à leur tour reproduiront,

---

1   D. Bell, *Les Contradictions culturelles du capitalisme*, PUF, Paris, 1977.

élargiront, renforceront les rapports de compétition entre eux, ce qui leur imposera, selon la logique d'un processus autoréalisateur, de s'adapter subjectivement toujours plus aux conditions toujours plus dures qu'ils auront eux-mêmes produites.

C'est ce que ne voient pas suffisamment Luc Boltanski et Ève Chiapello dans *Le Nouvel Esprit du capitalisme*[1]. Prenant pour objet l'idéologie qui, selon leur définition de l'esprit du capitalisme, « justifie l'engagement dans le capitalisme[2] », ils ont tendance à prendre pour argent comptant ce que le nouveau capitalisme a bien voulu dire de lui-même dans la littérature managériale des années 1990. Certes, il n'est pas négligeable de souligner combien cette littérature a récupéré un certain type de critique de la bureaucratie, de l'organisation et de la hiérarchie, pour mieux discréditer le modèle ancien de pouvoir fondé sur la gestion des diplômes, des statuts et des carrières. Il n'est pas sans importance, non plus, de mettre en évidence à quel point l'apologie de l'incertitude, de la réactivité, de la souplesse, de la créativité et du réseau constitue une représentation cohérente, grosse de promesses, qui favorise l'adhésion des salariés au modèle « connexionniste » du capitalisme.

Mais c'est souligner la seule face séductrice et strictement rhétorique des nouveaux modes de pouvoir. C'est oublier que ces derniers ont pour effet de constituer par des techniques spécifiques une subjectivité particulière. En un mot, c'est sous-estimer l'aspect proprement disciplinaire du discours managérial en prenant trop à la lettre son argumentaire. Cette sous-estimation est le pendant de la surestimation de l'idéologie de l'« épanouissement » individuel dans une thèse finalement très unilatérale qui fait dériver le « nouvel esprit du capitalisme » de la « critique artiste » issue de Mai 68. Or, ce que les évolutions du « monde du travail » font de mieux en mieux ressortir, c'est justement l'importance décisive des techniques de contrôle dans le gouvernement des conduites. Le néomanagement n'est pas « antibureaucratique ». Il correspond à une phase nouvelle, plus sophistiquée, plus « individualisée », plus « compétitive » de la rationalisation bureaucratique et ce n'est que par un effet d'illusion qu'il a pris appui sur la « critique artiste » de 68 pour assurer la mutation d'une forme de pouvoir organisationnel à une autre. Nous ne sommes pas sortis de la « cage d'acier » de l'économie capitaliste dont parlait Weber. À certains égards, il

---

1   L. Boltanski et È. Chiapello, *Le Nouvel Esprit du capitalisme, op. cit.*
2   *Ibid.*, p. 42.

faudrait plutôt dire que chacun est enjoint de construire, pour son propre compte, sa petite « cage d'acier » individuelle.

Le nouveau gouvernement des sujets suppose en effet que l'entreprise ne soit pas d'abord une « communauté » ou un lieu d'épanouissement, mais un instrument et un espace de compétition. Elle est avant tout donnée idéalement comme le lieu de toutes les innovations, du changement permanent, de l'adaptation continue aux variations de la demande du marché, de la recherche de l'excellence, du « zéro défaut ». Ce faisant, on enjoint le sujet de se conformer intérieurement, par un constant travail sur soi, à cette image : il doit veiller constamment à être le plus efficace possible, à s'afficher comme totalement investi dans son travail, à se perfectionner par un apprentissage continuel, à accepter la plus grande flexibilité requise par les changements incessants imposés par les marchés. Expert de lui-même, employeur de lui-même, inventeur de lui-même, entrepreneur de lui-même : la rationalité néolibérale pousse le moi à agir sur lui-même dans le sens de son propre renforcement pour survivre dans la compétition. Toutes ses activités doivent se comparer à une production, à un investissement, à un calcul de coûts. L'économie devient une discipline personnelle. M. Thatcher a donné la formule la plus nette de cette rationalité : « Economics are the method. *The object is to change the soul* [1]. »

Les techniques de gestion (évaluation, projet, normalisation des procédures, décentralisation) sont supposées permettre d'objectiver l'adhésion de l'individu à la norme de conduite qui est attendue de lui, d'évaluer par grilles et autres instruments d'enregistrement du « tableau de bord » du manager son implication subjective, sous peine de pénalisation dans son emploi, sa rémunération et le déroulement de sa carrière [2]. Ce qui ne va pas, on s'en doute, sans le plus grand arbitraire d'une hiérarchie invitée à manipuler des catégories psychologiques censées garantir l'« objectivité » de la mesure des compétences et des performances. L'essentiel n'est toutefois pas la vérité de la mesure, mais le type de pouvoir qui est exercé « en

---

1   *Sunday Times*, 7 mai 1988 (nous soulignons).
2   Un certain nombre de travaux ont particulièrement insisté sur les instruments de gestion visant à faire reposer l'obéissance des salariés aux exigences de l'entreprise sur des mécanismes d'identification, d'intériorisation et de culpabilisation. Le management par projet est une manière d'imposer de façon « souple » au cadre et au salarié en général de faire la preuve constante de leur fidélité et de leur respect des attentes de performance. *Cf.* par exemple David COURPASSON, « Régulation et gouvernement des organisations. Pour une sociologie de l'action managériale », *Cahiers de recherches*, Groupe ESC Lyon, 1996, et *L'Action contrainte. Organisations libérales et domination*, PUF, Paris, 2000.

profondeur » sur le sujet invité à « se donner sans réserve », à « se trans-cender » pour l'entreprise, à « se motiver » toujours plus pour mieux satis-faire le client, c'est-à-dire sommé par le type de contrat qui le lie à l'entreprise et par le mode d'évaluation qui lui est appliqué de témoigner de son engagement personnel dans le travail.

La rationalité entrepreneuriale présente l'incomparable avantage de relier toutes les relations de pouvoir dans la trame d'un même discours. Le lexique de l'entreprise recèle à cet égard un potentiel d'unification des dif-férents « régimes d'existence », ce qui explique que les gouvernements y aient largement recours. Il permet en particulier d'articuler les buts de la politique suivie à toutes les composantes de la vie sociale et individuelle [1]. L'entreprise devient ainsi non seulement un modèle général à imiter, mais aussi une certaine attitude à valoriser chez l'enfant et l'étudiant, une énergie potentielle à solliciter chez le salarié, une manière d'être à la fois produite par des changements institutionnels et productrice d'améliora-tions dans tous les domaines. En établissant une correspondance serrée entre le gouvernement de soi et le gouvernement des sociétés, elle définit une nouvelle éthique, c'est-à-dire une certaine disposition intérieure, un certain *ethos*, qu'il faut incarner par un travail de surveillance que l'on exerce sur soi et que les procédures d'évaluation sont chargées de renforcer et de vérifier.

Dans cette mesure, on peut dire que le premier commandement de l'éthique de l'entrepreneur est « aide-toi toi-même », et qu'en ce sens cette éthique est une éthique du « *self-help* ». On fera valoir avec raison que cette éthique n'est pas nouvelle, qu'elle participe de l'esprit du capitalisme des origines. On en trouverait la formulation déjà chez Benjamin Franklin et mieux encore, un siècle plus tard, chez Samuel Smiles, l'auteur d'un best-seller mondial paru en 1859 et intitulé *Self-Help*. Ce dernier misait entière-ment sur l'énergie des individus qui devait être laissée la plus libre possible. Mais il en restait à l'éthique individuelle, la seule déterminante à ses yeux. Il n'envisageait point alors que le « *self-help* » puisse être autre chose qu'une force morale personnelle que chacun devait développer pour lui-même, et surtout pas que ce pourrait être jamais un mode de gouvernement poli-tique [2]. Il pensait même le contraire, se fondant sur une stricte délimitation

---

1   *Cf.* Nikolas ROSE, *Inventing Ourselves. Psychology, Power and Personhood*, Cambridge Uni-versity Press, Cambridge, 1996, p. 154.

2   S. SMILES, *Self-Help ou caractère, conduite et persévérance illustrées à l'aide de biographies*, trad. fr. par Alfred Talandier, Plon, Paris, 1865. L'auteur donne dans son introduction ce résumé du propos : « Dans la vie, le bien-être et le bonheur individuels sont toujours en raison de nos propres efforts, du soin plus ou moins diligent que nous apportons à

de la sphère privée et de la sphère publique : « La manière dont un homme est gouverné peut ne pas avoir une immense importance, tandis que tout dépend de la manière dont il se gouverne lui-même [1]. » Précisément, la grande innovation de la technologie néolibérale est de rattacher directement la manière dont un homme « est gouverné » à la manière dont il « se gouverne » lui-même.

L'entreprise de soi comme ethos *de l'autovalorisation*

Mais cela même présuppose tout un travail de rationalisation poussé jusqu'au plus intime du sujet lui-même : une *rationalisation du désir*. Cette rationalisation du désir est au cœur de la norme de l'entreprise de soi. Comme le souligne l'un de ses technologues, Bob Aubrey, consultant international californien, « parler d'entreprise de soi, c'est traduire l'idée que chacun peut avoir prise sur sa vie : la conduire, la gérer, la maîtriser en fonction de ses désirs et de ses besoins en élaborant des stratégies adéquates [2] ». En tant que manière d'être du moi humain, l'entreprise de soi constitue une façon de se gouverner selon des principes et des valeurs. N. Rose en dégage quelques-uns : « L'énergie, l'initiative, l'ambition, le calcul et la responsabilité personnelle [3]. » C'est l'individu performant et compétitif qui cherche à maximiser son capital humain dans tous les domaines, qui ne cherche pas seulement à se projeter dans l'avenir et à calculer ses gains et ses coûts comme l'ancien homme économique, mais qui cherche surtout à *travailler sur lui-même* afin de se transformer en permanence, de s'améliorer, de se rendre toujours plus efficace. Ce qui distingue ce sujet, c'est le processus même d'amélioration de soi auquel il est conduit, l'amenant à perfectionner sans cesse ses résultats et ses performances. Les nouveaux paradigmes qui englobent le marché du travail comme celui de l'éducation et de la formation, « formation tout au long de la vie » (*long life training*) et « employabilité », en sont des modalités stratégiques significatives.

---

cultiver, à discipliner, à contrôler nos aptitudes, et par-dessus tout de l'honnête et courageux accomplissement du devoir, qui fait vraiment la gloire du caractère individuel », p. 1.

1   *Ibid.*, p. 5.
2   B. AUBREY, *L'Entreprise de soi*, Flammarion, Paris, 2000, p. 11.
3   N. ROSE, *Inventing Ourselves, op. cit.*, p. 154.

On aurait tort de dénigrer cette dimension de l'éthique entrepreneuriale comme si elle n'était que duperie et usurpation. C'est l'éthique de notre temps. Mais il ne faut pas la confondre avec un existentialisme faible ou avec un hédonisme facile. L'éthique entrepreneuriale enferme certes ces formes éthiques en vantant l'« homme qui se fait soi-même » et l'« épanouissement intégral », mais elle se singularise autrement. L'éthique de l'entreprise est de teneur plus guerrière, elle exalte le combat, la force, la vigueur, le succès. Aussi fait-elle du travail le véhicule privilégié de la réalisation de soi : c'est en réussissant professionnellement que l'on fait de sa vie une « réussite ». Le travail assure l'autonomie et la liberté, en ce qu'il est la manière la plus bénéfique d'exercer ses facultés, de dépenser son énergie créatrice, de faire les preuves de sa valeur. Cette éthique du travail n'est pas une éthique du renoncement à soi, elle ne fait pas de l'obéissance aux ordres d'un supérieur une vertu.

Elle est en cela aux antipodes de l'éthique de la « conversion » (*metanoia*) qui fut celle de l'ascétisme chrétien des IIIᵉ et IVᵉ siècles, lequel fut précisément une éthique de la rupture avec soi [1]. Elle est même profondément distincte de l'éthique du travail qui fut celle du protestantisme des débuts : car, si elle convie semblablement le sujet à une auto-inquisition permanente et à un « contrôle de soi systématique », elle ne fait plus de la réussite dans le travail le « signe de l'élection divine » censé procurer au sujet la certitude du salut [2]. Si le travail devient ici l'espace de la liberté, c'est à la condition que chacun sache dépasser le statut passif du salarié d'antan, c'est-à-dire devienne une entreprise de soi. Le grand principe de cette nouvelle éthique du travail est l'idée qu'il n'y a de conjonction possible des aspirations individuelles et des objectifs d'excellence de l'entreprise, du projet personnel et du projet de l'entreprise, que si chacun devient une petite entreprise. Autrement dit, cela suppose de concevoir l'entreprise comme une entité composée de petites entreprises de soi : « L'entreprise dans le sens économique du terme est un ensemble d'entreprises des personnes qui la composent. Il ne faut pas considérer aujourd'hui les individus qui travaillent uniquement comme des employés mais comme des personnes portant en elles des stratégies, des buts de vie [3]. » C'est dans le même sens qu'il faut entendre l'affirmation selon laquelle « l'entreprise au sens classique et économique du terme repose avant tout sur la

---

1   M. FOUCAULT, *L'Herméneutique du sujet*, Gallimard/Seuil, Paris, 2001, p. 203.
2   M. WEBER, *L'Éthique protestante et l'esprit du capitalisme*, *op. cit.*, p. 176 *sq.*
3   « L'entreprise de soi, un nouvel âge », Entretien avec B. Aubrey, *Autrement*, n° 192, 2000, p. 97.

juxtaposition des "entreprises de soi" de tous ses membres, et même de toutes ses parties prenantes (intégrant, par exemple, les salariés de ses clients et fournisseurs, et son environnement) [1] ».

Soucieux de procurer à cette nouvelle éthique une caution théorique, Bob Aubrey affirme avoir repris à Foucault la formule de l'« entreprise de soi » pour en faire une méthode de formation professionnelle [2]. S'il est assez curieux de voir l'analytique critique du pouvoir se transformer en un ensemble de propositions prescriptives et performatives à l'adresse des salariés, le propos n'en reste pas moins très révélateur. Dans le nouveau monde de la « société en développement », l'individu ne doit plus se regarder comme un travailleur mais comme une entreprise qui vend un service sur un marché : « Tout travailleur doit rechercher un client, se positionner sur un marché, établir un prix, gérer ses coûts, faire de la recherche-développement et se former. Bref, je considère que, du point de vue de l'individu, son travail est son entreprise, et son développement se définit comme une entreprise de soi [3]. » Qu'entendre par là ? L'entreprise de soi est une « entité psychologique et sociale, voire spirituelle », active dans tous les domaines et présente dans toutes les relations [4]. Elle est surtout la réponse à une nouvelle règle du jeu qui change radicalement le contrat de travail, au point même de l'abolir comme relation salariale. La responsabilité individuelle relativement à la valorisation de son travail sur le marché est devenue le principe absolu. Cette relation que chacun entretient avec la valeur de son travail est « objet de gestion, d'investissement et de développement dans un marché du travail désormais ouvert et de plus en plus mondial [5] ». En d'autres termes, le travail étant devenu un « produit » dont on peut mesurer de plus en plus précisément la valeur marchande, le temps est venu de remplacer le contrat salarial par un rapport contractuel entre « entreprises de soi ». De ce point de vue, l'usage du mot « entreprise » n'est pas une simple métaphore. Car c'est toute l'activité de l'individu qui est conçue comme un *processus de valorisation de soi*. Le terme signifie proprement que « l'activité de l'individu, sous ses différentes facettes (travail rémunéré, travail bénévole pour une association, gestion du ménage, acquisition de compétences, développement d'un réseau de

---

1   B. Aubrey, *L'Entreprise de soi, op. cit.*, p. 193.
2   *Ibid.* Il avait écrit auparavant avec Bruno Tilliette, *Savoir faire savoir*, Interéditions, Paris, 1990 et *Le Travail après la crise*, Interéditions, Paris, 1994.
3   B. Aubrey, *Le Travail après la crise, op. cit.*, p. 85.
4   *Ibid.*, p. 86.
5   *Ibid.*, p. 88.

contacts, préparation d'un changement d'activité...), est pensée comme entrepreneuriale dans son essence [1] ».

C'est cette équivalence entre valorisation marchande de son travail et valorisation de soi qui conduit B. Audrey à assimiler l'entreprise de soi à une forme moderne du « souci de soi », à une version contemporaine de l'*epimeleia* [2]. L'*epimeleia* consisterait aujourd'hui à « gérer un portefeuille d'activités », à développer des stratégies d'apprentissage, de mariage, d'amitié, d'éducation de ses enfants, à gérer le « capital de l'entreprise de soi » [3]. S'inspirant de Gary Becker, il cherche ainsi à intégrer tout ce qui vient grossir un capital qui est autant familial qu'individuel : expériences, formation, sagesse, réseaux, mais aussi énergie et santé, « base clientèle », « revenus et avoirs ». La notion d'« entreprise de soi » suppose une « intégration de la vie personnelle et professionnelle », une gestion familiale du portefeuille d'activités, un changement des rapports au temps, qui ne seront plus déterminés par le contrat salarial mais par des projets à mener avec divers employeurs. Mais cela va bien au-delà du monde professionnel ; c'est une éthique personnelle par temps d'incertitude. « L'entreprise de soi, c'est trouver un sens, un engagement dans la globalité de sa vie. » Et cela vient tôt : à quinze ans, on est entrepreneur de soi dès que l'on se demande que faire de sa vie. Toute activité est entrepreneuriale, car plus rien n'est acquis. Tout est à conquérir et à défendre à tout instant. L'enfant même doit être « entrepreneur de son savoir ». Tout en un sens devient entreprise : le travail, mais aussi la consommation, sans oublier les loisirs, puisque « l'on cherche à en tirer le maximum de richesses, à les utiliser pour l'accomplissement de soi comme une manière de créer [4] ».

D'où une manière de redéfinition de la « maîtrise de soi » : « Aujourd'hui, une nouvelle idée émerge : nous sommes confrontés à des choix, des possibilités, des opportunités de plus en plus nombreux, de plus en plus rapides. La maîtrise de soi ne consiste donc plus à conduire sa vie de façon linéaire, rigide et cadrée ; mais à se montrer capable de flexibilité, d'entrepreneuriat. » Plus il y a de choix, plus il y a obligation de se valoriser

1   B. Aubrey, *L'Entreprise de soi, op. cit.*, p. 15.

2   B. Aubrey, *Le Travail après la crise, op. cit.*, p. 103. Rappelons que l'*epimeleia heautou* est la formulation du « soin de soi » ou du « souci de soi » dans la culture grecque classique : voir sur ce point, M. Foucault, *L'Herméneutique du sujet, op. cit.*

3   « Travailler, apprendre, entretenir des relations, assurer la bonne entente de son mariage et élever ses enfants, participer à la vie locale, faire du bénévolat, améliorer la qualité de sa vie : aujourd'hui on ne peut se livrer à ces activités qu'en assumant des responsabilités et en développant des stratégies » (*ibid.*, p. 105).

4   *Ibid.*, p. 101.

sur le marché. Or la valeur de l'individu ne tient plus à des droits qu'il aurait miraculeusement acquis à la naissance, ajoute-t-il, elle est conquise par « l'entreprise que l'on a, par sa volonté de ne pas se contenter de ce monde du droit où tout est donné, déterminé, inscrit, mais d'entrer dans un monde qui bouge, un monde social dans lequel il faut se valoriser par l'échange. Le marché du travail fait partie de ce monde-là [1] ».

L'intérêt des propos de B. Aubrey est de rapporter cette nouvelle figure de l'homme à un ensemble de techniques pratiques dont les individus disposent pour parvenir à cette nouvelle forme de sagesse qu'est le « développement autogéré de l'entreprise de soi [2] ». Si « l'entreprise de soi ne va pas immédiatement de soi », de nouveaux exercices doivent remplacer « l'approche thérapeutique d'accompagnement individuel et familial en y apportant outils et stratégies pragmatiques [3] ». Car il s'agit bien d'une véritable *ascèse* : « Le véritable travail de l'entreprise de soi est donc un travail que l'on fait sur soi-même et au service des autres [4]. » Il précise : « L'entreprise de soi n'est pas une philosophie, ni une idéologie : c'est un mouvement qui met en place des expériences et des outils conduisant à faire évoluer les personnes en leurs contextes de vie (entreprises, quartiers, associations, famille, réseaux...). C'est une technique du développement tout au long de la vie [5]. »

C'est dire que chacun doit apprendre à devenir un sujet « actif » et « autonome » dans et par l'action qu'il doit mener sur lui-même. Il apprendra ainsi par lui-même à déployer des « stratégies de vie » pour accroître son capital humain et le valoriser au mieux. « La création et le développement de soi » sont une « attitude sociale » à acquérir, une « démarche d'action » à déployer [6], « pour faire face à la triple nécessité du positionnement de l'identité, du développement de son capital humain et de la gestion d'un portefeuille d'activités [7] ». Cette attitude entrepreneuriale doit valoir pour tout le monde et pas seulement pour les chefs d'entreprise ou les indépendants. Chacun relève d'une semblable formation en entreprise de soi, avec l'aide de « conseillers en stratégie de vie », formation qui permettra de faire un « autodiagnostic » en séminaires modulaires

---

1   « L'entreprise de soi, un nouvel âge », *loc. cit.*, p. 99 *sq.*
2   B. Aubrey, *Le Travail après la crise, op. cit.*, p. 133 *sq.*
3   *Ibid.*, p. 138.
4   *Ibid.*, p. 198.
5   B. Aubrey, *L'Entreprise de soi, op. cit.*, p. 9.
6   *Ibid.*, p. 10.
7   *Ibid.*, p. 10.

portant sur différents aspects de la démarche : « Moi et mes compétences », « Moi et ma façon d'agir », « Moi et mon scénario de succès », etc. [1].

Les « ascèses de la performance » et leurs techniques

Si cette éthique néolibérale du soi ne s'arrête pas aux frontières de l'entreprise, c'est non seulement parce que la réussite de la carrière se confond avec la réussite de la vie, mais plus fondamentalement encore parce que le management moderne cherche à « enrôler les subjectivités » à l'aide de contrôles et d'évaluations de la personnalité, des dispositions du caractère, des façons d'être, de parler, de se mouvoir, quand ce ne sont pas les motivations inconscientes [2].

Le discours managérial ne va pas sans de multiples techniques qui proposent un travail sur soi visant à favoriser l'« éclosion de l'homme-acteur de sa vie ». La vie en entreprise est déjà en elle-même considérée comme une « formation », comme le lieu de l'acquisition d'une sagesse pratique, ce qui explique que les responsables politiques et économiques insistent tant sur la participation de tous à la vie de l'entreprise dès le plus jeune âge. B. Aubrey a soutenu en ce sens que l'entreprise constituait un parcours éducatif qui donnait une légitimité à ceux qui y réussissaient, de sorte que les managers peuvent être considérés « comme l'équivalent des sages ou des maîtres [3] ».

Cette thématique est sciemment reprise des travaux de M. Foucault et de P. Hadot consacrés aux exercices ou ascèses de la sagesse antique. On se rappelle que ces pratiques consistent à produire un soi qui se rapproche d'un idéal proposé dans le discours, ce qui suppose la consultation de ses devoirs dans chaque circonstance déterminée. Foucault a élargi l'analyse en établissant qu'un certain gouvernement de soi, qu'une certaine subjectivation, était la condition même de l'exercice d'un gouvernement politique et religieux. Cela vaut tout particulièrement de la relation entre gouvernement de soi et gouvernement des autres dans la cité telle que la pense l'éthique grecque classique : celui qui est incapable de se gouverner

---

1   *Ibid.*, p. 22.
2   *Cf.* François Aballéa et Lise Demailly, « Les nouveaux régimes de mobilisation des salariés », *in* Jean-Pierre Durand et Danièle Linhardt (dir.), *Les Ressorts de la mobilisation du travail*, Octares Éditions, Toulouse, 2005.
3   B. Aubrey et B. Tilliette, *Savoir faire savoir, op. cit.*, p. 265.

lui-même est incapable de gouverner les autres [1]. L'assimilation des pratiques antiques et des pratiques de management est évidemment un procédé fallacieux destiné à leur donner une valeur symbolique plus forte sur le marché de la formation des salariés. Ce qui suffit à l'établir, c'est que l'ascèse de l'entreprise de soi est finalisée par l'*identification* du sujet à l'entreprise, c'est qu'elle doit produire ce que nous avons appelé plus haut le sujet de l'implication totale, tout au contraire des exercices de la « culture de soi » dont parle M. Foucault qui ont pour objectif d'instaurer une *distance* éthique à soi-même, qui est une distance à l'égard de tout rôle social. Il n'en reste pas moins que nous avons bien affaire à ce qu'Éric Pezet a appelé judicieusement des « ascèses de la performance », lesquelles constituent un marché en pleine expansion [2].

Différentes techniques, le coaching, la programmation neurolinguistique (PNL), l'analyse transactionnelle (AT), et de multiples procédés attachés à une « école » ou à un « gourou » visent à une meilleure « maîtrise de soi », de ses émotions, de son stress, de ses relations avec les clients ou collaborateurs, les chefs ou les subordonnés. Tous ont pour objectif un renforcement du moi, sa meilleure adaptation à la réalité, sa plus grande opérationnalité dans des situations difficiles. Tous ont leur histoire propre, leurs théories, leurs institutions correspondantes. Des points communs les réunissent qui seuls ici nous intéressent. Leur premier aspect est de se présenter comme des savoirs psychologiques, possédant un lexique spécial, des auteurs de référence, des méthodologies particulières, des modes d'argumentation d'allure empirique et rationnelle. Leur second est de se présenter comme des techniques de transformation des individus utilisables en entreprise comme en dehors de l'entreprise, à partir d'un ensemble de principes de base.

Chaque méthode possède ses instruments, ses modalités, sa hiérarchie de techniciens [3]. Il importe surtout de remarquer que ce sont des techniques visant la « conduite de soi et des autres », en d'autres termes des techniques de gouvernementalité visant pour l'essentiel à accroître l'efficacité de la relation avec autrui. Ainsi peut-on lire dans une présentation

---

1   On lira à ce sujet les leçons du Collège de France consacrées à la lecture de l'*Alcibiade* de Platon *in* M. FOUCAULT, *L'Herméneutique du sujet, op. cit.*, p. 27 à 77.

2   É. PEZET (dir.), *Management et conduite de soi, enquête sur les ascèses de la performance*, Vuibert, Paris, 2007.

3   Pour une analyse critique des pratiques de coaching, en particulier dans le domaine de la santé, *cf.* Roland GORI et Pierre LE COZ, *L'Empire des coachs. Une nouvelle forme de contrôle social*, Albin Michel, Paris, 2006.

pédagogique de la PNL : « Il ne s'agit pas de dire ce qui est vrai et ce qui ne l'est pas. Il s'agit de se demander quelle est la façon la plus efficace et la plus constructive de communiquer avec quelqu'un [1]. » L'accent est ainsi mis sur la maîtrise de la « communication » par une meilleure connaissance pratique des règles de la communication, qu'il s'agisse de la PNL ou de l'AT. Ces méthodes sont étroitement liées aux exigences de la performance individuelle, laquelle passe par la *force de persuasion* dans la vente, dans la direction des subordonnés, dans la réussite d'une démarche d'emploi ou d'une demande de promotion.

Mieux se connaître, par une phase de méditation, d'autoréflexion ou d'autodiagnostic, aidé ou non par un coach, seul ou en groupe, dans ou hors de l'entreprise, n'a de sens que pour mieux comprendre ce que l'on fait et ce que fait l'autre dans un « *process* de communication ». L'AT se présente comme une théorie et une pratique visant à apprendre à construire une communication d'égal à égal, c'est-à-dire entre personnes étant dans un même « état du moi », afin d'éviter les « communications biaisées, où les interlocuteurs n'ont pas réellement conscience des motivations profondes qui guident leurs propos [2] ». Se mettre dans un bon état d'esprit, décrypter et émettre des signes de reconnaissance, mais surtout contrôler les « transactions », les unités élémentaires de la communication, pour s'assurer des « états du moi » qui entrent en relation dans la communication. Mieux connaître les « états » de son moi, son « scénario de vie », les règles des différents « jeux sociaux », c'est comprendre comment l'on communique et donc contrôler la communication elle-même. De la même façon, la PNL proposera des exercices de « synchronisation » avec autrui, technique qui vise à établir un rapport par la coïncidence de différents paramètres verbaux et non verbaux afin de pouvoir « conduire » l'autre selon le principe du « *pacing and leading* ».

Les démarches proposées sont « pragmatiques » ; elles sont, selon les termes de la vulgate dominante, « orientées solution ». Elles ne visent pas tant à dire le pourquoi qu'à dire le « comment ça marche ». Pour reprendre le style des formules que l'on trouve dans ce type de discours, « le fait de trouver le clou responsable d'une crevaison ne dit rien sur la manière de changer la roue ». Selon une autre formule en vogue, leur point fort, c'est de « faire ce qu'il faut pour obtenir ce que l'on veut vraiment... à condition de savoir ce que l'on veut [3] ». L'une des définitions les plus élaborées

1   Antoni Girod, *La PNL*, Interéditions, Paris, 2008, p. 37.
2   Site de formation à l'AT <www.capitecorpus.com>.
3   Site de la PNL, <www.france-pnl.com>.

données de la PNL résume bien ce qui est en jeu : « La PNL est une approche de sciences humaines qui vise l'efficacité de nos performances dans les différents domaines où nous décidons de l'appliquer. Essentiellement pragmatique, elle donne des moyens concrets pour communiquer efficacement ainsi que pour élaborer des objectifs clairs et les atteindre [1]. » La théorie psychologique mobilisée est toujours déterminée par l'usage pratique, si bien que l'on peut parler ici d'une *pragmatique de l'efficacité communicationnelle* pour laquelle la maîtrise des affects par le moi n'est jamais qu'un simple moyen (ce qui, soit dit en passant, remet à sa juste place la référence à l'idéal de la « maîtrise de soi » qui abonde dans tous ces discours [2]). Tous les principes de la PNL visent à rendre l'individu plus efficace, à commencer par le travail d'autopersuasion en vertu duquel chacun doit croire que les « ressources » sont en lui-même : « Postuler que chacun de nous possède les ressources nécessaires pour évoluer, atteindre ses objectifs ou résoudre des problèmes encourage à la responsabilisation et à l'autonomie et constitue un vecteur fondamental du développement de l'estime de soi [3]. »

Ces techniques de gouvernementalité trouvent dans le monde professionnel leur domaine d'application le plus vaste et sans doute le plus lucratif. Le rapport « ouvert » et « positif » aux autres est la condition de la productivité. Les relations dans l'entreprise, dont tout dépend, sont vues dans leur dimension exclusivement psychologique. Le postulat fondamental est que le « développement personnel », la meilleure communication au travail et la performance globale de l'entreprise sont étroitement liés. Le « développement de son potentiel personnel » est regardé comme le meilleur moyen d'améliorer la qualité et de mieux satisfaire le client. La PNL se présente comme un « modèle d'adaptation et de conduite du changement » de l'entreprise dans un contexte de concurrence mondiale où le changement est obligatoire. S'adressant aux managers, ces techniques visent à les aider à conduire les autres en renforçant leur « potentiel », leur « confiance en eux-mêmes », leur « estime de soi ». La PNL promet aux dirigeants d'entreprise « d'accroître leur charisme et de stimuler leur leadership ». Elle permet d'abord de comprendre comment fonctionnent « les personnes qui entourent le manager et, fort de cette connaissance, d'orienter l'énergie vers le but commun » : « La PNL par son efficacité en

---

1   A. GIROD, *La PNL, op. cit.*, p. 13.
2   Rappelons à cet égard que l'*enkrateia*, ou empire sur soi par la lutte contre ses désirs, était ordonnée dès l'époque classique à un idéal de tempérance et de justice, ce qui nous situe au plus loin de la « gestion des affects ».
3   A. GIROD, *La PNL, op. cit.*, p. 21.

termes de communication donnera des outils efficaces au manager afin qu'il puisse motiver son équipe vers la satisfaction client. » Se donner des objectifs clairs ; comprendre la relation humaine et « activer les ressorts de la motivation » ; améliorer la communication interpersonnelle dans l'entreprise, « clé de voûte de la réussite » (« Une mauvaise communication dans l'entreprise disperse les énergies ») ; bien « gérer le *feedback* » pour « rendre compte efficacement à une personne de ce qu'elle fait et pour que cette personne améliore ce qu'elle fait » : tels sont quelques-uns des apports de la PNL pour un management efficace [1].

Le « *management de l'âme* » et le management de l'entreprise

Tous ces exercices pratiques de transformation de soi tendent à reporter tout le poids de la complexité et de la compétition sur l'individu seul. Les « managers de l'âme », selon une expression de Lacan reprise par Valérie Brunel, introduisent une nouvelle forme de gouvernement qui consiste à guider les sujets en leur faisant pleinement assumer l'attente d'un certain comportement et d'une certaine subjectivité au travail [2]. Si chacun doit développer ses qualités personnelles pour réagir vite, innover, créer, « gérer la complexité dans une économie globalisée », selon les expressions stéréotypées en usage, c'est que chacun est idéalement un manager sur lequel on doit compter pour résoudre les problèmes. La maîtrise de soi et des relations de communication apparaît comme le pendant d'une situation globale que personne ne peut plus contrôler. S'il n'y a plus de maîtrise globale des processus économiques et technologiques, le comportement de chacun n'est plus programmable, il n'est plus entièrement descriptible et prescriptible. La maîtrise de soi se donne comme une sorte de compensation à l'impossible maîtrise du monde. L'individu est le meilleur, sinon le seul « intégrateur » de la complexité et le meilleur acteur de l'incertitude.

S'il est donc question de « travail sur soi », de « réalisation de soi », de « responsabilisation de soi », cela ne signifie en rien une sorte de clôture du sujet qui se prendrait lui-même pour objet, sans aucun rapport à aucune instance ou aucun ordre qui lui seraient extérieurs. Pour le dire avec

---

1   Citations extraites de la page « PNL et business » <www.france-pnl.com>.
2   V. Brunel, *Les Managers de l'âme. Le Développement personnel en entreprise, nouvelle pratique de pouvoir ?*, La Découverte, Paris, 2004 [rééd. poche 2008].

M. Foucault, le « souci de soi » – si toutefois « souci de soi » il y a – n'est pas ici autofinalisé en ce sens que le soi n'est pas à la fois l'objet et la fin du souci [1] : on ne travaille pas sur soi à la seule fin de produire un certain rapport à soi, c'est-à-dire uniquement *pour* soi.

Pierre Hadot avait d'ailleurs souligné que, contrairement à ce que l'interprétation foucaldienne pouvait donner à entendre, la « culture de soi » de l'époque hellénistique (Iᵉʳ-IIᵉ siècle) renvoyait à un certain ordre du monde, à une raison universelle immanente au cosmos, de telle sorte que le mouvement d'intériorisation y était en même temps dépassement de soi et universalisation [2]. D'une certaine manière, les « ascèses de la performance » n'échappent pas à cette logique. Bien entendu, cet ordre n'est plus celui de la « Nature » stoïcienne, non plus que l'ordre voulu par le Créateur auquel s'arrimait l'« ascèse intramondaine » de l'éthique protestante. Il n'empêche que cette « ascétique » trouve sa justification ultime dans un ordre économique qui dépasse l'individu, puisqu'elle est expressément conçue pour accorder la conduite de l'individu à l'« ordre cosmologique » de la compétition mondiale qui l'enveloppe. Certes, on travaille sur soi pour se rendre plus performant, mais on travaille à se rendre plus performant pour rendre plus performante l'entreprise, qui constitue l'entité de référence. Plus encore, les exercices qui sont supposés apporter une amélioration dans la conduite du sujet visent à faire de l'individu un « microcosme » en parfaite harmonie avec le monde de l'entreprise et, au delà, avec le « macrocosme » du marché mondial.

Il s'agit en fin de compte de faire en sorte que la norme générale d'efficacité qui s'applique à l'entreprise dans son ensemble soit relayée au plan de l'individu par une mise au travail de la subjectivité destinée à accroître sa performance, mieux-être personnel et gratification professionnelle n'étant jamais donnés que comme les conséquences de cet accroissement. Les qualités qui doivent être développées par le sujet renvoient donc à un univers social où la « présentation de soi » constitue un enjeu stratégique pour l'entreprise. S'il faut assurément être « ouvert », « synchrone », « positif », « empathique », « coopératif », ce n'est pas en vue du seul bonheur des individus, c'est d'abord et avant tout pour obtenir des « collaborateurs » la performance que l'on attend d'eux. On peut trouver qu'il y a dans la manipulation de thématiques à la fois morales et psychologiques quelque chose de pervers. Car c'est bien au titre de l'instrument efficace

---

1   M. Foucault, *L'Herméneutique du sujet, op. cit.*, p. 81.
2   P. Hadot, « Réflexions sur la notion de "culture de soi" », *in Exercices spirituels et philosophie antique*, Albin Michel, Paris, 2002, p. 330.

que l'on s'intéresse au sujet et que l'on veut lui dicter une certaine conduite « droite » envers les autres. Contrairement aux apparences, qui participent d'ailleurs pleinement du management des subjectivités, il ne s'agit pas d'appliquer dans le monde de l'entreprise des connaissances psychologiques ou des problématiques éthiques ; il s'agit à l'inverse, par le recours à la psychologie et à l'éthique, de construire des techniques de gouvernement de soi qui sont elles-mêmes partie prenante du gouvernement de l'entreprise.

C'est le fondement de la théorie de Will Schutz, le psychologue américain auteur d'une théorie intitulée « Orientations fondamentales des relations interpersonnelles » (FIRO), qui écrit dans l'*Human Element : Self-Esteem, Productivity and the Bottom Line* : « Je choisis ma propre vie – mes comportements, mes pensées, mes sentiments, mes sensations, mes souvenirs, mes faiblesses, mes maladies, mon corps, tout – ou alors je choisis de ne pas savoir que j'ai le choix. Je suis autonome quand je choisis la totalité de ma vie [1]. » En d'autres termes, quand on ne peut changer le monde, il reste à s'inventer soi-même. Ni l'entreprise ni le monde ne peuvent être modifiés, ce sont des données intangibles. Tout est affaire d'interprétation et de réaction du sujet. W. Schutz écrit encore : « Le stress ne résulte pas des "stresseurs" mais de la manière dont j'interprète et je réagis à leurs injonctions [2]. » Technique de soi et technique du choix se confondent entièrement. Dès lors que le sujet est pleinement conscient et maître de ses choix, il est aussi pleinement responsable de ce qui lui arrive : l'« irresponsabilité » d'un monde devenu ingouvernable en raison même de son caractère global a pour corrélat l'infinie responsabilité de l'individu pour son propre destin, pour sa capacité de réussir et d'être heureux. Ne pas s'encombrer du passé, cultiver des anticipations positives, avoir des relations efficaces avec autrui : la gestion néolibérale de soi-même consiste à se fabriquer un moi performant, qui exige toujours plus de soi, et dont l'estime de soi grandit paradoxalement avec l'insatisfaction qu'il peut éprouver pour les performances déjà accomplies. Les problèmes économiques sont vus comme des problèmes organisationnels et ces derniers se ramènent à leur tour à des problèmes psychiques liés à une insuffisante maîtrise de soi et de son rapport aux autres. La source de l'efficacité est à l'intérieur de soi, elle ne peut plus venir d'une autorité extérieure. Un travail intrapsychique devient nécessaire pour aller chercher la motivation profonde. Le chef ne peut plus

---

1   Cité par V. BRUNEL, *Les Managers de l'âme, op. cit.*, p. 67. *Cf.* W. SCHUTZ, *L'Élément humain, Comprendre le lien entre estime de soi, confiance et performance*, Interéditions, 2006.
2   *Ibid.*

imposer, il doit éveiller, renforcer, soutenir la motivation. La contrainte économique et financière se transforme ainsi en une *auto*contrainte et une *auto*culpabilisation, puisque nous sommes seuls responsables de ce qui nous arrive.

Certes, la nouvelle norme de soi est celle de l'épanouissement : il convient de se connaître et de s'aimer pour réussir. D'où l'insistance sur l'expression magique : l'*estime de soi*, clé de tous les succès. Mais ces propos paradoxaux sur l'injonction d'être soi-même et de s'aimer tel que l'on est sont inscrits dans un discours qui met en ordre le désir légitime. Le management est un discours de fer dans des mots de velours. Son efficacité propre tient à la rationalisation lexicale, méthodologique, relationnelle, dans laquelle le sujet est sommé d'entrer. Avec ces méthodes qui prétendent « développer la personne », nous avons affaire à des procédés essentiellement managériaux et à des produits pleinement commerciaux, comme le souligne Valérie Brunel. Leurs procédures techniques, leurs schémas de présentation, leur division du travail entre techniciens et praticiens, leurs codes standardisés et transmissibles, leurs « modes d'emploi », leurs arguments de vente, leurs méthodes de persuasion sont les différents aspects d'une « technologie » humaine pensée comme telle et vendue comme un produit de grande consommation labellisée. Produits intellectuels sophistiqués pour laisser penser qu'il s'agit de produits à haute valeur ajoutée qui méritent leur prix, ce sont aussi des outils à l'utilisation simple et aux résultats rapides.

Ce management de soi fait d'ailleurs l'objet d'un commerce intense, mobilisant de grosses machines oligopolistiques et de petits artisans cherchant à se faire une place sur le marché du « développement personnel ». Cette expansion commerciale n'a rien pour étonner. N'oublions pas que ces techniques de gestion de soi visent à une « transformation » de la personne entière dans tous ses domaines de vie. Et ceci pour au moins deux raisons complémentaires. Tous les domaines de la vie individuelle deviennent potentiellement des « ressources » indirectes pour l'entreprise puisqu'ils sont l'occasion pour l'individu d'accroître sa performance personnelle ; tous les domaines de l'existence sont du ressort du management de soi. C'est donc la *subjectivité entière*, et pas seulement l'« homme au travail », qui est convoquée à ce mode de gestion, et c'est d'autant plus le cas que l'entreprise recrute et évalue selon des critères de plus en plus « personnels », physiques, esthétiques, relationnels et comportementaux.

Le risque : une dimension d'existence
et un style de vie imposé

Le nouveau sujet est regardé comme un propriétaire de « capital humain », capital qu'il lui faut accumuler par des choix éclairés mûris par un calcul responsable des coûts et des avantages. Les résultats obtenus dans la vie sont le fruit d'une série de décisions et d'efforts qui ne relèvent que de l'individu et n'appellent aucune compensation particulière en cas d'échec, sauf celles contenues dans les contrats d'assurances privées facultatives. La distribution des ressources économiques et des positions sociales est exclusivement regardée comme la conséquence de parcours, réussis ou non, de réalisation personnelle. Le sujet entrepreneurial est exposé dans toutes les sphères de son existence à des risques vitaux auxquels il ne peut se soustraire, leur gestion relevant de décisions strictement privées. Être entreprise de soi suppose de vivre entièrement dans le *risque*. B. Aubrey établit une corrélation étroite entre les deux : « Le risque fait partie de la notion d'entreprise de soi » ; « l'entreprise de soi, c'est une réactivité et une créativité dans un univers où l'on ne sait pas de quoi demain sera fait »[1].

Cette dimension n'est pas nouvelle. Il y a longtemps que la logique de marché a été associée au danger de mévente, de perte, de banqueroute. La problématique du risque est inséparable des « risques de marché » dont il fallait se protéger par le recours aux techniques assurantielles dès la fin du Moyen Âge. La nouveauté tient à l'universalisation d'un style d'existence économique réservée jusqu'alors aux seuls entrepreneurs. Le financier et physiocrate Richard Cantillon, dès l'aube du XVIIIᵉ siècle, avait établi comme principe « anthropologique » qu'il fallait distinguer les « hommes à gages certains » et les « hommes à gages incertains », c'est-à-dire les « entrepreneurs » :

> Par toutes ces inductions et par une infinité d'autres qu'on pourrait faire dans une matière qui a pour objet tous les habitants d'un État, on peut établir que, excepté le Prince et les Propriétaires de Terres, tous les habitants d'un État sont dépendants ; qu'ils peuvent se diviser en deux classes, savoir en Entrepreneurs, et en Gens à gages ; et que les Entrepreneurs sont comme à gages incertains, et tous les autres à gages certains pour le temps qu'ils en jouissent, bien que leurs fonctions et leur rang soient très disproportionnés. Le Général qui a une paie, le Courtisan qui a une pension, et le Domestique qui a des gages tombent sous cette dernière espèce. Tous les autres sont

---

1   « L'entreprise de soi, un nouvel âge », *loc. cit.*, p. 101.

Entrepreneurs, soit qu'ils s'établissent avec un fonds pour conduire leur entreprise, soit qu'ils soient Entrepreneurs de leur propre travail sans aucuns fonds, & ils peuvent être considérés comme vivant à l'incertain ; les Gueux mêmes & les Voleurs sont des Entrepreneurs de cette classe [1].

Désormais, ce sont tous les individus qui devraient être à « gages incertains », « gueux et voleurs » compris. Là est bien la teneur des stratégies politiques activement encouragées par le patronat. L'opposition entre deux sortes d'hommes, les « risquophiles », dominants courageux, et les « risquophobes », dominés frileux, a d'ailleurs été consacrée par deux théoriciens liés au patronat français, François Ewald et Denis Kessler [2]. Ces auteurs tenaient que toute « refondation sociale » supposait la transformation du plus grand nombre d'individus en « risquophiles ». Quelques années plus tard, Laurence Parisot, la responsable du patronat français, allait dire à son tour, de manière plus directe : « La vie, la santé, l'amour sont précaires, pourquoi le travail échapperait-il à cette loi [3] ? » Par où l'on doit entendre que les lois positives devraient se plier à cette nouvelle « loi naturelle » de la précarité. Dans ce discours, le risque est donné comme une dimension ontologique, qui est le double du désir qui anime chacun. Obéir à son désir, c'est courir des risques [4].

Cependant, si « vivre à l'incertain » apparaît de ce point de vue comme un état *naturel*, les choses apparaissent sous un jour tout différent pour peu que l'on se place sur le terrain des pratiques effectives. Lorsqu'on parle de « sociétés du risque », il faut en effet s'entendre sur le propos. L'État social a traité sous la forme de l'assurance sociale obligatoire un certain nombre de risques professionnels liés à la condition de salarié. Désormais, la production et la gestion des risques obéissent à une tout autre logique. Il s'agit en réalité d'une fabrication sociale et politique de risques individualisés, tels qu'ils puissent être gérés, non par l'État social, mais par ces entreprises, de

---

1   R. CANTILLON, *Essai sur la nature du commerce en général*, Londres, 1755, p. 71-72.

2   *Cf.* sur ce point la note 1, p. 314.

3   *Le Figaro*, 30 août 2005.

4   Sur ce point précis, Ulrich Beck a tort d'opposer de façon tranchée l'ontologie de l'intérêt du libéralisme classique et l'ontologie du risque du capitalisme contemporain, la société bourgeoise gouvernée par l'intérêt et la société moderne gouvernée par le risque (U. BECK, *La Société du risque*, Aubier, 2001, p. 135). Par contre, il a certainement raison de souligner l'insistance actuelle mise sur cette hantise du « risque » comme danger ou conscience du danger. Mais faut-il pour autant, comme il le fait, la rapporter à des mutations majeures dans la domination technique de la nature, désormais intégrée à la société (p. 146) ? Ne faudrait-il pas la rapporter également, et peut-être même surtout, à la nouvelle norme de la concurrence généralisée ? C'est d'ailleurs bien ce que la deuxième partie de son ouvrage tend à mettre en évidence.

plus en plus nombreuses et puissantes, qui proposent des services eux-mêmes strictement individuels de « gestion des risques ». Le « risque » est devenu un secteur marchand à part entière, dans la mesure même où il s'agit de produire des individus qui pourront de moins en moins compter sur des formes d'entraide de leurs milieux d'appartenance comme sur les mécanismes publics de solidarité. De la même façon et du même pas que l'on produit le sujet du risque, on produit le sujet de l'assurance privée. La façon dont les gouvernements réduisent la couverture socialisée des dépenses de la maladie ou des pensions de retraite pour en reporter la gestion vers des entreprises d'assurances privées, des fonds communs ou des mutuelles sommées de fonctionner selon une logique individualisée permet d'établir qu'on a là affaire à une véritable stratégie.

C'est d'ailleurs ce qu'il faut, selon nous, retenir des travaux d'Ulrich Beck et de *La Société du risque*. Le capitalisme avancé est pour lui essentiellement destructeur de la dimension *collective* de l'existence. Il détruit non seulement les structures traditionnelles qui l'ont précédé, et en premier lieu la famille, mais également les structures à la création desquelles il a contribué, comme les classes sociales. On assiste à une individualisation radicale qui fait que toutes les formes de crises sociales sont perçues comme des crises individuelles, toutes les inégalités sont rapportées à une responsabilité individuelle. La machinerie en place « transforme les causes extérieures en responsabilités individuelles et les problèmes liés au système en échecs personnels [1] ». Ce que U. Beck appelle des « agents de leur propre subsistance médiée par le marché » sont les individus « libérés » de la tradition et des structures collectives, libérés des statuts qui leur assignaient une place. Désormais ces êtres « libres » doivent « s'autoréférencer », c'est-à-dire se doter eux-mêmes de repères sociaux, et acquérir une valeur sociale au prix d'une mobilité sociale et géographique sans limite assignable. Si cette individualisation par le marché n'est pas nouvelle, U. Beck montre bien qu'elle s'est faite aujourd'hui plus radicale. L'« État-providence » a joué un rôle bien ambigu, en aidant au remplacement des structures communautaires par des « guichets » de prestations sociales. Ses dispositifs ont joué un rôle majeur dans la constitution des « risques sociaux » dont la couverture était logiquement « socialisée ». Mais ses modes de financement comme ses principes de distribution inscrivaient dans les faits que ces « risques sociaux » relevaient du fonctionnement de

---

1 *Ibid.*, p. 161 et p. 202.

l'économie et de la société, dans leurs causes (le chômage) comme dans leurs effets possibles (l'état de santé de la main-d'œuvre).

La nouvelle norme en matière de risque est celle de l'« individualisation du destin ». L'extension du « risque » coïncide avec un changement de sa nature. Il est de moins en moins le « risque social » pris en charge par telle ou telle politique de l'État social ; il est de plus en plus le « risque d'existence ». En vertu du présupposé de la responsabilité illimitée de l'individu dont il a été question plus haut, le sujet est considéré comme responsable de ce risque comme du choix de sa couverture. On retrouve ici cette idée qu'il doit se montrer « actif », être un « gestionnaire » de ses risques, et qu'il convient par conséquent de susciter et d'accompagner une démarche *active* en matière d'emploi, de santé, de formation. Pour certains théoriciens du nouveau cours, comme François Ewald, cette société du risque individuel suppose une « société de l'information » : le rôle des pouvoirs publics et des entreprises devrait consister à fournir des informations fiables sur le marché du travail, le système éducatif, les droits des malades, etc. [1].

C'est retrouver là une complémentarité idéologique entre la norme de marché fondée sur le « libre choix » du sujet rationnel et la « transparence » du fonctionnement social, condition d'un choix optimal. Mais c'est surtout mettre en place un mécanisme qui identifie le *partage* de l'information et le *portage* du risque : à partir du moment où l'on suppose que l'individu est en mesure d'accéder aux informations nécessaires à son choix, on doit supposer qu'il devient pleinement responsable des risques encourus. En d'autres termes, la mise en place d'un dispositif informationnel de type commercial ou légal permet un transfert du risque vers le malade qui « choisit » un traitement ou une opération, l'étudiant ou le « chômeur » qui « choisissent » une formation, le futur retraité qui « choisit » un mode d'épargne, le voyageur qui accepte les conditions de parcours, etc. On comprend alors combien la mise en place d'indicateurs et de « palmarès » participe de l'extension du mode de subjectivation néolibérale : toute décision, qu'elle soit médicale, scolaire, professionnelle, appartient de plein droit à l'individu. Ce qui, il faut le rappeler, n'est pas sans écho du côté de l'individu en tant qu'il aspire à maîtriser le cours de sa vie, ses unions, sa reproduction et sa mort. Mais tout se passe comme si cette éthique « individualiste » était l'occasion de porter *à la charge* du sujet tous les coûts par des mécanismes de transfert du risque qui n'ont rien de

---

[1]   « Entretien avec François Ewald », *Nouveaux Regards*, n° 21, printemps 2003.

« naturel ». Au fond, la stratégie consiste à partir des aspirations à la décision personnelle en matière de choix d'existence pour réinterpréter l'ensemble des risques comme des choix d'existence. B. Aubrey avait bien formulé ce glissement : « Le risque est devenu un micro-risque très personnalisé : dès lors que j'ai un travail, ce travail est à risques ; dès lors que j'ai la santé, cette santé est à risques ; dès lors que j'ai des rapports de couple, ce couple est à risques [1]. »

« Accountability »

La nouveauté du gouvernement entrepreneurial réside dans le caractère général, transversal, systématique du mode de direction fondé sur la responsabilité individuelle et l'autocontrôle. Cette faculté de responsabilité n'est pas donnée pour acquise, elle est tenue pour le résultat d'une intériorisation des contraintes. L'individu doit se gouverner de l'intérieur par une rationalisation technique de son rapport à lui-même. Être « entrepreneur de soi-même » signifie que l'on parvient à se faire l'instrument optimal de sa propre réussite sociale et professionnelle. Mais compter sur la seule technologie du « training » et du « coaching » serait insuffisant. La mise en place de techniques d'audit, de surveillance, d'évaluation vise à accroître cette exigence de contrôle de soi et de performance individuelle. Si les coachs en subjectivités efficaces visent à faire de chacun un « expert de soi [2] », l'essentiel, comme l'a bien vu Éric Pezet, est de fabriquer l'homme *accountable*. Les techniques de production du moi performant sont étroitement liées à ce mode de contrôle comme autant de moments préparatoires ou de séquences réparatrices.

Si l'on suit les différents sens de l'expression anglaise en usage, cela signifie que l'individu doit être tout à la fois responsable de lui-même, comptable de ses actes auprès des autres, et entièrement calculable. Comme l'écrit É. Pezet, « l'"entrée en comptabilité" des individus ne les rend pas seulement responsables, ils deviennent comptables de leur comportement à partir d'échelles de mesure qui sont données par les services de gestion des ressources humaines et par les managers [3] ». L'« évaluation » est devenue le premier moyen d'orienter les conduites par

---

1   « L'entreprise de soi, un nouvel âge », *loc. cit.*, p. 100.
2   *Cf.* V. BRUNEL, *Les Managers de l'âme, op. cit.*
3   É. PEZET *et al.*, *Management et conduite de soi. Enquête sur les ascèses de la performance*, Vuibert, Paris, 2007, p. 8.

l'incitation à la « performance » individuelle. Elle peut se définir comme une relation de pouvoir exercé par des supérieurs hiérarchiques placés en position d'expertise des résultats, relation qui a pour effet d'opérer une *subjectivation comptable* des évalués. Acceptant d'être jugé sur les évaluations et d'en subir les conséquences, le sujet devient ainsi un sujet évaluable à chaque instant, c'est-à-dire un sujet qui se sait dépendre d'un évaluateur et des outils qu'il emploie, d'autant plus qu'il a lui-même été formé à reconnaître par avance et la compétence de l'évaluateur et la validité des outils.

Le sujet néolibéral n'est donc pas le sujet benthamien. Ce dernier, on s'en souvient, est gouvernable par le calcul parce qu'il est calculateur. Or il ne s'agit plus seulement, comme dans l'utilitarisme classique, de disposer d'un cadre légal et d'un ensemble de mesures de « législation indirecte » connus de tous pour que chacun calcule au mieux, il s'agit d'employer des instruments beaucoup plus proches de l'individu (le supérieur immédiat), plus constants (les résultat continus de l'activité), plus objectivables (les mesures quantitatives relevées par enregistrement informatique).

Le sujet néolibéral n'est plus exactement l'homme situable dans les systèmes administratifs de classement, distribuable dans des catégories selon des critères qualitatifs, répartissable dans les cases des immenses tableaux exhaustifs de la bureaucratie industrielle privée et publique. Cet ancien « homme de l'organisation » était guidé par le calcul qu'il pouvait faire de ses intérêts selon un plan de carrière relativement prévisible, en fonction de son statut, de ses diplômes et de sa place dans une grille de qualifications. L'ancien système de jugement bureaucratique reposait sur la probabilité statistique d'un lien entre la situation de l'individu dans le classement et son efficacité personnelle. Tout change lorsque l'on ne veut plus préjuger de l'efficacité du sujet par ses titres, ses diplômes, son statut, son expérience accumulée, c'est-à-dire sa place dans un classement, parce que l'on s'en remet à l'évaluation la plus fine et la plus régulière de ses compétences mises en œuvre effectivement en tout instant. Le sujet ne vaut plus par les qualités statutaires qui lui ont été reconnues au cours de son parcours scolaire et professionnel, mais par la valeur d'usage directement mesurable de sa force de travail. On voit par là que le modèle humain de l'entreprise de soi est requis dans ce mode de pouvoir qui voudrait imposer un régime de sanction homologue à celui du marché.

L'idéal, qui constitue comme le modèle de cette activité d'évaluation, y compris dans des secteurs les plus éloignés de la pratique financière (santé mentale, éducation, services à la personne, justice), consisterait à pouvoir évaluer les profits produits par chaque équipe ou chaque individu considérés comme responsables de la valeur actionnariale produite par leur activité [1]. La transposition de l'audit auquel sont soumis les « centres de profit » de l'entreprise à l'ensemble des activités économiques, sociales, culturelles et politiques engage une véritable logique de *subjectivation financière* des salariés. Tout produit devient un « objet financier » et le sujet lui-même est institué comme un créateur de valeur actionnariale responsable devant les actionnaires [2].

Tout indique que la principale mutation introduite par l'évaluation est d'ordre subjectif. Alors que les nouvelles technologies axées sur la production de l'« entreprise de soi » semblaient répondre à une aspiration des salariés à plus d'autonomie dans le travail, la technologie évaluative accroît la dépendance à l'égard de la « chaîne managériale ». Contraint de réaliser « son » objectif, le sujet de l'évaluation est contraint également d'imposer à autrui, subordonné, client, patient ou élève, les priorités de l'entreprise. C'est le guichetier de La Poste qui doit augmenter les ventes de tel « produit » exactement comme le conseiller financier de n'importe quelle banque, mais c'est aussi le médecin qui doit tantôt prescrire des « actes » rentables, tantôt faire libérer les lits le plus rapidement possible. L'un des effets le plus sûr est sans doute que les « transactions » prennent de plus en plus de place aux dépens des « relations », que l'instrumentalisation d'autrui gagne en importance au détriment de tous les autres modes possibles de rapport à l'autre. Mais, plus fondamentalement, la transformation tient à la façon dont les sujets sont requis de participer activement à un dispositif bien différent du dispositif caractéristique de l'âge industriel. La technique de soi est une technique de performance dans un champ concurrentiel. Elle ne vise pas seulement l'adaptation et l'intégration, elle vise l'intensification des performances.

Le nouveau dispositif
« performance/jouissance »

On ne comprendrait pas l'ampleur du déploiement de la rationalité néolibérale, ni les formes de résistance qu'elle rencontre, si on la regardait comme l'imposition d'une force mécanique sur une société et des individus qui en seraient des points d'application extérieurs. La puissance de

---

1   *Cf.* Nelarine Cornelius et Pauline Gleadle, « La conduite de soi et les sujets entreprenants : les cas Midco et Lbco », *in* É. Pezet *et al., Management et conduite de soi, op. cit.,* p. 139.
2   Sur tous ces points, *cf. supra*, chap. 12.

cette rationalité, on l'a vu, tient à la mise en place de situations qui forcent les sujets à fonctionner selon les termes du jeu qui leur est imposé. Mais qu'est-ce que fonctionner comme une entreprise dans le cadre d'une situation de concurrence ? Dans quelle mesure cela nous mène-t-il à un « nouveau sujet » ? Nous ne retiendrons ici que quelques-uns des éléments qui composent le dispositif de performance /jouissance et qui donnent directement à voir sa nouveauté relativement au dispositif industriel d'efficacité.

Le nouveau sujet est l'homme de la compétition et de la performance. L'entrepreneur de soi est un être fait pour « réussir », pour « gagner ». Le sport de compétition, mieux encore que les figures idéalisées des chefs d'entreprise, reste le grand théâtre social qui donne à voir les dieux, demi-dieux et héros modernes [1]. Si le culte du sport date du début du XXᵉ siècle et s'il s'est révélé parfaitement compatible avec le fascisme et le soviétisme comme avec le fordisme, il a connu une inflexion majeure quand il a pénétré de l'intérieur les pratiques les plus diverses, non seulement par l'emprunt d'un lexique, mais, plus décisivement, par la logique de la performance qui en transforme la signification subjective. C'est vrai du monde professionnel, mais aussi de bien d'autres domaines, par exemple la sexualité. Les pratiques sexuelles, dans l'immense discours « psychologique » qui aujourd'hui les analyse, les encourage et les entoure de conseils de toutes natures, deviennent des exercices par lesquels chacun est amené à se confronter à la norme de performance socialement requise : nombre et durée des rapports, qualité et intensité des orgasmes, variété et propriétés des partenaires, nombre et types de positions, stimulation et entretien de la libido à tout âge deviennent l'objet d'enquêtes détaillées et de préconisations précises. Comme l'a montré Alain Ehrenberg, le sport est devenu, surtout depuis les années 1980, un « principe d'action tous azimuts » et la compétition un modèle de rapport social [2]. Le « coaching » est à la fois le signe et le moyen de cette constante analogie entre sport, sexualité et travail [3]. C'est ce modèle, plus peut-être que le discours économique sur la compétitivité, qui a permis de « naturaliser » ce devoir de performance, qui a diffusé en direction des masses une certaine normativité axée sur la

1   *Cf.* A. EHRENBERG, *Le Culte de la performance*, Hachette, « Pluriel », Paris, 1999.
2   *Ibid.*, p. 14. A. Ehrenberg note avec raison que Max Weber avait anticipé cette tendance : « Aux États-Unis, sur les lieux mêmes de son paroxysme, la poursuite de la richesse, dépouillée de son sens éthico-religieux, a tendance aujourd'hui à s'associer aux passions purement agonistiques, ce qui lui confère le plus souvent le caractère d'un sport » (cité p. 176).
3   *Cf.* R. GORI et P. LE COZ, *L'Empire des coachs*, *op. cit.*, p. 7 *sq.*

concurrence généralisée. Dans le dispositif en question, l'entreprise s'identifie volontiers aux champions, qu'elle sponsorise et dont elle utilise l'image, tandis que le monde du sport, comme on sait, devient un laboratoire du business décomplexé. Les sportifs sont de parfaites incarnations de l'entrepreneur de soi, qui n'hésitent pas un instant à se vendre aux plus offrants sans considération de loyauté et de fidélité. Mais, plus encore, l'entretien de son corps, l'amélioration de soi, la recherche des sensations fortes, la fascination pour l'« extrême », le goût pour les loisirs actifs, le franchissement idéalisé des « limites » indiquent que le modèle sportif ne se réduit pas au spectacle divertissant de « puissants » qui se dévorent entre eux. Un certain nombre de jeux télévisés dits de « téléréalité » illustrent aussi cette « lutte pour la vie » où seuls les plus malins et souvent les plus cyniques parviennent à « survivre » (*Survivor*, et sa version française *Koh Lanta*), réactivant dans un tout autre contexte le mythe de Robinson et la « survie des plus aptes » dans des situations de danger extraordinaires. Ce genre de robinsonnade contemporaine radicalise sans doute la nouvelle norme sociale, mais il n'en montre que mieux un imaginaire où performance et jouissance sont proprement indissociables.

Le sujet néolibéral est produit par le dispositif « performance/jouissance ». De nombreux travaux insistent sur le caractère paradoxal de la situation subjective. Les sociologues multiplient les « oxymores » pour essayer de dire ce qu'il en est : « autonomie contrôlée », « implication contrainte »[1]. Toutes ces expressions présupposent cependant un sujet extérieur et antérieur à la relation spécifique de pouvoir qui le constitue justement comme sujet gouverné. Mais, lorsqu'on n'oppose plus pouvoir et liberté subjective, lorsque l'on pose que l'art de gouverner ne consiste pas à transformer un sujet en pur objet passif, mais à conduire un sujet à faire ce qu'il accepte de vouloir faire, la question se présente sous un nouveau jour. Le sujet nouveau n'est plus seulement celui du cycle production/ épargne/consommation, typique d'une période achevée du capitalisme. L'ancien modèle industriel associait non sans tensions l'ascétisme puritain du travail, la satisfaction de la consommation et l'espérance d'une jouissance paisible de biens accumulés. Les sacrifices consentis dans le travail (la « désutilité ») étaient mis en balance avec les biens que l'on pouvait acquérir grâce à son revenu (l'« utilité »). Comme on l'a rappelé plus haut,

---

1   Comme le souligne Jean-Pierre Durand dans *La Chaîne invisible. Travailler aujourd'hui : du flux tendu à la servitude volontaire*, Seuil, Paris, 2004, p. 373, le modèle de ce paradoxe est identique à celui jadis énoncé par Étienne de La Boétie sous le nom de « servitude volontaire ».

D. Bell avait montré la tension de plus en plus forte entre cette tendance ascétique et cet hédonisme de la consommation, tension qui selon lui avait été portée à son comble dans les années 1960. C'était entrevoir, sans encore être en mesure de l'observer, la résolution de cette tension dans un dispositif qui allait identifier performance et jouissance, et dont le principe est celui de l'« excès » et du « dépassement de soi ». Car il ne s'agit plus de faire ce que l'on sait faire et de consommer ce dont on a besoin, dans une sorte d'équilibre entre désutilité et utilité. Il est demandé au nouveau sujet de produire « toujours plus » et de jouir « toujours plus », d'être ainsi directement connecté à un « plus-de-jouir » devenu systémique [1]. La vie elle-même dans tous ses aspects devient l'objet des dispositifs de performance et de jouissance.

C'est le double sens d'un discours managérial faisant de la performance un devoir et d'un discours publicitaire faisant de la jouissance un impératif. Souligner seulement la tension entre les deux serait oublier tout ce qui établit une équivalence entre le devoir de performance et le devoir de jouissance, ce serait sous-estimer l'impératif du « toujours plus » visant à intensifier l'efficacité de chaque sujet dans tous les domaines, scolaire, professionnel mais aussi relationnel, sexuel, etc. « *We are the champions* », tel est l'hymne du nouveau sujet entrepreneurial. Des paroles de la chanson, qui annonçaient à leur manière le nouveau cours subjectif, il faut surtout retenir cette mise en garde : « *No time for losers.* » La nouveauté est justement que le loser soit l'homme ordinaire, celui qui par essence perd.

---

1 C'est cette intensification et cette accélération qui avaient donné à Gilles Deleuze et à Félix Guattari l'idée première d'une autre économie politique non séparée de l'économie libidinale, exposée dans *L'Anti-Œdipe* et dans *Mille Plateaux*. Le capitalisme, pour ces auteurs, ne peut fonctionner qu'en libérant des flux désirants qui débordent les cadres sociaux et politiques disposés pour la reproduction même du système de production. C'est en ce sens que le procès de subjectivation propre au capitalisme est qualifié de « schizophrénique ». Mais, si le capitalisme ne peut fonctionner qu'en libérant des doses toujours plus fortes d'énergie libidinale qui « décodent » et « déterritorialisent », il cherche à les réincorporer sans cesse dans la machine productive. « Plus la machine capitaliste déterritorialise, décodant et axiomatisant les flux pour en extraire la plus-value, plus ses appareils annexes, bureaucratiques et policiers, re-territorialisent à tour de bras tout en absorbant une part croissante de plus-value » (G. DELEUZE et F. GUATTARI, *L'Anti-Œdipe*, Minuit, Paris, 1972, p. 42). S'il met l'accent dans les années 1970 sur les machines répressives « paranoïaques » qui tentent de maîtriser vainement les lignes de fuite du désir, Deleuze soulignera plus tard le rapport entre cette libération des flux désirants et les dispositifs de guidage des flux dans la « société de contrôle », entre le mode de subjectivation par stimulation du « désir » et l'évaluation généralisée des performances. *Cf.* G. DELEUZE, « Contrôle et devenir » et « Post-scriptum sur les sociétés de contrôle », *in Pourparlers*, Minuit, Paris, 1990.

La norme sociale du sujet a en effet changé. Ce n'est plus l'équilibre, la moyenne, c'est la performance maximale qui devient le point de visée de la « restructuration » que chacun doit opérer sur soi. Il n'est plus demandé au sujet d'être simplement « conforme », d'entrer sans rechigner dans le costume ordinaire des agents de la production économique et de la reproduction sociale. Non seulement le conformisme ne suffit pas, mais il devient même suspect, dans la mesure où le sujet est enjoint de « se transcender », de « repousser les limites » comme disent les managers et les entraîneurs. La machine économique, moins que jamais, ne peut marcher à l'équilibre et encore moins à la perte. Il faut qu'elle vise un « au-delà », un « plus », que Marx avait identifié comme la « plus-value ». Cette exigence propre au régime de l'accumulation du capital n'avait pas jusque-là déployé l'ensemble de ses effets. C'est chose faite lorsque l'implication subjective est telle que c'est désormais la recherche de cet « au-delà de soi » qui est la condition de fonctionnement aussi bien des sujets que des entreprises. D'où l'intérêt de l'identification du sujet comme entreprise de soi et comme capital humain : c'est bien l'extraction d'un « plus de jouir », arraché à soi-même, à son plaisir de vivre, au simple fait de vivre, qui fait fonctionner le nouveau sujet et le nouveau système de concurrence. Subjectivation « comptable » et subjectivation « financière » définissent en dernière analyse une *subjectivation par l'excès de soi sur soi* ou encore *par le dépassement indéfini de soi*. Se dessine dès lors une figure inédite de la subjectivation. Ce n'est pas une « *trans*subjectivation », ce qui impliquerait de viser un au-delà *du* soi qui consacrerait une rupture avec soi et un renoncement à soi. Ce n'est pas non plus une « *auto*subjectivation » par laquelle on chercherait à atteindre un rapport éthique à soi indépendamment de toute autre finalité, de type politique ou économique [1]. C'est en quelque sorte une « *ultra*subjectivation » [2] qui n'a pas pour fin un état ultime et stable de « possession de soi », mais un au-delà *de* soi toujours repoussé, et qui est de plus constitutionnellement ordonnée, dans son régime même, à la logique de l'entreprise et, au-delà, au « cosmos » du marché mondial.

---

1   Les termes de « transsubjectivation » et d'« autosubjectivation » sont proposés par M. Foucault pour rendre compte de la différence entre l'ascétisme chrétien des IIIe-IVe siècles d'une part, et la « culture de soi » de l'époque hellénistique d'autre part, *cf. L'Herméneutique du sujet, op. cit.*, p. 206.

2   Au sens où *ultra* signifie en latin « au-delà de » : l'ultrasubjectivation n'est donc pas une subjectivation outrée ou excessive, mais une subjectivation qui vise toujours un au-delà de soi dans le soi.

De l'efficacité à la performance

Quelle différence avec l'homme économique classique ? L'âme continuait de dépendre du corps, ce fondement matériel de ses sensations, de ses idées, de ses espérances et de ses motivations. Si M. Foucault a pu sembler un moment restreindre le champ de la discipline au dressage et à la gestion des corps, c'est bien parce que les traits corporels étaient premiers dans le classement et la distribution des individus comme dans leur mode de gestion. La division du travail, qui répartissait les corps et distribuait les gestes, était en quelque sorte le paradigme de la gestion des sujets. Tout l'utilitarisme classique était commandé par cette prévalence, jusque dans l'idée que par les mots on pouvait toucher les ressorts des motivations. Le principe d'utilité reposait lui-même sur l'idée que tout ce qui relevait de la puissance corporelle et donc psychique devait servir au maximum, sans reste aucun. Le corps comme donnée première devait être rendu intégralement utile par les disciplines classiques. « Les disciplines fonctionnent comme des techniques fabriquant des individus utiles », souligne M. Foucault [1].

Nous n'en sommes plus là. Ce « cadre naturel du corps humain » imposait des limites à la jouissance et à la performance devenues aujourd'hui inacceptables. Le corps est désormais le produit d'un choix, d'un style, d'un modelage. Chacun est comptable de son corps, qu'il réinvente et transforme à sa guise. C'est le nouveau discours de la jouissance et de la performance qui oblige à se donner un corps tel qu'il puisse aller toujours au-delà de ses capacités actuelles de production et de plaisir. C'est ce même discours qui *égalise* chacun devant les nouvelles obligations : nul handicap de naissance ou de milieu ne saurait être un obstacle infranchissable à l'implication personnelle dans le dispositif général. Aussi ce virage n'a-t-il été possible qu'à partir du moment où la fonction « psy », supportée par le discours « psy », a été identifiée comme le moteur de la conduite et comme l'objet-cible d'une transformation possible par des techniques « psy ». Non que le sujet néolibéral soit le produit direct de cette construction. Mais le discours sur le sujet a rapproché jusqu'à la fusion les énoncés psychologiques et les énoncés économiques. Ce sujet est en réalité un *effet composite*, comme l'était l'individu du libéralisme classique. On a vu que ce dernier était le produit amalgamé de considérations multiples relevant de divers ordres (l'anatomie et la physiologie s'étaient alors

---

1   M. Foucault, *Surveiller et punir*, *op. cit.*, p. 246.

combinées à l'économie politique et à la science morale pour lui donner une assise intellectuelle solide). De la même manière, c'est par la combinaison de la conception psychologique de l'être humain, de la nouvelle norme économique de la concurrence, de la représentation de l'individu comme « capital humain », de la cohésion de l'organisation par la « communication », du lien social comme « réseau », que s'est peu à peu construite cette figure de l'« entreprise de soi ».

N. Rose a montré dans ses travaux, très inspirés des recherches de M. Foucault, que le discours « psy », avec son pouvoir d'expertise et sa légitimité scientifique, avait largement contribué à définir l'individu gouvernable moderne [1]. Le discours « psy » compris comme « technologie intellectuelle » a permis de conduire les individus à partir d'un savoir relatif à leur constitution interne. Ce faisant, il a formé des individus qui ont appris à se concevoir comme des êtres psychologiques, à se juger et à se modifier par un travail sur eux-mêmes, en même temps qu'il a donné aux institutions et aux gouvernants des moyens de diriger leurs conduites. C'est en concevant le sujet comme lieu de passions, de désirs, d'intérêts, mais aussi de normes et de jugements moraux, que l'on a pu comprendre comment les forces psychologiques sont des motifs de conduite et comment agir techniquement sur le terrain psychique par des systèmes adaptés de stimulation, d'incitation, de récompense, de punition. Tout un ensemble de techniques de diagnostic et d'« orthopédie psychique », dans le domaine éducatif, professionnel, familial, se sont donc intégrées au grand dispositif d'efficacité des sociétés industrielles. L'idée directrice était celle de l'adaptation mutuelle des ressorts psychologiques et des contraintes sociales et économiques, ce qui a appris à voir dans la « personnalité » et dans le « facteur humain » une ressource économique à bien « soigner ».

La psychologisation des rapports sociaux et l'humanisation du travail sont allées longtemps de pair, avec les meilleures intentions. Ergonomes, sociologues, psychosociologues ont voulu répondre à l'aspiration des travailleurs à vivre mieux au travail, à y trouver même du plaisir. Du même

---

1   N. ROSE, *Governing the Soul. The Shaping of the Private Self*, Free Association Books, Londres, 1999 [2ᵉ éd.], p. vii. N. Rose commet cependant une erreur de datation. Le tournant « psy » ne date pas de la fin du XIXᵉ siècle, mais s'amorce plus tôt. Même s'il n'est pas alors détaché de la physiologie, le commencement du discours « psy » est contemporain de la naissance de l'économie politique et de la gouvernementalité libérale : pour gouverner les conduites, il faut savoir influencer la formation des motifs, c'est-à-dire jouer sur la « dynamique psychologique », selon l'expression forgée par Bentham.

pas, la dimension subjective est devenue autant une réalité en soi qu'un instrument objectif de réussite de l'entreprise. La « motivation » au travail est alors apparue comme le principe d'une nouvelle manière de conduire les hommes au travail, mais également les élèves dans les écoles, les malades dans les hôpitaux, les soldats sur le champ de bataille. La subjectivité, faite d'émotions et de désirs, de passions et de sentiments, de croyances, d'attitudes, a été regardée comme la clé de la performance des entreprises. Tout un travail spécifique de conciliation entre la subjectivité désirante et les buts de l'entreprise a été mis en œuvre par les directions des ressources humaines, les cabinets de recrutement et les experts en formation. Cet « humanisme » entrepreneurial a été soutenu de l'extérieur par tous les réformateurs bien intentionnés qui pensaient qu'un travailleur sécurisé et épanoui était un travailleur plus motivé donc plus efficace. D'où l'insistance sur l'harmonie dans le groupe, sur le « sentiment d'appartenance » et sur la « communication », avec ses vertus thérapeutiques et sa portée persuasive. Comme le note N. Rose, « la démocratie marchait main dans la main avec la productivité industrielle et la satisfaction humaine [1] ». De nombreuses considérations, au carrefour de la psychosociologie et de l'engagement syndical et politique, virent même dans les effets du « style démocratique du leadership » sur la « subjectivité collective » des arguments scientifiques en faveur du socialisme autogestionnaire.

Le discours « psy », lorsqu'il a croisé le discours économique, a eu d'autres effets dans la culture quotidienne en donnant une forme scientifique à l'idéologie du choix. Dans une « société ouverte », chacun a le droit de vivre comme il l'entend, de choisir ce qu'il veut, d'obéir aux modes qu'il préfère. Le libre choix n'a pas été reçu d'abord comme une idéologie économique de « droite », mais comme une norme de conduite de « gauche » selon laquelle nul ne peut s'opposer à la réalisation de ses désirs. Énoncés économiques et énoncés de type « psy » se sont recoupés pour donner au nouveau sujet la forme de l'arbitre suprême entre des « produits » et des styles différents sur le grand marché des codes et des valeurs. C'est encore cette conjonction qui a donné naissance à ces techniques de soi visant la performance individuelle par une rationalisation managériale du désir. Mais c'est une autre modalité de cette conjonction qui a permis le déploiement du dispositif de performance/jouissance, modalité qui consiste non pas à se demander dans quelle mesure l'individu et l'entreprise, chacun dans ses exigences propres, peuvent s'adapter l'un à l'autre, mais comment

---

1   *Ibid.*, p. 88.

peuvent *s'identifier* le sujet psychologique et le sujet de la production. Pour parler en termes freudiens, la question n'est plus de faire passer les individus du principe de plaisir au principe de réalité, but thérapeutique des tenants d'une psychanalyse « adaptative » promettant un surcroît de « bonheur » aux mieux adaptés [1], mais de les faire passer du principe de plaisir à l'*au-delà* du principe de plaisir. L'identification des deux sujets s'éloigne des horizons homéostatiques de l'équilibre pour s'opérer dans la logique de l'intensification et de l'illimitation. Sans doute dira-t-on que l'illusion de la bonne jouissance, de l'adaptation du sujet et de l'objet, sous la forme de l'« accomplissement » et de la « maîtrise de soi », est maintenue.

Mais l'essentiel n'est pas là. De ce point de vue, si N. Rose a raison d'avancer que les techniques « psy » et la gouvernementalité propre aux démocraties libérales se co-appartiennent, il ne voit pas suffisamment que l'idéal de maîtrise de soi ne caractérise plus la subjectivité proprement néolibérale [2]. La liberté est devenue une obligation de performance. La normalité n'est plus la maîtrise et la régulation des pulsions, mais leur stimulation intensive comme source énergétique première. Car c'est autour de la norme de la compétition entre entreprises de soi que s'opère la fusion du discours « psy » et du discours économique, que s'identifient les aspirations individuelles et les objectifs d'excellence de l'entreprise, que s'accordent en somme le « microcosme » et le « macrocosme ».

Le management n'est évidemment pas seul à assurer cette conjonction. Le marketing est un *pousse-à-jouir* incessant et omniprésent, d'autant plus efficace qu'il promet par la simple détention des signes et des objets de la « réussite » l'impossible jouissance ultime. Une immense littérature de magazines, un déversement continu d'émissions, un théâtre politique et médiatique *non stop*, un immense discours publicitaire et propagandiste ne cessent de mettre en spectacle la « réussite » comme valeur suprême quels qu'en soient les moyens. Cette « réussite » comme spectacle vaut par elle-même. Elle ne témoigne de rien d'autre que d'une volonté de réussir, malgré les échecs inévitables, et d'un contentement d'y être parvenu, au moins pour un moment de vie. C'est l'image même dans laquelle se condense le dispositif de performance/jouissance. Sous cet angle, des

---

1 Rappelons que pour Freud l'adaptation à la réalité, loin de signifier un renoncement à tout plaisir, génère elle-même une certaine forme de plaisir.

2 N. Rose, *Inventing Ourselves. Psychology, Power and Personhood*, Cambridge University Press, 1996. *Cf. supra* dans ce même chapitre la note 3, p. 423, sur l'idéal éthique de l'*enkrateia*.

responsables politiques d'un nouveau genre comme S. Berlusconi ou N. Sarkozy emblématisent le nouveau cours subjectif [1].

Les cliniques du néosujet

Un tel sujet place sa vérité dans le verdict de la réussite, il se soumet à un « jeu de vérité » dans lequel il fait l'épreuve de sa valeur et de son être. La performance est très exactement la vérité telle que la définit le pouvoir managérial. Ce dispositif d'ensemble produit des effets pathologiques auxquels personne n'échappe tout à fait. À travers l'abondante littérature clinique contemporaine, on peut distinguer un certain nombre de symptômes. Ces derniers ont un point commun : ils peuvent tous se rapporter à l'affaiblissement des cadres institutionnels et des structures symboliques dans lesquels les sujets trouvaient leur place et leur identité. Cet affaiblissement est une conséquence directe de la substitution générale et ouverte de l'entreprise à l'institution ou, plus exactement, de la *mutation de l'institution en entreprise*. C'est désormais l'entreprise qui tend à être la principale institution dispensatrice des règles, des catégories, des interdits légitimes ; c'est aussi en tant qu'entreprise que toute autre institution a la légitimité de fixer des règles et des identités sociales ; c'est enfin à la manière de l'entreprise, selon la logique de l'efficacité et de la compétition, que toute institution participe à la normativité.

Le paradoxe autour duquel tourne la clinique est que les institutions qui distribuent les places, fixent les identités, stabilisent les relations, imposent des limites, sont de plus en plus régies par un *principe de dépassement continu des limites*, principe que le néomanagement a précisément pour charge de mettre en œuvre. Le « monde sans limite » ne relève pas d'un quelconque retour à la « nature », il est l'effet d'un régime institutionnel particulier qui regarde toute limite comme étant potentiellement déjà dépassée. Loin du modèle d'un pouvoir central qui télécommanderait directement les sujets, le dispositif de performance/jouissance se distribue en mécanismes de contrôle, d'évaluation et d'incitation diversifiés et participe de tous les rouages de la production, de tous les modes de consommation, de toutes les formes de relations sociales.

Nous nous proposons ici d'établir un tableau d'ensemble des diagnostics portés par la clinique en cours de développement.

---

1   *Cf.* Michaël Foessel et Olivier Mongin, « Les mises en scène de la réussite. Entreprendre, entraîner, animer », *Esprit*, novembre 2007, p. 22-42.

La souffrance au travail et l'autonomie contrariée

Les effets du management par objectifs et par projets ont fait l'objet de nombreuses analyses sociologiques et psychologiques, dont certaines ont eu un large retentissement [1]. Le « stress » et le « harcèlement » au travail sont désormais reconnus, en relation avec la multiplication des suicides sur le lieu de travail, comme des « risques psychosociaux » douloureux, dangereux et spécialement coûteux pour les assurances collectives [2].

Si ces symptômes sont souvent dépendants de l'intensification du travail, elle-même liée aux flux tendus et aux effets pervers de la réduction du temps de travail sur les contraintes de productivité, des pathologies mentales comme le stress sont mises en rapport avec l'individualisation de la responsabilité dans la réalisation des objectifs. Le salarié, seul devant des tâches impossibles ou des doubles injonctions, risque plus qu'avant de perdre la considération de ses chefs ou de ses pairs. L'affaiblissement des collectifs de travail renforce cet isolement du salarié. L'accentuation des contrôles remet en question le « jeu social » dans l'organisation, c'est-à-dire la marge de liberté que laisse le rapport salarial et qui donne sens au travail, de même qu'elle contrarie l'aspiration des salariés à une plus grande autonomie réelle [3]. Le risque professionnel, devenu normal, place l'individu dans une constante vulnérabilité que les manuels de gestion interprètent positivement comme un état exaltant et enrichissant (« une épreuve qui vous fait grandir »). Lorsque le sujet managérial a lié son narcissisme à la réussite conjuguée de soi et de l'entreprise dans un climat de guerre concurrentielle, le moindre « revers de fortune » peut produire des effets d'une extrême violence. La gestion néolibérale de l'entreprise, en

---

1   *Cf.* Christophe DEJOURS, *Souffrance en France. La Banalisation de l'injustice sociale*, Seuil, Paris, 2006.

2   *Cf.* le « Rapport sur la détermination, la mesure et le suivi des risques psychosociaux au travail » remis le 12 mars 2008 par Philippe Nasse, magistrat honoraire, et Patrick Légeron, médecin psychiatre, à Xavier Bertrand, ministre du Travail, des Relations sociales et de la Solidarité.

3   Comme l'écrivent Michel Gollac et Serge Volkoff, « au-delà des modes et des techniques managériales, capter au profit de l'entreprise l'énergie que les individus peuvent investir dans des activités économiquement désintéressées est une préoccupation constante et avouée de la gestion des ressources humaines : lorsqu'il s'agit d'augmenter la productivité, aucune ressource ne doit être négligée et tel est le sens du "zéro mépris". Mais, quand l'intensification du travail rend celui-ci plus pénible, dévalorise l'expérience du poste, gêne les apprentissages, perturbe les collectifs, les termes d'autonomie ou de participation changent de sens. Le zéro mépris se combine alors avec une infinie duplicité » (M. GOLLAC et S. VOLKOFF, « *Citius, Altius, Fortius*. L'intensification du travail », *loc. cit.*, p. 67).

intériorisant la contrainte de marché, introduit l'incertitude et la brutalité de la compétition et les fait supporter aux sujets sur le mode de l'échec personnel, de la honte, de la dévalorisation.

Les contradictions de la nouvelle organisation du travail, dont témoignent les oxymores sociologiques déjà évoqués (« implication contrainte », « contrainte souple », etc.), ne font que renforcer les déceptions professionnelles et bloquer toute possibilité d'un conflit ouvert et collectif. Une fois que l'équipe et l'individu ont accepté d'entrer dans la logique de l'évaluation et de la responsabilisation, il ne peut plus y avoir de véritable contestation du fait même que c'est par autocontrainte que le sujet a réalisé ce qui était attendu de lui [1]. Le sujet au travail apparaît en tout cas d'autant plus vulnérable que le management a exigé de lui un engagement total de sa subjectivité [2]. L'un des paradoxes du nouveau pouvoir managérial, qui exige cet engagement, est sans doute la délégitimation du conflit qu'entraîne le fait même que les contraintes imposées sont « sans sujet », qu'elles n'ont pas d'auteurs ou de sources identifiables, qu'elles sont données pour intégralement objectives. Le conflit social est bloqué parce que le pouvoir est illisible. C'est sans doute ce qui explique une partie des nouveaux symptômes de « souffrance psychique ».

L'érosion de la personnalité

Dans le droit-fil des remarques de M. Mauss sur le caractère historique et culturel de la personne, nombre de sociologues ont insisté sur la « liquidité », la « fluidité » ou l'« évanescence » des personnalités contemporaines. Pour Richard Sennett, l'organisation flexible, parfois présentée comme l'occasion de façonner librement sa vie, entame en réalité le « caractère » et érode tout ce qu'il y a de stable dans la personnalité : ses liens aux autres, ses valeurs et ses repères [3]. Le temps de la vie est de moins en moins linéaire, de moins en moins programmable. Sous ce rapport, le signe le plus tangible de la nouvelle normativité est que « le temps long n'existe pas [4] ». Le travail n'offre plus un cadre stable, une carrière

---

1   J.-P. DURAND, *La Chaîne invisible. Travailler aujourd'hui : du flux tendu à la servitude volontaire, op. cit.*, p. 309.

2   *Cf.* Nicole AUBERT et Vincent DE GAULEJAC, *Le Coût de l'excellence*, Seuil, Paris, 1991.

3   R. SENNETT, *Le Travail sans qualités. Les Conséquences humaines de la flexibilité*, Albin Michel, Paris, 2000. Le titre en anglais est plus éloquent : *The Corrosion of Character, The Personal Consequences of Work in the New Capitalism*.

4   *Ibid.*, p. 24.

prévisible, un ensemble de relations personnelles solides. Instabilité des « projets » et des « missions », variation continuelle des « réseaux » et des « équipes » : le monde professionnel devient une somme de « transactions » ponctuelles en lieu et place de relations sociales impliquant un minimum de loyauté et de fidélité. Ce qui n'est pas sans retentir sur la vie privée, l'organisation familiale, la représentation de soi : « Le capitalisme du court terme menace de corroder le caractère, en particulier les traits de caractère qui lient les êtres humains les uns aux autres et donnent à chacun un sentiment de son moi durable [1]. » En particulier, le salarié ne trouve plus d'appui dans l'expérience accumulée durant sa vie professionnelle.

Cette tendance à ne considérer que les compétences immédiatement utilisables explique leur obsolescence rapide comme l'éviction hors de la vie professionnelle des « seniors ». Elle entretient un rapport complexe avec la représentation de la vie comme un « capital humain » qui se conserverait à travers le temps. Ce dernier, en réalité, est soumis au même risque de dévalorisation que le capital technique, ce qui n'est pas sans affecter profondément des individus confrontés avec l'âge au sentiment déprimant de leur inutilité sociale et économique. Les principes pratiques sont clairement énoncés dans l'enquête menée par R. Sennett auprès des salariés : « Tout est toujours à recommencer », « Il faut toujours faire ses preuves », il faut « repartir à zéro ». L'effet est multiple : une usure professionnelle accélérée et un « chaos » relationnel et psychique. La personnalité nouvelle ? « un soi malléable, un collage de fragments en perpétuel devenir, toujours ouvert à l'expérience nouvelle », selon R. Sennett [2].

La démoralisation

On a vu plus haut combien le néomanagement tendait à contrôler les comportements et les attitudes en sollicitant un effort constant d'autocontrainte [3]. Cette « ascèse » au service de la performance de l'entreprise, combinée à une évaluation régulière des salariés dans la « chaîne managériale », normalise les conduites tout en ruinant en même temps les engagements des sujets les uns envers les autres. Les relations, les sentiments et les affects positifs sont mobilisés au nom de l'efficacité. Eva Illouz souligne combien l'espace de l'entreprise et de la consommation est saturé de

---

1   *Ibid.*, p. 31.
2   *Ibid.*, p. 189.
3   *Cf.* Gabrielle BALAZS et Jean-Pierre FAGUER, « Une nouvelle forme de management, l'évaluation », *Actes de la recherche en sciences sociales*, n° 114, septembre 1996.

sentiments qui sont instrumentalisés par les stratégies économiques[1]. L'importance du thème des « émotions » dans les formations et les tests (capital émotionnel, intelligence émotionnelle, compétences émotionnelles) renvoie à cette obligation de bien-être et d'amour, qui n'est pas sans introduire un doute permanent sur la sincérité des sentiments exprimés.

L'érosion des liens sociaux se traduit par la mise en question des générosités, des fidélités, des loyautés, des solidarités, de tout ce qui participe de la réciprocité sociale et symbolique sur les lieux de travail. Puisque la principale qualité attendue de l'individu contemporain est la « mobilité », la tendance au détachement et à l'indifférence qui en résulte n'est pas sans contrarier les efforts pour exalter l'« esprit d'équipe » et pour souder la « communauté de l'entreprise ». Mais cette valorisation du *teamwork* dans la nouvelle organisation du travail n'a rien à voir avec la constitution d'une solidarité collective : l'équipe à géométrie variable est strictement opérationnelle et opère vis-à-vis de ses membres comme un levier pour réaliser les objectifs assignés. Plus largement, l'idéologie de la réussite de l'individu « qui ne doit rien à personne », celle du *self-help*, est destructrice du lien social en tant que ce dernier repose sur des devoirs de réciprocité envers autrui. Comment faire tenir ensemble des sujets qui ne doivent rien à personne ? Sans doute la méfiance, voire la haine, envers les mauvais pauvres, les paresseux, les vieux à charge et les immigrés a ses effets de « colle » sociale. Elle n'est pas sans revers si chacun se sent menacé de devenir un jour inefficace et inutile.

La dépression généralisée

L'homme à flux tendu, vivant au rythme de l'économie financière, est exposé à des krachs personnels[2]. Pour A. Ehrenberg, le culte de la performance conduit le plus grand nombre à faire l'épreuve de son insuffisance et à produire des formes dépressives à grande échelle. On sait que le diagnostic de « dépression » a connu une multiplication par 7 de 1979 à 1996, véritable maladie « fin-de-siècle » comme le fut jadis la « neurasthénie »[3]. La dépression est en réalité l'envers de la performance, une réponse du sujet à l'injonction de se réaliser et d'être responsable de soi, de se dépasser

---

1   E. ILLOUZ, *Les Sentiments du capitalisme*, Seuil, Paris, 2006.
2   Nicole AUBERT, *Le Culte de l'urgence. La société malade du temps*, Flammarion, « Champs », Paris, 2004.
3   *Cf.* Philippe PIGNARRE, *Comment la dépression est devenue une épidémie*, La Découverte, Paris, 2001.

toujours plus haut dans l'aventure entrepreneuriale [1]. « L'individu est confronté à une pathologie de l'insuffisance plus qu'à une maladie de la faute, à l'univers du dysfonctionnement plus qu'à celui de la loi : le déprimé est un homme en panne [2]. » Le symptôme dépressif fait désormais partie de la normativité comme son élément négatif : le sujet qui ne soutient pas la concurrence par laquelle il peut entrer en contact avec les autres est un être faible, dépendant, soupçonné de n'être pas « à la hauteur ». Le discours de la « réalisation de soi » et de la « réussite de sa vie » induit une stigmatisation des « ratés », des « paumés » et des gens malheureux, c'est-à-dire incapables d'accéder à la norme sociale du bonheur. Le « ratage social » est à la limite considéré comme une pathologie [3].

Lorsque l'entreprise devient une forme de vie – une « *Lebensführung* » aurait dit Max Weber –, la multiplicité des choix à faire au quotidien, l'encouragement à la continuelle prise de risque, l'incitation permanente à la capitalisation personnelle sont susceptibles d'entraîner à la longue une « fatigue d'être soi ». Un univers commercial de plus en plus complexe fait potentiellement de chaque acte le résultat d'une collecte d'informations et d'une délibération qui prennent du temps et coûtent des efforts : le sujet néolibéral doit devenir prévoyant en tous les domaines (assurances en tout genre), il doit opter en tout comme s'il s'agissait de placements (dans un « capital éducation », un « capital santé », un « capital vieillesse »), il doit choisir de façon rationnelle entre une large gamme d'offres commerciales pour l'achat de services les plus simples (son heure et sa date de voyage par train, le mode d'acheminement de son courrier, ses accès aux réseaux, son fournisseur d'électricité et de gaz).

À cette « maladie de la responsabilité », à cette usure provoquée par le choix permanent, le remède le plus répandu est un dopage généralisé. Le médicament prend le relais de l'institution qui ne soutient plus, qui ne reconnaît plus, qui ne protège plus des individus trop seuls. Addictions diverses, dépendances aux médias visuels constitueraient quelques-uns de ces étais artificiels. La consommation des marchandises participerait elle aussi de cette médication sociale, en suppléance d'institutions affaiblies.

Cette symptomatologie dépressive est souvent associée à une demande non satisfaite de reconnaissance adressée aux employeurs. Loin d'être ignorée, cette dimension de la dignité, de l'estime de soi, de la reconnaissance est pourtant, comme on l'a vu, omniprésente dans la rhétorique

---

1   *Cf.* Alain EHRENBERG, *La Fatigue d'être soi. Dépression et société*, Odile Jacob, 2000.
2   *Ibid.*, p. 16.
3   *Cf.* les remarques d'Eva ILLOUZ, *Les Sentiments du capitalisme, op. cit.*

managériale. Sans doute faut-il voir dans cette demande la traduction d'un phénomène majeur, celui du rapport du sujet à des institutions qui ne sont plus en mesure de le doter des identités et des idéaux qui le feraient moins douter de sa valeur.

La désymbolisation

L'affaiblissement de tout idéal porté par les institutions, cette « désymbolisation » dont parlent les psychanalystes, donne naissance selon certains à une « nouvelle économie psychique » qui a de moins en moins à voir avec la clinique du temps de Freud [1].

Le rapport entre générations comme le rapport entre sexes, autrefois structurés et mis en récit par une culture qui distribuait les places différentes, sont devenus pour le moins incertains. Aucun principe éthique, aucun interdit, ne semble plus tenir face à l'exaltation d'un choix infini et illimité. Placé en état d'« apesanteur symbolique », le néosujet est obligé de se fonder sur lui-même, au nom du libre choix, pour se conduire dans la vie. Cette convocation au choix permanent, cette sollicitation de désirs supposés illimités, fait du sujet un jouet flottant : un jour, il est invité à changer de voiture, un autre de partenaire, un autre d'identité et un autre encore de sexe, au gré du jeu de ses satisfactions et insatisfactions. Faut-il pour autant conclure à une « désymbolisation du monde » [2] ? Sans doute vaudrait-il mieux dire que la structure symbolique fait l'objet d'une instrumentalisation par la logique économique capitaliste. C'est le sens que l'on peut donner à ce que Lacan a appelé le « discours capitaliste ». Les identifications à des postes, des fonctions, des compétences propres à l'entreprise, comme l'identification à des groupes de consommation, à des signes et marques de la mode et de la publicité, fonctionnent comme des assujettissements de substitution relativement aux places dans la parenté ou aux statuts dans la Cité. La manipulation de ces identifications par l'appareil économique fait d'elles des « idéaux du moi volatils en constant remaniement [3] ». En d'autres termes, l'identité est devenue un produit consommable. Si, comme l'indiquait Lacan, le discours capitaliste consomme tout,

---

1   *Cf.* sur ce point les réflexions de Charles MELMAN, *L'Homme sans gravité. Jouir à tout prix*, entretien avec Jean-Pierre Lebrun, Denoël, Paris, 2002.

2   Dany-Robert DUFOUR, *L'Art de réduire les têtes. Sur la nouvelle servitude de l'homme libéré à l'ère du capitalisme total*, Denoël, Paris, 2003, p. 13 : « L'échange marchand aujourd'hui tend à désymboliser le monde. »

3   *Ibid.*, p. 127.

et s'il consomme autant de ressources naturelles que de matériel humain, il consume aussi beaucoup de formes institutionnelles et symboliques, comme Marx en avait fait la remarque dans le *Manifeste*. Ce n'est pas pour les faire disparaître toutes, mais pour les remplacer par celles qui lui co-appartiennent : les entreprises et les marchés [1].

Cette instrumentalisation du symbolique par les institutions économiques introduit chez le sujet non seulement cette « fluidité » des idéaux, mais également un fantasme de toute-puissance sur les choses et sur les êtres. On a prise sur tout, par des mots-outils à la disposition des individus et de leurs intérêts, mots qui se confondent avec les choses mêmes. Au monde des interdits et des frontières, qui instituaient la séparation des places sexuelles et générationnelles, s'est substitué un univers de la quantité qui est celui de la science comme de la marchandise. Discours marchand et discours de la science se complètent pour constituer ce que le psychanalyste Jean-Pierre Lebrun appelle un « monde sans limite [2] ». Le sujet est ainsi constamment renvoyé à lui-même, conduit à osciller entre les tentations perpétuelles encouragées par les instances sociales de la cupidité et les interdits qu'il s'adresse à lui-même, à défaut d'une instance interdictrice crédible appuyée sur un idéal social. La formation du nouveau sujet n'emprunte plus les voies normatives de la famille œdipienne. Le père n'est souvent plus qu'un étranger désavoué pour n'être pas au courant de la dernière tendance du marché ou pour ne point gagner suffisamment d'argent. Le point névralgique pour les psychanalystes reste celui du caractère indisponible d'une figure de l'Autre – le plan symbolique – afin de détacher le petit humain du désir de la mère et le faire accéder par le truchement du Nom du Père au statut d'un sujet de la loi et du désir. Or, avec la défaillance des instances religieuses et politiques, il n'y a plus dans le social d'autres références communes que le marché et ses promesses. À bien des égards, le discours capitaliste entraînerait une psychotisation de masse par la destruction des formes symboliques. C'était la thèse de G. Deleuze et de F. Guattari, comme on l'a rappelé plus haut. Mais c'était également celle de Lacan, ce que l'on sait moins : « Ce qui distingue le discours du capitaliste est ceci : la *Verwerfung*, le rejet, le rejet en dehors de tous les champs du symbolique avec ce que j'ai déjà dit que cela a comme conséquence. Le rejet de quoi ?

---

1   *Ibid.*, p. 137.
2   Jean-Pierre LEBRUN, *Un monde sans limite. Essai pour une clinique psychanalytique du social*, Érès, Toulouse, 1997, p. 122.

De la castration [1]. » Ce monde de la toute-puissance dans lequel est happé le sujet sans limite est-il d'ores et déjà caractérisé par la psychose de masse, avec ses bords schizo et parano, ou bien est-il encore préservé de cette dérive par des modes de défense d'un autre registre, par exemple par une perversion systémique [2] ?

La « perversion ordinaire » [3]

Pour certains psychanalystes, bénéficiant par rapport à Lacan d'un recul d'une trentaine d'années, nous serions plutôt entrés dans un univers où la déception qui caractérise le névrosé, en butte à l'inadéquation de la chose à son désir, est remplacée par une *relation perverse à l'objet* fondée sur l'illusion imaginaire de la jouissance totale. Tout s'équivaut, se monnaye et se négocie. Mais, si tout paraît possible, tout est douteux, tout est suspect, parce que rien ne fait loi pour personne. Le fait de tout transformer en affaires [4] ou encore la propension à l'apologie constante de la transgression comme nouvelle norme seraient quelques-uns des indices de cette équivalence générale. Charles Melman a montré combien la mise en cause de toutes les représentations qui empêchaient le travail de la perversion manipulatrice directe a aujourd'hui partie liée avec une expansion économique qui « a besoin pour se nourrir de voir se rompre les timidités, les pudeurs, les barrières morales, les interdits. Cela afin de créer des populations de consommateurs avides de jouissance parfaite, sans limite et addictives [5] ». L'affaiblissement de l'idéal enliserait le désir dans la simple envie

---

1   La castration s'entend chez Lacan comme une séparation d'avec la jouissance de la mère du fait de l'entrée dans l'ordre symbolique. Cité par D.-R. DUFOUR, *L'Art de réduire les têtes, op. cit.*, p. 122-123 (Séminaire « Ou pire », séance du 3 février 1972 ; séminaire à Sainte-Anne, « Le savoir du psychanalyste », séance du 6 janvier 1972).

2   Certaines apologies managériales de la production de conduites paranoïdes ne manquent pas d'intérêt. Andrew Grove, le président d'Intel Corporation, dans son ouvrage *Seuls les paranos survivent* (*Only the Paranoid Survive*, Doubleday, New York, 1996), préconisait une méthode de direction liant directement la norme de compétition à une gestion « psychotisante » du personnel : « La peur de la concurrence, la peur de la faillite, la peur de se tromper, la peur de perdre peuvent être de puissantes motivations. *Comment cultiver la peur de perdre chez nos employés ?* Nous ne pouvons le faire que si nous l'éprouvons nous-mêmes » (p. 6).

3   Nous empruntons la formule à Jean-Pierre LEBRUN, *La Perversion ordinaire. Vivre ensemble sans autrui*, Denoël, Paris, 2007.

4   Sur les « affaires » comme modalité du rapport pervers à l'objet, *cf.* Roland CHÉMAMA, « Éléments lacaniens pour une psychanalyse au quotidien », *Le Discours psychanalytique*, Éditions de l'association freudienne internationale, 1994, p. 299-308.

5   C. MELMAN, *L'Homme sans gravité, op. cit.*, p. 69-70

des biens possédés par les semblables, dans cette *pleonexia* que Hobbes désignait déjà comme la marque de la société de son temps [1]. Mais, plus l'être humain est engagé dans cette addiction aux objets marchands, plus il tend à devenir lui-même un objet qui ne vaut que par ce qu'il produit dans le champ économique, un objet qui sera donc mis au rebut lorsqu'il aura perdu de sa « performance », quand il sera hors d'usage.

De fait, la subjectivation néolibérale n'est pas sans introduire de plus en plus ouvertement un rapport de jouissance obligé avec tout autre individu, rapport que l'on pourrait appeler aussi un rapport d'*objectalisation*. Il ne s'agit pas ici simplement de transformer autrui en chose selon un mécanisme de « réification » ou de « chosification », pour reprendre un thème de prédilection de l'École de Francfort, mais de ne plus pouvoir accorder à l'autre, mais aussi à soi-même en tant qu'autre, que sa valeur de jouissance, c'est-à-dire sa capacité de « rendre » un *plus*. L'objectalisation, ainsi définie, se présente sous un triple registre : les sujets, par le moyen des techniques managériales, font l'épreuve de leur propre être en tant que « ressources humaines » consommées par les entreprises pour la production du profit ; assujettis à la norme de performance, ils se prennent les uns les autres, dans la diversité de leurs rapports, pour des objets à posséder, à modeler et à transformer pour mieux parvenir à leur satisfaction ; ciblés par les techniques de marketing, les sujets poursuivent dans la consommation des marchandises une jouissance ultime qui recule à mesure qu'ils s'épuisent à la rejoindre.

Cette implacable logique a un « coût » subjectif très élevé. Si le vaincu souffre de ses insuffisances, le vainqueur a tendance à faire souffrir les autres comme autant d'objets sur lesquels il assure son emprise. La chose n'est pas nouvelle. Mais, une fois installé un « monde sans limite », la petite perversion quotidienne, ou plus exactement ce qu'il y a d'incitation à la perversion dans la situation de concurrence générale, trouve un champ d'expansion inédit. La perversion qui se marque cliniquement par le fait de consommer des partenaires comme des objets que l'on jette dès qu'on les estime insuffisants serait devenue la nouvelle norme des relations sociales [2]. L'impératif catégorique de la performance se concilie par là avec les fantasmes de toute-puissance, avec l'illusion socialement répandue d'une jouissance totale et sans limite. Selon C. Melman, on passerait ainsi

1   Sur ce point, *cf. supra*, chap. 1.
2   C. Melman, *L'Homme sans gravité, op. cit.* , p. 67.

d'une économie psychique organisée par le refoulement à une « économie organisée par l'exhibition de la jouissance [1] ».

La jouissance de soi du néosujet

La psychanalyse peut nous aider à considérer la manière dont les néosujets fonctionnent selon le régime de la *jouissance de soi*. Si l'on en croit J. Lacan, cette jouissance de soi, entendue comme aspiration à la plénitude impossible, en cela très différente du simple plaisir, se donne comme toujours limitée et partielle dans l'ordre social. L'institution est en quelque sorte ce qui a charge de la limiter et de donner sens à cette limite. L'entreprise, forme générale de l'institution humaine dans les sociétés capitalistes occidentales, n'échappe pas à cette règle, à ceci près qu'elle le fait désormais d'une manière *déniée*. Elle limite la jouissance de soi par la contrainte du travail, la discipline, la hiérarchie, par tous les renoncements qui participent d'une certaine ascèse laborieuse. La perte de jouissance n'est pas moins marquée que dans les sociétés religieuses, elle l'est *autrement*. Les sacrifices ne sont plus administrés et justifiés par une loi donnée comme inhérente à la condition humaine, sous ses différentes variétés locales et historiques, mais par la revendication d'une décision individuelle « qui ne doit rien à personne ».

C'est tout un discours social de valorisation à outrance de l'individu autoconstruit [2] qui, en fonctionnant comme un déni, rend possible une telle prétention subjective : la perte n'est pas vraiment une perte, puisque c'est le sujet lui-même qui l'aurait décidée. Mais ce mythe social, dont les effets sur l'éducation familiale et scolaire ne sont plus à négliger, n'est que l'un des volets du fonctionnement du néosujet. Il lui faut bien consentir à se livrer au travail, à se plier aux contraintes de l'ordinaire de la vie. S'il est requis de le faire, c'est comme entreprise de soi, de sorte que le moi peut se soutenir d'une pleine jouissance *imaginaire* dans un monde complet. Chacun est le maître ou, du moins, croit pouvoir l'être. Jouissance de soi dans l'ordre de l'imaginaire et déni de la limite apparaissent ainsi comme la loi même de l'ultrasubjectivation.

Dans les sociétés anciennes, le sacrifice d'une part de jouissance était productif. Les grandes constructions religieuses et politiques, leurs édifices

---

1   *Ibid*, p. 18-19.
2   Olivier REY, *Une folle solitude. Le Fantasme de l'homme autoconstruit*, Seuil, Paris, 2006.

dogmatiques et architecturaux ont témoigné de cette production. Dans le premier capitalisme, le capital accumulé était bien encore un produit de cette sorte, fruit des restrictions imposées à la consommation des classes populaires comme de la bourgeoisie d'ailleurs. Pour l'économie politique classique, la perte était ainsi interprétée comme un coût en vue d'un bénéfice.

Il en va autrement aujourd'hui. Si la perte est déniée, l'illimitation de la jouissance peut être sur le plan imaginaire mobilisée au service de l'entreprise, elle-même prise dans des logiques imaginaires d'expansion infinie, de valorisation boursière sans limite. Certes, il faudra bien en passer par une rationalisation technique de la subjectivité, mais ce ne sera jamais que pour qu'elle « s'accomplisse ». Le travail n'est pas une peine, il est jouissance de soi par la performance qu'il faut réaliser. Il n'y a pas de perte puisque c'est « pour soi », immédiatement, que l'on travaille. Ce qui fait donc l'objet du déni, c'est le caractère hétéronormé de l'ultrasubjectivation, c'est-à-dire le fait que l'illimitation de la jouissance dans l'au-delà de soi soit ordonnée à l'illimitation de l'accumulation marchande.

Ce qui distingue la nouvelle logique normative, c'est qu'elle ne réclame pas un renoncement complet de l'individu au profit d'une force collective invincible et d'un avenir radieux, mais qu'elle entend obtenir une sujétion non moins totale de sa participation à un jeu « gagnant-gagnant », selon la formule éloquente qui est censée rendre compte de la vie professionnelle et sociale. Tandis que, dans le vieux capitalisme, tout le monde perdait quelque chose, le capitaliste, la jouissance assurée de ses biens par le risque pris, et le prolétaire, la libre disposition de son temps et de sa force, dans le nouveau capitalisme personne ne perd, tout le monde gagne. Le sujet néolibéral ne peut perdre puisqu'il est à la fois le travailleur qui accumule du capital et l'actionnaire qui en jouit. Être son propre travailleur et son propre actionnaire, « performer » sans limites et jouir sans entraves des fruits de son accumulation, tel est l'imaginaire de la condition néosubjective.

La sorte de désarrimage dont témoigne la clinique des néosujets, leur état de suspension hors des cadres symboliques, leur rapport flottant au temps, leurs relations aux autres réduites à des transactions ponctuelles, n'est pas dysfonctionnelle relativement aux impératifs de la performance comme aux nouvelles technologies de réseau. L'essentiel est ici de comprendre que l'*illimitation de la jouissance de soi est dans l'ordre de l'imaginaire l'exact envers de la désymbolisation*. Le sentiment de soi est donné dans l'excès, dans la rapidité, dans la sensation brute donnée par l'agitation, ce qui expose certes le néosujet à la dépression et à la dépendance, mais lui permet aussi cet état « connexionniste » dont il tire, à défaut d'un lien légitime à une instance tierce, un soutien fragile et une efficacité attendue. La clinique de la subjectivité néolibérale ne doit jamais perdre de vue que le « pathologique » participe de la même normativité que le « normal ».

Le gouvernement du sujet néolibéral

À suivre le tableau clinique du néosujet, l'entreprise de soi a deux visages, celui, triomphant, de la réussite sans vergogne, celui, déprimé, de l'échec face à des processus immaîtrisables et des techniques de normalisation [1]. Oscillant entre dépression et perversion, le néosujet est condamné à se faire double : maître de performances que l'on admire et objet de jouissance que l'on jette.

À l'aune de cette analyse, la présentation lassante que l'on fait trop souvent d'un « individualisme hédoniste » ou d'un « narcissisme de masse » apparaît comme une manière déguisée d'en appeler à la restauration des formes traditionnelles de l'autorité. Or rien n'est plus erroné que de considérer le néosujet à la manière des conservateurs. Il n'est point l'homme de la jouissance anarchique « qui ne respecte plus rien ». C'est une erreur équivalente et symétrique de dénoncer la seule réification marchande, l'aliénation de la consommation de masse. Certes, l'injonction publicitaire à jouir participe de cet univers d'objets électifs qui sont, par l'esthétisation-érotisation de la « chose » et la magie de la marque, constitués en « objets de désir » et en promesses de jouissance. Mais il convient aussi de considérer la manière dont ce néosujet, loin d'être livré à ses seuls caprices, est *gouverné* dans le dispositif de performance/jouissance.

Ne voir dans la situation présente des sociétés que la jouissance sans entraves, identifiée tantôt à l'« intériorisation des valeurs de marché », tantôt à l'« expansion illimitée de la démocratie », c'est donc oublier la face sombre de la normativité néolibérale : la surveillance de plus en plus dense de l'espace public et privé, la traçabilité de plus en plus précise des mouvements des individus dans les réseaux, l'évaluation de plus en plus sourcilleuse et mesquine de l'activité des individus, l'action de plus en plus prégnante des systèmes fusionnés d'information et de publicité et, peut-être surtout, les formes de plus en plus insidieuses d'autocontrôle des sujets

---

1 Dans *L'Individu incertain*, A. Ehrenberg remarque à juste titre que l'individu conquérant et l'individu souffrant sont les « deux facettes du gouvernement de soi » (Hachette, « Pluriel », Paris, 1996, p. 18).

eux-mêmes. C'est en somme oublier le caractère d'ensemble du gouvernement des néosujets qui articule, par la diversité de ses vecteurs, l'exposition obscène de la jouissance, l'injonction entrepreneuriale de la performance et la réticulation de la surveillance générale.

Certes, du point de vue des encadrements anciens, il peut bien sembler que le sujet n'est plus « tenu ». C'était déjà l'erreur de perspective commise par les conservateurs du XIXᵉ siècle. Ces derniers ne voyaient dans les « droits de l'homme » que l'avènement de l'anarchie sociale. La mutation des sociétés occidentales était interprétée comme une crise des autorités traditionnelles, laquelle ne pouvait être surmontée que par la restauration des valeurs d'Ancien Régime. C'était méconnaître les formes nouvelles de contrainte qui enserraient les sujets des sociétés industrielles, liées au travail et à sa division technique et sociale. En un mot, c'était méconnaître le nouveau régime moral et politique des sociétés capitalistes de l'époque.

Une méconnaissance analogue est à l'œuvre aujourd'hui qui empêche de comprendre le rapport entre les conduites des néosujets (y compris les manifestations de déviance et de mal-être, les modes de résistance et de fuite) et toutes les formes de contrôle et de surveillance s'exerçant sur eux. Il est ainsi parfaitement stérile de déplorer la crise des institutions d'encadrement comme la famille, l'école, les organisations syndicales ou politiques, ou de pleurer sur le dépérissement de la culture et du savoir comme sur le déclin de la vie démocratique. Mieux vaut chercher à saisir comment toutes ces institutions, ces valeurs, ces activités sont aujourd'hui intégrées et transformées dans le dispositif de performance/jouissance au nom de leur « modernisation » nécessaire ; mieux vaut examiner de près toutes les technologies de contrôle et de surveillance des populations et des individus, leur médicalisation, leur fichage, l'enregistrement de leurs comportements, y compris les plus précoces ; mieux vaut regarder comment des disciplines médicales et psychologiques s'articulent au discours sécuritaire et au discours économique pour renforcer les instruments du management social. Car rien du dispositif de gouvernement des néosujets n'est encore définitivement fixé. Les poussées sont diverses, les sciences candidates ne manquent pas et leurs fusions sont en cours ou à venir [1]. La question centrale posée au gouvernement des individus reste de savoir comment programmer le plus tôt possible les individus pour que

---

1   Après l'essor de la « sociobiologie », la naissance d'une « neuroéconomie » ne doit pas être négligée. La fusion de la biologie du cerveau et de la microéconomie offre sans doute des perspectives intéressantes de contrôle des comportements.

cette injonction au dépassement illimité de soi ne dérive pas vers des comportements trop violents et trop ouvertement délictueux ; elle est de savoir comment maintenir un « ordre public » quand il faut pousser à la jouissance tout en évitant les déchaînements de la démesure. Le « management social de la performance » correspond précisément à cet impératif gouvernemental.

Conclusion

L'épuisement de la démocratie libérale

Q uels sont les grands traits qui caractérisent la raison néolibérale ? Au terme de cette étude, on peut en relever quatre.

Premièrement, contrairement à ce que pensaient les économistes classiques, le marché se présente, non comme une donnée naturelle, mais comme une réalité construite qui requiert en tant que telle l'intervention active de l'État ainsi que la mise en place d'un système de droit spécifique. En ce sens, le discours néolibéral n'est pas directement articulé à une ontologie de l'ordre marchand. Car, loin de chercher dans un quelconque « cours naturel des choses » le fondement de sa propre légitimité, il assume délibérément et ouvertement son caractère de « projet constructiviste[1] ».

Deuxièmement, l'essence de l'ordre de marché réside non pas dans l'échange, mais dans la concurrence, définie elle-même comme relation d'inégalité entre différentes unités de production ou « entreprises ». Construire le marché implique par conséquent de faire valoir la concurrence comme norme générale des pratiques économiques[2]. À cet égard, force est de reconnaître que la principale leçon des ordolibéraux a porté : la mission impartie à l'État, qui va bien au-delà du traditionnel rôle du « veilleur de nuit », est de mettre en place l'« ordre-cadre » à partir de ce principe

---

1 W. BROWN, *Les Habits neufs de la politique mondiale*, op. cit., p. 51 et 97.
2 Cette norme n'exclut nullement, mais implique tout au contraire, des stratégies d'« alliances » mises en œuvre par les firmes afin de renforcer leurs « avantages concurrentiels ». D'où la vogue actuelle dans le vocabulaire du management du terme de « coopétition » qui met en évidence le recours à une combinaison souple de « coopération » et de « concurrence ». Cependant, pas plus que la « coopération volontaire » vantée par Spencer sous la forme du contrat, les relations informelles par lesquelles s'opère un « échange de savoir » entre firmes concurrentes ne relève d'une véritable coopération au sens d'une *mise en commun non transactionnelle*.

« constituant » de la concurrence, de « superviser le cadre général [1] » et de veiller à son respect par tous les agents économiques.

Troisièmement, ce qui est encore plus nouveau, tant relativement au premier libéralisme qu'au libéralisme « réformateur » des années 1890-1920, l'État n'est pas simplement le gardien vigilant de ce cadre, il est lui-même soumis dans sa propre action à la norme de la concurrence. Selon cet idéal d'une « société de droit privé [2] », il n'y a nulle raison pour que l'État fasse exception aux règles de droit qu'il est lui-même chargé de faire appliquer. Bien au contraire, toute forme d'auto-exemption ou d'autosoustraction de sa part ne pourrait que le disqualifier dans son rôle de gardien inflexible de ces mêmes règles. Il résulte de cette primauté absolue du droit privé un évidement progressif de toutes les catégories du droit public qui va dans le sens, non d'une abrogation formelle de ces dernières, mais d'un désamorçage de leur validité opératoire. L'État est désormais tenu de se regarder lui-même comme une entreprise, tant dans son fonctionnement interne que dans sa relation aux autres États. Ainsi, l'État, auquel il revient de construire le marché, a en même temps à se construire selon les normes du marché.

Quatrièmement, l'exigence d'une universalisation de la norme de la concurrence excède largement les frontières de l'État, elle atteint directement jusqu'aux individus considérés dans le rapport qu'ils entretiennent avec eux-mêmes. La « gouvernementalité entrepreunariale » qui doit prévaloir au plan de l'action de l'État trouve en effet une manière de prolongement dans le gouvernement de soi de l'« individu-entreprise », ou, plus exactement, l'État entrepreneur doit, comme les acteurs privés de la « gouvernance », conduire indirectement les individus à se conduire eux-mêmes comme des entrepreneurs. Le mode de gouvernementalité propre au néolibéralisme recouvre donc l'« ensemble des techniques de gouvernement qui excèdent la stricte action étatique et orchestrent la façon dont les sujets se conduisent pour eux-mêmes [3] ». L'entreprise est bien promue au rang de modèle de subjectivation : chacun est une entreprise à gérer et un capital à faire fructifier.

---

1   Sur le sens de ces expressions, *cf.* chap. 7 pour la première et chap. 10, p. 324, pour la seconde.
2   Sur cette expression de F. Böhm, *cf.* chap. 7 ; sur sa reprise et son approfondissement par F. Hayek, *cf.* chap. 9.
3   W. Brown, *Les Habits neufs de la politique mondiale*, *op. cit.*, p. 56.

Une rationalité a-démocratique

De la construction du marché à la concurrence comme norme de cette construction, puis de la concurrence comme norme de l'activité des agents économiques à la concurrence comme norme de la construction de l'État et de son action, enfin de la concurrence comme norme de l'État-entreprise à la concurrence comme norme de la conduite du sujet-entreprise : tels sont les moments par lesquels s'opère l'extension de la rationalité marchande à toutes les sphères de l'existence humaine et qui font de la raison néolibérale une véritable raison-monde.

Qu'on ne s'y trompe pas, il ne s'agit nullement ici de renouer avec le thème habermassien d'une « colonisation du monde vécu », ne serait-ce que parce qu'il n'a jamais existé quelque chose de tel qu'un « monde de la vie » (*Lebenswelt*) qui ne soit toujours déjà pris dans des discours ou investi par des dispositifs de pouvoir. Il s'agit de marquer à quel point cette extension, en effaçant la séparation entre sphère privée et sphère publique, érode jusqu'aux fondements de la démocratie libérale elle-même. En effet, cette dernière présupposait une certaine irréductibilité du politique et de la morale à l'économique, dont on trouve un écho direct dans l'œuvre de A. Smith et de A. Ferguson [1]. Elle présupposait en outre une certaine primauté de la loi comme acte du législatif et, dans cette mesure, une certaine forme de subordination du pouvoir exécutif au pouvoir législatif [2]. Elle impliquait également, sinon une prééminence du droit public sur le droit privé, du moins une conscience aiguë de la nécessaire délimitation de leur sphère respective. Elle vivait corrélativement d'une certaine relation du citoyen au « bien commun » ou au « bien public ». Elle présupposait par là même une valorisation de la participation directe du citoyen aux affaires publiques, tout particulièrement dans les moments où l'existence même de la communauté politique est en jeu.

La rationalité néolibérale, tout en s'accommodant parfaitement de la survivance de ces distinctions au plan de l'idéologie, opère une désactivation sans précédent de leur caractère normatif. Dilution du droit public au profit du droit privé, conformation de l'action publique aux critères de la rentabilité et de la productivité, dévaluation symbolique de la loi comme acte propre du législatif, renforcement de l'exécutif, valorisation de la procédure, tendance des pouvoirs de police à s'affranchir de tout contrôle

---

1 *Cf.* chap. 1 et 2.
2 Comme on a pu le vérifier chez J. Locke (*cf.* chap. 3 et 9).

judiciaire, promotion du « citoyen-consommateur » chargé d'arbitrer entre des « offres politiques » concurrentes, autant de tendances avérées qui témoignent assez de l'épuisement de la démocratie libérale comme norme politique.

L'un des symptômes majeurs de cette désactivation est l'importance prise par le thème de la « bonne gouvernance » dans le discours gestionnaire. C'est toute la réflexion sur l'administration qui s'en trouve technicisée, au détriment des considérations politiques et sociales qui permettraient de faire apparaître à la fois le contexte de l'action publique et la pluralité des options possibles [1]. La conception des biens publics tout comme les principes de leur distribution en sont profondément affectés. L'égalité de traitement et l'universalité des bénéfices sont mises en question tant par l'individualisation de la prestation et la sélection des bénéficiaires en qualité d'échantillons d'un « public-cible » que par la conception consumériste du service public. Les catégories du management tendent en ce sens à occuper la place des principes symboliques communs qui étaient jusque-là au fondement de la citoyenneté [2]. La seule question autorisée dans le débat public est celle de la capacité de mener des « réformes » dont le sens n'est pas explicite, sans que l'on sache très bien quels résultats on cherche à obtenir par cette action sur la société.

Au-delà du mode de gestion et de ses outils techniques, c'est le rapport entre gouvernants et gouvernés qui est radicalement subverti. C'est en effet toute la citoyenneté telle qu'elle s'était construite dans les pays occidentaux depuis le XVIIIᵉ siècle qui est remise en question jusque dans ses racines. On le voit notamment à travers la mise en cause pratique des droits jusque-là attachés à la citoyenneté, à commencer par les droits à la protection sociale, qui ont été historiquement établis comme des conséquences logiques de la démocratie politique. « Pas de droits sans contreparties », dit-on pour obliger les chômeurs à prendre un emploi dégradé, pour faire payer les malades ou les étudiants en échange d'un service dont le bénéfice est regardé comme strictement individuel, pour conditionner les allocations familiales aux formes souhaitables de l'éducation parentale. L'accès à un certain nombre de biens et de services n'est plus considéré comme lié à un statut ouvrant des droits, mais comme le résultat d'une transaction entre une prestation et un comportement attendu ou un coût direct pour l'usager. La figure du « citoyen » investi d'une responsabilité

---

1   *Cf.* P. Le Galès, « Gouvernance », *in* L. Boussaguet, S. Jacquot et P. Ravinet (dir.), *Dictionnaire des politiques publiques, op. cit.*, p. 244.

2   Marc Hufty (dir.), *La Pensée comptable, op. cit*, p. 19.

immédiatement collective s'efface peu à peu de la scène pour laisser la place à l'homme entrepreneurial. Celui-ci n'est pas seulement le « consommateur souverain » de la rhétorique néolibérale, il est le sujet auquel la société ne doit rien, celui qui « n'a rien sans rien » et qui doit « travailler plus pour gagner plus », pour reprendre quelques-uns des clichés du nouveau mode de gouvernement. La référence de l'action publique n'est plus le sujet de droits, mais un acteur auto-entreprenant qui passe avec d'autres acteurs auto-entreprenants les contrats privés les plus variés. Les modes de transaction négociés au cas par cas pour « résoudre les problèmes » tendent ainsi à remplacer les règles de droit public et les procédures de décision politique légitimées par le suffrage universel. Loin d'être « neutre », cette réforme managériale de l'action publique porte directement atteinte à la *logique démocratique de la citoyenneté sociale* : en renforçant les inégalités sociales dans la distribution des prestations et l'accès aux ressources en matière d'emploi, de santé et d'éducation [1], elle renforce par là même les logiques sociales d'exclusion qui fabriquent un nombre croissant de « sous-citoyens » et de « non-citoyens ».

On se méprendrait cependant à ne voir dans la rationalité néolibérale que la remise en question de la « troisième phase » de la démocratisation, celle qui a vu la mise en œuvre d'une « citoyenneté sociale » au XXᵉ siècle venant compléter la « citoyenneté civile » du XVIIIᵉ siècle et la « citoyenneté politique » du XIXᵉ siècle [2]. Le *welfarisme* n'a pas seulement été une pure gestion biopolitique des populations, il n'a pas seulement eu pour effet la consommation de masse dans la régulation fordiste d'après-guerre, il a eu pour raison, comme l'a bien souligné Robert Castel, l'intégration des salariés à l'espace politique moyennant l'établissement des conditions concrètes de la citoyenneté [3]. L'érosion progressive des droits sociaux du citoyen n'affecte donc pas seulement la citoyenneté dite « sociale », elle ouvre la voie à une remise en question générale des fondements de la citoyenneté *comme telle*, dans la mesure même où l'histoire a rendu ces

---

1   *Cf.* Sharon GEWIRTZ, *The Managerial School. Post-Welfarism and Social Justice in Education*, Routledge, Londres, 2002. Toutes les recherches sur les effets de l'« école managériale » menées dans les pays les plus avancés dans cette voie montrent l'accroissement des inégalités scolaires et la marginalisation de la fraction la plus pauvre de la population dans des établissements ghettos.

2   Ce schéma historique a été présenté par le sociologue T. H. Marshall en 1949 lors d'une conférence intitulée « Citizenship and social class », citée par A. O. HIRSCHMAN, *Deux siècles de rhétorique réactionnaire, op. cit.*, p. 14 *sq.*

3   R. CASTEL, *Les Métamorphoses de la question sociale*, Fayard, Paris, 1995 [réédition. Gallimard, « Folio », 1999].

fondements solidaires les uns des autres. Par là elle introduit à une nouvelle phase de l'histoire des sociétés occidentales [1].

À cet égard, il est frappant de constater à quel point la mise en question des droits sociaux est étroitement liée à la mise en question pratique des fondements culturels et moraux, et pas seulement politiques, des démocraties libérales. Le cynisme, le mensonge, le mépris, le philistinisme, le relâchement du langage et des gestes, l'ignorance, l'arrogance de l'argent et la brutalité de la domination valent des titres à gouverner au nom de la seule « efficacité ». Quand la performance est le seul critère d'une politique, qu'importe le respect des consciences, de la liberté de pensée et d'expression, qu'importe le respect des formes légales et des procédures démocratiques ? La nouvelle rationalité promeut ses propres critères de validation qui n'ont plus rien à voir avec les principes moraux et juridiques de la démocratie libérale. Rationalité strictement managériale, elle ne regarde les lois et les normes que comme de purs instruments dont la valeur toute relative ne dépend que de la réalisation des objectifs. En ce sens, nous n'avons pas affaire à un simple « désenchantement démocratique » passager, mais à une mutation beaucoup plus radicale dont la désymbolisation qui affecte le politique dit à sa façon toute l'ampleur.

C'est en quoi W. Brown se trouve parfaitement fondée à utiliser le néologisme de « *dé*-démocratisation » : la neutralisation pratique des catégories fondatrices de la démocratie libérale, telle qu'elle se manifeste notamment à travers la suspension de la loi et la transformation de l'état d'exception en état permanent, si bien analysées par Giorgio Agamben [2], n'équivaut nullement, ni même ne prélude à la mise en place d'un *nouveau régime politique* [3]. Elle traduit bien plutôt une pente prononcée de la nouvelle logique normative à estomper les différences entre régimes politiques au point de les reléguer dans une relative *indifférenciation*, laquelle menace *in fine* jusqu'à la pertinence de la notion de « régime politique » héritée de toute la tradition classique.

---

[1]   Phase que Colin Crouch a proposé d'appeler la « postdémocratie ». *Cf.* C. CROUCH, *Post-Democracy*, Polity Press, Cambridge, 2004.

[2]   G. AGAMBEN, *État d'exception. Homo sacer*, Seuil, Paris, 2003.

[3]   Contrairement à ce que pense Jean-Claude Paye qui tient que la suspension du droit signifie la constitution d'une « dictature souveraine » au sens de C. Schmitt, c'est-à-dire d'une dictature fondatrice d'un nouvel ordre de droit (*La Fin de l'État de droit. La lutte antiterroriste, de l'état d'exception à la dictature*, La Dispute, Paris, 2004, p. 197 *sq.*). W. Brown parle plus prudemment d'une « nouvelle configuration politique » ou d'une « forme politique et sociale pour laquelle nous n'avons pas encore de nom », *Les Habits neufs de la politique mondiale, op. cit.*, p. 69-70.

Il faut bien voir cependant que cette indifférence, loin de relever d'un simple « accident de parcours », est inscrite dès le début dans le projet intellectuel et politique du néolibéralisme. L'opposition « démocratie *versus* totalitarisme », contemporaine de la guerre froide, dont Raymond Aron a donné la formulation la plus aboutie [1], a masqué une autre opposition tout aussi importante entre deux formes de la démocratie. En effet, pour F. Hayek, la seule opposition pertinente est celle du libéralisme et du totalitarisme, et non celle de la démocratie et du totalitarisme. Fonder cette nouvelle opposition exigeait d'abord de réduire la démocratie à une procédure de sélection des dirigeants qui doit avant tout être jugée sur son résultat pratique, et non sur les valeurs qui la fondent prétendument [2]. Tandis que la démocratie ne concerne que la manière de choisir les dirigeants (par l'élection), le libéralisme se définit essentiellement par l'exigence d'une limitation du pouvoir (fût-il celui de la majorité). Par conséquent, même si les dirigeants sont élus par la majorité, il suffit que le pouvoir exercé par cette majorité soit illimité pour qu'on ait alors affaire à une « démocratie totalitaire ». Inversement, le libéralisme peut être démocratique ou autoritaire, selon le mode de désignation des dirigeants. Il n'empêche que le libéralisme, qu'il soit démocratique ou autoritaire, est toujours préférable à la « tyrannie de la majorité » [3].

Ce qui est ici en cause, c'est l'idée que la démocratie s'identifierait à la souveraineté du peuple. Pour F. Hayek, c'est là une confusion typiquement « constructiviste » entre l'*origine* du choix des représentants et le *champ* légitime d'exercice du pouvoir : la doctrine de la souveraineté du peuple ne peut en réalité qu'aboutir à reconnaître au gouvernement un droit d'intervenir de façon illimitée dans les affaires de la collectivité au gré des majorités électorales. Il n'est donc guère étonnant que l'attribution directe de la liberté à un peuple, si essentielle à la spécificité du concept de liberté politique, lui paraisse en tant que telle suspecte. Dire d'un peuple qu'il est libre, ce n'est finalement rien d'autre que d'opérer une « transposition du concept de liberté individuelle à des groupes d'hommes considérés comme un tout ». Or, comme F. Hayek le fait encore remarquer, « un peuple libre

---

1   R. Aron, *Démocratie et Totalitarisme*, Gallimard, « Folio », Paris, 1987. Rappelons que, selon cette opposition, la démocratie repose sur le pluralisme politique alors que le totalitarisme renvoie au monopole du parti unique.
2   F. Hayek, *La Constitution de la liberté, op. cit.*, p. 104.
3   Il y a là de quoi éclairer une nouvelle fois l'attitude de F. Hayek et de M. Friedman à l'égard de la dictature de Pinochet (*cf. supra*, chap. 9).

en ce sens-là n'est pas nécessairement un peuple d'hommes libres [1] » : un individu peut être opprimé dans un système démocratique, tout comme il peut être libre dans un système dictatorial. La valeur suprême est donc bien la liberté individuelle, comprise comme faculté laissée aux individus de se créer pour eux-mêmes un domaine protégé (leur « propriété [2] »), et non la liberté politique, comme participation directe des hommes au choix de leurs dirigeants. L'essentiel est ici que la réduction de la démocratie à un mode technique de désignation des gouvernants permet de ne plus voir en elle un régime politique distinct des autres et, en ce sens, ouvre déjà la voie à la relativisation des critères de différenciation communément admis dans la classification des régimes politiques. Si l'on tient à l'inverse que la démocratie repose sur la souveraineté du peuple, il apparaît alors que le néolibéralisme est, en tant que doctrine, non pas accidentellement mais bien essentiellement un *antidémocratisme*. C'est là en particulier ce qui le sépare irréductiblement du libéralisme d'un Bentham, favorable comme on le sait à la démocratie radicale [3].

Un dispositif de nature stratégique

Le fait essentiel est que le néolibéralisme est aujourd'hui devenu la rationalité *dominante*, ne laissant subsister de la démocratie libérale qu'une enveloppe vide condamnée à se survivre sous la forme dégradée d'une rhétorique alternativement « commémorative » ou « martiale ». En tant que telle, cette rationalité a pris corps dans un ensemble de dispositifs tant discursifs qu'institutionnels, politiques, juridiques, économiques, qui forment un réseau complexe et mouvant, susceptible de reprises et d'ajustements en fonction du surgissement d'effets non voulus, parfois contradictoires avec ce qui était initialement recherché. On peut en ce sens parler d'un *dispositif global* qui est, comme tout dispositif, de nature essentiellement « stratégique », pour reprendre à M. Foucault l'un de ses termes de prédilection [4]. Ce qui veut dire que ce dispositif s'est constitué à partir d'une intervention concertée dans des rapports de force donnés, visant à

---

1   F. HAYEK, *La Constitution de la liberté, op. cit.*, p. 13.
2   F. HAYEK, *Droit, législation et liberté*, PUF, Paris, vol. III, p. 181.
3   *Cf. supra*, chap. 4 et 5.
4   Sur le concept élargi de « dispositif » en tant que réseau d'éléments hétérogènes qui relèvent aussi bien du discursif que du « social non discursif », voir M. FOUCAULT, *Dits et Écrits II, op. cit.*, p. 299-301.

les modifier dans une direction en fonction d'un « objectif stratégique [1] ». Cet objectif ne relève en rien d'une ruse ourdie par un sujet collectif expert en manipulation, il s'est imposé aux acteurs eux-mêmes, et c'est en s'imposant à eux qu'il a produit son propre sujet. Comme on l'a vu plus haut [2], c'est très exactement ce qui s'est passé dans les années 1970-1980 avec le branchement d'un projet politique sur une dynamique endogène de régulation, branchement de deux logiques qui a eu pour effet d'imposer l'objectif stratégique de la concurrence généralisée. Pour autant, il n'y a pas eu un projet conscient de passage du modèle fordiste de régulation à un autre modèle qui aurait d'abord dû être conçu intellectuellement avant d'être mis en œuvre de façon planifiée dans une seconde phase.

Le caractère stratégique du dispositif, comme on le voit, suppose de prendre en compte les situations historiques qui permettent son déploiement et expliquent la série des réajustements qui le modifient dans le temps et la variété des formes qu'il prend dans l'espace. C'est seulement à cette condition qu'on peut comprendre le « virage » imposé aux dirigeants des pays capitalistes dominants par l'ampleur de la crise financière. Comme nous l'avons vu, celle-ci ouvre une *crise de la gouvernementalité néolibérale*. Ce qui est devant nous, au-delà de la première « réparation » d'urgence (mise en œuvre de nouvelles normes de comptabilité, contrôle *a minima* des paradis fiscaux, réforme des agences de notation, etc.), c'est très probablement un *réajustement d'ensemble* du dispositif État/marché. Que l'on s'interroge avec certains économistes sur l'éventualité d'un nouveau « régime d'accumulation du capital » se substituant au régime financier fondé sur l'endettement à outrance des ménages, il n'y a rien là que de très normal. Que l'on se hasarde à en déduire que ce nouveau régime de croissance, jouant sur d'autres mécanismes que celui de l'inflation des actifs immobiliers et financiers, coïncidera spontanément avec une remise en question directe de la rationalité néolibérale, voilà qui est en revanche bien imprudent. Mais que l'on pronostique l'avènement prochain d'un « bon capitalisme » aux normes de fonctionnement assainies, durablement ancré dans l'« économie réelle », respectueux de l'environnement, attentif aux besoins des populations, et, pourquoi pas, soucieux du bien commun de l'humanité, voilà qui tient assurément, sinon du conte édifiant, du moins d'une illusion tout aussi nocive que l'utopie d'un marché autorégulateur. Nous entrons plus certainement dans une *nouvelle phase du néolibéralisme*.

---

1   *Ibid.*
2   *Cf.* chap. 10.

Il se peut même que cette nouvelle phase s'accompagne, au plan de l'idéologie, d'une manière de « retour aux sources ». Après tout, l'appel à la « refondation du capitalisme régulé » ne retrouve-t-il pas les accents des refondateurs des années 1930 opposant le bon « code de la route » des règles de droit à l'aveugle « loi naturelle » des vieux laisser-fairistes ? Peut-être assisterons-nous, sait-on jamais, à la faveur d'un de ces mouvements de balancier dont l'idéologie a le secret, à un retour en force de la variante spécifiquement ordolibérale ? Cela est d'autant moins exclu que celle-ci a longtemps été reléguée à une place subordonnée par sa concurrente austro-américaine, quand elle n'a pas été purement et simplement ignorée [1].

On méconnaîtrait tout autant le caractère stratégique du dispositif néolibéral si on le rapprochait du *Gestell* du dernier Heidegger ou de l'*oikonomia* de la théologie chrétienne du IIᵉ siècle de notre ère, comme y invite indirectement G. Agamben dans *Qu'est-ce qu'un dispositif ?* [2]. Parler avec lui d'une « généalogie théologique » des « dispositifs » de Foucault, c'est méconnaître que, si les dispositifs n'ont effectivement « aucun fondement dans l'être » et s'ils sont en conséquence voués à « produire leur sujet », ils ne répètent pas pour autant la « césure qui sépare en Dieu être et action, ontologie et praxis [3] » : à la différence du gouvernement des hommes par Dieu, qui renvoie au problème théologique de l'Incarnation, ils se constituent en effet à partir de conditions historiques toujours *singulières* et *contingentes* et ont donc un caractère exclusivement « stratégique », et non « destinal » ou « épochal ». Sur ce point, il convient de rappeler la remarque de M. Foucault pointant la spécificité de la nouvelle problématisation du

---

1 Cette ignorance, qui peut aller jusqu'à la dénégation pure et simple (l'ordolibéralisme *n'est pas* du néolibéralisme), est très certainement l'une des raisons de la réduction du néolibéralisme à l'idéologie du libre marché, l'autre étant l'inversion de la relation de causalité entre globalisation de la finance et raison néolibérale à laquelle il a été fait allusion plus haut (*cf. supra*, chap. 12). Une double identification s'est ainsi durablement mise en place : le néolibéralisme n'est rien d'autre que le marché autorégulateur entraîné par la finance. D'où la conclusion précipitée que la crise financière signe l'acte de décès du néolibéralisme.

2 G. AGAMBEN, *Qu'est-ce qu'un dispositif ?*, Rivages, Paris, 2007, p. 22-28. Le terme de *Gestell* signifie proprement la disposition qui dispose de l'homme en lui enjoignant de dévoiler le réel « sur le mode du commandement », ce qui définit pour Heidegger l'essence de la technique moderne. Quant à l'*oikonomia* des théologiens, elle permet de penser le gouvernement des hommes et du monde en tant qu'il est confié par Dieu à son Fils. Il est significatif que G. Agamben donne au concept de « dispositif » une extension difficilement compatible avec le souci foucaldien de la singularité historique (*ibid.*, p. 31).

3 *Ibid.*, p. 25. Cette idée est reprise et approfondie dans *Le Règne et la gloire, Homo sacer, II, 2*, Seuil, Paris, 2008, chap. 3, « Être et agir », p. 93-109.

gouvernement telle qu'elle apparaît entre 1580 et 1660 : si l'action de gouverner donne alors lieu à thématisation, c'est parce qu'elle ne peut plus trouver de modèle, « ni du côté de Dieu, ni du côté de la nature [1] ». En d'autres termes, loin que ce soit l'« héritage théologique » du gouvernement des hommes *et* du monde *par Dieu* qui explique que le gouvernement *des* hommes *par* les hommes devienne un problème, c'est en fait la crise du modèle du « gouvernement pastoral » du monde par Dieu qui libère la réflexion sur l'art de gouverner les hommes. Ce qui vaut de l'émergence du problème général du gouvernement vaut également de la constitution de la forme spécifiquement néolibérale de la gouvernementalité. Cette dernière n'est ni la suite nécessaire du régime d'accumulation du capital, ni un avatar de la logique générale de l'Incarnation, ni un mystérieux « envoi de l'Être », pas plus qu'elle n'est une simple doctrine intellectuelle ou une forme éphémère de « fausse conscience ».

Reste que la rationalité néolibérale est susceptible de s'articuler à des idéologies étrangères à la pure logique marchande sans cesser pour autant d'être la rationalité dominante. Comme le dit très bien W. Brown, « le néolibéralisme peut s'imposer comme gouvernementalité sans constituer l'idéologie dominante [2] ». Que cela n'aille pas sans tensions ou contradictions, ce n'est pas douteux. L'exemple américain est sous ce rapport riche en enseignements. Le néoconservatisme s'y est imposé comme l'idéologie de référence de la nouvelle droite, alors même que la « teneur hautement moralisatrice » de cette idéologie semble incompatible avec le caractère « amoral » de la rationalité néolibérale [3]. Une analyse superficielle pourrait donner à penser que l'on a là affaire à un « double jeu ». En réalité, il existe entre néolibéralisme et néoconservatisme une concordance qui n'est nullement fortuite : si la rationalité néolibérale élève en effet l'entreprise au rang de modèle de subjectivation, c'est seulement pour autant que *la*

---

1 M. FOUCAULT, *Sécurité, territoire, population, op. cit.*, p. 242.
2 L'auteur ajoute juste après : « la première renvoie à l'exercice du pouvoir et la seconde à un ordre de croyances populaires qui peut être ou ne pas être parfaitement conforme à la première, et qui peut même, en fait, offrir un lieu de résistance à la gouvernementalité », W. BROWN, *Les Habits neufs de la politique mondiale, op. cit.*, p. 67.
3 *Ibid.*, p. 86, note 6. Il est à noter que l'auteur parle dans cette même note du néoconservatisme comme d'une « idéologie » : « Néolibéralisme et néoconservatisme diffèrent sensiblement, notamment parce que le premier fonctionne comme rationalité politique tandis que le second demeure une idéologie. » Dans l'avant-propos de l'édition française comme dans le second essai, « Le cauchemar américain », elle parle du néolibéralisme et du néoconservatisme comme de deux « rationalités politiques ». Nous pensons, quant à nous, qu'aucune symétrie n'est possible entre la *rationalité* néolibérale et l'*idéologie* néoconservatrice.

forme-entreprise est la « forme cellulaire » de moralisation de l'individu travailleur, tout comme la famille est la « forme cellulaire » de la moralisation de l'enfant [1]. D'où l'éloge incessant de l'individu calculateur *et* responsable, le plus souvent à travers la figure du père de famille travailleur, économe et prévoyant qui vient accompagner le démantèlement des systèmes de retraite, d'éducation publique et de santé. Bien davantage qu'une simple « zone de contact », l'articulation de l'entreprise à la famille constitue le point de convergence ou de recouvrement entre normativité néolibérale et moralisme néoconservateur. C'est pourquoi il est toujours dangereux de critiquer le conservatisme moral et culturel au nom du « libéralisme » supposé de ses partisans dans le domaine de la politique économique : car, en cherchant à dévoiler l'« incohérence » de ces derniers, on révèle surtout son incompréhension de la différence qui sépare le néolibéralisme du « laisser-fairisme », et, de surcroît, on court le risque de devoir assumer soi-même une sorte de laisser-fairisme intégral et systématique pour sauver la cohérence de sa propre critique.

Mais la concordance entre néoconservatisme et néolibéralisme ne signifie nullement qu'un amalgame idéologique, combinant des ingrédients de provenances diverses, ne puisse venir prendre la relève d'un courant d'idées aujourd'hui largement anémié. La gauche d'inspiration blairiste a déjà montré par le passé que la célébration lyrique de la modernité sous tous ses aspects, y compris celui de la libéralisation des mœurs, pouvait parfaitement s'articuler à la rationalité néolibérale. Il n'est pas exclu que sur un autre plan, celui de la politique économique, certains éléments de la doctrine keynésienne ne viennent prêter leur renfort à la pratique du gouvernement entrepreneurial : relance budgétaire temporaire, mise entre parenthèses provisoire des critères de stabilité monétaire, mesures visant à brider la spéculation des marchés, etc., tous éléments qui n'impliquent pas de toucher à la répartition fondamentale des revenus entre capital et travail, donc de réactiver un compromis salarial comparable à celui de l'après-guerre. Par lui-même, ce concours purement circonstanciel et « pragmatique » n'est cependant pas de nature à entamer la logique normative du néolibéralisme, tant cette dernière ne saurait être défaite que par des soulèvements de grande ampleur.

---

1   L'entreprise constitue le « socle éthico-politique » du néolibéralisme. De fait, c'est dès les origines du néolibéralisme, chez W. Röpke, que la forme-entreprise est pensée comme forme de « moralisation-responsabilisation » de l'individu (*cf.* chap. 7).

Inventer une autre gouvernementalité

La nouvelle rationalité pose à la gauche un redoutable défi : ne pouvant se satisfaire d'une critique à l'emporte-pièce de la « marchandisation généralisée », elle doit inventer une réponse politique « à la hauteur » de ce que le régime normatif dominant a d'inédit. Dans la mesure où ce dernier implique le dépérissement irréversible de la démocratie libérale, la gauche ne peut se rabattre, comme elle a souvent tendance à le faire, sur la défense de la démocratie libérale. Non qu'elle doive renoncer à défendre les libertés publiques, mais elle doit se garder de le faire au nom de *cette* démocratie, par exemple en opposant « autoritarisme néolibéral » et « démocratie libérale ». Pour citer une nouvelle fois W. Brown,

> défendre la démocratie libérale dans des termes libéraux, c'est non seulement sacrifier une vision de gauche ; c'est aussi, par ce sacrifice, discréditer la gauche en la réduisant tacitement à n'être rien de plus qu'une objection permanente au régime en place : un parti de doléances plutôt qu'un parti doté d'une vision politique, sociale et économique alternative [1].

Pour cette même raison, on ne saurait en revenir à la critique marxiste de la « démocratie formelle », puisque ce serait là ignorer que l'épuisement de la démocratie libérale prive cette critique de tout fondement : la gouvernementalité néolibérale n'est justement pas démocratique dans la forme et antidémocratique dans les faits ; elle n'est plus démocratique du tout, *fût-ce au sens formel*, sans s'identifier pour autant à un exercice dictatorial ou autoritaire du pouvoir. Elle est a-démocratique. La scission du « citoyen » et du « bourgeois » a désormais vécu et, avec elle, l'appel à une réunification de l'homme avec lui-même. Toujours pour la même raison, la gauche ne peut se proposer de « redonner souffle à des systèmes vieillissants » en tâchant de soutenir la démocratie représentative défaillante par les étais bancals de la « démocratie participative » [2]. Elle ne peut pas davantage camper sur la ligne de repli qui consiste à opposer « libéralisme politique » et « libéralisme économique » : une telle position reviendrait à méconnaître que les bases mêmes du libéralisme « purement politique » sont minées par un néolibéralisme qui est tout sauf « purement économique ». Plus largement, c'est tout l'espace occupé par ce qu'il était convenu d'appeler la « social-démocratie » qui se trouve directement et

---

1   W. Brown, *Les Habits neufs de la politique mondiale, op. cit.*, p. 78.
2   Comme le suggère Loïc Blondiaux dans *Le Nouvel Esprit de la démocratie*, Seuil, Paris, 2008, p. 100.

radicalement remis en cause, puisque cette dénomination ne devait son sens qu'à la possibilité de prolonger la démocratie politique par la reconnaissance de droits sociaux définissant une citoyenneté sociale, en complément et en renforcement de la citoyenneté politique classique.

À cet égard, il faut dire à quel point un certain lexique contribue à un véritable effet de brouillage. Il n'y a pas et ne saurait y avoir de « social-libéralisme », tout simplement parce que le néolibéralisme, étant une rationalité globale qui investit d'emblée toutes les dimensions de l'existence humaine, interdit toute possibilité d'un prolongement de lui-même sur le plan social. L'analogie est donc trompeuse qui donne à penser que le « social-libéralisme » est aujourd'hui au néolibéralisme ce que la « social-démocratie » fut jadis à la démocratie politique. Ce qui existe bel et bien en revanche, c'est un *néolibéralisme de gauche* qui n'a plus rien à voir avec la social-démocratie comme avec la démocratie politique libérale [1]. En réalité, ce que dissimule mal la préfixation de « social », c'est l'équation sommaire par laquelle le libéralisme est abusivement identifié au laisser-fairisme économique. On en dira autant de l'étiquette d'« ultralibéralisme », généreusement décernée par une grande partie de la gauche, d'autant plus généreusement d'ailleurs qu'elle est tentée de se rapprocher honteusement de l'orthodoxie néolibérale ambiante [2]. Là encore, il faut rappeler que le néolibéralisme ne se confond pas avec le tout-marché, de sorte qu'il n'y a aucun sens à le désigner comme « ultralibéralisme » afin de mieux donner à entendre qu'il y aurait un libéralisme « respectable » qui ne renoncerait pas quant à lui aux instruments de l'intervention étatique. On ne le répétera jamais assez, F. Hayek n'est pas un « ultralibéral », il est un « néolibéral » partisan d'un État fort, à l'instar de nombreux autres

---

1   *Cf.* chap. 10.
2   Comme le font justement remarquer Gérard DESPORTES et Laurent MAUDUIT dans *L'Adieu au socialisme*, Grasset, Paris, 2002, p. 290. La posture adoptée par Michel Rocard face à la crise financière est à cet égard très révélatrice : « La crise actuelle ne remet pas en cause le libéralisme. En revanche, elle sonne le glas de l'ultralibéralisme, cette école de pensée criminelle fondée par Milton Friedman [...]. », Entretien paru dans *Le Monde* du 2-3 novembre 2008. La « criminalisation » de l'École de Chicago présente ici un double avantage. Elle permet tout d'abord de faire comme s'il n'y avait rien entre A. Smith et M. Friedman, donc de réduire le néolibéralisme à sa version friedmanienne ! Elle a ensuite pour fonction de couvrir la droite française jugée « encore très gaulliste » (*sic*), ce qui indirectement en dit long sur les raisons profondes de l'impuissance de la gauche française à l'égard de cette droite.

néolibéraux [1]. Quant au libertarianisme, qu'il plaide pour l'État minimal ou qu'il réclame l'abolition de l'État, il n'est pas un « ultralibéralisme », mais un *autre* libéralisme dont le rapport au néolibéralisme est irréductible à une simple différence de degré.

La seule question qui vaille en réalité la peine d'être posée est de savoir si la gauche peut opposer une gouvernementalité alternative à la gouvernementalité néolibérale. À la fin de sa leçon du 31 janvier 1979 sur la *Naissance de la biopolitique*, M. Foucault se demande s'il a jamais existé quelque chose comme une « gouvernementalité socialiste autonome ». Sa réponse est sans équivoque : une telle gouvernementalité a toujours fait défaut. Ce que l'expérience historique révèle, c'est que le socialisme a toujours été « branché » sur d'autres gouvernementalités. Ainsi, il a pu être branché sur une gouvernementalité « libérale » ou encore sur une gouvernementalité « administrative ». D'où la question : que pourrait bien être une gouvernementalité intrinsèquement socialiste ? Ce que fait valoir M. Foucault, c'est qu'à chercher à l'intérieur du socialisme et de ses textes, cette gouvernementalité est *introuvable*. Et, puisqu'on ne peut la découvrir, « il faut l'inventer » [2].

Pour comprendre la nécessité de cette invention, il faut consentir un bref retour sur l'idée même de « gouvernement ». Selon Michel Foucault, gouverner consiste proprement à « disposer les choses », étant entendu que par « choses » il faut entendre, non pas les choses par opposition aux hommes, mais toutes les « intrications des hommes et des choses » [3]. L'idée de gouvernementalité noue donc d'une certaine manière l'idée du gouvernement des hommes et l'idée de l'administration des choses, alors que le paradigme de la souveraineté fait prévaloir la relation directe du souverain à ces hommes que sont ses sujets [4].

C'est cette corrélation entre un gouvernement des hommes attentif à ne pas contrecarrer la nature des choses et une administration des choses jouant sur la liberté des hommes qui va donner à la réflexion sur l'art de gouverner une impulsion décisive, en lui permettant de s'affranchir de l'ancien cadre juridique de la souveraineté. Car, à l'intérieur de ce cadre, la primauté conférée à la loi ne fait que réfléchir la relation directe de la

---

1   *Cf.* chap. 9. Serge Audier n'évite guère cette simplification en faisant de F. Hayek l'auteur d'une « nouvelle utopie ultralibérale » pour mieux l'opposer au libéralisme « anticapitaliste » de W. Röpke, *in Le Colloque Walter Lippmann, op. cit.*, p. 234.

2   Pour tout ce développement, *cf.* M. FOUCAULT, *NBP, op. cit.*, p. 93-95.

3   M. FOUCAULT, *Dits et Écrits II, op. cit.*, p. 643-644.

4   M. FOUCAULT, *Sécurité, territoire, population, op. cit.*, p. 50.

volonté du souverain à la volonté des sujets, toujours suspectée de chercher à désobéir et toujours rappelée à son devoir d'obéissance. Aussi toutes les tentatives faites pour refonder la théorie de la souveraineté sur de nouvelles bases ont-elles été vouées à reconduire cette primauté, voire à l'accentuer jusqu'à une véritable sacralisation de la loi. Cela vaut tout particulièrement de la tentative de J.-J. Rousseau : tout en cherchant à ménager une place à l'administration des choses et au gouvernement des hommes, il s'emploie à subsumer ces derniers sous le principe de la souveraineté. Ainsi, dans l'article « Économie politique » de l'*Encyclopédie*, il distingue l'« économie publique », ou « gouvernement », de l'« autorité suprême », ou « souveraineté ». Le gouvernement, dont relèvent aussi bien le gouvernement des personnes que l'administration des biens, doit être strictement subordonné au souverain qui détient seul le pouvoir de faire les lois. D'où le problème qui est selon lui à la politique ce que celui de la « quadrature du cercle » est à la géométrie : « mettre la loi au-dessus de l'homme [1] ». Il n'est qu'une manière de parvenir à cette fin, c'est de « substituer la loi à l'homme [2] ». L'idéal serait donc que les lois politiques acquièrent la même inflexibilité et la même immutabilité que les lois de la nature, en sorte qu'il soit impossible aux hommes de leur désobéir, la dépendance à l'égard des lois s'identifiant alors purement et simplement à la dépendance à l'égard des choses [3]. Le principe de la souveraineté de la loi, porté à l'absolu par une sorte de passage à la limite, tend ainsi à rendre le gouvernement des hommes totalement *superflu* : dans la mesure où gouverner consiste ici à assurer l'exécution des lois, on est en droit de se demander quelle sorte d'activité il resterait à un gouvernement qui n'aurait plus à craindre que les lois soient violées. L'idéal serait finalement que l'invincibilité des lois permette aux hommes de *se passer de tout gouvernement*.

On demandera sans doute ce que cette reconnaissance-dénégation de la gouvernementalité par Rousseau a à voir avec la nécessité d'inventer une gouvernementalité de gauche. Pour être indirect, ce rapport n'en est pas moins réel. La gauche s'est en effet construite historiquement autour de la référence au marxisme. Or ce dernier est redevable à Saint-Simon d'une certaine conception du gouvernement. Dans *Socialisme utopique et Socialisme scientifique* (1883), F. Engels se réfère élogieusement en ces termes à l'ouvrage de Saint-Simon intitulé *L'Industrie* : « [...] le passage du

---

1 J.-J. Rousseau, *Considérations sur le gouvernement de Pologne*, Œuvres complètes, t. III, Gallimard, « La Pléiade », Paris, 1995, p. 955.
2 J.-J. Rousseau, *Émile*, Œuvres complètes, t. IV, *op. cit.*, p. 311.
3 *Ibid.*

gouvernement politique des hommes à une administration des choses et à une direction des opérations de production, donc l'"abolition de l'État" dont on a fait dernièrement tant de bruit, se trouve déjà clairement énoncé ici [1]. » De fait, c'est Saint-Simon qui élabore la distinction fondamentale entre *gouvernement* et *administration*. Cette distinction recoupe une véritable opposition entre deux types de régime, le régime « gouvernemental ou militaire » d'une part, le « régime administratif ou industriel » d'autre part [2]. Dans les sociétés préindustrielles, dites aussi « militaires », l'ordre social procède tout entier du commandement et c'est ce qui explique la prédominance du gouvernement : l'action de gouverner consiste dans l'exercice par certains hommes du pouvoir de commander d'autres hommes et, en tant que telle, elle est nécessairement arbitraire. Cela ne tient absolument pas à la forme du gouvernement (monarchie absolue ou parlementarisme), mais à l'essence d'une telle action : l'arbitraire est dans l'essence même de toute volonté et l'action de gouverner consiste pour des hommes à donner des ordres à d'autres hommes [3].

Il en va tout différemment dans les sociétés industrielles modernes. Ce sont alors les savants et les industriels qui sont investis des fonctions de direction, non pas en raison de leur aptitude à obtenir des autres qu'ils obéissent à leur volonté, c'est-à-dire de leur puissance, mais uniquement parce qu'ils en savent plus que les autres. Dans ces conditions, ce ne sont plus des hommes qui dirigent des hommes, c'est la vérité qui parle directement par la bouche des savants et des industriels, et l'on sait que rien n'est moins arbitraire que la vérité. On ne saurait résister à la vérité, on ne peut qu'y tendre de soi-même, car elle ne commande pas, mais s'impose d'elle-même en se faisant reconnaître. La contrainte gouvernementale est donc appelée à disparaître avec l'arbitraire. Dans la société industrielle, l'action gouvernementale est réduite au minimum et tend vers zéro, si bien que le gouvernement ordonné à la vérité est le gouvernement qui gouverne le moins possible et qui *tend à sa propre suppression*. L'idéal saint-simonien est bien celui d'une substitution totale de l'administration fondée sur la connaissance de la vérité au gouvernement fondé sur l'arbitraire du commandement.

---

1   F. ENGELS, *Socialisme utopique et Socialisme scientifique*, Éditions sociales, Paris, 1977, p. 99.

2   Saint-Simon dit en substance que l'espèce humaine « est destinée à passer du régime gouvernemental ou militaire, au régime administratif ou industriel », cité par Émile DURKHEIM, *Le Socialisme*, PUF, « Quadrige », Paris, 1992, p. 179.

3   Nous reprenons ici l'argumentation de É. DURKHEIM, *ibid.*, p. 177-178.

Cet idéal, repris par le marxisme, présuppose une dissociation radicale entre l'action des hommes sur les *choses*, ou « administration », et l'action des hommes sur les *hommes*, ou « gouvernement » : « On ne saurait trop le répéter, il n'y a d'action utile exercée par l'homme que celle de l'homme sur les choses. L'action de l'homme sur l'homme est toujours, en elle-même, nuisible à l'espèce, par la double destruction de forces qu'elle entraîne [1]. » On voit que cette conception toute négative du gouvernement ne tient qu'à défaire le nouage réalisé par l'idée même de gouvernementalité entre action sur les hommes et action sur les choses en réduisant l'action de gouverner à la coercition et au commandement.

Là encore, tout comme chez Rousseau, c'est la spécificité de l'art de gouverner qui est escamotée. Certes, Saint-Simon s'en prend volontiers à Rousseau qu'il compte au nombre de ces « légistes » qui soumettent la société à l'arbitraire des lois. À ses yeux, dans le nouvel ordre des choses, « il n'y a plus de place pour l'arbitraire des hommes, *ni même pour celui des lois*, parce que l'un et l'autre ne peuvent s'exercer que dans le vague qui est, pour ainsi dire, leur élément naturel [2] ». C'est justement ce « vague » que la vérité de la science éclipse et c'est pourquoi « l'action de gouverner est nulle alors, ou presque nulle, en tant que signifiant "action de commander" ». Si souveraineté il y a, elle ne peut donc consister que « dans un principe dérivé de la nature même des choses », et non « dans une opinion arbitraire érigée en loi par la masse » [3]. Reste que, dans le rousseauisme comme dans le saint-simonisme, l'activité de gouvernement est subalterne, soit parce que la souveraineté appartient aux lois issues de la volonté, soit parce qu'elle revient à la vérité elle-même. Au saint-simonisme le marxisme reprendra deux idées-forces : d'abord, que le gouvernement a avant tout une fonction de police reposant pour l'essentiel sur la violence et la contrainte ; ensuite, que le gouvernement réglé à la vérité est celui qui tend à sa propre suppression dans l'administration des choses. Mais par vérité il entendra, non plus ce « principe immuable dérivé de la nature des choses », mais cette vérité que l'histoire fait advenir et que sa rationalité manifeste. Quoi qu'il en soit, souveraineté des lois ou administration scientifique des choses ont en commun de retirer à l'action de gouverner toute véritable justification. Conduire les hommes, ce n'est ni les courber sous le joug inflexible de la loi ni leur faire reconnaître la force d'une vérité. C'est

---

1   Saint-Simon, *Écrits politiques et économiques*, Pocket, « Agora », Paris, 2005, p. 327.
2   *Ibid.*, p. 330, nous soulignons.
3   *Ibid.*

pour n'avoir jamais su le reconnaître que la gauche a toujours été condamnée à se régler sur des gouvernementalités d'emprunt. C'est précisément en quoi la gouvernementalité de gauche est encore à inventer.

Les « contre-conduites » comme pratiques de subjectivation

Cependant la gouvernementalité ne saurait se réduire au gouvernement des autres. Par l'autre de ses faces, elle comprend le gouvernement de soi. Le tour de force du néolibéralisme a été de lier ces deux faces d'une manière singulière en faisant du gouvernement de soi le point d'application et l'objectif du gouvernement des autres. L'effet de ce dispositif a été, et est toujours, la production du sujet néolibéral ou néosujet. La gauche ne peut ignorer cette réalité, elle doit au contraire la reconnaître pour mieux l'affronter. La pire des attitudes de sa part consisterait à préconiser un retour au compromis social-démocrate, keynésien et fordiste, dans un cadre national ou européen, sans réaliser que la dimension des problèmes a changé, que les forces en présence ne sont plus les mêmes, et que la mondialisation du capital a détruit jusqu'aux bases d'un tel compromis. C'est pourtant une telle attitude qu'on sent souvent poindre derrière la réduction du néolibéralisme à une régression vers le « capitalisme pur » des origines. On se prend à épier, sans trop oser s'en réjouir ouvertement, les signes avant-coureurs d'un retour du balancier vers une régulation directe par les gouvernements. On ne prête guère attention au fait que ce « retour » s'opère au bénéfice d'un État entrepreneurial. On oppose volontiers à la « mauvaise » rationalité de la concurrence la « bonne » rationalité de la régulation étatique. Ce faisant, on néglige le fait que la rationalité du capitalisme néolibéral n'est pas une rationalité *purement* économique et on perd en même temps de vue la différence des conditions historiques, laquelle interdit tout retour à une rationalité économique administrative et planificatrice (à supposer qu'un tel retour soit souhaitable, ce qui est pour le moins contestable). La question n'est pas : comment imposer au capital un retour au compromis d'avant le néolibéralisme ? Elle est : comment sortir de la rationalité néolibérale ?

On sait cependant qu'il est plus facile de s'évader d'une prison que de sortir d'une rationalité, puisque cela revient à s'affranchir d'un système de normes mis en place moyennant tout un travail d'intériorisation. Cela vaut tout particulièrement de la rationalité néolibérale, dans la mesure où cette dernière tend à enfermer chaque sujet dans la petite « cage d'acier » qu'il s'est lui-même construite. Aussi la question est-elle d'abord et avant tout de savoir comment préparer la voie à une telle sortie, c'est-à-dire comment *résister* ici et maintenant à la rationalité dominante. La seule voie praticable est de promouvoir dès à présent des *formes de subjectivation alternatives au modèle de l'entreprise de soi*. On fera valoir que le néosujet s'est formé à partir de conditions qui ont été en grande partie créées par une réorientation radicale de la politique gouvernementale. On pourrait donc être tenté, en se laissant prendre au piège d'une analogie trompeuse, d'attendre d'un changement de politique consécutif à un changement de gouvernement qu'il crée les conditions de la construction de cet autre sujet. Ce serait méconnaître que la réorientation opérée par le néolibéralisme, pour être volontariste, n'a rien eu d'une création *ex nihilo*. Elle a pris appui sur tout un mouvement de l'économie mondiale, ordonné à la nouvelle norme de la concurrence, de sorte que les sujets ont été comme intérieurement « pliés » à cette norme par de multiples techniques de pouvoir. C'est oublier de plus qu'on ne sort pas d'une rationalité ou d'un dispositif par un simple changement de politique, pas plus qu'on n'invente une autre manière de gouverner les hommes en changeant de gouvernement. Ce n'est pas à dire que l'indifférence soit de mise à l'égard de tout changement de gouvernement, comme à l'égard de la politique menée par tout nouveau gouvernement. Mais, assurément, cela signifie que l'attitude à adopter en pareille circonstance doit obéir à un unique critère : dans quelle mesure les actes de ce gouvernement favorisent-ils ou, au contraire, entravent-ils la résistance à la rationalité néolibérale ? Par conséquent, la question du gouvernement en tant qu'*institution* est ici seconde relativement à la question du gouvernement comme *activité* engageant un rapport à soi en même temps qu'un rapport aux autres. Or ce double rapport relève précisément de la constitution du sujet, autrement dit des pratiques de subjectivation.

Le comprendre requiert de se déprendre de l'illusion selon laquelle le sujet alternatif pourrait être trouvé d'une façon ou d'une autre comme étant « déjà là », sur le mode d'un donné qu'il s'agirait tout au plus d'activer ou de stimuler. Une première forme de cette illusion, dont le marxisme a vécu par le passé, est celle d'une localisation ontologique du sujet de l'émancipation humaine : il y aurait dans l'être social un lieu donné qui porterait l'oppression à son comble, soit une classe qui serait en même temps une « non-classe », une « classe universelle » qui réaliserait dans ses conditions d'existence la « perte totale de l'homme » et à laquelle il appartiendrait en conséquence d'accomplir la « reconquête totale » de l'homme[1]. Cette illusion est sous-tendue par l'idée d'un *privilège ontologique d'extériorité* en vertu duquel un tel sujet social serait situé dans un « en dehors » radical relativement aux rapports de pouvoir dans lesquels sont toujours pris les acteurs d'une société. On retrouve semblable illusion d'extériorité dans la thèse soutenue par Michael Hardt et Antonio Negri d'une « autonomie ontologique de la multitude[2] ». Certes, ces derniers répètent qu'aucun lieu intérieur à l'espace de l'« Empire » n'échappe à l'investissement du biopouvoir, mais c'est pour assigner à la multitude un lieu ontologique propre qui lui permet de se soustraire, au moins en partie, au contrôle impérial[3]. La méconnaissance du processus de subjectivation mis en œuvre par le néolibéralisme est telle que Negri va jusqu'à affirmer que les « hommes nouveaux » du communisme sont déjà là, produits qu'il sont par la dynamique même du nouveau « capitalisme cognitif »[4].

Une autre forme de cette même illusion d'un sujet pré-donné a trouvé une formulation précise dans le renouvellement de la « théorie critique » tenté par Axel Honneth dans son analyse de la « réification »[5]. Dans le chapitre V de son traité, ce dernier entreprend d'analyser le phénomène de l'autoréification. Sous ce terme il faudrait penser une conduite réifiante à l'égard de soi-même qui serait une « sorte de fourvoiement » du rapport de reconnaissance que nous aurions d'emblée avec nous-même. Ce qui est donc en cause n'est rien d'autre que la primauté de ce rapport à soi « au point de vue de l'ontologie sociale[6] ». L'affirmation de cette primauté est au fondement de toute l'analyse : « nous nous sommes toujours déjà reconnus[7] ». Certes il n'est plus question de fonder cette primauté sur la position privilégiée d'une quelconque classe sociale. Mais la question demeure bien de savoir s'« il faut supposer préalablement une forme de relation à soi "originaire", normale, qui permettrait de décrire la réification comme une déviation problématique[8] ». Se référant à la thématique

---

1   On aura reconnu là la thèse énoncée par Marx au sujet du prolétariat dans la *Contribution à la critique de la philosophie du droit de Hegel* et dans *L'Idéologie allemande*.

2   M. HARDT et A. NEGRI, *Empire, op. cit.*, et *Multitude*, 10/18, Paris, 2006.

3   Pour une critique de cette thèse, voir Pierre DARDOT, Christian LAVAL et El Mouhoub MOUHOUD, *Sauver Marx ?*, La Découverte, Paris, 2007.

4   « Nous sommes déjà des hommes nouveaux », Entretien de Jean Birnbaum avec A. Negri, *Le Monde*, 13 juillet 2007.

5   A. HONNETH, *La Réification. Petit traité de Théorie critique*, Gallimard, Paris, 2007.

6   *Ibid.*, p. 93.

7   *Ibid.*, p. 105.

8   *Ibid.*, p. 94. Cette prétendue « originarité » n'est pas sans rapport avec la présupposition d'une extériorité de la liberté à l'égard des relations de pouvoir contre laquelle s'est construite la notion foucaldienne de gouvernementalité, *cf. supra*, introduction.

heideggérienne de la « préoccupation », A. Honneth renvoie au-delà à la réélaboration par M. Foucault du concept du « souci de soi » [1]. C'est méconnaître que pour Heidegger la « préoccupation » n'est en rien l'équivalent d'un rapport originaire de familiarité avec soi-même, mais bien plutôt un mode de dispersion et d'immersion dans le monde qui fait de l'appropriation à soi une tâche assignée au *Dasein*. « Tout d'abord et le plus souvent », pour parler comme Heidegger, avec A. Honneth, ce qui domine, c'est l'oubli de soi et non la reconnaissance de soi. La même remarque vaut plus encore pour M. Foucault. Le tome 3 de l'*Histoire de la sexualité*, intitulé *Le Souci de soi* (1984), aussi bien que le cours du Collège de France consacré à *L'Herméneutique du sujet* (1981-1982) insistent sur un même point : le souci de soi relève non d'un rapport primordial à soi mais d'une véritable *tekhnê*, la *tekhnê tou biou* (l'« art de la vie »), laquelle fait du « soi » le terme de toute une ascèse (*askêsis*).

C'est dire à quel point il nous faut assimiler à notre manière la grande leçon du néolibéralisme : *le sujet est toujours à construire*. Toute la question est alors de savoir comment articuler la subjectivation à la résistance au pouvoir. Or cette question est précisément au centre de toute la pensée de M. Foucault. Mais, comme l'a montré récemment Jeffrey T. Nealon, une partie de la littérature secondaire nord-américaine a mis au contraire l'accent sur la coupure qui existerait entre les recherches sur le pouvoir et celles de la dernière période qui portent sur l'histoire de la subjectivité [2]. Selon ce « *Foucault consensus* », comme le baptise plaisamment J. T. Nealon, les impasses successives du néostructuralisme des débuts et de l'analyse totalisante du pouvoir panoptique auraient conduit le « dernier Foucault » à délaisser la question du pouvoir pour s'intéresser exclusivement à l'invention esthétique d'un style d'existence dépourvu de toute dimension politique. Plus encore, à suivre cette lecture dépolitisante de Foucault, cette esthétisation de l'éthique aurait anticipé la mutation néolibérale en faisant précisément de l'invention de soi une nouvelle norme. En réalité, loin de s'ignorer, les questions du pouvoir et du sujet ont toujours été étroitement articulées jusque dans les derniers travaux sur les modes de subjectivation. S'il est un concept qui a joué à cet égard un rôle décisif, c'est celui de « *contre-conduite* » tel qu'il est élaboré dans la Leçon du 1er mars 1978 [3]. Ce

---

1   *Ibid.*, p. 101-102, ainsi que la note 17 p. 136.

2   J. T. NEALON, *Foucault beyond Foucault. Power and its Intensifications since 1984*, Stanford University Press, Stanford California, 2008.

3   M. FOUCAULT, *Sécurité, territoire, population, op. cit.*, p. 195-232 (sur l'étape essentielle qu'a constituée ce concept, *cf.* note 5, p. 221).

cours porte en grande partie sur la crise du pastorat. Il s'agit de cerner la spécificité des « révoltes » ou des « résistances de conduite » qui sont comme le corrélat du mode de pouvoir pastoral : si de telles résistances sont dites « de conduite », c'est qu'elles sont des résistances au pouvoir *en tant que conduite* et que, comme telles, elles sont elles-mêmes des *formes de conduite* opposées à ce « pouvoir-conduite ». Le terme de « conduite » admet en effet deux sens, celui d'une activité consistant à conduire les autres, ou « conduction », et celui qui renvoie à la manière dont on se conduit soi-même sous l'effet de cette activité de conduction [1]. L'idée de « contre-conduite » présente donc l'avantage de signifier directement une « lutte contre les procédés mis en œuvre pour conduire les autres », à la différence du terme d'« inconduite » qui ne se réfère qu'au sens passif du mot [2]. Par la contre-conduite, on cherche tout autant à échapper à la conduite des autres qu'à définir pour soi-même la manière de se conduire à l'égard des autres.

Quel intérêt peut bien présenter cette remarque pour une réflexion sur la résistance à la gouvernementalité néolibérale ? On dira que ce concept est introduit dans le cadre d'une analyse du pastorat et non de la gouvernementalité. Précisément, la gouvernementalité, du moins dans sa forme spécifiquement néolibérale, fait de la conduite des autres *par* leur conduite envers eux-mêmes sa véritable fin. Le propre de cette conduite envers soi-même, se conduire comme entreprise de soi, est d'induire immédiatement et directement une certaine conduite vis-à-vis des autres, celle de la concurrence à l'égard des autres regardés comme autant d'entreprises de soi. La conséquence en est que la contre-conduite comme forme de résistance à *cette* gouvernementalité doit correspondre à une conduite qui soit indissociablement une conduite envers soi-même *et* une conduite envers les autres. On ne saurait lutter contre un mode de conduction aussi indirect par un appel à la révolte contre une autorité supposée s'exercer par une contrainte extérieure aux individus. Si « la politique n'est rien de plus, rien de moins que ce qui naît avec la résistance à la gouvernementalité, le premier soulèvement, le premier affrontement [3] », alors cela veut dire qu'*éthique et politique sont absolument inséparables*.

À la subjectivation-assujettissement que constitue l'ultrasubjectivation il faut opposer une subjectivation par les contre-conduites. À la gouvernementalité néolibérale comme manière spécifique de conduire la

---

1   *Ibid.*, p. 196-197.
2   *Ibid.*, p. 205.
3   *Ibid.*, note 5, p. 221.

conduite des autres, il faut donc opposer un *double* refus non moins spécifique : refus de se conduire vis-à-vis de soi-même comme entreprise de soi et refus de se conduire vis-à-vis des autres selon la norme de la concurrence. En cela, ce double refus ne relève pas d'une « désobéissance passive » [1]. Car, s'il est vrai que le rapport à soi de l'entreprise de soi détermine immédiatement et directement un certain type de rapport aux autres, celui de la concurrence généralisée, inversement le refus de fonctionner comme entreprise de soi, qui est distance à soi et refus de l'auto-enrôlement total dans la course à la performance, ne peut valoir pratiquement qu'à la condition d'établir à l'égard des autres des rapports de coopération, de partage et de mise en commun. Quel sens pourrait avoir en effet une distance à soi qui serait coupée de toute pratique coopérative ? Au pire celui d'un cynisme teinté de mépris pour ceux qui sont dupes, au mieux celui d'une simulation ou d'un double jeu, peut-être dicté par un souci pleinement justifié de préservation personnelle, mais exténuant à la longue pour le sujet, assurément pas celui d'une *contre*-conduite. D'autant qu'un tel jeu pourrait amener ce dernier à se réfugier faute de mieux dans une identité de compensation, offrant au moins l'avantage d'une certaine stabilité par contraste avec l'impératif du dépassement indéfini de soi. Or la fixation identitaire, quelle qu'en soit la nature, loin de menacer l'ordre néolibéral, fait au contraire figure de position de repli pour les sujets fatigués d'eux-mêmes, pour tous ceux qui ont abandonné la course ou qui ont été d'emblée exclus de celle-ci ; pire, il reconduit la logique de la concurrence à l'échelle des rapports entre les « petites communautés ». Loin de valoir par elle-même, indépendamment de toute articulation à la politique, la subjectivation individuelle est liée au plus profond d'elle-même à la subjectivation collective. *Une pure esthétisation de l'éthique est en ce sens un pur et simple renoncement à une véritable attitude éthique.* L'invention de nouvelles formes de vie ne peut être qu'une invention collective, due à la multiplication et à l'intensification des contre-conduites de coopération. Le refus collectif de « travailler plus », fût-il seulement local, constitue un bon exemple d'une attitude qui peut ouvrir la voie à de telles contre-conduites : il rompt en effet ce que le regretté André Gorz nommait très justement la « complicité structurelle » qui lie le travailleur au capital pour autant que « gagner de l'argent », toujours plus d'argent, est leur but déterminant à tous deux ; il

---

1   Attitude qui serait comme le pur négatif de l'« obéissance passive » à l'égard des pouvoirs établis préconisée en son temps par Berkeley (*De l'obéissance passive*, Vrin, Paris, 1983).

ouvre une première brèche dans la « contrainte immanente du "toujours plus", "toujours plus vite" » [1].

La généalogie du néolibéralisme tentée dans cet ouvrage nous enseigne que la nouvelle raison du monde n'a rien d'un destin nécessaire qui enchaînerait l'humanité. Elle n'est en rien, au contraire de la Raison hégélienne, la raison *de* l'histoire humaine ; elle est elle-même de part en part *historique*, c'est-à-dire relative à des conditions strictement singulières que rien n'autorise à penser comme indépassables. L'essentiel est de comprendre que *rien* ne saurait nous émanciper de la tâche de promouvoir une autre rationalité. C'est pourquoi la croyance selon laquelle la crise financière sonne d'elle-même la fin du capitalisme néolibéral est la *pire* des croyances. Elle fait peut-être plaisir à ceux qui pensent voir la réalité se porter au-devant de leurs désirs sans qu'ils aient à bouger le plus petit doigt. Elle conforte sûrement ceux qui trouvent là matière à se réjouir de leur propre « clairvoyance » passée. Elle est au fond la forme de démission intellectuelle et politique la moins acceptable. Le capitalisme néolibéral ne tombera pas comme un « fruit mûr » du fait de ses contradictions internes et les traders ne seront pas malgré eux ses « fossoyeurs » inespérés. Marx le disait déjà avec force : « L'histoire ne fait rien [2]. » Il n'y a rien que des hommes qui agissent dans des conditions données et qui cherchent par leur action à s'ouvrir un avenir. À nous de permettre à un nouveau sens du possible de se frayer un chemin. Le gouvernement des hommes *peut* s'ordonner à d'autres horizons que ceux de la maximisation de la performance, de la production illimitée, du contrôle généralisé. Il *peut* se soutenir d'un gouvernement de soi qui ouvre sur d'autres rapports avec les autres que ceux de la concurrence entre « acteurs auto-entreprenants ». Les pratiques de « communisation » du savoir, d'assistance mutuelle, de travail coopératif *peuvent* dessiner les traits d'une *autre raison du monde*. Cette raison alternative, on ne saurait mieux la désigner que par ce nom : la *raison du commun*.

---

1   A. Gorz, *Ecologica*, Galilée, Paris, 2008, p. 115 et 133.
2   K. Marx, *Œuvres III*, Gallimard, « La Pléiade », Paris, 1982, p. 526.

Index des noms

Index des concepts

Table

I

Des limites du gouvernement

Table | 495

II

La refondation intellectuelle

Table 497

III

La nouvelle rationalité

Dans la même collection

Sciences humaines et sociales

La Découverte/Poche

La Découverte/Poche

La Découverte/Poche

BUSSIÈRE

Composition Facompo, Lisieux.
Impression réalisée par CPI Bussière
à Saint-Amand-Montrond (Cher).
Dépôt légal du 1er tirage : août 2010
Suite du 1er tirage (5) : décembre 2016
N° d'impression : 2027510
Imprimé en France